龙山文化与早期文明

——第22届国际历史科学大会章丘卫星会议文集

山东大学文化遗产研究院
章丘市文广新局 编著
栾丰实 王芬 董豫 主编

文物出版社

图书在版编目(CIP)数据

龙山文化与早期文明：第22届国际历史科学大会章丘卫星会议文集 / 栾丰实，王芬，董豫编著． —— 北京：文物出版社，2017.9

 ISBN 978-7-5010-5197-7

 Ⅰ．①龙… Ⅱ．①栾… ②王… ③董… Ⅲ．①龙山文化－学术会议－文集 Ⅳ．①K871.13-53

中国版本图书馆CIP数据核字(2017)第203242号

龙 山 文 化 与 早 期 文 明
——第22届国际历史科学大会章丘卫星会议文集

山东大学文化遗产研究院、章丘市文广新局　编著

栾丰实、王芬、董豫　主编

封面设计：秦　彧

责任编辑：秦　彧

责任印制：梁秋卉

出版发行：文物出版社

社　　址：北京市东直门内北小街2号楼

邮　　编：100007

网　　址：http://www.wenwu.com

邮　　箱：web@wenwu.com

经　　销：新华书店

印　　刷：北京雍艺和文印刷有限公司

开　　本：889mm×1194mm　1/16

印　　张：25.25

版　　次：2017年9月第1版

印　　次：2017年9月第1次印刷

书　　号：ISBN 978-7-5010-5197-7

定　　价：230.00元

本书版权独家所有，非经授权，不得复制翻印

第二十二届国际历史科学大会济南章丘卫星会议合影　2015.8.24

22nd ICHS Zhangqiu (Jinan) Satellite Symposium

彩版 1　章丘卫星会议全体代表合影

彩版 2　章丘市市长刘天东博士在开幕式上致辞

彩版 3　中国社会科学院考古研究所副所长陈星灿研究员在开幕式上致辞

彩版 4　山东大学常务副校长王琪珑教授在开幕式上致辞

彩版 5　美国耶鲁大学人类学系主任文德安教授在开幕式上致辞

彩版 6　山东大学栾丰实教授在闭幕式上做会议总结发言

彩版 7　济南市政协副主席崔大庸教授在闭幕式上发言

彩版 8　安徽省文物考古研究所吴卫红研究员汇报第一组讨论情况

彩版 9　中国人民大学韩建业教授汇报第二组讨论情况

彩版 10　北京大学夏正楷教授在分组会议上发言

彩版 11　山东大学孟祥才教授在分组会议上发言

彩版 12　菏泽市人大前副主任潘建荣先生在分组会议上发言

彩版 13　南京博物院张敏研究员在分组会议上发言

彩版 14　中国社会科学院考古研究所赵志军研究员在分组会议上发言

彩版 15　河南大学李玉洁教授在分组会议上发言

彩版 16　美国伊利诺伊大学 Timothy Pauketat 教授在分组会议上发言

彩版 17　美国纽约城市大学 Kate Pechenkina 教授在分组会议上发言

彩版 18　英国伦敦大学学院傅稻镰教授在分组会议上发言

彩版 19　美国威斯康星大学 Isabelle Druc 博士在分组会议上发言

彩版 20　南京博物院林留根研究员在分组会议上发言

彩版 21　山东省文物局王守功研究员在分组会议上发言

彩版 22　山东大学靳桂云教授在分组会议上发言

彩版 23　山东大学王青教授在分组会议上发言

彩版 24　山东省文物考古研究所孙波研究员在分组会议上发言

彩版 25　章丘卫星会议开幕式会场

彩版 26　会议分组讨论

彩版 27　会议分组讨论

彩版 28　两城镇遗址 M33 提取二层台的随葬品后
（箭头指向绿松石制品的位置）

彩版 29　墓主人左臂之上绿松石制品和胃石的位置

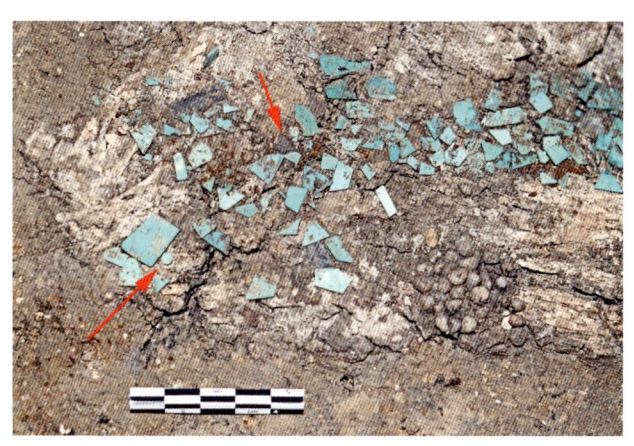

彩版 31　圆形（下方箭头）和有黑色附着物（上方箭头）绿松石片的位置

彩版 30　加石膏整体提取以保存绿松石制品的完整性

彩版 32　下靳遗址 M76 出土的龙山手镯
（由绿松石、贝壳组成，可能还有皮革）

彩版 34　两城镇遗址出土绿松石管
（T2300 ⑥ a：33）

彩版 33　二里头遗址出土大型龙形图案（2002 Ⅴ M3：5）
（由绿松石和玉石拼成，另有一个铜铃）

彩版 35　M33 经过检测的五枚胃石
（红色边缘反映拍照背景，并不是残留物）

彩版 36　M33 经过检测的五片绿松石片
（箭头指出可能的朱砂残留）

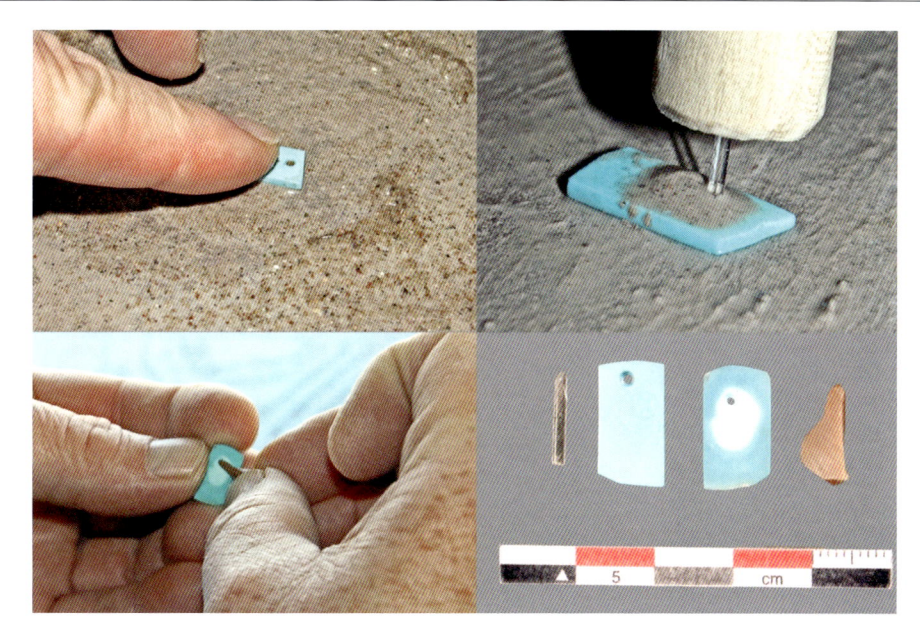

彩版 37　复制 M33 的 2 号绿松石制品

复制品 1 未经抛光的表面

复制品 1 经过 20 分钟羊皮抛光后

M33 的 2 号绿松石片经过高度抛光的表面

彩版 38　表面对比

彩版 39　两城镇遗址出土的打磨废料表明曾对箭头进行打磨（上）、实验复制绿松石制品产生的打磨和钻孔废料（下）

红山文化（公元前 4700～前 2900 年）

良渚文化（公元前 3400～前 2250 年）

西周（公元前 1046～前 776 年）

龙山文化（公元前 2600～前 1900 年）

彩版 40　对比 M33 的绿松石制品（右）和新石器时代及周代的鸟形母题（左）

彩版 41　两城镇的一个鼎出土时的样子（左），一个鼎足的放大照片显示其"类鸟"的特征（右）

彩版 42　两城镇的一个鸟头陶器盖和一个鸟头器盖残片

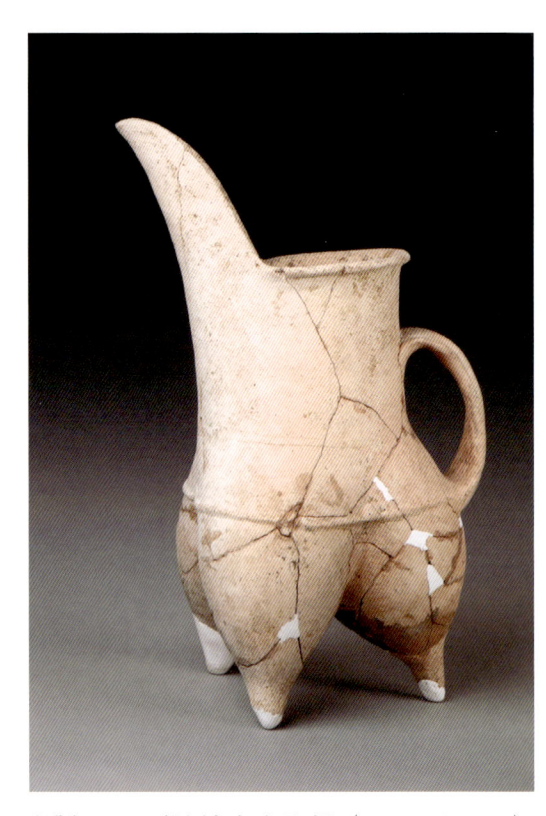

彩版 43　两城镇出土陶鬶（H205 ③：18）

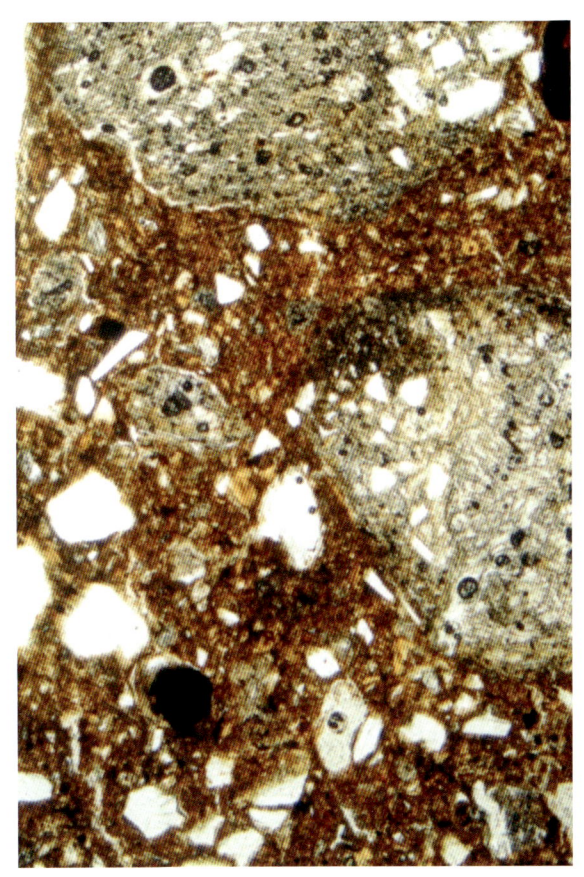

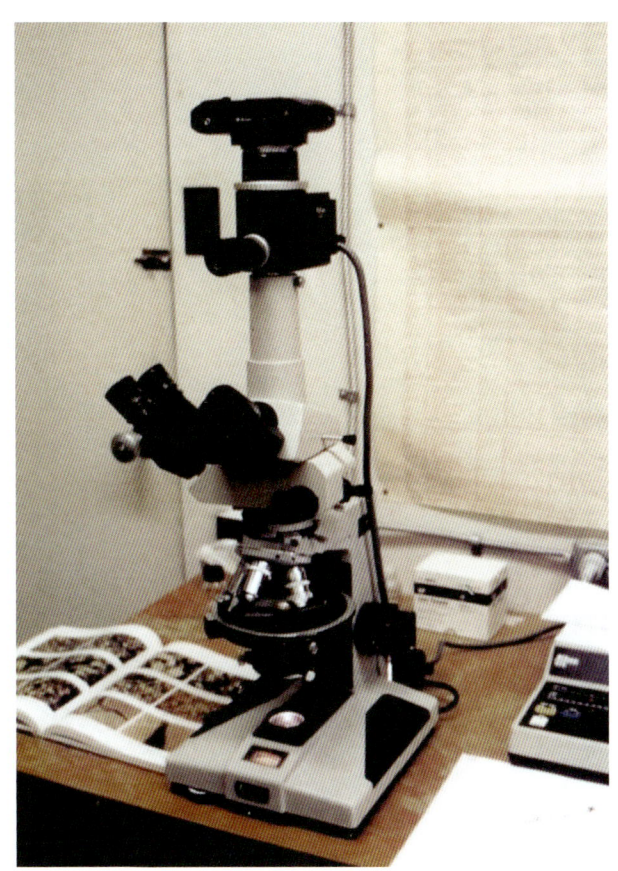

a. 透射光下，岩相显微镜，4倍偏振光下陶胎样品

b. 反射光下，与电脑连通的便携电子低倍显微镜下，同一份陶胎样品

彩版 44　Totorillas jar，传统生产工艺，秘鲁，使用火山原料（圆形大颗粒是浮石颗粒），制作中的某些步骤使用泥条卷（颗粒呈现圆形分布）

彩版 45　在遥远背景中的 Puemape 遗址和遗址的海岸环境
（I. Druc 摄于 2015 年）

彩版 46　Puemape 遗址所出的不同类型陶片（源自 Druc 2015，图 3a）
PU178（右下三角形碎片）和 PU156（左下双色碎片）的陶胎显微照片见彩版 47、48

彩版 47　黏土和海岸沙土混合的陶胎

PU178，40 倍，平面偏振光（源自 Druc 2015，图 6a）

彩版 48　非本地生产的 rojo grafitado 陶瓶碎片

PU156，混合花岗闪长岩碎片的陶胎。80 倍显微照片，正交偏振光

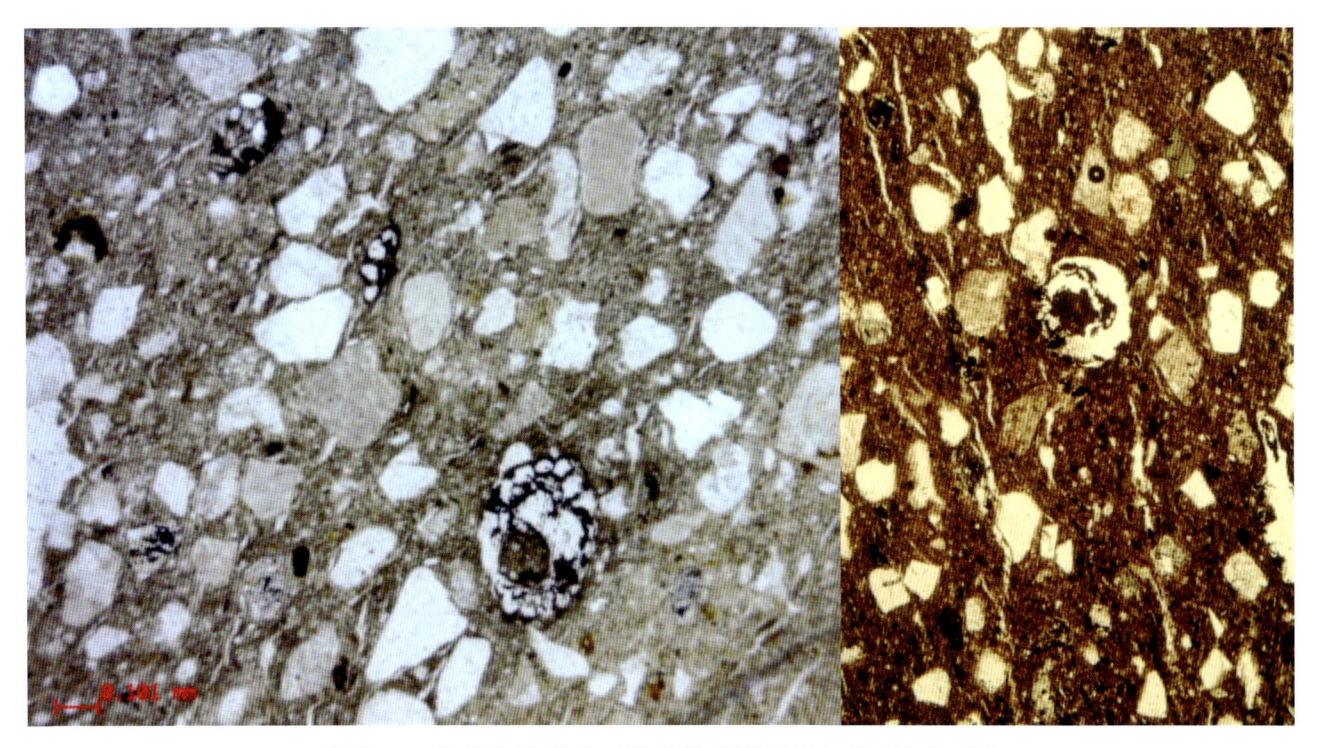

彩版 49　陶胎中轮藻化石假晶体空洞以及纤维素组织残留

PU177，轮藻种子最大长度为 0.4 毫米（源自 Druc 2015，图 10a）；PU119 直径 0.37 毫米。显微照相，4 倍，平面偏振光

彩版 50　Kuntur Wasi 遗址顶部的石碑（复制品）
位于 Cajamarca Department 高地，秘鲁

彩版 51　Kuntur Wasi 遗址的两种主要技术传统制作的陶胎样品
a. ID8 火山灰陶胎　b. CP3 次火山灰陶胎　（4x，正交偏振光）

内容简介

2015年8月，在龙山文化的命名地中国山东省章丘举办了"第22届国际历史科学大会章丘卫星会议——比较视野下的龙山文化与早期文明"。

本书即是这次会议的学术成果之一，共收录会议论文32篇，内容广泛，涉及到龙山文化考古的新进展、聚落考古与社会复杂化、环境和生业经济、龙山文化遗产的保护与利用等。

栾丰实从环境考古研究、生业经济研究、手工业经济研究、玉器研究、社会发展进程研究、体质人类学研究等方面全面概括和归纳了龙山文化研究近年来的新进展。

李旻运用早期国家"政治实验"和龙山世界"知域拓宽"的概念，对龙山时期早期中国社会与技术变革提供了新的解释框架。他认为龙山时代存在着东亚、北亚、中亚三个文化互动圈，区域间互动网络在空间规模、地理知识、技术知识、宗教实践、认知领域等诸多方面得到了空前拓展。

王震中从上古中国的王权与王朝国家的关系、王权与称王的关系、"王"的称谓的起源、夏商王权源于万国时代族邦联盟的盟主权位等方面，探讨了中国王权的诞生及王权与三代复合制国家结构的关系。

林留根和胡颖芳认为藤花落城内的夯土台基具有早期宫城的意义，城内存在着掌握主要公共资源和权力的贵族，城内居民已经发生了社会和职业的分化。整体上藤花落城址所属的聚落群是结构较为简单的二级聚落群。

郭大顺认为渤海北岸的夏家店下层文化，时代与龙山文化晚期和岳石文化相当，是一支延续时间长、聚落数量多且结构复杂、具有极强的文化连续性、内部等级分化严格的方国文明。并与商文化的起源密切相关。

高明奎等认为十里铺北遗址新发现的大汶口、龙山、岳石文化和商代文化遗存，文化面貌复杂，充分显示了先秦时期东、西文化的交流与融合。

文德安等对两城镇遗址日常使用的陶杯进行分析，没有发现陶杯生产效率随城市化进程而提高的现象。因此她推测两城镇地区有多个制陶作坊，日常使用的陶器多在社区内流通，而更精美的仪式用陶器流通的更广泛一些。

科杰夫和栾丰实论述了两城镇遗址绿松石的使用及其仪式的重要性，介绍了M33手臂绿松石饰品的背景、使用痕迹，通过比较和复制分析，以求更好的理解绿松石工艺品的性质和死者的丧葬仪式。

马永超和靳桂云对海岱地区龙山时期遗址的植物考古研究成果进行了系统梳理，认为海岱龙山文化的农业形成了以种植粟、黍为主的旱作农业区和水稻、粟并重的混作农业区并立的格局。在粮食作物之外，黍亚科、藜科、蓼科中某些植物可能也被纳入当时先民的食谱。

Timothy R. Pauketat 介绍了美国中部大卡霍基亚地区的土制大型遗迹以及对其他早期文明的反思。土制建筑的广泛分布表明，改变大卡霍基亚区域及其属地的地貌需要耗费成百上千的工时；在城市建造初期人力的投入最多，这可能表明了对宗教运动的热忱激发了人们建造城市的意愿。

Abstract

In August 2015, the 22nd International Congress of Historical Sciences Zhangqiu (Jinan) Satellite Symposium——Longshan Culture and Early Civilizations under Comparative Perspective was held at Zhangqiu, Shandong province, where the Longshan culture was named.

This volume is one of the fruits of the symposium, including 32 articles contributed by domestic and foreign scholars and covering extensive topics in the field of archaeology, such as recent field discoveries and research findings, settlement archaeology, the development of complex societies, environmental studies, subsistence economy, and the conservation and utilization of Longshan cultural heritage.

Fengshi Luan reviewed recent field and research progresses of Longshan culture on environment, subsistence economy, handicraft, jade, and social development.

Min Li employed two concepts – "political experimentation" in early states and "expanding horizons" of Longshan world – to provide a new framework for conceptualizing social change and technology revolution happened in the Longshan period of early China. Li suggested that there were three interaction cultural spheres during Longshan period, namely the Chinese Interaction Sphere, the Northern Eurasian Interaction Sphere, and the Middle Asian Interaction Sphere, more importantly, the interactions among these spheres greatly facilitated the exchange of knowledge on spatial scale, geography, technology, religious practices, and cognition.

From the aspects of the relationship between kingship and dynasty-state in ancient China, the connection between kingship and claiming throne, the origin of *"Wang"* (the appellation of King), Zhenzhong Wang discussed the origins of Chinese kingship and the relationship between kingship and composite state structures during Xia, Shang and Western Zhou periods. In the end, Wang asserted that the root of kingship during Xia and Shang periods was actually based on the power of the leader of chiefdom alliances before Xia Dynasty.

Liugen Lin and Yingfang Hu suggested that the rammed-earth platforms at Tenghualuo site indicated the existence of primitive imperial palace. The public resources and power were under the control of local elites, meanwhile the occupational differentiation and social stratification had emerged among local residents at Tenghualuo. Overall, the settlement cluster that Tenghualuo belonged to represented a simple-structured second-tier settlement cluster.

Dashun Guo asserted that the lower Xiajiadian culture on the north shore of Bohai Bay was contemporary with the late Longshan culture and Yueshi culture. It represented a lengthy state civilization, and numerous and complicated settlements of this culture had been found. Moreover, the lower Xiajiadian culture showed signs of strong cultural succession and internal social stratification. Guo also argued that the lower Xiajiadian culture was closely related to the origin of the Shang culture.

Mingkui Gao and his colleagues discussed the remains of Dawenkou, Longshan, Yueshi and Shang cultures newly excavated from Shilipubei site. The complex cultural features of Shilipubei fully demonstrated the connection and integration between cultures of the east (Shandong province) and the west (Henan and Hebei provinces) in the Pre-Qin Era.

Anne Underhill and her colleagues analyzed ceramic cups used for daily life from Liangchengzhen site, and they found that the production efficiency of these cups did not improve along with the process of urbanization. Hence they inferred that there were multiple pottery-making workshops around the settlement. Ordinary vessels used for daily life were often circulated within local communities, while the elaborate vessels used for ceremonies were more widespread.

Geoffery Cunnar and Fengshi Luan discussed the utilization of turquoise at Liangchengzhen site and the importance of it in ceremonies. Through comparative analysis and replication experiment, they studied the context and use-wear of the turquoise artifact from M33 to better understand the nature of it and the burial ritual for the deceased.

Yongchao Ma and Guiyun Jin reviewed the recent paleoethnobotanical researches of Longshan culture in Haidai region. They believed that two agricultural systems had formed during Longshan period, the dry land agriculture where people cultivated foxtail millet and broomcorn millet and the mixed agriculture where residents planted both rice and foxtail millet. Furthermore, some species of Panicoideae, Chenopodiaceae and Polygonaceae were probably also incorporated into Longshan people's diet in addition to grains.

Timothy Pauketat discussed the earthen monumental constructions at the Greater Cahokia in the Midwest of U. S. and its implications for rethinking early civilizations. The extensive distribution of earthen constructions suggested that hundreds of thousands of person-hours were spent in reshaping the entire Greater Cahokia region and a series of Cahokian outliers or colonies. Labor expenditures were greatest at the very inception of the city, probably indicating the willing participation by people as part of an attractive religious movement.

前　言

栾丰实

国际历史科学大会是当今世界具有巨大影响力的盛会。第 22 届国际历史科学大会是该会 115 年来第一次在亚洲举行，也是首次在西方主要发达国家之外举行。在山东省人民政府的支持下，山东大学组委会征得国际历史学会同意，决定在历史科学大会召开期间，结合主会场议题，在济南等六个城市举行卫星会议，向世界展示山东地区深厚的历史文化底蕴，提升齐鲁文化的软实力，推动山东进一步走向世界。其中，济南市的章丘卫星会议主题确定为具有 4000 多年历史的龙山文化，由山东大学、济南市、章丘市政府共同主办。

确定筹办章丘卫星会议以来，济南市和章丘市政府非常重视，成立了以政府主要领导为组长、各主要职能部门领导参加的支持保障工作协调小组和专门办公室。同时，在环境整治、住宿餐饮、食品安全、会议安保、会议宣传、交通通讯、文化活动等方面都做出了具体安排，责任落实到位，反复督导检查。山东大学成立了专门的卫星会议筹备组，在时间短、任务重的情况下，反复协商、多方联络，向国内外近百位学者发出邀请，得到广泛响应。这些平凡而细致的工作，为章丘卫星会议的顺利召开创造了良好条件。

章丘卫星会议以"比较视野下的龙山文化与早期文明"为主题，汇集来自国内外 60 多位考古学家和历史学家，共同探寻东方文明的深厚文化底蕴，研究中国早期国家的产生路径和特色，具有重要的学术意义和现实价值。

会议于 2015 年 8 月 24 日在章丘市新落成的文博中心隆重开幕。会议经过两天紧张研讨，55 位与会中外代表把自己的最新研究成果在会议上做了报告，讨论的内容以龙山文化为主，兼及其他区域的史前文化甚至海外的相关考古研究，可以说这是一次名副其实的学术盛会。

自 1928 年在齐鲁大学任教的吴金鼎先生发现城子崖遗址，1930～1931 年，中央研究院历史语言研究所两次发掘该遗址之后确立了龙山文化，迄今已有 80 多年的历史。综观 80 多年来龙山文化的发现和研究历程，期间经历了两次重大的转折性变化。

第一次是在 20 世纪 50 年代后期。龙山文化确立之后，随着新资料的不断增多，由于认识和研究相对滞后所导致的龙山文化分布区域越划越大，文化内涵也越来越庞杂。到 50 年代后期，学术界逐渐认识到，黄河和长江流域等不同地区此前划归为龙山文化的遗存，实际上属于不同的考古学文化。进而将浙江地区的龙山文化单独命名为良渚文化，而黄河流域的龙山文化遗存则被区分为庙底沟二期文化、河南龙山文化、陕西龙山文化和山东龙山文化等不同文化类型。为了表示后者与其他类型的区别，又把山东地区的龙山文化称为典型龙山文化，从而将其从泛龙山文化中分离出来，把分布区域缩小到黄河下游地区的范围之内，成为一支独立的考古学文化。

第二次是20世纪90年代中期。龙山文化独立出来之后，经过学术界30多年的研究，以年代学为中心的考古学基础性问题，如分期和年代、文化内涵和特征、地方类型的区分、来源和去向、与周边地区同时期文化的关系等，已基本得到解决。在这样的形势下，龙山文化研究的重心开始向隐含在物质遗存背后的人和社会转移。为了研究龙山文化时期的人与社会，客观上要求有新的理论、方法来指导，需要更多的新资料和新信息。所以，提出和引进包括国家起源和形成理论在内的研究古代社会发展进程的理论，在地层学和类型学的基础上引入聚落考古学方法，采用一切可以为考古所用的现代科学技术手段，以获取更多的研究资料，逐渐成为新形势下考古学研究的主要任务和使命。经过20多年的实践，我认为包括龙山文化在内的中国考古学研究，在转型的道路上已经迈出了坚实的步伐，取得了一系列丰硕成果。各位代表在两天会议上发表的50余篇研究心得，多数就是在这一基础或背景下进行的探索和研究，内容几乎涉及到龙山文化时期社会的各个方面。

今后相当长的时间内，龙山文化的考古发掘和研究，将围绕着社会和历史的层面而展开和深入。研究的具体内容包括：人与环境的互动关系；资源的控制、分配和利用；生业经济的内容、构成和类型；不同门类的手工业经济从生产过程和技术创新、流通和贸易到消费环节的使用和功能；在聚落考古方法指导下探索社会组织和社会结构的形态及其演进，进而从理论层面总结人类社会的发展规律；不同层级区域之间的人群迁徙和文化交流、传播和影响及其反映的互动关系；意识形态和思想文化领域的探索和研究，等等。

可以预期，只要我们遵循科学研究的客观规律，立足于田野考古，脚踏实地，勇于创新，共同努力，关于龙山文化的研究和认识就会越来越丰满和深刻，并将不断地持续和深入下去。

本次结集出版的论文，是会议代表专门为会议撰写并在分组会议上进行了交流。郭大顺先生和王震中先生因事未能与会，特地发来会前已经写好的论文。本文集收入论文32篇，另有4篇因与以往公开发表的论文有较多重复而未收录。

在国际历史科学大会组委会和山东省政府、济南市政府的指导下，章丘市政府及各主要职能部门，全力筹备，精心策划，从人、财、物各个方面积极支持本次卫星会议，"比较视野下的龙山文化与早期文明"这一学术盛会获得了圆满成功，得到国内外全体与会学者的交口称誉。在章丘卫星会议论文结集出版之际，谨对无私奉献、倾力支持本次会议顺利召开的单位和个人表示衷心的感谢！

2017年7月1日于山东大学

目 录

前　言	栾丰实	i
海岱龙山文化的考古新发现和研究新进展	栾丰实	1
龙山时代的社会转折：政治实验与互动网络的拓宽	李旻	16
中国王权的诞生——兼论王权与夏商西周复合制国家结构之关系	王震中	32
龙山到岳石时期渤海湾北岸的方国文明——夏家店下层文化	郭大顺	46
龙山时代陶器的生产、分配和消费：两城镇遗址陶杯研究	文德安　王芬　栾丰实	66
两城镇遗址绿松石的使用及仪式重要性研究	科杰夫　栾丰实	77
龙山时代与龙山玉器	张海	90
青岛地区龙山文化初探	陈宇鹏　林玉海	103
海岱地区龙山文化特殊埋葬方式浅析——以尹家城、三里河遗址为例	陈淑卿	114
藤花落龙山时代城址的特征与聚落形态	林留根　胡颖芳	128
山东定陶十里铺北遗址发掘的主要收获及初步认识	高明奎　王龙　曹军　王世宾	137
城子崖遗址考古的学术意义	田继宝　刘卓尔	143
山东城子崖遗址环境演变过程的初步分析	夏正楷　刘江涛	157
海岱龙山文化农作物类型及区域特点分析	马永超　靳桂云	162
两城镇遗址的消费模式：脂类残留物分析	Rheta Lanehart	180
寿光边线王龙山文化城址出土动物遗存分析	宋艳波　王永波	204
海岱龙山文化人口性别、年龄和社会分化的初步研究	闫雪　王建华	213
海岱龙山文化的年代——城子崖遗址地质考古野外工作和 ^{14}C 测年的初步结果	Karen Wicks　孙波　朱超　宿凯　Steven Mithen　靳桂云	231
关于夏商周考古年代学研究	张雪莲	247

篇目	作者	页码
史前遗址展示的困惑与探索——对史前考古遗址公园建设若干问题的思考	王守功	257
城子崖国家考古遗址公园建设浅谈	徐霞	263
登封王城岗遗址与禹都阳城的考古学观察	方燕明	272
河北张家口市清水河流域龙山时代考古遗存分析——以大水沟遗址的考古调查与试掘为例	崔英杰　王振祥	279
论江淮地区二里头文化时期的文化格局	赵东升	289
新石器时代中原地区人类饮食和健康状况的变化	Kate Pechenkina　董豫　Chelsea Morgan　张彪　樊温泉	303
儒家文化与龙山文化	张敏	313
五帝年代考证与当今断代工程	谢玉堂	320
菏泽：中华文明的重要发祥地	潘建荣	326
陶寺与哈拉巴的古城文明比较研究	李玉洁	330
陶胎的矿物学研究在理解交流、生产和产地中的优势——以古代秘鲁为例	Isabelle C. Druc	338
卡霍基亚神庙建筑群一处宗教与家用建筑的重要性	Susan M. Alt	347
大卡霍基亚地区的土制大型遗迹以及对其他早期文明的反思	Timothy R. Pauketat	360

海岱龙山文化的考古新发现和研究新进展

栾丰实*

1928年吴金鼎发现城子崖遗址，1930～1931年中央研究院历史语言研究所和山东省政府合组的山东古迹研究会，两次发掘城子崖遗址并确立了龙山文化，迄今已经历了近90年的时间。综观龙山文化的研究历程，曾先后发生过两次转折性的重大变化。

1. 1950年代后期

1930年代确立龙山文化之后，各地发现的同时期类似遗存不断增多，地域也从黄河下游扩展至黄河中游和长江下游地区。进入1950年代，随着中原地区和其他区域的同类考古新发现迅速增多，聚集在龙山文化名称之下的考古遗存，已经远远超出了一支考古学文化的范畴，从而形成了"泛龙山文化"的格局。这一时期，随着中原地区庙底沟二期文化和东方地区大汶口文化的先后发现，认识并确认了中原和东方两地区的龙山文化各有来源，最终导致了将东方地区以外的"龙山文化"从龙山文化中分离出去。如把浙北苏南地区的龙山文化独立出来命名为良渚文化[1]，黄河中游地区的龙山文化遗存分别命名为庙底沟二期文化（早期龙山文化）、后冈二期文化（河南龙山文化）、客省庄二期文化（陕西龙山文化）等。从而使东方黄淮下游地区的龙山文化成为一支相对独立的考古学文化，称为山东龙山文化或典型龙山文化[2]。

2. 20世纪90年代

在新资料不断涌现并经过30多年的研究，关于龙山文化研究中的一些基础性问题，如分期和年代、文化内涵和特征、区域差异和地方类型、来源和发展去向、与周边地区同时期文化的联系和影响等，在考古学文化的框架内，采用地层学和类型学方法开展了持久而深入的分析和研究，到这一时期已经基本廓清和解决。同时，关于龙山文化的社会性质、文化习俗、埋葬礼仪、制陶技术以及和文献记载的族属相对应等与社会相关的问题，也有个别的讨论和研究。在基础性问题基本解决之后，考古学研究的重心必然要向物质遗存背后的人、人类社会以及与人类生存所依托的环境、资源、经济等方面转移。而要全面研究和阐释人类社会，仅仅靠以往的地层学和类型学是无法获得解决的。所以，在传统的考古学方法论基础上，引入了聚落考古的研究方法，并在田野考古及其后续研究中，采用各种现代自然科学技术以获取更多的研究古代社会的新资料和新信息，成为龙山文化乃至中国考古学研究转型的标志。对于龙山文化的研究来说，这一研究上的转型大约开始于20世纪90年代中期，可以1995年中美合作开展的鲁东南地区区

---

* 栾丰实：山东大学历史文化学院。

域系统调查[3]和1998年两城镇遗址发掘的多学科综合研究为标志[4]。

以下着重分析和讨论第二次转变之后关于龙山文化的考古新发现和研究工作的新进展。

一 关于龙山文化的新发现

最近20年来，关于龙山文化的田野考古工作，主动性工作与配合基本建设相结合，可以说是遍地开花，取得了一系列新的重要成果。

（一）考古调查工作

这一时期的田野考古调查工作主要有两类：第一类是围绕着特定的学术目的而开展的区域系统调查；第二类是采用传统调查方法所开展的工作，如局部和单个遗址的调查，规模最大的是全国第三次文物普查工作。

1. 区域系统调查工作

为了全面研究龙山文化时期的社会，深入了解这一时期的区域社会组织和社会结构的状况及变迁，在龙山文化分布区域内选择一些特定小区，在聚落考古方法的指导下开展区域系统调查工作，是近20年来龙山文化田野考古工作的新事物和新进展。目前，这样的调查工作已开展了多项，取得了一批引人注目的学术成果。例如：

（1）中美联合考古队在鲁东南地区开展的区域系统调查（1995～2014）

调查工作持续了20年，调查面积超过2000平方千米，发现大量龙山文化及其他时期的遗址，为研究这一地区聚落形态发展变化所反映的社会变迁，提供了极其丰富和充分的基础资料[5]。

（2）山东省文物考古研究所在桐林周边的淄河、乌河流域开展的区域系统调查（2007～2008）

配合中华文明探源工程项目的实施，在龙山文化时期中心聚落桐林遗址所在的乌河流域及周边地区开展的系统调查，调查成果揭示出该地区从后李文化到汉代长时期的聚落变迁和龙山文化时期围绕着桐林遗址的特定聚落结构[6]。

（3）山东省文物考古研究所在城子崖遗址周边地区开展的区域系统调查（2011～2012）

这一地区的工作基础较好，曾作为龙山文化时期一个典型的文化小区，发现的遗址数量较多，等级较为分明。本次采用区域系统调查的方式开展工作，仍然有一系列新的发现[7]。

（4）国家博物馆考古部、山东大学考古系在鲁南薛河流域开展的区域系统调查（2010～2014）

薛河流域是山东乃至中国古代文化遗存最为丰富的一个地区。本次采用系统调查方法开展的田野考古工作，对史前至汉代的聚落变迁和不同时期的聚落结构，有了许多新的认识[8]。

（5）其他的区域调查

主要是开展了一些小规模的田野调查工作，如济南东郊以大辛庄为中心的区域系统调查[9]，配合山东齐地八主祠研究项目在龙口、莱州、新泰、荣成、烟台等地开展的小范围区域系统调查等[10]。

2. 第三次文物普查工作

2007年以来在全国范围开展的第三次文物大普查,以山东为主的海岱地区各地新发现了一批龙山文化遗址。如已经公布的烟台市文物普查资料,经过第三次文物普查古遗址类增加了514处,其中就有一部分龙山文化时期的遗址[11]。第三次文物普查的古遗址调查,在传统的方法基础上有许多新的改进,如采用全球定位系统确定每一个遗址的位置,使用GPS来确定每一处遗址的准确范围和面积等,文字、测绘和影像等记录资料更加详细和完备。

(二)考古发掘工作

近20年来经过发掘的龙山文化遗址有50余处,比较重要的有日照两城镇和尧王城、五莲丹土、昌乐袁家庄、胶州赵家庄、平度逄家庄、黄岛南营、烟台庙后和舞台、招远老店、文登旸里店、临淄桐林、张店黄土崖、邹平丁公、章丘城子崖、茌平教场铺、阳谷景阳岗、枣庄二疏城、定陶十里堡、江苏连云港藤花落、邳州梁王城、安徽固镇垓下和南城孜、宿州芦城孜、蒙城尉迟寺、蚌埠禹会村、大连小朱山、鞍子山积石冢等。

1. 两城镇遗址

1998~2001年,中美联合考古队连续发掘该遗址,发掘面积1000多平方米。发掘工作以聚落考古方法为指导,采用了多学科参与研究的方式,获得一系列龙山文化新的重要发现,例如:经勘探发现内中外三圈壕沟,外圈面积近80万平方米,中圈壕沟的内侧发现城墙,其底部外缘铺垫一层自然石块;在小范围内揭示了龙山文化时期聚落组成单位的变迁过程;浮选出大量大植物遗存,其中水稻的数量显著超过了粟和黍,表明其农业经济状态可能转变为以水稻为主、旱作农业为辅的模式;检测和分析出酒的遗存;等等[12]。

2. 尧王城遗址

位于日照市南部的尧王城遗址,遗址面积较大,遗存丰富,经1979年和1992年的发掘,已知其是一处重要的中心性聚落遗址。近年来,不同单位多次调查该遗址,发现龙山文化城墙的线索,后经山东省文物考古研究所勘探,确认了城墙的存在。2014年以来,中国社科院考古研究所山东队多次发掘该遗址,发现内外两圈龙山文化城墙和成片的龙山文化房屋基址及墓葬等重要遗迹[13]。

3. 丹土遗址

1995~2000年,山东省文物考古研究所先后三次发掘该遗址,发掘面积1000多平方米。丹土遗址的发掘工作主要围绕着城址展开,发现并确认了内中外三圈城墙,分别为大汶口文化晚期、龙山文化早期和龙山文化中期。在城墙的外围,还有专门设计和建造的以壕沟为主体的水处理系统。丹土遗址早年零散出土过较多史前大型礼仪用玉和装饰用玉,城址的发现,进一步印证了其大汶口文化晚期至龙山文化早期的中心聚落地位[14]。

4. 藤花落遗址

位于江苏连云港郊区的藤花落遗址，面积 20 余万平方米。1996～2004 年，南京博物院等单位先后四次发掘藤花落遗址，发掘面积超过 5000 平方米。以龙山文化遗存为主的藤花落遗址，有一系列重要发现。如发现了内外两圈龙山文化城墙，内圈为方形，面积约 4 万平方米，外圈为长方形，面积约 14 万平方米；城内发现 3 处台基，其中一处为大型公共活动场所；内城中清理出成片的龙山文化房址，共有 44 座，既有单间和双间，也有不同结构的多间房屋；此外，还发现两组由水坑、水沟和水田构成的稻作生产遗迹[15]。

5. 桐林遗址

2001、2003 和 2005 年，北京大学考古文博学院和山东省文物考古研究所三次发掘该遗址，揭露面积超过 1000 平方米。发现和确认早、晚两圈龙山文化城墙和壕沟，面积为 20 万平方米左右。此外，还有一系列重要新发现，例如：城址外围还存在着若干片同时期的聚落遗址，总面积超过 200 万平方米；城内东南部发掘出一座有围墙的院落；遗址西侧的愚公山东坡发现制作石器的原料和石器粗加工的生产场所等[16]。

6. 景阳岗遗址

位于鲁西的阳谷县，1995、1996 年，山东省文物考古研究所两次发掘该遗址，发掘面积超过 1000 平方米。发现的龙山文化城址平面呈长方形，为西南－东北方向，面积约 38 万平方米，在海岱地区龙山文化城址中属于偏大的一座。此外，在城内还发现大小两座台基，面积分别为 9 万多和 1 万多平方米。从出土遗物推断，景阳岗遗址的城址和台基属于龙山文化中晚期[17]。

7. 教场铺遗址

1994 年冬，山东省文物考古研究所在鲁西聊城地区经调查和勘探发现了南北两组 8 座龙山文化城址，其中北组的中心为教场铺城址，面积达 40 万平方米，一度引起学术界的广泛关注。进入 20 世纪以后，中国社科院考古研究所山东队多次发掘教场铺遗址，发现一座椭圆形小型城址，东西长 230、南北宽 180 米，面积 4 万多平方米。城墙分为两期，整体上与景阳岗城址的时代相近，属于龙山文化中晚期阶段[18]。

8. 禹会村遗址

位于安徽省蚌埠西郊的淮河东岸，面积约 50 万平方米。2006～2011 年中国社科院考古研究所先后进行过七次发掘，揭露面积达 7000 多平方米。最主要的收获是在遗址的中北部发现一座大型遗迹。遗迹呈南北方向，南北长 108、东西宽 13～23.5 米，总面积近 2000 平方米。整个堆积厚度超过 1 米，下层为灰土堆筑，中层用黄土铺垫，上层覆盖一层白色土。大型垫土遗迹之上有多种小型遗迹，最重要的是中南部有一列 45 个柱坑，排列比较整齐。发掘报告认为这是一座大型祭台，并认为和文献记载的禹会诸侯的大型活动有关[19]。

此外，在一些遗址的勘探和发掘中，还发现了一批龙山文化时期的环壕等大型设施和遗迹，如桓台李寨和后埠、日照苏家村和大桃园、平度的逄家庄、招远的老店、黄岛的南营和胶南的河头等遗址，均发现了龙山文化时期的环壕，面积多在5万平方米左右或更小。城址、环壕聚落和普通聚落的存在，表明在龙山文化时期，至少存在着三个层级的复杂聚落结构。

上述经过发掘的遗址分布于海岱地区的各个小区，其发掘成果增添了一批新颖资料，丰富了学术界对龙山文化整体内涵的认识，特别是一些遗址的发掘工作采用了多学科合作的模式，获取了大量前所未有的新信息，为龙山文化时期的社会研究奠定了基础。

二 关于龙山文化研究的新进展

最近20年来关于龙山文化的考古研究，大体可以分为两个部分：即基础性研究和社会考古研究。基础性研究主要集中在地方类型的探索、与大汶口文化、岳石文化的关系以及向域外的传播和扩散等问题方面。龙山文化的社会考古研究，在田野考古阶段就已经主动开展起来，环境、资源、经济、社会等各个研究领域均有长足发展，可以从以下六个方面进行归纳和总结。

（一）环境考古研究

可能因为感同身受，当前人们对环境的关注程度超过了以往任何时期。近年来环境考古研究日益受到学术界的重视。无论是从整个中国还是海岱地区，或者更小的区域，古环境的复原和研究，多半是以较长时段为尺度来进行的，如宏观和微观地貌的变化、气候的冷暖交替、海平面的变迁等。而微观研究的对象多半是经过发掘的单个遗址。

靳桂云利用各个时期的孢粉和动物遗存，从宏观角度探讨了海岱地区新石器时代环境和气候的变迁及其与人类生业方式的关系[20]。夏正楷对鲁南重要的史前文化小区——薛河流域进行了较为系统的第四纪环境考古研究，他从这一区域的地貌特征和各个时期遗址分布的空间格局入手，分析了遗址分布与地貌演变的关系，总结了不同时期古文化的分布特征与区域差异[21]。齐乌云利用9个遗址的孢粉组合资料，对沭河上游地区莒县盆地的大汶口、龙山、岳石文化时期的古植被、古气候和古环境变迁进行了深入探讨[22]。王青则从古遗址的分布并结合地理地质资料，探讨了中全新世渤海西南部海岸线的变迁，复原了从北辛文化到汉代时期的三条海岸线[23]。丁敏等依据城子崖遗址附近的剖面分析结果，认为距今4000年事件导致气候恶化，风沙加大，人们的生存环境恶化，最终表现为龙山文化被岳石文化所取代[24]。

龙山文化时期两城镇遗址及其周围的古环境，主要是依据新发现的植物遗存进行的。如存在较多的刚竹和芦苇的植硅体，有丰富的麻栎、松等树木资源，甚至还存在个别亚热带的植物品种，联系到其他地区的同类发现，推测当时气候比现在要温暖和湿润，适合水稻的生长。同时开展的地质考古研究，也得出相同的结论[25]。藤花落遗址开展的环境考古研究，内容包括地层磁化率、古生物、动物和孢粉等分析。研究成果表明，龙山文化产生之前为温暖湿润的气候，龙山文化早期有明显的降温，而藤花落城址在龙山晚期阶段的突然消亡，可能与气候异常出现过灾难性的大水和河流泛滥有关[26]。鲁西地区的教场铺遗址，由孢粉组合反映的古气候，经历了温凉偏湿－温和偏湿－温凉干旱－温和偏湿的变化过程。植被的变化也呈现出一个较为复杂的状态[27]。地处淮河流域的禹会村遗址，采用多种方法对当时的环境进行了研究。结果表明，龙山文化形成之前、早期到中期、中期到后期和晚期等四个发展阶段，分别对应着暖湿－冷干－暖干和冷干的气候变化过程。而距今4100年前后，淮河流域处于温暖湿润的高水位期，洪灾频繁发生[28]。

其他一些重要遗址，如城子崖、桐林、丁公及周边地区的环境考古研究，均在进行之中。

（二）生业经济的研究

生业经济与人类的关系密切也最为直接，越来越受到学术界的重视。近些年来，专业研究人员和考古工作者一起，参与了从课题设计到发掘中的具体采样的全过程，最后在实验室进行检测、鉴定和分析，成果在诸多学科的研究中最为丰硕。生业经济研究主要包括植物考古和动物考古两个方面。

1. 植物考古方面

既有单个遗址植物遗存的鉴定、统计和分析，也有宏观的归纳和讨论。在单个遗址方面，经过较大面积主动发掘的两城镇、桐林、教场铺、城子崖、尧王城、十里堡和禹会村等遗址，均采用了系统采样的方法，资料具有较好的系统性和代表性。其他一些遗址，如赵家庄、庙后、舞台、乐盘、庄里西、藤花落、尉迟寺等也做了大量工作。上述龙山文化遗址中，全部或部分地发现了先秦文献中记载的"五谷"，即粟、黍、水稻、小麦和大豆，只是数量上存在着差别。根据不同区域遗址的浮选结果，栾丰实认为，海岱龙山文化时期形成了三种不同结构的农业区，即以种植水稻为主的鲁东南、鲁南和苏北、皖北地区，以旱作农业为主鲁中北和鲁西北地区，稻旱混作的胶东半岛地区[29]。依据尉迟寺和两城镇等遗址的浮选资料，赵志军认为海岱地区南部是稻旱混作农业区[30]，以教场铺为代表的北部则是传统的北方旱作农业区[31]。

水稻植硅体检测技术的引入，为寻找早期稻作遗存的线索提供了一种十分便捷有效的方法。考古工作者在许多遗址，如两城镇、丹土、丁公、赵家庄、教场铺、桐林、杨家圈、台头、藤花落等，发现了水稻不同部位的植硅体[32]，在赵家庄、藤花落和台头遗址还发掘出龙山文化时期的水田[33]，在杨家圈遗址则找到了水田的线索[34]。

此外，碳氮稳定同位素和淀粉粒的检测方法，也开始运用于考古材料的分析和研究之中。这些新技术的运用，为了解龙山文化居民的饮食结构和不同器具的功能、用途等，找到了一条新的路径。

采集植物类资源历来是人类生业经济的重要组成部分，只是随着农业的发展，其地位逐渐下降。到龙山文化时期，采集植物类食物仍然是人们生业经济的重要构成部分。

2. 动物考古研究

动物考古研究开展得较早，在中国考古学产生之初，就已经注意动物遗存的收集、鉴定和分析，这多半是由于受到了旧石器时代考古的影响。最近 20 年来，海岱地区史前动物考古得到迅速发展，其担负着研究人类经济活动和复原古代环境的双重任务。

经过发掘的龙山文化遗址，基本上都收集了动物骨骼资料，并在此基础上进行分类、鉴定、统计和分析工作。在新近出版的一些考古发掘报告中，多列出专门的章节来分析和讨论动物骨骼及其反映的经济活动和环境变迁。如两城镇遗址当地的碱性土壤，对古代人骨和动物骨骼的保存十分不利。但发掘者还是尽力对所有的动物遗存进行了收集、鉴定和分析，统计的动物骨骼资料约 600 多件。发现的动物以家猪最多，还有牛、鸟、小偶蹄动物（其他蹄类动物包括麂属动物和獐）、鹿和狗等。同时探讨了当时居民对动物资源的利用情况[35]。丁公遗址发现的龙山文化动物遗存十分丰富，宋艳波和饶小艳对其进行了初步整理和研究，在 8000 多件属于龙山文化的可鉴定标本中，各类动物多达 20 余种。在此基础上，探讨了当时的古环境和人的行为模式[36]。藤花落遗址发掘面积较大，但出土的动物骨骼不多，仅 204 件，以猪和鹿的数量最多，这与海岱地区龙山文化时期遗址的情况十分相像。但值得注意的是，猪骨标本中，经鉴定多数为野猪。在鉴定、统计的基础上，还对生态环境的重建、人类对动物的开发和利用方式等进行了讨论[37]。

宋艳波依据尹家城、西吴寺、庄里西和东盘四处遗址出土的动物类遗存，认为泰沂山以南地区龙山文化时期人们的主要肉食来自以猪为主的家畜，而狩猎获得的野生动物和捕捞到的水生动物，是一种有益的补充。同时，由于存在一些南方地区的种属，推测当时鲁南地区的环境比现在要温暖湿润[38]。在丰富的单个遗址资料基础上，宋艳波对海岱地区新石器时代的动物遗存进行了系统而全面的综合研究。认为到龙山文化时期，猪、狗和黄牛已经家养，并且成为肉食的主要来源，而水牛、马、山羊、绵羊、鸡等，还没有得到驯养。并对动物资源利用模式的演变过程、影响因素以及动物遗存的文化涵义等进行了探讨与分析[39]。

（三）手工业经济的研究

如果说生业经济主要解决的是人们"食"的问题，那么手工业探讨的则是人们"用"的问题。大到构筑城墙、建造房屋，小到制作日用器具，都在这一研究范围之内。以下着重就龙山文化时期的陶器、石器等开展工作较多的领域进行归纳和论述。

单个龙山文化遗址的陶器研究，以两城镇开展得较为充分，不同的学者从不同的角度展开了讨论。范黛华主要从工艺角度如成分、火候、微观结构、制作工序和成型方法、硬度和渗水性等方面进行了细致地观察、分析和讨论。在另外一些方面，如专业化生产、表面磨光技术等，也提出了一些独到的见解。丽莎使用电感耦合等离子体质谱仪（ICP-MS），分析了鲁东南地区18 处遗址发掘或调查的龙山文化泥质黑陶片，进而探讨陶器的产地、生产和分配与遗址等级、位置之间的密切关系。文德安对两城镇遗址龙山文化陶器的生产、分配和使用进行了较为全面的研究，认为日常使用的罐形鼎以及可能用做礼器的精美陶器，为研究这个中心性聚落及整个日照地区政治实体的各种相互作用（礼仪、社会、经济、政治）提供了许多有价值的线索[40]。高明奎和张小雷分别详细分析和讨论了桐林和两城镇遗址龙山文化的陶器。后者还从不同的角度探讨了陶器生产的专业化问题[41]。

龙山文化的陶器生产，在大汶口文化已经发明快轮拉坯成型技术的基础上，有了进一步的发展。栾丰实以尹家城、丁公和两城镇等遗址的材料为依据，并结合现代民间快轮制陶调查资料，对龙山文化的陶器生产进行了全面的分析和讨论。内容涉及到陶土的获取和加工、成型工艺和技术、装饰和烧制等完整的生产链，认为龙山文化时期的陶器生产，已经进入了较大规模和较高层次的专业化生产阶段[42]。

王增林等采用中子活化分析方法，对西朱封、教场铺、西夏侯、两城镇等遗址的50余件龙山文化陶片样品进行了检测和分析，从追溯陶器的产地以及成品的流通等角度进行了有益的尝试[43]。王海圣等对龙山文化南、北两个中心性聚落－两城镇和桐林出土的不同类型陶器，采用EDXRF仪、X-Ray衍射仪、热膨胀仪等，对其化学成分组成、加热性及物相组成等进行了测试和分析，认为两遗址的陶器原料有差异，应是在当地分别生产的。而器形方面的一致性和相似性，则可能是相互之间存在着人员和技术上的交流[44]。

此外，还有一些其他方面的研究。如曹冬蕾对宴飨和饮食的分析和讨论，文德安和王迪对纺轮的研究等。

石器研究特别是新石器时代石器的研究在中国开展得比较晚，近年来关于龙山文化的石器研究也取得了可喜的成绩。科杰夫用两年多的时间，全面、系统、深入地研究了两城镇遗址出土的4600多件龙山文化石器（包括一些石制品和石料）。研究内容涉及到形态分析、石料的鉴定、产地分析、主要工具类型的复制和模拟使用实验、工具的生产工艺及功能分析、微型石片的识别及量化分析、石器分布模式的历时变化及空间分析以及石器的生产组织等，得出许多与以往一般性推测不同的认识和结论[45]。

宫本一夫和上条信彦等分别对胶东半岛地区部分龙山文化和岳石文化遗址出土的石器进行了测绘、检测和分析，内容涉及石器的种类与石材、不同类器形的长宽比例关系、微痕和功能分析、淀粉粒分析等[46]。

（四）玉器研究

海岱龙山文化发现玉器的遗址不多，并且玉器的总量与较早的红山文化、良渚文化和略晚的后石家河文化等相比也少得多。但海岱龙山文化的玉器有自己的特色，概而言之，如制作工艺和技术先进，普遍采用了片切割和管钻技术，多数玉器的器体甚薄，包括一些大至五六十厘米的器形也是如此；闪玉料可能为来自东北辽东半岛的岫岩，而蛇纹石当产自当地；玉器组合以钺、牙璧、大型多孔刀为主，尤其长方形钺和牙璧，以及目前多为采集品的牙璋，为其独有或自身特征鲜明；出土玉器的遗址多为龙山文化时期的中心性聚落，如发现若干大件玉器的两城镇、丹土、尧王城、西朱封、袁家庄、大范庄等。

龙山文化发现之后，人们就逐渐注意到其出土的玉器。如1936年发掘两城镇时，就调查获知农民在遗址上挖出过成坑的玉器成品和半成品。新中国成立之后，两城镇和丹土遗址都有不少出土玉器流传于世，其中一部分被征集到各级博物馆，如国家博物馆、山东省博物馆、山东大学博物馆、日照市博物馆、五莲县博物馆都收藏了一些这两处遗址出土的玉器。关于龙山文化玉器的专题研究开展较晚，约始于20世纪90年代中期。最近10多年来，呈现全面展开的趋势，其中既有综合性的研究，也有特殊玉器的讨论，还涉及到跨文化的比较研究。

在综合性研究方面，邵望平提出了"海岱系古玉"的概念，认为海岱系是中国古代东方玉器的三系之一，并系统总结了海岱系玉器的特点，指出在许多方面对中原地区三代玉业产生过直接和深刻的影响[47]。雍颖则从玉器的年代学分析入手，探讨了海岱地区史前玉器的类型、分期和年代等[48]。曹芳芳等梳理了龙山文化各地方类型的玉器出土情况，着重从用玉制度方面进行了分析和探讨[49]。燕生东等则在归纳海岱地区史前各个阶段玉器特点的基础上，重点分析了丹土和两城镇遗址出土玉器的年代及其相互关系，对丹土和两城镇遗址出土的龙山文化玉器进行分类和研究[50]。近几年，杜金鹏组织不同领域的学者，对西朱封发掘和采集的60余件龙山文化玉器进行了系统的研究，内容涉及到玉料、治玉工艺和技术等多个方面，开同一类研究之先河。此外，也有数篇博士论文涉及到海岱地区史前玉器。

专题性或特殊玉器的研究方面，近年来也受到了学术界的重视。邓聪等分析了海岱地区出土牙璋的形制变化和总结其技术特点之后，认为是目前所知东亚地区最古老的牙璋，而黄河中游、长江流域、珠江流域以至越南北部的红河流域等地的牙璋，其源头可以追溯到海岱地区的大汶口、龙山文化[51]。孙庆伟和朱乃诚则认为牙璋并非起源于山东龙山文化，而是受到中原地区的影响而产生的[52]。栾丰实对考古发掘和有确切出土地点采集的牙璧进行了专门讨论，认为牙璧最早于大汶口文化中晚期产生于山东半岛和辽东半岛地区，龙山文化和二里头文化时期逐渐向其他地区传播，其在时间上一直延续到春秋时期[53]。杜金鹏探讨了西朱封龙山文化大墓出土的玉冠饰，认为其与两城镇玉圭上的图案相似，应是龙山文化居民神灵崇拜的偶像和地位、权力的标志物，可以称为"神徽"或"神像"[54]。在此基础上，王青进一步对其进行了复原研究[55]。王强分析和讨论了龙山文化的玉料来源和琢玉工艺问题[56]。

对龙山文化玉器进行跨区域和跨文化的比较，在综合讨论中国史前玉器的文章中有所涉及，而专门讨论的较少。如冈村秀典比较早地注意到辽东和山东两个半岛之间史前时期玉器的生产和流通问题，并以牙璧和锥形器在两地共存为例，提出辽东半岛生产的玉器，通过交流出现于山东半岛各遗址之中[57]。栾丰实分析了山西南部的陶寺、清凉寺和下靳等遗址出土的玉器，带有深厚的海岱系玉器风格，不排除两者之间存在着文化上的联系[58]。此外，杜金鹏在前文中提及，二里头遗址中的玉钺、玉刀及镶嵌绿松石的作风，可能继承了海岱龙山文化的传统。栾丰实经过对比分析之后认为，二里头遗址中的主要玉礼器，如牙璋、长方形钺、齿刃钺、戚和大型有孔刀及镶嵌绿松石的技术，均源自于海岱龙山文化。这种现象与以酒器为主的陶礼器亦多来自东方的情况是一致的[59]。袁广阔则分阶段讨论了海岱地区史前玉器对中原地区文明进程的影响[60]。

2014年8～12月，山东博物馆举办了一次题为"玉润东方"的史前玉器展览，把山东各地历年出土的龙山文化玉器汇集起来进行全面展示，有力地推动了龙山文化出土玉器的综合研究。

（五）社会发展进程和社会组织结构研究

龙山文化是一个社会分化加剧和文明社会形成并不断发展的重要历史时期。探中华文明之源，龙山文化可以说是最直接的研究对象。最近 20 年来，围绕着文明起源研究，关于海岱地区龙山文化的田野考古和研究工作方兴未艾，成果卓著。针对性的田野考古工作，如聚落考古方法指导下的区域系统调查和田野考古发掘已如前述，研究工作也从多个层面和角度深入开展起来。

1. 区域聚落形态研究

在 1990 年代，张学海在分析城子崖龙山文化小区的龙山文化遗址时，就认为这里存在着明显的"都、邑、聚"三级聚落结构[61]。栾丰实讨论了日照地区大汶口和龙山文化时期的聚落形态，认为金字塔状结构的三级聚落形态至迟在大汶口文化晚期即已出现，龙山文化时期，部分先进的文化小区可能已经产生四个层级的聚落形态[62]。

随着区域系统考古调查工作的开展，在此基础上的区域聚落形态研究蓬勃发展起来。费曼等对鲁东南沿海调查区域聚落形态的长时段变迁进行了分析和讨论，认为目前发现的龙山文化早中期的 500 余处遗址，依据面积大小可以划分为四个等级，推测前三个等级具有行政职能，这种四级聚落形态的社会结构，可能已经产生了国家组织[63]。在系统调查资料的基础上，孙波等分别对以桐林城址和城子崖城址为中心的两个地区龙山文化时期的聚落形态进行了分析，认为龙山文化时期整体上存在着以上述城址为中心的大聚落群，其下有若干个小聚落群，社会有了明显的等级分化[64]。

近期也有人采用现代科技手段对区域调查结果进行重新分析。如惠夕平运用 GIS 技术，分析了日照地区的史前到汉代的聚落变迁及特点[65]；冉炜煜则采用数学分析方法构建多元线性回归模型，对两城镇遗址周边区域内聚落的分布模式和可能影响聚落分布的重要因素进行了分析和解释[66]。

高广仁、邵望平在归纳和总结海岱龙山文化社会经济发展的基础上，系统探讨了这一时期社会结构发生的巨大变化。认为距今 4000 年之前的龙山时期已经出现了王权，形成了礼制，发明了文字，意识形态领域也产生重大变革，而"都""邑""聚"三级聚落形态所反映的金字塔式社会结构，昭示着海岱龙山文化已经进入了早期城邦国家阶段，形成邦国林立的发展态势[67]。

刘莉在关于龙山文化聚落形态的讨论中，从两城类型和城子崖类型中各选择了两组聚落，每组是由几个大型聚落或者城址连同一系列中小型遗址构成，即鲁东日照组、鲁南临沂组和鲁北组、鲁西组。日照组和临沂组属于单中心地区模式与统一酋邦；鲁北组和鲁西组则为多中心地区模式和抗争型酋邦。其最后均没有进一步发展为国家水平的社会[68]。

栾丰实从聚落形态和墓葬结构两个方面讨论了龙山文化时期的社会组织和社会结构。在微观方面，以房址为中心的空间布局显示，龙山文化单个聚落呈现出"单体房子－房子组－房子区－整个聚落"这样四个层级的内部结构。而墓葬和墓地只有三层，即"墓组－墓群－墓区"。两相对照，墓地的三个层级大体与聚落的后三个层级约略相当。宏观上，龙山文化时期大部分地区已进入自上而下呈大中小三级结构的聚落形态阶段，个别地区（如日照沿海地区）可能发展出以特大型聚落中心统领的四级聚落结构。由此看来，龙山文化时期的海岱地区，许多经济和社会较为先进的文化小区已经进入了早期国家阶段[69]。

2. 城址研究

城址成批涌现是龙山文化时期社会发展的一个重大现象，从某种意义上昭示着龙山时期的社会已经进入了一个全新的阶段。关于龙山文化城址的研究较多。张学海从山东地区龙山文化城址的发现入手，把龙山城分为环壕城和台城两种类型，认为龙山城已存在不同的等级，许多区域中心的城址已是原始城市，并进入了古国阶段[70]。赵辉等则把黄河中下游地区的龙山文化城址归为一个大群，又指出山东境内与中原地区的龙山城有所不同，并从两者文化和社会的发展背景加以解释[71]。栾丰实从海岱地区古代社会复杂化进程的角度，提出龙山文化时期存在着城址、环壕和普通聚落遗址这样三个等级的聚落形态，而处于聚落群顶端的具有防御功能的城址，无疑是当时社会的政治、经济、文化、军事中心，是早期国家的都城所在。"都－邑－聚"三级形态是海岱地区早期国家社会内部的基本结构，在考古学上则表现为"城址－环壕聚落－普通聚落"三个等级的聚落形态（结构）。孙波详细讨论了以两城为中心的鲁东南和以桐林为中心的鲁中北两个区域系统调查成果所反映的聚落与社会，并比较了两个地区的共性和差异[72]。

综上所述，龙山文化时期的海岱地区比较普遍地出现三级聚落形态：中心聚落（有城－都）－中型聚落（有壕－邑）－小型聚落（无城无壕－聚），即所谓"都、邑、聚"的金字塔形结构。这应该是中国早期国家社会内部的基本结构。而这种聚落结构的产生，可以追溯到时代更早的大汶口文化中晚期。

3. 人口研究

人口是认识、评估和解释古代社会发展的一个重要变量，环境的变化、食物的短缺、战争的频仍等，在一定程度上都与人口的增加有关联。所以，研究龙山文化的人口规模和构成等，是研究龙山文化社会的一个重要切入点。王建华从人口规模、自然结构、死亡率、分工等多个角度探讨了黄河流域史前人口，估算了龙山文化时期的人口数量和密度以及性别比等，提出许多新的见解[73]。方辉和栾丰实等也对日照调查区域内龙山文化时期的人口问题进行了辨析和讨论[74]。

此外，在中华文明探源工程项目和一些综合性论著中，也有许多涉及到海岱龙山文化的城址、聚落形态、社会复杂化、礼制、习俗、信仰和原始宗教、艺术、环境、资源、生业经济、手工业经济等方面的内容。

（六）其他研究

1. 龙山文化人骨的体质人类学研究

日本学者中桥孝博鉴定、测量和研究了丁公遗址近 60 具龙山文化人骨的头盖骨资料，鉴定结果显示，龙山文化时期这里的未成年人死亡率较低（约占 23.6%），可能不是当时真实情况的反映。头盖、颜面等部位的形态特征，与华北地区新石器时代以来的人类有比较多的相似特征，并与日本列岛晚于绳文人的弥生人接近。同时也发现，丁公龙山文化时期人类的头骨枕部变形的比例较高（约占 2/3），而拔牙的比例甚低[75]。冈崎健治测量和分析了丁公龙山文化时期人类的四肢骨，其结果认为丁公人与日本的绳文人有很大不同，而与日本北部九州、山口地区的弥生人或者中国中原地区的春秋战国时代人有许多共同特征[76]。

2. 酒和饮料研究

龙山文化时期是否有酒，有什么样的酒，以往没有开展过实证性研究。美国化学考古学家麦戈文选择了 30 件两城镇遗址出土的龙山文化陶器，器形包括鬶、鼎、罐、壶、盆、罍和杯等，从中提取化学残留物进行检测和分析，得到了龙山文化时期居民酿酒和饮酒的直接化学证据。两城镇龙山居民酿造的混合型古酒，是以稻米和水果（很可能是山楂和葡萄）为主要原料，并很有可能还包括蜂蜜[77]。

3. 黑陶稳定同位素分析

日本学者三原正三等对杨家圈、两城镇、丁公等 10 处龙山文化遗址采集和出土的 70 件黑陶片，进行了碳素稳定同位素的检测分析。结果表明，鲁西北地区烧制陶器主要使用 C_4 类植物为燃料，而山东半岛的东部沿海地区，C_3 类植物即水稻类呈现由南向北扩散和增加的趋势。这一结果与各遗址浮选所获植物情况基本吻合[78]。

注释

[1] 夏鼐：《长江流域考古问题》，《考古》1960 年第 2 期。
[2] 中国科学院考古研究所：《新中国的考古收获》，科学出版社，1961 年。
[3] 中美日照地区联合考古队：《鲁东南沿海地区系统考古调查报告》，文物出版社，2012 年。
[4] 中美合作两城镇遗址的发掘和多学科合作研究初步报告，分别见于《考古》2004 年第 9 期；2005 年第 3 期、第 9 期；2008 年第 8 期。
[5] 同注 [2]。
[6] 山东省文物考古研究所等：《临淄桐林遗址聚落形态研究考古报告》，《海岱考古（第五辑）》，科学出版社，2012 年。
[7] 山东省文物考古研究所：《章丘城子崖周边区域考古调查报告（第一阶段）》，《海岱考古（第六辑）》，科学出版社，2013 年。
[8] 中国国家博物馆、山东大学历史文化学院：《山东薛河流域区域系统考古调查简报》，《中国国家博物馆馆刊》2015 年第 3 期。
[9] 方辉等：《济南市小清河流域区域系统考古调查》，《东方考古（第 2 集）》，科学出版社，2006 年。
[10] 2009～2013 年，山东大学东方考古研究中心和国家博物馆考古部合作，先后对龙口月主祠、莱州阴主祠、烟台阳主祠、荣成日主祠、新泰地主祠、胶南四时主祠的周边地区进行小范围的区域调查。
[11] 烟台市第三次文物普查工作领导小组办公室等：《山东省烟台市第三次全国文物普查成果汇编》，黄海数字出版社，2012 年。
[12] 中美联合考古队等：《两城镇——1998～2001 年发掘报告》，文物出版社，2016 年。
[13] 中国社会科学院考古研究所山东队：《山东日照市尧王城遗址 2012 年的调查与发掘》，《考古》2015 年第 9 期。
[14] 刘延常：《五莲县丹土大汶口文化、龙山文化城址和东周时期墓葬》，《中国考古学年鉴·2001》，文物出版社，

2002年。

[15] 南京博物院等：《藤花落——连云港市新石器时代遗址考古发掘报告》，科学出版社，2014年。

[16] a. 孙波：《淄博市桐林新石器时代至战国时期遗址》，《中国考古学年鉴·2003》，文物出版社，2004年。b. 赵辉：《临淄桐林龙山文化和岳石文化遗址》，《中国考古学年鉴·2006》，文物出版社，2007年。

[17] 山东省文物考古研究所等：《山东阳谷县景阳岗龙山文化城址调查与试掘》，《考古》1997年第5期。

[18] 中国社会科学院考古研究所山东队等：《山东茌平教场铺遗址龙山文化城墙的发掘》，《考古》2005年第1期。关于教场铺的发现是城址还是环壕，学界有不同意见。

[19] 中国社会科学院考古研究所等：《蚌埠禹会村》，科学出版社，2013年。

[20] 靳桂云：《海岱地区新石器时代人类生业与环境关系研究》，《环境考古研究》第四辑，北京大学出版社，2007年。

[21] 夏正楷：《山东薛河流域全新世地貌演变》，《山东薛河流域系统考古调查报告》，科学出版社，2016年。

[22] 齐乌云：《从山东沭河上游史前遗址的孢粉分析看当时的人地关系》，《环境考古研究》第三辑，北京大学出版社，2006年。

[23] 王青：《鲁北地区的先秦遗址分布与中全新世海岸线变迁》，《环境考古研究》第三辑，北京大学出版社，2006年。

[24] 丁敏、彭淑贞等：《山东中部中全新世环境演变与人类文化发展》，《土壤通报》42卷6期，2011年。

[25] 中美联合考古队等：《两城镇——1998～2001年发掘报告》，文物出版社，2016年。

[26] 南京博物院等：《藤花落——连云港市新石器时代遗址考古发掘报告》，科学出版社，2014年，附录一、四。

[27] 齐乌云等：《山东教场铺遗址的孢粉分析与当时人类的生存环境》，《科技考古（第一辑）》，中国社会科学出版社，2005年。

[28] 同注[19]。

[29] 栾丰实：《海岱地区史前时期稻作农业的产生、发展和扩散》，《文史哲》2005年第6期。

[30] 赵志军：《海岱地区南部新石器时代晚期的稻旱混作农业经济》，《东方考古（第3集）》，科学出版社，2006年。

[31] 赵志军：《两城镇与教场铺龙山时代农业生产特点的对比分析》，《东方考古（第1集）》，科学出版社，2004年。

[32] a. 靳桂云、栾丰实等：《山东日照市两城镇遗址土壤样品植硅体研究》，《考古》2004年第9期。b. 靳桂云：《山东先秦考古遗址植硅体分析与研究（1997～2003）》，《海岱地区早期农业和人类学研究》，科学出版社，2008年。

[33] a. 靳桂云等：《山东胶州赵家庄遗址4000年前稻田的植硅体证据》，《科学通报》52卷18期，2007年。b. 青岛市文物保护考古研究所：《黄岛区台头遗址2010年度发掘报告》，《青岛考古（二）》，科学出版社，2015年。

[34] 栾丰实、靳桂云、宫本一夫等：《山东栖霞县杨家圈遗址稻作遗存的调查和初步研究》，《考古》2007年第12期。

[35] 中美联合考古队等：《两城镇——1998～2001年发掘报告》，文物出版社，2016年。

[36] 饶小艳：《邹平丁公遗址龙山文化时期动物遗存研究》，山东大学考古系2013年硕士论文。

[37] 汤卓炜等：《江苏连云港藤花落遗址动物遗存初步研究》，《藤花落——连云港市新石器时代遗址考古发掘报告》，科学出版社，2014年，附录三。

[38] 宋艳波：《鲁南地区龙山文化时期的动物遗存分析》，《江汉考古》2004年第6期。

[39] 宋艳波：《海岱地区新石器时代的动物考古学研究》，山东大学考古系2012年博士学位论文。

[40] 中美联合考古队等：《两城镇——1998～2001年发掘报告》，文物出版社，2016年。

[41] a. 高明奎：《桐林遗址龙山文化制陶业及相关问题的初步研究》，北京大学考古文博学院2008年硕士论文。b. 张小雷：《两城镇遗址龙山文化陶器生产及相关问题研究》，山东大学考古系2010年硕士论文。

[42] 栾丰实：《海岱龙山文化的陶器成型技术研究》，《澳门黑沙史前轮轴机械国际学术会议论文集》，澳门民政总署文化康体部，2014年。

[43] a. 王增林等：《山东地区龙山文化陶器的中子活化分析和研究》，《科技考古（第一辑）》，中国社会科学出版社，2005年。b. 王增林等：《中华文明形成时期多个遗址陶器的中子活化分析和研究》，《科技考古（第三辑）》，科学出版社，2011年。

[44] 王海圣：《山东龙山文化陶器的科技研究》，《科技考古（第三辑）》，科学出版社，2011年。

[45] 同注[12]。

[46] 栾丰实、宫本一夫主编：《海岱地区早期农业和人类学研究》，科学出版社，2008 年。

[47] 邵望平：《海岱系古玉略说》，《中国考古学论丛——中国社会科学院考古研究所建所 40 年纪念》，科学出版社，1993 年。

[48] 雍颖：《试探山东地区出土的玉器分期与特征》，《辽海文物学刊》1996 年第 2 期。

[49] 曹芳芳、孙庆伟：《山东龙山文化用玉制度的考古学观察》，《临朐西朱封龙山文化玉器研究》，科学出版社，2015 年。

[50] 燕东东、高明奎、苏贤贞：《丹土与两城镇玉器研究》，《东方考古（第 3 集）》，科学出版社，2006 年。

[51] 邓聪、栾丰实、王强：《东亚最早的牙璋——山东龙山式牙璋初论》，《玉润东方：大汶口－龙山·良渚玉器文化展》，文物出版社，2014 年。

[52] a. 孙庆伟：《礼失求诸野——试论"牙璋"的源流与名称》，《商周考古、艺术与文化国际学术研讨会论文集》，中研院、台北"故宫博物院"，2013 年。b. 朱乃诚：《山东出土牙璋和西朱封玉笄庄里西牙璧的文化传统及有关问题》，《中国社会科学院古代文明研究中心通讯》第 29 期，2016 年。

[53] 栾丰实：《牙璧研究》，《文物》2005 年第 7 期。

[54] 杜金鹏：《论临朐朱封龙山文化玉冠饰及相关问题》，《考古》1994 年第 1 期。

[55] 王青：《西朱封龙山文化大墓神徽纹饰的复原研究》，《刘敦愿先生纪念文集》，山东大学出版社，1998 年。

[56] 王强：《海岱地区新石器时代玉料来源及琢玉工艺初探》，《华夏考古》2008 年第 2 期。

[57] 冈村秀典著、姜宝莲译：《中国史前时期玉器的生产与流通》，《考古与文物》1995 年第 6 期。

[58] 栾丰实：《简论晋南地区龙山时代的玉器》，《文物》2010 年第 3 期。

[59] 栾丰实：《二里头遗址出土玉礼器中的东方因素》，《中原地区文明化进程学术研讨会文集》，科学出版社，2006 年。

[60] 袁广阔：《山东新石器时代玉器对中原文明进程的影响》，《临朐西朱封龙山文化玉器研究》，科学出版社，2015 年。

[61] 张学海：《城子崖与中国文明》，《纪念城子崖遗址发掘 60 周年国际学术讨论会文集》，齐鲁书社，1993 年。

[62] 栾丰实：《日照地区大汶口、龙山文化聚落形态之研究》，《中国考古学跨世纪的回顾与前瞻（1999 年西陵国际学术研讨会文集）》，科学出版社，2000 年。

[63] 同注 [2]，第 299 页。

[64] a. 同注 [6]。b. 同注 [7]。

[65] 惠夕平：《地理信息系统支持下的鲁东南沿海地区史前至汉代聚落考古研究》，山东大学考古系 2011 年博士学位论文。

[66] 冉炜煜：《日照两城镇周边龙山文化聚落分布的数学模型分析》，山东大学考古系 2014 年硕士学位论文。

[67] 高广仁、邵望平：《海岱文化与齐鲁文明》，江苏教育出版社，2005 年。

[68] 刘莉著、陈星灿译：《龙山文化的酋邦和聚落形态》，《华夏考古》1998 年第 1 期。

[69] 栾丰实：《海岱地区的史前聚落演变与早期文明》，《聚落演变与早期文明》，文物出版社，2015 年。

[70] 张学海：《试论山东地区的龙山文化城》，《文物》1996 年第 12 期。

[71] 赵辉、魏峻：《中国新石器时代城址的发现与研究》，《古代文明（第 1 卷）》，文物出版社，2002 年。

[72] 孙波：《桐林与两城：两种聚落模式的比较》，《东方考古（第 7 集）》，科学出版社，2010 年。

[73] 王建华：《黄河中下游地区史前人口研究》，科学出版社，2011 年。

[74] a. 方辉、加利·费曼、文德安、琳达·尼古拉斯：《日照两城地区聚落考古：人口问题》，《华夏考古》2004 年第 2 期。b. 栾丰实：《鲁东南沿海地区龙山文化时期的聚落结构和人口》，《中国古代文明研究通讯》总第 27 期，2015 年。

[75] 中桥孝博、栾丰实：《丁公遗址出土的龙山文化人骨——头盖骨》，《海岱地区早期农业和人类学研究》，科学出版社，2008 年。

[76] 冈崎健治、栾丰实：《丁公遗址出土的龙山文化时期人体的四肢骨》，《海岱地区古代农业和人类学研究》，科学出版社，2008 年。

[77] 麦戈文等：《山东日照市两城镇遗址龙山文化酒遗存的化学分析——兼谈酒在史前时期的文化意义》，《考古》2005 年第 3 期。

[78] 三原正三等：《海岱龙山文化黑陶碳素的稳定同位素比分析》，《海岱地区早期农业和人类学研究》，科学出版社，2008年。

The Recent Archaeological Discoveries and Research Progresses of the Longshan Culture in Haidai Region

Fengshi Luan (School of History and Culture, Shandong University, China)

Abstract

New Findings from Fieldwork. Under the theoretical guide of settlement archaeology, the major regional systematic surveys that has been undertaken since 1995 include: the regional systematic surveys in the southeastern Shandong coastal plain, the regional systematic surveys around the Chengziya Site and the Tonglin Site along the Zihe River and Wuhe River, the regional systematic surveys in the Xuehe River Basin in southern Shandong. These survey results provide important evidences on the study of the social structure of Longshan Culture from a macro-regional perspective.

More than 50 Longshan culture sites have been excavated throughout the Haidai area. Among these, some sites have been studied more thoroughly and systematically, such as the Liangchengzhen, Yaowangcheng, Dantu, Tonglin, Zhaojiazhuang, Miaohou, Chengziya, Jiaochangpu, Shilipu, Tenghualuo, Gaixia, Yuhuicun, etc.

New Achievements on the Research of Longshan Culture. Most of the new achievements were obtained from researches on environmental archaeology, subsistence, handicraft, jade, social development, and physical anthropology.

The new achievements on subsistence research mainly benefited from the use of wet sifting and flotation so that a large number of flora and small fauna remains were obtained. Meanwhile, the analysis of phytolith, starch grains and the stable isotopes are more widely applied. The preliminary results suggest that the subsistence in the Longshan period was comprehensive, agriculture played a major part while fishing, hunting and gathering also existed contemporarily.

The handicraft research mainly focused on pottery and stone tools. Research on pottery includes provenance study, manufacture techniques, the organization of production and specialization, trade, consumption, the functions of different pottery, and social stratification reflected by the pottery used in rituals. Research on stone tools were also comprehensive, including the sourcing of the materials, the manufacture techniques, production specialization, trade, and functions, etc.

The research on social development is the focal point of the research on Longshan Culture, we think that the Longshan Culture was already a stratified society; there are three or more tiers of settlements, a typical structure could be walled settlements (*Du*) — settlements with moat (*Yi*) — small settlements (*Ju*). In addition, there are also research on walled settlements and population demography.

龙山时代的社会转折：政治实验与互动网络的拓宽

李旻[*]

一 政治实验与互动网络的拓宽

华翰维（Henry Wright）把早期国家的形成视为一个政治实验（political experimentation）的过程，包括为建立政治权威而进行的一系列尝试，导致这个过程成败的历史因素，以及通过总结过去的经验而积累的历史知识[1]。通过强调历史知识，无论是真实发生过的还是发明的，政治实验这个概念兼顾了个人的行动力和传统的力量。这个概念有助于我们理解龙山社会在早期中国政治发展和国家起源过程中扮演的关键角色，以及龙山时代的政治与宗教遗产对三代文明传统的贡献。

本文中龙山时代（约公元前 2300~前 1900/1800 年）以陶寺早期为开端，以二里头崛起的时代终结。互动网络与知识的拓宽（expanding horizons）涉及龙山时代跨区域交流在空间规模、地理知识、技术知识、宗教实践等诸多方面的空前拓展。本文提出，这些变化在东亚、北亚、中亚三个文化互动圈交汇的框架内发生。在公元前三千纪晚期，西南亚青铜时代中期城市间贸易网络的成熟，中亚农牧绿洲城市的发展，畜牧、牛车运输和矿业活动的增长，西伯利亚林区渔猎冶金社会的拓展，以及甘青农牧社会的繁荣，导致人口流动与远程交往的上升。此时，普塞（Gregory Possehl）提出的连接西南亚与中亚城市的亚洲中部互动圈（Middle Asia Interaction Sphere），张光直提出的连接东亚大陆各区域传统的史前中国互动圈（Prehistoric Chinese Interaction Sphere），本文以寇尔（Philip Kohl）的研究为基础提出的连接欧亚草原和西伯利亚林区牧人与渔猎采集者的北亚互动圈（Northern Asian Interaction Sphere），在阿姆河、阿尔泰山、河西走廊、阴山沿线交汇，构成广义的龙山世界（图一）[2]。

在公元前三千纪末，这三个互动圈的交汇连接迥然不同的政治传统与经济网络。阿卡德帝国解体后的两河流域农牧城市国家，以及印度河流域、伊朗高原、中亚青铜时代城市，通过交易青金石、绿松石、冶金原料、象牙、海贝等贸易活动联系在一起，并有楔形文字文书与印信往来。中亚南部和阿富汗北部适合灌溉农耕或富有矿藏的地区都有开发，并出现瑟拉子姆（Sarazm）、勾诺（Gonur Tepe）、绍图盖（Shortugai）等来自伊朗高原和印度河流域的贸易据点。位于草原与中亚之间的泽拉夫尚（Zarafshan）山谷，因为富产多种金属矿藏而成为公元前三千纪中亚重要的冶金输出中心，以及欧亚草原与中亚城市经济网络交汇之所（图二）[3]。在巴克特里亚、马尔吉阿纳等中亚绿洲的发现的阿德罗诺沃（Andronovo）文化草原陶器与居址，显

---

[*] 李旻：美国加利福尼亚大学洛杉矶分校。

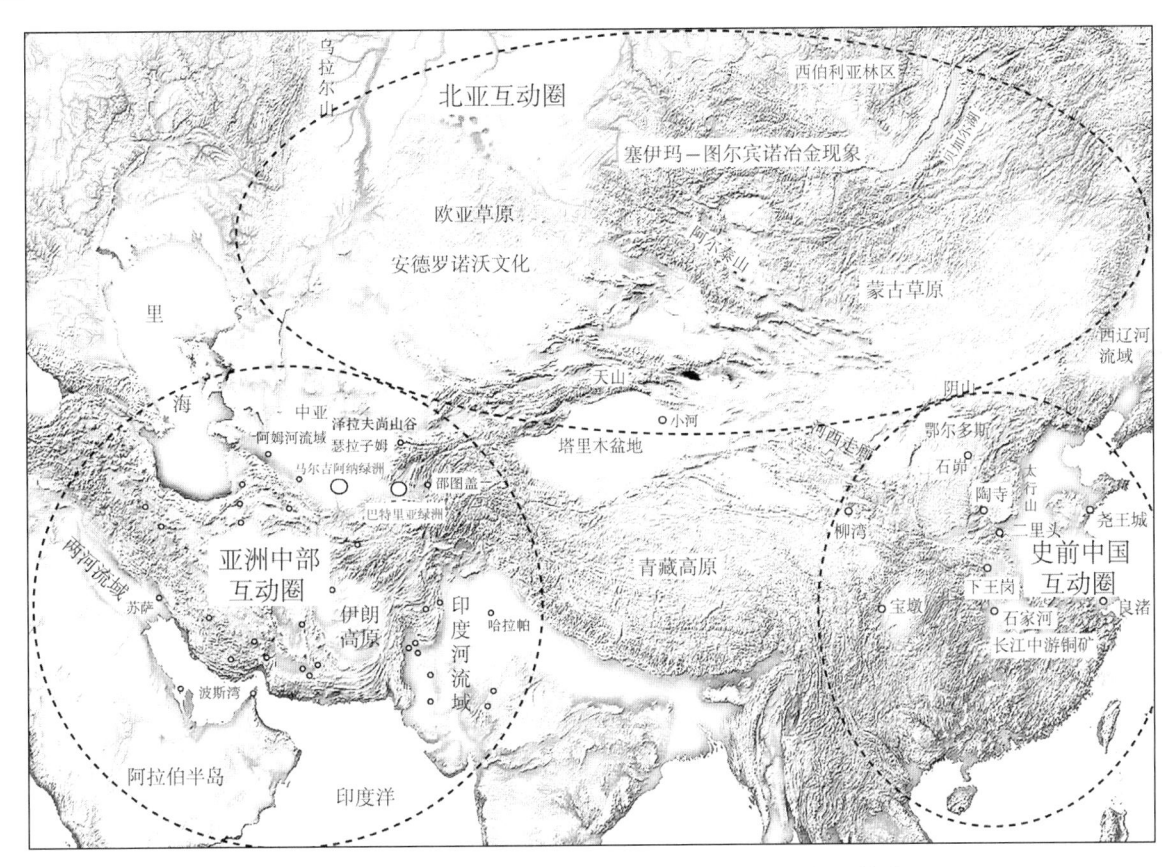

图一 龙山时代亚洲中部、北亚、史前中国互动圈的交汇

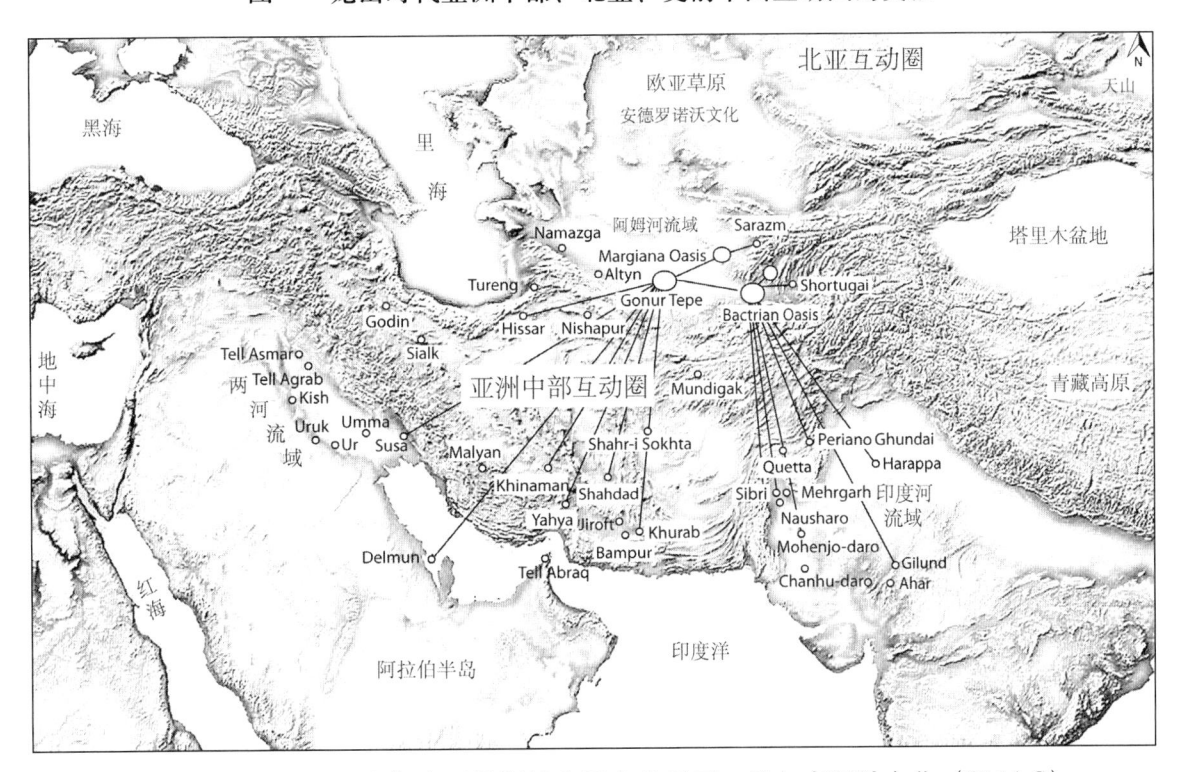

图二 公元前三千纪晚期中亚绿洲城市巴克特里亚·马尔吉阿纳文化（BMAC）

文物在亚洲中部互动圈（Middle Asian Interaction Sphere）各地遗址中的分布（根据 Fredrik T. Hiebert 1994:177 图 10.8 与 Gregory L. Possehl 2002:234 图 12.37 绘制）

示这里的绿洲城市已经成为欧亚草原与西南亚城市经济网络交汇之处。

龙山世界中三个互动圈的交汇，使结构完全不同的社会得以沟通。三个互动网络交汇区内复杂多样的地貌特征、文化传统和政治结构又促使各地社会作出不同的技术选择。其中，中亚、西南亚、印度河流域城市社会的发展，为这种联系赋予空前丰富的知识与技术多样性。这种多样性为龙山时代史前中国的社会发展提供了一个独特的知识背景，并导致冶金技术传统、畜牧、与小麦等西亚作物在龙山农业社会的拓展[4]。公元前十八九世纪之后，这些青铜时代城市相继衰落，其地理空间和跨区域贸易网络为畜牧社会所取代，直到公元前一千纪波斯阿契美尼德帝国崛起，中亚才迎来第二次城市化的潮流。因此，在技术、贸易、宗教、城市化等各方面，龙山时代都堪称一个关键时期。

欧亚草原与林区渔猎社会之间的频繁交流，使得北亚物质文化风格逐渐趋同，并在公元前三千纪晚期形成分布广阔的安德罗诺沃物质文化传统（Andronovo Horizon）。公元前三千纪早期开始的阿尔泰北麓林区冶金活动，到三千纪末发展成为成熟的合范青铜铸造技术。其具有代表性的塞伊玛－图尔宾诺（Seima-Turbino）风格铜矛分布范围涵盖西到芬兰、东到南阳盆地的广阔地域[5]。中亚、北亚的冶金传统随着这个技术与交换网络进入河西走廊、鄂尔多斯、以及富有铜矿的晋南与江汉，其合范铸造技术成为三代青铜礼器传统的发端。

中亚、北亚与黄河中上游史前社会的往来在马家窑文化晚期已现端倪。青海柳湾属于马家窑文化半山类型的多座墓葬中，已经出现三角斜线纹与锥点纹装饰的桦皮矢箙（图三），显示祁连山、天山、阿尔泰山沿线已经存在交往，北方渔猎民族与农业社会之间的毛皮贸易，可能是这种交往的一个重要内容[6]。随后，柳湾马家窑文化马厂类型和齐家文化墓葬中陆续出现货贝和石仿贝，这些现象出现的背景是甘青农牧社会的繁荣所带来的人口流动与远程交往上升[7]。此后，这些区域间交往的拓展导致冶金技术传统、畜牧与麦作等技术在龙山社会的传播。

龙山时代的社会变革与互动网络的扩大正值全新世气候史上一个重要的中程规模气候异常波动期。综合不同分析手段重建的全新世气候纪录显示，全新世大暖期在公元前3千纪中叶终结之后，气候转为干冷。其中，从公元前2400年前后开始太阳辐射的改变导致亚洲季风的减弱，出现历时约五百年的气候异常，几度出现骤寒、骤旱、骤涝的短期剧烈波动，使得原本稳定的生态环境恶化[8]。

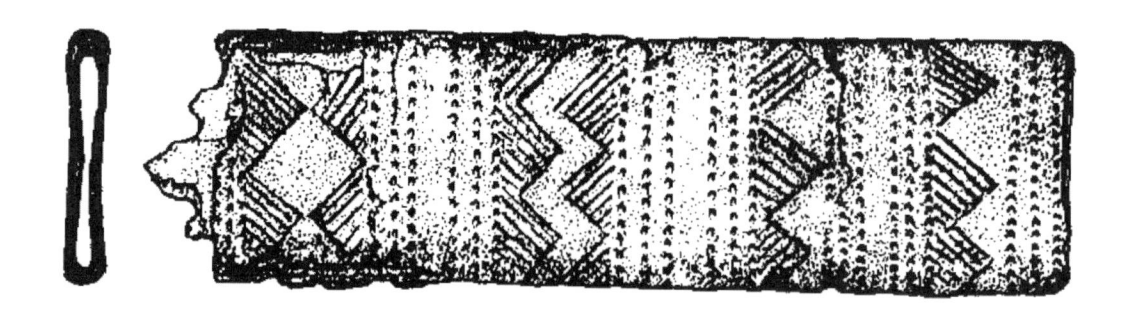

图三　青海柳湾遗址马家窑文化半山类型墓葬出土三角斜线纹与锥点纹装饰的桦皮矢箙（M478：7）

（青海省文物管理处考古队、中国社会科学院考古研究所，1984:51，图37）

由于复杂的地形地貌差异，气候变化对中国各地生态和经济产生的影响不同。降水量在持续干旱之后的突然逆转对黄土高原地貌的破坏性尤为明显。持续的寒冷干旱造成植被减退，在暴雨来袭时，河川流速流量都超过以往，形成直接威胁河谷与山前聚落的洪灾。同时，黄土的易蚀结构加剧了植被退化造成的土壤流失，大量携带泥沙的洪水到达盆地与平原地区时流速减缓、泥沙沉淀，导致下游河床淤塞，河水溢出堤岸形成威胁平原地区的耕地与聚落的水灾。在关中盆地、洛阳盆地、黄土高原河谷开展的地貌学调查都发现了这类洪灾的遗存[9]。

两种洪灾成因互相关联，对河谷与平原聚落的影响各不相同，但此类相关灾变的蔓延会导致社会的动荡。在河流交汇的盆地，灾变规模的扩大可能造成人员的离散迁徙，被迫放弃一些传统生存地区，向有安全屏障的河谷集聚，改变传统的文化分界。气候变化带来的灾变，可能导致了公元前 2300 年前后，亦即龙山时期的肇始阶段，良渚和石家河等长江中下游聚落中心的崩溃。在西起河西走廊，东至辽河流域，干冷的气候导致欧亚草原与龙山社会的交汇沿线畜牧经济的拓展。龙山时期因此成为公元前三千纪中全新世大暖期终结之后一个很特殊的时代。

由于地形和文化等因素的差别，我们无法用简单的因果关系来解释气候异变对社会的影响。可以确认的是，气候变化改变了龙山社会中政治发展的格局——在这个变化中的框架之内，文化选择与社会响应的差异会影响政治发展的走向。尽管我们对各地社会如何因应这场危机缺乏深入了解，仍然可以通过聚落考古观察龙山时期几个主要政治舞台之上，以早期都邑为中心的政治发展。

政治舞台指在当时的政治格局中，政权持续发展、对外交流频繁、交通网络荟萃，以及人口相对集中的区域。早期都邑，指面积在 100 万平方米以上的大型聚落，并包含政权发展、社会分化、财富集中、重要建筑、物质文化与技术的多样性、以及远距交换的迹象。早期都邑的发展，伴随着面积在 10 万至 100 万平方米之间的城镇，共同形成包含不同层级的聚落形态[10]。这些早期都邑中，建立王权和国家的尝试可能反复出现。然而，政治实验的规模和影响力在逐渐扩大，并为后代社会留下持久的社会记忆与历史遗产。

二　高地龙山社会的崛起

本文用"高地龙山社会"这个概念来概括太行山脉与河西走廊之间的聚落与相关考古学文化及各地方类型，包括黄土高原北部的老虎山文化、晋中的杏花村文化、关中的客省庄二期文化、陇东的齐家文化、晋南的陶寺文化（中原龙山文化陶寺类型）等。考古学文化这个概念强调器物群的排他性，而以自然地理定义的高地龙山社会强调多样性与各种交往。虽然黄土高原复杂的地貌导致诸多风格流变，他们共同继承庙底沟二期文化以来以鬲斝等空三足器为核心的陶器造型、制造与装饰传统，彼此间保持频繁的往来，并共同参与以龙山玉器为代表的交换网络与宗教传统。

黄河及其支流形成维系高地龙山社会共同传统的纽带。黄河上游支流、岷江、嘉陵江诸河谷形成连接高地龙山社会与四川盆地的通道。黄河中游支流河谷贯穿黄土高原，形成连接中原与河套地区的通道。沿太行东麓北行的古黄河下游，与数条穿越太行山脉的河谷相交，形成横跨太行山东西的古黄河下游水系，沟通黄土高原与华北平原。

晋南盆地包括汾河下游河谷与运城盆地。自公元前2300年起，晋南盆地出现人口大规模集中。发掘者高炜估计陶寺遗址（约300万平方米）墓葬总数在一万座以上，虽然历经侵蚀流失，仍保存约半数的墓葬，考古发掘约两千座墓葬。其中最复杂的一组叠压打破关系涉及185座墓葬，密度之大在古代中国社会非常罕见[11]。根据墓地规模推测，陶寺居民总数，远远超过同当时其他龙山遗址[12]。陶寺墓地的规模，可以拿崇山南麓的晋国曲村墓地作参照。曲村包含约2万座墓葬——陶寺人口的规模，大致相当于这座千年之后的西周重要都邑的一半[13]。

陶寺遗址绝大多数墓葬以及具有观象台特征的仪式性建筑均指向崇山主峰，表明随着早期都邑的成长，当地形成一套以崇山为中心的山川信仰，帮助在陶寺大量集中的人口建立新的宗教网络与社会认同（图四）。苏秉琦进一步指出，崇山南、北两侧的龙山聚落，共同形成了一个庞大的聚落群（图五）[14]。另一个人口稠密的区域是临汾尧都区一带，位于陶寺以北约25千米[15]。地处晋南盆地内长约50千米的汾河谷地之中的这个环崇山聚落群是中国龙山社会中人口最稠密的区域。这里百万平方米以上的大型聚落遗址数量超越当时其他地区同等规模遗址的总和——它们的出现可能体现了当时大型政治联盟的形成。

除了庞大的人口规模，陶寺所显示的社会分化、文化多样性与政治不稳定性，有别于其他龙山遗址。相较于龙山时期之前的史前墓葬随葬物品大量重复的特点，陶寺早期（约公元前

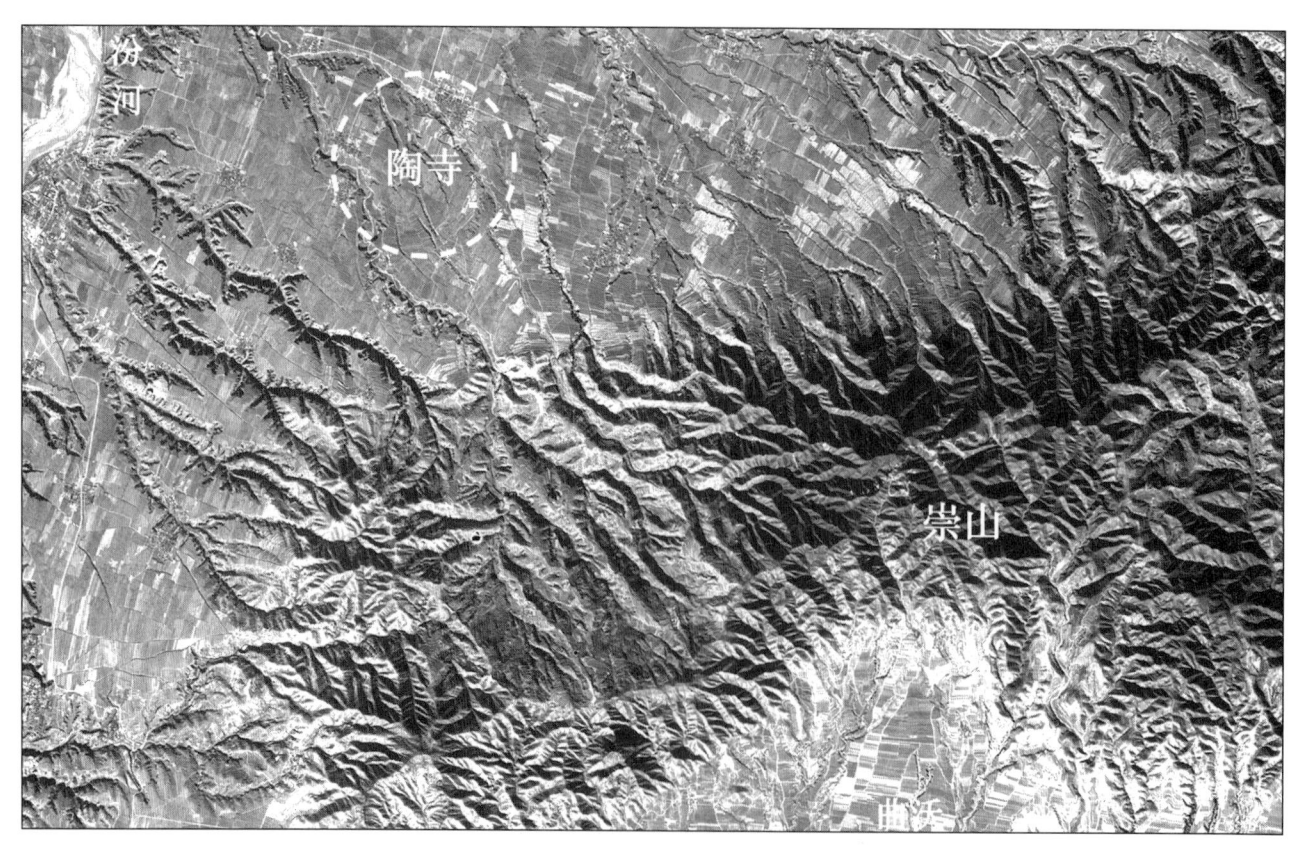

图四　晋南盆地崇山北麓龙山时代陶寺遗址地形图

（美国地质调查局科罗拉卫星影像 DS1108-2135DF022_22_c 1969年12月13日）

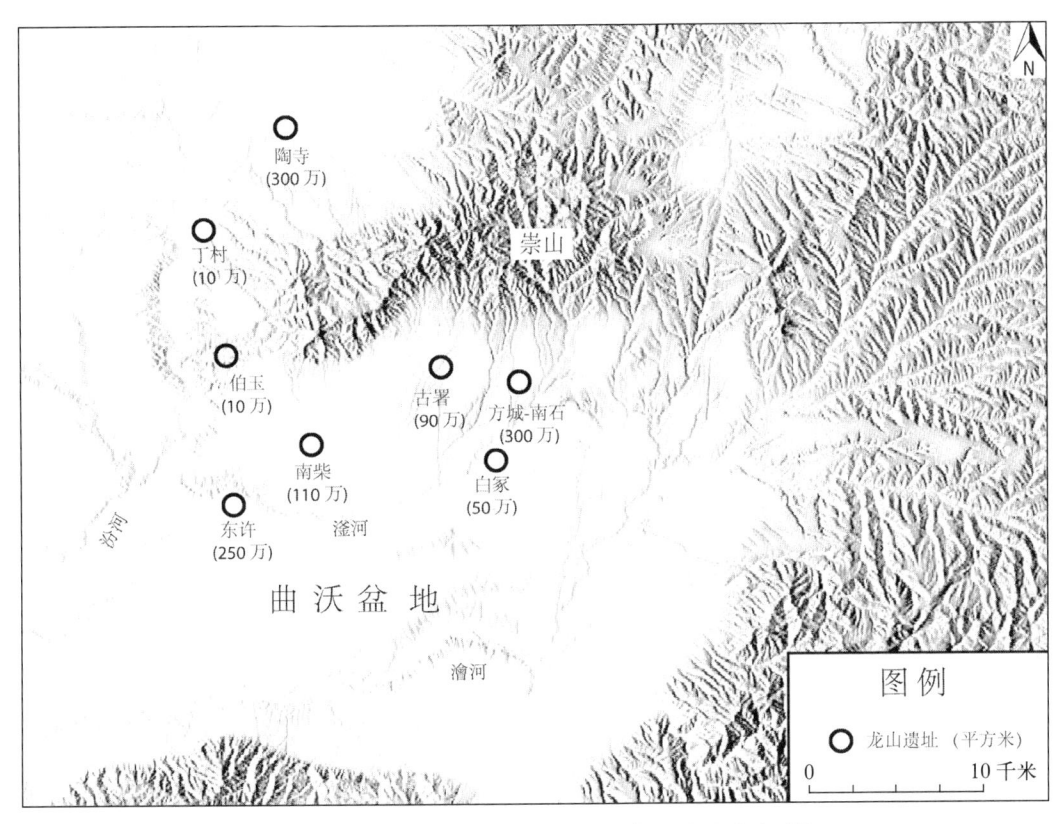

图五　龙山时代环崇山聚落群遗址分布与规模

2300～前2100年）的高级贵族墓葬体现一套更加制度化和等级化的葬俗，墓主佩戴华丽的绿松石镶嵌腕饰，置身铺满朱砂的木棺之中，随葬丰盛的漆木彩绘陶制宴飨礼器与庄重的乐器。苏秉琦用"王者之气"这个概念来描述陶寺早期统治者试图用物质文化来昭示无与伦比的权力与威望，而并不纠缠于酋领与君王之间的类型学差别[16]。陶寺早期墓葬出土的鼍鼓、石磬，是以钟磬为核心的三代文明贵族音乐的滥觞。早期最高规格的墓葬中各随葬一件大型彩绘龙盘，可能是政治与宗教权威的重要标志。这些与三代文明核心符号的传承关系显示陶寺在古代社会记忆中的特殊地位。

陶寺中期遗址规模达到全盛。令人震慑的中期（约公元前2100～前2000年）大墓M22，长五、宽近四、深达七米，在规模上可与商周时期的高级贵族墓葬（如安阳的妇好墓与三门峡的虢季墓）相匹敌[17]。从商周礼制角度看，它的结构非常特殊。墓室东壁中央立一公猪下颌骨，左右各放三把彩漆柄玉石兵器，以及一柄可能用于测影立中的漆杆。墓室四周模仿黄土高原窑洞建筑储物传统设置11个壁龛，用于陈设食物、双耳罐等彩绘陶器、漆木酒器、玉器等。整木挖成的涂朱棺木外陈设酒具、乐器、武器、十头猪、以及厨刀案板等全套厨具，彰显军事权威与高地龙山社会宴饮传统的结合。墓主尸体在下葬不久即遭盗扰被毁，但盗洞内遗留的货贝揭示当地政治权威与西北高地龙山贸易网络的联系。这个时期陶寺南北的次级中心都有发现以彩绘陶器和玉石兵器为主要陪葬品的墓地。在临汾尧都区尧庙附近的下靳墓地，出现佩戴华丽的绿松石镶嵌白玉贝腕饰的贵族墓葬，并出现磨制石仿贝（图六）。在中条山南麓清凉寺墓地，整齐地埋葬着大批随葬玉兵器的墓葬[18]。在太行东麓，汤阴白营遗址龙山早期遗存中也出现陶寺特征的陶器[19]。

在公元前三千纪末,以陶寺为首的晋南龙山政治集团,已经形成一套完整的物质文化传统,汇集从辽东、山东、江淮,到河西走廊和鄂尔多斯不同区域社会的各种文化因素。陶寺晚期(约公元前 2000～前 1900 年)至今没有发现政治权威的证据,但在物质文化方面出现新的扩展。晚期墓葬中出土的铜铃和铜玉合璧等铜制品,进一步显示与北方黄土高原社会的往来。其中,腰上佩戴的铜铃是金属响器首次在古代中国出现,并与日后在二里头贵族墓葬中反复出现的佩戴方式一脉相承。书写在一只扁壶上的二字朱砂题名,书写形式与结构已经非常接近殷商甲骨文[20]。晚期城中大量暴力行为遗留下的证据、贵族墓葬与宫殿建筑的系统毁弃、牛羊畜牧的上升、以及陶器组合的变化等多项线索,反映出陶寺及晋南社会在公元前三千纪末经历了剧烈动荡[21]。无论上述状况起因于外来的攻击或内在的冲突,陶寺遗址内贵族墓葬及其邻近地区同时代主要的遗址所历经的浩劫说明了当地政权的不稳定性。这些现象应该视为建立王权与国家尝试在考古学上的表现,因此华翰维把陶寺视为政治实验的典型个案[22]。

早中期陶寺政权的兴衰,发生于陶鬲与双耳罐等器形逐渐渗入晋南盆地之际,这两种陶器多来自黄土高原北部和西部。陶寺晚期,来自晋陕高原中北部的各种鬲为主的器物群,取代晋南庙底沟二期以来釜灶为主的炊具传统成为晋南盆地社会主要炊具。来自黄土高原的势力南下,

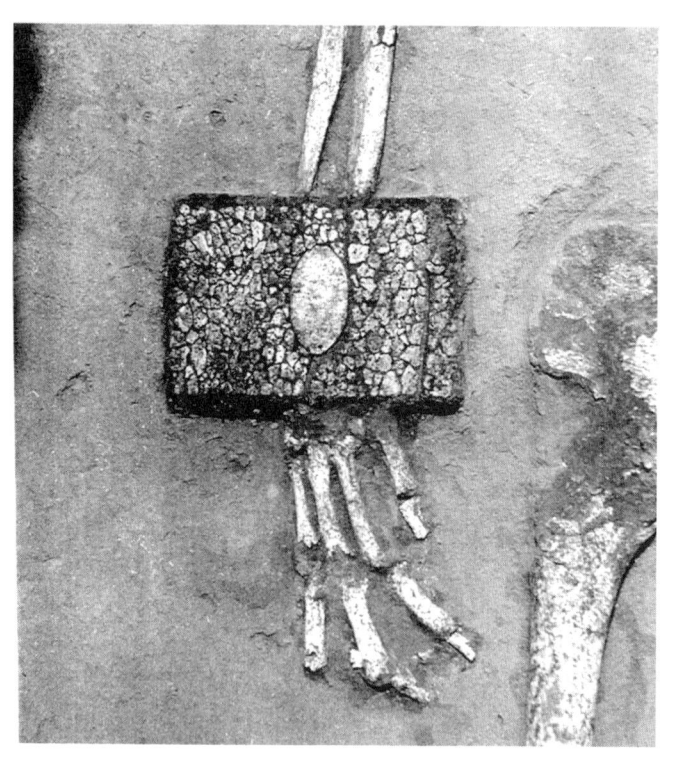

图六 晋南龙山时代墓地出土的绿松石镶嵌腕饰

陶寺 M2001∶3(左上)陶寺 M2010∶4(左下)中国社会科学院考古研究所、山西省临汾市文物局 2015:第四卷图版 54;下靳墓地 M76(右图)下靳考古队 1998:彩色插页一

沿黄河各支流向晋南盆地大规模渗透，可能是陶寺及其周边遗址在晚期发生政治动荡的主因[23]。值得注意的是，陶寺晚期人口和聚落规模并没有因此下降，崇山南北的龙山聚落依然庞大，特别是崇山南麓曲沃盆地中的南石-方城、东许等大型遗址，然而这些晚期遗址至今没有发现政治权威的迹象。

晋南盆地的政治兴衰以及物质文化变化与黄土高原社会的政治发展紧密相联。坐落于黄河支流河谷中的石峁山城，体现了在龙山世界互动网络拓宽的大趋势中，在政治上与宗教上新的尝试。这里的诸多黄河支流河谷一直是联系蒙古高原、黄土高原、与晋南盆地的重要通道，历史上这里是农业帝国与游牧帝国的交界地带，物资的交换、人群的往来、政治势力的冲突在这些河谷中反复上演。而四千年前，南北社会在这里的折冲造就的不是军事边界，而是一个新兴的宗教与政治聚集中心。

自公元前三千纪晚期至二千纪早期，由三重石墙所环绕的石峁山城，兴建于陕北秃尾河畔高低错落的台地上，外城面积达到 400 万平方米（图七）[24]。山城的核心是由十一级石墙垒成、高达七十多米，面积约八万平方米的皇城台遗迹，其上布满大型宗教与政治聚集活动后的遗物，包括大量精美的陶器、玉器、人兽骨骼、以及建筑壁画碎片。皇城台附近分布有高规格的石墙建筑和贵族墓地，其中大墓规模及格局与陶寺中期的 22 号大墓接近，并建有壁龛。

另一核心建筑是位于山城内制高点的东门。这里远离河谷内的交通要道，却营建了壮丽的石筑城门建筑群。两个石砌高台之间的城门通道，通向广袤的高原旷野。城门石墙上曾装饰彩绘几何纹壁画，与当地墓葬和陶寺中晚期墓地中发现的彩绘陶器风格一致。城门地道下发现多个人头祭祀坑，各埋有数十个献祭遗留的女性头骨。倒塌的石头堆积中，出土人头雕像，石雕

图七 陕北秃尾河谷石峁遗址地形图

（美国地质调查局科罗拉卫星影像 D183 061 S15 NOV 68 1105-2 FWD 1968 年 11 月 15 日）

坐像和立像，可能曾安置于石墙中[25]。石墙缝隙中曾有大量玉器，以相等的间距插在墙中。这些独特的遗迹和选址特征共同显示强烈的宗教性特征——东门不仅是城郭的入口，而且是仪式之门。这些新的仪式场景表明，一个大型宗教与政治聚集的中心在陕北形成。

石峁遗址内墓葬和祭祀埋藏玉器在二十世纪遭到严重盗掘。数以千计的玉器流失在民间和海外，经正式考古工作所搜集的玉器仅占少数[26]。这些玉器的来源勾勒出石峁广泛的社会网络——东方西辽河流域、辽东半岛与山东半岛，西方齐家文化作坊，南方江汉后石家河龙山文化作坊都有玉制品流入石峁。龙山时代之前，黄土高原史前社会不存在良渚社会那种大规模的玉器传统。玉器在高地龙山社会的迅速传播与大量使用，体现了宗教与政治领域的巨变。

同时，玉石原料来源的变化，反映了龙山时代交换网络的扩展。良渚社会的玉石原料，来自长江下游的本地矿脉。大汶口社会的玉石也主要来自山东与辽东[27]。而石峁与其他高地龙山遗址汇集了东方玉器和由祁连矿脉的墨玉制成的齐家玉器[28]。琢玉传统的西移与欧亚冶金技术的东扩交汇于河西走廊和黄土高原北部[29]。从河西走廊，到阴山－河套－鄂尔多斯，到西辽河流域，玉矿、金属矿脉、盐湖、草场等资源分布地带成为不同经济形态的社会群体交汇之所。

无论是埋藏于特定地点，还是系统地插入石墙，石峁玉器的使用特征是营建与界定神圣空间。石峁附近的新华遗址保存了这类仪式的埋藏场景——在一个土坑中埋有30多件竖立的片状玉钺，坑底埋有一只鸟[30]。其中有的片状玉钺是用剖开的玉琮改制，说明玉琮的宗教意义可能发生变化。虽然史前中国社会使用玉器已有数千年的历史，尤其是作为贵重物品随葬于长江下游的贵族墓中，以玉器祭祀山川的做法，在龙山时代开始在各区域社会中广为传播。

造型方面，高地龙山玉器群结合东方社会传统形制和新创造型，以建立一种新兴的、跨区域的宗教传统。石峁、芦山峁等陕北遗址不仅使用良渚传世玉琮，还使用来自高地龙山作坊的仿制品[31]。同时，石峁遗址的仪式性活动中大量使用玉牙璋和玉圭。这些龙山时代之前东方玉器传统中不存在的造型，很可能与石峁新兴的宗教传统有关。

从龙山时代开始，玉牙璋在古代中国广为流传，分布范围包括山东半岛（沂南罗圈峪）、洛阳盆地（花地嘴与二里头）、商洛走廊（东龙山）、湖南（汪家屋场）、四川盆地（三星堆与金沙）等地，远至南海之滨，分布范围超过三代早期青铜礼器的分布和政权疆域[32]。多个考古遗址的埋藏场景显示玉牙璋的出现与山川祭祀仪式有关，例如山东沂南罗圈峪的丘陵石缝中、洛汭花地嘴的临河祭祀坑中、三星堆和金沙的河畔祭祀坑中。玉牙璋和相关仪式的扩散，可能体现了一种新的宗教网络的拓展——在这种宗教传统中，这些玉器被用作祭器来召唤山川形胜中的超自然力量。虽然四川的发现与龙山时代间隔近千年，其考古场景显示仪式传统上的一致性。

石峁遗址的发现，对了解古代中国政治权威核心符号的形成，尤其是与三代文明及其周边文化有关的玉器传统，提供重要的线索。在周代礼制中，玉圭、玉璋与山川祭祀仪式紧密相连。值得注意的是，《周礼》六玉的玉器雏型，首次在石峁集中出现，说明古代中国以玉器为核心的礼制传统在高地龙山传统中经历了一次重要整合。石峁遗址出土的遗物显示，古代中国礼制形成，并非逐渐演变的过程，而是不同传统之间迅速聚合成型。考察龙山传统如何在中原之外的社会中传承有助于理解中国社会记忆的形成以及周代社会历史与宗教知识的来源。

石峁遗址中发现的人头石雕、坐像、岩画、货贝、绿松石珠、鸵鸟蛋壳、铜齿环、以及大量散布的打制石器工具与武器为研究石峁居民与北亚,以及与北亚社会连接的亚洲中部互动网络之间的关系提供了重要线索。公元前三千纪后期,从图瓦(唐努乌梁海)至贝加尔湖一带,阿尔泰山林区牧民与渔猎社会盛行营建兼具宗教与防御功能的石城(sve),其中遗物属于北亚的奥库涅夫(Okunev)物质文化传统[33]。这些石城是林中百姓举行仪式聚会与祭祀的重要场所,包括以人兽为牺牲的宗教习俗,并有将石雕人像、人头、以及浮雕立石筑入石墙的传统[34]。以人为牺牲的做法在龙山时代之前虽然偶有出现,但在石峁遗址突然达到一个高峰,为公元前第二千纪后半在郑州与殷墟所发生的大规模人牲祭祀开启先例。

陶寺中晚期物质文化发生的变化,把晋南盆地放在一个连结东部平原、黄土高原、以及北亚草原与森林地带的互动网络中。在石峁和陶寺遗址中晚期所发现的铜制品,与欧亚多金属冶金技术传统的扩张,特别是北部针叶林区合范冶金技术向南传布的时空趋势相符。作为历史悠久的欧亚冶金网络的东端,北亚渔猎牧人社会在公元前三千纪早期就出现冶金活动。当地工匠掌握包含陨铁在内的多金属冶金知识,并在三千纪末发展出简单但成熟的合范青铜铸造技术[35]。这些物品、技术、与畜牧活动沿着高原河谷传入晋南盆地龙山社会的中心聚落。同时,以陶鬲为代表的高地龙山传统也向北渗透,在公元前二千纪中叶已经频繁地出现在从蒙古到贝加尔湖畔的北亚石棺墓中[36]。

三 东方低地龙山社会

低地龙山社会共享从裴李岗时代以来数千年未曾中断的用鼎传统。随着良渚与石家河两个长江中下游主要宗教与政治中心的瓦解,贯通东方平原的淮河流域成为低地龙山社会发展的中心舞台。从桐柏、嵩山到鲁南,淮河流域支流河谷构成密集的交通网络,连接周边龙山社会。

在淮河流域的东北角,两处重要的龙山都邑尧王城(约 400 万平方米)和两城镇(约 100 万平方米)兴起于鲁南海滨的日照盆地。与陶寺和石峁不同的是,这两处重要的东方龙山都邑并非在短时间内迅速崛起的新兴政治中心。相反,在公元前三千纪中期在日照西临的沭河谷地就存在莒县陵阳河大汶口晚期大型聚落。当地从大汶口到龙山时代物质文化体现出的长期连续性,说明这两处东方龙山都邑是当地政治传统的延续与发展。同时,在鲁北平原出现龙山城子崖等一群中小型龙山城镇,面积在 10 万～100 万平方米之间。它们沿鲁中山区北麓一线排开,并通过庙岛群岛航线与辽东半岛交往。这些龙山城镇可能各自为政,也可能形成以鲁南两个都邑为中心的区域性政治联盟。

与陶寺庞大的墓地相比,山东龙山社会墓地规模不大,但也呈现明显的社会分化,并与高地龙山社会一样多次出现破坏贵族墓葬的情况,是龙山时代社会动荡,互相征伐的证据。临朐西朱封三座大墓规模与陶寺大墓接近,拥有彩绘棺椁、边厢和大量随葬精美的陶酒器,墓主可能属于当地龙山聚落领主。同时,随葬猪下颌骨、獐牙等做法有延续裴李岗时代开启的仪式传统,因此具有承前启后的意义。

尧王城和两城镇两个龙山都邑出现精致的物质文化,诸如成坑埋藏的玉器与陶器,以及与高地龙山社会交往的各种证据。这些龙山都邑延续当地大汶口社会中盛行的竞争性宴饮活动,并以快轮制作、陶胎极薄的蛋壳黑陶著称。这种美学概念,可能受到薄胎漆器的启发。虽然薄胎漆器与蛋壳黑陶制造技术逻辑并不相同，制作薄胎漆器的技术在良渚文化的中心聚落已臻至成熟。

两城镇遗址早期调查发现的环纹货贝在海洋资源非常丰富的良渚遗址和东南沿海贝丘中从未出现过，因此更可能来自高地龙山社会[37]。山东出土的璇玑造型玉器，显示渤海沿岸龙山社会与石峁之间的密切往来。临朐西朱封大墓出土的白玉镶嵌绿松石头饰和两城镇贵族墓葬中出土的绿松石镶嵌腕饰，与陶寺和下靳墓地出土的绿松石镶嵌腕饰拥有相同的制作工艺[38]。这种技术非常成熟的绿松石镶嵌制品，分布范围从黄河上游到山东沿海，在晋南贵族墓葬最为集中，体现了龙山世界贵族之间紧密的联系。这个技术传统并为二里头王室作坊所继承，成为三代文明贵族艺术中的重要技术传统[39]。

在淮河流域的西北部，王城岗，古城寨等龙山城邑兴起于嵩山南麓河谷和周边平原，沿淮河上游诸支流河谷分布[40]。与这些遗址相关的中原龙山物质文化各类型共享以陶鼎为中心的饮食和制陶传统，并发现大型建筑基址、动物牺牲、骨卜、以及零星的冶铜迹象。颖水河谷中的禹州瓦店（约100万平方米）是这个区域内最大的龙山都邑[41]。瓦店出土数量丰富且种类繁多的考古遗物显示该遗址与淮河流域其他地区、长江中游地区、以及高地龙山社会交流频繁。淮河流域北部的柘城山台寺遗址发现作为祭祀牺牲瘗埋的九头黄牛与蛋壳黑陶残片共存[42]。这个现象表明新的家畜被引入东方平原的龙山社会，为传统的宗教仪式带来变化。对三代后期逐渐成型的以牛羊猪为组合的太牢祭牲传统来说，这个转折尤为重要。

上述较为稳定的聚落中心外，在一些具有重要文化和宗教意义的地方，还有用于仪式性的或政治性聚集的临时性遗址，例如位于淮河主要支流的汇集之处的蚌埠禹会[43]。此处是传说中禹会诸侯之地，其核心建筑是一座大型夯土仪式长台，正对淮河穿越涂山和荆山的豁口（图八）。台基之上曾经插满旗杆或木柱的柱洞一字排开。长台建造时用不同色泽的土层形塑出起伏表面，长台远程曾经燃有两堆火焰，周边大量散布祭祀与宴饮活动遗留下的陶器与兽骨。作为布莱德利（Richard Bradley）所谓"有重要文化意义的自然形胜"（culturally significant natural places），淮河干流穿山而过、向东奔流的壮丽景观，以及河流道路的交汇之处使这里成为古代宗教朝圣或政治聚会的理想选址[44]。

淮河流域以北，辉县孟庄，安阳后冈等一系列龙山城镇沿太行东麓河内平原分布。由于临近穿越太

图八 淮河中游涂山南麓禹会遗址地形图
（美国地质调查局科罗拉卫星影像 D054 019 S13 DEC 67 1102–1 FWD 1967年12月13日）

行山的河谷，这些地方而成为太行两翼龙山社会交往频繁的地区。因此这些龙山城镇遗址的陶器群，特别是在任丘哑吧庄和汤阴白营，汇集黄土高原、淮河流域以及山东半岛的作品和制作技术[45]。太行山东南麓的孟庄与西金城城址都出现大规模洪水破坏的痕迹，可能是气候波动与地形特点交叉作用的结果[46]。

长江下游地区，良渚文化晚期陶器器物群大量出现鱼鳍形足鼎，显示良渚核心区为外围淮系社会所渗透。随后，良渚遗址群在公元前2300/2200年前后废弃。临平茅山等遗址在良渚晚期遗存之上叠压着具有淮河流域龙山文化特征的广富林文化遗存。淮河流域社会在东方物质文化的扩散过程中扮演关键角色——良渚和山东龙山玉器可能通过淮河流域到达黄土高原。

良渚曾经稳固的宗教体系在空前的自然灾变面前的崩塌可能导致良渚文明的宗教与艺术传统在当地龙山社会中的中断。龙山时代的新居民没有逆转本地自公元前2300/2200年以来所开始的社会衰退，并最终放弃太湖流域。公元前2000年前后留下的洪水淤泥层直接压在已经废弃的良渚遗址晚期的堆积之上。另外，茅山和玉架山等遗址的龙山稻田上面半米厚的淤泥层反映出龙山时代环境的不稳定和海平面起伏[47]。龙山时代终结之后，闽浙沿海丘陵地带人群北上占据长江下游，此后江南地区成为政治发展的边缘地区。

长江中游的石家河中心遗址群崩溃之后，淮河盆地中部的龙山社会南下进入这一地区，并在当地开启了一个龙山玉器传统，其制品出现在石家河等江汉流域遗址、瓦店等淮河流域遗址、陶寺与石峁等高地遗址，显示出龙山社会网络的迅速扩张。尽管如此，长江中下游在龙山时代没有形成大型的政治或宗教中心。丹江流域的商洛走廊成为连接关中盆地和江汉流域的重要信道，具有齐家文化特征的器物群分布到达走廊南端。在淅川下王岗发现的一组塞伊玛-图尔宾诺式倒钩铜矛（图九）、在石家河龙山时代文化遗存中发现的冶铜遗存、在郧县辽瓦店子发现的齐家文化陶双耳罐共同显示欧亚冶金技术网络已经伴随齐家物质文化的南下延伸到富藏绿松石与铜矿的江汉平原（图一〇）[48]。这些探矿活动为公元前二千纪早期二里头青铜工业的兴起提供了矿业知识上的准备。

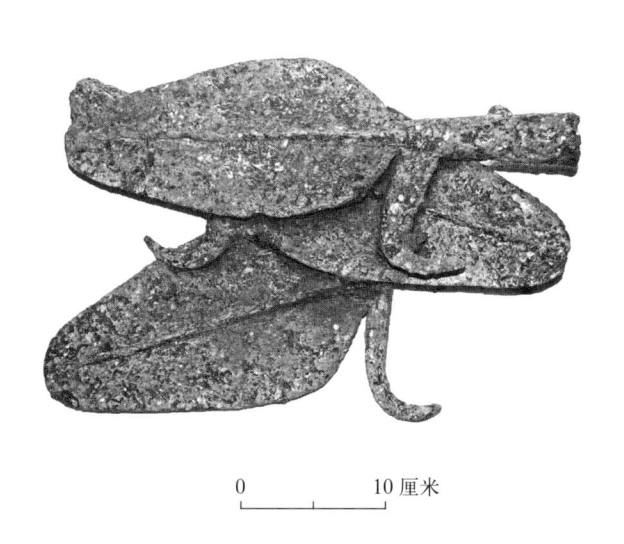

图九　汉江流域下王岗遗址发现的一组北亚塞伊玛-图尔宾诺式倒钩铜矛（H181）
（高江涛 2015）

图一〇　青海、商洛、江汉出土的高地龙山陶多耳罐
1. 青海柳湾 M114 墓出土　2. 商洛东龙山 M43 墓出土　3. 河南淅川下王岗出土　4. 湖北郧县辽瓦店子遗址 G21 出土

四 龙山时代的核心特征

如果从考古学角度做一个历史概括，龙山时期应该是一个灾害频繁，政治动荡的时代。长江中下游史前文明的落幕与高地龙山中心的崛起是龙山时代政治发展的一个重要特征。广阔的互动网络、技术、与物质文化的多样性，使得龙山社会成为形塑新兴传统的辐凑之所。由于畜牧业和探矿活动的扩展，原料、成品、与相关知识的流通，龙山社会互动规模扩大，间接连接中亚的青铜时代城市文明及北亚草原林区的畜牧渔猎社会。龙山都城邑中发生的政治实验可以从这个拓宽的知识体系中选择新的符号、造型与技术来创造新的政治表达方式与礼制传统。

因此，公元前三千纪晚期发生于龙山都邑中的政治实验、大型宗教与政治网络的形成以及有关动物、植物、冶金与宗教沟通等知识与技术的扩展，共同标志着在早期中国的发展过程中，无论是在社会上或是文化上，龙山时代乃是空前关键的转折阶段。融合多生态区、多经济形式、与多区域文化的龙山知识体系与技术传统，是形成中国青铜文明的知识前提。其中，青铜冶金、文字、货贝、骨卜与牛羊牺牲的使用成为三代文明的核心传统。

剧烈的社会变迁以及壮阔的山川形胜，为创造具有政治与宗教意义的传说，提供最佳的故事脚本。尽管陶寺遗址的考古工作是根据传世文献的线索而开展，但在系统性区域考古调查与钻探证实陶寺的确是龙山时代晋南盆地的中心聚落[49]。从发现至今，陶寺遗址与唐、夏政治势力的关系，一直是学者讨论的主要课题[50]。传世文献中的历史地理线索、碳-14年代测年、陶器编年，为上述讨论提供了基本的时空轮廓[51]。类似的情形，亦发生在许多低地龙山社会的中心聚落，例如嵩山南麓颍河河谷中的王城岗和瓦店。它们多位于文献追述中公元前三千纪晚期传说政治的热点地区。

随着考古材料的持续积累和年代学细化，加深了我们对考古分布特征与文献传说中两者关系的了解。例如，龙山时期之前与之后的社会记忆，在时空框架的辨识度层面上出现重大变化。公元前三千纪前叶位于太湖流域的大型聚落中心良渚，在规模上比陶寺石峁等龙山中心更庞大、财富更集中、社会结构也更加稳定。然而，文献传说未留下任何与这个江南强大势力有关的线索。在中国的神话传说中我们也很难辨认出与良渚玉器神徽相伴的宗教传统。相较之下，《史记·晋世家》对公元前三千纪晚期传说政权唐的历史地理描述，可以达到"唐在河、汾之东，方百里"这样具体并与晋南龙山时代聚落考古特征高度重合的时空范围[52]。晋南盆地是周人传说时代叙事的重要场景，而公元前三千纪晚期是中国古史传说时代故事集中发生的时段——这是讨论古典文献中历史叙事的重要坐标[53]。龙山时代政治与宗教遗产为公元前二千纪中国青铜时代各地社会所传承，最终成为周人历史知识与礼制传统的重要源泉。

注释

[1] Wright, Henry T. 2006. Early State Dynamics as Political Experiment. *Journal of Anthropological Research* 62(3):305-319.

[2] a. Possehl, Gregory L. 2002. *The Indus Civilization: A Contemporary Perspective*. Altamira Press, Walnut Creek. b. Chang, Kwang Chih. 1986. *The Archaeology of Ancient China* (4th edition). Yale University Press, New Haven. c. Kohl, Philip. 2007. *The Making of Bronze Age Eurasia*. Cambridge University Press, Cambridge.

[3] a. Sherratt, Andrew. 2006. The trans-Eurasian exchange: the prehistory of Chinese relations with the West. In *Contact and

exchange in the ancient world, edited by Victor. M. Mair, pp. 32-53. University of Hawaii Press, Honolulu. b. Hiebert, Fredrik T. 1994. *Origins of the Bronze Age Civilization in Central Asia*. American School of Prehistoric Research Bulletin 42. Peabody Museum of Archaeology and Ethnology, Harvard University, Cambridge, MA. c. Hiebert, Fredrik T. 2000. Bronze Age Central Eurasian cultures in their steppe and desert environments. In *Environmental Disaster and the Archaeology of Human Response*, edited by Garth. Bawden and Richard M. Reycraft, pp. 51-62. Maxwell Museum of Anthropology, Anthropological Papers No.7. University of New Mexico, Albuquerque. d. Kenoyer, Jonathan M. 1998. *Ancient Cities of the Indus Valley Civilization*. AIPS, Oxford University Press, Karachi.

[4] a. 吕鹏：《中国家养黄牛的起源及其在宗教仪式中的应用》，《中国社会科学院古代文明研究中心通讯》2010 年第 20 期。b. 赵志军：《小麦传入中国的研究——植物考古资料》，《南方文物》2015 年第 3 期。c. 傅罗文、袁靖、李水城：《中国西北地区新石器时代家养动物的来源及特征》，《考古》2009 年第 5 期。

[5] a. Chernykh, Evgenil N. 1992. *Ancient Metallurgy in the USSR: The Early Metal Age*. Cambridge University Press, Cambridge. b. Chernykh, Evgenil N. 2009. Formation of the Eurasian steppe belt cultures: Viewed through the lens of archaeometallurgy and radiocarbon dating. In *Social complexity in prehistoric Eurasia: Monuments, Metals, and Mobility*, edited by B. K. Hanks and Katheryn M. Linduff, pp. 115–145. Cambridge University Press, Cambridge.

[6] 青海省文物管理处考古队、中国社会科学院考古研究所：《青海乐都柳湾原始社会墓地》，文物出版社，1984 年，第 51 页，图 37。

[7] a. Peng, Ke and Zhu Yanshi. 1995. New research on the origin of cowries in ancient China. *Sino-Platonic Papers* 68:1-21. b. 彭柯、朱岩石：《中国古代所用海贝来源新探》，《考古学集刊·12》，中国大百科全书出版社，1999 年。

[8] a. Wang, Yongjin., Hai. Cheng, R. Lawrence. Edwards, Yaoqi. He, Xinggong. Kong, Zhisheng. An, Jiangying. Wu, Megan. J. Kelly, Carolyn. A. Dykoski, Xiangdong. Li. 2005. The Holocene Asian Monsoon: Links to Solar Changes and North Atlantic Climate. *Science* 308: 854-857. b. Staubwasser, Michael and Harvey Weiss. 2006. Holocene climate and cultural evolution in late prehistoric-early historic West Asia. *Quaternary Research 66:372–87*.

[9] a. 黄春长、庞奖励、查小春、周亚利：《黄河流域关中盆地史前大洪水研究——以周原漆水河谷地为例》，《中国科学：地球科学》2011 年第 41 卷第 11 期。b. Huang, Chunchang, Jiangli Pang, Xiaochun Zha, Yali Zhou, Hongxia Su, and Yuqing Li. 2010. Extraordinary floods of 4100-4000 BP a recorded at the late Neolithic ruins in the Jinghe River gorges, middle reach of the Yellow River, China. *Paleogeography, Paleoclimatology, Palaeoecology* 289:1-9. c. Rosen, Arlene M. 2007. The role of environmental change in the development of complex societies in China: A study from the Huizui site. *Indo-Pacific Prehistory Association Bulletin* 27:39-48. d. Rosen, Arlene M. 2008. The impact of environmental change and human land use on alluvial valleys in the Loess Plateau of China during the Middle Holocene. *Geomorphology* 101(1):298-307. e. 夏正楷、杨晓燕、叶茂林：《青海喇家遗址史前灾难事件》，《科学通报》2003 年第 48 卷第 11 期。f. 杨晓燕、夏正楷、崔之久：《黄河上游全新世特大洪水及其沈积特征》，《第四纪研究》第 25 卷第 1 期。

[10] a. Liu, Li. 2004. *The Chinese Neolithic: Trajectories to Early States*. Cambridge University Press, Cambridge. b. Liu, Li, Xingcan Chen, Yun Kuen Lee, Henry Wright, and Arlene Rosen. 2004. Settlement patterns and development of social complexity in the Yiluo region, North China. *Journal of Field Archaeology* 29 (1-2):75-100.

[11] 中国社会科学院考古研究所、山西省临汾市文物局：《临汾陶寺：1978～1985 年考古发掘报告》，文物出版社，2015 年，第 394 页。

[12] a. 高天麟、张岱海、高炜：《龙山文化陶寺类型的年代与分期》，《史前研究》1984 年第 3 期。b. 高炜：《中原龙山文化葬制研究》，《中国考古学论丛》，科学出版社，1993 年，第 90～105 页。c. 高炜、高天麟、张岱海：《关于陶寺墓地的几个问题》，《考古》1983 年第 6 期。

[13] 北京大学考古学系商周组、山西省考古研究所：《天马曲村（1980～1989）》，科学出版社，2000 年。

[14] 苏秉琦：《华人、龙的传人、中国人——考古寻根记》，辽宁大学出版社，1994 年，第 29 页。

[15] a. He, Nu. 2013. The Longshan Period Site of Taosi in Southern Shanxi Province. In *A Companion to Chinese Archaeology*, edited by. Anne P. Underhill, pp. 255-277. Wiley-Blackwell, West Sussex. b. 梁星彭、李兆祥、张新治：《山西临汾下靳村陶

寺文化墓地发掘报告》，《考古学报》1999 年第 4 期。

[16] 苏秉琦：《华人、龙的传人、中国人——考古寻根记》，辽宁大学出版社，1994 年，第 71 页。

[17] 何驽、严志斌、宋建忠：《陶寺城址发现陶寺文化中期墓葬》，《考古》2003 年第 9 期。

[18] a. 山西省考古研究所、运城市文物局、芮城县文物局：《山西芮城清凉寺新石器时代墓地》，《文物》2006 年第 3 期。b. 山西省考古研究所、运城市文物局、芮城县文物局：《山西芮城清凉寺史前墓地》，《考古学报》2011 年第 4 期。

[19] 安阳地区文物管理委员会：《河南汤阴白营龙山文化遗址》，《考古》1980 年第 3 期。

[20] 冯时：《"文邑"考》，《考古学报》2008 年第 3 期。

[21] a. 严志斌、何驽：《山西临汾陶寺城址 2002 年发掘报告》，《考古学报》2005 年第 3 期。b. 博凯龄（Katherine Brunson）：《中国新石器时代晚期动物利用的变化个案探究——山西省龙山时代晚期陶寺遗址的动物研究（四）》，《三代考古》，科学出版社，2011 年，第 129～182 页。

[22] 2006 年与华翰维教授在田野考察时的对话。

[23] 韩建业：《老虎山文化的扩张与对外影响》，《中原文物》2007 年第 1 期。

[24] 陕西省考古研究所、榆林市文物考古勘探队、神木县文体局：《陕西神木石峁遗址》，《考古》2013 年第 7 期。

[25] a. 罗宏才：《陕西神木石峁遗址石雕像群组的调查与研究》，《从中亚到长安》，上海大学出版社，2011 年，第 3～50 页。b. 郭物：《从石峁遗址的石人看龙山时代中国北方同欧亚草原的交流》，《中国文物报》2013 年 8 月 2 日第 6 版。

[26] 王炜林、孙周勇：《石峁玉器的年代及相关问题》，《考古与文物》2011 年第 4 期。

[27] 冈村秀典：《中国史前玉器的生产与流通》，《考古与文物》1995 年第 6 期。

[28] 邓淑萍：《也谈华西系统的玉器》，《故宫文物月刊》1993 年 125 期。

[29] a. Fitzgerald-Huber, Louisa. 1995. Qijia and Erlitou: The question of contacts with distant cultures. *Early China* 20: 17–67. b. Fitzgerald-Huber, Louisa. 2003. The Qijia culture: Paths east and west. *Bulletin of the Museum of Far Eastern Antiquities* 75:55-78.

[30] 陕西省考古研究所，榆林市文物保护研究所：《神木新华》，科学出版社，2005 年。

[31] 邓淑萍：《杨家埠、晋侯墓、芦山峁出土史前玉琮的再思》，《玉润东方：大汶口—龙山·良渚玉器文化展》，文物出版社，2014 年，第 13～32 页。

[32] 邓聪、栾丰实、王强：《东亚最早的牙璋——山东龙山式牙璋初论》，《玉润东方：大汶口—龙山·良渚玉器文化展》，文物出版社，2014 年，第 51～62 页。然而，山东几件龙山牙璋类型学证据尚不能支持山东起源的观点，见邓淑萍：《杨家埠、晋侯墓、芦山峁出土史前玉琮的再思》，《玉润东方：大汶口—龙山·良渚玉器文化展》，文物出版社，2014 年，第 13～32 页。

[33] Jacobson-Tepfer, Esther. 2015. *The Hunter, the Stag, and the Mother of Animals: Image, Monument, and Landscape in Ancient North Asia*. Oxford University Press, Oxford.

[34] Gotlib, A. I. and M. L. Podol'skii. 2008. *Sve-gornye sooruzheniia Minusinskoy kotloviny*. Elexis-Print, Saint Petersburg.

[35] a. 同注 [2]c。b. 同注 [3]a。

[36] 刘观民：《苏联外贝加尔湖所出几件陶鬲的分析》，《中国原始文化论集》，文物出版社，1989 年，第 371～377 页。

[37] 山东省文物管理委员会：《日照县两城镇的七个遗址初步勘查》，《两城镇遗址研究》，文物出版社，2009 年，第 25～43 页。原刊于《文物参考资料》1955 年第 2 期。

[38] 中美两城镇地区联合考古队：《山东日照市两城镇遗址 1998～2001 年发掘简报》，《考古》2004 年第 9 期。

[39] 庞小霞：《中国出土新时期时代绿松石器研究》，《考古学报》2014 年第 2 期。

[40] Liu, Li. 2004. *The Chinese Neolithic: Trajectories to Early States*. Cambridge University Press, Cambridge.

[41] 河南省文物考古研究所：《禹州瓦店》，世界图书出版社，2004 年。

[42] 高天麟：《山台寺龙山文化研究》，《考古》2010 年第 10 期。

[43] 中国社会科学院考古研究所，蚌埠市博物馆：《蚌埠市禹会村》，科学出版社，2014 年。

[44] Bradley, Richard. 2000. *An Archaeology of Natural Places*. Routledge, London.

[45] 王青：《试论任丘哑吧庄遗址的龙山文化遗存》，《中原文物》1995 年第 4 期。

[46] 河南省文物考古研究所：《辉县孟庄》，中州古籍出版社，2003 年。

[47] a. 浙江省文物考古研究所：《良渚遗址群》，文物出版社，2005 年。 b. Qin, Ling. 2013. The Liangzhu culture. In *A Companion to Chinese Archaeology*, edited by Anne P. Underhill, pp. 574-96. Wiley-Blackwell, West Sussex. c. 刘斌、王宁远：《2006～2013 年良渚古城考古的主要收获》，《东南文物》2014 年第 2 期。 d. Liu, Yan, Qianli Sun, Ian Thomas, Li Zhang, Brian Finlayson, Weiguo Zhang, Jing Chen, Zhongyuan Chen. 2015. Middle Holocene coastal environment and the rise of the Liangzhucitycomplex on the Yangtze delta, China. *Quaternary Research* 84:326-34.

[48] a. 高江涛：《试论中国境内出土的塞伊玛 - 图尔宾诺式倒钩铜矛》，《南方文物》2015 年第 4 期。b. 张天恩：《论关中东部夏代早期遗存》，《中国历史文物》2009 年第 1 期。 c. 赵东升：《论鄂豫陕间二里头文化时期的文化格局及势力变迁》，《中原文物》2013 年第 5 期。

[49] a. 同注 [15]。 b. Drennan, Robert D and Dai Xiangming. 2010. Chiefdoms and States in the Yuncheng Basin and the Chifeng Region: A Comparative Analysis of Settlement Systems in North China. *Journal of Anthropological Archaeology* 29: 455-68.

[50] a. 高炜、张岱海、高天麟：《陶寺的发掘与夏文化的探讨》，《中国考古学会第四次年会论文集》，文物出版社，1985 年，第 25～33 页。b. 解希恭主编：《襄汾陶寺遗址研究》，科学出版社，2007 年。c. 冯时：《"文邑"考》，《考古学报》2008 年第 3 期。

[51] 同注 [15]。

[52] 《史记》《晋世家》卷 39，中华书局，1959 年，第 1635 页。

[53] 徐旭生：《中国古史的传说时代》，科学出版社，1960 年。

The Longshan Transition: Political Experimentation and Expanding Horizons

Min Li (University of California, Los Angeles, USA)

Abstract

This paper investigates the major social and ecological transitions during the late third millennium BCE, when climatological crisis and expansion of pastoralism and metallurgy lead to accelerated cultural, technological, and political developments, as well as the increased interactions connecting East, Middle, and North Asian communities. With the collapse of coastal mound centers, the shift of political theater to the highland basins and the loess plateau was critical for the eventual rise of the Central Plains-centered political order during the second millennium BCE. I argue that the unprecedented convergence of technologies from diverse sources in newly emerged Longshan centers contributed to the development of a repertoire of knowledge that eventually became the foundation for the Bronze Age civilization in early China. The introduction of metallurgy and the prospecting activities associated with its incipient development of metallurgy ushered in a new conception of political landscape based on metals.

中国王权的诞生
——兼论王权与夏商西周复合制国家结构之关系

王震中*

一 上古中国的王权与王朝国家之关系

何谓王权，何谓中国上古社会的王权？这看似清楚，实际并非清晰。就一般意义上讲，王权似乎是古代王国国家权力集中的一种表现。但是否一有国家就有王权，中国先秦时期的王权与夏商西周王朝国家以及其中的王国是什么样的关系，殷周时期一些小国邦君称王者是否也可视之为王权？这些都是值得讨论的。

在中国的历史实际中，王权首先是与夏商西周王朝国家联系在一起的，是指夏王、商王和周王在其统治的王朝国家所具有的最高支配之权。但是，由于夏商西周王朝国家形态和结构并非单一制的中央集权的一元结构，而是复合制结构[1]，使得王权与王国既有联系又有区别。

商王朝的这种复合制结构，在《尚书·酒诰》中表述为由"内服"和"外服"组成的两大单元："在昔殷先哲王……自成汤咸至于帝乙……越在外服：侯、甸、男、卫、邦伯；越在内服：百僚、庶尹、惟亚、惟服、宗工、越百姓里居（君）。"这里的"内服"就是王国之地，王的百官居邑分布在这里，是王直接控制之地，亦即后世所谓的王畿之地。这里的外服就是受王支配调遣的诸侯邦国之地。《尚书·酒诰》所说内、外服这样的二元结构，还可以由青铜器铭文和甲骨文得到印证。如《大盂鼎》有"惟殷边侯甸与殷正百辟"这样的铭文。所谓"殷边侯甸"，即《酒诰》所说的"侯、甸、男、卫、邦伯"等外服诸侯；所谓"殷正百辟"，即《酒诰》所说的"百僚、庶尹"等内服百官。在甲骨文中，我们可以看到"商"与"四土四方"对应并贞的卜辞[2]。这里的"商"，是指包括商都在内的商王国，即商朝的王邦，也即《酒诰》所说的内服之地；这里的"四土"则是附属于商的侯伯等诸侯邦国，也即《酒诰》所说的外服之地。

西周王朝也是复合制结构。西周王朝实行的分封制就是高度发达的复合制结构：一方是周王直接掌控的周邦（王邦），另一方则是周王分封的、主权不完整（不具有独立主权）的诸侯邦国，二者在王权的统辖下构成多元一统（即多元一体）的王朝国家。

西周的分封也称作"封建"，其分封的目的：一是分封诸侯以捍卫王室王邦；二是与宗法形成一体，以"减少贵族之间在政权传递上争夺的矛盾"；[3] 三是拓土的战略，即在短时期内尽可能扩大和稳固周王朝的统治，并在分封的诸侯国实现了"统治族群与各地土著族群的重叠关系"[4]，将商王朝的天下秩序转换为周王朝新的天下秩序。

---

* 王震中：中国社会科学院历史研究所。

关于分封诸侯以拱卫王室王邦,《左传》定公四年明确说:"昔武王克商,成王定之,选建明德,以藩屏周。故周公相王室以尹天下,于周为睦。分鲁公以大路、大旂……因商奄之民,命以伯禽而封于少皞之虚。分康叔……命以《康诰》而封于殷虚。分唐叔……命以《唐诰》而封于夏虚。"《左传》僖公二十四年也说:"昔周公吊二叔之不咸,故封建亲戚,以藩屏周。管、蔡、郕、霍、卫、毛、聃、郜、雍、曹、滕、毕、原、酆、郇,文之昭也;邘、晋、应、韩,武之穆也;凡、蒋、邢、茅、胙、祭,周公之胤也。"这样的分封,既实现了"以藩屏周",拱卫王室王邦的目的,又使得王位由嫡长子一人继承,其余兄弟分封为诸侯,把分封制与宗法制很好地结合了起来。

但是,周朝的分封不仅仅限于王室兄弟亲戚之间,而是广泛的分封。如《荀子·儒效》说:"(周公)兼制天下,立七十一国,姬姓独居五十三人焉。"《史记·周本纪》曰:"武王追思先圣王,乃褒封神农之后于焦,黄帝之后于祝,帝尧之后于蓟,帝舜之后于陈,大禹之后于杞。于是封功臣谋士,而师尚父首封。封尚父于营丘,曰齐。分弟周公旦于曲阜,曰鲁。封召公奭于燕。封弟叔鲜于管,弟叔度于蔡。余各以次受封。"《吕氏春秋·先识》说:"周之所封四百余,服国八百余。"可见,周的分封是涉及整个"天下"的。在周分封的这些诸侯邦国中,有的属于新建之邦;也有的属于把原来就已存在的旧邦加以确认而纳入新王朝的体系之中而已。分封制既是政体,也构成一种国家结构,是一个问题的两个方面。

对于西周的复合制国家结构,也可以用内服和外服来概括。对此,刘源教授正确地表述为:"商周王朝的政体均为内外服制,诸侯属于外服系统。"[5] 他列举的史料,除了上举的《尚书·酒诰》和《大盂鼎》外,尚有如下几条:

> 惟三月哉生魄,周公初基,作新大邑于东国洛。四方民大和会,侯、甸、男、邦、采、卫,百工、播民,和见士于周。(《尚书·康诰》)
> 越七日甲子,周公乃朝用书命庶殷:侯、甸、男、邦伯。(《尚书·召诰》)
> 舍三事令,眔卿事寮,眔里君,眔百工,眔诸侯:侯、甸、男,舍四方令。(《矢令方彝》铭文)

在这些史料中,《康诰》所说的"侯、甸、男、邦、卫",《召诰》所说的"侯、甸、男、邦伯",《矢令方彝》所说的"侯、甸、男",都与《酒诰》"侯、甸、男、卫、邦伯"外服诸侯体系是一致的。文献和金文中的"邦"、"邦伯"、"邦君",都是指诸侯之外而服从于周王的邦国邦君或方国首领,由于他们从属于周王,所以也都属于外服诸侯系统。而《矢令方彝》所说的"卿事寮、里君、百工",与《酒诰》说的"百僚、庶尹、惟亚、惟服、宗工、百姓里君"一样,都是在朝为官者,属于内服的朝官系统。

西周王朝的复合制结构,《周礼》使用的是"王国"与"邦国"概念,呈现出王朝国家内有"王国"和"邦国"两大类,是由这两大类构成的。如《周礼·地官·大司徒》:"乃建王国焉,制其畿方千里而封树之。凡建邦国,以土圭土其地而制其域。"[6]

"王国"一词,《周礼》之外,在其他先秦文献和青铜器铭文中也经常使用。如《诗经·大雅·文王》:"思皇多士,生此王国。王国克生,维周之桢。"《诗经·大雅·江汉》:"四方既平,王国庶定……王命召虎，式辟四方，彻我疆土。匪疚匪棘，王国来极。于疆于理，至于南海。"金文也有"保辞王国"（晋公盆，《集成》10342，春秋中期）。对于上引文献和金文中的"王国"，作为最一般的理解，应该指的是"王之国"即王都，亦即国都。但作为其引申义，于省吾先生认为这个"王国"与《尚书》中的"四国"、"周邦"、"有周"一样，不是单指国都，也不包括四方在内，而为京畿范围即王畿之地[7]。确实，根据《江汉》中"王国"与"四方"对举，可以认为这个"王国"就是指"周邦"即周国，亦即周王直接治理的地区，后世所谓的"王畿"。比照于商代，商的内服之地，即商的王畿地区，亦即甲骨文中与"四土"对贞的"商"，就相当于《尚书·召诰》所说的"大邦殷"之殷邦或战国时吴起所说"殷纣之国"[8]的商国，为此可称之为商王邦或商王国。

王国及其内服的朝官体系与邦国及其外服的诸侯体系，这二者的空间合起来就是王权所支配的"天下"。从王权的角度，或者说站在王的立场，王朝国家的国土等同于"天下"。这就是《诗经·小雅·谷风之什·北山》所谓"溥天之下，莫非王土；率土之滨，莫非王臣"。也正因为此，夏商西周三代之王还有一个"天下共主"的身份。由于王国并非王朝国家的全部，而是王朝国家的主体和核心，所以作为王朝的王权，强有力的王国是其根本性的依托，但又不能等同于王国。那么，夏商西周时期的王权与王国及其王朝国家的关系，如何表述才会更准确一些？笔者认为，在中国的先秦时期，王权首先是王国的最高统治权，但它又不仅仅局限于王国，它不但支配着王国（王邦），也支配着从属于王的其他诸侯邦国，是对"天下"的支配之权，也就是说，它是复合制的王朝国家的最高统治之权。

王权之外，中国古代诸侯邦国国君（邦君）之君权，也是诸侯邦国权力集中的表现。但是，由于夏商西周时期的诸侯国是王朝国家的组成部分，它的主权不独立，因而诸侯所具有的君权不属于独立国家之权。至于那些不属于诸侯的邦国，分为两种情况：一种是独立的，乃至与王朝敌对的邦国；另一种是从属于王和王朝的邦国[9]。前者的邦君具有独立国家之权，后者的邦君已纳入王朝体系，不具有完整的国家之权。鉴于复合制国家结构就像复合函数一样，函数中套着函数，因而笔者把诸侯国和从属于王的其他邦国称为王朝国家内的"国中之国"；把王国（王邦）称为王朝国家内的"国上之国"，二者处于不平等的地位。这样，从王权和国家权力的性质来讲，上古时期，作为国家最高权力，就有王权与非王权的君权这两种类型；而在"非王权的君权"中，又有独立国家的邦国君权和被纳入王朝体系的不具有独立主权的诸侯国或邦国君权这样的区别。如果我们把独立于王朝之外的邦国与王朝国家看作是发展程度（也即发达程度）不相同的两种国家形态的话，那么，前者代表了原始的简单的国家形态，后者代表了进一步发展的复杂的国家形态，因而，那种一有国家就有王权的观点，或者说王权是国家最原始的最高权力的说法，都是难以成立的。

在中国传统的史学中，夏商西周三代王朝是一以贯之、连为一体的。夏商西周最大的共性就在于它们的王权前后相承，这样的王权是支配多元一统（即多元一体）的整个王朝国家的，并由此被视为先秦时期华夏民族的正统。夏商西周社会的发展，表现为孔子所说的略有"损益"的发展，其复合制的大国家结构表现为商朝较夏朝、周朝较商朝更成熟发达而已[10]。

夏商周三代前后相继的国家形态结构，也体现在司马迁"通古今之变"的史学体系中。司马迁《史记》的排列是：《五帝本纪第一》、《夏本纪第二》、《殷本纪第三》、《周本纪第四》。《五帝本纪》之所以被置于《史记》的篇首，是因为它讲的是中国文明的开始。而以王国为核心的王朝国家的出现，始于夏王朝。既然，王权是与以王国为核心的王朝国家紧密联系在一起的，那么，中国最早的王权的诞生当然就是随着夏王朝的出现而出现的。而文献中也恰恰把"家天下"式的王朝统治方式只追溯到夏王朝。例如，《礼记·礼运》篇在讲完"大同"社会之后，接着说：

> 今大道既隐，天下为家，各亲其亲，各子其子，货力为己，大人世及以为礼，城郭沟池以为固，礼义以为纪，以正君臣，以笃父子，以睦兄弟，以和夫妇，以设制度，以立田里，以贤勇知，以功为己，故谋用是作，而兵由此起。禹、汤、文、武、周公，由此其选也。此六君子者，未有不谨于礼者也，以著其义，以考其信，著有过，刑仁讲让，示民有常。如有不由此者，在埶（势）者去，众以为殃。是谓小康。

《礼运》以"禹、汤、文、武、周公"作为"家天下"的三代王朝的杰出统治者，其中以禹代表夏，把夏禹作为夏王朝的开创者，这与《史记》是一致的。我们知道，《史记》也是把禹放在《夏本纪》而不是放在《五帝本纪》中进行记述的。无论是在《史记》中还是在《礼记》中，夏商西周王朝都以其支配"天下"的王权而一以贯之；三代王朝的更替，就是作为"天下共主"的王权在夏、商、周三部族中的转移；因此，作为复合制王朝国家最高统治权的王权的诞生，以夏王朝的出现为标志。

二　王权与称王之关系

中国夏商西周时代的王权与王的称谓有联系，但又并非绝对相等同。说王权与王的称谓有关系，是因为从有文字记载的商代和西周来看，作为王朝国家的最高统治者都是称王的。在甲骨文中，凡是直言王者皆指商王，如"王曰"、"王占曰"、"王……"者，都指的是商王。这一点与《史记·殷本纪》等文献有关商王的称谓是完全一致的。西周时的情形也是这样。张政烺先生曾指出："周金文中直言王者皆指周王，乃姬姓天下之大宗。"[11]张先生的看法是正确的。在西周青铜器铭文和周代文献中，周王朝的最高统治者称为王，这既是姬姓乃天下之大宗的表现，也是王朝礼制的规范。不仅如此，在周代，由于天的至高地位和对天尊崇的上升，周王也称天子。周王亦尊称为天子，意味着周王并非一般意义上的王，是独一无二的最高统治者，这是西周王朝国家礼制较商代又有加强的反映。

但是，在西周的青铜器铭文中，也有很小邦国的邦君称王的例子。例如，在陕西宝鸡市贾村塬上官村出土的夨王簋盖等青铜器铭文中，有"夨王"的称呼[12]。这位夨王并非周王中的某一王，而是西周中期"位于汧水上游陇县南坡和下游宝鸡县贾村"[13]一带的古夨国的邦君。此外，青铜器中的鼇王、幾王等称呼，以及邵王鼎、吕王鬲、吕王壶等称王者，也都是邦君称王的事例。鼇王的称呼见于录伯簋盖，铭文中有一句话写作："用作（朕）皇考鼇王宝尊簋"[14]。幾王的称呼见于乖伯簋，铭文有"用作朕皇考武乖幾王尊簋"[15]。在文献中，《史记·吴太伯世家》有吴王。据张政烺先生考证，邵王鼎是楚昭王母之祭器[16]；夨王是姜姓，是夨国称王者；吕为姜姓国，是四岳之裔；彔伯簋之釐王、乖伯簋之幾王，也都是周代异姓之国，彔伯之国可能在陕西，乖伯之国可能在甘肃灵台县[17]。

关于周代异姓之国称王者，王国维在《古诸侯称王说》曾提出："盖古时天泽之分未严，诸侯在其国，自有称王之俗，即徐楚吴楚（越）之称王者，亦沿周初旧俗，不得尽以僭窃目之。苟知此，则无怪乎文王受命称王而仍服侍殷矣。"[18]对此，张政烺先生提出质疑。张先生指出：

> 周时称王者皆异姓之国，处于边远之地，其与周之关系若即若离，时亲时叛，而非周室封建之诸侯。文王受命称王，其子孙分封天下，绝无称王之事。周之同姓称王者只一吴王。吴之开国史很不清楚，泰伯、仲雍……各书记载皆强调二人"文身断发"，则是已经彻底"蛮化"了。处蛮夷之间，位不尊则权威轻，不能镇伏百越，甚至不能自保，称王由于客观需要，而不关"天泽"或"僭窃"问题，也并非"沿周初旧俗"。古代同姓不婚，而吴则否……韩愈《原道》："孔子之作《春秋》也，诸侯用夷礼则夷之"，吴正是这样一个样本，也就不必以常理论了[19]。

张先生的意思是：周时一些称王的邦国，多为处于边远之地的蛮夷戎狄之国，称王是其旧俗，"由承袭而来，非僭王号，也不是由于周王的锡（赐）命"[20]，周王称王"乃姬姓天下之大宗"的表现。显然，张政烺的见解较王国维更符合当时历史实际。就王朝礼制和宗法而言，周王称王又称天子，周王分封的诸侯不得称王。夨王之类的称呼，来自该邦国邦君的旧称。由于夨国起初不属于华夏体系，不受华夏礼制和周人宗法的约束，所以，在夨国的青铜器中出现"夨王"，这只不过是沿用了它以前的称呼而已。其他称王者，诸如釐王、幾王、邵王、吕王，也都是如此。它们原本不属于华夏系统，后来才被周王朝所接纳，但在习惯上他们在自己铸造的青铜器中仍沿用该国以前的旧称。这种称王者并不体现支配天下的王权。

正是由于夏商西周王朝的王权是与华夏礼制联系在一起的，所以春秋时期的"礼崩乐坏"是与周王权的衰落相辅相成的。春秋时期，在王权衰落的同时，华夏诸国的独立性也在逐渐增强，但这些诸侯国的国君之权也还是不能称为王权的。也就是说，在这些诸侯邦国内部，其国君之权当然是该国的最高权力，但对于原来的西周王朝而言，或者对于春秋华夏集团而言，它却不属于王权。

在王的称谓上，春秋时期华夏诸侯国可以争霸却不称王，这守住了华夏礼制的底线。非华夏集团的楚、越、吴、徐等国有称王的情况。关于吴国，我赞成张政烺先生的分析论述，不再赘述。楚、越、徐等国非华夏国之所以称王，是因为它们不守华夏礼制体系的缘故，有的还明显地出于与中原分庭抗礼的目的。以楚国为例，周人和华夏民族一直把楚国国君称为"楚子"。例如，周原出土的甲骨文中就是这样称呼楚国国君的[21]。在《春秋》中，楚国国君被称为"楚子"。而孔子对于《春秋》的修订，使《春秋》体现或遵循了华夏礼制。但楚国自己却自行称王[22]，甚至在楚庄王时还有试图取代周王而问鼎于中原的故事[23]。楚国国君自己称为楚王，就是要突破华夏礼制体系，但由此也使得中原华夏民族把楚视为蛮夷。例如，《左传》襄公二十六年有"楚失华夏"一语，这是把"楚"与"华夏"相对立的一种表达。

从春秋史反观夏商西周史，使我们深深感受到夏商西周的复合制大国家结构是与中央王国强盛和王权强大密不可分的；王权是包括中央王国和周边诸侯邦国在内的多元一体的王朝国家的最高统治权，但中央王国却是其最重要的支撑、依靠和保障。到了春秋时期，作为支撑王朝王权的周王国，其直接统辖的地域大为缩减，政治、经济、军事等综合实力还不如一个强盛的诸侯国，因而其王权大为衰落，复合制大国家结构也与其王权一样，名存实亡。与此相反，原本在西周时期作为复合制国家结构的"国中之国"一员的诸侯国，其国家主权却逐渐由不独立走向独立，但出于华夏礼制，被纳入华夏体系的诸侯国依然不称王；而那些非华夏集团的国君不受华夏礼制的束缚，在称王的同时也表现出与中原分庭抗礼。

三 "王"称谓的起源

如前所述，西周时期，某些边远地区的小邦邦君也有称王的旧俗。不仅如此，有学者认为在商代也有称王的小国[24]。王朝的最高统治者称王，这样的"王"体现的是王朝的王权；个别的边远小国也自称为王，这样的"王"体现的是小国的邦君君权。如果我们考虑到有的学者把凡是称王者的君权都视为"王权"的话，那么，王和王权就可分为性质不同的两种类型：一种是王的原始形态，其称王者所掌握的国家权力若非要称之为王权的话，这样的王权只是该国君权而已，这是一种结构单一、形态原始的国家；另一种是建立了多元一体的复合制结构的王朝国家之王，这是一种支配天下的王权，在中国的史学传统中，这样的王才是真正之王，才是真正的王权。

在先秦时期，有两种不同类型的国家和"王"是客观存在。那么，为何"王"的称谓可以并存于这两类不同形态的国家之中？究其原因，笔者认为：一是因为"王"的称谓，起源于作为军权象征的斧钺；二是因为无论是作为初始国家的邦国的君权还是作为王朝国家的王权，其权力来源和组成都是军权、神权和族权三者的合一，其中军权即掌握武力是其权力的根本，这样，无论是邦君的称谓出现"王"还是天子称王，都是因为王的原始含义是掌握武力者。

关于"王"字起源于作为军权象征的斧钺，20 世纪 30 年代时，吴其昌提出"王字之本义，斧也"；并从甲骨文、金文、文物、文献等多个方面证明其字形亦斧之象形[25]。日本学者加藤常贤对此甚为赞同，他说："吴其昌曰：王字之本义为斧也，乃精细之比较研究之结果下而得之结论，最为是也"，"王之形乃斧之竖立之形象也。"[26] 20 世纪 60 年代，林沄《说王》一文也沿袭此说，并进一步论证王字之所以像斧钺之形，就在于斧钺在古代"主要是用于治军的，因为斧钺不仅是武器，而且是砍头的刑具"，斧钺曾长期作为军事统帅权的象征物。用象征军事统帅权的斧钺构成王字，"说明中国古代世袭而握有最高行政权力的王，也是以军事首长为其前身的。"[27] 到 20 世纪 90 年代，罗琨在回顾了上述研究的基础上，为王字乃斧钺之象形又增添了一证：在 20 世纪 70 年代才发表的加拿大安大略博物馆藏甲骨文拓片中，有"成崇王"一词，王字作，为一装柄的斧钺象形[28]。确实，从字形看，甲骨文、青铜器铭文中的王字，与自新石器时代以来的作为武器、礼仪性武器乃至象征军事统帅权的钺，有渊源关系。《成王尊》铭文有"成王尊"

三字（图一），其 ![王] （王）字形与考古出土的从新石器时代到青铜时代的钺（特别是装柄的钺）的形状样子是吻合的（图二～六）。

关于中国上古社会权力的演进轨迹，笔者曾概括为三大阶段：史前社会最高酋长之权—早期国家的邦国君权（邦国国君之权）—夏商西周王朝国家的王权[29]。这三种权力是既有联系又有区别的。其区别在于：最高酋长的权力不具有强制性；作为早期国家的邦国国君的权力具有强制性，它是凌驾于全社会之上的具有强制性的公共权力，但其权力的支配空间仅限于本邦本国；夏商西周王朝国家的王权，不但支配着本邦（王邦），也支配着王朝体系内的其他诸侯邦国，是凌驾于王朝国家社会的强制性的公共权力，在古人的眼里它是支配天下的合法权力。这三种权力的联系和共同点则在于：三种权力各自都含有军权在其中，都是集军权与神权于一身，充分显示了"国之大事，在祀与戎"[30]的社会特征。

图一　《成王尊》中的"王"字

图二　安徽含山凌家滩07M23号墓出土玉钺

图三　浙江余杭反山M12出土刻有神徽的玉钺

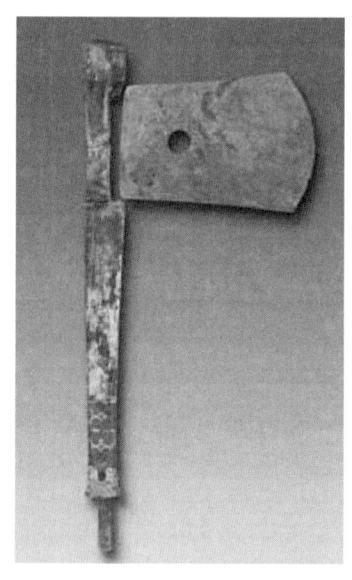

图四　湖北荆州马山阴湘城址出土漆木柄石钺

图五　河南偃师二里头遗址出土石钺

图六　商代青铜钺

我们以史前社会最高酋长为例，来说明"王"字以及"王"的称谓与钺的渊源关系。在中国几十年的考古发掘中，有关史前社会中心聚落遗址的资料是很多的。这些中心聚落相当于人类学所说的酋邦（chiefdom，酋长制社会）。例如，安徽含山凌家滩遗址[31]，就是距今5300年前的史前中心聚落。在该遗址的墓地中，有两座随葬品最丰富的墓葬（87M4和07M23）推测其墓主人生前是最高酋长。1987年发掘的87M4号墓葬，出土玉器103件、石器30件、陶器12件，合计145件。玉器中最著名的是一件玉龟（图七）[32]，以及在玉龟的背甲和腹甲之间夹的一块刻有"天圆地方"、"四极八方"宇宙观图像的玉版（图八）[33]。此外，还有8件玉钺、18件石钺也十分醒目[34]。从87M4号墓随葬的玉龟和表示"天圆地方"、"四维八方"的玉版来看，该墓主人是执掌着占卜、祭祀的重要人物之一；墓中出土的所谓"玉簪"，其形制与07M23出土的置于玉龟及玉龟状扁圆形器内的玉签是一致的，故它也是与玉龟配套作占卜使用的。墓中随葬玉制的斧钺8件、石钺18件，说明他也执掌着军事方面的事务。墓内还出土6件颇为精致的石锛、5件精致的石凿，似乎象征着其人对手工业的重视，并未完全脱离一定的生产劳动。墓中的玉璜达19件之多，还随葬4件玉镯、3件玉璧、1件玉勺、1件人头冠形饰、1件三角形饰，都可说明其社会地位甚高。所以，随葬品达145件的87M4号墓主人的富贵就在于他是一位以执掌着宗教占卜祭祀为主，也兼有军事之

图七 凌家滩87M4随葬的玉龟

图八 凌家滩87M4出土玉龟中的玉版

权，并对手工业生产相当重视，掌管着酋邦的生产组织管理。2007年发掘的07M23号墓葬，随葬有330件器物[35]。其中，1件玉龟和2件玉龟状扁圆形器及其内置的玉签，都属于占卜工具，说明他与87M4号墓主人一样都属于宗教领袖一类的人物。墓内出土2件玉钺（图二）和53件石钺又说明他也执掌着军事之权。墓中还随葬1件玉锛、10件玉斧、30件石锛、9件石凿等工具，也显示出对生产的重视。随葬玉环84件，其中在墓主头部位置密集放置了20多件玉环，而且是

大环套小环，这大概是墓主佩戴的项饰。墓内出土玉玦 34 件。墓内共出土玉镯 38 件，其中在墓主双臂位置，左右各有一组 10 件玉镯对称放置，是套在手臂上的臂镯，其情形与 98M29 号墓出土的三件玉人手臂上刻的臂镯是一样的（图九），显示了他作为宗教领袖人物的形象。

从安徽含山凌家滩墓地墓葬资料可知，在史前社会中，最高酋长的权力由三个方面构成：神权、军事统帅权和生产的组织管理的民事权。如果再联系辽河流域的红山文化中女神庙、大型祭坛和积石冢的考古学材料以及人类学中的酋邦社会材料，可以看出，在神权、军事统帅权和民事权中，是以神权为主。以神权为主，这是中心聚落社会（即酋长制社会）最高酋长的权力特征之一，其根本缘由即在于史前社会最高酋长的权力不具有强制性（酋长制社会与国家的根本区别即在于：国家权力是凌驾于全社会之上的强制性的公共权力），但在由史前的中心聚落形态向早期国家的都邑邦国的转变过程中，作为凌驾于全社会之上的强制性的公共权力的重要支柱，主要是以行使武力为特征的军权，而钺既是一种武器，亦为军权和武力的象征，因而，自称为王者实际上是在凸显自己是该政治实体中握有最高的军事武力，"王"的字形和称谓的起源即渊源于此。

图九　凌家滩 98M29 随葬的玉人

四　夏代的王权渊源于万国时代族邦联盟的盟主权位

夏王朝并非中国最早的国家。夏朝之前，史称为"万国"、"万邦"[36]，这是一个邦国林立并组成联盟的时代。笔者曾指出，"邦"在一般意义上是指国家[37]，但"万邦"并非真有一万个国家，是说这种小国寡民的邦国甚多而已。在古人的眼中，是把夏代之前乃至夏代之后所有的政治实体都称为"邦"或"国"。其实，它们当中，应该是既有属于早期国家的政治实体，也有只是氏族、部落、酋长制族落（即现一般所谓的"酋邦"，亦即笔者所说的"中心聚落形态"）的政治实体，当时是包括早期国家在内的多层次、多种形态的政治实体共存的格局。我们当然不能因"万邦"一词的使用即认为当时所有的氏族部落都转化成了国家，然而它也暗示出当时出现的国家绝非一个而为一批，所以，依旧可以称之为邦国林立。这种情形就像甲骨文中的"邑"，它表示某种居住点，其中既有"大邑商"、"商邑"这样的王都之邑，也有诸如唐国之都邑的"唐邑"、丙国之都邑的"丙邑"这种侯伯都城之"邑"，还有像"鄙二十邑"这样的边鄙小邑，在这里，我们当然不能因为"邑"中有属于村落的小邑，就否定它也表示着王和侯伯之都邑的事实[38]。

文献所说的尧舜禹万邦时期，大体相当于考古学上龙山时代的中晚期[39]。这一时期在中国的黄河、长江两大流域发现城址几十座，可以与文献所说的"万邦"、"万国"相对应，这些城址中有一些城址笔者判断它们是早期国家——邦国的都城，并对此做过个案研究[40]。其中，以山西襄汾陶寺城址为中心的陶寺文化遗址群，就属于作为早期国家的邦国的典型代表[41]。而且，陶寺都城无论是在时空上（城址的年代和地点）还是对龙的崇拜上，都可以与文献所说的"尧都平阳"以及尧文化中的龙图腾崇拜的文化特征相吻合[42]，因此，"目前最有条件将古史传说中的这些族邦与考古学聚落遗址相联系而确定其为邦国即早期国家的属性的，当属帝尧陶唐氏与陶寺遗址的关系"，[43]这样，我们通过对陶寺遗址都城性质的分析，就可以从考古学上对尧舜禹时代的社会形态及其发展阶段予以实证性的说明。

从文献上看，邦国林立和族邦联盟是尧舜禹时期中原地区的两大政治景观。《尚书·尧典》等文献所讲的尧舜禹禅让传说，生动地描述了族邦联盟的盟主职位在联盟内转移和交接的情形。此外，古本《竹书纪年》[44]、《韩非子·说疑》[45]、《孟子·万章上》[46]等文献也有"舜逼尧，禹逼舜"等记述。尧舜禹相互争斗的这种传说，从一个侧面反映了黄河中下游地区各个邦国之间势力消长的关系。对于这两种截然相反的古史传说，我们是否可以这样来看：当时族邦联盟领导权的产生，多以和平推举的方式进行，这就是尧舜禹禅让传说的由来；也许有的时候，盟主的产生需要依靠政治军事实力，这就会出现所谓"舜逼尧，禹逼舜"这种事情。

对于尧舜禹时期的联盟，过去史学界一般以摩尔根《古代社会》中的"部落联盟"来对待。"部落联盟"属于原始社会的范畴。既然尧舜禹时期的所谓"万邦"是多层次、多种类型的政治实体的共存，其中最高政治实体是邦国，而我们又知道矛盾的性质是由主要矛盾的主要方面来规定的，那么，对于尧舜禹联盟就应该称之为"族邦联盟"或"邦国联盟"，而不能称为"部落联盟"。当然，笔者也不赞成像《尚书·尧典》、《皋陶谟》、《史记·五帝本纪》等书那样，把尧舜禹联盟看成是一个朝廷。这些传统的史学，都是比照夏商周三代王朝的情形来谈论尧、舜、禹、皋陶、四岳、契、共工、夔等传说人物之间关系的，把这些传说人物都安排在一个朝廷内同朝为官，只是其最高"统治"的职位是通过禅让交接而已。对于《尚书·尧典》、《皋陶谟》等文献的态度，笔者认为它们固然保留了相当多夏商之前的远古社会资料，但由于其成书年代是战国时期，生活在战国时代的人在其著述时，不可能不受王朝政体和制度的影响，因而把尧舜禹族邦联盟当作一个朝廷来对待，是后来成书典籍的通病。这就是笔者曾指出的，古史传说有"实"有"虚"、历史与神话相交融的问题[47]。春秋战国乃至秦汉时代的学人并没有近现代人类学的知识和"联盟"之类的概念，因而我们不必对他们苛求。

在邦国林立并组成族邦联盟这样的社会中，尧舜禹具有双重身份：即既是本邦的国君，又都担任过联盟的盟主。因此，所谓唐尧禅位给虞舜，所传的是联盟的盟主之位，而不是唐国君主的君位。在尧舜禹的两种身份中，前者是以"部族国家"[48]权力的最高形式出现的；后者所谓联盟盟主实即霸主，是以黄河中下游地区霸主形式出现的。但由于族邦联盟只是各个邦国、酋邦、部落等政治实体的联合关系，而不是一个国家，所以盟主所具有的权力尚不能称之为王朝国家的王权。

族邦联盟的盟主虽然不是王朝国家的王权，但从历史演变的逻辑来看，它是夏商周三代之王"天下共主"之前身。也就是说，夏商周三代之王的"天下共主"地位，就是由尧舜禹时期族邦联盟的"盟主"或"霸主"转化而来的。

尧舜禹族邦联盟之盟主，之所以亦可称为霸主，其特征之一就在于他们可以号召、命令或亲自率领联盟的诸部族对敌对部族进行征伐。例如，帝尧时，有"尧伐驩兜"的传说[49]。也有"尧乃使羿诛凿齿于畴华之野，杀九婴于凶水之上，缴大风于青丘之泽，上射十日而下杀猰貐，断修蛇于洞庭，禽封豨于桑林"[50]的传说。这里所说的"猰貐、凿齿、九婴、大风、封豨、修蛇"，都是一些部落首领。凿齿即凿齿民[51]，是流行拔牙风俗的部族[52]；大风可能就是风夷，修蛇为三苗，封豨当是有仍氏，或作封豕，即野猪[53]，猰貐、九婴也是一些以野兽为图腾的部落[54]。再如，帝舜时，《孟子·万章上》说："舜流共工于幽州，放驩兜于崇山，杀三苗于三危，殛鲧于羽山，四罪而天下咸服，诛不仁也。"到了禹时，《墨子·非攻下》说：禹亲自挂帅，并在玄宫举行了接受天之瑞令等宗教仪式。当时还有以鸟为图腾的"人面鸟身"者，奉珪瑾以侍。在神的佑护下，战争大获全胜[55]。

尧舜禹通过对联盟内外对立或敌对部族的征伐战争，大大确立了自己的霸主地位。如前所述，"王"的称谓起源于象征武力的钺；王权是由军权、神权和族权这三个来源组成的[56]。尧舜禹率领族邦联盟的对外战争，就使得他们所具有的军权，已超越了本邦本国的军权。这样的军权很容易转化为王朝国家王权中的军权。

在由尧舜禹族邦联盟盟主的霸权转化为夏王朝王权的过程中，夏禹是最关键的过渡性人物。对此，《左传》和《国语》有两条史料很能说明问题。《左传》哀公七年说："禹合诸侯于涂山，执玉帛者万国。"禹在涂山会合诸侯，前来参加会合的诸邦是"执玉帛"[57]来相见，反映了一种礼制。在这种礼制中，尊卑、等级和不平等是显而易见的。而前来会盟者竟有"万国"（包括酋长制酋邦和部落）之多，这说明此时禹已有号令天下的权力。《国语·鲁语下》记载："仲尼曰：'丘闻之，昔禹致群神于会稽之山，防风氏后至，禹杀而戮之'。"孔子说禹在会稽山会见诸邦时，防风氏只因迟到就被禹斩杀，可见此时的禹对于联盟内诸邦诸部已具有生杀专断之权。如前所述，王权与邦国君权的区别就在于：邦国国君所具有的强制性的公共权力，仅限于对本邦的支配和统治；而王权则是整个王朝国家的最高统治权，它不但统治着本邦（王邦），也支配着其他邦国。禹杀防风氏所表现出的对于其他邦国或部族所具有的生杀专断之权，就是王权的雏形。因此，笔者认为在夏禹的后期，他完成了由邦国联盟的盟主走向王权的步伐，而作为"家天下"王朝王权的世袭制也正是从禹到启完成转变的。

注释

[1] a. 王震中：《夏代"复合型"国家形态简论》，《文史哲》2010年第1期。b. 王震中：《论商代复合制国家结构》，《中国史研究》2012年第3期。c. 王震中：《中国古代国家的起源与王权的形成》，中国社会科学出版社，2013年，第

436~440、471~502页。

[2] a. 如《甲骨文合集》36975号卜辞："己巳王卜，贞，[今]岁商受年。王占曰：吉。东土受年。南土受年，吉。西土受年，吉。北土受年，吉。"郭沫若主编、胡厚宣总编辑：《甲骨文合集》，中华书局，1979~1982年。b.《小屯南地甲骨》1126号卜辞："南方，西方，北方，东方，商。"中国社会科学院考古研究所编：《小屯南地甲骨》，中华书局，1980年。

[3] 王玉哲：《中华远古史》，上海人民出版社，2000年，第577页。

[4] 许倬云：《西周史》（增订本），生活·读书·新知三联书店，1994年，第144、146页。

[5] 刘源：《"五等爵制"与殷周贵族政治体系》，《历史研究》2014年第1期。

[6] 虽说《周礼》成书于战国时期，它糅合了西周、春秋和战国时期的一些概念和制度，但关于"王国"与"邦国"的划分，因与金文和《尚书》中周初诸诰的记载相一致，所以这样的划分和分类是对商周二元的复合制王朝国家结构的总结概括。

[7] 于省吾：《双剑誃尚书新证》，北平直隶书局，1934年。

[8] 《战国策·魏策》吴起说："殷纣之国，左孟门，而右漳滏，前带河，后被山。有此险也，然为政不善，而武王伐之。"这是战国人吴起所谈及的商之直辖地区，即商的王国（王邦），而不是整个殷商王朝国家。漳、滏二水在殷之北，踞殷墟不远。若以北边的漳滏二水为右的话，那么位于左的孟门，就应在其南边，在太行山东，即今河南辉县西，它位于殷墟的西南。"前带河"之河是指安阳殷都东侧由南向北流的古黄河。"后被山"之山是指安阳西边的太行山。《战国策》中吴起说的这段话，在司马迁的《史记·吴起列传》中被写作："殷纣之国，左孟门，右太行，常山在其北，大河经其南。"在这里，司马迁把《战国策·魏策》中的"后被山"即太行山置换为"常山在其北"，那么"大河"当然就要经其南了。这里的常山即恒山，但不是今山西境内的恒山，而是主峰在今河北省保定西境曲阳县西北的恒山。孙星衍在《尚书今古文注疏》中引《水经·禹贡·山水泽地所在》云："恒山为北岳，在常山上曲阳县西北。"

[9] 有些邦国与王朝处于"时服时叛"的关系。在"叛"时，它与王朝对立，脱离了王朝体系，是独立的国家；在"服"时，它被纳入王朝体系之中，不属于独立的国家。所以，"时服时叛"构不成一种分类标准。

[10] 同注[1]a。

[11] 张政烺：《矢王簋盖跋——评王国维〈古诸侯称王说〉》，《古文字研究》第13辑，1986年。

[12] a. 卢连成、尹盛平：《古矢国遗址墓地调查记》，《文物》1982年第2期。b. 王光永：《宝鸡县贾村塬发现矢王簋盖等青铜器》，《文物》1984年第4期。

[13] 卢连成、尹盛平：《古矢国遗址墓地调查记》，《文物》1982年第2期。

[14] 中国社会科学院考古研究所编：《殷周金文集成》（简称"《集成》"）04302，中华书局，1987年。

[15] 同注[14]，04331西周中期后段。

[16] 张政烺：《昭王之諲鼎及簋铭考证》，《历史语言研究所辑刊》第八本第五分，商务印书馆，1939年。

[17] 同注[11]。

[18] 王国维：《观堂集林》第四册，第1153页，中华书局，1959年。

[19] 同注[11]。

[20] 同注[11]。

[21] 陕西岐山凤雏村出土甲骨有"楚子来告"（H11:83）。王宇信：《西周甲骨探论》，中国社会科学出版社，1984年，第296页。

[22] 关于楚国称王，据《史记·楚世家》："当周夷王时，王室微，诸侯或不朝，相伐……（楚国国君）熊渠曰：'我蛮夷也，不与中国之号谥。'乃立其长子康为句亶王，中子红为鄂王，少子疵为越章王，皆在江上楚蛮之地。及周厉王之时，暴虐，熊渠畏其伐楚，亦去其王。"这是说楚在西周后期周夷王时趁着周王室衰弱，已自行称王，后在周厉王时害怕周王讨伐而自己取消了王号。再后来，到了春秋初年，《楚世家》说："（楚君）蚡冒卒。蚡冒弟熊通弑蚡冒子而代立，是为楚武王。"所以，楚国真正的自行称王是从春秋开始。春秋战国，楚国称王的青铜器有《楚王钟》等铭文，见《殷周金文集成》00072、00085、11381。引自李峰《论"五等爵"称的起源》"表一金文中所见春秋至战国早期的诸侯称谓"，《古文字与古代史》第三辑，台北"中研院"历史语言研究所，2012年。

[23] 见《左传》宣公三年、《史记·周本纪》、《史记·楚世家》。

[24] 主张商代有小国称王的学者有：齐文心：《关于商代称王的封国君长的探讨》，《历史研究》1985年第2期。高

明：《商代卜辞中所见的王与帝》，葛英会：《殷墟卜辞所见的王族及相关问题》，两文均见北京大学考古系编《纪念北京大学考古专业三十周年论文集》，文物出版社，1990年。对于这三篇论文，宋镇豪、刘源在其合著的《甲骨学殷商史研究》（福建人民出版社，2006年）一书中评述说：" 卜辞中是否存在多王的确切证据，还是一个需要谨慎对待的问题。齐、高、葛三氏所举诸例中，有的属残辞、孤证，有的则可作不同理解，目前相关材料也较少，而且殷墟卜辞中方国首领多称为"白（伯）"，即便卜辞中真的存在商王以外称王者的证据，也不可把多王视为商王国内的普遍现象。" 笔者认为宋、刘的分析、评述是有道理的。

[25] 吴其昌：《金文名家疏证》（一），《武大文史哲季刊》第五卷第3期，1936年。

[26] 加藤常贤：《汉字的起源》，《东京斯文会，1949～1957年版》，转引自《金文诂林》，第206页。

[27] 林沄：《说王》，《考古》1965年第6期。

[28] 《甲骨文合集》32444。李学勤主编，王震中、罗琨、王宇信、杨升南、宋镇豪著：《中国古代文明与国家形成研究》，云南人民出版社，1997年，第242页。

[29] 同注[1]c，第287～292页。

[30] 《左传》成公十三年。

[31] 安徽省文物考古研究所：《凌家滩——田野考古发掘报告之一》，文物出版社，2006年。

[32] 同注[31]，彩版二一。

[33] 同注[31]，彩版二〇。

[34] 同注[31]，彩版二七、三八～四二。

[35] 安徽省文物考古研究所：《安徽含山凌家滩遗址第五次发掘的新发现》，《考古》2008年第3期。

[36] 例如，《尚书·尧典》说帝尧能"协和万邦"。《汉书·地理志》说尧舜时期"协和万国"，到周初还有一千八百国。《左传》哀公七年说"禹合诸侯于涂山，执玉帛者万国"。《战国策·齐策四》颜斶云："大禹之时，诸侯万国……及汤之时，诸侯三千。当今之世，南面称寡者，乃二十四。"《荀子·富国》篇也说："古有万国，今有十数焉。""万邦"的概念，在青铜器铭文和《尚书》中周初成书的一些篇章以及《诗经》等早期文献中也是比较流行的。如如《墙盘》铭文："曰古文王……匍有上下，迨受万邦。""匍"字，杨树达说当读为"抚"，"迨"即会字，"迨受万邦"意为文王为万邦所拥戴。《尚书·洛诰》说："曰其字时中乂，万邦咸休，惟王有成绩。"文中的"时"，是也；"乂"，治也。这是周公说的话，大意为周王如果能够在这天下之中的洛邑治理天下，那就会"万邦咸休"，大功告成。《诗经·小雅·六月》："文武吉甫，万邦为宪。"这是西周末叶的诗，称颂尹吉甫可以作为万邦的榜样。

[37] 王震中：《先秦文献中的"邦""国""邦国"及"王国"——兼论最初的国家为"都邑"国家》，《"从考古到史学研究"之路——尹达先生百年诞辰纪念文集》，云南人民出版社，2007年。

[38] 同注[1]c，第303页。

[39] 同注[1]c，第295页及其注释1、第381、382页。

[40] 同注[1]c，第304～357页。

[41] 同注[1]c，第304～325页。

[42] a. 王文清：《陶寺文化可能是陶唐氏文化遗存》，《华夏文明》第一集，北京大学出版社，1987年。b. 王震中：《略论"中原龙山文化"的统一性与多样性》《中国原始文化论集——纪念尹达八十诞辰》，文物出版社，1989年。c. 同注[29]，第326～330页。d. 俞伟超：《陶寺遗址的族属》，俞伟超《古史的考古学探索》，文物出版社，2002年。

[43] 同注[1]c，第326页。

[44] 古本《竹书纪年》记载："舜囚尧于平阳，取之帝位。"《孟子·万章上》说："（舜）居尧之宫，逼尧之子，是篡也，非天与也。"

[45] 《韩非子·说疑》说："舜逼尧，禹逼舜，汤放桀，武王伐纣，此四王者，人臣弑其君者也。"

[46] 《孟子·万章上》说："（舜）居尧之宫，逼尧之子，是篡也，非天与也。"

[47] a. 王震中：《古史传说中的"虚"与"实"》，《赵光贤先生百年诞辰纪念文集》，中国社会科学出版社，2010年。b. 王震中：《三皇五帝传说与中国上古史研究》，《中国社会科学院历史所学刊》第七集，商务印书馆，2011年。

[48] 同注[1]c，第358～388页。

[49] 见《荀子·议兵篇》、《战国策·秦策》。

[50] 《淮南子·本经训》。

[51] 《淮南子·坠形训》有"凿齿民"。《山海经·大荒南经》说:"有人曰凿齿,羿杀之。"

[52] 严文明:《大汶口文化居民的拔牙风俗和族属问题》,《大汶口文化讨论文集》,齐鲁书社,1979年,第260页。

[53] 田昌五:《古代社会形态研究》,天津人民出版社,1980年,第152页。

[54] 同注 [52],第254页。

[55] 《墨子·非攻下》:"昔者三苗大乱,天命殛之,日妖宵出,雨血三朝,龙生于庙,犬哭乎市,夏冰,地坼及泉,五谷变化,民乃大振(震)。高阳乃命(禹于)玄宫。禹亲把天之瑞令,以征有苗。四电诱祗。有神人面鸟身,若瑾以侍。搤矢有苗之祥(将),苗师大乱,后乃遂几。禹既已克有三苗,焉磨(历)为山川,别物上下,卿制大极(乡制四极),而神民不违,天下乃静。"

[56] 王震中:《中国文明起源的比较研究》,陕西人民出版社,1994年,第366~372页。

[57] 笔者推测,其所执之玉,有可能是圭、璋之类。详细的论证待刊,这里暂略。

The Origins of Chinese Kingship and the Relationship of Kingship and Composite State Structure of Xia, Shang and Western Zhou Periods

Zhenzhong Wang (Institute of Modern History of the Chinese Academy of Social Sciences, China)

Abstract

In ancient China, the true kingship means the supreme power and control of the nation in Xia, Shang and Western Zhou Periods. It is related to the composite structure system of the large country with pluralistic integration. The birth of kingship is marked by the presence of Xia dynasty. In ancient China, kingship is very much involved with the titles of the kings, however, kingship and king are two different terms. On one hand, "the kings" mentioned in early oracle bone inscriptions, inscriptions on ancient bronze wares and literatures were referring to Shang kings and Zhou kings. On the other hand, some rulers in remote areas could also be called "king" in the historical materials mentioned above. The imperators of the early dynasties are called "king", it represents kingship. While some rulers in remote area could also be called "king", the "king" represents the monarchical power of small states. The reason why they were both called "king" is because the character "Wang" (means "king") looks like battle axe sthat symbolize military power. The rulers of big states and small regions were both holders of military power. Xia dynasty is not the first state in China, and many states had already appeared and formed alliances in the Yao, Shun and Yu times. So the status and rights of the king maintained by the rulers of Xia dynasty derived from the rights of leaders of alliances.

龙山到岳石时期渤海湾北岸的方国文明
——夏家店下层文化

郭大顺*

分布于渤海湾北岸从西辽河到海河流域的夏家店下层文化，从20世纪60年代初被辨认出来以后，经历了"与商文化相始终"到"年代包括夏时期和早商时期"的认识过程[1]，并被视为与中原二里头文化、东方岳石文化并列的夏时期三大文化系统之一[2]。此后夏家店下层文化的发掘和研究，虽有朝阳市北票县康家屯、赤峰市三座店、二道井子等保存较好遗址的整体发掘[3]和赤峰地区敖汉旗和半支箭河中游等区域近于拉网式的调查[4]等新资料的发表，但专题研究相对不够踊跃，特别是在中华文明起源讨论中，对夏家店下层文化涉及甚少，似显平静。

其实，与二里头文化和岳石文化等夏时期诸考古文化相比，夏家店下层文化有着鲜明的自身特色，在某些方面如时代延续，聚落形态，文化的连续性，等级分化，与夏商文化的关系，从而在缺少"都"一级遗址的情况下所显示的方国文明特征，具有相当的典型性。

一　时代延续长

有关夏家店下层文化的分期与年代还是一个需继续探索的课题。20世纪70年代末随着大甸子墓地陶鬶、盉、爵的出土，将夏家店下层文化的年代放在夏代已成共识。对夏家店下层文化年代问题的主要结症在于该文化的年代上限，一般界定在距今4000年以后[5]；由于辽西地区夏家店下层文化之前的小河沿文化年代距今在4500年前后，这就提出了从小河沿文化到夏家店下层文化之间是否存在一段时间上的空白？即龙山时代的辽西地区古文化问题。我们曾提出，夏家店下层文化的年代上限可到龙山文化晚期，理由是：

第一，从丰下遗址、大甸子墓地的分期和其他一些遗址中，都可辨认出该文化的最早期遗存。如丰下遗址的第五层即第一期，四分地和白斯朗营子等遗址发现的该文化最早一期遗存，所出磨光黑陶火候高、外表漆黑光亮，具典型黑陶特征，并有快轮制器物，常见篮纹，器形多见宽足大平底盆、竹节纹平底盆等，表现出浓厚的龙山文化因素（图一）[6]。燕南地区唐山大城山以8②为主的遗存和围坊二期下所压地层也有类似内容，只是因为地域更接近龙山文化分布区而所包含的龙山文化因素稍多也更为典型[7]。所以早在20世纪70年代李经汉就提出夏家店下层文化早期可称为北方龙山文化[8]。夏鼐先生在将夏家店下层文化的年代与二里头早期相比较时，

---

* 郭大顺：辽宁省文物考古研究所。

也提出该文化的"陶器风格接近于二里头类型的商文化，但仍保留有浓厚的龙山文化的因素。"[9]《中国考古学·夏商卷》在判断夏家店下层文化年代和中原文化关系时将夏家店下层文化的年代上限定在距今四千年后，但也指出：夏家店下层文化的城墙、土坯垒砌的地面建筑、鬲和甗等三足陶器，划纹加绳纹、附加堆纹、石镰以及剖面呈三角形或弧形的石刀等，都可在河北及河南地区的龙山文化中找到类似者[10]。

第二，夏家店下层文化的碳–14测定数据，最早是赤峰市蜘蛛山遗址（H42），为距今3965±90年，树轮校正为公元前2466～前2147年（距今4300年左右），测定年代相近的水泉遗址T15⑤为距今3780±90年，树轮校正为4130±110年。较晚的丰下遗址中层为3550±80年，树轮校正为3840±130年，大甸子两座晚期墓（M759、M454）的年代分别为3420±85年和3390±90年，树轮校正为3685±135年和3645±135年。丰下遗址下层和大甸子墓地早期墓的年代也应与蜘蛛山H42或水泉第五层相当[11]。

第三，小河沿文化晚期出有饰大方格纹的筒形罐，形制接近于大汶口文化晚期背壶的黑陶壶，有下腹反弧收缩折腹明显的黑陶盆，典型器如老M1所出，它们的年代都相当于龙山文化早期，

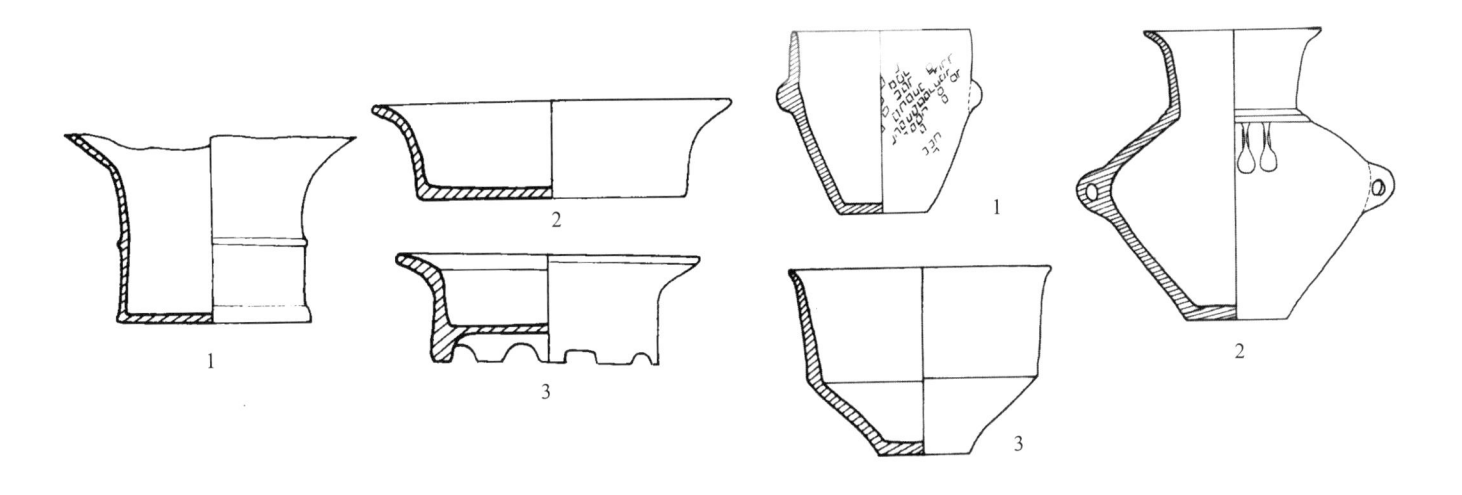

图一 四分地出土夏家店下层文化早期陶器
1. 竹节纹平底盆 2. 大平底盆 3. 宽足大平底盆

图二 小河沿文化晚期陶器（老M1）
1. 压印方格纹筒形罐 2. 黑陶壶 3. 黑陶折腹盆

与夏家店下层文化最早期，前后基本可以衔接起来（图二）[12]。

由于在夏家店下层文化分布中心区的辽西地区一直无龙山文化遗存发现，而夏家店下层文化最早期又具浓厚龙山文化因素，故可确定，辽西地区不存在独立的龙山文化阶段，这一地区的龙山文化即夏家店下层文化早期。

可见，与二里头文化、岳石文化相比较，夏家店下层文化跨越了从龙山时代经夏时期一直到早商时代，是夏时期三大文化系统中开始年代最早，延续时间最长的一支。认识到这一点，会对夏家店下层文化有一个准确的定位，从而将探索夏家店下层文化方国文明以当地为主的发展演变过程、在夏时期的地位和作用、包括同黄河流域诸古文化的关系，建立在更为科学的基础上。

二 聚落的高密度分布和多类型多层次组合

由于当地得天独厚的自然和历史条件，夏家店下层文化遗址所处位置一般较高，而当地后期遗存或所处位置较低（如战国汉与辽金时期），或较为稀少（如元明清及近代），从而夏家店下层文化遗址得以整体保存的较多，且在地表显露程度高，有的甚至城砦墙体和绝大部分房址轮廓都露在地表，如未经发掘就获得一张聚落与房址群（共66座）布局平面图和每座房址有长宽尺寸和墙壁甚至房门登记表的赤峰县东八家遗址（图三）[13]。这使对该文化遗址进行详细甚至拉网式考古调查有了甚为便利的条件，也可为从聚落演变研究方国文明提供较为完整的资料。

从敖汉旗和半支箭河上游等局部地区已取得的调查成果看，至少可以对夏家店下层文化在该文化分布中心区的分布密度和数量有一个较为科学的估计。《中国文物地图集》内蒙古分册中公布了敖汉旗登记的夏家店下层文化遗址点2300余处（调查者估计详细程度约在70%）[14]；中国社会科学院考古研究所等在喀拉沁旗半支箭河上游200平方千米作拉网式普查中发现夏家店下层文化遗址达150处（调查者估计详细程度约在96%）[15]。其实，内蒙古赤峰市除敖汉旗以外的翁牛特旗、赤峰县、宁城县、喀拉沁旗和通辽市的奈曼旗五个旗县，辽宁省的朝阳县、喀左县、凌源县、北票县、建昌县（现属葫芦岛市）、阜新市的阜新县共六县的夏家店下层文化遗址的分布密度，都相当于或接近于敖汉旗，这样可依敖汉旗和半支箭河中游这两个普查数据作为依据，对夏家店下层文化遗址的分布密度和数量作综合分析：夏家店下层文化遗址在辽宁省西部和内蒙古东南部存在的数量当在2～3万处左右。居民点如此多数量和高密度的分布，同二里头文化等黄河流域同时期前后诸方国文明相比，至少是相接近的。

不仅如此，夏家店下层文化遗址还表现出若干分布规律。夏家店下层文化遗址大都为筑有土石城（砦）墙和城壕的城堡式聚落，它们的选址位置集中在视野开阔的丘陵山坡与河旁台地，也深入到大山深处的河源地，同时在离河较高较远的山岗以至高山顶部也可

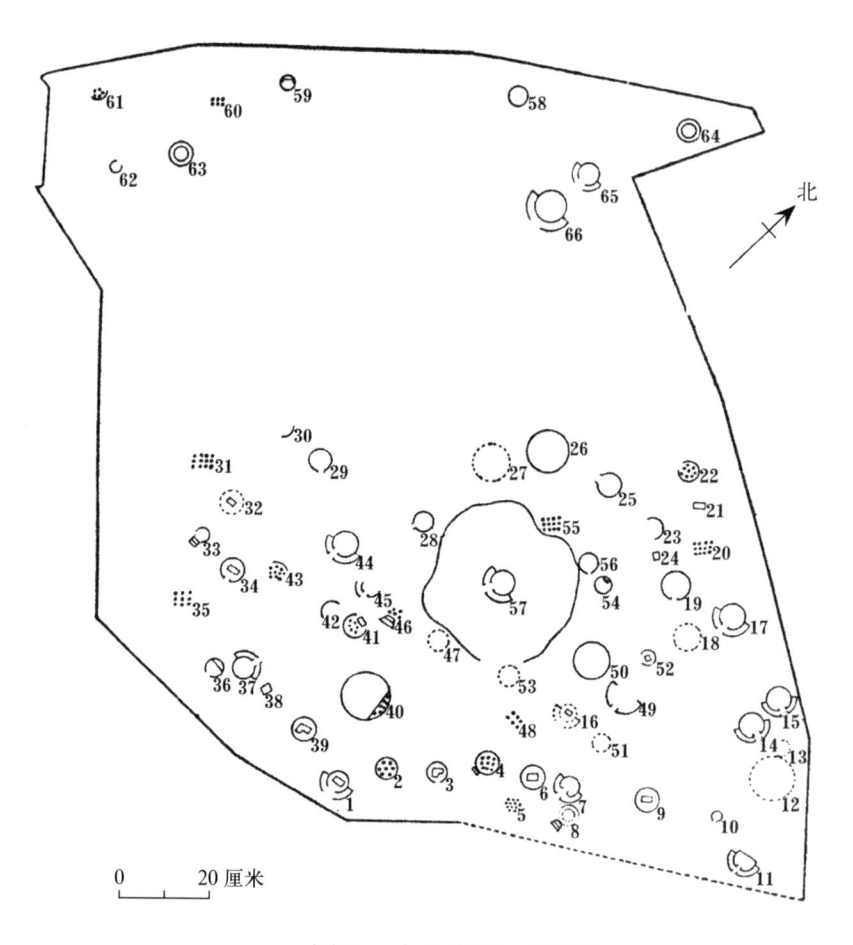

图三 东八家遗址平面图

见到。我们曾依据在辽西地区调查的体会,提出平地城(又可分为低台地和高台地型)和山上城(又可分成高岗型、山坡型和高山型)的区别,山上城和平地城都不是孤立存在的,相邻又处于不同地势的遗址之间,依各自的规模大小、位置高低,结构差异,形成各种不同类型和不同等级的遗址组合或称遗址群,如有为隔沟相对,有为高低相望,有为多遗址连结等[16];徐光冀先生从更大范围考察,将他在20世纪60年代调查的英金河两岸的43座石城址,分为东、中、西三个各有中心的组群。朱延平则将这三组城堡群分层次并提出每座城堡为相对独立的社会单位和每组石城址群可能是这种社会单位的联合体的概念(图四,1~3)[17]。敖汉旗和喀拉沁旗半支箭河中游调查提供的新资料,则显示出夏家店下层文化遗址分布的更多特点,其中最值得关注的,是遗址群从低台地、山坡到山冈甚至山顶呈立体式布局。大甸子遗址群和架子山遗址群为这种立体式布局的典型实例。

大甸子遗址群所在为一西、北、南环山、东南为平川的地区,坐落在靠近西部山麓的大甸

1. 英金河城堡群

2. 英金河城堡群西组的尹家店山城及马面鸟瞰

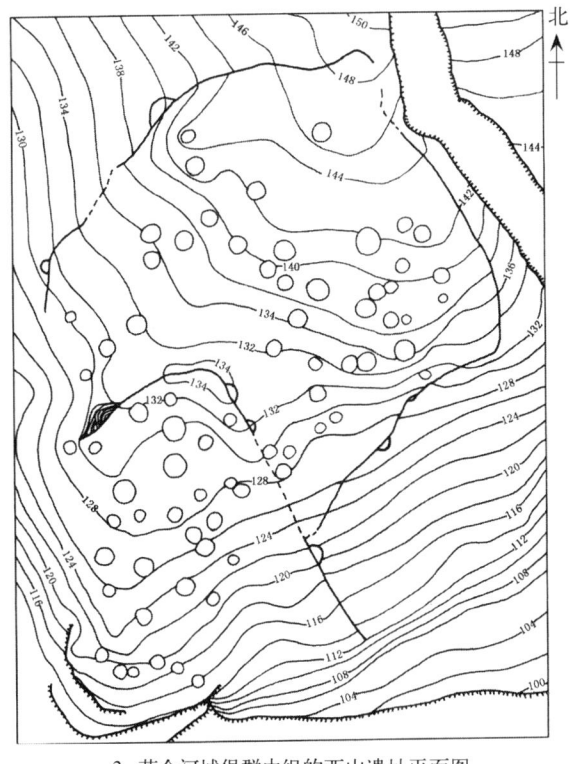

图四　英金河城堡群

3. 英金河城堡群中组的西山遗址平面图

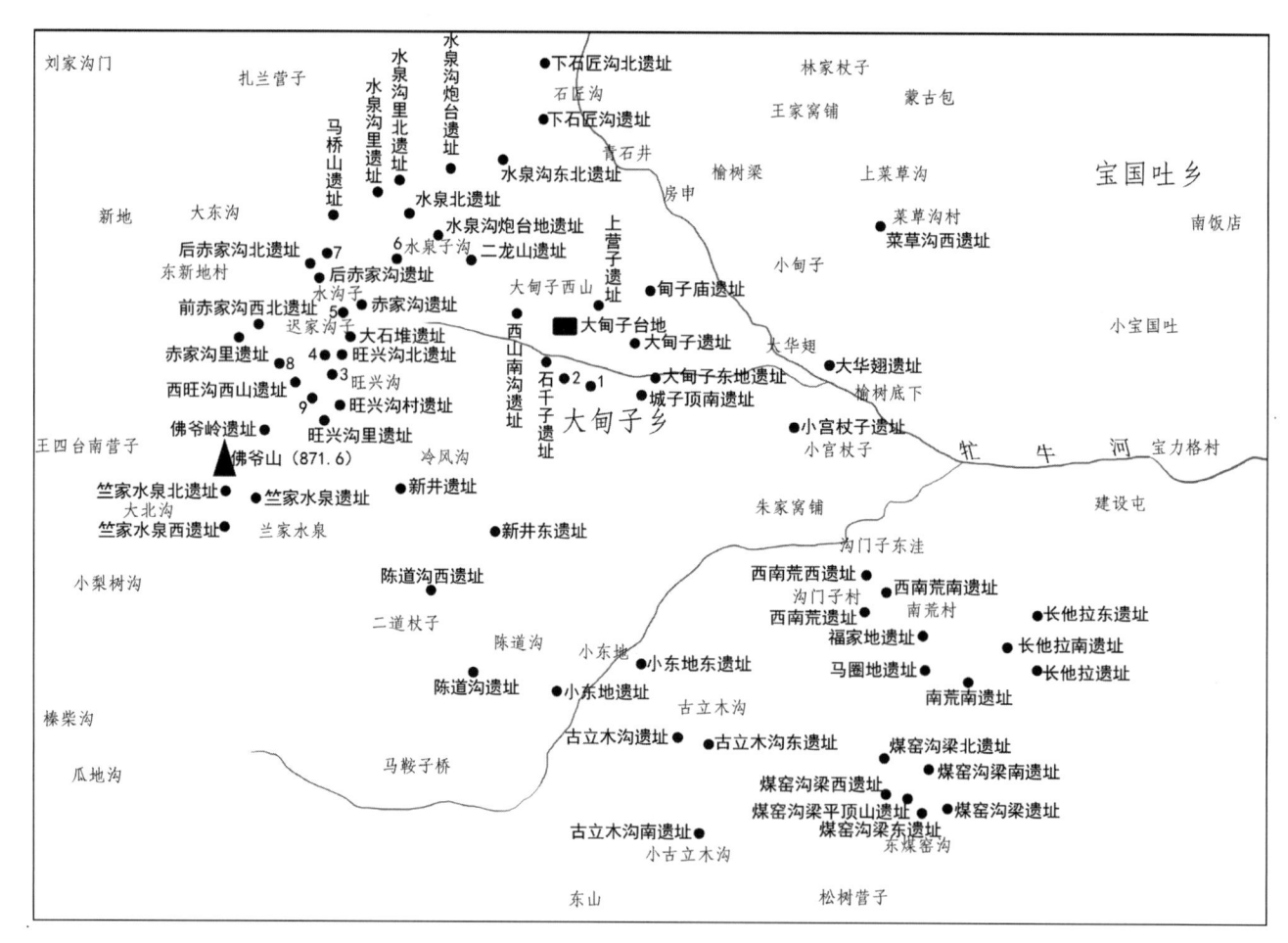

子遗址，为高出周围地面 2 米以上，南北长约 350、东西宽约 200 米的长方形台地。遗址周边有夯土墙体并发现了以石板为立壁和铺底的城门或排水道，其西北方向有高等级墓地，共同形成这个遗址群的中心；围绕和紧邻大甸子遗址四周的小型遗址有东南的东地和城子顶遗址，北部的甸子庙和上营子遗址，东南的大甸子南和西南遗址共六处；外围西北部丘陵和东南部广阔的平地上还分布有更多的遗址，西部丘陵由东北到西南有石匠沟、水泉沟和兴旺沟三个遗址群，更在西南海拔高近 900 米的佛爷岭山顶上发现砌石墙基和饰绳纹的红褐陶片，应为在高山上所设哨所一类。大甸子遗址东南开阔的平川沿大凌河支流的牡牛河及其支流又有星罗棋布的近 30 处遗址，其中不乏如煤沟梁这样的遗址群，形成以低台地为主，低、中、高相呼应，小聚落群围绕大聚落的有完整组合的大甸子聚落群（图五）[18]。架子山群的组合则有所不同，以半箭河南支流清水河东制高点 1027 米所在的架子山石城址位置最高，规模也最大，围绕架子山顶呈放射状分布有 22 个遗址点，他们都为山上城，而架子山以北与架子山群隔半箭河相望的是大山前遗址群，后者都为平地城。调查者认为，这是两组高低有很大差别但却相关的聚落群，可能组成更大规模的聚落群体（图六，1、2）。显然，这种立体式组合更注重了防御功能。有以为，

图五 大甸子及附近夏家店下层文化遗址分布图

1. 王四台村遗址　2. 王四台敖包遗址　3. 烟窝铺村遗址　4. 老西杖西遗址　5. 北岗岗遗址　6. 后赤家沟遗址　7. 旺兴沟北山遗址　8. 赤家沟东梁遗址　9. 后赤家沟东遗址

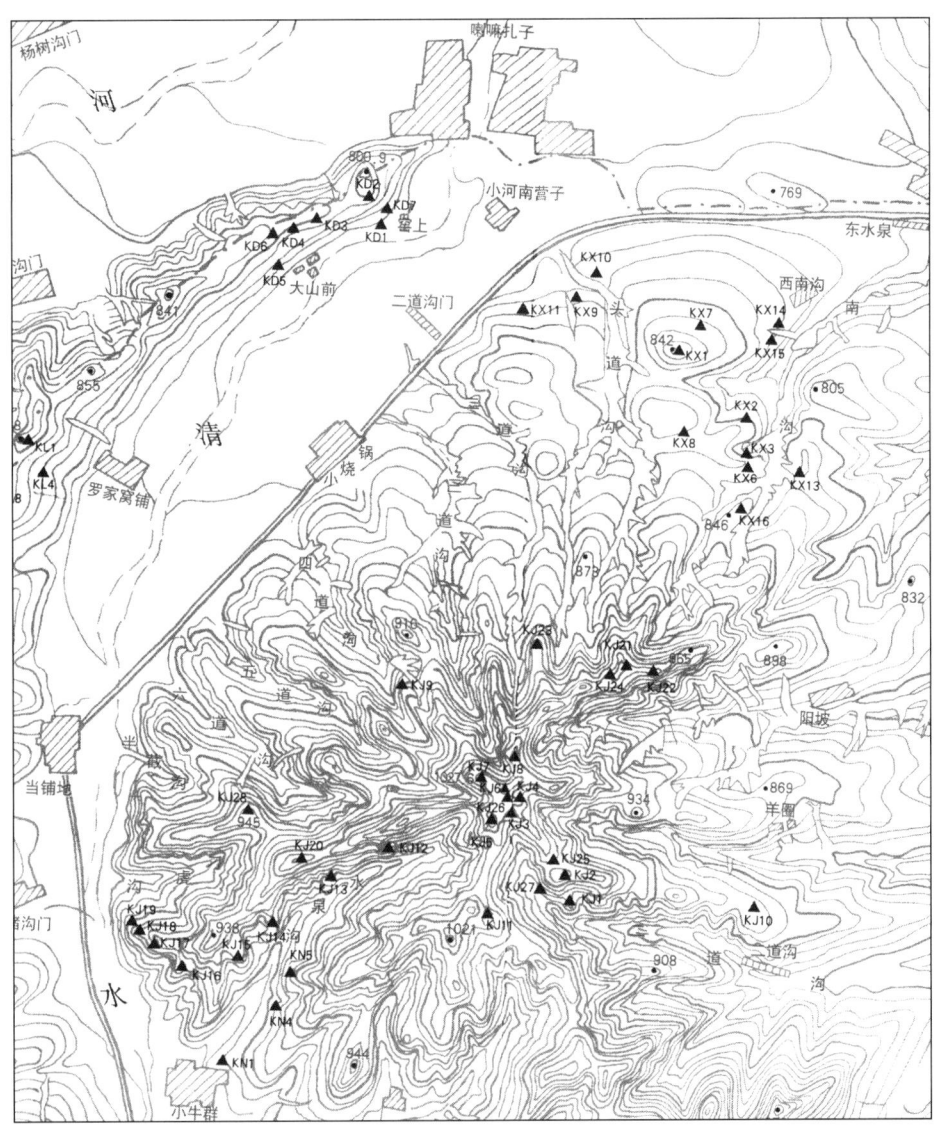

1. 位于山巅的架子山（KJ7 及 KJ1-6、KJ8-28）和位于河旁台地的大山前（KD1-5、KD7）遗址群

2. 赤峰市喀拉沁旗架子山夏家店下层文化遗址群鸟瞰

图六

他们之中有的或具祭祀性质[19]。

有规律分布和多层次的聚落形态在聚落内部也有相应的表现。以往发掘的如赤峰县东八家、北票县丰下、建平县水泉、赤峰县四分地等遗址,都有密集分布的房址群。北票县康家屯、赤峰县三座店和二道井子提供的新资料使夏家店下层文化房址的特点更显突出。夏家店下层文化目前发现的房址虽然规模都较小,多圆形或圆角方形,但都有一个重要的现象,那就是十分注重墙壁的建造,多使用土坯砌墙,外还围以石墙,土坯和石块所砌的墙体有单层,也多见双层,使墙体的厚度常达50厘米左右,与房址较小的面积相比,显示当时人们对房屋严实程度的格外重视。三座店和赤峰市西郊的五三乡西道村土台上的房址还都设有两重墙,二道井子的房址有院落和回廊(图七),康家屯的房址还有以道路相隔的院区;水泉遗址和三座店遗址的房址附近分布有窖穴或窖穴群,这些都显示出每座房址都有很强的独立性,是生活和生产基本单元的写照。当然,房址间在规模大小、结构繁简、设施的精陋(如居住面使用草拌泥和白灰面的区别)、房内出土遗物丰俭、优劣(如大房址有彩绘陶器)的差别,当反映家庭之间的贫富分化状况。

聚落、聚落群和聚落内房址的强烈的防御功能和封闭性,是夏家店下层文化方国文明的重要特征。

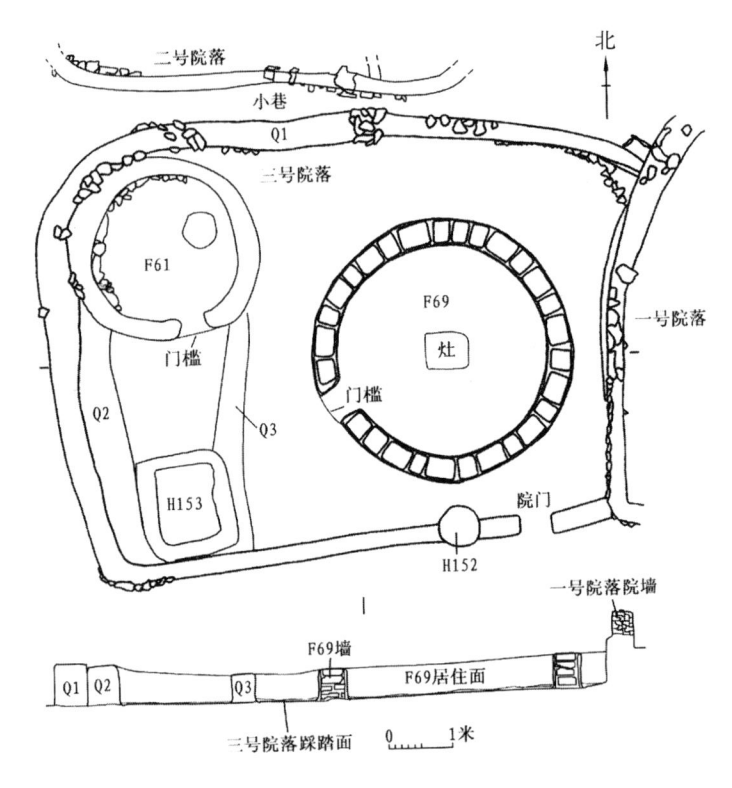

图七　二道井子三号院落平、剖面图

三　极强的文化连续性

夏家店下层文化遗址不仅数量多,分布密集,而且都有一定文化堆积,尤其是台地类型遗址的文化堆积都有相当的厚度,一般厚2~3米,建平水泉遗址的夏家店下层文化文化层厚在4米左右,丰下和大山前遗址最厚都可达6米,赤峰香炉山遗址甚至超过10米;新近报导的赤峰二道井子未发掘到底的探方剖面图厚已超过4米[20]。这在当地夏家店下层文化之前的诸考古文化中是不见的,就是夏家店下层文化之后的战国秦汉遗址中也不多见。这样丰厚的堆积往往都是由密集和相互叠罗的房址群为主形成的。丰下遗址有房址内为多层居住面的,是住一段时间加垫一层,一般2、3层,丰下遗址F4有六层居住面,每层间隔5~10厘米(图八);也有多间房址原地叠罗,如丰下遗址F2下压F6,F2的墙体直接压在F6的墙体之上[21]。建平县朱录科河东遗址甚至出现五座房址在同一位置连续叠罗的现象,为F1至F5依次叠压,后期房址在前期房址的原来位置或稍有错动，只是房址的形状略有改变，下面三座为圆角方形而上面两座为圆形，是不破坏原房址的居住面而在原房址居住面上垫土重建，在垫土上抹草拌泥，居住面除最下层的 F5 为草拌泥质以外，上面的四座都是在草拌泥上再抹以平洁的白灰面，形成从下到上依次建造新居，总厚度达 2.4 米的堆积[22]。二道井子遗址也发现相同的房址在原址叠压现象，是 F45 → F14B → F14A → F9 从下至上大体在同一位置的依次叠压，发掘者并分析"早期房屋在废弃时，往往作为晚期房屋的地基来使用，这种营建方法的大范围使用必造成当时整个聚落内的活动面不断抬升，同时也是遗址堆积深厚的根本原因。"（图九）[23] 在原住地层层建屋连续居住，是一种"固守老屋"的习俗，这种习俗所反映的文化连续性在夏家店下层文化具有相当的普遍性。

这种很强的文化连续性在墓地有更为典型的反映，这主要是指大甸子墓地（图一〇）。该墓地已发掘 802 座墓，墓与墓两端的间距大

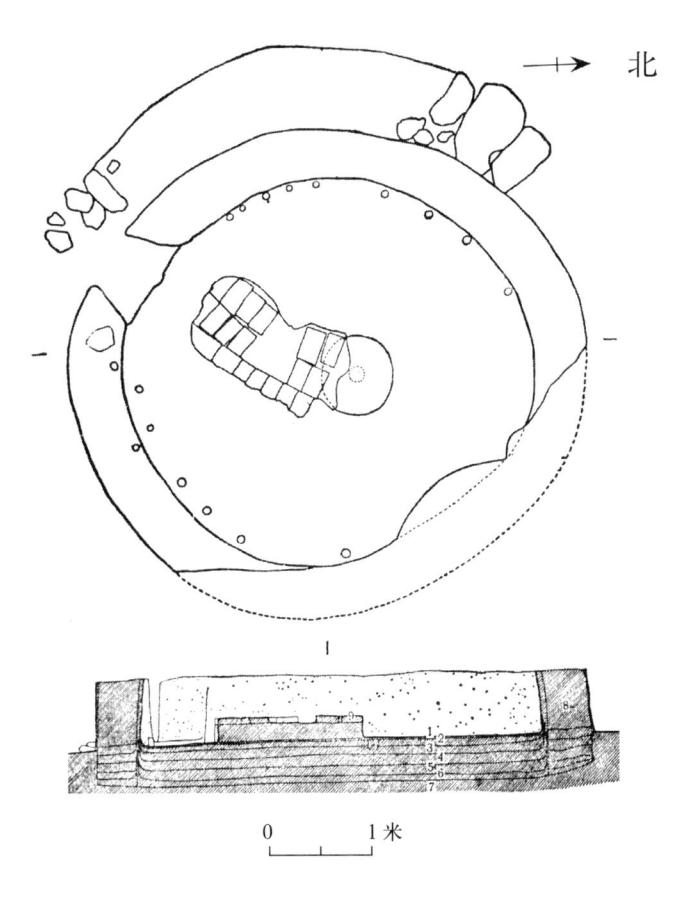

图八　丰下遗址有六层居住面的 F4 平、剖面图

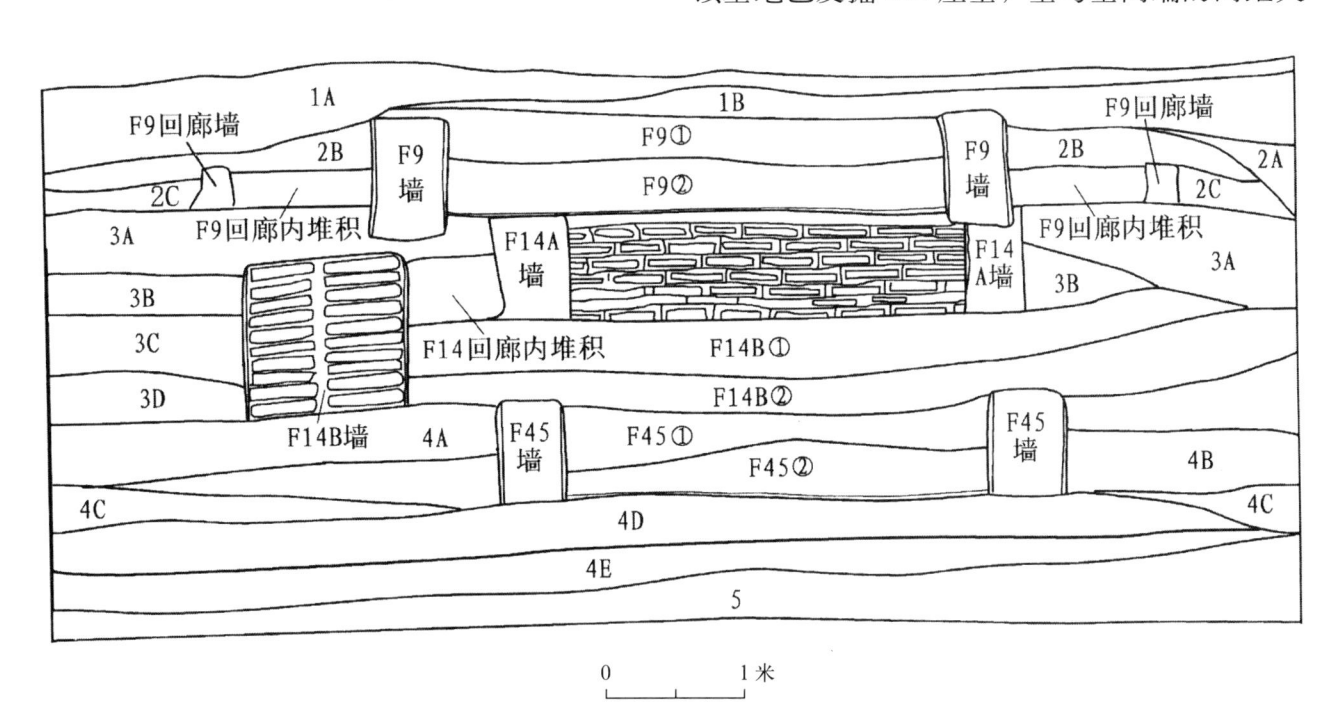

图九　二道井子 T1707～1708 北壁地层及 F4～F9 房址叠压

图一〇 大甸子墓地分布图

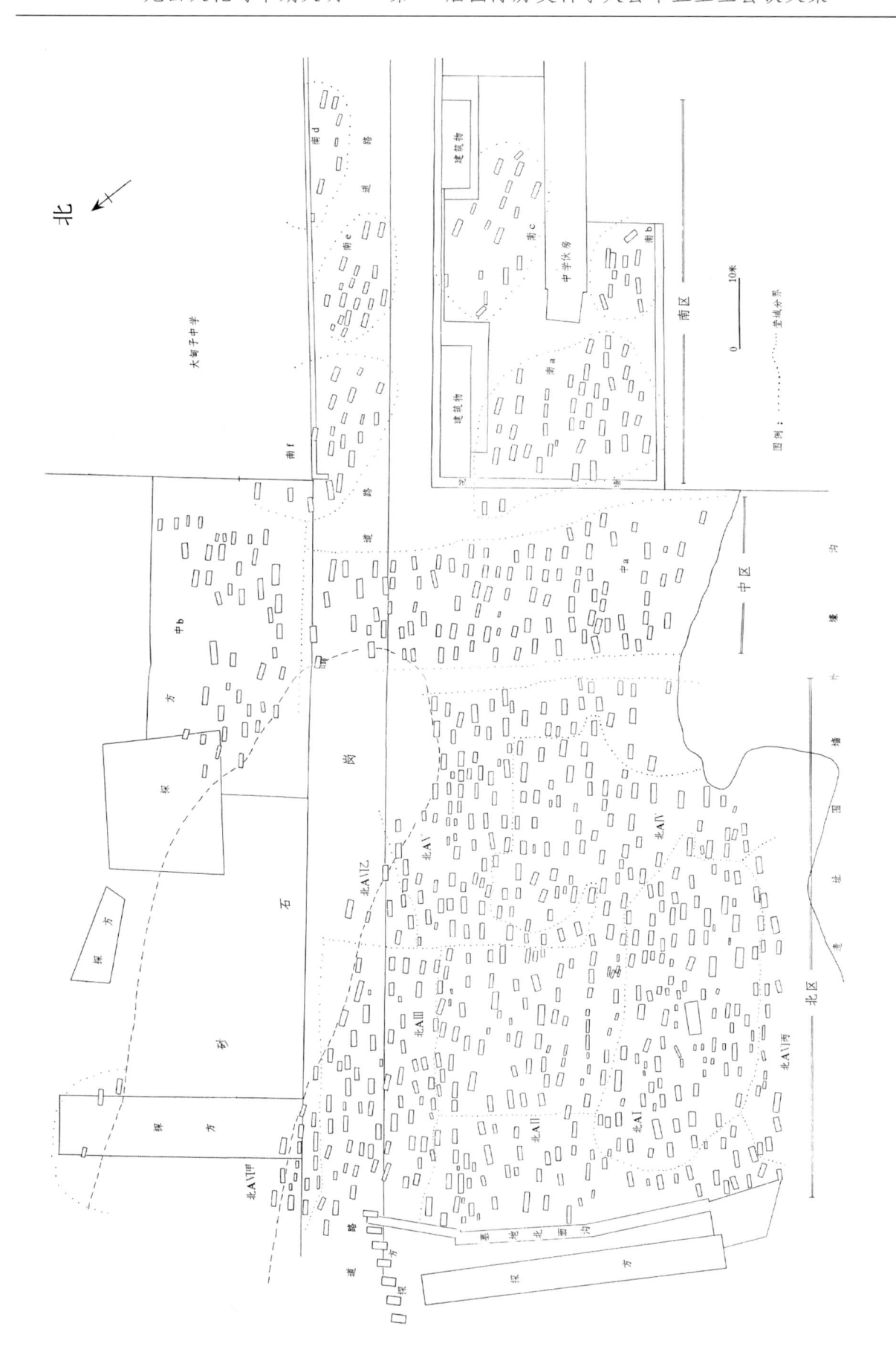

都不到1米，平均每12平方米中就置有一座墓，却未发现有叠压和打破关系。对于在这样密集的墓地中墓圹方向大致相同，纵横之间的间隔较均匀，墓圹之间几乎没有打破关系的情况，《发掘报告》推测是不间断营造和有专门管理而形成的："墓地形成这样状况的条件需是：一，墓圹位置是依一定顺序规则确定的，不是任意的；二，不论墓圹依怎样的顺序规则确定位置，绝少出现重叠现象，则墓地原来地面上必定有标帜，否则任何秩序都不能在密集状况下陆续埋葬而不出重叠。三，墓地使用的顺序规则不曾中断，且在延续使用的过程中，地面的标帜并未泯灭，才可以使后来的埋葬不打破以前的墓圹。总之，这样密集整齐的排列现象表明墓地是在有管理的，不间断使用过程中形成的。"[24]

与文化连续性有关的，是文化面貌的统一性。在夏家店下层文化分布中心区的老哈河中上游和大凌河中上游，文化面貌具有很高的一致性，只与辽东相邻的地区时有高台山文化因素出现，尚未显示划分地方类型的条件，有较大变化并可划分地方类型的，只有中心区以外的燕山以南地区[25]。

文化的连续性和统一性说明当时社会是高度稳定的，这又是与夏家店下层文化农业经济的发达分不开的。夏家店下层文化农业的发达程度，可举两个实例，一是多样而丰富的栽培作物，一是石锄的多见。对兴隆沟遗址第三地点的夏家店下层文化遗存所做的浮选样品的鉴定，其中的炭化植物异常丰富，且粟、黍和大豆等栽培作物占到99%，这与同一地点所采集的较早的红山文化和更早的兴隆洼文化的标本测定结果（红山文化栽培作物极少，兴隆洼文化栽培黍占约15%）完全不同[26]。夏家店下层文化遗址出土各类石器众多，其中又以一种有肩石铲出土的比率最高，是该文化石器的一个重要特征。这类石铲呈长方形，通体磨光，多作出甚长的窄柄，应为纵向缚柄的翻土工具，但这种磨制有肩石铲，器形较小而甚薄，应不是一般掘土工具，而更适合于中耕松土，其出土物的刃部往往残留与器身长轴平行的磨擦痕和很少崩损，都表明了它的这一用途。故可称石锄（图一一）。实验考古也加以证明[27]。石锄的大量使用，说明当时农耕程序中，中耕松土细作已有了相当程度的发展。

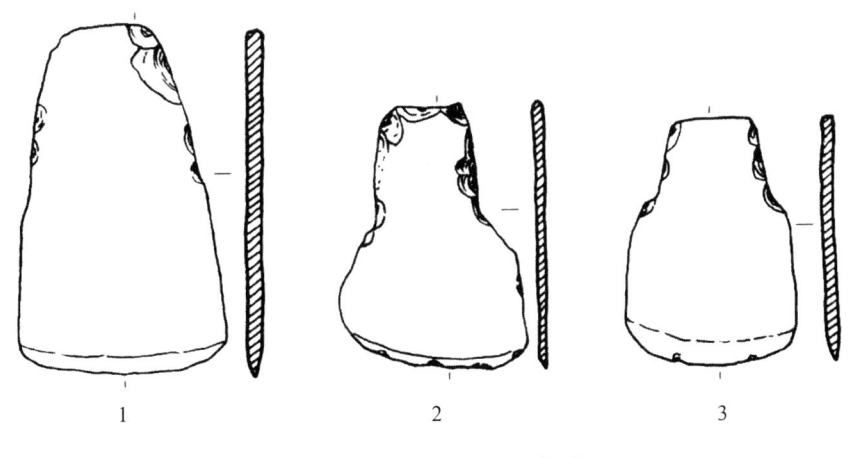

图一一 丰下遗址石铲（锄）
1. T11-2-4 2. T9-2-10 3. T3-3-8

社会的稳定还表现于青铜冶铸业的发展。夏家店下层文化遗址时有青铜制品出土，多为刀和耳环一类，四分地夏家店下层文化早期出土的陶范有铸口、铸体、子母榫和对范符号，已是较为成熟的形制。大甸子还出有使用内范的石钺柄端铜套件（M43和M715），靠近渤海湾的水手营子更出土了一次性浇铸上千克熔液的铜柄戈（图一二，1、2）[28]，表明夏家店下层文化已掌握了铸造小件青铜容器的技术。

夏家店下层文化这种文化的连续性、统一性和社会稳定性，与前述聚落的强烈防御性，形成明显的反差，他们之间的关系可作这样理解：强烈的防御意识是社会稳定的迫切要求，而社会的稳定则是外部加强防御的结果。

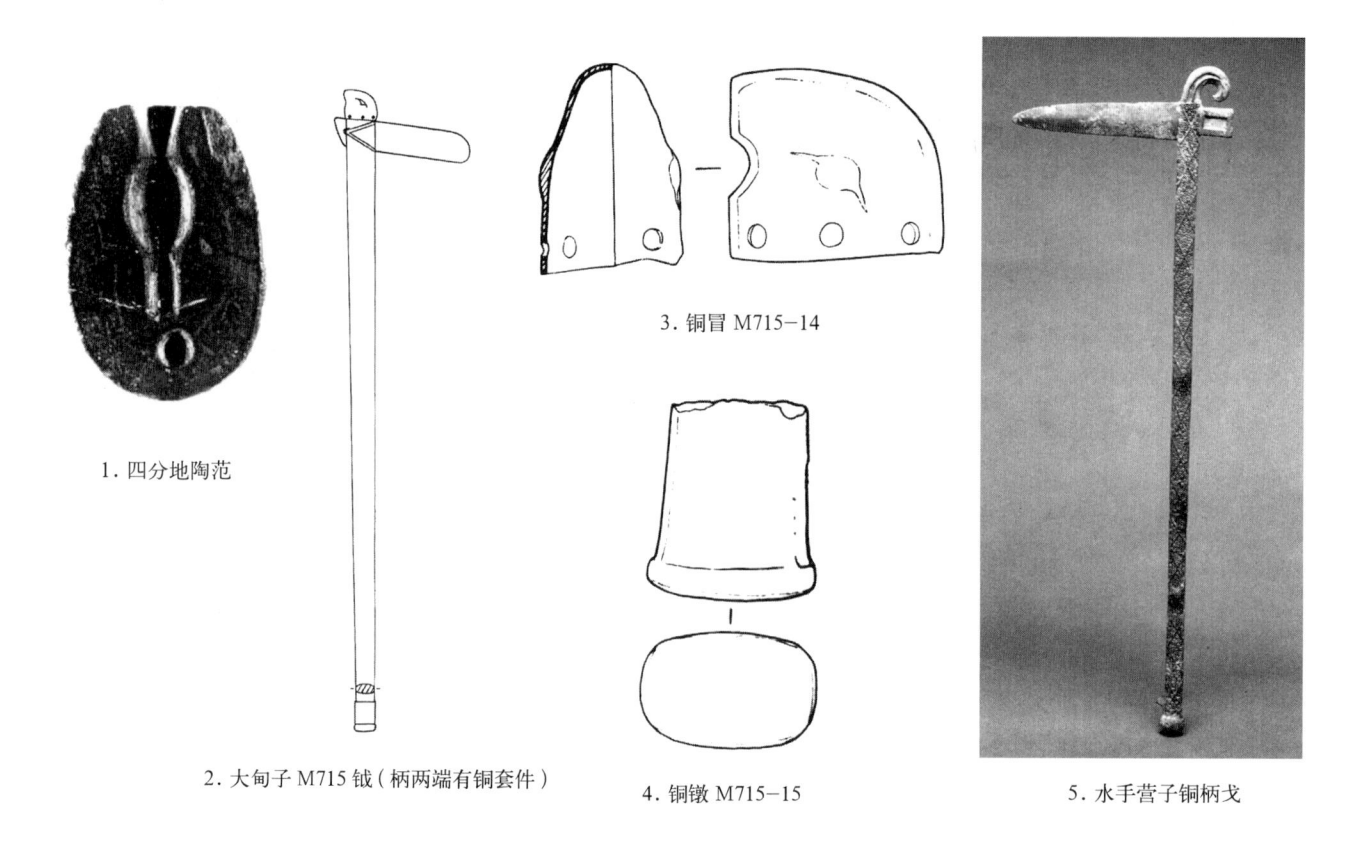

1. 四分地陶范
2. 大甸子 M715 钺（柄两端有铜套件）
3. 铜冒 M715-14
4. 铜镦 M715-15
5. 水手营子铜柄戈

图一二

四　严格的等级分化

等级分化是反映夏家店下层文化方国文明最核心的内容。这在聚落和墓地中都有集中表现。聚落的层次性所反映的等级分化前已有所论述。这里着重谈墓地所反映的等级分化，这也主要指大甸子墓地。

大甸子墓地都为土坑竖穴式，脚端有放置随葬器物的壁龛，有木质葬具。《发掘报告》主要根据墓圹的大小划分为大、中、小三个等级，其实，根据笔者在现场发掘的体会，以墓葬的深度作为标准划分等级可能更具代表性。大甸子墓葬一般深为2～3、较浅的不到1、最深的达8米，墓葬深度的巨大差异与木椁的有无，壁龛的有无、大小，随葬器物数量及组合的多少、精陋，彩绘陶器及某些特殊彩绘母题如兽面纹和龙纹的使用，随葬猪狗的数目、部位，斧钺的使用等所分出的若干级别，相互之间基本可以对应起来，如深 1 米以下的属小型墓，一般不随葬整猪、狗和彩绘陶器以及精致的装饰品，也无木椁；深 3 米以上的大型墓，这些大墓多有整猪和狗随葬，壁龛较大，随葬陶器多有彩绘，鬶爵、铜器、玉器、漆器、海贝以及石玉钺等，绝大多数都在这些大墓中出现。其具体情况：

墓葬规模和结构。可以深度 3 米作为标准，3 米以上的墓葬属大型墓，其中 5 米以上的共 4 座墓（M371、M612、M726、M905）可单列为特大型墓，次为中型墓，还有小型墓。

棺椁的使用。大墓中普遍有木椁，最高有达 2 米以上。小型墓除特殊者施用土坯、石块以代棺椁外，绝大部分都只有简单的土坑而无葬具。

壁龛与陶器组合。陶器的随葬有固定组合，一般以一鬲扣一罐、旁侧附一小型壶、尊为一组，大墓为 3 组或 2 组，放置陶器的壁龛的规模也随之有所不同：一般放置一组陶器的，为壁龛与墓葬脚端等宽或更窄，放置二至三组陶器的大型墓的壁龛由墓壁外扩，特大型墓有的则由墓壁的两侧壁外扩（如出墓地中随葬陶器中个体最大彩绘鬲和罍的 M371）（图一三，1、2），更有如本墓地最深墓葬的 M726 在脚龛外两侧壁对称又各设 1 龛，共三龛，每龛一组器物（图一四，1、2）。

彩绘陶器的随葬。夏家店下层文化彩绘陶器的彩绘题材、用料、绘法等方面具多样性，大中小墓间、同一墓中不同组合间、相邻墓葬间、不同分区和亚区间，在彩绘纹饰主题、用料和技法的精陋、甚至保存状况等方面，都有规格或风格差别的规律可循。如兽面纹和龙纹（包括他们各自的变形）的使用。在大甸子墓地的彩绘陶器中，与商代青铜器花纹最为接近的是兽面纹和龙纹，可见兽面纹和龙纹彩绘陶器在随葬陶器中的神圣地位。据统计，大甸子出现兽面纹全部或部分即"有目"图案者，共 37 座墓，它们都为大型墓和中型墓，它们在整个墓地的分布以北区为最多，达 32 座，中区次之，南区不见，北区中又集中在亚区北 A1～北 A3。四座特大型墓中，有两座使用兽面纹，两座使用龙纹和变形龙纹（图一五，1～3）。

陶鬶（盉）爵的随葬。这是大甸子墓葬中出现较少但十分引人注目的。器类鬶爵制作极其精美而独特，这不仅是因为这两类器物与中原二里头文化的鬶（盉）爵相似，而且随葬鬶（盉）爵的共 13 座墓（鬶爵共出 11 座，盉爵共出 1 座，鬶单出 1 座）都为大型墓，其中特大型的 4 座墓中，除 M371 外，其余 3 座都有鬶爵随葬。随葬鬶爵的墓随葬陶器多者在三、四组，少者也有 4 件之多，都超过一组陶器的普通随葬礼遇。且这 13 座有鬶（盉）爵的墓，12 座都属于北区，而又以北区中的 A1 亚区最多。还有这 13 座随葬陶鬶（盉）爵的墓中，有 11 座都同时随葬有绘兽面或龙纹彩绘陶器。表明随葬鬶爵和彩绘兽面纹和龙纹的大墓和特大墓，是大甸子墓地中最高等级的一群（图一六，1、2）。

殉牲。夏家店下层文化墓葬盛行殉牲制度，种类为猪和狗。深度在 3 米以上的墓，在填土上部会有整猪殉葬。随葬猪狗数量，最多为 2 猪 4 狗，共 2 座墓，都为特大型墓（M371、M612），次有 2 猪 2 狗、1 猪 2 狗，而以 1 猪 1 狗为最多，中小型墓只在壁龛中葬一副猪趾骨。无固定陶器组合的小墓一般不葬猪和狗。

不同等级墓葬的分布也有差别。北区大型墓较多，中区次之，南区最少，4 座特大型墓有 2 座出在北区（M726、M905），中区 1 座（M371）、属于南区的 1 座（M612）。

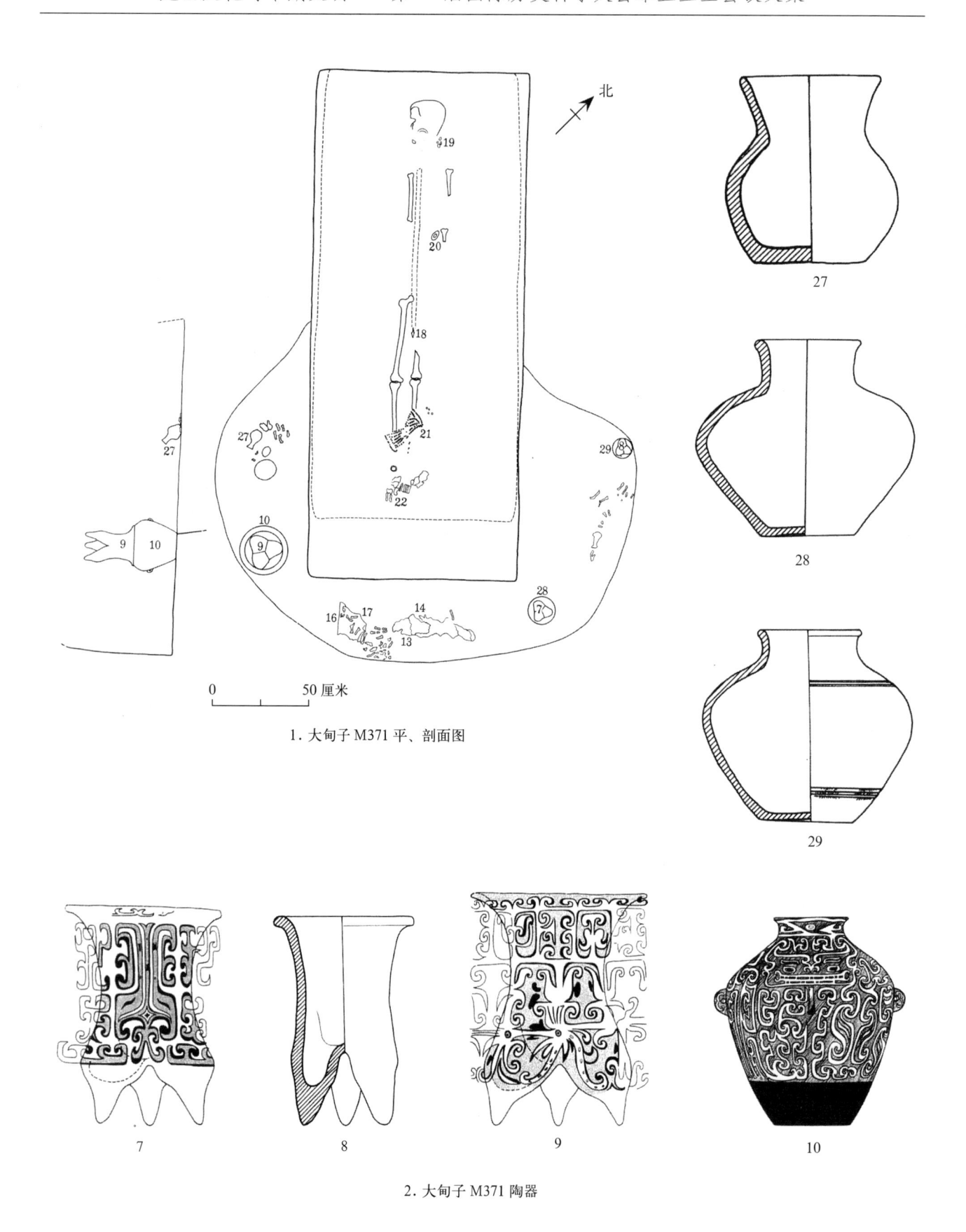

58　龙山文化与早期文明——第 22 届国际历史科学大会章丘卫星会议文集

1. 大甸子 M371 平、剖面图

2. 大甸子 M371 陶器

图一三　大甸子 M371

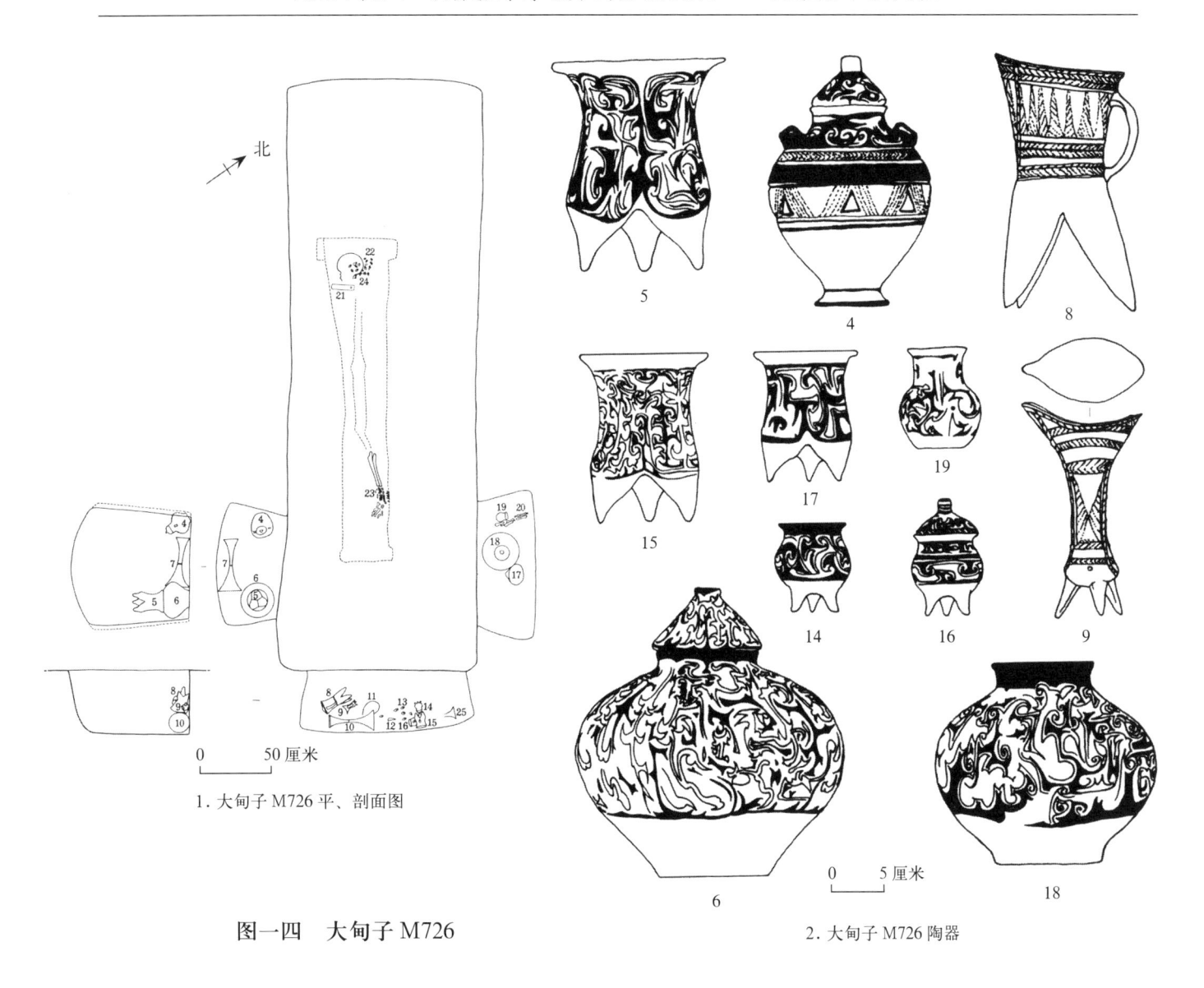

龙山到岳石时期渤海湾北岸的方国文明——夏家店下层文化

1. 大甸子 M726 平、剖面图

2. 大甸子 M726 陶器

图一四　大甸子 M726

1. 大甸子 M371 兽面纹彩绘陶罍（M371:10）　　2. 大甸子龙纹彩绘陶鬲（M371:9）　　3. 大甸子兽面纹陶鬲（M371:7）

图一五　大甸子 M371 出土彩陶

1. 大甸子 M905 平、剖面图

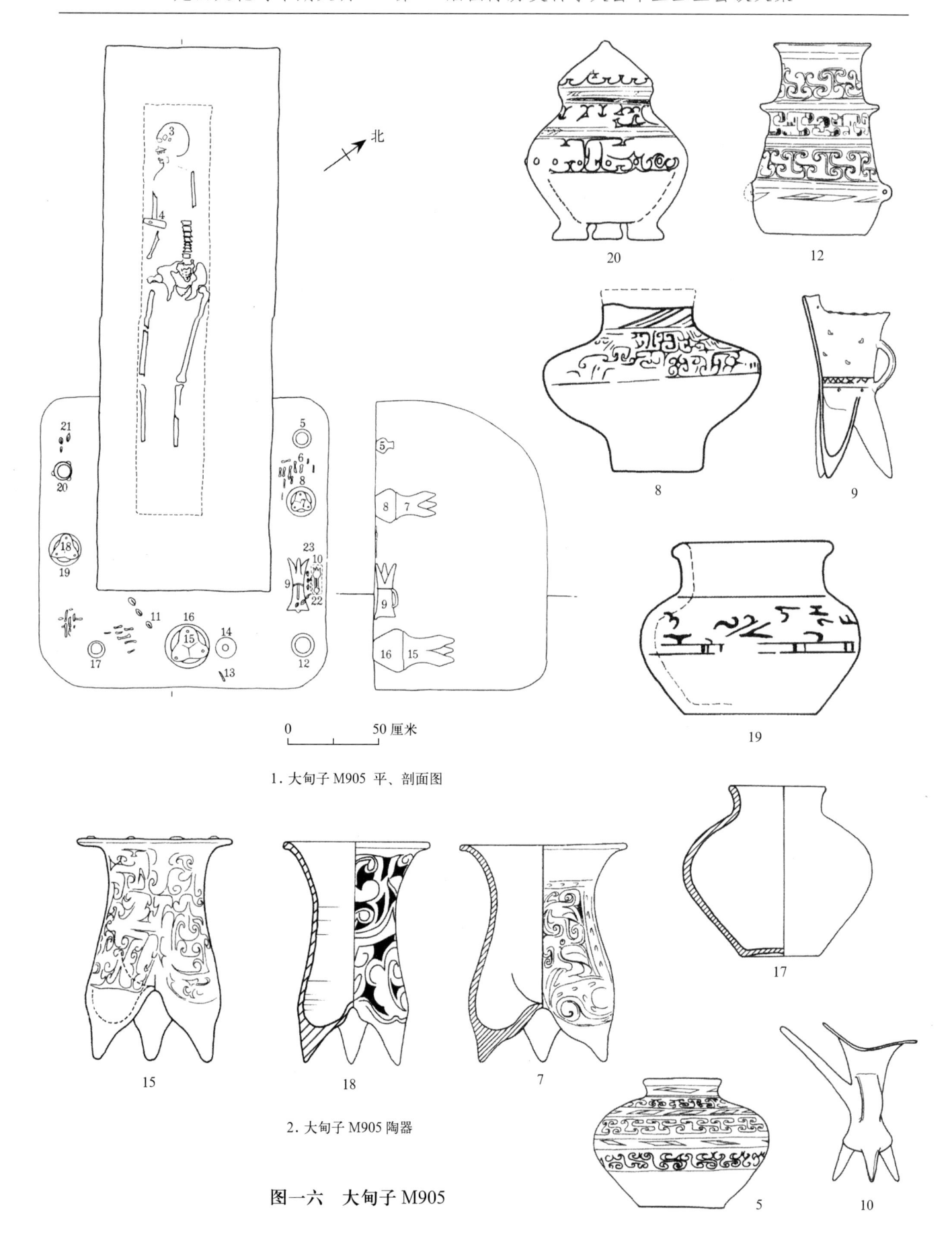

2. 大甸子 M905 陶器

图一六　大甸子 M905

大甸子墓地还有一个重要现象，就是男女性别与等级的关系。大甸子墓地经鉴定的男女性成人墓各约300座，数目基本相当。有男性面向居址而女性背对居址的规律。殉葬狗和斧钺只见于男性墓。随葬陶纺轮的除2座老年男性外全部为女性。《发掘报告》将随葬斧钺的100座男性墓与随葬陶纺轮的100座女性墓作一分析比较，以为他们都可列入较高等级。而随葬斧钺的男性墓，同时随葬猪狗、彩绘陶器及漆玉器的较多，墓的规模偏大，普遍优于随葬纺轮的女性墓，表明随葬斧钺的男性墓代表着地位更为显赫的集团，而随葬纺轮的女性集团则多数处于从属地位。

特殊阶层墓的辨别。出玉石钺的墓都为男性大墓，可能代表了一个特定的武士阶层。墓地北区 A4 有一座随葬彩画工具和玉器半成品的女性墓（M453），装饰品丰富，说明重要手工业技术掌握在社会地位较高的人物和阶层手中。

如前述，大甸子墓地和遗址是一个大遗址群的中心。《发掘报告》也以为，由于在大甸子遗址附近以北、以东、以南的50千米以内，再没有像如此大的夏家店下层文化的遗址。可知它是百里之内背依山地，伸入丘陵平原上的唯一的一个大居民点。像这样的居民点，或许就是《左传》中曾经记载："卿，大夫之邑，有宗庙亦曰都，其余称邑"的邑了。大甸子墓地所显示的严格的等级分化，应是当时邑一级聚落社会结构的真实反映[29]。

五　夏家店下层文化与商文化的起源

由于殷墟卜辞的发现和解读，商文化已可确认，但商文化起源仍是一个尚未解决而需急待解决的问题。老一辈史学家根据文献记载，并与考古相结合，曾力主商起源于东北，今人也有类说[30]，夏家店下层文化的发现和研究，不断为此观点提供实证，所以，应该将夏家店下层文化纳入商文化起源讨论的视野。我们曾从考古文化特征、人种鉴定和文献记载等三方面加以论证[31]，这里再作些补充。

夏家店下层文化的陶器中，三袋足器鬲和甗特别发达。但三袋足器并非当地自身传统。作为东北地区一部分的西辽河流域，从兴隆洼文化经赵宝沟文化、红山文化到小河沿文化，一直都是以东北史前文化特有的夹砂饰压印纹的筒形罐为主要炊器的。所以三袋足器在夏家店下层文化有突然兴起之势，使延续了近5000年的东北远古文化传统炊器筒形罐最终被取代。但这并非不同文化之间的替代，夏家店下层文化独有的磨光黑陶盂形鬲就是在小河沿文化的盂形器下加三个筒状空足捏合而成的（图一七）[32]。这种与河套、晋北、冀北地区鬲的祖型斝鬲相近的做法，也是商鬲的基本特征。据苏秉琦先生分析："经过袋足逐渐互相靠拢，成为有如第一类型的呈锐角裆（或"鬲"）的袋足鬲"是"曾活动于西辽

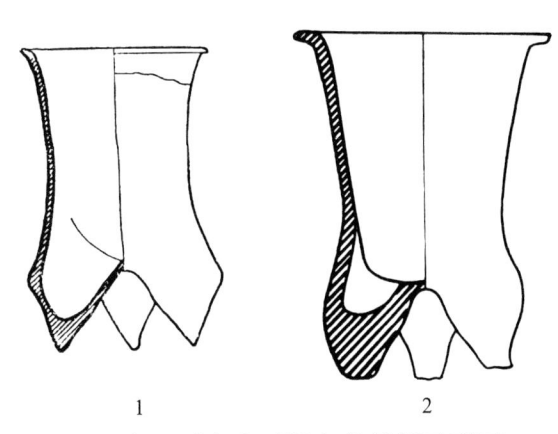

图一七　夏家店下层文化早期盂形鬲
1. 四分地 H11:8　2. 大甸子 M940:1

河与海河水系地带的人们（包括商人）走过的道路"[33]。

彩绘陶器是夏家店下层文化特别发达的一种文化因素。完整而多变的彩绘图案中已可辨认出的饕餮纹、龙纹、夔龙纹、目雷纹、圆涡纹以及各式云纹等，都酷似商代青铜器上的同类花纹主题甚至图案布局（图一八，1、2），三分面的图案布局界限又恰与商代青铜器的范缝在同一位置上。由于夏家店下层文化年代较早，彩绘的出现和繁盛又在早中期，有学者提出这类彩绘与商代铜器花纹之间的关系有两种可能。一是模仿一种尚未发现的早期青铜器，一是这就是我们多年在寻找的商代青铜器花纹的源头[34]。后一种推断随着红山文化时期的有关发现而趋向明朗：商代青铜器和夏家店下层文化彩绘中的龙鳞纹表现形式相同，其原型在红山文化彩陶和赵宝沟文化刻划纹陶中就已出现（图一九）；饕餮纹作为商代青铜器花纹最基本的母题，其起源也同熟练运用多种兽面作玉器题材的红山文化有关，如红山文化玉器中的代表性器类兽形勾玉的展开形象，就是与饕餮纹起源有关的更早例证（图二〇）；红山文化后期已出现黑陶涂朱的做法，牛河梁女神庙并已有以朱色绘出勾连纹的壁画，到小河沿文化时期，黑陶涂朱已较普遍，并出现了黑陶红白彩相间的彩绘陶。可见，夏家店下层文化以饕餮纹为代表的彩绘陶是以当地为主发展起来的，它与商代青铜器花纹起源的关系应当引起足够重视。

1. 大甸子 M459 陶罍及彩绘花纹摹本　　　　　2. 夏家店下层文化彩绘龙纹之一（大甸子 M373:3）

图一八

图一九　赤峰红山后出土彩陶龙鳞纹　　　　　图二〇　红山文化玉雕龙展开图

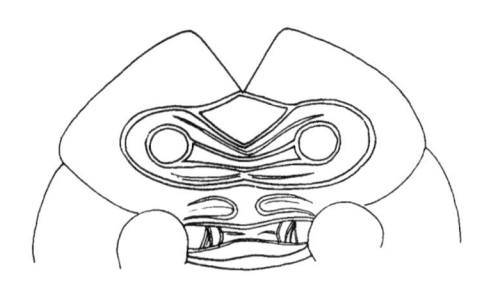

商文化起源与东北南部地区有关还得到人种学的支持。李济先生早年就已提醒，由于殷人有将异族人头用作牺牲的习惯，研究殷民族的体质特征，首先要从不同类型的人骨中分辨出"殷商时代的殷人"或"殷商王朝的统治阶级"，并以为"若以少数刻像为标准加以辨定，他们的体型接近于北方的蒙古种。"[35] 近有潘其凤先生的研究成果，他也以为："殷墟王陵区以外氏族墓地中有一定规模的中型墓葬，均有成组的礼器或奴隶陪葬。……墓主人的身份应区别于一般小型墓葬的平民。他们可能是受封的贵族，与王族关系密切，甚或本身就是王族的成员"，他们的颅骨测定结果，"呈现出具有北亚蒙古人种和东亚蒙古人种相混合的形态"，这说明"商族的祖先很可能与北方地区的古代居民有更多的关联，因为像这种兼有东亚和北亚两种类型相混合的人种特征，并不是黄河流域中下游原始居民所固有的"[36]。

夏家店下层文化的分布还有渐南渐晚的发展趋势[37]。其中在渤海湾北岸的分布势头不减。有的还等级较高，如靠近渤海湾的锦州水手营子出铜柄戈的墓葬[38]。同时，夏家店下层文化有诸多与山东岳石文化的相似和相同文化因素，也可能与这两支文化之间通过渤海湾沿岸或直接通过渤海进行交流有关。

所以，我们认为，夏家店下层文化作为雄踞东北南部"与夏为伍"的强大方国文化，是先商文化的重要一支。研究商文化的起源，夏家店下层文化已是一个不可回避的课题。

以上夏家店下层文化遗址在辽西山区的密集分布，各类遗址群多类型多层次组合，聚落和聚落群强烈的防御性，房址和墓葬的连续性和严格的等级分化等所反映的方国文明，只是从一般性和较高层次遗址进行的分析，而像大甸子这样规模的中心邑落在辽西山区也发现不只一、二处，这就有力地暗示着一个极其重要的信息，那就是，夏家店下层文化拥有一个该文化最高层次超中心聚落。寻找这一具都邑规格的遗址，是辽西地区田野考古工作中一个很有吸引力的课题。苏秉琦先生于20世纪80年代初在"古文化古城古国"的论述中已有对这一工作目标的期望："朝阳几县和敖汉旗在普查中还发现有多处类似规模的在'一大几小'城堡组合群。我们有理由相信会有高于这些群体、而与那种类似'长城'的小堡垒群相适应的、更大一些的聚落——或可能就是古城，还没有被发现，有比大甸子墓群中那些随葬象征特殊身份器物（如铜'权杖'首、仿铜器的陶爵、鬶和成组玉器等）规格更大的墓还没有被发现，有些早于西周的燕山以北的'古国'还没有被发现。这是我们这个地区下一步工作的又一个重点"[39]。

注释

[1] a. 中国科学院考古研究所内蒙古发掘队：《内蒙古赤峰药王庙、夏家店遗址试掘简报》，《考古》1961年第2期。b. 张忠培、孔哲生、张文军、陈雍：《夏家店下层文化研究》，苏秉琦主编《考古学文化论集·1》，文物出版社，1987年，第75页。

[2] 李伯谦：《先商文化探索》，《庆祝苏秉琦考古五十五年论文集》，文物出版社，1989年，第280页。

[3] a. 辽宁省文物考古研究所：《辽宁北票市康家屯城址发掘简报》，《考古》2001年第8期。b. 内蒙古文物考古研究所：《内蒙古赤峰市三座店夏家店下层文化石城遗址》，《考古》2007年第7期。c. 内蒙古文物考古研究所：《内蒙古赤峰市二道井子遗址的发掘》，《考古》2010年第8期。

[4] a. 中国社会科学院考古研究所、内蒙古自治区文物考古研究所、吉林大学边疆考古研究中心编著：《半支箭河中游先秦时期遗址》，科学出版社，2002年。b. 中美赤峰联合考古队：《内蒙古赤峰地区区域性考古调查阶段性报告

（1999～2001）》，《边疆考古研究第一辑——中国北方长城地带青铜文化考古国际研讨会论文集》，科学出版社，2002年。

[5] 中国社会科学院考古研究所编著：《中国考古学·夏商卷》，中国社会科学出版社，2003年，第601页。

[6] 郭大顺：《丰下遗址陶器分期再认识》，《文物考古论集》，文物出版社，1986年，第78～92页。

[7] a.河北省文物管理委员会：《河北唐山大城山遗址发掘报告》，《考古学报》1959年第3期。b.天津市文物管理处考古队：《天津蓟县围坊遗址发掘报告》，《考古》1983年第10期。

[8] 李经汉：《试论夏家店下层文化的分期和类型》，《中国考古学会第一次年会论文集》，文物出版社，1980年，第167页。

[9] 夏鼐：《碳-14测定年代和中国史前考古学》，《考古》1979年第4期。

[10] 同注[5]，第603页。

[11] 碳-14测定年代数据：丰下遗址见《考古》1977年第3期，蜘蛛山见《考古》1979年第4期，水泉见《辽海文物学刊》1986年第2期，大甸子参见中国社会科学院考古研究所编著《大甸子—夏家店下层文化墓地发掘报告》，科学出版社，1996年，第208页。

[12] 辽宁省文物考古研究所、赤峰市博物馆编著：《大南沟——后红山文化墓地发掘报告》，科学出版社，1998年。

[13] 佟柱臣：《赤峰东八家石城址勘查记》，《考古》1957年第6期。

[14] 参见国家文物局主编：《中国文物地图集（内蒙古自治区分册）》，西安地图出版社，2003年。

[15] 同注[4]a。

[16] 郭大顺：《东北南部地区的史前聚落演变与早期文明》，北京大学中国考古学研究中心编：《聚落演变与早期文明》，文物出版社，2015年，第505～531页。

[17] a.徐光冀：《赤峰英金河、阴河流域石城遗址》，《中国考古学研究——夏鼐先生考古五十年纪念论文集》，文物出版社，1986年，第82～93页。b.朱延平：《夏家店下层文化的社会发展阶段》，《中国北方古代文化国际学术研讨会论文集》，中国文史出版社，1995年，第103～109页。

[18] 同注[14]。

[19] 朱延平：《辽西古文化中的祭祀遗存》，《中国考古学跨世纪的回顾与前瞻（1999年西陵国际学术研讨会文集）》，科学出版社，2000年，第207～226页。

[20] 内蒙古文物考古研究所：《内蒙古赤峰市二道井子遗址的发掘》，《考古》2010年第8期。

[21] 辽宁省文物干部培训班：《辽宁北票县丰下遗址1972年春发掘简报》，《考古》1976年第3期。

[22] 辽宁省博物馆文物工作队等：《辽宁建平县喀喇沁河东遗址试掘简报》，《考古》1983年第11期。

[23] 同注[20]。

[24] 中国社会科学院考古研究所编著：《大甸子——夏家店下层文化墓地发掘报告》，科学出版社，1996年，第209页。

[25] 关于燕南地区有关遗存，有以为是夏家店下层文化的一种地方类型，称"燕南类型"，有以为属与夏家店下层文化有密切关系的另一种考古文化，称"大坨头文化"。本文采用前一观点。

[26] 赵志军：《中国北方旱作农业起源的新线索》，《中国文物报》2004年11月12日第7版。

[27] 郭大顺、张星德：《东北文化与幽燕文明》，江苏教育出版社，2005年，第301页。

[28] a.同注[24]，第190页，图八六。b.齐亚珍、刘素华：《锦县水手营子早期青铜时代墓葬及铜柄戈》，《辽海文物学刊》1991年第1期。

[29] 同注[24]，第223页。

[30] 王国维依出土文物考证商祖先在易水一带活动（王国维：《商三句兵跋》、《北伯鼎跋》，《观堂集林》，中华书局，1959年，第883～886页）。傅斯年有"商之兴也，从东北来，商之亡也，向东北去"的名言（《东北史纲》第一卷第24页，1932年）。又见金景芳：《商文化起源东北说》，《中华文史论丛》第1辑，1979年。陈连开等：《商先起源起源于幽燕说》，《历史研究》1985年第5期。近有台湾学者邓淑苹先生回忆："回顾自1984年第6期的《文物》发表多篇红山文化玉器的报道时，当时在台湾地区的考古学、历史学界引起相当大的震憾。发掘安阳殷墟的高去寻教授非常兴奋，认为红山玉猪龙与殷墟的兽形玦一定有先后传承关系，认为红山玉猪龙的出土证明了他（高去寻）的老师傅斯年教授当年提出'东夷大族的商族起于东北地区'的说法是非常正确的。"（见邓淑苹：《"红山系玉器"研究的再思》，辽宁省文物考古研究所编《红山文化学术研讨会论文集》，辽宁人民出版社，2013年，第344页）。

[31] 郭大顺：《北方古文化与商文化的起源》，《中国商文化国际学术讨论会论文集》，中国大百科全书出版社，1998年，第113~116页。

[32] 刘观民：《试析夏家店下层文化的陶鬲》，《中国考古学研究——夏鼐先生考古五十年纪念论文集》，文物出版社，1986年，第94~100页。

[33] 苏秉琦：《陕西省宝鸡县斗鸡台发掘所得瓦鬲的研究（节选）》补序，收入《苏秉琦文集（一）》，文物出版社，2009年。

[34] 刘观民、徐光冀：《夏家店下层文化彩绘纹饰》，《庆祝苏秉琦考古五十五年论文集》，文物出版社，1989年，第227页。

[35] 李济：《安阳发掘与中国古史问题》，1968年，原载于《中央研究院历史语言研究所集刊》四〇本，1968年，收入李济著《安阳》，河北教育出版社，2000年，第583、584页。

[36] 潘其风：《我国青铜时代居民人种类型的分布和演变趋势》，《庆祝苏秉琦考古五十五年论文集》第294页，文物出版社，1989年。

[37] 中国社会科学院考古研究所：《新中国的考古发现和研究》，文物出版社，1984年，第314页。

[38] 齐亚珍、刘素华：《锦县水手营子早期青铜时代墓葬及铜柄戈》，《辽海文物学刊》1991年第1期。

[39] 苏秉琦：《辽西古文化古城古国——试论当前考古工作重点和大课题》，《文物》1986年第8期，收入《苏秉琦文集（三）》，文物出版社，2009年，第1~6页。

A State North of Bohai Bay, from Longshan to Yueshi: the Lower Xiajiadian Culture

Dashun Guo (Liaoning Provincial Institute of Cultural Relics and Archaeology, China)

Abstract

The lower Xiajiadian Culture, located north of Bohai Bay, is contemporary with late Longshan Culture and early Shang Dynasty. There still exist tens of thousands of castle sites belonging to this culture, vertically situated in platforms, sloping fields, highlands and mountain tops. (Super-) centers and common settlements (groups) are apparently differentiated, with developed settled agriculture. They casted bronze wares relative early. The bag-legged tripods, represented by *Yan*, and painted potteries decorated by beast face and thunder cloud lines are dominant. The cultural consistency and continuity are very obvious, however, there are also clear evidence of frequent communications with surrounding cultures. It seems to be more developed in the southern part later on. As an ally of Xia dynasty, the lower Xiajiadian culture controlling the southern part of Northeastern China is a persuasive proof to the argument that Shang dynasty rose in the Northeast.

龙山时代陶器的生产、分配和消费：
两城镇遗址陶杯研究

文德安 王芬 栾丰实

姜仕炜译*

一 引言

  山东地区龙山文化以技术精湛的制陶工艺而闻名，尤其是有各种各样的薄壁、磨光、形制复杂的陶杯[1]。很多发掘报告详细报道了大量的陶杯资料，如城子崖[2]、尹家城[3]、丁公[4]和三里河[5]。许多学者认为陶器生产的专业化已经在山东地区出现，但对陶器生产组织特征的讨论仍在进行中。并且学界对山东地区蛋壳陶高柄杯的关注也很多[6]。两城镇遗址的早期田野工作发现了很多形制复杂的陶容器，其中就包括不同类型的陶杯[7]。一些学者认为在新石器时代晚期精英控制着具有声望属性物品的生产[8]，而其他学者认为具有较高价值的物品，如劳动密集型器物是始终都可获得的[9]。最近，孙波提出了两城镇和其他中心聚落可能被用作交易市场，用来交易本地居民生产的物品。我们在发掘两城镇遗址的过程中发现了大量的陶杯，这提供了一个研究陶杯生产、分配和消费的历时性变化的研究机会。本文内容主要包括目前已完成的数据分析以及简要介绍正在进行的研究工作。

  我们认为研究陶器生产地区更广泛的社会背景是很重要的。对两城镇遗址来说，所考虑的社会背景要包括日照地区早期城市化的过程。我们所做的区域系统调查结果表明两城镇遗址的规模从龙山早期到中期一直在扩大，而有些龙山早期的小型定居点被废弃了[10]。虽然根据地表分布的遗物范围来等同于聚落的规模是有一定挑战性的，但我们可以推断的是两城镇遗址及其周边区域已出现了人口集聚现象。这种城市化进程是怎么影响该地区陶器的生产、分配和消费？哪个定居遗址是生产陶器的？虽然学者们从两城镇遗址的陶器种类和数量明显多于其他遗址这一现象推断该遗址就是陶器生产地[11]，但迄今为止的考古证据很有限。Cunnar 的微痕分析结果表明两城镇遗址所出的一些表面光滑的石头是用来磨光泥制陶器的[12]。这种表面光滑的石头发现于房子附近，表明了陶器生产与其他家户经济活动应是集于一体的。目前在该遗址还没有发现窑址，也可能是出于安全因素的考虑，陶窑被有意识的设置在远离居民区的地方。

  正如 Arnold（1985）[13] 指出的那样，关注不同种类陶器的消费模式和消费者的需求特点是很有帮助的。两城镇遗址的陶杯形式多样，从器壁较厚且形制简单、表面纹饰极少或没有的陶器，到薄壁且形制和纹饰复杂的陶器，表明陶杯的使用背景不止一种。人们会认为简单的杯子是日

---

* 文德安：美国耶鲁大学人类学系；王芬、栾丰实、姜仕炜：山东大学历史文化学院。

常使用的，而需要投入更多的劳动力且需要特殊技法制作的杯子具有特殊用途。必须要搞清楚的问题是劳动密集型的陶杯，它的获取是否仅限于某些群体？制作简单陶杯的陶工是否同时也做更复杂陶杯？陶器生产组织会有历时性变化吗？

二　陶杯消费模式的历时性变化和生产模式假说

在两城镇遗址发掘报告[14]中，我们比较遗址内不同区域间不同种类的劳动密集型陶容器（包括陶杯）的消费方式。考虑到该地区房址结构较小及墓葬的特征，我们认为位于外壕内的重点发掘的第一发掘区是普通家庭构成的一个社区。更靠东的探沟（区域2，3）揭示了该遗址存在更多的居住区，到目前为止我们只发掘了一小部分。

两城镇遗址出土的大部分陶杯可分为两种类型：筒形杯和鼓腹杯。鼓腹杯的形制相对一致，而筒形杯的形制变化较多。我们关于陶杯分布的研究显示劳动密集型陶杯（薄壁、复杂优美的形制和纹饰）存在于若干区域。此外我们在第一发掘区也发现了高柄杯。对第一发掘区进行的仔细发掘显示这个普通家庭社区有大量的劳动密集型陶杯和其他劳动密集型的陶容器。从第一发掘区早期到晚期的居住址中都发现了高柄杯和其他蛋壳陶杯[15]。相对于发现的其他形制的陶杯（作为小件，完整或可修复的），筒形蛋壳陶杯是最常见的蛋壳陶器，但是也发现了少量的鼓腹蛋壳陶杯。除此以外还在最晚阶段（第八期）的一个墓葬中发现了一件三足蛋壳陶杯。尽管在第一发掘区的下层地层中很少发现这些易碎蛋壳陶小件，在早期阶段薄壁陶容器可能使用的更多。陶杯的尺寸也有相当大的变化，只有少量的相对较大的筒形杯，它们的制作需要更多的时间、精力和技术。

古代的人们可能将各种各样的劳动密集型陶杯用于个人饮料消费。这些陶器也可能用于公共活动比如特定的仪式或典礼，在这种情况下使用劳动密集型陶杯会引来他人的崇拜。因此个人和社会团体如血缘亲属可能会倾向于获得这样的容器。在特殊灰坑H31发现的大量的陶杯和其他容器表明存在类似给祖先献祭的这种公共活动[16]。根据我们之前的结论[17]，两城镇遗址可能曾消费一种发酵型饮料。因此，我们认为两城镇遗址其中的一个功能是仪式中心，它应当是举行重要公共仪式活动的场所。

另一个清晰的模式是第一发掘区晚期阶段陶杯的种类要多于早期阶段，即使我们剔除了每个阶段取样多少的差异因素（表1）。第一发掘区晚期第六到第八期比早期第一到第五期有更多种类的陶杯。晚期阶段陶杯的新形式有三足杯、壶形杯和圈足杯。这一结论完全基于小件数据统计的结果，这种历时性的变化应当在未来做进一步的研究。由于大部分我们所发现的数量众多的陶杯残片尚未修复，所以目前无法从形制的细节来研究陶杯的种类。

对于晚期阶段陶杯种类明显增加这一现象有多种可能的解释。其中一种可能性是两城镇遗址第六到第八期的陶工故意增加陶杯的种类以应对第一发掘区在公共仪式方面持续凸显的重要性，这在我们的发掘报告中也有讨论。还有另一种可能是这种增加是由于陶杯本身的便携性，来自周边地区的人们参加两城镇的仪式时可能从其他地方带来自己的陶杯。此外，也有一些陶杯可能是从外面输入的。

表 1　第一发掘区各期的不同种类陶杯（x= 有）

种类 \ 分期	一	二	三	四	五	六	七	八
筒形杯（单把或双把手）	x	x	x	x	x	x	x	x
鼓腹杯（单把）	x	x	x	x	x	x	x	x
壶形杯（无把手或单把）						x		x
三足杯								x
圈足杯							x	
高柄杯		x				x	x	x

西方学者提出的关于生产组织模式的术语非常有利于概念化劳力组织[18]，但是我们也需要考虑与特定历史语境相关的问题。例如，这些模型制造了一个二元分裂模式，通过使用"附庸型"专门化与"独立型"专门化等术语使得精英控制和非精英手工生产对立起来[19]。而龙山文化遗址很可能有其他的陶器生产系统，我们不应指望龙山时期陶器生产模式的统一性。例如，在某些区域可能劳动密集型陶容器是大家都可以获取，不过有些家庭可能偶尔获得这些陶器，而其他有资源的人们则可能经常获得它[20]。另一个问题是工作场所可能有许多不同的空间安排[21]。

我们需要关注两城镇遗址不同种类陶杯在制作时所要求的技术之间明确的差异。它们是同一群陶工制作的吗，它们在哪被制作的，在遗址使用期的每个阶段都制作所有种类的陶杯吗？通过与耶鲁大学陶工 Maishe Dickman 先生的交流可知，制陶的新手往往制作的是壁比较厚且形制简单的筒形杯和鼓腹杯，而经验丰富的陶工则可以制作形制复杂的陶器。在龙山早中期阶段，在城市化的背景下可能越来越多的人到两城镇遗址定居，我们应该认为有很多专业陶工在不同的区域工作而且他们同时也是农人吗？或者，是否存在较少的专业陶工以更集聚的方式工作的可能？我们不能排除这种可能性，较高的生产强度可以通过家庭劳作获得，同时该家庭也从事其他经济活动比如农业[22]。

三　两城镇遗址陶杯尺寸标准化分析

在城市化的背景下，普遍认为随着时间推移会有更多在形制和装饰方面标准化生产的陶器出现，这是因为陶工为了满足随时间扩大的人群的使用需求[23]。但是我们也需要从消费者的角度考虑[24]。为什么消费者可能认为较高程度标准化的陶器相当重要——或者不重要？任何关于陶器生产、分配和消费的历时性研究都需要从陶器生产者和消费者两个角度考虑。我们应该考虑多种促使陶器生产趋于固定的因素，虽然新的社会需求可能促使陶工进行改变[25]。

我们最初认为随着时间推移会有更多显示标准化生产的迹象，因为我们发现就不止一个完整或几乎完整的陶器显示有加速生产的痕迹。这些现象在陶鼎中很常见[26]，同时在一些筒形杯中也可以看到这类现象，如刻划凹弦纹时比较缺乏细致（图一）。

1. M38：20（第七期）　　2. H31②：134（第八期）

图一　筒形杯举例，加速生产的证据（凹弦纹的刻划）

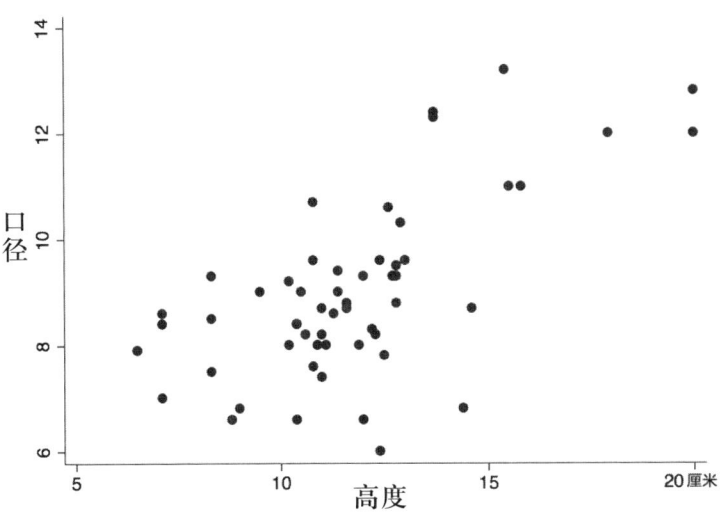

1. 筒形杯的高度和口径散点图（即使排除特别大和特别小的，仍然可以看出这些筒形杯的尺寸有明显差别）

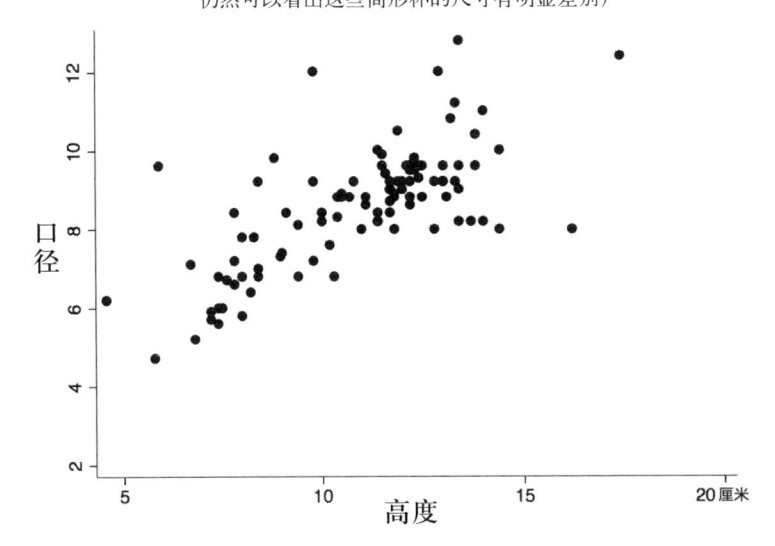

2. 鼓腹杯的高度和口径散点图（展示其尺寸的变化情况）

图二

之前在世界其他地区的研究显示了在分析标准化程度随时间变化之前，首先评估陶器尺寸的必要性[27]。通过测量发掘所得的小件如筒形杯和鼓腹杯，其口径和高度比的散点图表明陶器尺寸等级的差异（图二，1和2）。表2按照不同尺寸等级总结了遗址所出全部陶杯小件的数量（完整的和修复的）。之后的标准化分析只考虑数量最多的筒形杯群和鼓腹杯群，它们在尺寸方面属于中等（口径6～12厘米）。还有很多陶杯小件的口径或高度是不可知的。在随后依照三个尺寸等级的研究中，我们进一步统计出59个中等尺寸的筒形杯和98个中等尺寸的鼓腹杯。由于筒形杯的易碎特征，目前的数值可能并不能充分代表此类陶杯的实际数量，正如前面提到的我们发现了许多杯底碎片。

在更详细的分期数据基础上我们对第一发掘区所发现的筒形杯和鼓腹杯进行单独分析。为了获得发现于第一发掘区的陶杯最大量的样本数据，我们定义了"早期"阶段（第一至六期）和"晚期"阶段（第七、八期）。变异系数（CV）可以提供陶器标准化程度随时间变化的初步信息，尽管它不可能告诉我们结果是否具有统计学意义。如果陶工想要在生产中提高效率，以满足越来越多的消费者的需求，那么他就可能随时间变化降低陶器变化概率。根据我们关于陶鼎的研究经验[28]，目前我们在任何一类陶鼎身上都找不到标准化程度增加的证据。计算发现于第一发掘区的33个中等尺寸筒形杯的变异系数，结果（表3）显示从早期到晚期阶段筒形杯的变异程

表2 两城镇遗址所有区域所出陶杯的尺寸分类（根据口径与通高之比划分）

尺寸 \ 种类	筒形杯	鼓腹杯	总计
小型	1	8	9
中型	51	90	141
大型	4	2	6
总计	56	100	157

表3 两城镇遗址第一发掘区陶杯（完整的及修复的）变异系数（CV）结果

陶杯类型／维度	早期	晚期
筒形杯／口径	8.44（n=18）	17.02（n=15）
筒形杯／底径	11.83（n=18）	25.00（n=15）
鼓腹杯／口径	16.14（n=18）	13.36（n=26）
鼓腹杯／底径	17.72（n=18）	13.58（n=26）

度实际上是大幅度提高的而不是减少。虽然来自于第一发掘区晚期阶段的44个鼓腹杯的变异系数与早期阶段相比数值稍小，但差异并不明显。每个形式的陶杯样本数量要比理想的小。未来的研究我们打算囊括残片和来源于遗址其他发掘区的标本。根据陶鼎的研究经验，我们还进行了变异分析以确定其形制是否在遗址不同区域也各不相同。研究的结果显示区域没有差别。

四 同级别内部陶杯的标准化和关于生产组织研究的总结

鉴于第一发掘区两种形式的陶杯样本量较小，我们认为需要分析陶器标准化的另一个方面。大多数研究完全关注尺寸的标准化，但是我们也要考虑所说的"同级别内部标准化"，如不同形制陶器的装饰类型[29]。在城市化的背景下，可以推测的一个情况是，陶工为了提高生产效率减少某些形式陶器表面装饰的种类，或者以某种方式简化之。当我们观察来自于第一发掘区不同时期所有的可复原的筒形杯表面装饰的种类，结果显示每一期都有相当大的变化（表4）。最

表4 两城镇遗址筒形杯同级别内部标准化的评估：各期装饰手法的变化

装饰手法 \ 分期	一	二	三	四	五	六	七	八
凹弦纹／6道			x			x		
凹弦纹／4组，每组2道								x
凹弦纹／3组，每组6道								x

装饰手法 \ 分期	一	二	三	四	五	六	七	八
凹弦纹/6道			X			X		
凹弦纹/4组，每组2道								X
凹弦纹/3组，每组6道								X
凹弦纹/3组，每组5道							X	
凹弦纹/2组，每组5道							X	
凹弦纹/2组，每组4道	X							
凹弦纹/4道分开的								X
凹弦纹/2组，每组3道								X
凹弦纹/4道，2道中部，2道下部				X			X	
凹弦纹/3组，每组3道								X
凹弦纹/3组，每组2道						X	X	
凹弦纹/3道		X			X	X		
凹弦纹/2组，每组2道，盲鼻							X	
凹弦纹/2组，每组2道		X				X		
凹弦纹/唇部2道		X		X				
凹弦纹/上部1道，下部1道					X	X		
凹弦纹/上腹部2道		X						
凹弦纹/中腹部2道			X		X	X		X
凹弦纹/下腹部2道			X	X	X			
凹弦纹/底部1道								X
凹弦纹/下腹部1道			X					
凹弦纹/中腹部1道	X					X	X	
凸棱/14道	X							
凸棱/4道								X
凸棱/3道带横耳								X
凸棱/3道						X	X	
凸棱/1道								
凸棱/1道，横耳，1道凹弦纹		X						
素面		X			X	X	X	X

常见的装饰手法是凹弦纹（当陶胎尚湿时环绕器身刻划的线条，或粗或细）。但在凹弦纹组的数量以及在器身刻划的位置方面有相当大的变化。其他主要的装饰手法有突棱，它也有装饰的位置以及数量方面的变化。还有少量陶器装饰有横耳或盲鼻。有些陶器上使用了多种装饰手法，但是各个阶段仍存在一些素面陶器。随着时间的变化陶器表面装饰手法的种类没有减少；反而在第七期和第八期投入在装饰上的精力更多。表4显示了有些装饰风格（手法和装饰位置）在不只一期使用。

生产过程需要关注的另一个方面是制作和安装筒形杯及鼓腹杯的把手的劳动组织。尽管很多易碎的把手没有保存下来，但仍可以看到不止一种形制的把手。早期阶段第二期所出的筒形杯把手偏向于厚的风格，但是它们的相对位置从杯腹中部变化到杯腹下部（图三）。在第五期出现了另一种形制的把手（M55随葬的陶杯），这种把手更长更薄（完整的样本见第八期的陶杯H31④：200）。H31中的三个陶杯（图三）显示最后一个阶段有多样化的把手，而不是像预期的那样为了提高生产效率而简化种类。类似的例子如第七期的鼓腹杯有两种形式的把手（图四）。人们在第八期继续制作较薄的把手，安装位置各异。

现存的带有把手的陶杯数量有限，这阻止我们得出更详细的结论，但没有证据表明随着时间的推移陶工有提高生产效率的企图。我们仍然认为有一些陶杯是快速制作的，这也许是因为人们认为日常使用的陶杯其使用寿命短。有可能不止一个劳力组织，我们不能假设同一个陶工既制作陶杯的杯体也制作和安装陶杯的把手。

从尺寸和同一级别内部标准化两个方面观察两城镇遗址所出的这两类陶杯历时性变化，尚难以支持随着城市化的进程陶器的生产效率会提高的这种传统看法。样品的数量并不大，但它给我们展现了特殊装饰手法在不同时段一直被使用的图景。似乎有一个关于两种杯子应该是什么样的共同观念，但无论是消费者还是生产者都不认为器形标准化是需要优先考虑的。在少量的工作场所进行大规模生产看起来不太可能。两城镇这个大型中心遗址的其他区域出现的陶杯应当同第一发掘区的陶杯进行更详细的比较。

我们认为在两城镇遗址使用期间，在城市中心及其周边区域可能有若干个具有专业人员的制陶区域，而非是少量区域。社会领域的陶器生产、分配和消费可能存在于小的社区，这种小的社区里人们通过合作进行经济活动。这些社区可能包括血缘关系成员组成的家户，它可能会有自己的用于社会整合和彰显社会身份的重要仪式，在某些时候需要使用劳动密集型的陶器。这些仪式可能包括会用到陶容器的宴会。一些形制精美的陶杯，比如由经验丰富的陶工制作的高柄杯可能流通的更广泛，而不只在一个社区。比其他家庭拥有更多资源的家庭可以获得更好的陶容器。用于仪式目的的物品其生产和流通也需要被考虑[30]。从这些方面来看，两城镇遗址可能不止一种劳动组织形态。经验丰富的陶工制作仪式使用的陶器同时也可能制作日常生活所使用的陶器。

筒形杯随时间在形式和装饰风格方面变化增加的趋势，我们推测可能说明两城镇遗址第一发掘区晚期阶段仪式活动增加了。在两城镇遗址发掘报告中[31]，我们就这个假设讨论了其他方面的证据。在两城镇遗址可能没有什么动机去改变大量家用陶器的生产。Rice在很多制陶社区发现，日用陶器的生产策略很可能是稳定的，而不是变化的[32]。

1. H293 ④:5   2. H401 ④:27   3. H401 ②:21

4. M60:3   5. F54:21   6. M55:1

7. H31 ②:54   8. H31 ②:134   9. H31 ④:200

图三　第一发掘区不同时期筒形杯把手的风格多样性（形状、大小、位置）
1~4. 第二期4个杯子的把手　5、6. 第五期2个杯子的把手　7~9. 第八期灰坑H31的3个杯子的把手

1. H122④:37 　　　2. M38:11

3. H31①:55 　　　4. H101①:11

图四　第一发掘区不同时期鼓腹杯把手的风格多样性（形状、大小、位置）
1、2. 第七期2个杯子的把手　3、4. 第八期2个杯子的把手

显然，要搞清楚这些问题需要更多的研究。我们已经开始跟岩相学专家 Isabelle Druc 探索两城镇遗址的筒形杯和鼓腹杯陶胎的变化。这一信息将提供一个不同的角度去考察两城镇遗址陶器标准化程度的历时性变化和劳动组织的情况。为了更充分地理解两城镇遗址陶器的生产、分配和消费，我们还需要考察日照地区龙山早中期其他遗址的陶器。获取特殊种类陶器的方式以及是否有用来交易陶器和其他物品的市场，这些问题只能通过其他遗址发掘所得遗物来回答。

五　结　论

考古研究的一个重要问题是随着城市化的发展陶器的生产、分配和消费是如何随着时间变化而变化的。更多关于中国城市聚落遗址的手工制品的分析研究需要向世界考古学界介绍。这样的研究可能最终揭示的发展模式不同于其他地区早期文明的相关研究结果。

本文侧重于研究两城镇遗址发现的两种类型的陶杯——筒形杯和鼓腹杯。本研究的结果不支持预想中通过提高形制和装饰方面标准化的程度，从而提高生产效率这种模式。我们初步的研究表明日常活动所使用的陶器，其生产、分配和使用方面几乎没有发生变化。而仪式上所使用的陶容器反而由于社会需求的改变发生了较大的变化。

注释

[1] a. 栾丰实：《东夷考古》，山东大学出版社，1992 年。b. 栾丰实：《海岱地区考古研究》，山东大学出版社，1997 年。

[2] Li, Chi (editor-in-chief), Liang Ssu-Yung and Tung Tso-Pin (editors), Fu Ssu-Nien, Wu Chin-Ting, Kuo Pao-Chun, and Liu Yu-Hsia (translated by Kenneth Starr). 1956. *Ch'eng-Tzu-Yai: The Black Pottery Culture Site at Lung-Shan-Chen in Li-Ch'eng-Hsien, Shantung Province*. Yale University Publications in Anthropology Number 52. Yale University Press, New Haven. CT.

[3] 山东大学历史系考古专业教研室：《泗水尹家城》，文物出版社，1990 年。

[4] 山东大学历史系考古专业：《山东邹平丁公遗址第四、五次发掘简报》，《考古》1994 年第 4 期，第 295～299 页。

[5] 中国社科院考古所：《胶县三里河》，文物出版社，1988 年。

[6] a. 杜在忠：《试论龙山文化的蛋壳陶》，《考古》1982 年第 2 期，第 176～181 页。b. 钟华南：《大汶口及龙山文化黑陶高柄杯的模拟实验》，《考古学文化论集·2》，文物出版社，1983 年，第 255～273 页。

[7] a. 刘敦愿：《日照两城镇龙山文化遗址调查》，《考古学报》1958 年第 1 期，第 25～42 页。b. 南京博物院：《日照两城镇陶器》，文物出版社，1985 年。

[8] a. Liu, Li. 2003. The Products of Minds as Well as of Hands: Production of Prestige Goods in the Neolithic and Early State Periods of China. *Asian Perspectives* 42(1):1-40. b. Liu, Li. 2004. *The Chinese Neolithic: Trajectories to Early States*. Cambridge University Press, Cambridge.

[9] Underhill, Anne P. 2002. *Craft Production and Social Change in Northern China*. Kluwer Academic Plenum Publishers, New York.

[10] Underhill, Anne, Gary Feinman, Linda Nicholas, Hui Fang, Fengshi Luan, Haiguang Yu, and Fengshu Cai. 2008. Changes in Regional Settlement Patterns and the Development of Complex Societies in Southeastern Shandong, China. *Journal of Anthropological Archaeology* 27:1-29.

[11] 同注 [10]。

[12] Cunnar, Geoffrey. 2007. The Production and Use of Stone Tools at the Longshan Period site of Liangchengzhen, China. Unpublished PhD Dissertation, Department. of Anthropology, Yale University.

[13] Arnold, Dean. 1985. *Ceramic Theory and Cultural Process*. Cambridge University Press, New York.

[14] 中美联合考古队等：《两城镇——1998～2001 年发掘报告》，文物出版社，2016 年。

[15] 同注 [14]。

[16] 同注 [14]。

[17] McGovern, Patrick E., Anne P. Underhill, Hui Fang, Fengshi Luan, Gretchen R. Hall, Haiguang Yu, Chenshan Wang, Fengshu Cai, Zhijun Zhao, Gary M. Feinman. 2005. Chemical Identification and Cultural Implications of a Mixed Fermented Beverage from Late Prehistoric China. *Asian Perspectives* 44(2):249-275.

[18] a. Costin, Cathy Lynne. 1991. Craft Specialization: Issues in Defining, Documenting, and Explaining the Organization of Production. In *Archaeological Method and Theory*, Volume 3, edited by Michael B. Schiffer, pp. 1-56. University of Arizona Press, Tucson. b. Costin, Cathy Lynne. 2001. Craft Production Systems. In *Archaeology at the Millennium: A Sourcebook*, edited by Gary M. Feinman and T. Douglas Price, pp. 273-327. Springer, New Youk. c. Costin, Cathy Lynne. 2005. Craft Production. In *Handbook of Archaeological Method, Volume II*, edited by Herbert D. G. Maschner and Christopher Chippindale, pp. 1034-1107. Alta Mira Press, Lanham, MD. d. Rice, Prudence. 1987. *Pottery Analysis: A Sourcebook*. University of Chicago Press, Chicago.

[19] 同注 [18]a。

[20] 同注 [9]。

[21] a. Rice, Prudence M. 2009. Late Classic Maya Pottery Production: Review and Synthesis. *Journal of Archaeological Method and Theory* 16:117-156. b. Underhill, Anne P. 2015. What is Special about Specialization? In *Emerging Trends in the Social and Behavioral Sciences*, edited by Robert Scott, Marlis Buchmann, and Stephen Kosslyn, pp.1-17. John Wiley and Sons, Hoboken, NJ.

[22] Underhill, Anne P. 2003. Investigating Variation in Organization of Ceramic Production: An Ethnoarchaeological Study in

Guizhou, China. *Journal of Archaeological Method and Theory* 10(30):203-275.

[23] a. 同注 [18]d，b. 同注 [9]。

[24] a. 同注 [13]；b. 同注 [22]。

[25] Rice, Prudence M. 1984. Change and Conservatism in Pottery-Producing Systems. In *The Many Dimensions of Pottery. Ceramics in archaeology and anthropology,* edited by Sander E. Van der Leeuw, and Alison C. Pritchard. University of Amsterdam, Amsterdam. pp. 233-293.

[26] 同注 [14]。

[27] Longacre, William A., Kenneth L. Kvamme and Masahi Kobayashi. 2008. Southwestern Pottery Standardization: An Ethnoarchaeological View from the Philippines. *Kiva* 53(2):101-112.

[28] 同注 [14]。

[29] 同注 [18]d。

[30] Spielmann, Katherine A. 2002. Feasting, Craft Specialization, and the Ritual Mode of Production in Small-Scale Societies. *American Anthropologist* 104(1):195-207.

[31] 同注 [14]。

[32] 同注 [25]。

The Production, Distribution, and Consumption of Pottery During the Longshan Period: Analysis of *Bei* Cups at Liangchengzhen

Anne Underhill (Department of Anthropology, Yale University, USA)

Fen Wang, and Fengshi Luan (School of History and Culture, Shandong University, China)

translated by Shiwei Jiang (School of History and Culture, Shandong University, China)

Abstract

How did the production, distribution, and consumption of pottery change during the Longshan period in relation to the development of urbanism in different regions? This presentation explores the available evidence about vessels used for daily life in comparison to relatively elaborate vessels likely used for special purposes (such as ceremonies involving feasting). In more than one region there are several forms of elaborate vessels suitable for heating and/or serving liquids, drinking, and serving food. While most research has focused on such elaborate vessels, daily use vessels are equally important for understanding the nature of regional economies during the Longshan period.

With an emphasis on the Rizhao region, we evaluate consumption patterns, data from compositional analyses of ceramics, and evidence for production in order to offer preliminary hypotheses about the ways in which labor for the production and circulation of pottery vessels was organized. We suggest that although there were similarities among regions of northern China, it is important to investigate whether there were significant differences in the organization of labor. Publications about Longshan pottery production are important for a worldwide understanding of early urban economies.

两城镇遗址绿松石的使用及仪式重要性研究

科杰夫　栾丰实

姜仕炜译*

本研究始于随葬于山东省东部龙山文化两城镇遗址 M33 的一件绿松石饰件的发现[1]（图一）。M33 的墓主是一位成年男性[2]。墓主手臂位置分布有绿松石片说明该遗物原本的形式可能是手镯或类似的饰件。这对于两城镇遗址和龙山文化来说都是一个不同寻常的发现。本文中，我们将介绍该饰件的分析结果以及相关实验考古工作。我们推断该遗物对龙山文化来说很特别，是因为它可能不是手镯，很可能是一个动物形象的制品，而该制品应是具有较高地位男性（很可能是巫师）葬礼仪式的一个组成部分。我们也认为，根据绿松石加工废料的分布情况来看，绿松石加工作坊很可能就在作为宗教中心的两城镇遗址附近。饰品专门化生产的出现对我们理解绿松石生产在古代政治经济中的角色有特殊意义。

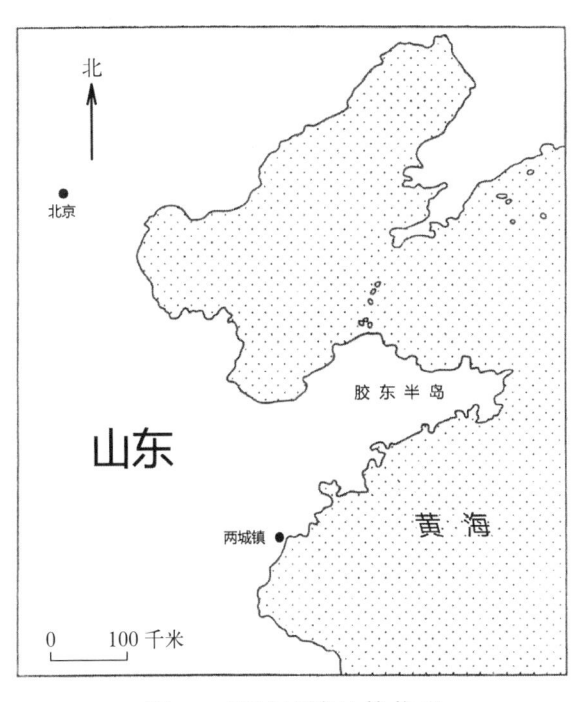

图一　两城镇遗址的位置

一　绿松石饰件的清理和保护

2000 年度在发掘两城镇遗址 M33 期间，发现了由大约 180 块绿松石片和超过 30 个圆形小石子组成的饰件。该饰件位于左臂骨骼之上，呈现出弧形形状且开口为远离骨盆方向（图二；彩版 28）。圆形小石子看起来像胃石（gastrolith）。作为绿松石饰件垫衬物的有机部分并没有保存下来。绿松石片和圆形小石子的紧密组合表明饰件保存的完整性较好。圆形小石子和绿松石片组成的饰件如图三（彩版 29）所示。

为了保存该饰件，墓主手臂部分经由石膏包裹并被小心的运送到山东大学博物馆（图四；彩版 30）。石膏外壳在山东大学被打开，我们发掘了饰件的一小部分并提取了五片绿松石片用来分析。与此同时，对保持原位的绿松石片进行拍照。有两件绿松石片明显是破碎且有钻孔的，

---

* 科杰夫：美国西部文化资源管理公司；栾丰实、姜仕炜：山东大学历史文化学院。

图二 两城镇遗址 M33 提取二层台的随葬品后
（箭头指向绿松石制品的位置）

图三 墓主人左臂之上绿松石制品和胃石的位置

图四 加石膏整体提取以保存绿松石制品的完整性

图五 圆形（下方箭头）和有黑色附着物（上方箭头）绿松石片的位置

另有两片虽被钻孔但仍完整。大部分绿松石片的边缘和面是经过磨平处理的。有七片绿松石片似乎是圆边，其中一片磨成非常圆的形状（图五，下部的箭头；彩版 31）。然而大多数绿松石片似乎只是被磨得很薄，并不钻孔或是磨圆。有三片有黑色外皮，下方的绿松石片露出一部分，其中一片在图 5 中清晰可见（上部的箭头），这些现象表明存在一些表面处理或胶粘的处理。另外，在一块绿松石片上观察到红色残留物的痕迹，这个红色残留物下文会详细讨论。

二 新石器时代晚期及青铜时代早期中国使用绿松石的情况

绿松石 $[CuAl_6(PO_4)_4(OH)_8 \cdot 4(H_2O)]$ 在世界各地的文化中都被高度重视，并经常作为威望经济的一个重要组成部分，成为高社会地位、仪式和权利的标志[3]。在中国历史上绿松石是贵重宝石之一。中国最早的装饰性绿松石出现在河南的两个遗址中，分别是新郑裴李岗遗址（公元前 7000～前 5000 年）和舞阳贾湖遗址（公元前 7000～前 5800 年）[4]。珠子和钻孔绿松石坠发现于裴李岗文化沙窝李遗址和水泉遗址[5]。

绿松石在大汶口文化（公元前4100～前2600年）中也是被高度重视的，并作为地位的象征。文德安认为绿松石和鳄鱼骨板第一次在大汶口时期（公元前4150～前2650年）成为地位的象征[6]。大汶口墓地遗址的遗物有一个绿松石镶嵌到另一个器物上的很早的例子[7]。镶嵌着绿松石的象牙制品和三串很可能是绿松石的颈饰发现于一座女性墓葬（M10）中，在大汶口遗址另一个墓主的耳朵部位还发现了一块疑似绿松石[8]。文德安认为M10（成年女性）的墓主人在大汶口墓葬遗址中具有较高声望。

庙底沟文化（公元前4000～前3300年）墓葬也发现了绿松石饰品[9]。洛阳王湾遗址M45墓主为一名女性，她的随葬品有三个绿松石吊坠及红色赭石[10]。

红山文化（公元前4000～前3000年）遗址中出现了较多绿松石吊坠[11]，如鸮形吊坠[12]。

绿松石也发现于马家窑文化（公元前3100～前2700年）墓葬中，如青海乐都柳湾遗址。柳湾遗址墓葬中绿松石随葬品包括多种饰品和耳环[13]。良渚文化（公元前3400～前2250年）的遗址中也发现了大量的绿松石制品，包括镶嵌绿松石器物[14]。

1998年山西下靳龙山时期遗址，在两座墓葬（M76和M136）中发现两个绿松石手镯[15]。该墓地年代可以追溯到大约公元前2500～前2000年。M76（女性）所出的手镯是由大量的绿松石片粘贴在不明黑色胶状材料之上构成、另有三个白色贝壳也粘贴在手镯上（图六；彩版32）。

在齐家文化（公元前2300～前1500）的皇娘娘台遗址的M38中，发现一些绿松石珠子放在一男和一女两个墓主口中[17]。甘肃永靖大河庄齐家文化遗址，大部分绿松石制品发现于儿童墓葬中[18]。

二里头遗址（公元前1800～前1770年）是否是中国第一个王朝（夏）的研究讨论已有许多[19]。抛开与历史视角有关的第一个王朝论，考古研究证明该遗址已具有国家社会的表征[20]。根据绿松石的废料及加工过的绿松石制品可以确认绿松石加工作坊位于宫殿基址附近[21]。发掘的一个墓葬（M3，第2期）保存有相当完整的龙形图案和铜铃（图七；彩版33）。龙形图案是由大约

图六　下靳遗址M76发掘出土的龙山手镯
（由绿松石、贝壳组成，可能还有皮革[16]）

图七　二里头遗址出土大型龙形图案 2002 V M3:5
（由绿松石和玉石拼成，另有一个铜铃[23]）

2000 件的绿松石片和玉片组成[22]。目前尚不清楚这些绿松石片是被附在布上还是皮革上。

除了绿松石龙形图案,二里头遗址从第二期开始发现了带有神秘动物纹的嵌绿松石青铜牌饰[24]。嵌绿松石制品在早期王朝时期一直非常重要,但到了秦朝(公元前 221～前 206 年),其他贵重金属被用来镶嵌,而使用绿松石镶嵌变得少见[25]。

上述讨论的重点是强调绿松石在中国古代文明中长期的重要性。跟玉一样,绿松石显然也与仪式有关,并且作为正在形成的精英阶层的重要标志物,尤其是对下面将讨论的巫师阶层来说非常重要。

三 两城镇遗址的绿松石

目前来看两城镇遗址附近没有绿松石矿[26]。除了 M33 发现了大量的绿松石片外,只发现了一件绿松石制品。1999 年 T2300 发现的绿松石管 T2300⑥a:33(图八;彩版 34),该绿松石管经抛光,重 2 克、尺寸为 1.7 厘米 ×0.9 厘米 ×0.9 厘米。这个绿松石管出土于一个石钺碎片附近,但与 M33 没有直接联系。

M33 的绿松石制品不同于下靳遗址的手镯。两城镇遗址的绿松石制品没有显示出完整套在手腕上的迹象。更像是把该制品铺在手臂之上。两城镇遗址所出的绿松石片大多较小,其表面和边缘都被磨平。绿松石片普遍没有穿孔表明它们可能是被镶嵌到或是粘贴到未知材料上,又或者是被故意摆出造型(无附着物)放置于此。

一些破碎的有穿孔的绿松石片很有意思。其中的两片从钻孔处裂开,因此它们不可能被系在制品上。这些小碎片很可能来自于破碎的绿松石生产残片或其他方式破碎的装饰品,被重复使用组成了该绿松石制品。两城镇的绿松石制品制作并不完美,且破碎的绿松石片再利用这一现象很有意思,可能意味着墓主并不拥有最高的社会地位。另一种解释是,绿松石是稀有且珍贵的,甚至碎片也被珍视。然而从实用和审美的角度来看这个论点没有多大意义。社会精英可以很容易把有钻孔而破碎的小残片改制成完整的钻孔绿松石片或用于镶嵌的绿松石片。

两城镇遗址绿松石制品和下靳遗址绿松石手镯的另一明显区别是,是一小堆大约 30 粒胃石紧贴着两城镇遗址的绿松石制品。检测了其中五粒小石子(图九;彩版 35),其中 1、2 和 3 号石子的外表有很多小坑,可能与消化液的作用有关,4 和 5 号石子非常光滑。石子的尺寸都差不多,最大径平均数为 5.3 毫米。很可能装有小石子的袋子被挂在紧贴绿松石制品的位置。然而同样有可能是小石子被精心放置在该绿松石制品"敞开"的部分。下文我们会讨论该位置实际上是被特意设置的,具有特殊意义。

我们怀疑小石子是被二次放置的,就是说它们不是跟着动物一起放置的。很多专家都研究过小石子,不幸的是还没有一个已知的方法能在确定的程度判定这种胃石是来源于哪种动物、禽类或是其他。通过阅读一些文献可知,即使是鸡胃里的胃石尺寸差别也可以很大。然而,它们的大小和形状似乎可以

图八 两城镇遗址出土绿松石管
(T2300⑥a:33)

图九　M33 经过检测的五枚胃石
（红色边缘反映拍照背景，并不是残留物）

图一〇　M33 经过检测的五片绿松石片
（箭头指出可能的朱砂残留）

指向该地区现生种的一种鸟类（尺寸如同野鸡）和野鸡[27]。

如果小石子来源于鸟类，将它们摆放在此可能具有极大的象征意义。石头毕竟不是来源于天空。同样它们放置的位置可能具有目的性。在中国南方发现过大量的鸟形玉器，它们的存在被认为代表了广泛的鸟崇拜活动[28]。

我们检测了五片绿松石（图一〇；彩版36）。其中三片（2、3和4）使用高倍显微镜观察。这五片来源于M33的绿松石片其尺寸和属性如表1所示。值得注意的是4号绿松石片发现了疑

表1　两城镇遗址 M33 的绿松石片特征总结

编号	尺寸（毫米 + 克）	孔径（毫米）	残留物	备注
1	11.2×7.3× 约 1.0	3.3	未鉴别出的黑色及黄色残留物	不规则形，重量未记录，从穿孔处破裂，表面和侧边磨平
2	15.5×8.6×0.8（0.23克）	1.7	棕色残留物，可能就是污渍	近长方形，表面经磨光，穿孔没有绳子磨痕
3	13.1×6.6×0.8（0.19克）	无	经 FT-IR* 检测的黄色残留物，没有有机物，不可能是黏合剂（McGovern and Hall 2012）	不规则形，表面经磨光
4	16.9×12.5×1.9（0.64克）	2～3	经 FT-IR* 检测的红色残留物，不可能是红色赭石（McGovern and Hall 2012），PXRF* 检测结果显示有汞	六边形，穿孔的12点钟方向有绳子磨痕，表面经磨光
5	9.9×8.1× 约 1.0	2	棕色残留物，可能就是污渍	不规则形，重量未记录，有三个侧边被磨平

* FT-IR= 傅立叶变换红外线光谱测定仪，PXRF= 便携 X 射线荧光分析仪。

似朱砂的残留物（见图一〇，箭头；彩版 36）。

经过高倍显微镜观察的三片绿松石片是被精心磨光的。2 号绿松石片的穿孔没有绳子磨损痕迹。鉴于两城镇遗址 M33 随葬的陶器最多以及具有极大象征意义的绿松石制品这一事实，我们相信墓主人很可能具有较高的社会地位。

四　实验室考古学分析

通过实验室考古学分析进一步了解两城镇遗址绿松石制品加工和 M33 的绿松石制品。为了更好地了解加工绿松石片可能的方式和难度，科杰夫进行复制实验。用来自于亚利桑那州 Sleeping Beauty and Kingman 矿山的绿松石子料磨成近似 2 号绿松石片大小的尺寸和形状。

首先用水和石英砂研磨料在砂岩上打磨出粗糙的绿松石片。使用两种不同的方法钻孔（图一一；彩版 37）。对于 1 号复制品，使用小石英晶体钻头及气泵钻，并加入研磨料；2 号复制品，使用很小的燧石片钻孔，燧石片钻孔采用手工操作。对其中一片实验用绿松石片用山羊皮进行抛光。用于复制绿松石片所使用的方法和花费的时间如表 2 所示。

在砂岩石板上打磨（图一一左上）、使用石英钻头和气泵钻孔（图一一右上）、用小燧石片钻孔（图

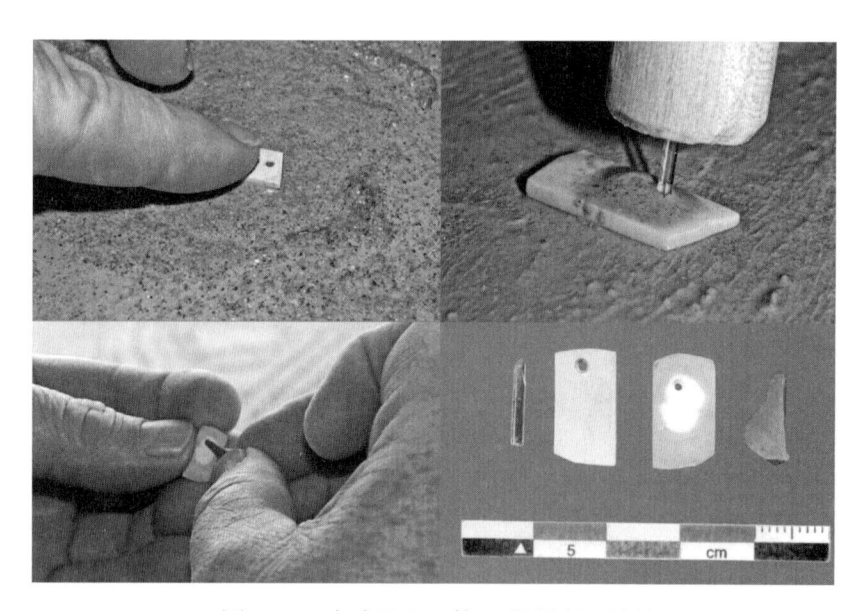

图一一　复制 M33 的 2 号绿松石制品

表 2　复制绿松石片所耗费的时间

	打磨速度（克/分钟）	磨制时间（分钟）	钻孔时间（分钟）	抛光时间（分钟）	最终孔径（毫米）
1 号复制品	0.07	108	20	20	2.1
2 号复制品	0.08	28	30	未抛光	1.9

一一左下）、成品和钻头（图一一右下）。

绿松石片是很容易打磨的。不管是用气泵钻或简单地用手钻，用石英钻头钻孔的效率都是非常高的。同样用小燧石片钻孔也很容易。在作坊里操作时石英钻头加气泵的方法更容易操作和更换。

1号复制品的其中一面用山羊皮抛光并和M33被抛光的2号绿松石片进行对比（图一二；彩版38）。在经过10分钟的抛光加工后反射率有一个明显的提升，20分钟后光滑程度已经很高了，光泽度布满整个表面。复制品的抛光度与M33的抛光绿松石片非常相似。复制实验证实了M33的绿松石片穿孔使用石制小钻头钻成并刻意被抛光。M33中绿松石片经过抛光这一事实进一步表明墓主人具有重要的社会地位。

五　打磨废料分析和两城镇遗址绿松石加工作坊的确认

当磨制工具或者珠宝饰品时磨板上会有大量的磨出的磨浆存在。科杰夫的研究表明在磨制过程中，随着这种"磨浆"的积累会有大量细小的碎屑产生。这些

复制品1未经抛光的表面

复制品1经过20分钟羊皮抛光后

M33的2号绿松石片经过高度抛光的表面

图一二　表面对比

碎屑很容易辨认，因为它们没有明显的类似打击台面的片状属性并且有一面通常是平的且明显有摩擦产生的条纹痕[29]。1号复制品加工过程中产生的所有磨浆用0.5毫米的筛子进行筛选，实验过程一共产生了31片微小的绿松石碎片（图一三，底部；彩版39），最大长度的平均值为1.8毫米，还发现了两小块砂岩磨板碎块和两块破碎的小石英晶体钻头。

科杰夫检查了500份两城镇遗址土壤样品并发现了大量的来自于工具生产的小片废料（见图一三，左侧；彩版39），但没有生产绿松石制品的废料[30]。没有发现绿松石生产碎片的事实表明这些绿松石不是在1999～2001年度发掘的龙山时期房址附近加工的。可能是加工绿松石的地方位于两城镇遗址的其他区域，或者是这些绿松石片加工好以后才被输入两城镇遗址。

绿松石制品中包含有"碎"的绿松石片存在以下三种可能：

第一，珠宝饰品中有碎的残片并不是很要紧的事。

第二，也许无人拥有重新加工绿松石片的技术。

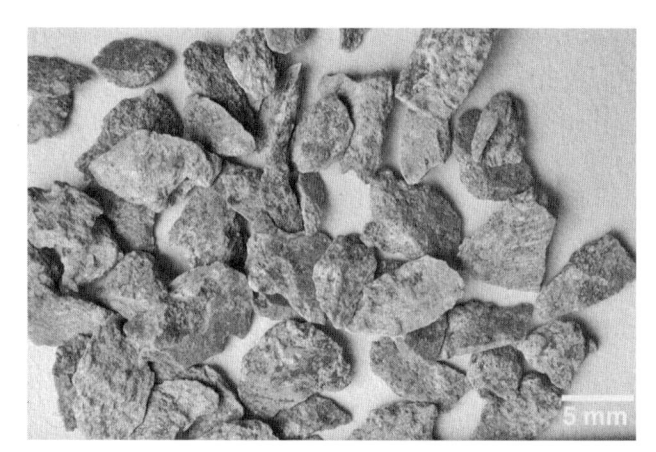

图一三　两城镇遗址出土的打磨废料表明曾对箭头进行打磨（左）、
实验复制绿松石制品产生的打磨和钻孔废料（右）

第三，没有人拥有修改绿松石这种具有重要象征性材料的权力。

我们认为第三种可能其存在的可能性最大。绿松石可能具有重要的象征意义（见下文），以至于当地无人有权力修改"碎"的绿松石片，大概巫师除外。

六　蓝色和绿色的象征意义

汉语中绿松石这个词的第一个字就是绿。绿松石的颜色通常是从墨绿到亮蓝。蓝绿色通常被当作绿松石具有特殊性的表征，并因此赋予它象征意义。跨文化研究证实绿色和蓝色通常被当作"好"的颜色。一个可能的解释是大自然在人类日常生活中具有重要性。蓝色的天空和绿色植物普遍被崇拜[31]。更新世末期植物驯化出现时，绿色的重要性可能更加凸显。最早的一些绿色珠子发现于中东地区早期的有农人进行栽培活动的遗址可能并不是巧合[32]。

在中国历史上，颜色与权力紧密相连。蓝色与一种蓝色的龙联系在一起，代表风、春天和新的开始[33]。因此，王朝的皇子居住的皇宫屋顶即为蓝绿色[34]。

基本色同五大元素（金、木、水、火、土）、方位和季节也有关[35]，这种联系被称为"五行说"。然而将同样的象征对应关系追溯到遥远的过去是有问题的，我们需要意识到"（颜色）理论的形成是一个漫长而复杂的过程，并深深扎根于各种社会传统和实践中"[36]。我们不能简单地把今天的颜色对应关系与史前相同。

在当代中国，和其他地方一样绿色具有自相矛盾的含义[37]。绿色经常与谎言和好运联系在一起[38]。需要重点指出的是汉语中的玉并不含有绿色的意思，这个词指的是"珍贵的"或"罕见的"[39]。当然，在中国发现的很多美玉/软玉制品是绿色的，皇室或士大夫阶层对这种"绿色"玉的推崇是有史可查的[40]，而且商代和新石器时代晚期许多文化也发现了玉器，如良渚文化、大汶口文化、龙山文化，这些发现也表明这种象征意义重要性有很长的历史[41]。学者们指出，玉/软玉在埋藏环境下往往会发生化学变化，通常是颜色改变，如绿色变浅[42]。

两城镇遗址 34% 以上的工具呈绿色。249 件龙山时期的箭头其中超过 74% 是绿色。许多箭

红山文化（公元前 4700～前 2900 年）

良渚文化（公元前 3400～前 2250 年）

西周（公元前 1046～前 776 年）

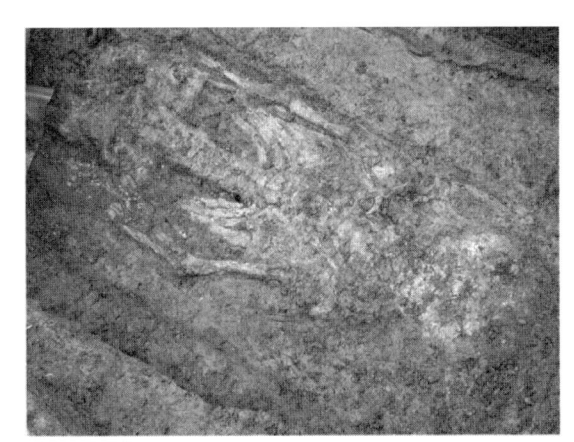

龙山文化（公元前 2600～前 1900 年）

图一四　对比 M33 的绿松石制品（右）和新石器时代及周代的鸟形母题（左）

头是由各种形式的非本地产绿色片岩制成。曾有学者提出在两城镇遗址绿色对于狩猎/战争使用的武器来说相当重要[43]。唯一的蓝绿色制品也就是绿松石制品。接下来我们要讨论龙山文化中这类材料重要的象征意义。

通过商代青铜器研究可知，动物图案通常以对称形式出现一对[44]。饕餮纹是一个很好的例子，因为它是两条独"眼"的龙组合为一个动物形象。通过引用历史时期史料，张光直先生后期认为这种动物纹饰是宗教产物的一部分，它能促进天地的和谐，因此这类物品对于祭司沟通天与地、神与人是至关重要的[45]。

随着大量新石器时代动物形玉雕的发现，比如玉鸟，越来越清楚的是商周青铜器上具有宗教和权利意味的图像可能起源于更早时期。红山文化（公元前 4700～前 2900 年）东山嘴遗址发现的一件鸟形绿松石坠（图一四，左上；彩版 40，左上）（改自辽宁考古研究所 1997：图 28[46]）。其下是新石器时代良渚文化（公元前 3400～前 2250 年）瑶山遗址 M2 发现的玉鸟（图一四，左中；彩版 40，左中）（改自赵慧群 2005：图 1[47]）。最后是西周时期的一件玉佩（图一四，左下；彩版 40，左下）（改自 Douglas and Yang 2008：图 5[48]）。

从这个角度看，绿松石片摆设的形状可能是"翅膀"，胃石的形状可能是鸟腿。考虑到埋葬后和发掘时造成轻微移动这些情况，该制品有较高对称性，这堆胃石依照对称轴被平分为两半。

蓝色的绿松石"翅膀"可能代表着天堂/天空，而胃石可能象征着土地和人类，或是象征着"信使"在人类世界把死者（以胃石表示）带回天堂花费的时间。鸟的象征意义是作为一种动物可以去往人类所不能去到的地方。

两城镇遗址的陶器上还发现了其他的鸟形母题。例如，有些鼎足的形式就表现了鸟嘴和眼睛（图一五；彩版41），这在两城镇遗址很常见。另一个鸟意象的例子是"鸟首"盖子，其中一类如图一六（彩版42）所示。两城镇遗址还有一类经常发现的陶器是陶鬶，这类陶器整个形状与鸟相似，如图一七（彩版43）所示。

很多学者认为鸟形图像在新石器时代晚期普遍存在[49]。两城镇遗址大量的陶器带有鸟形符号正印证了这个事实。事实上，基于鸟形符号与墓葬的结合，很明显看出鸟是新石器时代晚期仪式活动的重要特征。我们认为两城镇遗址M33绿松石制品的摆放位置超越了祖先崇拜。这件制品的形状和组成构件可能表示了一只鸟的形象，天和地的区分是通过蓝绿色的绿松石构成的翅膀及土壤色调的胃石来表示。而且我们也认为这两种截然不同的材料也象征了天与地之间的转变。因此两城镇遗址M33的绿松石制品很可能属于一位巫师，或者是在埋葬仪式中由一位巫师制成。

M33的成年男性墓主被明显多于其他墓葬的随葬品环绕，这说明他的地位可能很高并且很

图一五 两城镇的一个鼎出土时的样子（左），一个鼎足的放大照片显示其"类鸟"的特征（右）

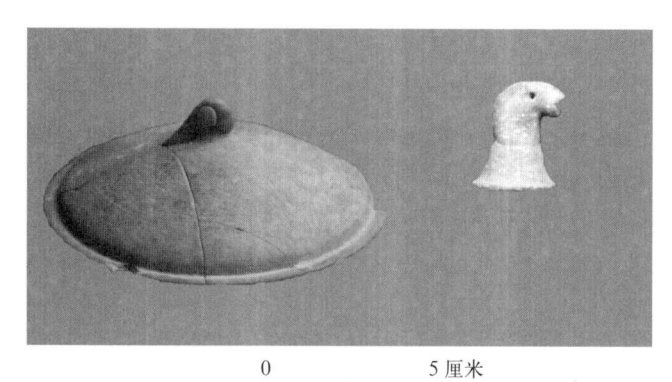

图一六 两城镇的一个鸟头陶器盖和一个鸟头器盖残片

图一七 两城镇出土陶鬶（H205 ③：18）

可能是一个部族或血缘家族的首领或巫师。张光直先生认为商朝晚期的商王可能就是巫师[50]。如果墓主具有一个或身兼这两个角色，那么另一个巫师毫无疑问会为其构建复杂的墓地象征符号。用完整的、破碎的、以及其他形状的绿松石片构成的具有象征意义的制品可能表明绿松石在两城镇地区是相对缺乏的并且具有较高价值，它同时也说明绿松石加工作坊就存在于古代聚落的某个位置。就像文德安曾经指出的，绿松石可能是有极高价值的具有声望属性的物品，并且只有精英阶层才可以获得[51]。总之，我们认为蓝色的绿松石翅膀和土壤颜色的胃石可能在很大程度上是鸟类形象的象征。这件绿松石制品以及上文提到的两城镇遗址很多的鸟类形象说明鸟和鸟形符号在龙山文化的信仰体系中扮演着重要角色。该制品出现在两城镇遗址最高等级的墓葬中也说明绿松石和鸟形母题对社会中的精英阶层来说也很重要。最后，经过抛光的绿松石片和明显的装饰品生产碎片，这两者都出现在M33中的绿松石制品中，说明生产绿松石饰品的专业手工作坊可能已经出现在两城镇地区的古代聚落中了。

致谢：非常感谢 Patrick McGovern 和 G. R. Hall（都来自宾夕法尼亚大学）为我们检测其中两片绿松石上的残留物；感谢 Yukiko Tonoike（耶鲁大学）检测了坠饰上出现的汞。感谢美国国家自然科学基金对两城镇遗址发掘和研究提供的大力支持（Anne Underhill 和 Gary Feinman, BCS-9911128, 2000-2002, Frank Hole, Geoffrey Cunnar, Anne Underhill, BCS-0223692）。同时，也要感谢方辉教授为我们检测M33随葬饰品提供的帮助以及付永敢在检测过程中所提供的协助。

注释

[1] 中美联合考古队等：《两城镇——1998～2001年发掘报告》，文物出版社，2016年。

[2] Clark, Jennife：《人类遗骸的病理学分析》，中美联合考古队等：《两城镇——1998～2001年发掘报告》，文物出版社，2016年，第1022～1045页。

[3] a. Aguilera, Carmen. 1997. Of Royal Mantles and Blue Turquoise: The Meaning of the Mexica Emperor's Mantle. *Latin American Antiquity* 8(1):3-19.　b. Anderson, Wendy. 1992. Badarian Burials: Evidence of Social Inequality in Middle Egypt During the Early Predynastic Era. *Journal of the American Research Center in Egypt* 29:51-66.　c. Breasted, James Henry. 1903. Jewelry from the Tombs of Egypt. *The Biblical World* 22(1):64-66.　d. Hill, Gertrude. 1947. Turquoise and the Zuñi Indian. *Kiva* 12(4):42-52.　e. Mathien, Frances Joan. 2001. The Organization of Turquoise Production and Consumption by the Prehistoric Chacoans. *American Antiquity* 66(1):103-118.　f. McGregor, John C. 1943. Burial of an Early American Magician. *Proceedings of the American Philosophical Society* 86(2):270-298.　g. Opler, Morris Edward. 1947. Notes on Chiricahua Apache Culture: 1. Supernatural Power and the Shaman. *Primitive Man* 20(1/2):1-14.　h. VanPool, Christine S. 2003. The Shaman-Priests of the Casas Grandes Region, Chihuahua, Mexico. *American Antiquity* 68(4):696-717.

[4] a. 孔德安：《浅谈我国新石器时代绿松石器及制作工艺》，《考古》2002年第5期。　b. 社科院考古所二里头考古队：《1981年河南偃师二里头墓葬发掘简报》，《考古》1984年第1期。　c. Zhang, Juzhong, and Qilong Cui. 2013. The Jiahu Site in the Huai River Area. In *A Companion to Chinese Archaeology,* edited by Anne P. Underhill, pp. 194-212. Blackwell Publishing Ltd., West Sussex.　d. Wang, Rong and Wei-Shan Zhang. 2011. Application of Raman spectroscopy in the nondestructive analyses of ancient Chinese jades. *Journal of Raman Spectroscopy* 42(6):1324-1329.

[5] Zhu, Yanping. 2013. The Early Neolithic in the Central Yellow River Valley, c. 7000-4000 BC. In *A Companion to Chinese Archaeology,* edited by Anne P. Underhill, pp. 171-193. Blackwell Publishing Ltd, West Sussex.

[6] Underhill, Anne P. 2000. An Analysis of Mortuary Ritual at the Dawenkou Site, Shandong China. *Journal of East Asian*

Archaeology 2(1-2):93-127.

[7] 同注 [4]d。

[8] Pearson, Richard. 1981. Social Complexity in Chinese Neolithic Sites. *Science* 213(4):1078-1086.

[9] Li, Xinwei. 2013. The Later Period in the Central Yellow River Valley Area, c. 4, 000-3, 000 BC. In *A Companion to Chinese Archaeology,* edited by Anne P. Underhill, pp. 213-235. Wiley Blackwell, West Sussex.

[10] 北京大学考古文博学院：《洛阳王湾——考古发掘报告》，北京大学出版社，2002 年。

[11] Nelson, Sarah Milledge (editor). 1995. *The Archaeology of Northeast China, Beyond the Great Wall.* Routledge, London.

[12] a. Childs-Johnson, Elizabeth. 1991. Jades of the Hongshan culture: the dragon and fertility cult worship. *Arts Asiatiques* 46(1):82-95.   b. 辽宁省文物考古研究所：《牛河梁红山文化遗址与玉器精粹》，文物出版社，1997 年。

[13] a. Allard, Francis. 2001. Mortuary Ceramics and Social Organization in the Dawenkou and Majiayao Cultures. *Journal of East Asian Archaeology* 3(3/4):1-22.   b. 青海省文物管理处考古队、中国社会科学院考古研究所：《青海柳湾——乐都柳湾原始社会墓地》，文物出版社，1984 年。

[14] a. Gan, FuXi, JingYan Cao, HuanSheng Cheng, DongHong Gu, GuoYao Rui, XiangMing Fang, JunQing Dong and HongXia Zhao. 2010. The non-destructive analysis of ancient jade artifacts unearthed from the Liangzhu sites at Yuhang, Zhejiang. *SCIENCE CHINA Technological Sciences* 53(12):3404-3419.   b. 浙江省考古研究所：《反山》，文物出版社，2005 年。

[15] 下靳遗址考古队：《山西临汾下靳墓地发掘简报》，《文物》1998 年第 12 期。

[16] 同注 [15]，图二。

[17] Chen, Honghai. 2013. The Qijia Culture of the Upper Yellow River Valley. In *A Companion to Chinese Archaeology,* edited by Anne P. Underhill, pp. 105-124. Wiley-Blackwell, West Sussex.

[18] 社科院考古研究所：《甘肃永靖大河庄遗址试掘简报》，《考古学报》1974 年第 2 期。

[19] Liu, Li. 2009. Academic freedom, political correctness, and early civilization in Chinese archaeology : the debate on Xia-Erlitou relations. *Antiquity* 83(321):831-843.

[20] a. 高伟、杨锡章、王巍、杜金鹏：《偃师商城与夏商文化分界》，《考古》1998 年第 10 期。   b. Liu, Li and Xingcan Chen. 2003. *State Formation in Early China.* Duckworth, London.

[21] Liu, Li and Hong Xu. 2007. Rethinking Erlitou: legend, history and Chinese archaeology. *Antiquity* 81:886-901.

[22] 社科院考古所二里头考古队：《河南偃师二里头遗址宫城及宫殿区外围道路的勘查与发掘》，《考古》2004 年第 11 期。

[23] 同注 [21], Figure 4.

[24] a. 社科院考古所二里头考古队：《1984 年河南偃师发现的几座墓葬》，《考古》1986 年第 4 期。   b. 同注 [4]b。

[25] Luo, Wugan, Tao Li, Changsui Wang and Fengchun Huang. 2012. Discovery of Beeswax as binding agent on a 6th-century BC Chinese Turquoise-inlaid Bronze sword. *Journal of Archaeological Science* 39(5):1227-1237.

[26] Fang, Hui. 2012. Personal Communication.

[27] Bekken, Deborah. 2010. Personal Communication.

[28] 赵慧群：《我国史前玉鸟饰管窥》，《江汉考古》2005 年第 4 期。

[29] Cunnar, Geoffrey Eugene. 2007. The Production and Use of Stone Tools at the Longshan Period Site of Liangchengzhen, China. Unpublished PhD Dissertation, Anthropology, Yale University, New Haven.

[30] 同注 [29]。

[31] Adams, Francis M. and Charles E. Osgood. 1973. A Cross-Cultural Study of the Affective Meanings of Color. *Journal of Cross-Cultural Psychology* 4:135-156.

[32] Bar-Yosef Mayer, Daniella E. and Naomi Porat. 2008. Green stone beads at the dawn of agriculture. *Proceedings of the National Academy of Sciences of the United States of America* 105(25):8548-8551.

[33] a. Kim, Young-In. 2006. Color and Symbolic Meaning of Elements in Nature. *Color Research and Application* 31(4):341-349.   b. Yau, Victoria. 1994. Use of Colour in China. *British Journal of Aesthetics* 34(2).

[34] 同注 [33]b。

[35] 同注 [31]。

[36] Wang, Tao. 2007. Shang Ritual Animals: Colour and Meaning (Part 2). *Bulletin of the School of Oriental and African Studies* 70(3):539-567.

[37] Hutchings, John. 1997. Folklore and Symbolism of Green. *Folklore* 108:55-63.

[38] Eberhard, Wolfram. 1989. *Dictionary of Chinese Symbols.* Routledge and Kegan Paul, London.

[39] Yetts, W. Perceval. 1922. Chinese Tomb Jade. *Folklore* 33(3):319-321.

[40] Bishop, Heber Reginald. 1906. *Investigations and Studies in Jade.* 2 vols. Privately Printed, New York.

[41] a. Childs-Johnson, Elizabeth. 1995. Symbolic jades of the Erlitou Period: A Xia royal tradition. *Archives of Asian Art* 48:64-91. b. Dematte, Paola. 2006. The Chinese Jade Age between antiquarianism and archaeology. *Journal of Social Archaeology* 6:202-226.

[42] Douglas, Janet and JunChang Yang. 2008. Materials and technology of Chinese jades dating to the Western Zhou period (1050-771 BCE). *SCIENCE CHINA Technological Sciences* 51(4):467-480.

[43] Cunnar, Geoffrey Eugene, William Schindler, Anne Underhill, Fengshi Luan and Hui Fang. 2009. Hunting with Talc? Experiments into the Functionality of Certain Late Neolithic Ground Projectile Points from the Site of Liangchengzhen, Peoples Republic of China. *Journal of Ethnoarchaeology* 1(2):185-211.

[44] a. Bagley, Robert. 1999. Shang Archaeology. In *The Cambridge History of Ancient China. From the Origins of Civilization to 221 B.C.,* edited by Michael Loewe and Edward L. Shaughnessy, pp. 124-231. Cambridge University Press, Cambridge. b. Chang, Kwang Chih, 1983. *Art, Myth and Ritual: The Path to Political Authority in Ancient China.* Harvard University Press, Cambridge.

[45] 同注 [44]b。

[46] 同注 [12]b。

[47] 同注 [28]。

[48] 同注 [42]。

[49] 同注 [41]a。

[50] 同注 [43]。

[51] 同注 [6]。

The Use and Ritual Importance of Turquoise at the Liangchengzhen Site

Geoffrey Cunnar (Western Cultural Resource Management, USA)

Fengshi Luan (School of History and Culture, Shandong University, China)

translated by Shiwei Jiang (School of History and Culture, Shandong University, China)

Abstract

Burial 33 (M33) was a relatively rich burial at the Longshan site of Liangchengzhen located in the seacoast region of Shandong Province (Figure 1). The burial was excavated by a collaborative team from Shandong University, The Field Museum, and Yale University. The most unusual grave good was a turquoise artifact located on the left arm of the interred. This paper provides a description of contextual, use-wear, comparative and replication analyses in order to better understand the nature of the turquoise artifact and the burial ritual for the deceased.

龙山时代与龙山玉器

张海[*]

"龙山时代"是 20 世纪 80 年代初由严文明先生提出，用以解决当时已经被滥用了的龙山文化的概念问题[1]。但如果仅仅将龙山时代定位在一个新的概念上，或者是一个内涵和外延都扩大化了的考古学文化，那显然又是狭隘的。严文明先生指出，龙山时代是中国的铜石并用时代，早期铜器的出现、快轮制陶的发展、纺织业的进步、打井技术的使用、房屋建筑技术的大发展和早期城市防御设施的完善，这些重大发明和成就使得龙山时代成为中国史前社会大变革和探索中国文明起源的关键时段[2]。由此可见，严文明先生在考古学文化区系类型的基础上，提出以考古学划分时代的理念，与柴尔德的"城市革命"有异曲同工之处，可以看作是中国马克思主义考古学的重要成果，具有重大的考古学理论和实践意义。

自龙山时代的概念提出以来，相当于这一阶段的考古工作大量开展，并取得了诸多举世瞩目的成就，相关的多学科研究也广泛开展起来，尤其是中华文明探源工程的实施使得我们对龙山时代的认识不断深化。然而，随着考古材料的积累和研究领域的扩展，对龙山时代概念本身的理论探索却始终比较匮乏。尤其是在文明探源的过程中，从考古学上观察到的早期文明的诸多壮举，如红山、良渚、石家河等均被认为突破龙山时代的年代上限，进而将国家和文明的起源一再提早，从而弱化了对龙山时代的重大历史变革性特征的讨论和整体性研究。也正因此，考古学上观察到的龙山时代一度被看作是一个缺乏文明突出成就的"沉寂"时代，从而严重低估了龙山时代的重要性。但是必须承认的是，新材料的积累也为龙山时代的整体性研究带来了一些困难，尤其是年代的问题，类似于良渚文化就曾出现过被纳入龙山时代又被排除在外的情况。因此，在对龙山时代做任何整体性观察之前，都有必要重新梳理龙山时代的时空框架。

一　龙山时代

龙山时代并非一个考古学文化的概念，因此不能简单地依据考古学文化的嬗变定义其年代的上限和下限。结合近年来碳 –14 测年的数据和史前区域性复杂社会研究的成果，可以从时代变革和区域互动的角度出发，大致勾勒出龙山时代以黄河和长江流域为中心的时空框架（图一；表 1）。

1. 黄河中上游

黄河流域处于龙山时代的中心。仰韶文化时期整个黄河中上游都属于仰韶文化的势力范围，至仰韶文化中期达到鼎盛。仰韶文化晚期，各地社会开始发生显著变化，主要表现在跨文化区

---

[*] 张海：北京大学考古文博学院。

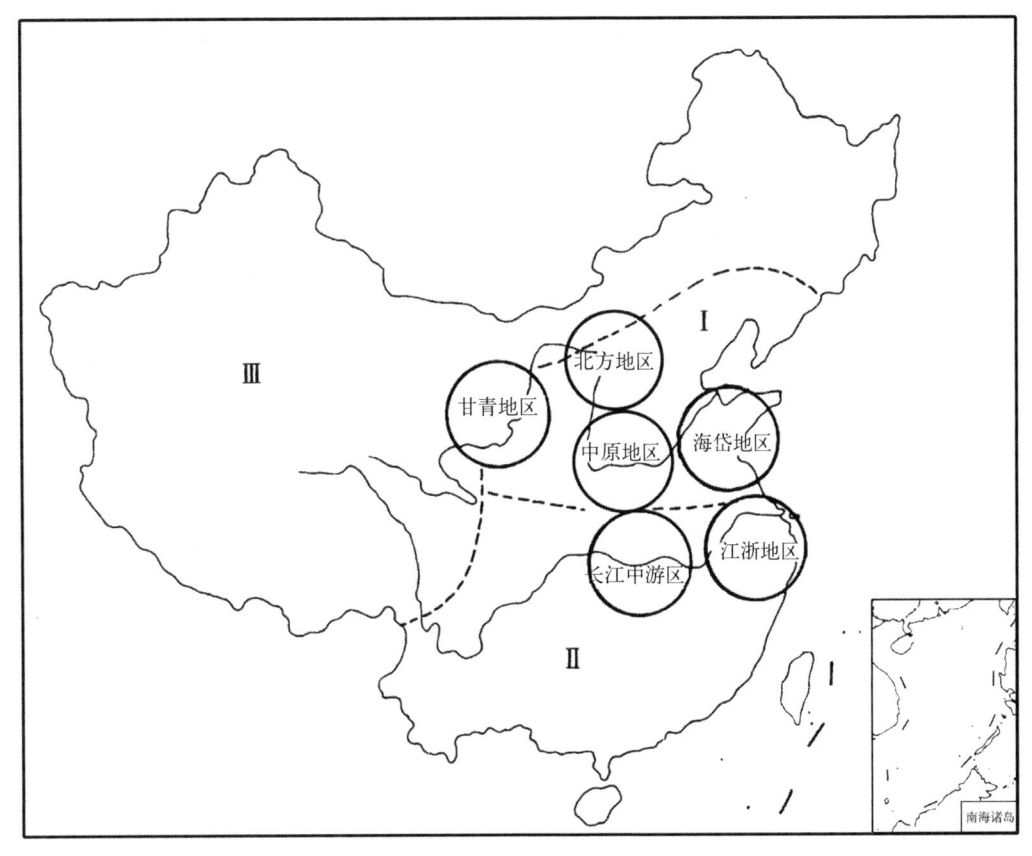

Ⅰ旱地农业经济文化区　Ⅱ稻作农业经济文化区　Ⅲ狩猎采集经济文化区

图一　龙山时代主要考古学文化区

表1　黄河、长江流域新石器时代晚期以来的考古学文化年代框架

年代（cal BC）	黄河中上游	黄河下游	长江中游	长江下游
4000（cal BC）	仰韶中期	大汶口早期	大溪	崧泽
3500（cal BC）		大汶口中期	屈家岭早期	良渚早期
3000（cal BC）	仰韶晚期	大汶口晚期	屈家岭晚期	良渚晚期
2500（cal BC）	庙底沟二期		石家河	钱山漾
	中原龙山晚期	山东龙山	后石家河	广富林
2000（cal BC）	二里头	岳石	二里头	马桥

的交流与互动的显著加强。中原地区传统的仰韶文化遗存中开始融入了大量大汶口[3]和屈家岭文化的因素[4]。在郑州地区,既有西山早期城址所表现出来的激烈冲突,同样也有大河村遗址所呈现的不同文化和睦相处的景象,从而体现出多元化的文化交融态势。有研究者指出,造成这种跨区域文化交流的深层原因与古黄河改道造成的大规模的人口迁徙有关,从而带来了广泛的社会变革[5]。至庙底沟二期文化晚段,中原各地的文化重组基本完成,以来自北方的空三足器和拍印纹饰为特征的陶器群组合彻底取代了仰韶文化的尖底瓶和彩陶系统,聚落结构也发生了显著变化,各地诸多龙山文化遗址均由本地庙底沟二期阶段直接发展而来。典型庙底沟二期文化兴起于豫西和晋南垣曲盆地,至晚期阶段发展至伊洛－嵩山地区,并与当地大汶口和屈家岭文化结合,发展出本地的龙山早期,继而为王湾三期文化;晋南临汾和运城盆地则受到更多北方因素影响,发展出陶寺早期类型,继而发展至陶寺中晚期;关中地区文化在仰韶晚期达到极盛,到庙底沟二期,西部发展为案板三期,东部为泉护二期,均表现出显著的文化衰落现象,并一直延续至客省庄二期文化阶段。因此,以中原为中心的黄河中上游各地大致均以本地庙底沟二期文化或龙山早期遗存标志着正式进入了由跨区域互动带来的社会变革的新时期,可作为本地龙山时代的开端。

2. 甘青地区

甘青地区在新石器时代晚期基本属于仰韶文化的系统,至仰韶文化晚期阶段社会开始加速发展,大地湾仰韶文化晚期的大型房屋建筑表明已经有相当高的社会发展水平。在仰韶文化之后,甘青地区的文化格局发生了深刻的变化,尤其是区域内的差异化发展和跨区域的文化交流与互动,最终形成了西部马家窑文化系统和东部齐家文化系统的大格局[6]。马家窑文化在仰韶文化晚期不断向西发展的基础上发展演变而来,以彩陶为特征,经历了马家窑、半山、马厂三个阶段向四坝文化迈进;齐家文化则由东部的常山类型经菜园类型发展起来。齐家文化的兴起与发展与关中、中原和北方河套地区均保持了密切的联系。碳-14数据和研究表明,齐家文化的年代跨中原龙山和二里头,可分为早中晚三个阶段,并经历了早期向东影响和晚期朝西发展的过程。齐家文化与二里头文化的形成与扩张有着密切的互动,积极参与了龙山时代整个黄河流域大文化格局的演变和变革,因此可以齐家文化的兴起标志着甘青地区正式进入龙山时代。

3. 北方地区

北方地区泛指陕北晋中北至冀西北的河套及长城沿线,既是黄土高原的中心地区也是传统的农牧混合地带,生态系统多样,环境变化敏感[7]。长期以来,北方地区成为仰韶文化的分布范围,至仰韶晚期,基本形成北部海生不浪类型和南部义井类型两大文化区。进入庙底沟二期文化阶段,北方地区的文化和社会开始了频繁的区域互动,并不断融入大量外来因素,呈现出加速发展的态势,并逐步形成陕北北部河套地区以正装双鋬鬲、单把鬲、三足瓮和石城为代表的永兴店——大口二期文化;岱海地区以矮体单把鬲、蛇纹鬲和石城为代表的老虎山——朱开沟文化;晋中北地区以侧装双鋬鬲、斝、甗为代表的杏花村——游邀文化。在充分吸收了来自西部的齐家文化、南部的中原龙山诸文化以及北部欧亚草原文化的基础上,北方地区在龙山时代最终形成了以晋陕高原的石峁—碧村为中心的北方大格局，并对中原文化区产生强烈而深刻的影响。因此可以各种形态的陶鬲和石城的出现作为北方地区进入龙山时代的标志。

4. 黄河下游

黄河下游为海岱文化区。这里史前文化的发展脉络清晰，新石器时代晚期以来各地均经历了从大汶口文化到龙山文化的发展历程。研究表明，海岱地区各地大汶口向龙山文化的过渡并不平衡，而这种不平衡性恰好体现了新石器时代晚期以来海岱地区与中原地区的互动关系[8]。大汶口向龙山文化的过渡在鲁东沿海地区无论从器物形态还是聚落布局均表现出清晰的连贯性；鲁中地区虽然在时间上没有缺环，但空间上却缺乏同一处遗址的连续性；鲁西地区则有明显的缺环，主要是缺乏龙山文化早期的遗存。大汶口文化在其晚期阶段开始以人口迁徙的形式向中原地区大规模扩张，形成尉迟寺[9]、颍水[10]等类型，对中原社会的发展产生了深刻的影响，同时也造成了鲁西地区龙山早期遗存的缺失。之后，海岱龙山文化也经历了一个从早到晚由东往西的发展过程，并在晚期阶段再度深刻影响中原社会进入二里头早期国家，表明了史前东夷集团不断向西发展积极参与中原事务的历史过程。因此，黄河下游的海岱地区应以大汶口文化晚期作为其纳入龙山时代社会发展大格局的标志。

5. 长江中游

长江中游地区在新石器时代晚期属于大溪文化的分布范围。至大溪文化晚期，区域间文化的交流与互动明显加强，各种文化不断在更大的范围内实现重组与整合，最终在汉水东部地区形成了不同于大溪文化的以黑陶为特征的油子岭文化。油子岭文化迅速发展壮大，并对外强势扩张，从而完成了整个长江中游的史前文化整合。再经由屈家岭—石家河文化的连续和稳定的发展，最终在石家河文化时期形成了以天门石家河城址为中心的高度发达的区域史前文明中心[11]。石家河文明表现出了极强的对外辐射力，其影响最北可达黄河北岸。然而，石家河文明迅速由盛转衰，文化发展断裂。有研究者指出，在中原龙山文化的强烈影响下，后石家河文化已基本属于中原龙山文化的范畴，甚至从根本上中断了长江中游史前文明的进程。结合碳-14测年数据，长江中游地区应以石家河城址的衰落为标志进入龙山时代。

6. 长江下游

长江下游是史前文明高度发达的地区，新石器时代晚期以来经过崧泽文化的积淀至良渚文化时期逐步形成了以良渚古城为中心的良渚古文明。由于良渚文化高度发达的文明特质，长期以来学术界将良渚文化纳入龙山时代的范畴。然而，探源工程实施以来新的测年数据和研究成果表明良渚文化的年代下限集中在公元前2300年前后，显然早于同时代的诸龙山文化。良渚文化衰落之后长江下游环太湖地区兴起的是钱山漾文化，以大鱼鳍形足鼎为特色；之后是广富林文化，包含了诸多王油坊类型的因素，表现出了更多受到中原龙山文化影响的特点。然而，无论钱山漾和广富林文化的文明发展程度都远远无法比拟良渚的辉煌，因此结合其绝对年代，长江下游地区在良渚文明的衰亡之后进入龙山时代。

总之，从大时代变革和跨区域互动来定义龙山时代，那么黄河流域显然处于这种时代变革的中心。地处黄河中游的中原文化区由于处于特殊的地理位置，与海岱、甘青和北方文化区均发生了密切的互动，不仅影响到这些文化区本身社会的发展变革，而且也促进了更大范围内的人口交流、文化整合和社会变革。可以说，进入龙山时代以来，整个黄河流域才真正开始了朝向一体化的发展方向，并为二里头早期国家的出现和扩张奠定了基础。相反，长江流域在龙山时代则处于被动的变革状态，良渚、石家河这些早期文明的区域中心迅速衰亡，长江流域的文化发展从此深受中原的影响。龙山时代社会格局的变化必然表现在文化、聚落、社会、环境、资源等方方面面，以下我们选择玉器作为其中一点，做进一步的剖析。

二　龙山玉器

龙山时代的玉器有大量的发现，既有背景明确的发掘出土品，也有大量的采集和传世品，而有关龙山玉器的研究已经非常丰富，这里我们重点在龙山时代的概念下，对出土玉器再做一些简要的梳理。

1. 黄河下游

黄河下游海岱地区大汶口文化晚期即有较多玉器发现，有明确出土背景的均来自于墓葬随葬品。主要以装饰类璜、环、镞形饰、管珠等为主，其中镞形饰的数量最多，也有一定数量的璧、钺等礼仪用器，琮仅在花厅良渚风格的墓葬中有发现。在墓葬随葬品组合中，明确以陶器为主，随葬玉器仅占少数。比较有特点的玉器是胶县三里河墓葬出土的璇玑形玉璧（或称为牙璧）和莒县凌阳河遗址出土的对称阶梯状边角的玉片饰，代表了一种对玉器边缘的特殊的不规则处理方式。

龙山文化的玉器出土数量更多，主要出土于墓葬，但也偶见于两城镇所谓玉器坑。与大汶口晚期相比，墓葬随葬品仍以陶器为主，玉器不占主流，装饰类仍然占重要的比例，但以钺、圭、璧、多孔大玉刀为代表的礼仪类用器数量大大增加，这是一个重要的变化。而且此类玉器个体硕大，表明与大汶口文化晚期相比可能有了不同的玉料来源。五莲丹土等地出土的牙璧表明一些玉器仍承袭自本地大汶口文化传统，但钺多为双孔，镞形饰的数量大大减少，同时出现了多孔玉刀、牙璋、刻兽面纹饰的玉圭等新的形式。值得注意的是，两城镇玉圭上的兽面纹图案、西朱峰的簪首玉冠饰以及一些牙璧、玉环上的"介字形"扉牙（邓淑萍称之为"海岱式扉牙"[12]），都源于长江下游的"介字形冠"传统图案，表现出海岱地区承袭了一些来自长江流域的重要玉器传统。

总之，海岱地区龙山时代玉器在早晚之间发生了重大的变化。这种变化并没有表现在用玉的方式上（墓葬仍以陶器为主），反而是玉器的种类和体量上（大个体的礼仪类玉器增加）。同时无论是玉料还是新器类、新工艺的出现都应与区域间交流的加强有密切的关系。

2. 中原地区

中原地区新石器时代缺乏发达的用玉传统，进入龙山时代，玉器的大量使用仅发生在晋南，且均为丧葬用玉，主要遗址有芮城清凉寺、临汾下靳和襄汾陶寺。

清凉寺墓地可分为四期，其中玉器作为随葬品集中出土在第二、三期墓葬，且玉器为主要随葬品，仅有个别墓葬同时随葬极少量的陶器或其他器物。第二、三期墓葬随葬的玉器差异较大。第二期主要为小型墓葬，随葬玉器器类以钺与单孔或双孔器组合、璧（环）或联璜璧（环）、多孔石刀为主，器类组合固定，每种器类通常仅出一件（套）；不同功能的器类组合有固定的出土位置，如璧（环）套于手臂之上；玉石材质较差，一般以石灰岩、大理岩、蛇纹石等本地质料为主，严格意义上的透闪石玉基本不见。第三期墓葬主要是大型墓，墓葬多有二层台和殉人，随葬玉器器类多样化，以璧（环）或联璜璧（环）最为常见，佩戴方式不变，多孔石刀和钺已少见，出现了琮、牙璧、方形璧、宽体镯、虎头形装饰等新器类；更重要的是玉质有了鲜明的变化，除了沿用本地石料外，开始出现了一些均非产自本地的透闪石玉或其他精致类玉[13]。

下靳墓地可分为两期，研究者认为A组墓葬相当于陶寺早期，随葬品以玉石器为主，少见陶器等其他器类。由于下靳墓地遭盗扰严重，器类组合难以确认。从随葬品种类和质料看，基本与清凉寺二期墓葬相似，主要是钺、璧、环、刀四大类，同样以蛇纹岩、大理岩、石灰岩类非玉为主，透闪石类少见，且常作为边角料用于缀合联璜璧（环），说明玉料的稀缺。但与清凉寺二期相比，钺、刀的形制与制法均有很大差异，清凉寺钺的一侧边缘打磨三个豁口的做法基本不见于下靳，同时下靳墓地也不见多孔石刀。说明两处墓地尽管葬俗近似，但制玉技术甚至原料的来源不同[14]。

陶寺遗址发掘两处墓地，从出土陶器和地层关系可分为早、晚两期，分别对应陶寺遗址早期和中晚期。随葬玉器在早晚之间有很大的变化。早期墓葬中仅有大墓随葬玉器，但玉器极不发达，常常仅有一件或两件玉钺。大墓主要随葬品为陶器、彩绘陶器、漆木器、石器等，从随葬俎、厨刀、案板和餐饮器具及大量猪下颌骨来看，突出宴享活动，炫耀财富[15]。中晚期墓葬有了很大变化，主要表现为中型墓随葬玉器大大增加，一些墓葬甚至只随葬玉器，主要种类包括钺、璧（联璜璧）、环、琮、双孔玉刀、镯、梳。璧和琮多套于手臂之上。陶寺遗址中期小城西北部墓地发掘一座发掘者认为中期大墓ⅡM22，出土玉石器18件套，包括8件钺、1件琮、2组璜、1组玉兽面、1件璧，玉兽面和璜具有后石家河文化特点，另外还随葬漆器、彩绘陶器、猪头和猪下颌[16]。ⅡM22因遭破坏，出土器物不全，但仍可看出中晚期大墓在延续宴享理念的同时，特别突出了玉礼器的重要性。总之，陶寺墓地早晚之间变化显著，以致于有研究者认为陶寺早晚的文化和人群都发生了变化，但从用玉情况来看，晚期葬玉数量和种类的增加表明其获得玉器的途径或者玉料的来源应大大扩展。

综合清凉寺、下靳和陶寺墓地，中原晋南地区龙山时代的用玉情况有三个重要的特征值得关注：

（1）墓地间葬俗和器类组合差异较大，或代表不同文化背景的人因特殊原因（或许与盐业资源有关）而共同聚集于晋南地区，他们各自拥有不同的用玉观念、制玉技术和玉料来源。

（2）同一墓地早晚差异较大，但均表现出相同的趋势，即早期玉器和玉料来源紧缺，晚期数量、质量都有显著提高，种类也大大增加。

（3）技术与原料（主要指透闪石玉）均非源自本地，体现出与海岱、长江中游等其他用玉发达地区的密切联系。

3. 长江中游

长江中游史前玉器集中出土于后石家河文化时期，主要出土地点包括湖北天门肖家屋脊[17]和罗家柏岭[18]、荆州枣林岗[19]、钟祥六合[20]、湖南澧县孙家岗[21]等地。从器物组合及其埋葬特点可分为两类：成人瓮棺和竖穴土坑墓。

目前绝大多数玉器出土于成人瓮棺葬，主要器类组合为：人物造型类，即各种浮雕人头像；动物造型类，包括蝉、鹰、盘龙、虎头、鹿头等；装饰品类，包括各种笄、柄形饰、管、珠、牌饰等；工具类，包括斧、锛、刀、纺轮等。这些玉器多数使用透闪石玉料，制作精美，加工技术体系化（切割、制坯、雕琢、钻孔、抛光工序成熟完善），体现出较高的制玉水平，但通常个体较小，且同时随葬一些半成品或边角料，这很可能与玉料有限有关。

孙家岗墓地后石家河文化玉器均出土于竖穴土坑墓，主要器类组合为：璧、璜、佩饰、笄、坠、管等。显然不同于瓮棺葬，且璧、佩饰的个体略大，应代表了不同的丧葬礼俗，甚至可能是不同的技术和玉料来源。但鹰形笄、透雕龙凤佩的风格与瓮棺葬出土玉器风格基本一致，表明二者之间应有密切的交流。

4. 甘青地区

甘青地区自齐家文化以来有大量玉器发现。齐家文化玉器不仅发现于墓葬，而且也有相当数量出土于遗址的灰坑和房址，墓葬中随葬玉器与陶、骨、蚌器共存，不存在"唯玉为葬"的情况，表明齐家文化用玉更世俗化。齐家文化的年代延续时间长，其分期亦有争论。单从玉器的发现和使用来看，大致可分为早晚两个阶段，并表现出一定的区域性差别。

（1）早期阶段

主要器类包括：礼仪用器，璧、琮、多孔玉刀；装饰品，璜、环、管珠、绿松石饰；工具类，斧、铲、锛、凿等。其中，玉石璧（包括联璜形璧）分布最为广泛，墓葬中常与小石子或玉石块废料共置，非佩戴品；绿松石珠或绿松石饰在墓葬中多有发现，最有特点。区域上，西部河湟地区以武威皇娘娘台早期墓[22]、乐都柳湾早期墓[23]、民和喇家墓葬及遗址[24]、同德宗日遗址[25]为代表，制玉用玉最为发达，且呈体系化，流行璧、多孔玉刀、长条形玉铲；东部泾渭上游以天水师赵村[26]为代表，流行璧、琮的礼器组合，琮为素面、矮体，极有特色，但除师赵村之外，均为采集品。因此，齐家玉器在其早期阶段即形成了东部琮璧，西部刀璧组合的区域特色。

（2）晚期阶段

随着齐家文化向西发展，东部泾渭上游地区用玉明显衰落，考古发掘玉器出土甚少。洮河流域开始兴盛起来，广河齐家坪、永靖秦魏家[27]、临夏大河庄遗址[28]均有发掘出土齐家玉器。从上述遗址的墓葬随葬品看，玉器类基本以绿松石珠或绿松石饰为主，甚至有镶嵌于骨片的绿松石饰片，琮、璧、刀等仅见于遗址，表现出本地丧葬用玉的显著变化。遗址采集的高体多节琮也可能为这一时期新出现。西部的河湟地区则延续早期用玉的特点。

从随葬陶器风格看，早期阶段大致处于龙山时代，晚期阶段则进入二里头文化时期。齐家文化早晚用玉的区域性变化基本契合于龙山时代的社会变革及二里头文化的扩张。

5. 北方地区

北方地区发现的龙山时代玉器十分丰富，但遗憾的是多数为征集品，有明确考古出土背景的玉器不多。从征集和考古发掘情况看，玉器集中出土地点包括：陕西神木石峁[29]、新华[30]、延安芦山峁[31]和山西兴县碧村[32]。新华遗址发掘一处祭祀坑，出土玉器36件，器类包括钺、刀、圭、璜、佩饰、笄和玉片，大多数为薄片状，均以侧面竖直插入土中。另外该遗址的墓葬中还出土绿松石饰和柄形器各一件。发掘者依据遗址文化分期，将祭祀坑年代定为龙山晚期至夏代早期。近年来，石峁遗址发掘有玉钺和玉璜出土于城墙倒塌堆积的石缝中，年代也应为龙山晚期或更晚。

结合大量的征集品看，石峁、新华、碧村遗址出土的玉器以片状为大宗，器类包括钺、刀、圭、斧、戈、璋、璜等，剖片和钻孔技术发达，刀有双孔和多孔；玉料讲究，以蛇纹石和阳起石－透闪石为主；器物改制现象十分普遍，且多半成品。采集品中也不乏一些形制特殊的玉器，有牙璋、牙璧、鹰形笄、虎头、人头像等。牙璧和人头像具有海岱文化的特征，鹰形笄和虎头则为同时期长江中游的因素，表明跨区域文化交流的广泛存在。

值得注意的是石峁遗址大量征集的牙璋。牙璋的起源地域和年代在学术界有较多争议，主要原因是缺乏出土背景明确的器物。近来有学者提出牙璋为夏王朝的核心礼器，起源时间为夏代早期，此说颇有道理[33]。目前出土背景明确的最早牙璋有河南巩义花地嘴[34]和陕西商洛东龙山[35]两处。东龙山墓葬出土牙璋为二里头一期。花地嘴遗址堆积均为新砦期早段，牙璋出土于灰坑，遗址同出的盆形斝、三足瓮等与北方大口二期文化接近，同时还共存豫东王油坊类型晚期代表器物，这些均表明北方地区的大口二期、新华晚期类遗存的年代应略晚于一般意义上的龙山晚期，而相当于中原地区的新砦期。石峁遗址采集的牙璋应属于这个阶段，这与王炜林等对石峁玉器年代的估计是一致的[36]。但问题是石峁遗址本身有早晚之分，那么石峁玉器是否也有早晚还不清楚。山东龙山文化也发现有牙璋，遗憾的是也都为征集品，因此有关牙璋的起源地目前尚难定论。

有趣的是，位置偏南的延安地区征集到更多的琮、璧（包括联璜璧），却不见牙璋，联系到石峁遗址发现有琮改钺的情况，因此延安芦山峁为代表的琮、璧组合是否属于石峁玉器中年代较早的部分？牙璋是否属于晚期出现？这些问题还有待于今后的工作。

综上分析，龙山时代整个黄河和长江流域玉器的制作和使用表现出了鲜明的跨区域交流与互动的特点，并在龙山晚期形成了三个制玉用玉中心（图二）。

1. 海岱地区

海岱地区在龙山时代最早形成区域性的制玉用玉中心，体现了更多薛家岗—良渚文化的传统联系[37]。玉器种类从装饰品过渡到礼仪用器。重要特征有三：

（1）以片状的双孔钺、双孔或多孔玉刀、圭、牙璧、牙璋为主要礼器组合。

（2）牙璧、牙璋、环的边缘部分做凸出处理，尤其是极具特色的"海岱式扉牙"。

（3）沿袭了以"介字形冠"为玉器装饰图案的长江下游传统。

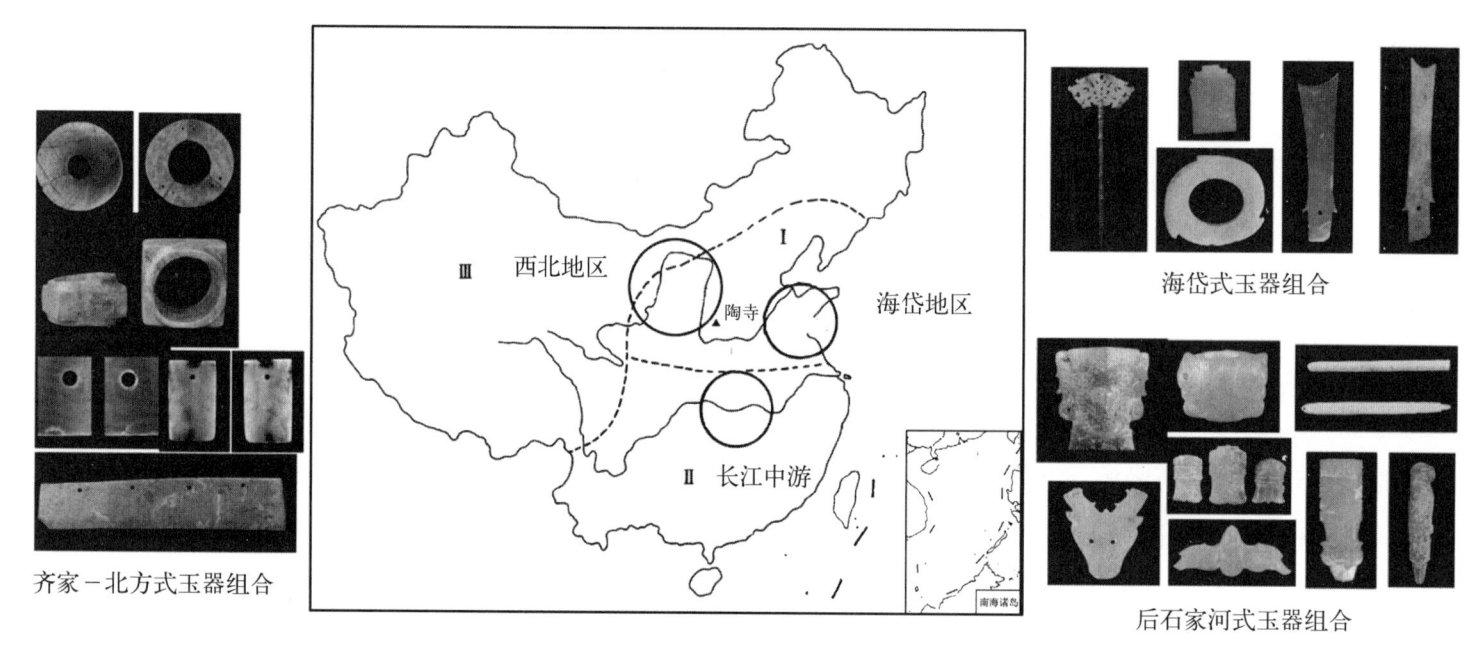

Ⅰ 旱地农业经济文化区　Ⅱ 稻作农业经济文化区　Ⅲ 狩猎采集经济文化区

图二　龙山时代的三个玉器中心

2. 长江中游

长江中游在相当于龙山晚期的后石家河文化时期形成了发达的制玉用玉体系。玉器的种类主要是人物、动物、装饰品和工具类。重要特征包括：

（1）以人物和动物写生类为主，基本不见琮、璧、钺的礼器组合。

（2）制玉技术高超，工艺考究，兼有线切割和片切割工艺，雕刻技术发达，以浮雕为主兼具圆雕和透雕，抛光技术使用广泛，多用于玉器正面。

（3）器物多出于瓮棺葬，个体较小，但多使用精致玉料透闪石玉，玉料相对缺乏，且体量不大。

3. 西北地区

西北地区又可分为甘青和北方两个亚中心，是龙山晚期以来新兴的制玉和用玉中心，由于开采使用相同或近似来源的玉料，且为延续至青铜时代的主要玉料产地，因此应归为一个中心。两地均以礼器组合为主，但甘青地区流行璧、琮和多孔大玉刀的组合，北方地区则为钺、多孔玉刀、圭和牙璋的组合。重要特征包括：

（1）以剖片切割技术成型的片状大型玉器发达，钻孔和改制之风盛行。

（2）器类不多，造型规整，素面古朴。

（3）玉料来源充足，发现数量多，不乏大型玉器。

（4）延续年代晚，普遍进入青铜时代。

三个中心之间存在密切的交流。海岱地区的介字形冠常见于长江中游，牙璧和人头像也见于北方地区，牙璋同时流行于海岱和北方地区；长江中游的透雕、浮雕技术见于海岱，同时鹰形笄、玉虎头等典型形象也见于北方地区；长江中游玉器个体甚小，难以获得甘青和北方地区的玉料，海岱地区常见西北地区的大型片状玉器，可能与北方地区存在玉料的交流。

中原地区比较特殊，既没有制玉用玉的传统，在龙山时代也没有形成自身的一致风格。玉器集中出土在晋南墓葬中，墓地之间无论葬俗还是玉器的种类、组合均存在较大的差异，代表了不同文化背景的人群，这很可能与该地的食盐交换和贸易有关。龙山早期，海岱玉器中心已经形成，清凉寺、下靳和陶寺墓地的玉器均受其技术的影响，钺、多孔玉石刀的制作和装饰风格均与大汶口和薛家岗文化一致；龙山晚期，受西北中心的影响，清凉寺和陶寺墓葬中玉器的数量和优质玉料大大增加，同时海岱和长江中游的先进制玉技术及相应的器形风格也不同程度地出现在两地的墓葬中。联璜形璧可能是中原地区的创造，应源自于对断裂的镯、环的钻孔和修补。琮在中原地区多有发现，但与齐家文化独具特色的素面琮所不同的是，中原地区玉琮的形态、装饰以及使用方式都极其多样化，这反映了源自良渚文化的玉琮在流传过程中，其原始的功能和用途已经丧失，因此其制作和使用处于"得其形不得其神"的混乱状态，也正因此进入青铜时代，以琮、璧为代表的旧式礼器逐步为钺、刀、牙璋等新式礼器所取代。

总之，龙山时代是一个社会大变革的时代，以玉器为代表的传统礼制也在其中。在广泛的跨区域的交流与互动这个大背景下，新石器时代晚期以来的制玉与用玉中心逐步由东部向西部转移，并形成了海岱、长江中游和西北三个新中心的格局，尤其是西北中心的崛起意义重大。这个变化实际上一方面与龙山时代以来，长江流域文明的衰落和黄河流域的崛起关系密切；另一方面也与东部地区玉料的匮乏和西部地区新玉矿资源的开发有关。近年来，在甘肃马鬃山、马衔山等地发现了较早开采玉料的证据，而进入青铜时代以来，以牙璋、大玉刀、圭、钺、戈等组合的新中原玉礼器的原料也均应主要来自于西北地区。联系到二里头文化以来包括冶铜技术、小麦、马车、牛羊等大量新的资源和技术均由西北传入中原，西北与中原的联系及其背后的中原农耕与欧亚草原游牧民族的互动推动了黄河流域新文明模式的发展（图三）。

中原地区在龙山时代的社会大变革中扮演了重要的作用，中原社会原本没有制玉和用玉的传统主要是与缺乏本地的玉料来源有关。也正因此，中原社会一直缺乏贵族身份的合适标识物，贵族阶层难以生长。进入龙山时代以来，中原社会的发展逐步开启了新的模式。从晋南陶寺、清凉寺、下靳等贵族墓葬的出现来看，凭借特殊的本地盐业资源优势，中原社会可以通过交换或贸易的形式获取玉料等稀有资源。也正因为中原地区特殊的地理优势，即天下居中，交通便利，方便于人口、物流、信息、技术甚至是贡赋的流通，中原社会开始凭借地理优势，在更广泛的跨区域交流和互动的文化背景下，逐步发展起来新的政治和经济管理策略，从而获取来自更大空间范围内的资源和技术优势。除了玉器以外，青铜冶铸技术的出现也是一个重要实例。中原统治者通过占据"伊洛－嵩山"中心位置，控制资源丰富的边疆地区，将来自西北边疆的玉料资源、盐业资源、来自南方的铜矿和锡矿资源等汇聚于中原，推动了强大的中原青铜王朝的兴起与持续繁荣。以二里头为代表的早期中国获取资源的方式和政治经济控制策略呈现出了完全不同于新石器时代晚期以来的依靠本地资源而发展的区域性复杂社会。也正是在这个过程中，"中心"与"边缘"的概念、"华"与"夷"的区别逐步形成，中原的概念开始从资源、经济、政治的层面延续到观念和文化的层面。从考古资料来看，这个社会的大变革应该肇始于龙山时代。

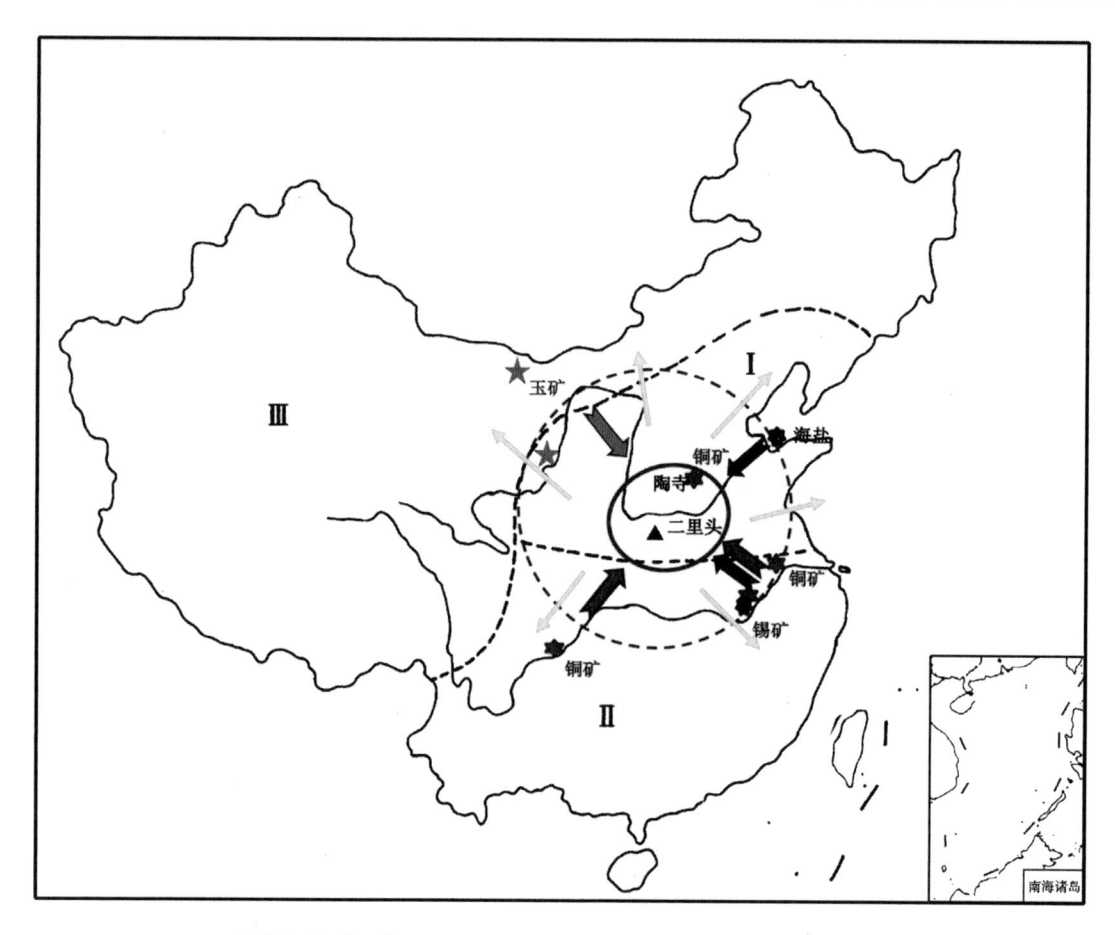

Ⅰ旱地农业经济文化区　Ⅱ稻作农业经济文化区　Ⅲ狩猎采集经济文化区

图三　中原早期国家的"中心"与"边疆"范围与战略资源控制策略

后记：湖北天门石家河古城谭家岭遗址于 2015 年 11 月发掘了 9 座后石家河文化瓮棺，5 座随葬玉器，共计 240 余件。这批新资料大大丰富了我们对长江中游后石家河文化玉器的认识，尤其是首次发现的双人联体头像、虎座双鹰等。其中虎座双鹰玉饰的基座和虎形牌饰明显带有"介字形冠"的特征，体现了与海岱和长江下游的密切联系。

注释

[1] 严文明：《龙山文化和龙山时代》，《文物》1981 年第 6 期。
[2] 严文明：《龙山时代考古新发现的思考》，《纪念城子崖遗址发掘 60 周年国际学术研讨会论文集》，齐鲁书社，1993 年。
[3] a. 武津彦：《略论河南境内发现的大汶口文化》，《考古》1981 年第 3 期。b. 杜金鹏：《试论大汶口文化颍水类型》，《考古》1992 年第 2 期。c. 张翔宇：《中原地区大汶口文化因素浅析》，《华夏考古》2003 年第 4 期。
[4] a. 孙广清：《河南境内的大汶口文化和屈家岭文化》，《中原文物》2000 年第 2 期。b. 孟原召：《屈家岭文化的北渐》，《华夏考古》2011 年第 3 期。
[5] 王青：《试论史前黄河下游的改道与古文化的发展》，《中原文物》1993 年第 4 期。
[6] 王辉：《甘青地区新石器—青铜时代考古学文化的谱系与格局》，《考古学研究（九）》，文物出版社，2012 年。

[7] 韩建业：《中国北方地区新石器时代文化研究》，文物出版社，2003年。

[8] 孙波：《再论大汶口文化向龙山文化的过渡》，《古代文明（第6卷）》，文物出版社，2007年。

[9] 中国社会科学院考古研究所：《蒙城尉迟寺》，科学出版社，2001年。

[10] 杜金鹏：《试论大汶口文化颍水类型》，《考古》1992年第2期。

[11] 郭伟民：《新石器时代澧阳平原与汉东地区的文化和社会》，文物出版社，2010年。

[12] 邓淑萍：《史前至夏时期玉器文化的新认知》，《玉器考古通讯》2014年第2期。

[13] a. 山西省考古研究所等：《山西芮城清凉寺新石器时代墓地》，《文物》2006年第3期。b. 山西省考古研究所等：《山西芮城清凉寺史前墓地》，《考古学报》2011年第4期。c. 山西省考古研究所等：《山西芮城清凉寺墓地玉器》，《考古与文物》2002年第5期。

[14] a. 下靳考古队：《山西临汾下靳墓地发掘简报》，《文物》1998年第12期。b. 山西临汾行署文化局、中国社会科学院考古研究所山西队：《山西临汾下靳村陶寺文化墓地发掘报告》，《考古学报》1999年第4期。

[15] 高炜：《陶寺文化玉器及相关问题》，《襄汾陶寺遗址研究》，科学出版社，2007年。

[16] 中国社会科学院考古研究所山西队等：《陶寺遗址发现陶寺文化中期墓葬》，《考古》2003年第9期。

[17] 湖北省荆州博物馆等：《肖家屋脊》，文物出版社，1999年。

[18] 湖北省文物考古研究所、中国社会科学院考古研究所：《湖北石家河罗家柏岭新石器时代遗址》，《考古学报》1994年第2期。

[19] 湖北省荆州博物馆：《枣林岗与堆金台》，科学出版社，1999年。

[20] 荆州地区博物馆、钟祥县博物馆：《钟祥六合遗址》，《江汉考古》1987年第2期。

[21] 湖南省文物考古研究所、澧县文物管理处：《澧县孙家岗新石器时代墓葬发掘简报》，《文物》2000年第12期。

[22] a. 甘肃省博物馆：《甘肃武威皇娘娘台遗址发掘报告》，《考古学报》1960年第2期。b. 甘肃省博物馆《武威皇娘娘台遗址第四次发掘》，《考古学报》1978年第4期。

[23] 青海省文物管理处考古队、中国社会科学院考古研究所：《青海柳湾》，文物出版社，1984年。

[24] a. 中国社会科学院考古研究所甘青工作队等：《青海民和喇家史前遗址的发掘》，《考古》2002年第7期。b. 中国社会科学院考古研究所甘青工作队等：《青海民和喇家遗址2000年发掘简报》，《考古》2002年第12期。c. 叶茂林、何克洲：《青海民和县喇家遗址出土齐家文化玉器》，《考古》2002年第12期。

[25] 青海省文物管理处、海南州民族博物馆：《青海同德县宗日遗址发掘简报》，《考古》1998年第5期。

[26] 中国社会科学院考古研究所：《师赵村与西山坪》，中国大百科全书出版社，1999年。

[27] 中国社会科学院考古研究所甘肃工作队：《甘肃永靖秦魏家齐家文化墓地》，《考古学报》1975年第2期。

[28] 中国社会科学院考古研究所甘肃工作队：《甘肃永靖大河庄遗址发掘报告》，《考古学报》1974年第2期。

[29] 王炜林、孙周勇：《石峁玉器的年代及相关问题》，《考古与文物》2011年第4期。

[30] 陕西省考古研究所、榆林市文物保护研究所：《神木新华》，科学出版社，2005年。

[31] 段双印、张华：《延安出土史前玉器综合考察与研究——以芦山峁出土玉器为中心》，《玉器考古通讯》2013年第2期。

[32] 马昇、张光辉：《碧村遗址玉器分析及与齐家文化玉器的关系》，《齐家文化与华夏文明国际研讨会论文汇编》，2015年。

[33] 孙庆伟：《礼失求诸野——试论"牙璋"的源流与名称》，《玉器考古通讯》2013年第2期。

[34] 郑州市文物考古研究所、北京大学考古文博学院：《河南巩义市花地嘴遗址"新砦期"遗存》，《考古》2005年第6期。

[35] 陕西省考古研究院、商洛市博物馆：《商洛东龙山遗址Ⅰ区发掘简报》，《考古与文物》2010年第4期。

[36] 王炜林、孙周勇：《石峁玉器的年代及相关问题》，《考古与文物》2011年第4期。

[37] a. 同注[15]。b. 宋建忠：《山西临汾下靳墓地玉石器分析》，《古代文明（第2卷）》，文物出版社，2003年。

Longshan Jade and Longshan Era

Hai Zhang (School of Archaeology and Museology, Peking University, China)

Abstract

This article aims to reexamine the concept of Longshan era and the characteristics of its social development through research on jade of the Longshan era. The research on jade mainly includes the following aspects: first, the main regions that used jade in Longshan era; second, analysis of jade producing and jade using of Longshan era from the perspectives of techniques, materials, and forms, respectively; third, the roles of jade in the development of social complexity in the central plains, Haidai area, great northern area and Qijia culture area in Longshan era. Thus it can be seen that the center of central plains shifted and the border expanded, and Longshan era opened a new epoch in the development of Chinese history.

青岛地区龙山文化初探

陈宇鹏　林玉海[*]

青岛市是联结山东大陆和胶东半岛的咽喉之地，东北与烟台市毗邻，西与潍坊市相连，西南与日照市接壤，东南隔黄海与朝鲜半岛相望。青岛地区发现的龙山文化遗址数量众多、内涵丰富，经考古发掘的胶州三里河、赵家庄等遗址，在考古学术界影响很大。青岛东南部与日照两城镇、丹土、尧王城等重要遗址相距很近，这三处遗址均发现龙山时期城址；西北部与潍坊姚官庄、鲁家口等重要遗址相距较近；东北部与栖霞杨家圈等重要遗址相距较近（图一）。在地理位置上，青岛地区处于典型龙山文化"尧王城类型"、"姚官庄类型"和"杨家圈类型"分布区之间，对于研究典型龙山文化在山东半岛的传播、发展和流向，具有重要意义。

此外，青岛地区发现了多处龙山时期栽培稻作遗址，这不仅是中国稻作农业研究的重要发现，也为稻作农业北传和东亚地区稻作农业东传路线的研究提供了重要证据[1]。

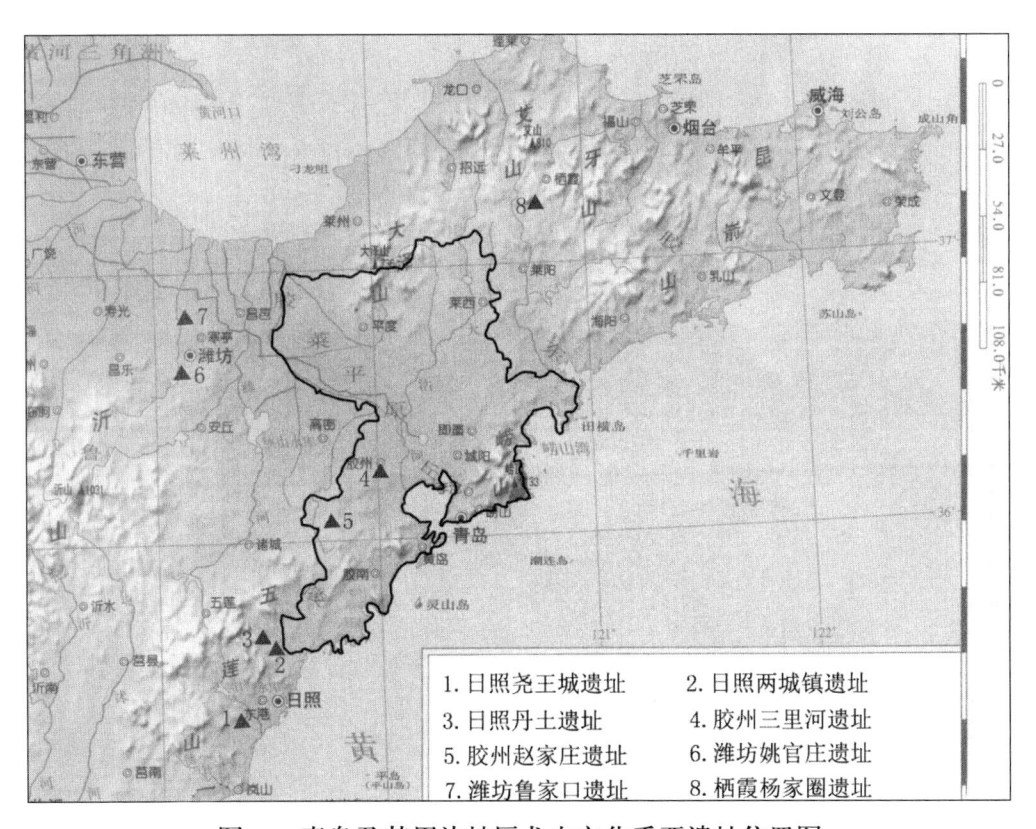

图一　青岛及其周边地区龙山文化重要遗址位置图

1. 日照尧王城遗址　2. 日照两城镇遗址
3. 日照丹土遗址　4. 胶州三里河遗址
5. 胶州赵家庄遗址　6. 潍坊姚官庄遗址
7. 潍坊鲁家口遗址　8. 栖霞杨家圈遗址

---

* 陈宇鹏、林玉海：青岛市文物保护考古研究所。

一 青岛地区龙山文化遗址概况及几点认识

青岛地区北有大泽山，东有崂山，南有大珠山、小珠山、铁镢山，中部为广阔的胶莱平原，胶莱河、大沽河等多条河流纵贯其间，地貌类型包括平原、沿海滩涂、丘陵、山地等，为这里的龙山时期先民提供了丰富的自然资源，形成农耕、渔捞、狩猎等并存的经济方式。

目前为止，青岛地区龙山文化遗址共发现约70处，分布较为密集（图二）。经过系统考古勘探或发掘的龙山文化遗址共14处，经发掘的有胶州三里河、赵家庄、黄岛河头、台头、城阳城子等10处遗址，其中，三里河遗址和赵家庄遗址的发掘成果丰硕，具有很高的学术研究价值。

青岛地区的龙山文化遗址，以中小型（小于5万平方米）居多，大型遗址（超过10万平方米）较少，仅发现约10处大型遗址。当前尚未发现龙山时期城墙，但发现多处环壕遗迹，包括胶州赵家庄、黄岛河头、城阳半阡子、冷家沙沟等遗址。另有即墨石源、黄岛向阳、城阳城子等多处遗址，被当地村民传称为"城顶"、"城子河"等，推测此几处遗址原有古城存在，但尚待今后考古工作继续探寻。

近些年来，部分龙山文化遗址遭到不同程度的破坏，但多数遗址仍保存良好，文化遗存堆积丰厚，如胶州大庄、黄岛向阳、即墨南坦、莱西泥湾头等遗址，具有很大的科研挖掘潜力。

这里，根据以往文物调查和考古工作资料，对青岛地区龙山文化遗址的数量、分布和规模等进行简要统计（表1）。

通过统计和分析，可以得出以下几点认识：

第一，青岛地区发现大汶口文化遗址共约30处，龙山文化遗址约70处，约为前者的2倍，分布相对密集，反映出本地区史前文化在龙山时期的勃兴。

表1 青岛地区龙山文化遗址统计表（截止2015年7月）

区、市	遗址（处）	文物保护单位级别				经详探	经发掘	面积≥10万平方米者
		国家级	省级	市级	区、市级			
城阳区	4		1	1	2	2	1	
黄岛区	33		2	5	7	2	5	8处，其中≥50万2处；≥20万2处；≥10万4处；
胶州市	11	3	1	3	4		3	
即墨市	8		2		4			≥20万1处
莱西市	8		1	2	3			
平度市	6			2	4		1	≥10万1处
总计	70	3	7	13	24	4	10	共10处

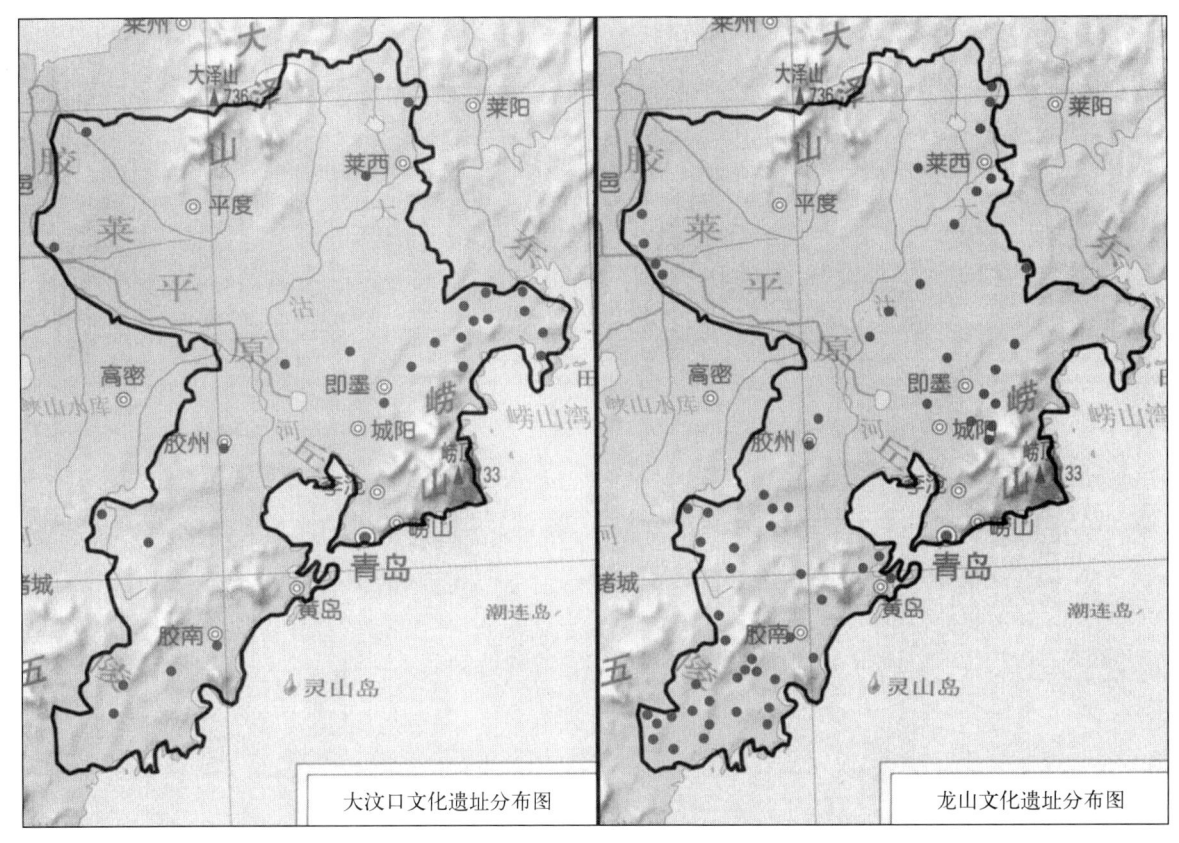

图二　青岛地区大汶口文化、龙山文化遗址分布图

第二，从即墨市及青岛东海岸区域来看，龙山文化遗址的分布范围，相比大汶口文化遗址，明显有从濒海向内陆腹地迁移的现象（图二）。

根据古环境研究结果，基本可以确定，山东北部在龙山时期处于海退期，遗址内迁的原因应可排除环境变化的因素。结合龙山时期遗址数量急剧增多的现象，推测内迁应主要出于农业发展的需求。本地区贝丘遗址在龙山文化时期基本消失，也证明了该时期农业相对滨海渔捞业的优势地位。

第三，青岛地区龙山文化遗址的数量、规模，呈现"南多北少、南大北小"的特点，这从一个侧面反映出，本地区龙山文化的传播可能存在"由南向北"的主导方向。

第四，青岛地区的龙山文化遗址，以中小型为多，大型遗址较少。但也有明显的聚落大小、规模的层次区别。

以黄岛区为例，西寺、甲旺墩两处遗址，面积超过50万平方米，应是仅次于两城镇的"二级聚落中心"，二遗址南距日照两城镇遗址仅约16千米和7千米。另有2处遗址面积为20～30万平方米，4处遗址面积为10～20万平方米，25处遗址面积小于10万平方米。这表明，在该区域应存在着三级或更多层级的聚落结构，这个聚落结构的核心应是日照两城镇遗址[2]。

第五，青岛地区岳石文化遗址发现仅约10处，其后的珍珠门文化等商时期遗址也较少，而且大多面积小、堆积浅，与龙山文化遗址相比，似乎突然间变得"黯然失色"，其原因，应与当时的夷夏战争有关，这仍需凭借今后的考古发现进一步论证。

二 以三里河遗址为例，浅析青岛地区龙山文化的类型

1. 胶州三里河遗址的龙山文化遗迹、遗物概况

三里河遗址位于胶州湾西岸，中国社科院考古研究所山东队于 1974 年秋和 1975 年春对该遗址进行了两次发掘，发现了分属大汶口文化和龙山文化两个时期的地层堆积。

其中，龙山文化墓葬共发现 98 座，均为长方形土坑竖穴墓，未发现葬具。墓葬多为头东脚西的单人一次葬，葬式多为仰身直肢。随葬品主要放置在脚下，有少量手握獐牙的现象。

龙山文化窖穴共发现 37 个，有圆形、椭圆形、圆筒形窖穴三种，多数窖穴中的遗物主要是陶器，少数窖穴中堆满贝壳。

未发现较完整的龙山文化房址，仅柱洞 40 余个，经多层加工。

出土龙山文化器物主要为陶器，器形有鬶、盉、甗、鼎、小鼎、壶、小壶、罐、小罐、豆、罍、杯、盂、盆、瓮等。以黑陶为主，其次为灰陶。以素面磨光为主，有饰弦纹、堆纹等。陶器已普遍采用轮制。薄胎高柄杯代表了制陶工业的很高水平。

此外，还出土了较少的石器、玉器、骨、角器和两件铜锥形器[3]。

相对于该遗址的大汶口文化遗存，龙山文化遗存中的石刀等收割工具明显增多，说明农业取得显著发展；墓葬中随葬更多的猪下颌骨，说明农业的进步推动了家畜饲养业的发展；随葬品数量的差距也明显增大，说明了贫富分化的进一步加剧。

笔者通过对陶器器形的详细比对，认为三里河遗址的龙山文化陶器主要属于龙山文化第一～三期，晚者多至第四期（按六期划分法[4]）。

2. 青岛地区其他龙山时期遗址的文化面貌

胶州赵家庄遗址北距三里河遗址仅 30 余千米，2005 年，配合工程建设，山东省考古研究所对其进行了一次科学发掘[5]。发现环壕、柱洞、窖穴、墓葬（62 座）和稻田等遗迹。陶器共出土 600 余件，主要种类有鼎、蛋壳陶杯、罐、瓮、盆、豆、杯、壶、圈足盘等。时代为龙山文化早、中期。陶器器形与三里河遗址所出龙山文化陶器非常接近，但制作相对粗糙。

台头遗址位于黄岛区东部，西北距三里河遗址 40 余千米。配合基建进行过几次小规模考古发掘，发现龙山文化时期稻田遗迹、灰坑、柱洞和少数墓葬等，出土陶器有鼎、罐、单耳杯、盆、豆柄、器盖等，各类器形都可从三里河遗址陶器中找到，但陶器制作相对粗糙。时代为龙山文化早、中期。

关于青岛地区其他龙山遗址的文化面貌，根据对各区、市所发现陶器和采集陶片的了解，陶器类型与三里河、赵家庄、台头遗址大致相同。以泥质黑陶为主，其次为夹砂灰陶、夹砂红褐陶。陶器多为轮制。器类包括鼎、盆、罐、盘、碗、杯、器盖等。纹饰有附加堆纹、划纹和凹凸弦纹、竹节形纹等。

鼎足是判断龙山文化时段的明显依据，在青岛各区、市龙山时期遗址调查中采集也较广泛。青岛地区龙山时期鼎足以素面扁凿形和扁铲形为多，其次为饰竖链状附加堆纹的鼎足，再次为鸟喙形足，鸟首形足相对较少，极少见侧装三角形足和"V"字形足。从鼎足形制看，大部分为

龙山文化早、中期特征。而且，地区越靠南，发现的鸟喙形足、鸟首形足所占比例越大。地区越靠北，扁凿形、扁铲形足所占比例越大。

3. 三里河遗址与青岛周边地区龙山文化遗址的陶器类型比较

A. 三里河遗址陶器与潍坊姚官庄遗址陶器[6]的类比（图三）。

通过两个遗址出土陶器的类比，明显可以看到，无论在器类上，还是在器形上，以及在纹饰上，三里河遗址与姚官庄遗址陶器都表现出高度的一致性。尽管，这里笔者有意选择了形制相近的器物，但已可表明二遗址文化类型的高度接近。当然，在两个遗址的陶器比对中，也发现几种同类陶器间的一些差别，但差别相对于共性来说很小。如姚官庄遗址比三里河遗址的蛋壳陶杯少，而比三里河遗址的鬼脸式鼎足多。这些小的差别应主要由二者年代上的出入及发掘遗迹类型的不同所造成。因此推测，二遗址之间文化传播、影响关系，应以"东西向相互交流"为主。

B. 三里河遗址陶器与日照地区两城镇等遗址陶器的类比（图四）。

日照地区的龙山文化遗址陶器也都以黑陶为主。通过与三里河遗址陶器的类比，可以看到，无论在器类、器形上，以及在纹饰上，二者都甚为接近。但也发现少数不同之处，如日照地区的龙山文化遗址蛋壳陶杯发现略少、未发现管状鬶形盉（三里河遗址仅发现1件）等，这种区别较小，不应据此否定它们同属一个文化类型。因此，笔者认为，将姚官庄、三里河、两城镇等遗址同归于"两城类型"或"鲁东类型"是较为合理的。在龙山文化时期，这几个地点之间区域的文化面貌已高度统一。

C. 三里河遗址与胶东半岛中、东部遗址陶器的类比（图五）。

栖霞杨家圈、蓬莱紫荆山、长岛砣矶大口等胶东半岛中、东部的几个遗址，出土的龙山文化陶器也以黑陶为主，通过与三里河遗址陶器对比可见，在同类器器形以及纹饰上，与三里河遗址较为接近。但经全面比较，也存在较多差别：一方面，栖霞杨家圈等遗址的陶器形制变化较为单调，不见盉、子口扁腹罐、觯形杯等，鬶、甗、鸟首形鼎足数量也少；另一方面，其黑陶显然不及三里河遗址色泽纯正，同类型陶器制作也相对粗糙。较三里河遗址表现出的文化面貌明显"落后"。所以，将该地区龙山文化归为"杨家圈类型"是较为合理的。二者之间的文化传播应主要是单向的，即"由西南向东北方向"，胶东东部地区主要扮演"接受者"的角色。

4. 青岛地区与周边地区龙山文化的传播（或影响）关系分析

A. 综上所述，青岛地区的龙山文化基本上可归属"两城类型"。与潍坊地区东部的龙山文化陶器表现出高度的一致性，与日照地区的龙山文化陶器也没有明显区别。而"两城类型"与其西部"城子崖类型"的陶器差异殊为明显，如后者灰陶相对较多、绳纹多、有乳状袋足素面鬲等等。这表明，青岛地区龙山文化受到西部"城子崖类型"的直接影响较少。

B. 日照地区发现多处龙山时期城址，总的文化面貌较为"繁荣"，而青岛地区未发现龙山文化城墙，且遗址面积大都相对较小，因此推测，两个地区龙山文化传播的方向，应以"由南向北"为主。青岛地区龙山文化遗址的分布，呈现"南大北小、南多北少"的特点，也从另一个侧面证明，这里龙山文化传播的主流为"由南向北"。从青岛地区的龙山时期鼎足来看，地域越靠南，

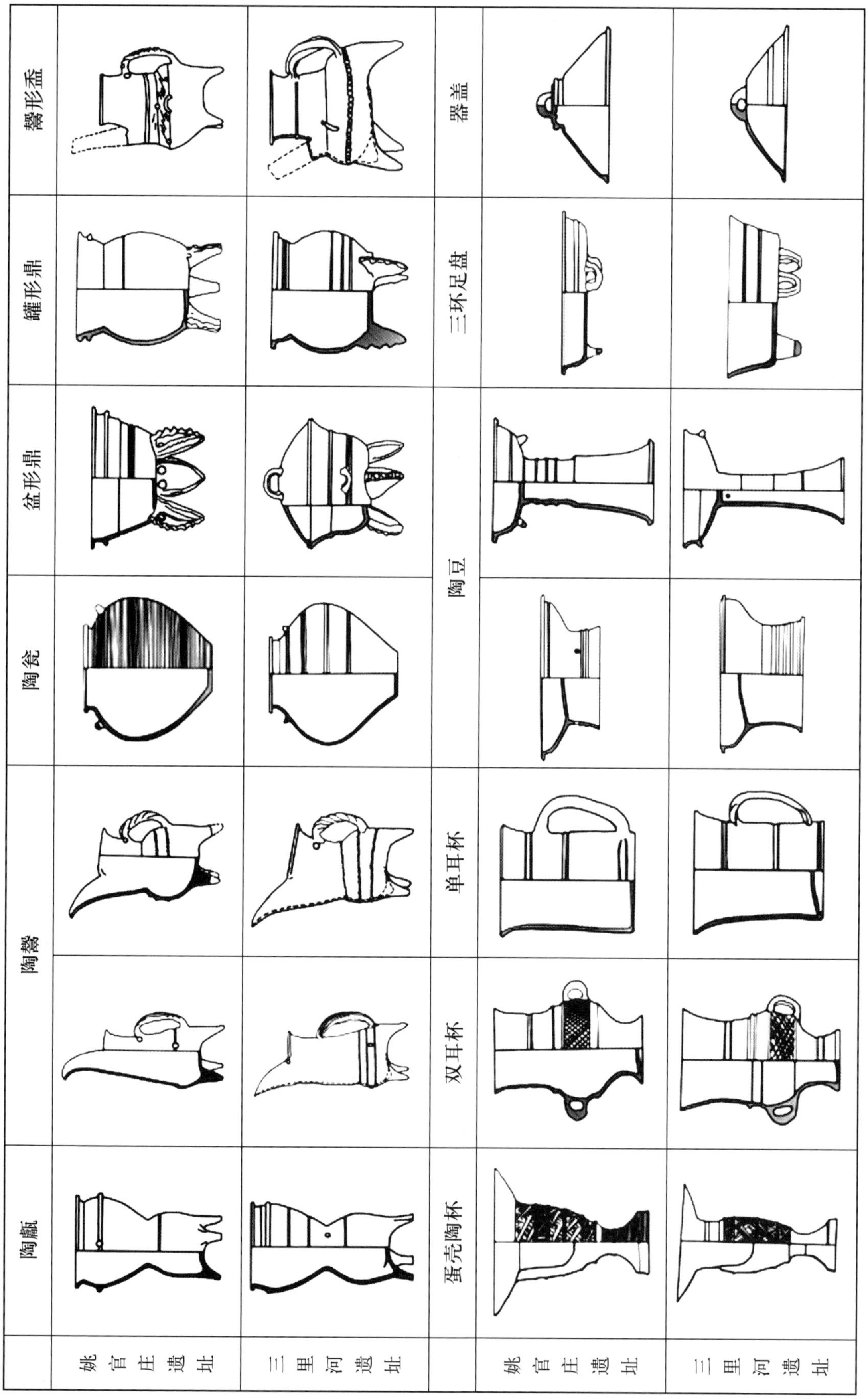

鬶形盉			器盖		
罐形鼎			三环足盘		
盆形鼎			陶豆		
陶瓮					
陶鬶			单耳杯		
			双耳杯		
陶甗			蛋壳陶杯		
	姚官庄遗址	三里河遗址		姚官庄遗址	三里河遗址

图三 三里河遗址与潍坊姚官庄遗址陶器类比图

	陶鬶	盆形鼎	罐形鼎	双耳杯	陶盆
两城镇遗址					
三里河遗址					

	陶杯	器盖		蛋壳陶杯		三足陶壶
两城镇遗址			东海峪遗址			
三里河遗址			三里河遗址			

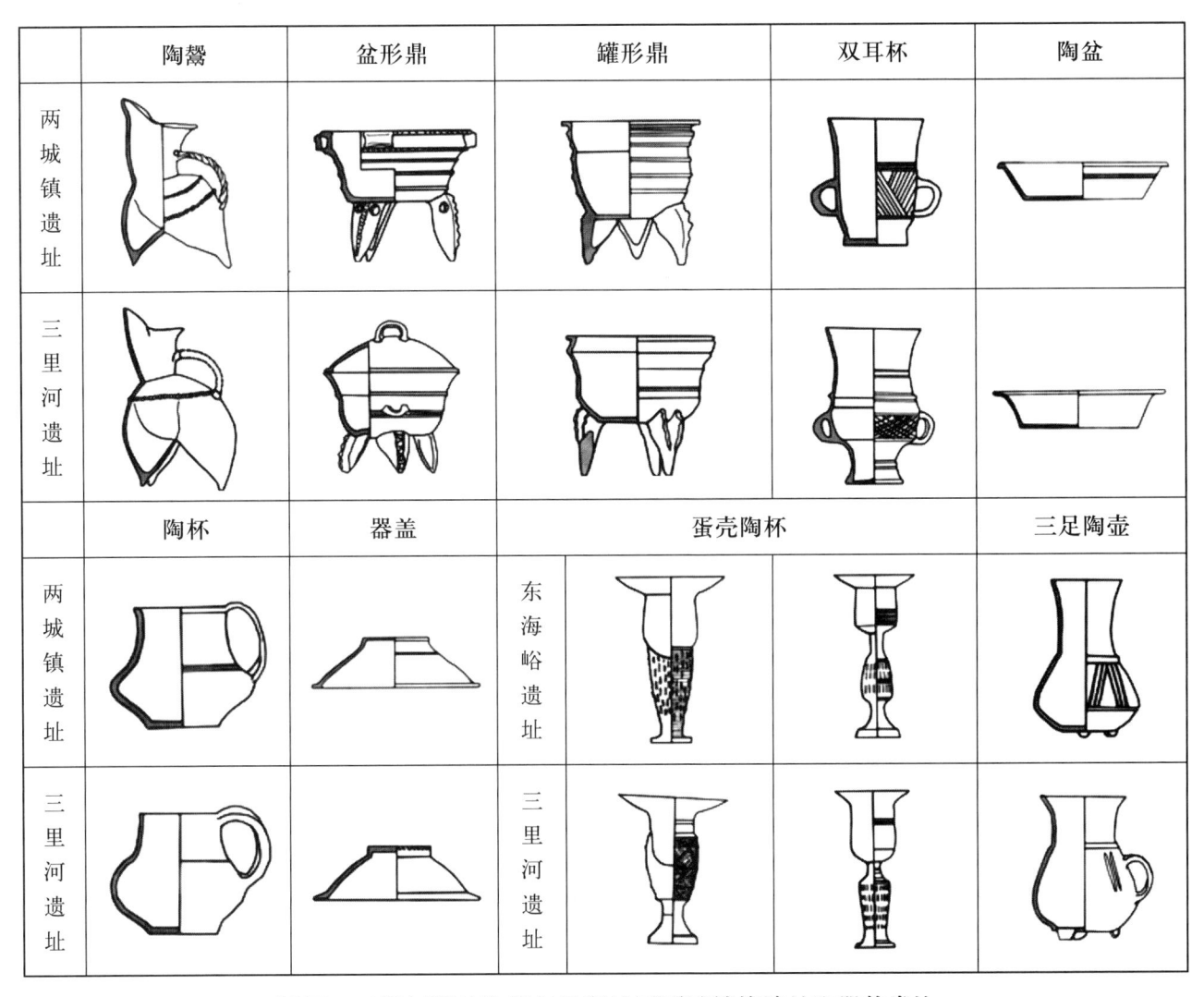

图四　三里河遗址陶器与日照地区两城镇等遗址陶器的类比

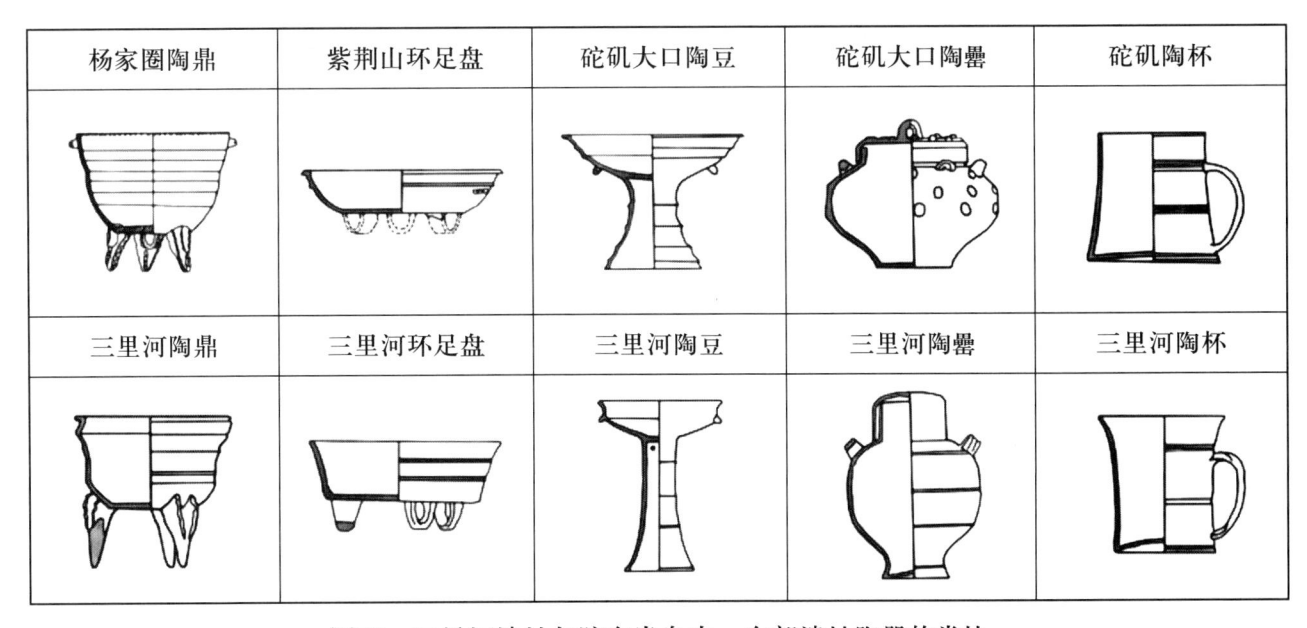

杨家圈陶鼎	紫荆山环足盘	砣矶大口陶豆	砣矶大口陶罍	砣矶陶杯
三里河陶鼎	三里河环足盘	三里河陶豆	三里河陶罍	三里河陶杯

图五　三里河遗址与胶东半岛中、东部遗址陶器的类比

鸟喙形足、鸟首形足所占比例越大，越靠北，扁凿形足、扁铲形足所占比例越大，而扁凿形和扁铲形足的存在时段总体要早于鸟喙形足、鸟首形足。这也说明，青岛北部相对于南部应存在龙山文化发展的"滞后性"。

C. 位于青岛地区东北的胶东中、东部地区，以栖霞杨家圈遗址为代表，其龙山文化面貌比青岛地区明显相对"落后"，不仅陶器形制变化较为单调，而且制作相对粗糙，陶色不够纯正。这也佐证了上述青岛地区龙山文化"由南向北"传播的观点。

杨家圈一期（大汶口文化晚期）的鼎式甗、"T"字形鼎足以及杨家圈二期文化（龙山文化早期）中的稻作技术，都是江浙一带同期文化的重要特征[7]。同样表明了大汶口晚期文化、龙山早期文化由南向北，经由青岛地区向胶东地区传播的路线。

在青岛地区发现多处龙山时期栽培稻作遗址，应是由南向北传播而来，"在山东偏东部地区的胶州三里河、诸城呈子、胶东半岛中部的栖霞杨家圈等遗址（的大汶口文化晚期遗存），发现过个别的双鼻壶、阔把杯、鼎式甗等良渚式器物"[8]，又进一步印证了上述文化传播路线的观点。

D. 总之，青岛地区的龙山文化面貌与潍坊地区东部极为一致，日照地区的龙山文化较为"繁荣"，胶东地区中、东部龙山文化比青岛地区相对"落后"。因此，青岛地区相对于胶东地区东部，应主要是龙山文化的"传播者"，与潍坊东部地区应是"交流者"，而相对于日照两城镇遗址则主要扮演"接受者"的角色，文化传播的主流方向应为"由南向北"（图六）。

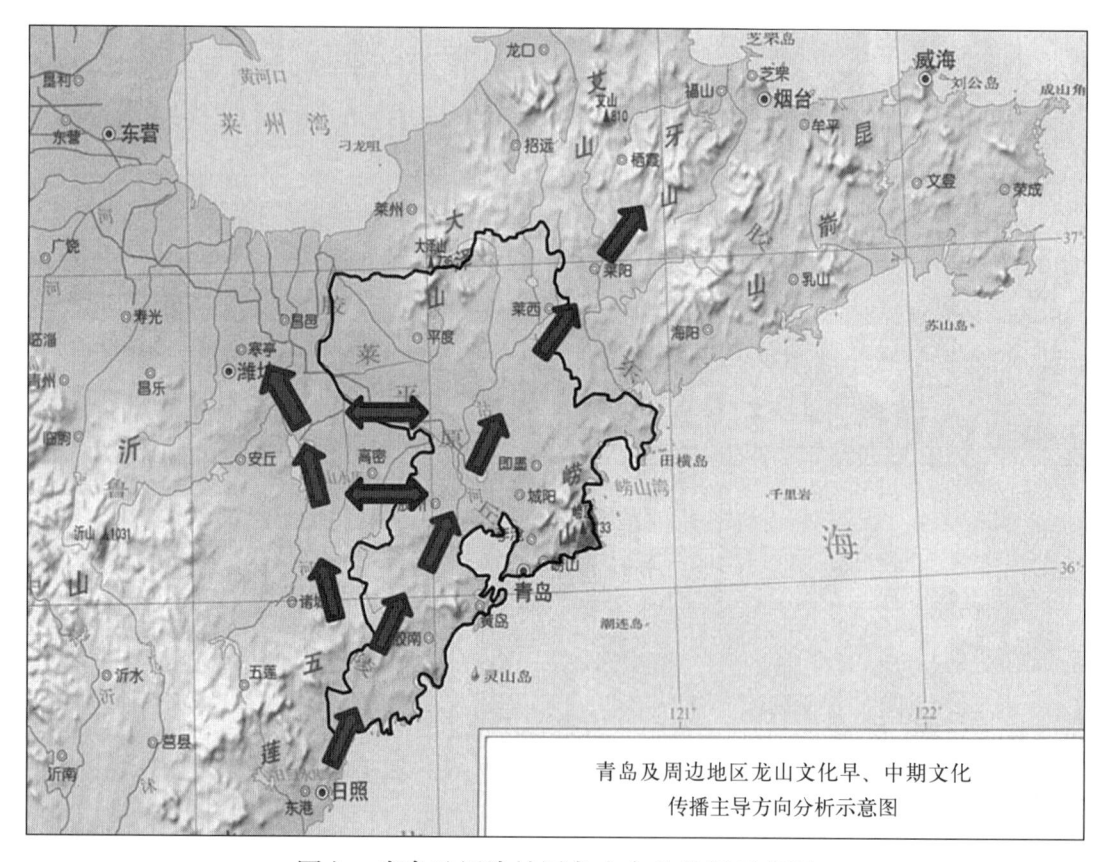

图六 青岛及周边地区龙山文化传播示意图

另外，通过对比三里河遗址大汶口晚期文化和龙山文化遗存，无论从墓葬形制、埋葬习俗上，还是在随葬陶器类型上，都有演变上的连续性，反映出当地龙山文化与大汶口晚期文化一脉相承，"应是同一族系在不同发展阶段创造的文化"[9]。这也说明，青岛地区从大汶口文化晚期至龙山文化早、中期，文化发展是渐进的，即通过较为和平的方式传播演变，而没有因战争引起大的文化更迭。由此推断，上述青岛地区龙山文化"由南向北"的传播，应是从大汶口文化晚期或更早开始的。而从龙山文化中期开始，青岛地区一些大的遗址开始渐渐衰落（如西寺遗址等），有可能是由于其南部两城镇一级政治中心集权发展所造成[10]。

三 青岛地区龙山文化时期稻田遗迹的发现及意义

1. 胶州赵家庄遗址稻田遗迹发现和鉴定、研究概况

2005年，配合工程建设，山东省考古研究所对赵家庄遗址进行了一次科学发掘[11]，出土丰富的龙山早、中期遗迹遗物。在遗址中发现约700平方米耕作遗迹：土质较纯，质稍软，夹杂少量灰黑色黏土，包含少许草木灰和烧土粒，出土陶片碎小，磨圆程度较高，并发现疑似蓄水坑、疑似田埂遗迹等。另外，由于在灰坑和窖穴垃圾堆积内浮选出大量碳化稻米，这两片遗迹群又位于居住区和墓葬区的外围，遗迹结构布局和堆积特征又比较特殊，在发掘现场，初步认为这两片遗迹群可能是龙山时期的稻田遗存。

为证实本次发现是否为稻田，考古人员对可能属于稻田区和非稻田区的土块进行了系统采样，共布置63个采样点。山东大学东方考古研究中心植硅体实验室对土样标本进行了植硅体定量分析。在田野发掘中判断可能为稻田区的46个采样点中，除6个点是田埂土样外，40个点的土样中有31个土样中发现了水稻扇型植硅体，占77%。其中，水稻扇型植硅体密度很高，参照判断稻田的科学标准，确定在考古现场怀疑为田块的区域是稻田[12]。

土壤中还发现了稻田内常见的杂草稗属植物和湿生的芦苇、竹亚科、芒属和莎草科等植硅体，这也是存在稻田的一个证据[13]。

2. 黄岛区台头遗址稻田遗迹发现和鉴定、研究概况

2010年，配合工程建设，青岛市考古研究所对台头遗址进行了考古发掘[14]，出土较丰富的龙山文化早、中期遗迹遗物。在考古现场发现有疑似稻田遗迹，并采集了大量植硅体土样。其中，一部分是对疑似水田遗迹土样的采集；另一部分是对灰坑中土样的采集。山东大学东方考古研究中心植硅体实验室对土样标本进行了植硅体定量分析。

经鉴定，台头遗址水田遗迹的植硅体土样中大多数含有扇型水稻。根据土样中水稻扇形植硅体密度，确认此处属于稻田遗址[15]。在台头遗址的灰坑中，均发现了水稻扇型、哑铃型和稻壳双峰型植硅体，且在部分灰坑中含量较高，佐证了稻作农业的存在。在耕作区的土壤样品内，基本上未发现炭屑的痕迹，证明了该区域为耕作区。

另外，在青岛市莱西市西贤都遗址、即墨市老城遗址，经考古勘探，也发现疑似稻田遗迹，目前尚未做科学发掘和鉴定。

3. 青岛地区发现龙山文化时期稻田遗迹的重要意义

第一，赵家庄遗址是中国北方地区首次发现和采用植硅体分析方法系统确认的古代稻田。赵家庄、台头二遗址等稻田遗迹的年代为龙山文化早、中期。

第二，在上述两处遗址区域，现今并不适合种植水稻。而在胶州三里河遗址大汶口文化晚期窖穴出土了1.2立方米的粟，也证明了当时应以粟作农业为主。粟稻混作农业在青岛地区龙山文化早、中期的存在，可能反映了农业发展导致的人口膨胀以及由此带来的生计方式的调整。

第三，赵家庄遗址、台头遗址稻田的确认，为东亚稻作农业传播路线的研究提供了十分重要的资料。

长江流域是稻作农业的起源地和主产区。在青岛南部的日照地区两城镇等遗址中发现了稻作遗存，在青岛东北部的杨家圈遗址也发现了稻作遗存[16]。赵家庄和台头等遗址稻作农业遗迹的发现，证明青岛地区既是稻作农业的一个"接受者"，又是一个"传播者"，是水稻传播路线上的重要一环。支持了稻作农业沿"长江流域－山东半岛－辽东半岛－朝鲜半岛－九州岛"传播路线的观点。

第四，稻作农业"由南向北"的传播路线，又从另一个侧面支持了龙山文化早、中期青岛地区史前文化"由南向北"方向的传播路线。

青岛地区既是史前时期水稻传播路线上的重要一环，同时也是古东夷文化传播路线上的重要一环。这里见证了大汶口晚期文化向龙山早、中期文化的和平延续，见证了龙山文化从繁荣到衰落直至被岳石文化取代的历史脉络。无论从横向的地域角度，还是从纵向的历史角度，都具有重要的学术研究意义。

本文中的一些推论，仍需今后考古新材料的佐证，且因笔者水平有限，更需考古专家和同仁进一步论证。敬请大家给予批评和建议！

注释

[1] 燕生东、靳桂云、兰玉富：《山东胶州赵家庄龙山时期稻田遗存的发现及意义》，《中国文物报》2007年11月16日。

[2] 中美日照地区联合考古队等：《鲁东南沿海地区系统考古调查报告》，文物出版社，2012年。

[3] 中国社会科学院考古研究所：《胶县三里河》，文物出版社，1988年。

[4] 栾丰实：《海岱龙山文化的分期和类型》，《海岱地区考古研究》，山东大学出版社，1997年。

[5] 燕生东、兰玉富、李文胜、王磊：《山东胶州赵家庄先秦聚落考古获重要收获》，《中国文物报》2006年4月28日。

[6] 山东省文物考古研究所、山东省博物馆、中国社会科学院考古研究所山东队、山东省昌潍地区文物管理小组：《山东姚官庄遗址发掘报告》，《文物资料丛刊·5》，文物出版社，1981年。

[7] 北京大学考古实习队、山东省文物考古研究所：《栖霞杨家圈遗址发掘报告》，《胶东考古》，文物出版社，2000年。

[8] 栾丰实：《大汶口和良渚》，《玉润东方：大汶口—龙山·良渚玉器文化展》，文物出版社，2014年。

[9] 严文明：《山东史前考古的新收获——评〈胶县三里河〉》，《考古》1990年第7期。

[10] 同注[2]。

[11] 同注[5]。

[12] 同注[1]。

[13] 靳桂云等：《山东胶州赵家庄遗址4000年前稻田的植硅体证据》，《科学通报》2007年52卷18期。

[14] 彭峪：《黄岛区台头遗址2010年度发掘简报》，《青岛考古（二）》，科学出版社，2015年。

[15] 郑晓蘋、彭峪、郑禄红：《台头遗址稻作农业的考古学研究》，《青岛考古（二）》，科学出版社，2015年。

[16] 栾丰实：《海岱地区史前时期稻作农业的产生、发展和扩散》，《海岱地区早期农业和人类学研究》，科学出版社，2008年。

A Preliminary Study on the Longshan Culture in Qingdao Region

Yupeng Chen and Yuhai Lin (Qingdao Municipal Institute of Cultural Relics and Archaeology, China)

Abstract

The article is divided into three parts to expound and analyze the situation and nature of Longshan culture sites in Qingdao area. The first part: the introduction of Longshan culture sites in Qingdao region. There are more than 60 Longshan culture sites discovered in Qingdao area. Their distribution was relatively dense, and appeared to accord the rule "more in the south and less in the north, bigger in the south and smaller in the north" . We have not yet found walled ruins, but found several settlements with moat. The second part: take Sanlihe site for example to analyze Longshan cultural characteristics in Qingdao region. At Sanlihe site there were 37 cellars, 98 burials, 2 cemetery related architectural remains of Longshan culture. A total of more than 2000 artifacts were found, including stone tools, pottery, jade artifacts, brass subulate artifacts, etc. The discovery at Sanlihe had an important impact both inside and outside the province. Through comparisons, we believe Longshan culture sites of Qingdao region basically belonged to "Liangchengzhen" type, descended from local late Dawenkou culture. The third part: the discovery and significance of paddy field ruins of Longshan period, Qingdao. Longshan paddy field ruins were found at Zhaojiazhuang site in Jiaozhou and Taitou sites in Huangdao, which further support the point of view that the route rice agriculture spread was along the Yangtze river basin to Shandong peninsula to Liaodong peninsula to Korean peninsula and to Kyushu island. The coexistence of millet and rice agriculture of early and middle Longshan culture in Qingdao, may reflect the population expansion caused by the agricultural development and the adjustment of the subsistence mode accordingly.

海岱地区龙山文化特殊埋葬方式浅析
——以尹家城、三里河遗址为例

陈淑卿*

自新石器时代以来，营穴建墓、安葬死者一直是黄河流域的主流埋葬方式。但客观上总是存在着一些异乎寻常的埋葬现象。所谓特殊埋葬现象，首先墓室中死者骨骼结构异常，如尸骨不全或骨骼移位的现象；其次是指埋葬地点异常，即在死者尸骨存在于墓穴以外的区域，如房址、灰坑或其他遗迹中。以往学者对甘青地区的特殊埋葬现象关注较多，通过还原埋葬过程，逐步从二次葬中辨识出二次迁出、迁入葬等现象，提出"二次扰乱葬"的概念，并将"二次扰乱葬"又分为两种情况，一种是将整个墓室全部挖开，将部分尸骨扰乱后再行掩埋；另一种是只在原墓坑上挖一个洞或只挖开墓室的一部分，将部分尸骨扰乱后再行掩埋。后者是前者的一种简化[1]。随着研究的深入，有学者归纳出二次扰乱葬的辨析方法，即从骨骼状况、墓室形状和墓葬填土包含物三方面进行判断，并简要探讨了二次扰乱葬的形成原因[2]。近年来又有学者重新缕析半坡遗址仰韶文化早期的埋葬方式，结合在河南灵宝西坡墓地也存在相当数量的二次扰乱葬的现象，推断出甘青地区的史前文化埋葬习俗，在很大程度上可能是承袭了仰韶文化的传统，进而指出二次扰乱葬是史前时期普遍存在的埋葬习俗之一[3]。

截至到目前，海岱地区龙山文化墓葬已发现500余座。规模相对较大且经正式发掘的墓地主要有胶县三里河、泗水尹家城、兖州西吴寺、临沂大范庄、诸城呈子、邹平丁公、日照两城镇和尧王城等地。对于龙山文化墓葬的研究，往往比较注重其反映的社会发展进程。即从墓地规模与结构、埋葬习俗、棺椁制度、随葬品类别与数量来探讨龙山时代的阶层分化、社会分工、社会组织变迁以及社会复杂化的发展和早期国家的产生[4]。墓葬材料中的特殊埋葬方式，发掘报告中虽有提及，但未能引起广泛关注。本文将以尹家城遗址和三里河墓地为例，对各类特殊埋葬现象进行梳理并稍作分析，以期对充分了解当时社会有所裨益。

一 尹家城遗址的特殊埋葬现象

尹家城遗址位于山东省泗水县和曲阜市之间泗河支流之旁，现存面积4000平方米，经发掘面积2000平方米，共发现龙山文化房址20座，墓葬65座，灰坑245个，遗存年代贯穿龙山文化始终。发掘报告将龙山文化分为六期，可分期的墓葬共56座，其中第一期7座，二、三期各1座，四期29座，五期10座，六期8座。墓葬据报告称，龙山文化墓葬绝大多数为一次葬，葬

---

* 陈淑卿：山东大学文化遗产研究院。

式均为仰身直肢[5]。以此为准则，我们可以将尸骨完整的单人仰身直肢以外的埋葬现象，均归并为特殊埋葬现象，具体可分为二次葬、毁墓葬、居室葬和灰坑葬四大类。

1. 二次葬

尹家城墓地二次葬共有6座，即M9、M15、M109、M126、M127和M206。除M15至少为3个个体外，余者均为1人。6座墓葬中，M15、M126和M127有文字介绍并附线图，其余墓葬仅在附表中提到，具体尸骨保存情况不详，见表1。

这6座墓葬中，从年代上看，属于二期的1座，四期的5座。墓葬等级从一级大墓到五级小墓均有，可鉴定性别均为男性；但有三座无法鉴定，因此也不排除女性的可能；墓主年龄为成年到老年。由此可见二次葬式与墓主年龄、性别和社会等级均无直接关系。

再从尸骨保存状况来看，M15虽是整个墓地规模最大的一座墓，重椁一棺，但棺内人骨散乱，3个头骨置于棺室西部，另有下颌骨、肋骨、肢骨和脊椎骨散放于棺室底部。该墓墓口距地表2.8米，墓内填五花土，非常坚硬，似经过夯打。葬具均保存板灰痕迹，甚至棺顶中部发现一块盖板灰痕，横架在棺室之上。可见尸骨散乱不全，是下葬时即以形成的状况，并非是后期盗扰的结果（图一）。M126墓口距地表2.90米，墓内填有较硬的黄花土。葬具为一棺一椁，但棺内只发现1根完整的股骨和两端残肢骨。棺木盖板灰尚在，也应是未经盗扰的。打破M126的M112、M121均为六期墓葬，应非有意为之。M127墓口距地表2.85米，墓内填黄褐色土。葬具为一棺，

表1 尹家城龙山文化二次葬墓葬简表

墓号	分期	等级	规格	葬具	尸骨情况	性别	年龄	随葬品	备注
M9	四	五	2.15×0.94~0.55	无		?	成年	无	被H45打破
M15	四	一	5.8×4.36~1.55	两椁一棺		?	成年	陶器21件，猪下颌骨20副，陶圆锥体50件，鳄鱼骨板130件	
M109	四	四	?×0.8~0.35	无		男	成年	陶器1件	被H210打破
M126	四	二	4.1×2.5~1.45	一棺一椁	仅有少量肢骨	男	成年	陶器36件，石镞5件，猪下颌骨20件	被M112、M121打破
M127	四	三	3.05×1.08~0.66	一棺	骨骼较全，摆放有序	男	老年	陶器5件	被M125打破
M206	二	不明	? 0.67~0.70	无		?	?	陶器3件，纺轮2件	被H727打破

图一 M15 平面图

1、2、12、14. 覆碗形器盖　3、23. 筒形器盖　4、9. 壶　5. 鼎　6. 直口罐　7. 平地盒　8. 覆盘形器盖　10、13. 中口罐　11. 匜　15. 甗　17. 鼓腹盆　18. 平底盆　19. 鬶　20. 鬶盖　21、22. 高柄杯　24. 猪下颌骨　25～27. 鳄鱼骨板　28. 陶圆锥体

棺内人骨一具。除头骨和长骨外，其他骨骼不全或没有，大致依人体的原部位摆放好，头西脚东，面部朝下，为全遗址仅有的1例。打破M127的M125同样也是六期墓葬。其余3座墓虽也被其他遗迹打破，但打破M9的H45为龙山四期灰坑，其内包含物除器盖外，还有石锛、雕刻器、蚌铲等日常工具，与下文即将探讨的专门扰坑不尽相同。而打破M109的H210、打破M206的

H727 均为岳石文化灰坑，因此这三座墓的人骨凌乱现象也应是下葬时即以形成的。

如此看来，从埋藏学角度分析，尹家城墓地上述 6 座二次葬，M15、M126 和 M127 因有棺椁盖板存在，应是二次迁入葬；其余几座，可能与甘青地区第一种"二次扰乱葬"的形成过程极为相似，即将整个墓室全部挖开，将部分尸骨扰乱后再行掩埋。但二次迁入葬中，除 M127 外，其余两座骨骼缺失严重且放置相当随意，M15 有 3 具头骨，不分主次，不排除下葬时即有主观扰乱的可能。

2. 扰乱葬

报告中提及的扰乱葬一共 5 座，墓中随葬品以陶器为主，其他质料的物品相对较少，除实用器外，使用明器的现象比较普遍，并且往往两类并存于一墓之内。扰坑大多是从墓室正中部或椁棺的两端有目的地下挖，直至棺室。大部分骨骼和部分随葬品被取走或扬于墓上的扰乱坑内。遗憾的是报告中并非发布打破关系的位置图，我们只能根据文字信息，建成下表 2。

据报告介绍，破坏 M133 的 H593，恰好位于 M133 的正中央，平面为长方形，坑口东西长 1.5、南北宽 1 米。在接近墓底之处有一具缺少头骨的骨架，全身蜷曲，经鉴定为一 20 岁左右的青年男性，缺左侧上门齿，与墓内散乱的人骨不属于同一个体。破坏 M134 的 H608，在墓室中部偏西处（相当于西端棺椁位置）有一南北向长方形坑，内出较多陶片和散乱的人骨，直挖到墓室二层台处，内出陶片有的可与 M134 的器物相拼合，人骨经鉴定也与 M134 墓内人骨合为一体。说明这是一个"因某种特殊原因而有意识扰乱了 M134 的遗迹"。M138 墓内未发现人骨，但在打破该墓的 H605、H607 内发现有人头骨碎片、下颌骨及四肢骨，应是当时被扰动后的墓主人遗骸。

表 2 尹家城墓地扰乱葬简表

墓号	分期	等级	规格	葬具	性别	年龄	随葬品	备注
79M4	四	二	3.6×2.3～0.75	一棺一椁	?	?	陶器 42 件，猪下颌骨 6 副	
M133	四	三	3.3×1.84～0.80	一棺	?	?	陶器 31 件，猪下颌骨 12 副，骨矛 1 件	被 H593 扰乱
M134	四	二	3.85×2.80～1.35	一椁一棺	男	30～35	陶器 49 件，猪下颌骨 24 副，蚌铲 1 件	被 H608 扰乱
M138	四	二	4.16×3.10～1.00	一椁一棺	男	30～35	陶器 24 件，猪下颌骨 32 副	被 H605、H606、H607 扰乱
M139	四	三	3.52×1.5～0.8	一棺	男	25～35	陶器 14 件，玉刀 1 件	

H605、H607、H607 内出土的陶器中，也有能与墓内陶片相互拼合的，其对 M138 的扰乱破坏也应当是有意的。79M4 与 M139 虽然在附表中注明是扰乱葬，但是并未标出是被哪个遗迹扰乱，正文中也未提及有关扰乱的信息。然而从图上观察，M139 虽棺顶尚有 5 块清楚的盖板痕迹，横架在棺室上。但是棺板头部位置有一半空缺，馆内相应位置的头骨也不复存在，因此这座墓葬也很可能是属于人为有意扰乱，只是后来又将墓室重新填埋而已（图二）。

从表 2 数据信息可以得知，扰乱葬主要存在于第四期，与上述二次葬较为一致；不同的是，被扰乱的均为较高等级的墓葬，随葬品也应是下葬时即埋入的；在对人骨进行扰乱的同时，部分随葬品也被毁坏。大多数墓葬在被扰乱后，并未有意识重新填埋。再就是从性别与年龄来看，经过鉴定的均为男性青壮年。然而，尹家城墓地二、三等级的墓葬一共 13 座，除却 2 座二次葬，5 座扰乱葬，尚有 6 座正常埋葬的，而且其中不乏墓主为青壮年男性者，因此扰乱葬在当时并非

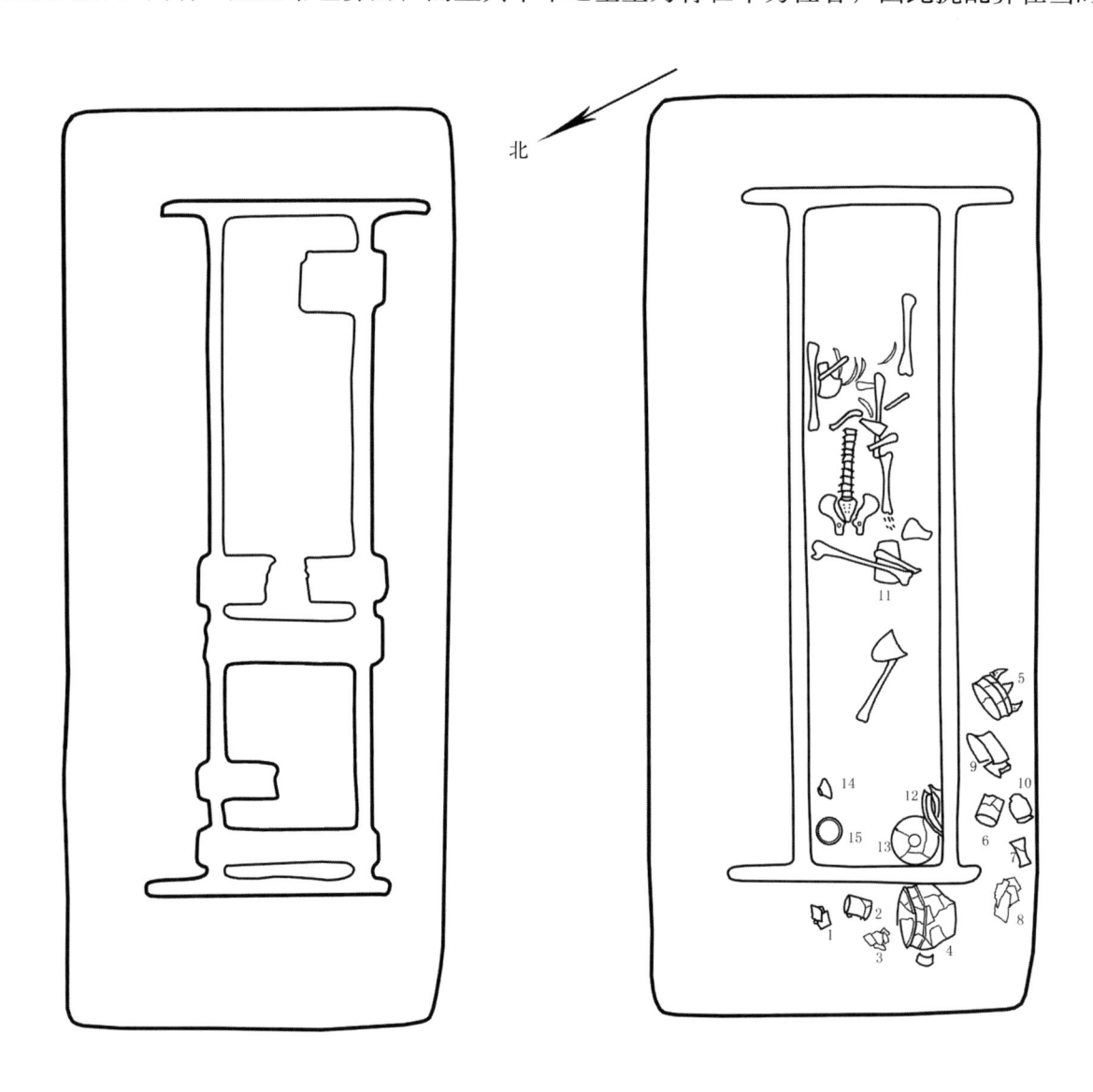

图二 M138 平面图（右）和残存棺盖板平面图（左）

1、3. 杯残片　2、5. 筒形单耳杯　4. 鼓腹盆　5. 三足盒　7. 觚　8. 残陶器　9. 平底盆　11. 玉刀　12. 器座　13. 覆盘形器盖　14. 覆碗形器盖　15. 平底盒

普遍现象。发掘者将之归因于迁出葬或敌对方掘墓扬尸，但考虑到上文的二次安葬现象，且扰坑位置精准，也不排除是本部族人出于某中特殊原因自行扰乱的可能。

另外，还有一座墓，M79M5 墓内没有发现人骨。随葬品均为陶器，放置在棺室之内，共 8 件。可见当时人即便是对待非正常死亡的人，也会重新安葬的。

3. 居室葬

尹家城遗址 8 座半地穴式房址，年代均为第二期。其中 4 座室内发现有人骨，即 F11、F111、F204、F205。

F204 居住面以上有大量红烧土堆积，其间发现有散乱的人骨，在近北壁的中部有一完整头骨，中部偏南也有一人头骨，其东侧有两根下肢骨，还有三件残断的上肢骨、脊椎骨和肋骨等，代表 2 个个体，经鉴定一个为 5～6 岁的儿童，另一个是 13 岁左右的少年。从人骨分布地点散乱无序，很难断定是否是死亡的第一现场，更有尸骨被扰乱的可能性。F205 室内中部、西北部和西南部，分别发现有人头骨一具、肢骨数段和一无头的上体骨架。经鉴定分属于 2 个个体，一个为老年，另一个为儿童，性别不明。F11 与 F111 报告正文中未有详细介绍，只是从附表中可知室内各有人骨架一具，后者年龄在 13 岁左右（图三）。

上述房址，已有学者将其归并为居室葬及与丧葬有关的房屋捐弃现象[6]。本文赞同这一观点，并以房屋中的出土陶器的量化统计结果为之佐证。

在这些半地穴房址中，无论有无人骨，均发现大量破碎的陶器。如 F204，房屋西部相对集中地摆放着石锛、石凿、石镞、纺轮和蚌镞等 10 余件工具，并有部分中口罐残片，罐身高大，应该具有实际使用功能。而人骨附近堆放的陶器如鼎、鬶、三足尊、三足盘、圈足盘、高柄杯、壶、甗、觯形杯、器盖、箅子等，形体相对较小，绝大部分口径在 16 厘米以内，高度则不超过 20 厘米。同样的现象同时也见于 F205、F11 与 F111，倒塌的红烧土下面发现大量陶器，类别同上而形体较小。F1 与 F3 内尽管未发现人骨，其内陶器也大多形体小且质地差，与常见于墓葬之中的明器十分相近。今以最为常见的鼎为例，统计结果如表 3。

由表 3 统计数据可以看出，灰坑或地层中出土的陶鼎口径一般在 16 厘米以上，器高则大多在 20 厘米以上；而房址或墓葬中陶器口径则多在 9～16 厘米，高度也多限于 20 厘米以内，点状分布如下图（表 4，尹家城遗址陶鼎数据分布图）。由此可见上述半地穴房址中陶鼎，很可能是明器而非实用器，如是则可以推断出房址也是作为居室葬而被放弃的。

4. 灰坑葬

在尹家城遗址，还存在尸骨放置在灰坑中的现象。如 H812，位于遗址东南部，平面呈椭圆形，斜壁圜底。坑内发现属于 3 个个体的人骨，1 号人骨位于坑东部正中，骨架完整，距坑口约 0.1 米。头东脚西，经鉴定为 35 岁左右男性；2 号人骨位于 1 号人骨下肢稍偏下部位，仅保存几块肢骨和肋骨，经鉴定为一个 5～6 岁的儿童，性别不详；3 号人骨，位于坑底，紧靠南、西两壁，骨架完整，经鉴定为一成年男性。除 2 号外，其余两具人骨排放齐整，不排除是有意埋葬的可能。但葬坑呈椭圆形，与本遗址其他墓葬形制不符，也可能是对于外族死者的处理方式（图四）。

表3 尹家城遗址陶鼎数据统计表

灰坑地层出土陶鼎数据			房址、墓葬出土陶鼎数据		
器号	口径（厘米）	器高（厘米）	器号	口径（厘米）	器高（厘米）
H544:4	41.4	22.4	M108:1	16.4	23.4
T221⑧:30	31.2	16.8	F11:15	16	15.6
H523:4	29	31.6	F204:23	15.4	17.2
H777:8	25.6	18	H594:11	14.8	11.4
H248:28	25.2	34.4	M4:9	14.4	18
H555:4	24	20.4	F5:9	12	14
H50:32	23.8	30	H591:5	11.6	14
T208⑧:17	22.8	19.2	M3:9	11	12
H297:1	22	24.4	M3:3	11	12.4
H28:3	20	24	M15:5	11	12.4
H776:4	19.2	23.8	F107:2	10	12
H533:1	18.4	20	F205:33	9.2	9.2
H790:31	18	18			
H420:4	17.4	20			
H71:3	16.8	21			

表4 尹家城遗址陶鼎数据分布图

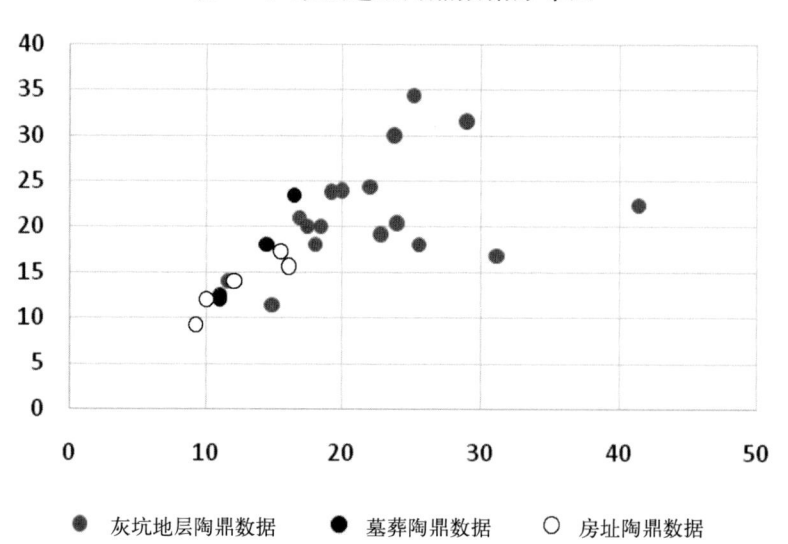

● 灰坑地层陶鼎数据　　● 墓葬陶鼎数据　　○ 房址陶鼎数据

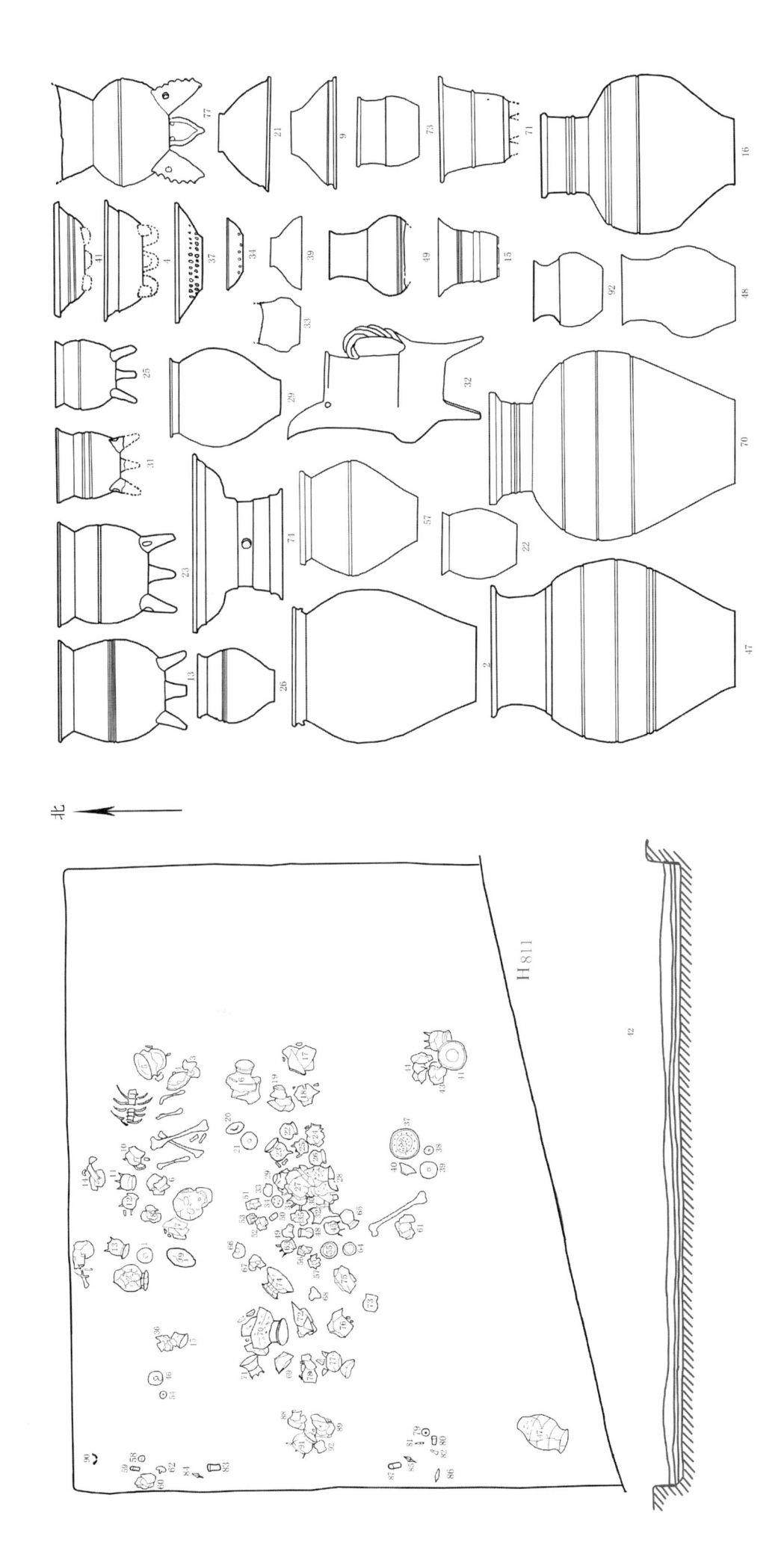

图三 F204 平、剖面图

1、9、20、21、39、40、46. 覆碗形器盖 2、22、26~29、43、55、65. 中口罐 3、6~8、19、24、35、57、67~69、72、76、78、88. 中口罐残片 4. 三足盘 5、11、12、13、23、25、31、42、45、63、91. 鼎 10. 鼎残片 14、74. 圈足盘 15、71. 三足尊 16、49. 壶 17、18、30、44、52、53、56、60、61. 残陶器 32. 鬶 33. 觯形杯 34、37. 算子 36、47、48、70、92. 高领 38、79. 陶纺轮 41. 三足盘 50、59、80、83、87. 石锛 51. 残高柄杯 54. 陶纺轮 58. 石拍子 62. 石拍子 64、73. 带流罐 66. 残器盖 77. 瓶 81. 石镞 82. 石凿 84、85. 石镰 86. 蚌镰 89. 瓮 90. 石环

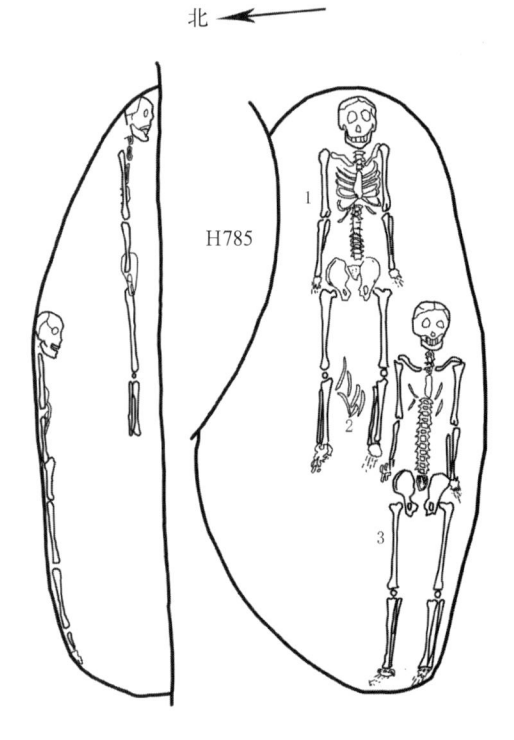

图四　尹家城 H812　　　　　　　　　　　　图五　尹家城 H259

H259 位于遗址东南部，圆形筒状坑。距地表 2.8 米。口径 1.84、深 0.36 米。坑底平整坚硬。在坑内中部偏西处发现一人头骨，经鉴定为 5～6 岁儿童。紧挨着头骨右侧放置两块残上肢骨和一块头骨碎片，摆放相对整齐，似有意为之。另外据报告称该坑内还出土一部分完整或近似完整的陶器，器形有鬶、盆、三足盒、杯、器盖和纺轮等，其中陶鬶系夹砂黑陶，器高 33.6 厘米，器盖也为夹砂黑陶，口径 17.2、高 6.5 厘米，不同于寻常明器，因而此坑可能具有某种特殊功能（图五）。

二　三里河墓地

三里河遗址位于山东省胶县城南三里河村西河旁的高地上。共发现龙山文化墓葬 98 座，墓葬形制绝大多数为长方形土坑竖穴墓，极少数为长梯形土坑竖穴墓。除两座合葬墓外，其余 96 座均为单人墓。其中可以辨别葬式的有 77 座，墓主人骨骼不全的现象有 38 座。头骨无存的 9 座。在 98 座墓葬中，可鉴定性别者 83 座，其中男性墓 47 座，女性墓 36 座。墓葬详细资料并未全部公布，正文或表格中有文字介绍的只有 29 座，附有图版的 11 座，附有线图的 6 座，其中兼有者 4 座，即 M260～M263 一组打破关系的墓葬[7]。

依据报告中描述人骨存在情况，可以将墓地中非正常的墓葬分为完全扰乱和局部扰乱两大类。

1. 完全扰乱葬

即墓中骨骼完全散乱，破碎不全。如 M207、M231、M271 只有一个头骨；M258、M272 只有股骨；M299 只有一块下颌骨；M2100 不见人骨，骨骼少而零乱，性别不明；M2113 残存四肢骨；M223 只有头骨和凌乱的下肢骨，墓室不规整。

2. 局部扰乱葬

即墓底未被其他遗迹打破，但墓中骨骼部分错位、破碎或缺失，其余骨架保持完好。如M101，股骨残缺，其他部位完好，缺右手指骨和脚趾骨；M118，腰椎骨以上和左盆骨残缺；M240，脊椎位移，缺肋骨、左上臂骨；M217，下腿骨整齐放置，四肢骨和盆骨零散地分布在墓坑内，西南部放置三具头骨；M260，骨骼零乱不全，只有下肢骨完整地放置在墓坑东南部，又有比较完整的三具头骨，散放在墓坑一侧；M260 → M261 → M262 → M263，均打破在股骨上部，并且把股骨下部及其以下骨骼切去，就不再下挖（图六）；M280，缺头骨、大部分肋骨、脊椎骨、右上臂和右手指骨，盆骨、下肢骨相当完整；M284，缺头骨、左右两手臂骨，脊椎骨、盆骨、下肢骨完好。

3. 缺首葬

这类墓葬有 2 座，M239 和 M289，墓底未经扰乱，只缺头颅骨，其他部位完好，而且墓葬现存状况看，并未给头骨留出空间，即下葬时头颅骨即已缺失（图七）。

报告中将这批墓葬分为早、中、晚三期。早期墓葬中非正常现象较多，占总数的 42.9%；第二期数量骤减，异常现象仅占总数的 21.9%；第三期略有回升，达到 30%。就性别而言，男性墓葬异常的比例显著高于女性，尤其以第二期数据最为明显。第三期虽表现为女性所占比例略多，但样本较少，男女各仅一例，数据来源单一，不符合统计学要求（表5）。

就完全扰乱和局部扰乱的相对比例而言，

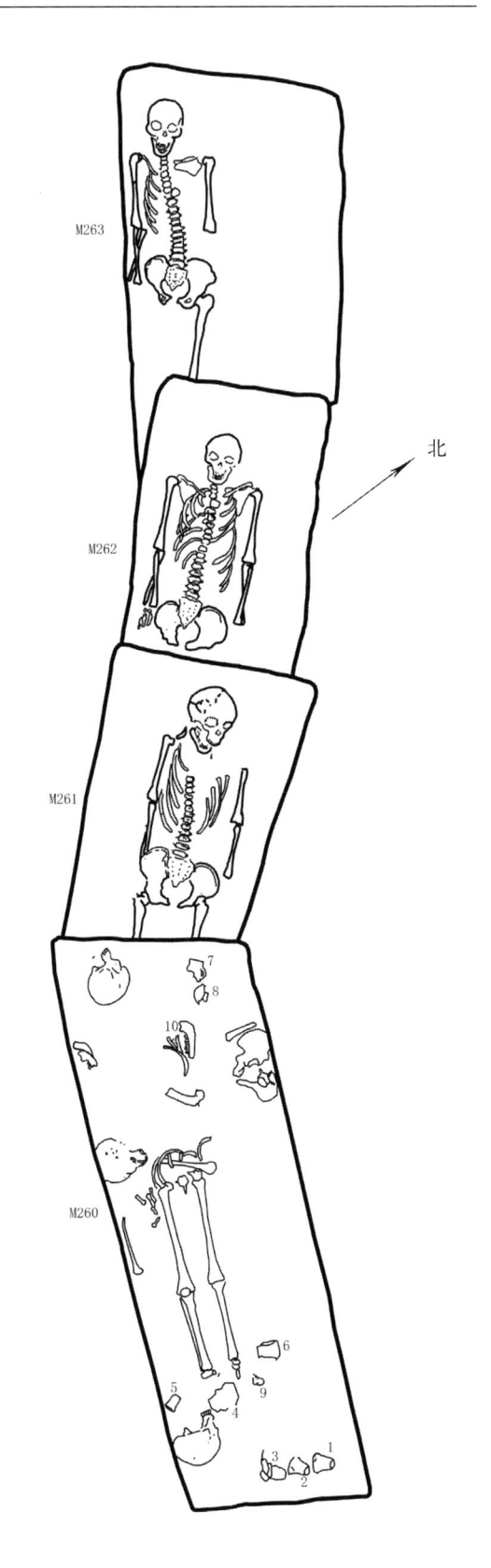

图六　龙山文化 M260～M263 平面图
1、2. 瓶　3. 薄胎高柄杯　4. 残陶罐　5. 薄胎高柄杯　6. 残陶鼎　7. 单耳杯　8. 残陶鼎　9. 疣荔枝螺　10. 猪下颌骨

1. 三里河 M239

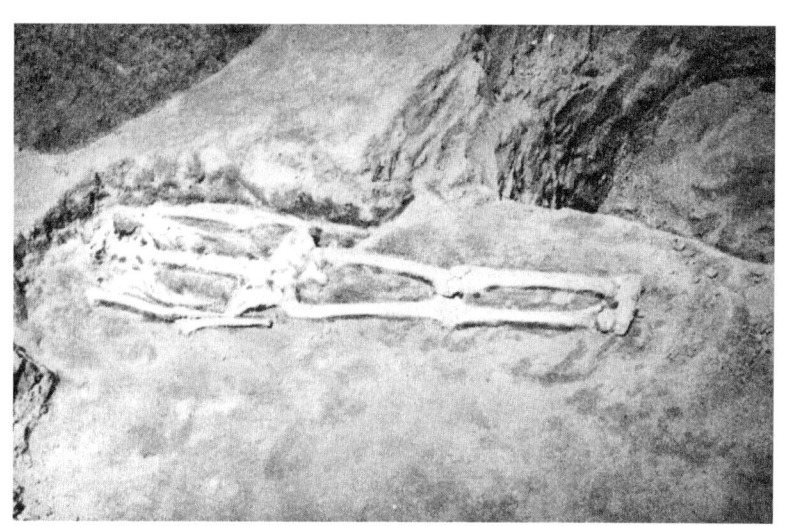

2. 三里河 M289

图七　三里河 M239、M289

表 5　三里河墓地非正常墓葬性别统计表

分期	全部墓葬				非正常墓葬						
	总数	男	女	不明	总数	%	男	%	女	%	不明
Ⅰ	14	7	4	3	6	42.9	3	42.9	1	25	2
Ⅱ	32	11	16	5	7	21.9	4	36.4	1	6.3	2
Ⅲ	10	5	3	2	3	30	1	20	1	33	1

第一期墓葬完全扰乱所占比重较大，高达 83%，局部扰乱仅 17%；第二期局部扰乱比例上升至 57%，到第三期又下降至 33%。同样由于第三期样本数量少，统计结果可能会有偏差。再就墓葬规模来看，第一期完全扰乱墓葬规模从大小都有，等级跨度较大；第二期到第三期，被扰乱的墓葬规模渐趋增大之势，即规模大的墓葬更容易被扰乱。局部扰乱葬则规模变化不太明显。最后从随葬品角度分析，第一期完全扰乱葬的随葬品数量变化空间较大，从 3 件到 11 件不等；第二期与第三期则有随葬品愈多骨骼散乱的现象愈严重的趋势。局部扰乱葬的墓葬则平均随葬品数量相对较低。这一趋势，与尹家城墓地扰乱现象只存在与较高等级的墓葬相一致（表 6）。

表6　三里河墓地非正常墓葬规格统计表

分期	非正常墓葬					墓葬长度		随葬品数量	
		完全散乱		局部散乱		完全散乱	局部散乱	完全散乱	局部散乱
	数量	数量	%	数量	%	（米）	（米）	（件）	（件）
Ⅰ	6	5	83	1	17	1.52～2.6	2.3	3、5、7、10、11	2
Ⅱ	7	3	43	4	57	1.99～2.02	1.4～2.3	18、20、2	6、6、9、14
Ⅲ	3	2	67	1	33	2.32～2.6	2.2	15～16	4
不明	13	7	54	6	46	1.2～2.25			

三　特殊埋葬方式的文化人类学分析

从尹家城遗址与三里河墓地特殊埋葬方式可以看出，与新石器时代甘青地区、关中地区一样，海岱地区龙山时代同样存在着二次葬、扰乱葬、缺首葬和居室葬乃至房屋捐弃现象，而且绝非孤例。

剺棺毁墓的原因，以往多有学者结合文献记载与民族学材料，提出外敌入侵说、冤家复仇说、荒年盗墓说、灵魂解脱说、避邪除祟说等。丧葬习俗的形成因素是多元的，但特定的丧葬习俗与特定的决定因素之间应该存在普遍联系。克里斯托弗·卡尔在其论著《丧葬习俗：其社会、哲学宗教、环境以及物质的决定因素》中，从世界上不同地区的采样区抽样出31个社会档案，以此探求丧葬行为与丧葬仪式的28种特征，以及有关信仰和世界观的至少67种特征。结果显示，在影响丧葬习俗的社会、哲学宗教、环境、物质以及生态的可变因素类型中，哲学宗教信仰因素的频率最高，达1021次；其次是社会地位的决定作用，为727次，其余的因素相对较低，但往往表现为多重因素共同决定[8]。尹家城与三里河两处墓地，文化是一直具有延续性的，排除了外敌入侵的可能；被毁墓葬坑位精准，且又重新安葬，似乎也不是冤家复仇；被毁墓葬随葬品大多保存下来，也不会是荒年盗墓。因此，最大的可能是出于某种特殊的信仰，扰乱行为是部族内部进行的。除了灵魂解脱与避邪除祟说，另外还有一种观点对我们也有一定启发。伊恩·霍德从继承的角度提出，死亡是生命顺序被颠倒，砸碎墓穴中死者的陪葬品被认为可以除去死者的不纯洁性，让死者放弃对原有土地的继承权，同时消除从死者那里继承土地的罪恶感。尤其就尹家城墓地而言，被严重扰乱的墓主，大多为男性青壮年，而青壮年的死亡，相对于老年来说更是生命顺序的颠倒，因此财产继承的禁忌也会更多一些。即便是二次葬，发掘者强调墓室填土经过夯打，而墓室内尸骨却凌乱不堪，因此这一过程中，注重的是扰乱与重新埋葬，并未体现出多少对死者的尊重与敬意，更多的是消除死亡的威胁以求自安而已。

至于居室葬与房屋捐弃现象，前述王仁湘先生的文章已经列举了众多案例[9]。无论是游牧部落还是定居农业，均曾存在过捐弃房屋风俗，且大多与葬礼有关。并强调新石器时代以来由于农耕居民聚落稳定，可能只有死者是具有一定地位的人或者是凶死者时才有房屋捐弃活动。不过具体到一个地区或一个部族，实际情形可能要复杂的多。比如安达曼岛人，本族人死亡后埋葬方式有土葬和树葬两种。土葬的同一墓穴不会反复使用，但会临近而葬；树葬即在树上搭葬台停放，一棵树可以反复使用。坟墓周围用羽状饰物系在附近树枝上或木棍上，以免外人无意走进。若是外敌尸体，则直接埋扔进海里或肢解火烧，以便"血"、"油"升天，解除死者对活人的所有危险。但凡有成年人去世，葬礼过后即在营地入口挂上羽状饰物，告知来访客人房主已逝。然后居民就撤离营地，搬到别的营地设点居住，直到丧期结束，如果他们愿意回去，就可以回到原来的村子。如果是年幼的儿童死亡，则将屋内灶坑清理掉，挖灶成坟，将孩子尸体放进去埋好后，再把灶移回原处，设在坟上。把婴儿埋葬在灶下，是因为人们相信死婴可以重新进入母体而再生，因此母亲要留在营地几个星期。有的部族是母亲挤出乳汁盛于贝壳内放在坟前，然后整个营地的人都撤走。还有部族孩子死后整部族不搬离营地，但死者所属的棚屋要拆掉，在不远处建一个新房址[10]。因此若从民族考古学的角度去分析，可以看到同时存在树台葬、墓地葬、海葬、火葬、居室葬、房屋集体捐弃、房屋单个捐弃等多种现象。反观尹家城遗址被捐弃的房屋，均属于第二期，而第三期无论是墓葬还是房址遗存均比较少见，直到第四期整个聚落才复又繁荣起来。很可能是房屋捐弃后即有一部分人离开聚落，若干年后重新回来，形成第四期的盛况。

特殊埋葬现象的形成原因是相当复杂的，对于具体埋藏过程的阐释，固然需要后期整理过程中借助一系列科技手段分析检测并借鉴文化人类学的相关案例，最重要的还是发掘过程的精细化、考古记录的完备性以及公布资料的开放性。有意识地去全面考察、仔细观察、捕捉细节，才有可能更合理地复原情景，探求真相。

注释

[1] 尚民杰：《二次葬式流变》，《史前研究》，三秦出版社，2000年，第477~482页。

[2] 陈洪海：《甘青地区史前文化中的二次扰乱葬辨析》，《考古》2006年第1期，第54~68页。

[3] 钱耀鹏、王叶：《半坡遗址仰韶文化早期的埋葬方式研究》，《西部考古》第8辑，科学出版社，2015年，第56~81页。

[4] a. 栾丰实：《海岱地区的史前聚落演变与早期文明》，北京大学中国考古学研究中心编：《聚落演变与早期文明》，文物出版社，2015年，第107~203页。b. 刘莉：《山东龙山文化墓葬形态研究——龙山时期社会分化、礼仪活动及交换关系的考古学分析》，《文物季刊》1999年第2期，第32~49页。

[5] 山东大学历史系考古专业教研室：《泗水尹家城》，文物出版社，1990年。

[6] 王仁湘：《史前捐弃房屋风俗的再研究》，《中原文物》2001年第6期，第16~28页。

[7] 中国社会科学院考古研究所编著：《胶县三里河》，文物出版社，1988年。

[8] 尼古拉斯·戴维、卡罗·克拉莫著，郭立新等翻译：《民族考古学实践》，岳麓书社，2009年，第409页。

[9] 同注[6]。

[10] 拉德克利夫-布朗著、梁粤译，梁永佳校：《安达曼岛人》，广西师范大学出版社，2005年，第79页。

Preliminary Analysis of Special Mortuary Practices of Longshan Culture in Haidai Region: Take Yinjiacheng and Sanlihe sites as Examples

Shuqing Chen (Institute of Cultural Heritage, Shandong University, China)

Abstract

Since the early Neolithic, burying the deceased in constructed tombs has been the main way of burials in the Yellow River basin. However, recent studies have shown that secondary disturbed burial was also a widespread practice in prehistoric times. In this paper, taking the Longshan culture Yinjiacheng and Sanlihe sites, Haidai area, as examples, different special burial practices were studied and classified into secondary disturbed burials, destroyed burials, house burials and pit burials. Lastly, from the perspective of cultural anthropology, we argue that most of the special burial practices did not reflect much respect for the deceased, but showed that the living people tried to evade and isolate the deceased to eliminate the threat from the dead and keep themselves safe as much as possible.

藤花落龙山时代城址的特征与聚落形态

林留根　胡颖芳*

按照地理位置和自然环境的不同，海岱地区的龙山文化城址主要分布区域有两个：一是鲁北的山前地带，包括城子崖、丁公、桐林、边线王；另一个是鲁东南苏北沿海地区，包括两城镇、尧王城、丹土和藤花落。另外，景阳岗位于鲁西平原，可与鲁北山前地带的龙山城址串联成一线；费县防城与滕州庄里西单独存在，前者位于沂蒙山腹地、沂河西岸冲积平原上，后者位于鲁南的泗水中游东岸（图一）。

藤花落城址是唯一一座发现于齐鲁境外的龙山文化城址，从文化面貌和特征上来看，它仍属于山东龙山文化范围。藤花落城址对研究龙山时代城址的内部结构和聚落形态具有重要意义。

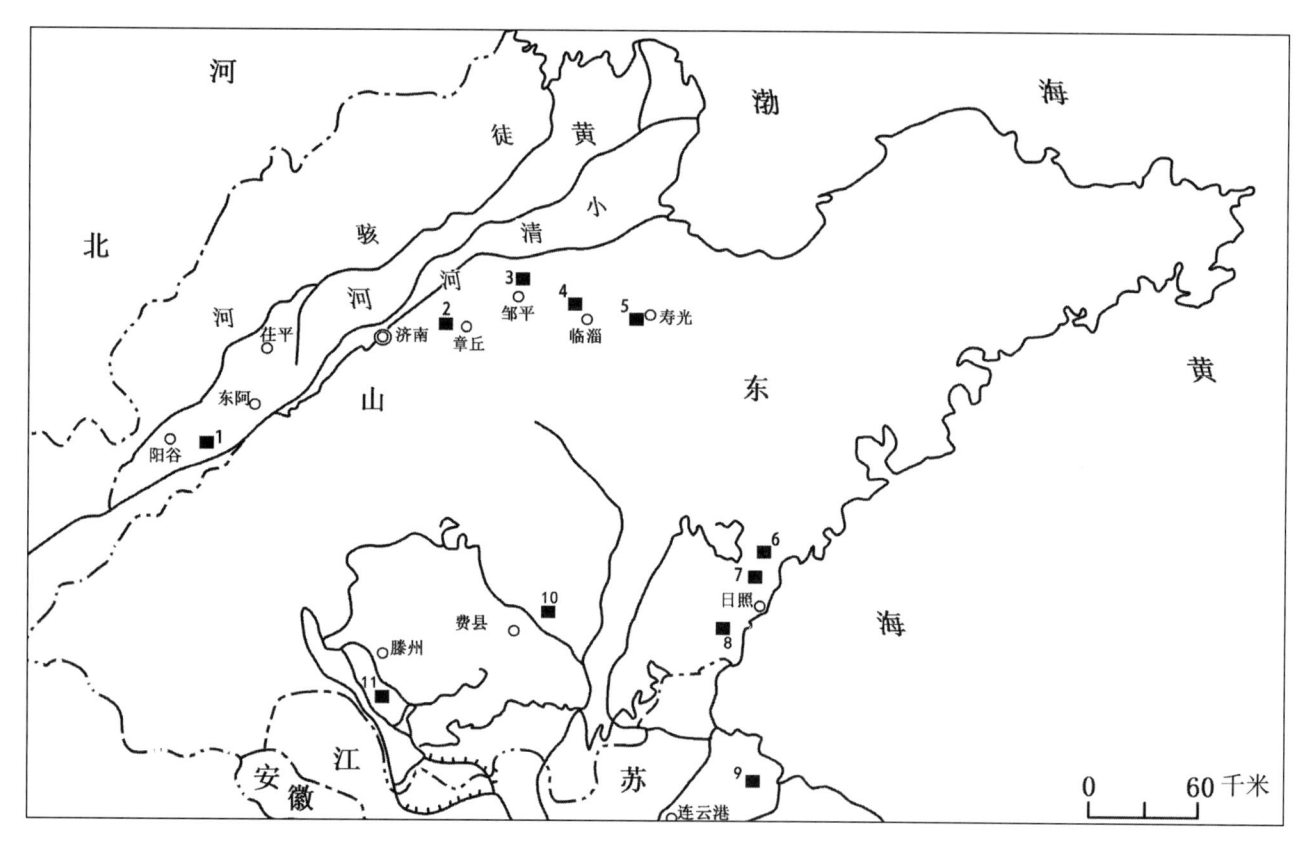

图一　山东龙山文化城址分布示意图

1.阳谷景阳岗　2.章丘城子崖　3.邹平丁公　4.临淄桐林　5.寿光边线王　6.五莲丹土　7.日照两城镇　8.日照尧王城　9.连云港藤花落　10.费县防城　11.滕州庄里西

---

* 林留根、胡颖芳：南京博物院。

一　城址的个体特征

1. 城址的位置和环境

藤花落城址所在的鲁东南沿海地区，该地区总体上可分作北部低山丘陵和南部冲积平原两大区域。藤花落城址位于南、北云台山之间的河谷冲积平原上，海拔高度6～7米，其南北两面为山地，东临黄海，只有西面为河流冲积平原地面，从地理环境来看属于半封闭型城址；而与藤花落城址同属一大区域的两城镇、尧王城和丹土，则主要处于山地丘陵和湖海的包围之中，地形较为封闭，属于封闭型城址。

2. 城址的外观与规模

海岱地区龙山文化城址有单城和内外城两类，单城主要指城址在使用过程中始终只有一圈城墙存在；内外城指的是城址存在内外两重城墙，并且两者在一定时间内共存。藤花落城址是一座具有内外两重城墙的龙山文化城址（图二）。外城平面呈圆角长方形，内城平面呈圆角方形，内城位于外城内部偏南。从南部内外城之间发现的道路L4以及道路两侧的排水沟G11、G12和G13的层位关系看，内、外城基本为同一时期，可能在建造年代或废弃年代上稍有早晚，但两者之间肯定存在着使用年代上的重叠。另外，在丁公、两城镇、桐林、边线王等城址内也发现有两重或多重城墙或壕沟，但这些内外城墙或壕沟的时代早晚有别，它们并没有统一的使用时间。因此，尽管这些城址在外观上呈现多重城墙（壕）结构，但从本质上来看仍属于单城模式。

城址的面积我们此处以带城墙的城址面积计算，即指城内面积加上城墙的基础面积。藤花落城址的

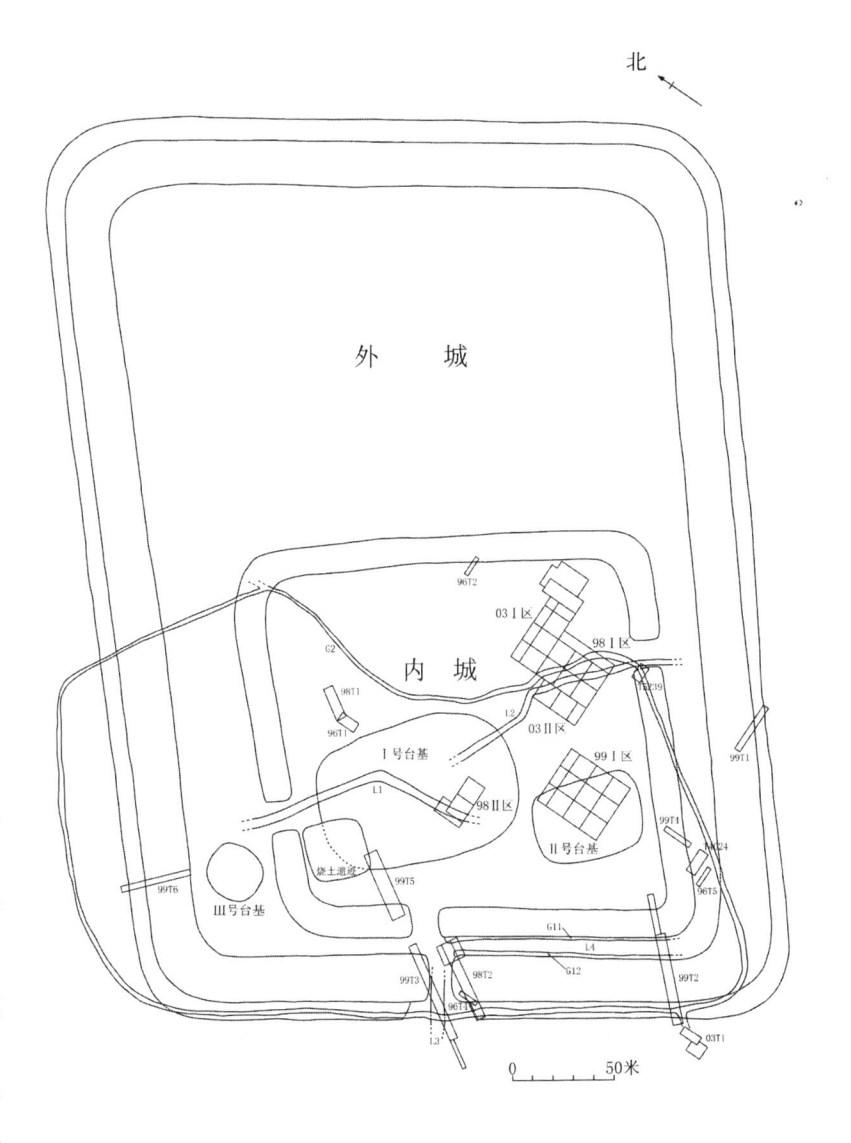

图二　藤花落遗址发掘布方及龙山文化城址总平面图

外城南北长 435、东西宽 325 米，墙体宽 21～25 米，面积约 14 万平方米；内城东、南、西、北城墙长分别约 199、210、190、200 米，墙体宽 21～22 米，面积约 4 万平方米。从规模来看，藤花落城址与同时期的丹土、丁公城址面积相当，而小于桐林、尧王城、城子崖和景阳岗（桐林和景阳岗整体年代晚于藤花落）。

3. 城墙的修建模式与城外壕沟的特点

城墙的修建技术主要有堆筑和版筑（或称夯筑）两种方式。其中堆筑法是指直接将土堆筑城墙，未使用工具夯打，而夯筑法是指在修筑城墙时，利用工具将墙土夯打加固，在夯土层可以见到明显的夯窝。

藤花落城址的外城墙由堆筑和版筑相结合修筑而成，以堆筑为主。城墙中间有垄状墙芯，并开凿较浅的墙芯基槽，然后在墙芯两侧分别依次堆筑若干层斜坡状堆土，形成墙体。为加固墙体，一般会在堆筑过程中，在墙芯中部和两侧用粗壮的木桩用来加固。两侧的木桩为有规律的排桩。近城门外的外城墙采用版筑法建造，呈"L"形将城墙包裹住，并用密集的排柱呈U形立于门两侧的城墙用来挡土和加固。内城墙主要由版筑夯打而成，夯土纯净，不含任何杂质，夯窝明显。内城墙体夯土中均发现非常密集而又粗壮的木桩，与城墙平行且成排分布。木桩上端大都腐朽成尖状，下端仍很完整，木桩四周保持着由外向内用石器砍砸的痕迹。从木桩下端较圆钝的情况分析，木桩不是在夯土形成后打下去的，而是在夯土开始夯筑之前就栽下去的，然后才在木桩周边层层施打夯土。整个内城墙的建造，耗费的木材数以万计（图三）。

海岱地区龙山文化城址中，城墙主要采用堆筑技术修建的还有丹土、景阳岗（早期外侧城墙使用版筑技术）、城子崖（晚期使用版筑与堆筑法相结合）。墙体主要采用版筑法的有丁公、边线王（仅存基槽，发现夯窝）、庄里西和尧王城。内外城墙夯筑技术的有别、大量的数以万计木桩的使用，是藤花落城址城墙修建技术的显著特点。

壕沟是一个城址的重要组成部分，一般是指由人工挖掘而成，对城址起一定保护作用的防御设施。藤花落城址的壕沟在外城墙外侧，与外城墙平行一致。城壕大多都开凿于生土面上，宽 7.5～8、残深 0.8 米，弧壁、凹圜底，城壕内的堆积为深黑灰色填土，含有大量炭屑、红烧土、石块以及动物骨骼等。壕沟属水沟型，大多壕段是一次挖凿，城墙的坍塌、城壕淤塞、城墙的修补都会导致城壕的多次清淤和挖凿，甚至导致靠近城墙一侧的沟底之上叠压着扩筑的城墙堆积。

目前，海岱地区龙山文化城址明确发现有壕沟的除藤花落外，还有丹土、两城镇、桐林、尧王城、丁公等。两城镇城址先后挖有的内、中、外三圈环壕，从它们与城内堆积的相对海拔高度来分析，三条壕沟均应该是常年无积水的干沟。城址外是否挖有壕沟与城址所在的自然地理环境密切相关。齐鲁地区的史前城址多位于沙丘堌堆之上，即依据古河道中的沙洲修建而成，一般高于周围地面 3～5 米，这些建于沙丘之上的城址（也可称为台城），其所在台地周围容易形成低洼湿地，作为保护城址的天然屏障，对城址形成保护作用，故少见人工壕沟。而藤花落遗址位于北、南云台山之间的山间冲积平原上，地势平缓，尽管遗址中心区稍高，但整个遗址所处的地势仍是由西北向东南方向倾斜，与地表水流向一致。人工开挖壕沟，即可作为修建城墙取土之用，也对城址起到了防涝的基本保护作用。

4. 城址的内涵

城址的内涵，主要可以从城址内部的布局、房址与墓葬等方面来认识。

在藤花落城址的内城内发现三处夯土台基，L1和L2两条主要道路，以及44座房址。通过对98Ⅰ区、99Ⅰ区、03Ⅰ区和03Ⅱ区的发掘以及内城的钻探，对城内部的情况已有了大致的了解。

城东为居住区。以G1、L2为界，44座房址可大致分为三处。G1以北主要为圆形单间房址（图四），除F36、F46和F48外，面积均在12平方米以下，以5～8平方米数量最多，应为普通的民居。F48为长方形高台建筑，面积约32平方米，周围环绕着红烧土广场以及多处烧土堆、祭祀坑等，故而推测F48应该不是单纯的民居建筑，而与城内居民的祭祀、宗教生活密切相关。此外，从年代和层位关系上来看，F48及其周围的烧土堆积也早于城内的其他房址，与城墙的始建年代一致，因此F48有可能是建城过程中进行祭祀活动的场所。

G1以南则主要是长方形房址，有单间房、双间房、多间房，但房址的平面形状不甚规则（图五）。单间房的面积小，有着较多的打破叠压关系；多间房的分间不规则，如F8，南北各有三间房，每间面积在5～7平方米，其北侧的三间房显然是为利用南侧房址的北墙而扩建的附加房屋。这些房址应与G1以北的圆形房址一样，为普通的民居。

建造于Ⅱ号台基之上的F19、F20，面积都在30平方米以上。墙基槽宽阔且深，并有出檐柱，与台基之外的房址有明显的差别。特别是F26，它处于Ⅱ号台基的中心部位，平面呈"回"字形，外间面积达109平方米，内间面积达32.5平方米。基槽宽0.24～0.50、深0.48米，基槽内柱洞密集，直径粗大，深过基槽，房址的垫土非常纯净，可分二层，直接叠压在台基之上。内间平面上分布有三块石块。这座回廊式房址结构非常特殊，南部正中部位有一条宽3.5米的道路，但在门道位置却发现有两排密集的柱洞，内间的东西基槽的里侧，也都增设有一排密集的大柱洞。根据其平面上所见现象推测，此建筑应为高台式建筑。外间基槽和柱子构架起一个悬离地面的平面，内间则是高出平台的主体建筑。整个建筑形制类似于后代的"京"。而在门道处有密集的柱洞恰是用来撑重的。它已不是普通的民居，而是一座与宗教、祭祀或其他大型集会等活动有关的建筑设施（图六）。

发现三处夯土台基，分别为Ⅰ、Ⅱ、Ⅲ号台基，Ⅰ号台基位于内城中部略偏西南，Ⅱ号台基位于内城东南，Ⅲ号台基位于城址西部的内外城墙之间。Ⅰ号台基面积约7000平方米，台基上发现道路和底部垫有石块的大型柱洞；Ⅱ号台基面积约2000平方米，该台基是用纯净的黄土堆筑而成，其上发现了F26等大型房址建筑；Ⅲ号台基面积较小，约600平方米。Ⅰ、Ⅱ号夯土台基应该是早期的宫殿宗庙区，L2以北，G1南北两侧的圆形和长方形房址，应为普通的民居；Ⅱ号台基之上的F19、F20等级明显较高，应为城内贵族和神职人员的居所；而L2以南，Ⅱ号台基以下的F7等，房屋的等级介于上述两者之间，其居住者的身份地位也应该是两者之间。

在内城的西部发现大面积的红烧土，有的地方厚达五六十厘米，并发现有窑汗一类的凝结物。内城的西北部发现有大量的石器，且出有磨制精致的锥形玉饰件和六棱柱状水晶制品。其中出土的一件大砺石，长80、宽16、厚6～9厘米，三面均被磨成凹面；还发现一件石钻头，暗示这一带可能存在着作坊区。

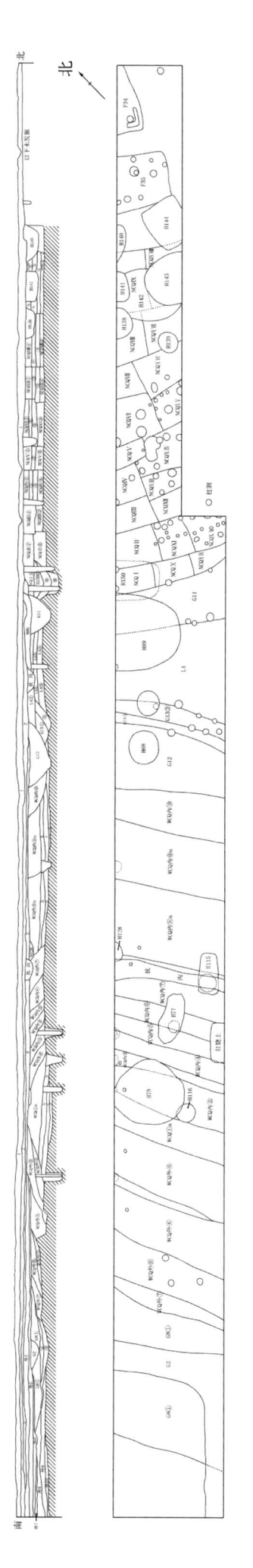

图三 99T2 平面、西壁剖面及外城垣南城墙平、剖面图

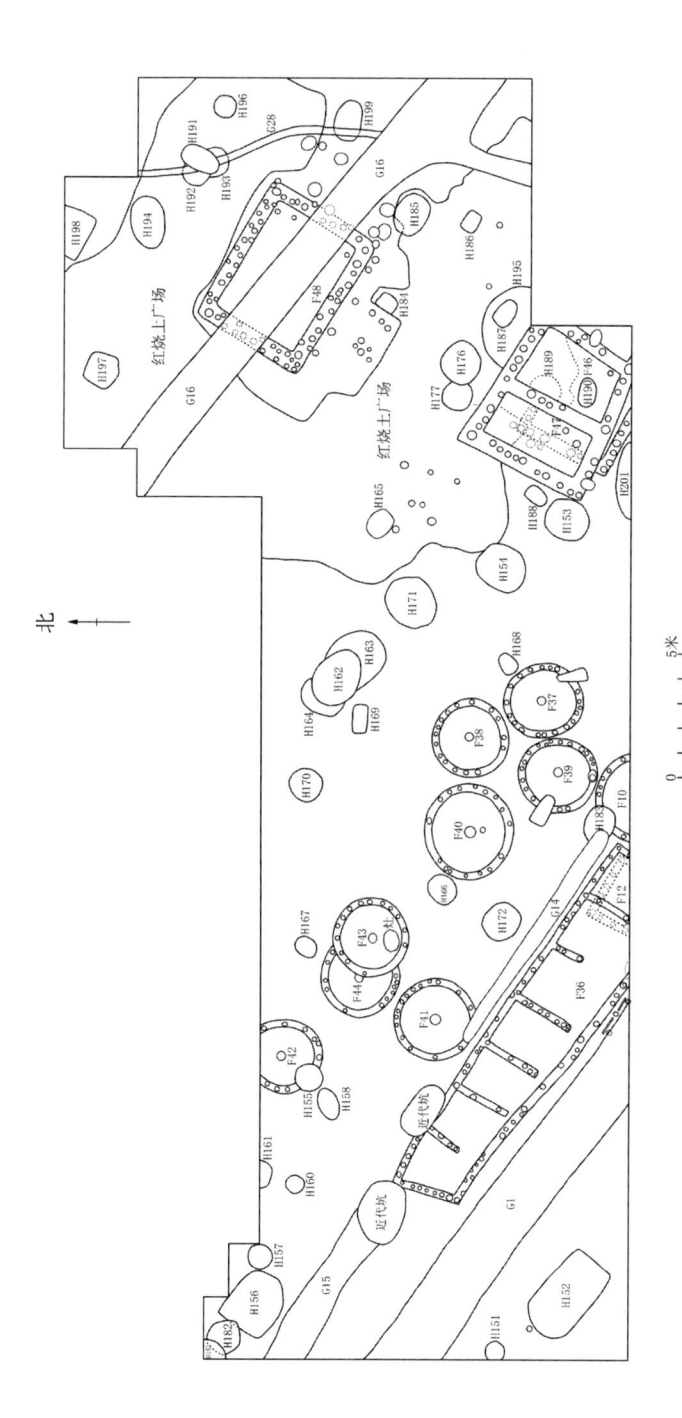

图四 G1 以北主要遗迹分布示意图

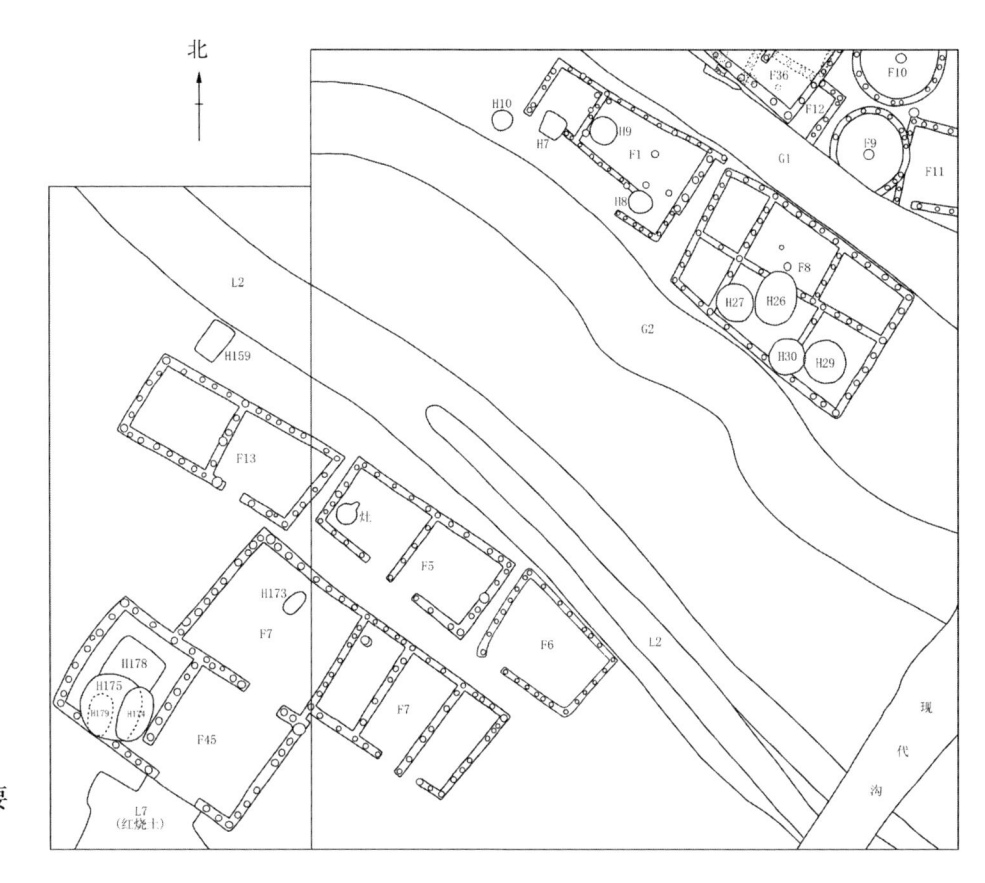

藤花落龙山时代城址的特征与聚落形态

图五 G1以南主要遗迹分布示意图

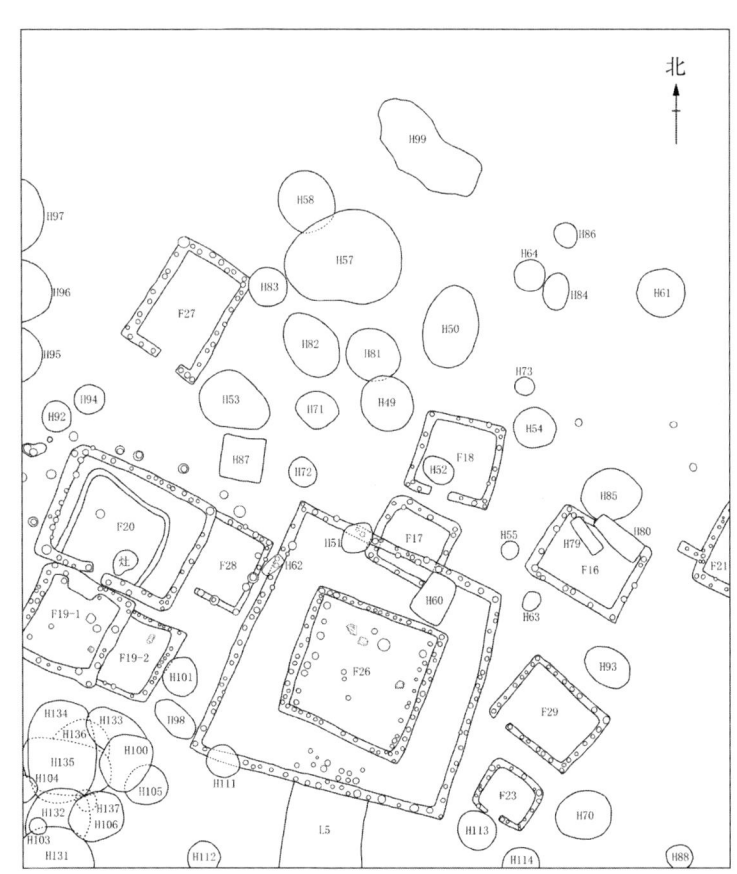

图六 II号台基上主要遗迹分布示意图

城内和城外均发现有水稻田遗迹。城内水稻田遗迹位于98Ⅱ区，即内城中部偏南，发现了G5、G6、G9、ST1、SK1等一组遗迹，遗迹中的土壤经江苏省农科院测试分析，均含有大量的水稻植硅体。在G8、H149、H72、H97等遗迹单位中，经过漂选，发现有数百粒的炭化稻米，经鉴定为粳稻。

城外的水稻田遗迹主要位于外城墙东南，主要发现了03T1第5层下G17、G19～G26、ST2、ST3等一组水田遗迹以及03T1第6层下L6、G27以及ST4等一组水田遗迹。

城址的墓葬区尚未发现。

海岱地区龙山文化城址内发现有夯土台基的还有景阳岗、两城镇、尧王城等。景阳岗最大台基（即3号台基）面积达9万平方米，此台基是利用自然沙丘，上部经人工夯筑而成。台基上可能存在大型房屋建筑，其主人也应当是城内权贵。城内发现有房址的城址还有城子崖、丁公、丹土、两城镇及尧王城等，但均缺乏详细材料。在丹土、两城镇、桐林等城中，也发现了石器、玉器加工场所的线索。墓葬材料在其他城址中的发现也同样不多，仅在两城镇城址中发现的50余座墓葬可区分出中型墓和小型墓，丁公等城址中发现的墓葬均属小型墓葬。

二 城址的群体特征

现有的发现和研究表明，史前城址是一定社会群体和组织的产物，并不是孤立存在的，而是与其周围聚落之间存在着密切的关系。

由藤花落城址所在地区龙山文化聚落分布图可知（图七），该地区同时期聚落呈现明显以群相聚现象，多数聚落之间显现出最小间距在3千米左右。据此，该地区的龙山文化聚落至少可以相聚成3个聚落群。而很显然，北部的两个聚落群相距更近，关系更为密切，它们与南部的以藤花落城址为首的聚落群之间相距20千米。这20千米左右的空白地带中，没有发现同时期聚落，说明了南北两处聚落群体应该是两个不同的社会群体。因此，藤花落城址只是所在聚落群的核心，而不是整个地区聚落群体的核心。

简单说来，以聚落群聚形态研究为基础，海岱地区的龙山文化城址有三个层次有别的属性。

第一层次即以藤花落及其周边聚落为代表，聚落按照一定的社会组织原则近距

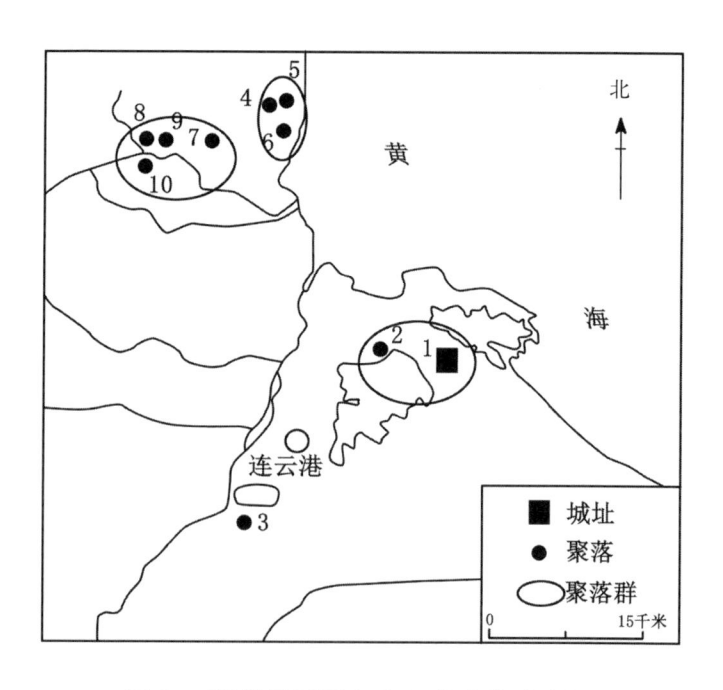

图七 藤花落周围龙山文化聚落分布图

1. 藤花落 2. 朝阳 3. 二涧 4. 下庙墩 5. 庙台子 6. 大台子 7. 后大堂 8. 苏青墩 9. 青墩庙 10. 大河东 （改自《中国文物地图集·江苏分册》，2008年）

离相聚而成聚落群，其中的城址为其所在聚落群的核心聚落。

第二层次可以以庄里西城址和防城为代表，即在一定地域范围内若干聚落群近距离相聚而成形成聚落群团，其中的城址为其聚落群团内的核心聚落。

第三层次可以以两城镇、丹土及尧王城[1]为代表。聚落群因近距离相聚或聚落群围绕在聚落群团周围形成聚落集团，其中的城址在聚落集团中处于中心地位，在两城镇、丹土和尧王城所在的聚落集团中，尽管在龙山文化初期三者的规模接近，可将丹土聚落群、尧王城聚落群及两城镇聚落群视为整个集团的多核心聚落群，但在随后的发展中，尧王城的规模要大于丹土和两城镇，应该是核心中的核心[2]。

从目前已发表的材料看，从聚落群聚形态的级别和层次来看，藤花落聚落群呈现的级别应该是最简单的，尽管它与同属于鲁东南—苏北沿海的尧王城聚落集团同属一个大的区域，但目前为止并没有迹象表明尧王城聚落集团在整个鲁东南—苏北沿海能够占据绝对优势，包括两城镇、藤花落在内的聚落群（团）都应该是与其平等的社会单元，与鲁北地区一样，贯穿两城镇、尧王城、藤花落的地区中轴打破了本地区自成单元的地理和社会格局，使得尧王城这样的向心式区域社会不至于成为封闭的自足王国，而是融入到整个地区社会格局中，成为由多个相对独立的政体构成的地区社会体系中的一员。

三　城址聚落形态特征所反映的社会形态

史前城址所折射出来的社会形态是复杂的，无论是作为城市本身，还是所在的区域。藤花落城址也不例外。

就其城址本身而言，第一，城内夯土台基的出现，是社会复杂化和等级分化的一种物化形式，这种夯土台基在城址中处于中心地位，大型建筑基址在夯土台基上发现，进一步确定了夯土台基具有早期宫城的意义。

第二，城内发现有明确的祭祀区，在南城门和南城门口东西两侧的城垣夯土中都发现人祭、燎祭和动物祭坑，当属"人牲"和"牺牲"。类似的祭祀场所和方式在景阳岗、桐林等其他龙山城址中也有发现。城址内祭祀区的形成，说明当时氏族公共权力集中，部落贵族通过祭祀活动掌握氏族公共权力，通过神权进而来强化王权，他们逐渐成为社会的管理阶层，成为掌握主要公共资源和权力的贵族。

第三，可能存在的手工作坊区和水稻田遗迹表明此时城内居民社会和职业身份的分化。既有从事农业生产的农民，也有可能从事石器、玉器、陶器等制作的手工业者，甚至可能出现从事商贸活动的商人。这一点，还需要更多的实物材料来加以证明。

第四，房址规格、规模的区域化也反映出此时社会组织结构发生着变化。单间房和双间房当为个体家庭开始作为独立个体出现在城址中，排房应为家族所居住，更高规格的套房属于地位较高的部落贵族首领。但是，大部分居民之间象征着社会身份的贫富分化却不甚明显，这一点，不仅在藤花落城址中，在其他海岱地区龙山文化城址中也同样存在，即缺乏陶寺遗址那样拥有大规模公共墓地、墓地分化已很充分的现象。这或许与考古工作有关，但也有学者认为，"山东龙山文化展现的社会结构不是通常所谓'金字塔'式,而是大多数居民属于拥有一定财产的所谓中间阶层,社会最顶端的高级管理层和最底端的贫民都只占少数。这种结构呈现的是中间突出两端尖锐的'陀螺型'。"[3]

从大的区域来看,藤花落城址所属的聚落群是结构最简单的二级聚落群。根据已有的民族学材料和研究,这种简单的二级结构聚落群,血缘关系和婚姻关系是其形成的基础和纽带,城址是整个聚落群的核心。这种聚落群内聚落间维系关系的方式与以城址为核心的区域社会单元,即以地域而非血缘和婚姻进行维系关系或层次划分的聚落群(或可称聚落集团)有着本质的区别,后者以两城镇—丹土城址聚落集团为代表,它是史前晚期社会一体化和地缘化的产物,是由分散型聚落群体转化为一种全新的向心型聚落群体,其中的城址一般为地域核心所在。

注释

[1] 中国社会科学院考古研究所山东队、山东文物考古研究所、日照市文物局:《山东日照市尧王城遗址2012年的调查与发掘》,《考古》2015年第9期。

[2] 2012～2013年中国社会科学院考古研究所与山东省文物考古研究所对尧王城进行调查、勘探发掘的资料显示,尧王城城址是由三圈环壕和二圈城墙构成,总面积超过400万平方米。时代从大汶口晚期一直延续到龙山中期。尚确如此,那整个海岱地区史前城址的格局将作重大调整,期待新材料尽快见面。

[3] 孙波:《山东龙城文化城址略论》,《中国聚落考古的理论与实践(第一辑):纪念新砦遗址发掘30周年学术研讨会论文集》,科学出版社,2010年。

The Characteristics and Settlement Patterns of the Walled Settlement at Tenghualuo site in Longshan Era

Liugen Lin and Yingfang Hu (Nanjing Museum, China)

Abstract

Tenghualuo site is the only walled settlement of Longshan culture found outside the Qilu area (Shandong). It also has the largest excavation area among all walled settlements in Longshan era with a large number of diverse features found inside the walls. Tenghualuo is critical for the study of walled settlements in Longshan era. This paper presents both the features and characteristics of Tenghualuo and also its relation with surrounding contemporary settlements, and the reflected settlement patterns are discussed.

山东定陶十里铺北遗址发掘的主要收获及初步认识

高明奎 王龙 曹军 王世宾[*]

一 遗址概况

十里铺北遗址位于鲁西南地区的定陶县仿山镇十里铺村北约80米处，东南距县城约5千米，菏商公路及菏曹运河斜穿占压遗址的东北角。该地属古济水流域，宋金以来多次受黄河淤积，逐渐形成地势平坦的冲积平原。

2013年冬季，在菏曹运河湿地景观带工程建设过程中发现该遗址。经调查与勘探了解，该遗址由北部的堌堆遗存及西南、东南部的高岗地构成，南北长约350、东西宽约300米，总面积9万多平方米。堌堆遗存大体呈圆丘状，直径180～190米，面积3万多平方米，东部被河道与公路占压破坏，现存约2.7万平方米，包含大汶口文化、龙山文化、岳石文化、商代、周代、唐代等不同时期的文化遗存。该遗址曾多次被洪水淹没，上部普遍覆盖0.70～2.10米厚的淤积层，由中部向周缘淤积层渐厚，至外缘处可达3.50～4.50米。文化堆积平均厚达2.00米，最厚处达3.00米，尤以龙山文化、岳石文化、商代晚期的遗存最丰富。

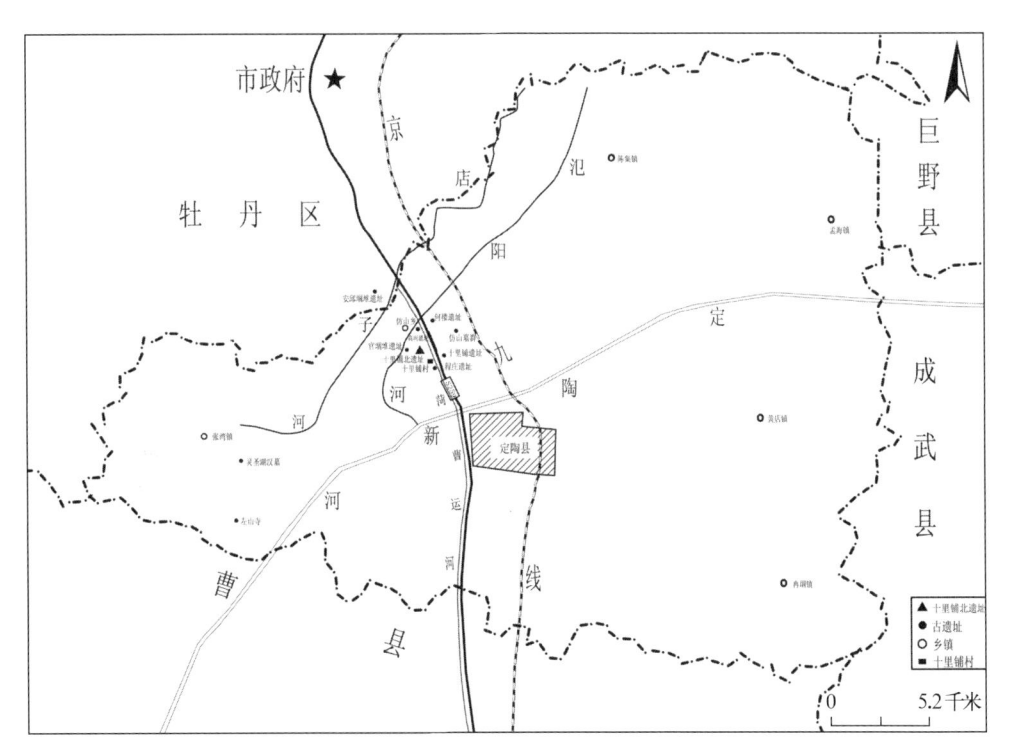

图一 十里铺北遗址地理位置及聚落分布

---

[*] 高明奎、王龙：山东省文物考古研究所；曹军：南京博物院；王世宾：山东省菏泽市定陶区文物局。

2014年7~12月及2015年春季，山东省文物考古研究所、菏泽市历史文化与考古研究所、定陶县文物局联合组队开展大规模发掘工作。在堌堆遗址东南部边缘沿河工程施工范围内布方发掘，并在南部边缘开探沟解剖，初步了解了该遗址的规模、内涵及文化、环境的变迁，取得了重要收获。

二　主要收获

十里铺北遗址的抢救性发掘是迄今为止鲁西南地区发掘规模最大、获得资料最丰富的一次考古工作，具有重要价值和深远的影响，取得了以下几项重要收获。

1. 进一步完善了鲁西南地区史前文化的发展序列

在遗址东北部、东南部边缘分别发现大汶口中期的窖穴及地层堆积，出土泥质彩陶罐、夹砂并掺蚌壳末的陶鼎、陶罐等器物。调查采集到残石磨棒及红陶双耳壶、钵等器物残片，时代不晚于大汶口文化早期。至本世纪初，已知鲁西南地区最早的史前文化为大汶口文化晚期[1]，而这次工作明确可早到大汶口文化中期，最早至大汶口早期或更早阶段，该地区即有古人生存，这样就进一步完善了鲁西南地区史前文化发展的链条，填补了该区域距今5000~6000年人类发展的一段空白，但更早期的文化面貌及性质有待进一步工作解决。

2. 发现了丰富而有特色的龙山文化、岳石文化、商代的文化遗存

龙山文化遗存主要有房基、墓葬、灰坑（窖穴）等。房基为半地穴式建筑，平面呈圆角方形，有斜坡台阶式门道，朝向东。灰坑和窖穴120余座，平面呈圆形、椭圆形、长方形等，其中部分为规整的圆形窖穴，集中分布于东南部边缘，加工较好，个别在坑的底部横插多个木棍，或起支撑作用，或在坑底铺一层木炭灰防潮，有的坑壁抹泥，修整光滑。墓葬为小型土坑竖穴墓，人骨保存较好，有木棺痕迹，未见随葬品。陶器所表现出的文化面貌与山东龙山文化有较大差别，而与豫东同期文化更加接近。时代相当于山东龙山文化的中晚期。陶色以灰或灰褐色为主，素面比例约占1/2，常见纹饰为绳纹、篮纹、方格纹等，基本不见典型的夹砂陶，炊器多为含细沙陶，器形以中口弧腹罐最多，其次为甗，鼎的数量较少，仅见有少量鼎足。也有山东龙山文化的典型陶器，如白陶鬶、红陶鬶、圈足盘、平底盆、筒形杯、薄胎高柄杯、鸟喙形鼎足等，但数量较少，占比例较低。岳石文化遗迹集中分布于发掘区的中部偏东及北部，房基1座及上百座灰坑。陶器文化面貌同样表现出复杂性，素面陶器和大量的绳纹陶器并存，器形组合多样，除夹砂红褐色大口罐、中口罐、甗、小罐形鼎、泥质灰陶豆、卷沿鼓腹盆、器盖、尊形器等典型岳石文化陶器外，还共存较多下七垣文化的器物，如薄胎细绳纹鬲、橄榄型罐、花边口沿绳纹盆或罐等，另有少量二里头文化因素的陶器，如灰陶绳纹捏口罐等。商代遗迹广泛分布，晚商时期灰坑近200座，最早可到中商一期，清理了大量圆形袋状窖穴，其中中部多座坑底放置完整的牛、猪或人骨架，集中分布，出土完整的卜甲，应为祭祀区。另发现有少量墓葬、陶窑、房基、柱洞等。陶器面貌基本同殷墟文化，常见器形有鬲、甗、簋、豆、盆、瓮、罐等，夹砂红褐色的叠唇陶鬲数量较多，较具有地方特色，偶见盔形器。还发现多件陶范残块，可能有铸铜作坊遗迹存在。

3. 发现岳石文化、晚商时期的城址

城址座落于北部的土丘高地上，平面近圆形，直径180～190米，面积约3万平方米。夯土墙沿高地边缘修筑一周，南部有一缺口，其中东部、南部遭破坏，现存约2/3周。墙体顶部距现地表0.30～1.50、宽7.00～8.00米，底部宽11.00～13.00、残高2.30～3.50米。在南墙中部探沟解剖，剖面显示墙体建筑使用可分三大期。

第I期墙体主体部分建于岳石文化时期的灰黑色堆积上，底部的基础略隆起，夯土系利用文化堆积，夯层厚度一般不超10厘米，夯打软硬程度不一，有的层垫筑后略加工，有的夯打致密，可辨认出直径约3～5厘米不等的圆形单棍夯窝，较多夯层间撒薄层草木灰间隔，夯层中包含较多陶片，绝大部分为龙山文化时期，岳石文化的较少。外坡斜度较大，底部夯打成近水平层，上部为坡状堆积，部分堆筑，遭严重破坏，出土陶片最晚为岳石文化时期。

第II期是在前期内、外坡基础上增筑形成，外侧利用黄褐色粉沙土夯筑，内侧多用灰褐色的文化堆积，夯层较薄，约5～7厘米，夯窝难辨，局部可识3厘米左右的小棍夯窝，包含物较少，主要为龙山文化陶片，岳石文化陶片少量。外护坡略经夯打，为多层斜坡状堆积，包含陶片最晚为晚商时期，内坡堆积略平，亦为晚商时期。

第III期，主要是大规模加高墙体，同时加固外坡。主体部分夯土均呈水平状，采用分块版筑技术，夯层变厚，厚12～15厘米，夯窝略变大，圆形圜底棍夯，直径6～7厘米，包含陶片主要为晚商时期，不见晚于商代遗物。外坡利用掺杂料僵石颗粒或粉末的黄褐色沙土夯打成坡状堆积，较致密，出土陶片较少，可辨明的最晚为晚商时期，内侧夯土被东周时期遗迹破坏。

综合各期出土遗物及内外护坡的叠压关系，推断第I期墙体为岳石文化时期，主体部分曾遭严重破坏，第II、III期系商代晚期修补加固而成，东周时期可能仍在使用。

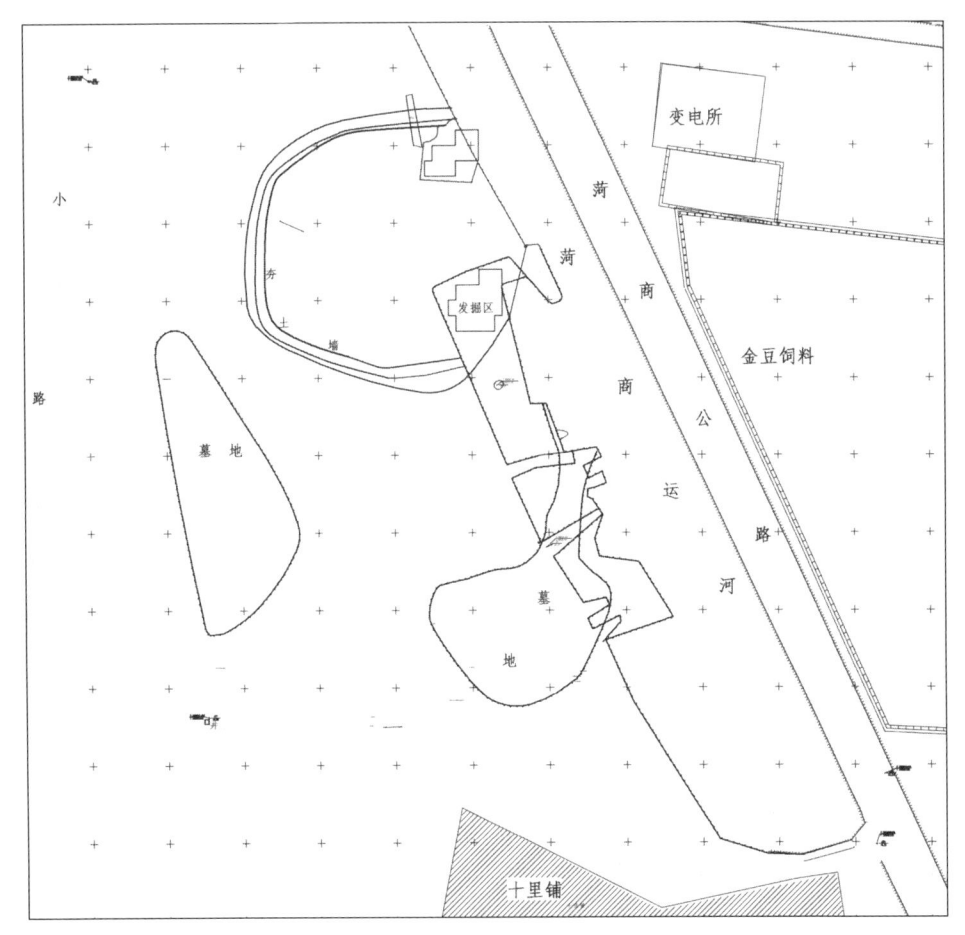

图二　十里铺北遗址平面图

三 初步认识

十里铺北遗址由于淤积深埋于地表下,未遭近现代大规模取土破坏,保存了深厚的文化堆积,至少包含了大汶口文化中期(最早可能早于大汶口文化)至唐代数千年的文化内涵,是鲁西南地区现存最完整、保存最好、文化延续时间最长、发掘面积最大的堌堆遗存,是研究、展示6000年以来该区域环境变化、社会历史演变的绝佳实例,也是苏鲁豫皖交界区"丘"、"岗"、"堌堆"类遗存的典型代表。

该遗址的文化面貌复杂,充分体现了先秦时期东、西文化的交流与融合。

所发现凿形足的罐形鼎、泥质青灰陶的彩陶筒形罐,其形制特点、器物组合与鲁中南汶、泗流域的大汶口文化中期偏晚阶段的面貌一致[2],调查采集及发掘出土的泥质红陶钵、红陶双耳壶、一面磨平的长条形石磨棒与大汶口文化早期或北辛文化晚期的同类器形特征近同,判断在距今5000年前后或更早的大汶口文化早期阶段,生活在该地的古人为东夷人。而到龙山文化时期,与山东中、东部的龙山文化面貌差异较大。十里铺北龙山文化陶器很少有典型的夹砂陶,即使炊器陶胎中肉眼也难识砂粒,仅从掷地敲击的声音辨别,炊器陶片没有典型泥质陶片的声音清脆、响亮,但有一定数量的夹蚌陶,纯正的黑陶很少见,主要为灰、深灰、黑灰皮陶,器形大部分为薄胎中口鼓腹罐,饰绳纹者最多,其次为篮纹、方格纹,鼎的数量较少,仅见少量鼎足,甗的数量明显多于鼎,中口罐与甗是最主要的炊煮器。也有山东龙山文化特征的鸟喙鼎足、器盖、矮领瓮、平底盆、鼓腹盆、圈足盘、单把杯、鬶等器物,但数量与所占比例明显较低。与周围同期的龙山考古学文化相比较既有联系又有区别。王油坊文化(或称王油坊类型、造律台类型)是分布于豫东的龙山文化[3],其年代及延续时间与十里铺北遗址的龙山文化遗存大体同时,从陶器的文化面貌上看,以灰陶或灰褐陶为主,多素面,中口弧腹罐是最多的器物,且常见器表糊一层烧土,用途也当一致,另外均有袋足甗、大量碗形器盖及较多典型龙山文化特征的圈足盘、平底盆、鬶、矮领瓮、单把杯等器物,差异之处是王油坊夹砂红褐陶明显偏多,纹饰早期篮纹居多,中晚期以方格网为主,其次是绳纹、篮纹等,较突出的特征是出现较多扁三角形足的圜底罐形鼎,普遍红褐色、饰篮纹,十里铺北未发现类似器物。后岗二期文化是分布于豫东北、冀南的龙山文化,与十里铺北相比较,共性的东西就是出现大量做为炊器的中口弧腹罐、甗及典型龙山文化的陶器,器物组合比十里铺北更加复杂,十里铺北未发现后岗二期的鬲、斝,后岗二期纹饰以绳纹为主,篮纹、方格纹次之,而十里铺北绳纹比例略高于方格纹,篮纹少量。从陶器的总体面貌来说,十里铺北与后岗二期的更加接近,虽然后岗二期炊器还有鼎、鬲、斝,但数量较少,所占比重较低,中口弧腹罐及甗是最主要的炊器,纹饰特征基本皆以绳纹为主,同时,典型龙山文化的器物也占有一定的比例。

十里铺北岳石文化陶器仍以素面为主,陶色有红褐色、灰及灰褐色,器型绝大部分均与山东中东部地区同类陶器相似,仍有大量有篦刮纹的夹砂红褐色陶片,器形有大口弧腹罐、深腹筒形罐、小罐形鼎、深腹盆、小杯等,器表光滑泥质灰陶盘形豆、碗形豆、蘑菇形钮器盖、尊形器、卷沿鼓腹盆、大口斜腹平底盆等,陶器的主体部分仍属东夷文化。但不少灰坑中共存有来自西方或北方文化因素的陶器。与山东腹地岳石文化明显不同的是含有大量绳纹陶器及少量的方格纹、篮纹器物,且绳纹所占比例最高，绳纹的形态也复杂多样，与胶东、鲁北地区岳石文化绝大部分素面的风格明显不同，显然十里铺北岳石文化吸收、融合了较多来自周围同期文化的因素。在较多灰坑中夹杂有薄胎细绳纹灰陶片、交错杂乱绳纹陶片，可分辨出的器形有下七垣先商文化细锥状足鬲、橄榄型罐、花边口沿罐、绳纹盆，或与二里头文化有关捏口绳纹罐、绳纹盆等。从比例上来说，外来因素中下七垣文化的占比最多，二里头文化因素的陶器仅仅是零星发现。从陶色、纹饰、器形上观察，先商文化风格的陶器与冀南、豫北的下七垣文化晚期的同类器基本无异，从制作技术上推测，似乎在下七垣文化晚期，来自北方的部分先商人在十里铺北开始定居，制作了具有下七垣文化风格的陶器，同时也受到了来自二里头文化的部分影响，但当时原住民可能仍是来自东方的夷人，这对于夷、夏、商交流融合研究具有重要价值。商代遗存主要是晚商阶段的，而殷墟二、三期的遗物最多，最早可到洹北商城阶段。结合以往研究，十里铺北商文化遗存可归入商文化的"安邱堌堆"类型。

上述不同时期的文化属于多个文化系统，也应当代表了不同的人群，动态地考察，可看出该地区人群迁徙变化的过程。从大汶口文化中期开始至商代晚期，该区域可能先后有4个族群在此生活。大汶口文化时期，来自东方的夷人占据此地，大汶口文化与龙山文化之间还有一段时间空白，难以言及二者的承袭关系，况且龙山文化的面貌与山东龙山文化差别较大，显然不属于海岱文化系统，故推测龙山文化时期来自中原文化系统的人群迁徙该地域。龙山文化、岳石文化时间衔接虽然较紧密，但从文化面貌、遗迹的打破关系推测，后者对前者的替代远大于承袭关系，该遗址的岳石文化面貌明显属于东方的夷人系统，说明主体人群来自东方的可能性较大，岳石文化与许多先商文化陶片共存的现象，又暗示两者的关系似较融洽。至于商代文化，明显是外来人群的占据。不同时期、不同人群的文化在同一遗址先后出现，这种现象究竟是在怎样的历史背景下发生，又代表了怎样的历史事实，值得进一步探讨。

十里铺北岳石文化、商代城址的发现，是山东地区夏商考古的重要突破，尤其出现于东西文化交汇的鲁西南地区，其重要价值更加凸出。十里铺北城址始建于岳石文化时期，商代晚期大规模增扩、补建。虽然城址规模不大，城内布局、内涵有待进一步工作揭示，但筑一周夯土墙所需巨大劳动量，单单靠一个3万余平方米堌堆遗址的人力建成显然不足，背后应有一个强有力的政治组织机构协调周围的人力共同建设。根据目前调查情况，以该遗址为中心，周围绕以官堌堆、仿山、何楼、程庄、十里铺北、高河6处堌堆遗址，最远距十里铺北遗址不超1.5千米，近者仅有几十至百余米，形成了从新石器时代晚期至夏商周时期持续发展的稳定遗址群，这个遗址群应是当时一个区域性的政治实体，而十里铺北遗址则是该政治实体的中心。由于受地理环境的限制——地势低洼、易受水患，难以出现中原地区大规模的中心聚落或城址，而只能因地制宜，才出现了以一个堌堆为中心"众星捧月"式看似松散的空间组织结构。十里铺北城址的性质虽暂时难以究明，但从文化面貌来看，应该是夏代时期东夷人所建。据《汉书·地理志》、《水经注》及清代《定陶县志》等文献的记载，古济水当在仿山遗址西北部流过，然后折而向东，上述7处堌堆遗址皆在古济水的南岸转弯处，沿济水故道东北－西南向延伸，再往北及东北则为雷夏泽、古菏泽、大野泽等大面积水域，而北部大泽与西南－东北向的古济水在仿山周围则形成了南北、东西的天然屏障，从东部而来的岳石文化人可能沿大野泽、菏泽的南缘西进，至仿山一带古济水河岸，选择了地势高亢、文化发达的十里铺北遗址定居筑城。根据豫东的考古资料，从仿山再往西至开封东部的杞县东侧，南到鹿邑县南部都是岳石文化的分布区，显然豫东、鲁西南地区是岳石文化的西边缘，再往西则进入中原文化区，而定陶仿山恰是扼东西交通的要道，十里铺北城址可能是来自东方的岳石文化人西进、南下的前沿基地。重要的地理位置，自然也成了商人东渐觊觎的目标，中商时期，商人开始到达十里铺北城址，殷墟二、三期该城址再度繁荣，并加固城墙，据出土的陶范残块推测，商晚期该城址内曾有铸铜作坊遗存，可能铸兵器，该城址或许是殷墟附近具有重要功能的小城邑。

十里铺北遗址包含丰富的龙山文化、岳石文化、商代文化遗存，与豫东、豫西、豫北同期考古学文化相比，年代当处于龙山时代晚期至夏商时期。龙山文化的年代与王油坊、后岗二期大体同时，相当于海岱龙山文化的中晚期；岳石文化从夏代中、晚期延续到商代中期，而这个时期恰是夷、夏、商三者交融时期，关系复杂，该遗址蕴含的研究价值意义重大。对该城址的研究将有助于重新审视该区域在夏商时期所扮演的重要角色及在中华古代文明进程中所起的重要作用。

注释

[1] a. 菏泽地区文物工作队：《山东曹县莘冢集遗址试掘简报》，《考古》1980年第5期。b. 郅田夫、张启龙：《菏泽地区的堌堆遗存》，《考古》1987年第11期。c. 邹衡等：《山东菏泽安邱堌堆遗址1984年发掘报告》，《考古学研究（八）》，科学出版社，2011年。

[2] a. 山东省文物考古研究所：《滕州西公桥考古发掘报告》，《海岱考古（第2辑）》，科学出版社，2007年。b. 山东省文物管理处、济南市博物馆：《大汶口——新石器时代墓葬发掘报告》，文物出版社，1974年。

[3] a. 中国社会科学院考古研究所河南二队、河南山丘地区文物管理委员会：《河南永城王油坊遗址发掘报告》，《考古学集刊（第5集）》，中国社会科学出版社，1987年。b. 李伯谦：《论造律台类型》，《文物》1983年第4期。c. 栾丰实：《王油坊类型初论》，《海岱地区考古研究》，山东大学出版社，1997年。

The Main Outcomes and Preliminary Insights of the Excavation at Shilipubei Site, Dingtao, Shandong

Mingkui Gao and Long Wang (Shandong Provincial Institute of Cultural Relics and Archaeology, China)

Jun Cao (Nanjing Museum, China)

Shibin Wang (Shandong Province Dingtao Administration of Cultural Heritage, China)

Abstract

The Shilipubei site is located to the north of Shilipu villiage, Dingtao County, Shandong Province. It was occupied from middle Dawenkou culture until Tang dynasty, especially rich of Longshan, Yueshi and late Shang deposits. It is the biggest, the most intact, the best preserved gudui (mound) site, with the longest duration of occupations in southwestern Shandong. From 2014 to 2015, through the large scale excavations, we get to know the scale, cultural connotations, the cultural and environmental changes of the site; in addition, we have made several important gains: first, the sequence of prehistoric cultures in southwestern Shandong has been improved; second, a wealth of Longshan, Yueshi and Shang culture remains were found; third, walled settlements dated to Yueshi and late Shang period were found. Thus, this site is of great significance, especially the walled settlements dated to Yueshi and Shang dynasty, which will help to re-examine the important role of this region during Xia and Shang periods and its role in the formation of Chinese ancient civilizations.

城子崖遗址考古的学术意义

田继宝　刘卓尔[*]

城子崖遗址是龙山文化的发现地、命名地，全国首批重点文物保护单位。城子崖遗址的发掘给中国考古学的发展特别是史前考古的发展以深远影响，成为中国考古学和史学史划时代的大事，因此城子崖遗址享有中国考古圣地的美誉。回顾城子崖龙山文化发现、发掘80多年的学术历程，我们深感城子崖遗址在中国史学界、考古学界的地位、意义和对中国史前考古学的贡献。现简论如下，有不当之处，请专家批评指正。

一　山东古迹研究会的成立

现代中国的史学专业学会酝酿、萌芽、出现于20世纪初期，新文化运动后，随着现代学术建设步伐的加快，西方现代考古学传入中国，促使中国现代科学考古的诞生，各类史学会如雨后春笋般纷纷涌现。山东古迹研究会就是20世纪初期众多史学专业学会中的一个，可以说城子崖遗址的发现促使了山东古迹研究会的成立，它对于城子崖遗址的发掘，龙山文化的研究起过重要的作用，在中国史学界、考古学界享有较高的知名度。

山东古迹研究会的成立有着深刻的学术背景，也与当时的社会、人文环境息息相关。国立中央研究院历史语言研究所（以下简称史语所）决定移师山东做考古工作，是做了认真考虑的。史语所所长傅斯年曾这样谈起到山东考古的起因："这个发掘之动机，第一是想在彩陶区域以外作一试验，第二是想看看中国古代文化之海滨性，第三是想探比殷墟——有绝对年代知识的遗迹——更早的东方遗址。如此的一线思想，是易于在中国学人心中发出的，如此的一个步骤，是有组织的设计，不是凭自然出土或文书知识牵之流转的。"[1]

山东古迹研究会的成立与傅斯年的个人贡献是分不开的。史语所与山东颇有渊源，傅斯年家是山东望族，吴金鼎、于道泉等也都是山东人。山东省教育厅厅长何思源、山东省图书馆馆长王献唐等地方名要都是傅斯年的朋友。傅斯年、何思源两人是北京大学的同窗好友，同是五四运动的积极参与者。尔后，两人又分别去欧美留学，回国后又都供职于广州的中山大学，傅斯年是哲学系兼文科主任，何思源是经济系主任兼图书馆馆长。两人的同学关系又变成了同事关系。傅斯年说"我与这件工作之关系，半在内而半在外。虽然我十多年来一直梦想中国东方必有异于西方之古代文化系，而向山东去考古，也多少因为我是山东人，才作了'乡导'。"[2]

为求得山东省政府与地方人士的赞助与合作，解决在山东考古特别是对城子崖遗址发掘的

---

[*] 田继宝、刘卓尔：济南市章丘区城子崖遗址博物馆。

相关问题。1930 年 10 月 27 日，史语所所长傅斯年，经与山东省教育厅厅长何思源反复磋商之后，拟定合作意见八条，并以中央研究院名义，正式致函山东省教育厅。此项合作办法，经山东省政府第十一次政务会议讨论通过，中央研究院和山东省国民政府共同组成山东古迹研究会。1930 年 11 月 4 日，山东古迹研究会在济南原山东大学工学院内挂牌成立，研究会中央研究院方的委员有傅斯年、李济、董作宾、郭宝钧，山东省方有省立图书馆馆长王献唐、国立山东大学校长杨振声及刘次萧、张敦讷等。傅斯年任山东古迹研究会委员长，李济任田野工作部主任，王献唐任秘书。从研究会的人员组成充分体现了中央与地方、学术与社会、考古学家与历史学家的完美组合。

山东古迹研究会决定选择龙山镇城子崖遗址作为在山东进行考古发掘的第一个工作地点和试办区。山东古迹研究会的成立不仅在组织上为城子崖考古的成功创造了重要条件，而且标志着中国学术界在经历了殷墟发掘过程中各种艰难风波后，在恰当处理中央与地方、学术与社会等诸种复杂关系以推动学术进步方面的日渐成熟；是现代学术史上中央与地方为推动学术发展而成功合作的典范。因此这种模式也得到众多知名学者的一致认可，其经验被推广到全国其他地区，河南古迹研究会和陕西考古会便是借鉴山东古迹研究会成功经验的两个典型代表[3]。然而它对后世的影响绝非单纯的几个与之类似的考古发掘机构的建立如此简单。从大的范围来说，山东古迹研究会巩固了刚刚建立起来的中国考古学，发现并丰富了有关龙山文化的学术研究，确立了龙山文化在中国古代文明起源中的重要地位，为进一步证明中国文化始于东方提供了重要的资料。培养了一批学有专长的研究型人才、奠定了学术发展的人才基础，加强了考古学与历史学之间的联系，促进了历史学科的发展。

二　发现并命名龙山文化

龙山文化未发现之前，中国的史前文化只有仰韶文化，它是由瑞典学者安特生于 1921 年在中国河南省渑池县仰韶村发现的。龙山文化则是中国学者、学术机构自己发现、发掘并命名的考古学文化。

完成这个重大发现的是中国一位年轻的考古学者，他就是当时只有 27 岁的吴金鼎（1901～1948 年）。吴金鼎为山东安邱人，早年就读于齐鲁大学，1926 年考入清华学校国学研究院，在考古学家李济先生的指导下攻读人类学专业。1930 年到中央研究院历史语言研究所考古组工作，1933 年去英国伦敦大学留学，1937 年获博士学位。抗日战争期间先后在中央博物院筹备处和历史语言研究所工作，抗战胜利后曾任齐鲁大学训导长、文学院院长、国学研究所主任、图书馆主任等职。他参加过山东章丘城子崖遗址、河南安阳殷墟和浚县大赉店遗址的考古发掘，主持了云南苍洱地区古代遗址、四川彭山汉代崖墓和成都前蜀王建墓的发掘。他在学术上最重要的成就，就是在城子崖发现龙山文化遗存。

吴金鼎在济南期间，闲暇之余喜欢翻阅《历城县志》和《济南府志》，得知济南原址不在今日的历城县，而在济南以东的古时东平陵城，且有很多神奇的传说。为一窥老济南城的真容，1928 年 3 月 24 日，他与朋友崔德润自济南北关乘火车东行，到龙山镇后，请当地小学教师张绳五引导前往东平陵故城。他们在城中遗址地面发现不少已炼的铁块、铁渣。吴金鼎在一条约五尺深的沟（当地人称官道沟）里捡到二块汉代铸造五铢的钱范。初战告捷，吴先生信心大增，旋于4月4日二次来到龙山，就此引出了一个重大发现。这次，吴与张一起出了村北，站在高地上往镇东一望，遥见有一个小城镇状台地。张说那个台地是城子崖，俗名叫"鹅鸭城"。吴很奇怪，养鹅鸭何必有城，而且志书上也无此名，于是他来到台地西边高崖下南行察看。他如此记述了这次考察的情况："先自北端而登，至台西边之高崖下。沿崖南行。见火烧之遗迹，红土堆积甚厚。烧火之处似俱一定之形状者。崖上之灰土包含层极为显著。中含陶片、石块及贝骨等物。颇与吾人所常见者不同。未几，掘获骨质之锥二枚。其制造之粗糙颇足代表其年代久远"。"自此以后，余始确切认定此遗址包含层种所蕴蓄之重大意义。……证明此龙山遗址，确为新石器时代之一村落。一部古代史迹深藏黄土垄中。"[4] 这个重要发现，使吴极为兴奋，此后他放下对平陵城的研究，一心专注于对城子崖的探索。正当他满怀热情准备对遗址作进一步考察时，日本帝国主义者在济南制造了震惊中外的"五·三惨案"，使得他的计划不得不推迟到第二年的下半年进行。

从1929年7月底到10月上旬，吴金鼎接连四次由济南到龙山城子崖，对遗址及龙山镇周围七、八里范围内的古迹，作了全面的调查。他在城子崖遗址文化层掘出了与石、骨器共存的磨光薄胎黑色陶片，引起了极大的兴趣，当时名之曰"油光黑陶片"，认为"油光黑陶片或系龙山文化之特点"[5]。9月28日，他第五次到龙山城子崖遗址，又有所获，晚上兴奋得不能入睡，于床上矢誓言："将来机会苟如我愿，吾将在鱼脊骨（指遗址）上凿百丈长之深沟，以窥龙山文化之底籍"[6]。

第六次去龙山是在10月9日，吴直接到城子崖遗址工作。鉴于前次于地面掘坑法，非个人之力于短时间内能奏效。这次采用"向壁深凿法"[7]，即在大道旁东西两台的最高壁上凿洞，每获一物，记下离地面的高度，及其在遗址的位置，以备将来考究。这次所获重要物品有：石钻、石凿、及油光黑陶杯。又得陶片标本十几种，碎石器数件及骨、贝数件，满载而归。

1930年至1931年，史语所两度对城子崖遗址进行了发掘，吴金鼎先生如愿以偿，全程参加了发掘工作，共开掘探沟89个，发掘的总面积达到1960.8平方米。因这里发现是以黑陶为特色的史前文化，为与仰韶村发现的彩陶文化相区别，发掘者便以黑陶文化来命名。后来，伴随同类遗址和该时期遗物的不断发现，又因城子崖与龙山镇隔河相望，他们便按考古学界的惯例改为以龙山文化来作新的命名（黑陶文化名称也长期沿用）。这便是与仰韶文化齐名的龙山文化的由来。

经过对城子崖遗址第一次发掘材料的整理与研究，吴金鼎写出了《龙山黑陶文化之今天的观察》的文章，这是中国考古学者关于龙山文化最早的一篇论文。文章回顾了龙山文化发现的经过，介绍了对遗址发掘材料研究的方法，对龙山文化特征及其与仰韶文化的差异作了讨论，作者对龙山文化富有代表性的磨光黑陶，作了详细生动的描述。吴金鼎在英国留学期间还出版了他的英文著作《中国史前的陶器》。对中国境内出土的龙山文化、仰韶文化陶器进行了系统总结。这一著作，成为当时关于中国史前陶器最为详尽的著作，被西方人士列入研究中国文化的必读书目。

在城子崖发现龙山文化的鼓舞下，短短六年间，中国第一代考古学者在广大地区发现了许多龙山文化遗址，获得了大量的研究资料。1931年春，即城子崖遗址第一次发掘的第二年，梁思永与吴金鼎发掘了安阳后冈遗址，在这里第一次从地层上判定了仰韶文化、龙山文化和商代文化的相对年代。1932年春，吴金鼎发掘安阳高井台子，找到了与后冈相似的地层，著有《高井台子三种陶业概论》。同年吴金鼎与刘燿发掘河南浚县大赉店遗址，得到与后冈、高井台子相似的地层。1933年，发掘山东滕县的龙山文化遗址。1934年春，在山东东南沿海发现9处龙山文化遗址。1935年，在豫北发现多处龙山文化遗址。1936年刘燿等发掘山东日照两城镇龙山文化遗址。山东沿海地区的发现，又显示了与豫北龙山文化面貌的明显不同，从而认识到豫北区才是商代文化的直接前驱，改变了最初认为的龙山文化在山东发源，而后传到豫北，成为商代文化重要来源的看法。

城子崖遗址的发掘，使学术界第一次比较全面地了解到除仰韶文化之外，还存在一个以黑陶为特征的龙山文化，这是中国上古文化史的一个重要阶段，从而不仅开拓了中国新石器时代考古学研究的地域和时间范围，也使学术界首次获得有关中国史前文化的构成、与殷墟文化的关系等方面的全新认识，在新石器时代考古学研究史上具有重要意义。

在中国，最早确认的旧石器文化和新石器文化都是外国学者发现的。以彩陶为特征的仰韶文化发现之后，由中国学者自己发现并命名的第一个重要的新石器文化，就是以黑陶为特征的龙山文化。从此以后，龙山文化和仰韶文化一直是中国史前考古学研究的中心课题，龙山和仰韶便成了中国考古学论著中出现频率最高的名词，两个文化的研究也造就了一大批历史学家和考古学家。

三 《城子崖》的学术价值和现实意义

《城子崖——山东历城县龙山镇之黑陶文化遗址》（以下简称《城子崖》）作为中国考古学史上里程碑式的著作，其学术价值自不待言，在考古发掘工作热火朝天，考古报告层出不穷的今天，或许还有更为深远的现实意义。

《城子崖》报告内容共七章，前有傅斯年、李济作书序二则，附录董作宾城子崖与龙山镇古代历史沿革的考据一文，全书图版54版，插图10幅，表20，全文英译附其后。《城子崖》的主要内容有以下几个部分：发掘城子崖遗址的原因和目的；发掘过程；遗址的地理环境及风土；遗址文化堆积情况。将七个发掘区的文化堆积总括为上、下两个文化层；遗迹和遗物个论。发掘所获遗物有陶、石、骨、角、蚌器，金属器以及动物遗骸等。报告分门别类介绍了各种遗物后，还就其中部分遗物的出土层位和形制变化情况做了归纳分析，指出城子崖下文化层的陶器以黑、光、亮的磨光黑陶为代表，同时伴出黄陶。上层文化以形制粗略简陋的灰陶器为特征。

《城子崖》每章由不同的学者负责编写，前两章总述遗址发掘经过及地层之构成情况，后五章则以遗物大类为纲分别详述。这种编写体例是梁思永先生创立的，并成为现当代考古发掘报告惯用的编写体例和纲目。由郭宝钧和吴金鼎共同执笔的第一章主要记述了城子崖遗址的概况和发掘经过。该章中对发掘经过的记录精细之程度（包括对发掘工具、用工人数及其变更、劳工费、土地的征用与赔偿等）足以使之成为最原始的"田野考古操作规程"。而在其后若干章节中，不论是对地层中土质土色的描述还是对遗物和遗迹现象的记述都做到了不厌其烦的地步。虽然以今天的眼光审视难免有繁冗的感觉，但其背后所反映的前辈学者对待专业工作的科学、严谨、求实的态度足以让我们这些后辈肃然起敬。正如傅斯年先生在该报告序中的评价："这部书中所函之发掘工作不是一气做成的，其中领率及参加之人员前后颇有改易，这是当时的情景所致，不得不然的。因此在整理编辑上更有许多困难。参加这个工作者之细心与辛苦如我这亲见的人最便于佩服；努力使此报告最简而又最细，求其合于近代考古学报告之要求，只有我们的不惜一切气力的编辑者能做得到。这样在草创中求尽美尽善的精神，必为此书及作此学者所欣悦。"[8] 从总体上来看，该报告不失为田野考古发掘报告开山式的典范之作。

《城子崖》作为中国考古报告的第一部，在资料的整理和发表方式方面也处于摸索阶段。如何做到将纷繁复杂的遗迹和遗物记录并发表公布是报告编写前要解决的第一个难题。该报告所开创的分门别类的发表方式成为日后考古报告编写的典范。即开篇记述发掘原委和经过，接着总论地层堆积状况，然后是分遗迹和遗物两大类，每大类下再细分，如遗物类的下面又分出陶片、陶器、石、骨、蚌、角器等门类。从对每一门类的遗物的记录中可以看出，资料的整理还只是简单的归类描述，没有出现如今程式化的类型学分类法。这种"一揽子"式的发表资料的方法无疑能最大程度上使读者能更全面、客观地了解和掌握出土遗迹遗物的状况，并能在此基础上挖掘其背后的学术价值。而著者本人也本着实事求是、客观公平的态度来整理资料，不因遗物有无代表性而取舍，而是统统一概予以公布发表。对遗物的记述，除了详细有时不免繁冗的描述性文字之外，还配有精细的线图以及按出土深度统计数量的表格，做到了图文并茂。我们不能以今天的标准去衡量过去的工作，况且今天我们所认识并普遍使用的器物类型学对于我们了解历史、重建过去还有很大的局限性。在没有摸索出一种最佳的方法之前，即最简单的方法也就是最佳方法。不论资料的发表有没有年代学的意义，唯独这种实事求是、科学客观地对待资料的态度就是遗留给我们后辈一笔巨大的精神财富。

城子崖遗址于1930年冬第一次发掘完毕，出土文物运回济南，由吴金鼎负责保管整理。吴金鼎用一个多月时间完成《龙山城子崖实物整理报告书》，报告了"整理工作之经过"、"整理期间所得之印象"、"研究问题之提出"三项田野资料整理内容。返回北京后，李济、吴金鼎等着手撰写发掘报告，至1931年8月，完成发掘报告初稿。之所以未付印出版，因同年4月在安阳又发现黑陶文化之遗物。因此史语所决定暂缓编印城子崖遗址发掘报告，重返城子崖遗址进行更大面积的发掘。城子崖遗址于1931年10月9日再次发掘至月底结束。1932年3月，城子崖两次发掘遗物整理完毕，全部报告同时草成。我们的第一代考古先辈，在环境恶劣，条件简陋的状况下，克服人员少，经费不足等种种困难，在无任何参考的情况下仅用不到半年的时间就完成了中国第一部考古报告集《城子崖》的编写工作，一年以后正式刊印出版。无论是发掘后的室内整理还是报告的编写，工作之紧凑，编写速度之快，可以用惊人来表述。相比我们现在一些考古工作者，条件比我们的考古先辈不知好多少倍，但发掘完一个遗址，要出考古报告，没有三至五年是写不出来的，更有甚者十年二十年也写不出考古报告。对照前人执著追求的科学精神，我们怎不汗颜。

在谈到《城子崖》的编写者时，不能不谈吴金鼎，他是城子崖遗址的发现者，他独自写了第二章和第四章，与他人合作写了第一、三、六章。李济在《城子崖》报告序二中这样写到："初稿大部分是吴金鼎预备出来的，他是城子崖的发现者，田野工作他费力很多，屋内工作及报告草稿也费时最久。他的初稿交到梁思永先生手中的时候，要比现在多一倍以上，可见他用力之勤了。"[9] 从中可见，吴金鼎在城子崖遗址考古发掘、资料整理和报告撰写中的重要贡献，也表达了李济先生对吴金鼎的喜爱之情。

作为发掘工作的成果汇总，发掘报告一定程度上能够反映发掘工作的过程、细节和质量，因而一部优秀的发掘报告应该能全面且客观地涵盖和报道发掘工作的成果，读者并能依据这些文字性的记录追溯乃至复原当时发掘工作的细枝末节乃至心路历程。《城子崖》这部里程碑式的报告，从这个角度讲，该报告不失为一部科学详尽记录和发表遗址资料的典范之作。限于当时的水平，报告对遗址的文化分期较粗并有若干不准确之处，黑陶期的城垣也有些疑问，但总体并无太大失误，仍是今天研究龙山文化的经典著作。

《城子崖》具有世界眼光和国际学术交流的前瞻性。这一点在本报告末尾长达 30 页的全文英译中得到鲜明的体现。当然这与吴金鼎、梁思永等报告的编写者皆有出国留学的背景是分不开的。这一做法和优良传统也被沿袭至今。

四　城子崖遗址发掘对中国考古学的贡献

1930 年 11 月 6 日，山东古迹研究会成立的第二天，李济、董作宾、郭宝钧、吴金鼎、李光宇和王湘急切的赶赴龙山镇。11 月 7 日，城子崖遗址发掘工作正式开始。"发掘工人每 6 人一组，编号分队，佩戴徽章，统一指挥。发掘坑以长 10 米、宽 1 米为一基本单位，发掘坑编号用序数命名，并绘制精密坑位图。在发掘中，有专人做地层观察和出土器物品记录。有重要者，测量其坑中位置与深度，并绘图、摄像。回到室内后先后洗刷、编号、登记、统计和装箱。"[10]

1931 年春天，吴金鼎参加了由梁思永主持的河南安阳殷墟后冈遗址的发掘。梁思永是第一位在西方受过田野考古训练的中国学者。在后冈遗址梁思永、吴金鼎发现了与城子崖遗址相同的黑陶遗物，并运用考古地层学方法，划分了小屯、龙山、仰韶文化遗存从上到下堆积的三叠层。后冈遗址黑陶遗存的发现，表明城子崖遗址黑陶文化分布十分广泛，城子崖遗址是探寻中国古代文化的重要遗址。因此史语所决定重返城子崖遗址进行更大面积的发掘。

1931 年 10 月 9 日，城子崖遗址第二年度发掘开始。发掘由梁思永主持，参加发掘的有吴金鼎、刘屿霞、王湘、刘锡曾和张善等。此年度发掘，梁思永改进了发掘工人的组织。采用面袋包装文物，出土物按照层位标明地点和记录统计。还按坑位和层位作活页式登记，便于整理时翻阅。这次发掘，改进了发掘方法，运用现代考古学基础之一的考古地层学理念，按照土质、土色、包含物的不同进行发掘，绘制了考古地层图；对城垣作了重点发掘，得出了黑陶文化期人们在此居住了相当长时间以后才开始筑城，在此城逐渐倒塌以后，灰陶文化期人们又继续筑城的结论。

20 世纪 30 年代初，城子崖遗址的发现和发掘，是中国考古学和古史研究的重大事件，它创下了众多全国"第一"。这是自 1921 年中国近代考古学诞生之后，中国学者、学术机构，自行调查发现和组织发掘的第一处史前黑陶文化遗址；也是中国东部地区考古发掘的开端；绘制了考古层位图；首先在这里发现了龙山文化；第一次在安阳以外的地区发现卜骨；发现了中国第一座史前城址；第一座历史时期城址；出版了中国第一部田野考古报告集；从而为中国考古学的发展，尤其是中国史前考古学的发展，铺垫了重要的基石，产生了深远影响，成为中国考古学发展历程的一个重要里程碑；城子崖遗址也因此赢得中国考古"圣地"的殊荣。

我们还要提到，从1928年开始的河南安阳殷墟考古发掘曾经误把夯土建筑基址中的夯窝误判为水流的漩涡，将建筑柱础的卵石当成洪水从山上冲下来的证据。正是由于城子崖遗址的第一次发掘确认夯土筑城墙，纠正了"殷墟水淹说"[11]，丰富了中国考古学家对于复杂的地下埋藏情况的认识。李济在《安阳》一书中说，"城子崖遗址的发掘为重新解释过去我们在安阳遇到的问题，提供了一些新的依据，这对于安阳田野工作的发展作出了非常重要的贡献。"[12]

人们对复杂事物的认识，都有一个循序渐进的过程。中国考古学的发展也是如此，认识过程的长短，结论准确与否，既取决于工作的深度，更取决于学科的发展水平。对城子崖"黑陶文化期城"的认识就是如此。1931年发现的夯筑城墙年代问题，《城子崖》报告是这样记述的："此墙当为黑陶时期（即遗留下层遗物）之城子崖居民所建筑，并且是他们在城子崖居住了相当的时期后才开始建筑的"[13]。在城子崖黑陶文化期城发现以后的近半个世纪，再未发现龙山文化城，人们对黑陶文化期城即龙山文化城，一直存有怀疑，因而成为城子崖考古和中国考古学一桩长期的学术悬案。直到1977年以后至80年代中期，才在河南、山东先后发现了王城岗、平粮台、边线王等数座龙山文化城，但面积都小于城子崖遗址，而且城垣建筑技术也较原始。随着20世纪80年代初岳石文化从龙山文化晚期遗存中分离出来，学者发现《城子崖》一书发表的黑陶文化期遗物中有岳石文化器物，人们理所当然地推测城子崖遗址可能包含岳石文化堆积，而那座黑陶文化期城会否是岳石文化城址？城子崖遗址究竟是不是龙山文化城址？为了对这些问题作出回答，深化认识，加强保护，并为发掘城子崖遗址60周年纪念活动作准备，为此经国家文物局批准，山东省文物考古研究所于1989年6月对城子崖遗址进行了普探，1990年春至1992年夏进行了复探与试掘。此次发掘由张学海主持，发掘制定的主要任务是确认城墙的年代问题，因此在四面城墙上开七条探沟，其中北墙三条、南墙一条、东墙一条、西墙一条。并在西墙北段城址内、外两侧和南墙中段外侧布了两个发掘区。还在遗址西南部寻找和再次清理了1931年发掘的C1～C4探沟。此次总共发掘面积1000余平方米[14]。

发掘表明："城子崖遗址是一个有龙山文化、岳石文化和周代三个时期的城址堆积。新发现的龙山文化城面积约20万平方米，始建于公元前2600年左右的龙山文化早期，城垣由堆筑、版筑方法结合筑成，城属台城，有南北门，其间有道路连接。"[15]城子崖龙山文化丰富的堆积，复杂而明确的地层，大量的陶器，可望建立该地区系统可靠的龙山文化编年，深入龙山文化与海岱文化区系类型研究，探索与西邻北邻地区同期文化的关系，起到促进作用或成为可能。确认："20世纪30年代初发现的黑陶文化期城是座岳石文化城，面积约17万平方米，城垣依托龙山文化城垣采用原始版筑技术筑成，是黄河、长江流域最先发现有夯筑城垣的夏代城。它又是当时全国第一座历经龙山和夏代连续使用时间最久的早期城址。"[16]它对研究海岱龙山文化、龙山时代、城市起源、文明起源、夷商关系等重大史学与理论课题具有重要的学术意义。

1991年10月,"纪念城子崖遗址发掘六十周年国际学术研讨会"在济南隆重召开。中国考古学会理事长苏秉琦教授、中国历史博物馆馆长俞伟超教授等,给会议发来了贺信;宿白、石兴邦、徐苹芳、严文明、黄景略、黄盛璋、管东贵、秋山进午等,中国大陆、台湾、香港和日本、美国的著名考古学家,专业人员70余人欢聚一堂,缅怀中国第一代考古学家的艰苦创业和功绩,回顾、总结龙山文化研究的发展历程和成就,考察了城子崖遗址及考古现场,围绕城子崖考古新成果、龙山时代和中国文明起源等课题,各抒己见,相互切磋,热烈争鸣,学术空气浓郁,堪称考古学界的一次盛会。

城子崖发掘出土的龙山文化陶器,充分反映了中国古代陶艺、科技发展水平,具有较高的艺术价值和科学价值。

城子崖遗址遗物中最突出的代表是造型独特、工艺精美的黑陶,所以考古学家最初把这一遗存称其为黑陶文化。龙山黑陶是继仰韶文化、大汶口文化彩陶之后而以细泥原料为主,快轮制陶的繁盛阶段;黑陶的艺术特色可概括为"黑、亮、薄、巧"。从黑陶艺术的造型看,其器物造型在大汶口文化晚期的基础上纵向发展,无论是陶鬶中上仰的"流",还是纤巧的高脚陶杯,都体现了其"精巧"的美。

城子崖遗址出土的蛋壳陶,其形其质"黑如漆、亮如镜、薄如壳、硬如瓷,掂之飘忽若无,敲之铮铮有声",被史学界称为"四千年前地球文明的最佳制作"。就是一般的陶器壁也大致在0.3厘米左右,予人以轻巧的感觉,这种薄制形成的轻巧自然主要是轮制技术纯熟和陶匠修整陶器的结果。

20世纪90年代初,城子崖遗址出土了一件精美的陶罍,底径20、腹径达60、高近70厘米,子母口沿,有完整的器盖,整件器物底小,鼓腹,束口,器身上中下各有一道弦纹,考古学家称它为龙山文化的"王器"。

1990年城子崖遗址出土一件白陶鬶(T38、d、J303⑨),属龙山文化。通高30.5、流高5厘米。口部呈椭圆形,长16、宽11.5厘米,有小子口,口沿高1厘米。该陶鬶最大特点是采用高岭土(即坩子土)烧制,实为瓷器的先祖。是一种直接加热酒、水的器皿。其"流"挺直且向上,鼓腹,有三只乳状袋足,全器造型优美单纯、装饰简练、点缀不多但生趣盎然,整体造型似一只展翅欲飞的玄鸟,虽然模拟鸟形,但形象含蓄,介乎似与不似之间,是远古东夷族少昊氏鸟图腾崇拜的再现。其造型中体现的美与实用的结合是该器灵魂的所在。上仰的流便于倾注,三足稳妥方便至于篝火中,袋足中空既增大了容积又增大了受热面,缩短了加热时间,把手便于提携与移动,具有较高的科学价值。

城子崖鸟喙足鼎的造型,也突出了鸟的形象。这都是东夷先民以鸟为图腾、崇拜太阳鸟的匠心体现。城子崖龙山文化陶器不仅器物的主体部分造型典雅、优美,而且附件部分(如盖、耳、鼻、流、足等等)的造型也极为精巧、美观、实用。主体与附件十分和谐,浑然一体。

以城子崖为代表的龙山文化陶器证明,龙山先民已经能够熟练掌握氧化焰、还原焰烧制法和渗碳技术在陶器烧制中的应用,加之精确的温度控制为青铜器的铸造奠定了技术基础,随后在各处遗址普遍出现的青铜器,则拉开了中国文明时代的序幕。城子崖出土的精美陶器,不仅体现了龙山时期的手工业发展水平;反映了中国古代科技发展史上的一次技术飞跃;更标志着中国古代历史上陶器最繁荣时代的到来。

城子崖遗址作为中国考古学史上重要的历史遗迹，是具有传承性的重要历史文化感受区。

1994年10月，山东省考古研究所主持进行的城子崖遗址考古发掘项目，获国家文物局颁发的首届田野考古二等奖（一等奖空缺）。龙山城和岳石城的发现被评为1990年和"七·五"期间全国考古双十大新发现。为全面展示城子崖遗址的发掘成果，1994年由济南和章丘两级市政府投资，在遗址的东北角兴建了城子崖遗址博物馆。为弘扬龙山文化，响应习近平总书记关于让陈列在广阔大地上的文化遗产"活"起来的要求，2012年起章丘市政府先后投资3000余万元，对博物馆展陈及广场进行了提升改造，更名为龙山文化博物馆。2014年9月在山东省文物局及全国相关文博单位的大力支持下，以龙山文化博物馆为依托，在章丘成立了"山东省考古学会龙山文化研究会"，填补了中国龙山文化学术研究领域的空白。

五　城子崖龙山文化对中国文化起源的意义

城子崖的第一期发掘是在"中华原始文化"问题的大讨论和"中国文化西来说"几成定论的学术背景下进行的。

现代考古学证明中国是个具有超百万年文化根系，一万余年文明启步，五千余年文明史的伟大国家[17]。然而对中国古史和文化起源的错误观点，曾长期主导了某些西方人的头脑。早在17世纪中叶就有西方传教士提出中国文明来自埃及。19世纪后半期欧美兴起了近代考古学，中国被断定没有石器时代，中国文化是由外部传入的。其中以从西亚、中亚传播而来的说法占主导，这便是"中国文化西来说"。20世纪20年代在"五·四"新文化运动影响下兴起的史学疑古思潮和近代考古学引进中国后，最初几年的考古发现大大助长了"中国文化西来说"。疑古学派对中国传统古史体系发起挑战，主张用科学态度整理"国故"，具有解放思想的积极意义，但他们对传说时代古史的过多怀疑与否定，迎合了中国没有石器时代的观点。1921年瑞典学者安特生在河南渑池县仰韶村发现大量的彩陶，他将其与东南欧、中亚遗址的彩陶相比，发现有许多相同的地方。基于此，安特生提出"中国文化西来说"。为了探寻彩陶的传播路线，安特生寻踪西进，随后几年他在陕、甘、豫西等地发现的仰韶文化的彩陶，被看作中国文化由西方传播而来的物证。这种彩陶文化发现愈多，也就愈加证明中国文化西来说的正确，"中国文化西来说"几乎成为定论。中国文化起源问题成了20世纪二三十年代最大的学术公案。

当时，以史语所的考古学者为代表的一些中国学者，不同意中国文化外来说，他们以中国文化源于本土的坚定信念，通过对吴金鼎考察城子崖遗址之后的初步推断，又从当时已有的古代史籍及殷墟等遗址的发掘经验中得到启示：中国古史的构成，是一个极为复杂的问题；中国东部必定存在着异于西部地区的固有文化，正是这种固有文化，构成中国早期历史的"最紧要成分"。

中国第一代考古学者，为寻找所谓彩陶文化区以外的中国固有史前文化和探讨殷墟文化之源，从中原大地转展到黄河下游的黄海之滨。他们调查了山东临淄齐故城和历城（现为章丘市）东平陵故城等地，在调查后者时发现了城子崖遗址。在当时的学术背景下，齐国故城和城子崖遗址相比较，他们认为城子崖遗址的现实性更强，重要性更大，于是改变了原来准备在临淄试掘的计划，选择城子崖作为在山东田野考古发掘的第一个工作区。在城子崖遗址发现了上下叠压的灰陶文化和黑陶文化。"使我们最感惊奇的为卜骨的出现。下层文化用作贞卜的骨头，有鹿的肩胛骨、牛的肩胛骨及一种不能辨定的动物的肩胛骨。这些卜骨不但带有钻的圆坎，并且有灼的痕迹"[18]。在"遗址周围出现了规模很大的城墙，都用版筑法造成。"[19]"这些卜骨和夯筑城垣，同殷墟卜骨和夯土类似"[20]。"在济南附近出现了与彩陶文化显然完全不同的这种史前文化，并且包含有启发殷商贞卜文字的卜骨。这个新发现的文化与仰韶文化相比，显然更接近于历史时期"[21]。黑陶文化和殷墟文化的联系，给发掘者以求仁得仁之惊喜。

城子崖遗址的首次发掘实际上揭开了中国历史拂晓期的帷幕，尽管当时还不能对此作出准确判断，但发掘者当时就已指出，只要查明城子崖黑陶文化发展的脉络和分布范围，"中国黎明期的历史就可解决一大半了"。"相信这不但是田野考古工作一个极可遵循的轨道，对于中国上古史的研究，将成为一个极重要的转折点。"[22] 1934年《城子崖》出版，编辑者原计划以殷墟发掘报告为首，因城子崖遗址发掘的重大发现，即变更了计划。所以他们决定把城子崖遗址发掘报告列为中国田野考古报告集之首，"希望由此渐渐地上溯中国文化的原始，下释商周历史的形成"[23]。

城子崖龙山文化的发现，引发学术界的震动，动摇了中国文化西来说，促使中国文化来源问题的大讨论发生重要转折。也是中国上古史研究的一个重要转折点。城子崖磨光黑陶遗存及卜骨的发现使得中国原始文化的探索找到了一个极佳的突破口，其学术价值亦非同一般。李济认为"有了城子崖的发现，我们不但替殷墟一部分文化的来源找到一个老家，对于中国黎明期文化的认识，我们也得了一个新阶段"。"事实上证明殷商文化就建筑在城子崖式的黑陶文化上。在殷墟附近的后冈我们也找到同样的证据。故城子崖下层之黑陶文化实代表中国上古文化史的一个重要的阶段"[24]。傅斯年亦称赞城子崖是"一个千年大树的横切面，又是一个多数脉络的交汇所"，"昆仑山下一个长源"，城子崖的发掘工作"堪为史前时代考古学之一基石，在中国考古知识之征服上，建一形胜的要塞，替近海地方的考古学作一个前驱"[25]。

城子崖遗址的发掘，使中华文明史中一块原本属于传说的大陆浮出海面，中国不仅有发达的史前文化，而且古代中国文化是独立发展的，中国文明的出现并非是外来的或外力影响的结果。发达的殷商文明也并不是无源之水，它所具有的城市文明、青铜文明和文字等，都是在中国史前文化、龙山文化已有的基础上发展起来的。

20世纪30年代以来，特别是中华人民共和国成立后，黄河中下游地区数千处龙山文化遗址的发现，使中华文明史上溯到距今五千年前。八十多年来中国大陆大规模的考古发掘，充分证明以城子崖遗址为代表的龙山文化，是土生土长的中国文化。它形成并发展于原始文化发育最成熟的黄河下游海岱地区，拥有自身独特而完整的文化体系，经历了后李（西河）文化－北辛文化－大汶口文化－龙山文化－岳石文化。是具有自身特色的东方文化体系，这一文化体系经历了漫长发展岁月，独立地、连续地由氏族社会发展到阶级社会并进入国家。这种转变是在东方部族自身的嬗变中实现的，而且从未间断，是一脉相承的，这正是中华文明延续数千年而不衰的原因所在。

六 城子崖是中华文明探源的重要遗址

中国东方的海岱地区，在距今五千年前后即大汶口文化中晚期之交，出现了最早的国家部落古国。进入龙山时代，方国迅速发展，遍布整个海岱地区，城子崖方国是其中重要的一个[26]。

城子崖龙山方国的中心范围，南达泰山北麓，北到刁镇、白云湖一线，东抵长白山西麓，西至小清河支流巨野河。方国的社会，存在明显的"都、邑、聚"三级结构[27]。城子崖龙山城作为方国的统治中心，不仅是区内，而且也是整个济南、鲁西北地区的政治、经济、文化、军事中心。其周围的黄桑院、宁埠乡马彭东南、明水马安庄、枣园季官庄、相公牛官庄、刁镇小坡等遗址，面积都在五六万平方米或更大，属于方国的乡邑，是二级行政权力所在。其他几十处龙山小遗址，则是方国的村聚，是方国的社会基础。这些村聚主要从事农业生产，血缘亲族关系在村聚内起着重要的作用。

城子崖龙山方国，具有单一的考古文化属于海岱龙山文化的城子崖类型。城子崖龙山城时期的社会生活，已远非原始社会那么简单。比如若大规模城垣的修筑，需要一支庞大的劳动大军作长期的努力。城子崖及其周围遗址的劳动成员，可能都参加了此次修建工程。这支劳动大军的调集，城垣工程的组织、指挥，都是早先氏族社会未曾遇到过的新事物，也是依靠氏族社会管理原则所无法实现的。

城子崖龙山方国，是这里古文化长期发展的结果。已知这里是海岱文化区的一个古文化小区，有着源远流长的古文化发展史。这里有山东地区最早的有陶新石器文化后李（西河）文化，年代约从距今8500年到7500年左右。其后有北辛文化、大汶口文化、龙山文化、岳石文化、商周时代文化连绵不绝，是山东新石器时代中早期（约开始于距今9000年）以来历史的缩影。这里在经历了母系、父系氏族社会发展阶段后，在跨入距今6100年开始的大汶口文化时期进入部落社会，生息着一个大汶口文化部落。目前已发现这个部落的十四五处遗址（聚落），部落的中心是焦家聚落，面积达一百万平方米，出土和采集了100余件大汶口文化玉器，焦家遗址紧临巨野河，位于城子崖以北5千米。

中国城的产生是相当早的，有些大汶口文化的中心聚落应当存在城。焦家部落在大汶口文化晚期有可能发展成国家。当然还需要进一步论证。但是，到了龙山文化时期这里肯定已是个国家。"龙山文化是东夷族团文化发展的一个高峰期，城子崖龙山文化古国自然是个东夷古国。"[28] 因为城子崖龙山城直接发展为岳石文化城，岳石文化是晚于龙山文化阶段的东夷文化，岳石文化大约从夏代早期延到商代中期。因此，"城子崖龙山古国是夷族在其分布范围的西北部建立的一个相当强盛的方国，城子崖是其都城"[29]。围绕城子崖的几个大遗址，在时代上，城子崖遗址晚于后李（西河）文化的西河遗址和大汶口文化的焦家遗址，早于汉代的东平陵故城遗址。城子崖与这些遗址共同构成了一个从史前时期到两汉的基本完整的古代区域文化序列，是中国古代文明历经古文化、古城、古国这一形成和发展历程的典型代表，清晰、系统、完整地反映了这一地区文明发展演化的历史线索，构成了一部源远流长的古文化发展史。因此，城子崖遗址与周边遗址是研究海岱地区、乃至黄河下游地区历史文化发展历程的重要依据，具有极高的学术研究价值。

2010年，城子崖遗址列入备受国内外学术界瞩目的中华文明探源工程。据了解，进入中华文明探源工程探究视野的主要有石峁遗址、陶寺遗址以及二里头遗址等少数几处，均处于中国中原地区，中国东部能否发现该时期重要文明源头，专家纷纷将目光锁定城子崖。因此，在中华文明探源工程进入第三阶段之后，城子崖遗址被纳入到工程中的相关课题，并持续至第四阶段。对于城子崖遗址的列入，探源工程负责人之一的赵辉教授尤其强调了该遗址岳石文化城址的重要性。对此，严文明先生亦深表赞同。2011年底，山东省文物考古研究所又组织力量对以城子崖遗址为中心的100平方千米的范围进行了全覆盖式的调查，新发现遗址40余处，确认了城子崖遗址在整个聚落群的中心地位，并通过钻探和试掘，进一步明确了城子崖城址的规模、结构和文化堆积状态。

2013年10月初至2015年3月，经国家文物局批准，山东省文物考古研究所与北京大学考古文博学院、龙山文化博物馆组成的考古队将城子崖遗址中，一条20世纪30年代第一次发掘中挖出的纵中探沟，重新挖开。为保存学术史的珍贵印记，只对探沟东壁进行复刮观察，西壁不动并留下10厘米附土保护。为了贯通整个剖面，还将当时没有开挖的第22~27、40~41两段探沟也挖开，由于探沟南端没有延伸到南城墙，所以将探沟向北延伸了20米，以求能够尽量跨住北城墙，获得了一条纵贯遗址中部的470米南北向大剖面（因道路等原因，实际发掘长度350.9米）。发掘中还注意多学科综合研究，进行了动物考古学、植物考古学、环境考古包括土壤微形态、年代学取样等方法和科技手段。以上工作带来了翔实的结果，探沟复掘提供了很多当年没有分辨出来或者不甚清楚的信息，获得重要发现。

在探沟北端，考古人员发现一段龙山文化时期（距今4600~4000年）的城墙，始建于龙山文化早期，保留较差，现存残宽约4、残高约1.3米，夯层薄厚不太一致，整体上自南向北倾斜；出乎人们意料的是，在遗址南部，又发现一处重要的岳石文化（公元前1900~前1600年）夯筑建筑的基础部分，它的建筑质量非常高级，夯层质量较好。"山东过去的考古工作中，无论是龙山文化还是岳石文化，一直缺乏对当时重要建筑迹象的发现，这次岳石文化夯筑台基的发现，有助于弥补这一缺憾，使我们对山东早期城址的性质有了一定的了解。"山东省文物考古研究所副所长、城子崖遗址考古领队孙波说。另外，还在遗址中部淤土范围北侧，发现较多大型遗迹现象，包括龙山、岳石、周代三个阶段的大型沟状遗迹和周代夯筑基址。其中一处周代的大型建筑遗址分布于城子崖遗址南部岳石文化堆积之上，由大小不一卵石砌筑而成，南北延伸30~40米，通过局部揭露判断应是大型建筑的遗存。但这些建筑的形制还需进一步通过考古研究证明。

2014年11月1日，文明探源专家组首席专家，总课题的负责人——中国社会科学院文物考古研究所王巍所长和北京大学考古文博学院赵辉院长一行四十余人，来到城子崖遗址考古发掘现场进行实地考察，对城子崖遗址的考古新发现给予了肯定。这说明城子崖在中华文明探源工程中的重要性是其他遗址所不能替代的。

当年吴金鼎先生在《龙山黑陶文化之今天的观察》这篇论文中，曾经指出："龙山文化是代表中国史前历史的很有兴味的一页，……龙山文化是以后中国考古学界的一大公案"。时光如梭，如今龙山文化发现已经过去八十多年，我们可以告慰吴金鼎等老一辈考古学家的是，经过几代考古学者的努力，中国考古学从初创到成熟，发生了翻天覆地的变化。龙山文化这一考古学界的大公案中的许多重要课题已得到了明确的答案。

现今的中国考古学已经是硕果累累，已把一万余年来的中华文化源流展现于世，搭建起全国文化区系类型框架，揭示了中国文明多元一体的起源模式。证明了以龙山文化的发现、发祥地山东为中心的中国东部地区，是中国文化众多发祥地的重要发祥地之一；以龙山文化为代表的龙山时代，是个古国时代，这一时代和《史记》作为中国历史开篇的"五帝时代"大体一致，证明黄帝、帝颛顼、帝喾、帝尧、帝舜，确有其人其国，正是龙山时代开启了夏、商、周三代文明。而"城子崖古国是考古界最早提出的龙山文化古国"[30]。

中国是世界四大文明古国之一，考古资源十分丰富。20世纪的100年，是中国考古学从产生、发展到壮大，并取得辉煌成就的100年。山东济南章丘城子崖龙山文化遗址的发掘，成功入选由中国社会科学院文物考古研究所组织评选出的"20世纪中国100项考古大发现"。

2008年城子崖遗址被财政部、国家文物局列为"十一五"期间全国重点保护的100处大遗址之一，2013年列入"十二五"期间全国重点保护的150处大遗址之一。2013年城子崖被国家文物局列为第二批国家考古遗址公园立项项目，现在一期工程已竣工。为配合中华文明探源工程和城子崖国家考古遗址公园保护展示而进行的城子崖遗址发掘工作，正按计划有序进行，期待有更重要的新发现。2015年8月24日，由国际历史学会主办，中国史学会、山东大学、济南市人民政府承办，章丘市人民政府、中国殷商文化学会、山东省历史学会、龙山文化研究会、山东省大舜文化研究会协办的"第22届国际历史科学大会济南章丘卫星会议"以"比较视野下的龙山文化与早期文明"为主题，在龙山文化的发现地章丘市胜利召开。来自世界各地及全国的六十余名历史学家、考古学家齐聚章丘，从世界早期文明比较研究的角度，探讨龙山文化及中华文明起源相关课题，展现他们看待历史的新视角，也让大家更深刻地了解龙山文化发现、发掘、保护及在考古史上的重要意义。会议举办期间，上千名来自济南主会场和各分会场的中外历史、考古学家纷纷来到城子崖遗址考察、参观，对城子崖遗址的发掘保护和龙山文化博物馆的展览陈列给予了高度评价。我们相信，城子崖遗址因其对中国史学、考古学的贡献和对中国文明起源研究的重大现实、学术意义，将更加饮誉中外。

本文得到龙山文化研究会会长、山东大学东方考古研究中心主任栾丰实教授的悉心指导，在此深表感谢！

注释

[1] 傅斯年：《序一》，傅斯年、李济、董作宾、梁思永等：《城子崖——山地历城县龙山镇之黑陶文化遗址》，中央研究院历史语言研究所，1934年。

[2] 同注[1]。

[3] 樊庆臣：《城子崖考古发掘与山东古迹研究会之成立》，《齐鲁学刊》2010年第6期。

[4] 吴金鼎：《平陵访古记》，《中央研究院历史语言研究所集刊》第一本第四分，1930年，第481页。

[5] 同注[4]，第482页。

[6] 同注[4]，第486页。

[7] 同注 [4]，第 486 页。
[8] 同注 [1]。
[9] 李济：《序二》，傅斯年、李济、董作宾、梁思永等：《城子崖——山地历城县龙山镇之黑陶文化遗址》，中央研究院历史语言研究所，1934 年。
[10] 傅斯年、李济、董作宾、梁思永等：《城子崖——山地历城县龙山镇之黑陶文化遗址》，中央研究院历史语言研究所，1934 年，第 8 页。
[11] 李济：《安阳》，河北教育出版社，2000 年，第 416 页。
[12] 同注 [11]，第 411 页。
[13] 同注 [10]，第 28 页。
[14] 佟佩华：《纪念山东章丘城子崖遗址发掘 80 周年》，《中国文物报》2011 年 10 月 28 日第 6 版。
[15] 张学海：《城子崖与中国文明》，《纪念城子崖遗址发掘 60 周年国际学术讨论会文集》，齐鲁书社，1993 年。
[16] 同注 [15]。
[17] 张学海：《跋》，《圣地之光——城子崖遗址发掘记》，山东友谊出版社，2000 年。
[18] 李济：《黑陶文化在中国上古史中所占的地位》，《安阳》，河北教育出版社，2000 年，第 417 页。
[19] 同注 [18]，第 416 页。
[20] 同注 [18]，第 417 页。
[21] 同注 [18]，第 417 页。
[22] 同注 [9]。
[23] 同注 [9]。
[24] 同注 [9]。
[25] 同注 [1]。
[26] 同注 [15]。
[27] 同注 [15]。
[28] 同注 [15]。
[29] 同注 [15]。
[30] 同注 [15]。

The Academic Significance of Archaeological Research on Chengziya Site

Jibao Tian and Zhuoer Liu (Zhangqiu Longshan Culture Museum, China)

Abstract

The discovery of Chengziya site, where Longshan Culture is discovered and named, led to the founding of Shandong Association for Historical Sites. The excavation of Chengziya is one of the most significant events in Chinese archaeology and ancient historic research. Moreover, the research of Chengziya made numerous pioneering contribution on a national scale, it stands out as a landmark and cornerstone in the history of Chinese archaeology, therefore, this site is regarded as the holly land in Chinese archaeology. The book, Chengziya, is the first published field archaeology reports in China. The discovery of Longshan Culture refuted the theory of 'the western origin of Chinese civilization' and drove the great turnaround of the research on origin of Chinese civilization. Overall, Chengziya is a crucial site in the research of the origin of Chinese civilizations.

山东城子崖遗址环境演变过程的初步分析

夏正楷　刘江涛[*]

城子崖遗址发现于20世纪30年代，是中国著名的龙山时期城址。从2013年以来，山东考古所通过两年多的田野工作，首次揭开了城子崖遗址30年代开挖的主干探沟，这一探沟长达450米（实际开挖380米），从南到北，贯穿了整个遗址。这一工作使我们有机会目睹城子崖遗址的地层结构和文化面貌。

我们从环境考古的角度，配合遗址的田野考古工作，开展了遗址周围地区的野外地貌调查，并对重新开挖的探沟进行了地层观察和分析，借助于这些工作，我们对城子崖遗址的形成和演变过程有了一些不成熟的看法，初步总结如下，希望能在今后的工作中得到进一步的验证和修正。

一　城子崖遗址的地貌位置

城子崖遗址位于山东济南市历城区，遗址南10千米即为泰山山脉，遗址西北约20千米为黄河，属于黄河三角洲的南缘和泰山山地北缘的过渡地带。这里地势比较平坦，地貌结构简单，由南向北，呈带状依次出现有黄土覆盖低山丘陵、黄土台塬、河流阶地和河漫滩等。城子崖遗址就位于黄土台塬前缘的塬面上。

二　城子崖地区新石器文化遗址分布规律

通过对城子崖地区主要遗址的野外地貌调查，我们发现这一地区新石器时期的文化遗址，在分布上具有一定的规律，其中后李时期和大汶口时期的遗址主要分布在二级阶地的河流堆积层之中，而龙山—岳石时期的遗存则主要分布在黄土台塬面和二级阶地面之上。

遗址的这一分布规律表明，史前人类栖息地的选择一方面与他们的生活、生产方式有关，另一方面也和地貌环境的演变有密切的关系（图一；表1）。

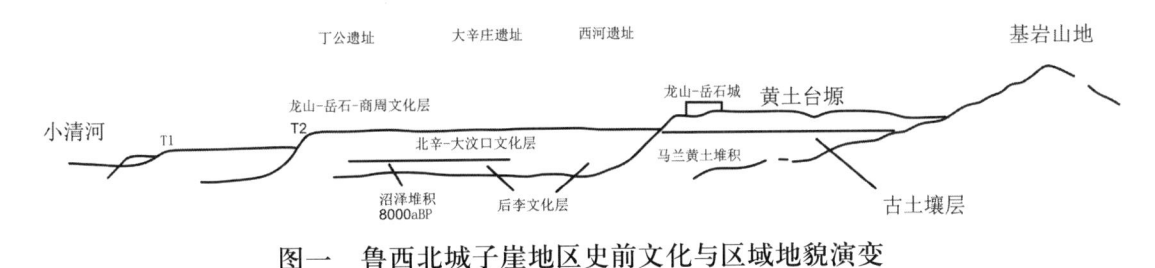

图一　鲁西北城子崖地区史前文化与区域地貌演变

---

[*] 夏正楷：北京大学城市与环境学院；刘江涛：赤峰学院历史文化学院。

表 1　鲁西北城子崖地区史前文化与区域地貌演变

文化阶段	气候	地貌过程	人类活动场所
旧石器晚期	干冷	黄土大规模堆积，形成山前黄土平原	史前人类主要活动在黄土平原面上
旧石器晚期－新石器早期	开始转暖	河流下切，形成新生河谷，黄土平原转变为黄土台塬	人类栖息地开始向环境较好的河谷地带转移
后李－大汶口时期	较好	河谷中河流加积作用强烈，是河漫滩发育时期形成宽阔的河漫滩平原	史前人类主要活动在河漫滩平原上
大汶口晚期－龙山早期	气候变化	河流再次下切，河漫滩平原转变为河流阶地，河谷中出现二级阶地	人类开始向阶地转移，以适应农业的发展和定居
龙山－岳石时期	较好	在河流下切形成的新河谷中，河漫滩发育，形成新的河漫滩平原	人类主要活动在T2阶地和黄土台塬面上

三　城子崖遗址的结构和环境演变

1. 城子崖遗址优越的地理环境

如前所述，城子崖遗址位于黄土台塬的前缘，位置较高。遗址南边是平坦的黄土塬面，北边是T2阶地面和T1阶地面，地势平坦、土质肥沃，适宜于农耕；遗址西侧为小清河支流武原河，水源丰富；其南不足10千米为黄土覆盖的丘陵低山和泰山山地，动植物资源比较丰富。从总体来讲，城子崖遗址的地理环境十分优越，是早期人类建立中心聚落的首选之地。

2. 遗址的地层结构

据遗址的主干探沟揭示，遗址的顶部为晚期堆积，底部为组成黄土台塬的黄土堆积，两者之间为遗址的主要堆积层，总厚度大致在6～7米，包括周代、岳石和龙山等不同时期的文化堆积层和相关的自然堆积层，地层变化较大，相互之间的打破关系比较复杂。

根据堆积层的特征和所包含的文化遗物和遗迹现象，我们把探沟分为北段、中段和南段三部分，分别讨论遗址不同地段各个时期的堆积特征（图二）。

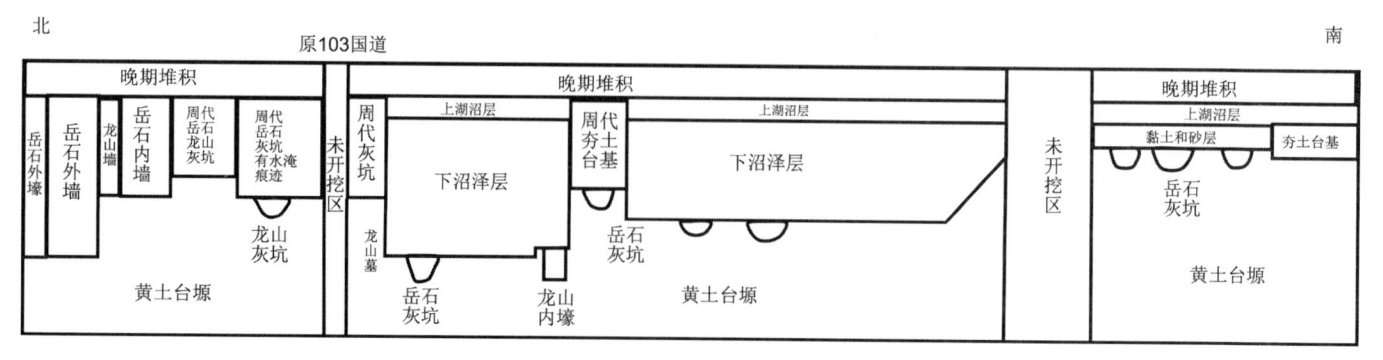

图二　城子崖南北向大探沟断面示意图

(1) 北段

从北城墙到原102省道南侧,长约100米。这里埋藏的黄土台塬顶面微微隆起,成为当时地势较高的黄土高地。在高地北坡,黄土面上筑有龙山的北城墙、岳石的内、外城墙以及岳石的外壕。在城墙之内的高地顶部,为总厚度可达3米的文化层堆积,文化层直接叠压在黄土之上,主要由龙山、岳石和周代等不同时期的灰坑叠压组成;在高地的南坡,在黄土面上分布有少量龙山时期的灰坑,其上为厚达3米多的文化堆积,主要为岳石和周代的灰坑叠压而成,其中岳石的文化堆积层中夹有薄层砂层,砂层具细微的斜层理或斜交层理,打破了部分岳石的灰坑,属流水沉积物。续往南,由于原102国道没有开挖,情况不详,国道南侧为周代的文化层,主要由大量的周代灰坑叠压而成,厚层达3米左右。文化层之下的黄土堆积中发现有龙山墓葬。这一情况说明,北段是龙山、岳石时期和周代先民的生活区,其间在岳石时期,这一地段的南部曾一度遭受流水的侵袭。

(2) 中段

从103国道南侧到机耕路,长约200米。这里的地下埋藏的黄土台塬顶面明显下凹,形成一个北陡南缓的箕状洼地,洼地的中部存在有一个东西向的黄土隔档,把洼地一分为二,其中北洼地的埋藏黄土顶面较低,与北区人类生活区之间存在有一个高达2～3米的直立陡坎。南洼地的埋藏黄土顶面较高,且向南逐渐升高,形成一个向北倾斜的缓坡。在洼地底部的黄土堆积顶面,分布有龙山的内壕和较多岳石时期的灰坑。在南北两个洼地底部的黄土顶面岳石灰坑之上,叠压有厚层的湖沼堆积,湖沼层由灰黑色的粉砂质黏土组成,十分纯净,几乎不含文化遗物,最大厚度可达4米。根据性状可以将湖沼层划分为上下两部分,但两者区别不大,仅在颜色上稍有差别,都属于自然堆积层。说明在岳石时期的中晚期,这里曾经有大片的湖沼存在,没有人类生活。由于南北两个洼地之间存在有黄土隔档,隔档之上又有周代的夯土台基把湖沼层隔开,因此,很难判断南北两个水洼地是否曾经相连。在南洼地靠近南端的湖沼堆积中,灰黑色黏土层中出现呈南北方向延伸的薄砂层或砂质条带,向南砂层或砂质条带有增加的趋势,并出现有少量的砾石,似乎指示当时可能有水流从南边注入水洼地。

(3) 南段

从机耕路到最南端的夯土台基,长约100米。这里的埋藏黄土台塬面要高于北区,是遗址区内埋藏黄土塬面最高的地方。在黄土台塬顶面,分布有少量岳石时期的灰坑。灰坑之上叠压有砂层和粉砂质黏土层,其中砂层厚10～20厘米,具有明显的斜层理和交错层理,为流速较快的水流堆积,黏土层厚5～10厘米,呈薄片状,应属于流速较慢的水流堆积,两者交互出现,构成5个粗细变化的河流沉积韵律。这一套沉积向南被夯土台基打破,再往南情况不详。向北它与中段南洼地的下湖沼层相连,构成一个完整的沉积相组:由南向北,依次出现砂层与黏土层交互——黏土层夹薄砂层或砂条——黏土层,反映水流从沟谷到沟口冲积扇再到湖泊的堆积过程。也有人认为这一套堆积属于人力铺垫踩踏而成的路土,是人工堆积,有待进一步研究。本层之上被上湖沼层所叠压,说明在湖沼发育的后期,湖面有所扩张,这也是造成前述探沟北段所见岳石灰坑存在有水流侵袭的原因(图二)。

3. 遗址演变过程

根据主干探沟的地层结构，我们可以初步恢复城子崖遗址的演变过程（图三）。

（1）龙山时期

人类遗存主要分布在北段（龙山墙—龙山内壕之间），中段为箕状洼地，洼地北陡，南缓，南北宽200余米，底面起伏不平（洼地的成因可能与流水侵蚀，人工挖掘，亦或地震断陷等有关，有待进一步工作），南段亦为黄土高地。中段和南段龙山遗迹罕见。推测龙山时期先民的生活区主要分布在遗址北部的黄土高地上，中段的洼地和南段的高地可能为非生活区或农田。

（2）岳石时期早期

人类遗存分布较广，在整个遗址区几乎到处都有分布，其中北段北城墙以内为先民们的主要生活区，其分布范围要大于龙山生活区。中段和南段先民则主要活动在洼地底部起伏不平的黄土台塬面和黄土高地上。

（3）岳石中晚期

这一时期的先民们主要生活在北段北城墙以内的高地上，其中生活区的南部曾受到流水的侵袭。当时遗址中段的低洼地开始逐渐积水，形成大片的水洼地，水洼地中沉积了厚层的灰黑色湖沼堆积（下湖沼层），它掩埋了岳石早期的灰坑。下湖沼层堆积北部厚度大，物质较纯，向南变薄，并出现砂质夹层（或条带）和少数的砾石，再向南探沟中相同层位出现具有斜层理的中粗砂层，夹有黏土层，有可能是入湖河道的堆积物，与下湖沼层堆积属于同时异相。也不排除河道砂堆积上经人工叠加黏土和踩踏后形成的"路土"堆积的可能性。

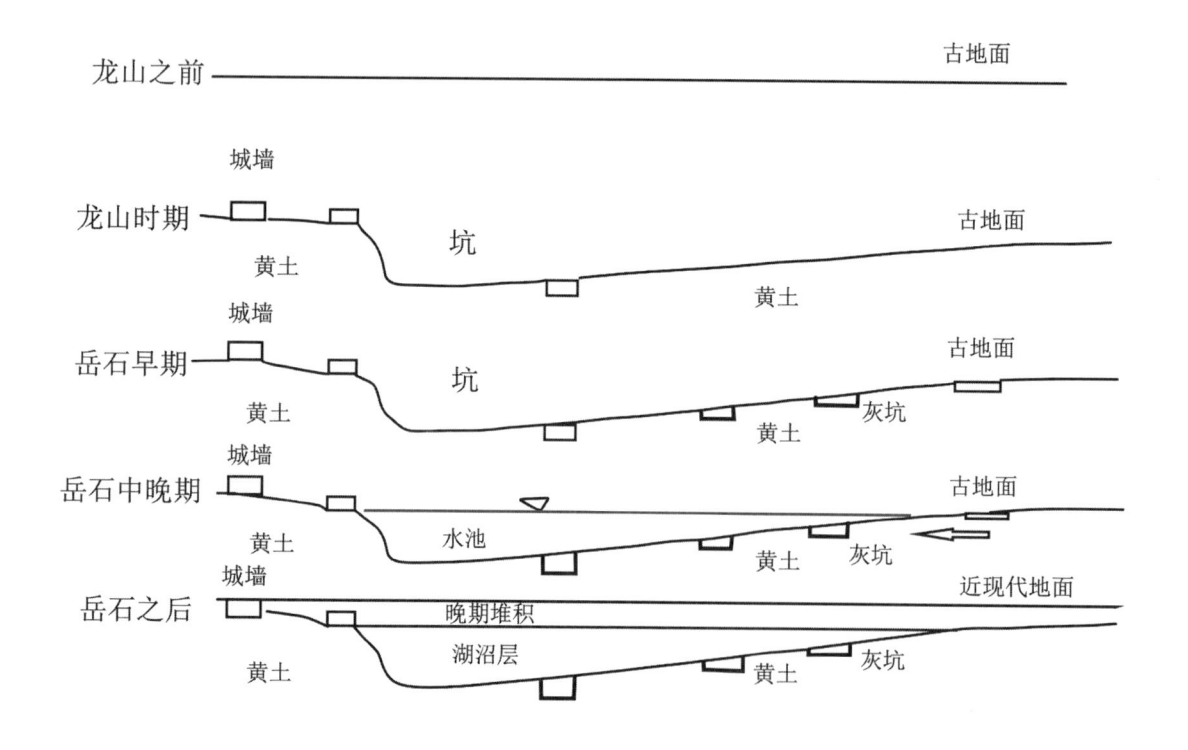

图三 城子崖遗址不同时期的地貌环境演变

（4）岳石晚期

先民们主要在北段生活，中段和南段为湖沼环境，形成上湖沼层。上湖沼层厚度不大。它向南不但掩埋了入湖河道和冲积扇堆积层（或岳石中晚期的"道路"），并掩埋了最南端的夯土台基，说明当时水洼地面积出现明显的扩大，随后水洼地逐渐消亡（这一过程可能要延续到周代）。消亡的原因尚待进一步研究。

后记：本文系根据城子崖遗址主干探沟的观察和分析得出的初步认识，由于受探沟数量的限制，对文化层的划分还不够详细，对整个遗址区情况的了解还十分缺乏，因此，文章表述的仅仅是一些初步的认识，还有待今后进一步的工作。

Preliminary Study on the Environmental Changes of Chengziya Site

Zhengkai Xia (College of Urban and Environmental Sciences, Peking University, China)

Jiangtao Liu (School of History and Culture, Chifeng College, China)

Abstract

As one of the most famous sites in China, Chengziya was excavated in both 1930s and 1990s. Since 2013, new survey and excavation have been undertaken here. From the perspective of environmental archaeology, we planned and carried out a field geomorphology investigation around Chengziya and several natural profiles have been discovered and analyzed. By integrating the stratigraphic analysis results from the field excavation, we have discovered the relationship between the geomorphology and the distribution of sites in this area during different periods. Ancient people chose to live on the loess platform during Longshan period due to its superior location and sufficient resources. In addition, we divided the profile of the big trench into three parts and obtained some preliminary knowledge on the environmental changes from Longshan period to Yueshi period at Chengziya.

海岱龙山文化农作物类型及区域特点分析

马永超 靳桂云[*]

引言

自 1928 年吴金鼎先生发现城子崖遗址以来，学界对于龙山文化的探索已历八十余载。在以往研究的基础上[1]，当前龙山文化的研究内容趋向多样化，如聚落、人口[2]，农业也是关注的焦点。根据出土生产工具、陶器的分析，学者们认为较大汶口文化时期，海岱龙山文化时期农业生产水平有显著的提高；收获、耕作工具的增加表明谷物收获数量增多；农作物种类为粟、黍、水稻[3]。由于缺乏系统的农业考古材料，上述讨论无法明确指出龙山文化时期各农作物类型在农业中所处的地位以及区域组合特点。

20 世纪末尤其从 21 世纪初开始，植物考古研究的开展为古代农业的研究提供了大量新材料；山东尤其如此，山东大学和各级考古研究机构合作，就史前动植物遗存开展了全面、深入的研究，取得了丰硕的成果，为海岱龙山文化时期农业的研究积累了系统的数据。此外，相比社会复杂化研究，作为社会发展基础的农业的研究还有很大的差距。因此，在整理已有植物考古材料的基础上，本文将对海岱龙山文化时期的农作物类型及其地域分布特点进行尝试探讨，以为未来的社会复杂化研究提供经济基础方面的材料支撑。

一 海岱龙山文化农作物类型

植物考古学研究包括植物大遗存（种子、果实、木材、块茎、根茎、球茎、茎秆和纤维等）的研究和植物微体遗存（植硅体、孢粉、淀粉粒等）的研究。目前海岱地区已有较多遗址开展了植物考古学研究（附表一、附表二）；经过系统浮选和分析的海岱龙山文化遗址有日照两城镇、临沭东盘、临淄桐林、房家、胶州赵家庄、诸城薛家庄、茌平教场铺、蒙城尉迟寺[4]等，这些遗址的系统的植物大遗存的研究为我们进行定量分析，深入认识当时的农作物组合和农业发展水平等方面积累了材料。田野调查过程中的采样和分析虽然在定量分析方面存在一些局限，但其资料的参考价值亦不容忽视。

此外，还有一些海岱龙山文化遗址，如兖州西吴寺[5]、连云港盐仓城[6]、二涧村[7]、五河濠城镇[8]、大连郭家村[9]、文家屯[10]也曾发现过一些植物遗存，但多为偶然所获，可靠性较低，故在下面的讨论中暂不采用。

---

[*] 马永超：北京大学考古文博学院；靳桂云：山东大学历史文化学院。

1. 农作物种类

目前，已知海岱龙山文化农作物类型包括粟、黍、水稻、大豆、小麦、大麦。出土某种农作物遗存的遗址占同类文化属性遗址的比重反映了该种农作物被利用的普遍性。虽然此比例的高低与某地区开展植物考古学研究工作的深度以及对某种农作物类型遗存的研究深度有关，但其在一定程度上反映了某种农作物类型与人类关系的紧密程度。据附表一[11]，可以得出上述几类农作物类型在海岱龙山文化诸遗址中出现的频率（图一）。

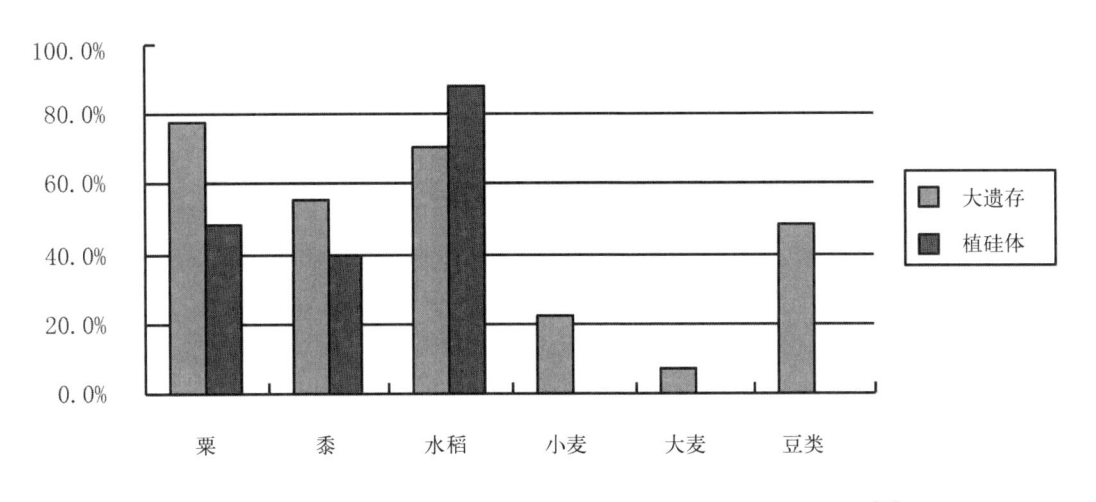

图一 各类农作物遗存在海岱龙山文化遗址中出现的频率[12]

1.1 粟（*Setaria italica* (L.) Beauv.）、黍（*Panicum miliaceum* L.）

粟、黍为两种主要旱生农作物类型。据图一可知，二者是被普遍利用的、与当时人类关系紧密的农作物类型。相比之下，黍的两项指标均不及粟；这说明，龙山文化时期粟在旱生农作物中占据了比较重要的地位。

1.2 水稻（*Oryza sativa* L.）

水稻为水生农作物类型。据统计结果，水稻是被利用最为普遍的、与当时人类关系最紧密的农作物类型。

在同一聚落中同时发现水稻的谷物遗存和植株遗存，表明这些水稻可能是在当地种植[13]。除个别遗址外，附表一所列出土水稻大遗存的遗址出土的均是稻粒。水稻扇型植硅体来源于稻叶，那么，虽然现在没有在海岱龙山文化遗址中发现稻叶的遗存，但是众多水稻扇型植硅体的发现说明当时遗址确实有稻叶，只是由于时间长久未保存下来罢了；同理，水稻哑铃型、双峰型植硅体则分别代表了水稻茎秆、水稻颖壳的存在。水稻稻叶、茎秆及颖壳较软，干燥后易碎；相对于稻粒而言，它们可移动性较小，这说明这些水稻植株极有可能是来源于当地；也就是说，这三类植硅体代表了当时遗址中水稻植株的存在。所以，稻粒、稻谷遗存以及水稻扇型、哑铃型、双峰型三类植硅体同时出现的遗址的先民可能在当地种植水稻。据统计，符合上述标准的遗址有临淄桐林、栖霞杨家圈、滕州庄里西、日照两城镇、莒县薄板台、蒙城尉迟寺6处遗址；从这些遗址的地理位置看，既有分布在鲁西、鲁北地区的，也有分布在鲁东、鲁南地区和豫东、皖北地区的；因此，这些遗址可代表海岱龙山文化诸遗址的整体情况。此外，有学者根据土壤中水稻扇型植硅体数量确定了水田的存在；在胶州赵家庄遗址[14]、黄岛台头遗址[15]、连云港藤花落遗址[16]均发现了稻田，栖霞杨家圈遗址存在稻田的可能性也是很大的[17]。稻田的发现更加肯定了水稻是当地种植这一说法。因此，海岱龙山文化遗址出土的炭化稻是在当地种植的。

1.3 大豆（*Glycine max* (L.) Merr.）、野大豆（*Glycine soja* Sieb. et Zucc.）

大豆由野生大豆驯化而来，且在龙山文化时期驯化进程还在继续[18]，故在此将两者放在一起讨论。在此次统计的出土大遗存的遗址中约半数出土了豆类遗存。可见，大豆、野大豆是被较为普遍利用的、与当时人类关系较为紧密的农作物类型，但尚未在龙山文化遗址中发现豆类的植硅体。

目前，尺寸是研究豆类植物的常用方法[19]。海岱龙山文化的三个遗址出土的豆类遗存的尺寸较为一致；位于中原地区的登封王城岗[20]、博爱西金城[21]与襄汾陶寺[22]、位于关中地区的扶风周原[23]四个遗址出土的豆类遗存的尺寸也较为一致。此外，河南禹州瓦店遗址龙山文化遗存中出土了大豆的种子和野生大豆的种子[24]；二者尺寸差距较大，后者与海岱龙山文化遗址的相近，前者与位于中原、关中地区的四个遗址的豆类遗存的尺寸相近（图二），这也许说明海岱龙山文化豆类的驯化速度慢于同时期的中原地区、关中地区。

区分野生大豆和驯化大豆，豆粒的形态并不是唯一的标准；最为可靠的标准是传播方式的差异，即成熟时"野生大豆的豆荚会扭转崩开，以散播种子，驯化的豆荚则紧闭密合，需要人力打开"[25]。但是，截止到今天，未在考古遗址中发现豆荚的遗存。

1.4 小麦（*Triticum aestivum* L.）、大麦（*Hordeum vulgare* L.）

小麦、大麦仅在少数遗址中有发现。可见，小麦、大麦是被利用的普遍性较低、与当时人

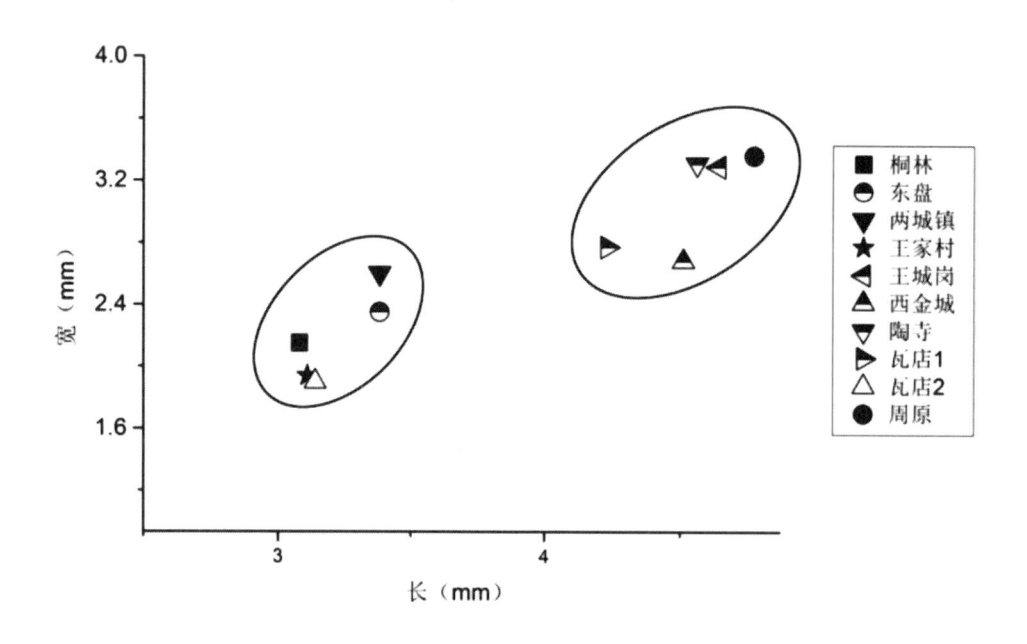

图二 部分龙山文化遗址出土豆类尺寸的对比

1. "两城镇"为教场铺 2002 年、两城镇 2001 年的浮选结果　2. "禹州瓦店 1"为瓦店遗址出土的大豆种子，"禹州瓦店 2"为瓦店遗址出土的野生大豆种子

类关系并不十分紧密的农作物类型。关于大麦、小麦植硅体的鉴别已经建立了一定的标准[26]，而且有的学者已经对海岱地区现代小麦的植硅体进行了研究[27]，但是至今在海岱龙山文化的遗址中尚未发现明确的大麦、小麦的植硅体。

小麦不仅在鲁西、鲁北地区有发现，而且在鲁南、鲁东地区也有发现（附表一）。这些遗址均位于小麦东传路线的最东端，而且年代相对较早[28]，这对于研究小麦在中国的传播具有重要意义。

2．其他被利用的植物

在当今生活中，除主要粮食作物外，人们还利用了很多种植物，而且用途多种多样；两周时期的植物利用状况亦是如此[29]。由此推之，海岱龙山文化时期人们利用的植物种类不仅仅局限于上述几种植物（图三）。

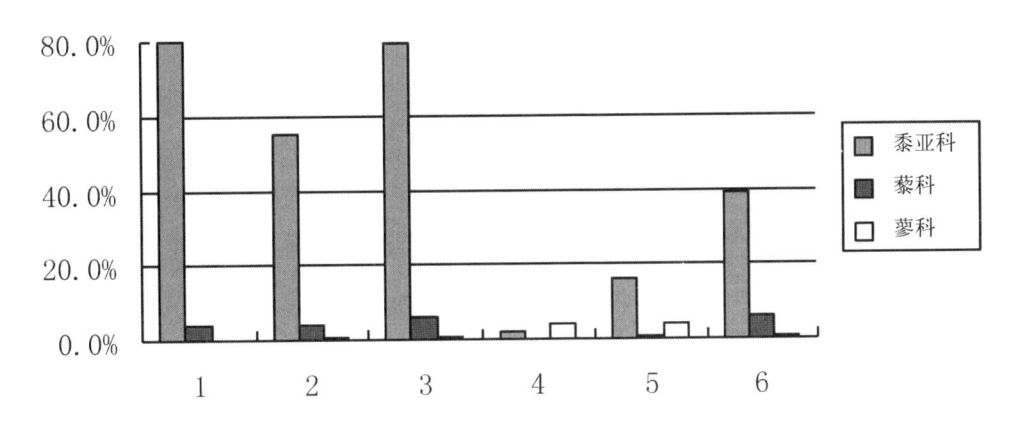

图三　几类杂草种子在海岱龙山文化遗址出土的杂草种子中所占的比例
1．临淄桐林　2．临淄房家　3．诸城薛家庄　4．胶州赵家庄　5．日照两城镇 1999、2000　6．临沭东盘

黍亚科（Panicoideae）属于禾本科，其在遗址中较为常见，且出土量很大。几个进行系统浮选的海岱龙山文化遗址的分析结果（图三）表明黍亚科是龙山文化时期最为常见的、分量最重的一类杂草；登封王城岗[30]、博爱西金城[31]、襄汾陶寺[32]、禹州瓦店[33]、扶风周原[34]五个遗址的浮选结果也证实了这一点。

黍亚科包含很多属，如稗属（*Echinochloa* Beauv. sp.）、马唐属（*Digitaria* Hall. sp.）、狗尾草属（*Setaria* Beauv. sp.）等。稗属中的水稗（*Echinochloa phyllopogon* (Stapf) Koss.）、稗（*Echinochloa crusgalli* (L.) Beauv.）、长芒稗（*Echinochloa caudata* Roshev.）等为中国常见的稻田杂草[35]；但是，不能排除古代的先民们栽培稗属植物的可能。稗属植物多耐瘠、耐水旱、极易成活。在农业较为发达的历史时期经常种植稗属植物以做救荒、备荒之用；种植稗属植物的行为在《氾胜之书》、《齐民要术》、《农政全书》中均有记载；即使在现在的日本，稗也一直被当为重要的粮食作物种植[36]。狗尾草属、马唐属中的很多植物可以作为动物饲料，如金色狗尾草（*Setaria glauca* (L.) Beauv.）、马唐（*Digitaria sanguinalis* (L.) Scop.）、紫马唐（*Digitaria violascens* Link.）、升马唐（*Digitaria ciliaris* (Retz.) Koel.）等[37]；也许马唐属、狗尾草属等作为一种饲草而被当时的先民们种植，为以家猪饲养为代表的家畜饲养业[38]提供饲料。

藜科（Chenopodiaceae）植物具有广泛的利用价值。在《诗经》、《楚辞》中被称为"藜"、在《尔雅》中被称为"拜"和"蒢蘿"的藜（Chenopodium album L.）[39]，全草可入药，能止泻、止痒[40]；地肤（Kochia scoparia (L.) Schrad.）的干燥成熟的果实（即地肤子）"主治膀胱热，利小便，补中益精气"[41]。此外，从古至今，藜科植物是人们日常饮食的重要组成部分。在青海喇家遗址出土的由粟做的面条中发现了藜属植硅体，推测是先民们为增加面条的韧性在粟的面粉中加入了藜属植物[42]。藜科中的某些植物在北美洲被驯化成功，至今仍被人们食用，如伯兰德氏藜（Chenopodium berlandieri L.）和奎奴亚藜（Chenopodium quinoa L.）[43]。唐代，人们采集藜的嫩苗（灰灰菜），作为蔬菜食用，这种现象今天仍可见到[44]；此外，当今的台湾高山族把藜混入粟田里，以增加淀粉食物[45]。藜科出土的绝对数量、出土概率虽不及黍亚科（图三），但也是海岱龙山文化遗址中比较常见的一种植物。简而言之，海岱龙山文化的先民们可能已经对藜科植物进行了管理或栽培，或药用，或食用。

蓼科（Polygonaceae）也是海岱龙山文化遗址常见的植物之一。常见的蓼科植物有萹蓄（Polygonum aviculare L.）、红蓼（Polygonum orientale L.）、水蓼（Polygonum hydropiper L.）、羊蹄（Rumex japonicus Houtt.）、酸模（Rumex acetosa L.），《诗经》、《尔雅》、《楚辞》等先秦典籍中对其均有记载[46]。北魏贾思勰的《齐民要术》中引东汉崔寔的《四民月令》曰："正月，可种蓼"；引《家政法》曰："三月可种蓼"；而且详细介绍了蓼科植物的种植方法和食用方法。此外，在中国一直到宋元以前，蓼科植物是古人重要的菜蔬之一，后来可能是由于因为青菜、萝卜等的普及而重返野生状态[47]。综上可知，蓼科植物的利用可上溯至三代，故尚不能排除海岱龙山文化先民管理、栽培蓼科植物的可能。

紫苏（Perilla frutescens (L.) Britt.）的茎叶可入药，子实可榨油，供食用[48]。在龙山文化时期（如胶州赵家庄[49]、蒙城尉迟寺[50]、登封王城岗[51]）以及以前的遗址（如湖南澧县八十垱[52]、河南渑池班村[53]、甘肃秦安大地湾[54]）中均发现紫苏的种子，而且常与水稻、粟等粮食作物同出，这表明至少在龙山文化时期，紫苏可能已经成为一种重要的食物、药物资源了[55]。

此外，我们还在海岱龙山文化遗址中发现了葡萄属（Vitis L. sp.，日照两城镇1999～2000[56]年、临淄桐林[57]、胶州赵家庄[58]、滕州庄里西[59]）、酸枣（Zizyphus jujuba Mill.，滕州庄里西[60]）、栎果（Quercus L. sp.，诸城薛家庄[61]）的种子。这些应该是当时先民们采集的野果，以增加食物数量、丰富食物多样性。

二 海岱龙山文化农作物组合区域特点

植物遗存的材料表明在海岱龙山文化范围区内各地区的农作物组合并不一致，已有学者关注到了这一点。赵志军认为茌平教场铺遗址是典型旱作农业的代表[62]，日照两城镇遗址和蒙城尉迟寺遗址代表了分布在海岱地区南部的旱稻混作农业[63]；栾丰实提出了更为细致的划分，海岱地区西部和北部为传统的旱作粟类作物为主的农业区，东界在临淄桐林遗址附近；海岱地区南部和东南部地区为新出现的以种植水稻为主的稻作农业区，其北界在滕州庄里西和胶州赵家庄一带；胶东半岛及其以西地区为旱作和稻作混合耕作农业区[64]。

临淄桐林出土的粟不论出土概率还是占农作物的比重方面均远超水稻，黍在农作物中占的比重大于水稻，出土概率方面与水稻相当；临淄房家粟、黍占农作物的比重及出土概率均明显超过水稻；茌平教场铺2002年的浮选结果也反映了类似的情况（图四、五）[65]。对茌平地区的调查发现，在所调查的遗址中绝大多数遗址都出土了粟、黍的大遗存或植硅体遗存，少数遗址出土了水稻遗存；菏泽地区的调查结果亦类似（附表一）[66]。如果再向西、向北扩展，旱作农业的特点更加突出。从襄汾陶寺[67]、登封王城岗[68]、博爱西金城[69]、扶风周原[70]的系统植物考古学研究结果看（图四、五），粟在农作物中占有绝对优势，水稻占的比重较小。总之，鲁西、鲁北地区的海岱龙山文化诸遗址的农业类型是以粟黍为主的旱作农业，水稻居于次要位置，有的几乎可以忽略不计。

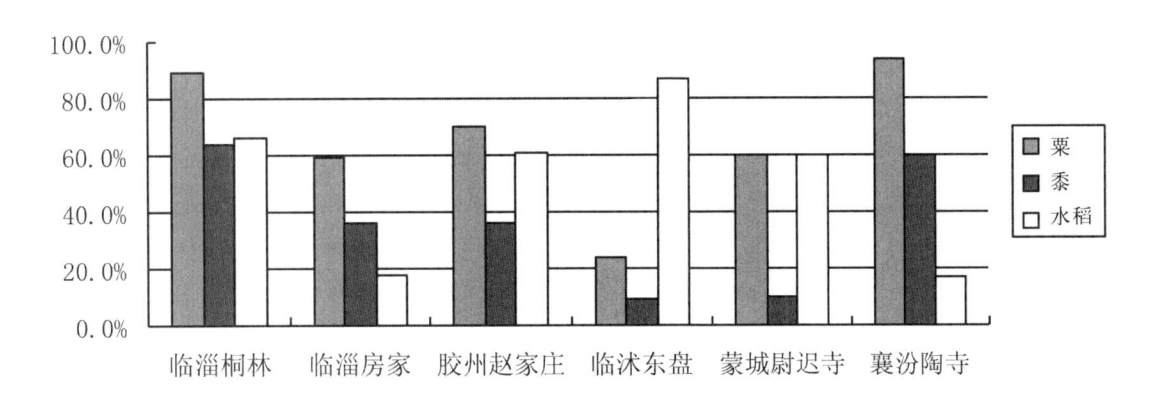

图四 部分海岱龙山文化遗址粟、黍、水稻的出土概率

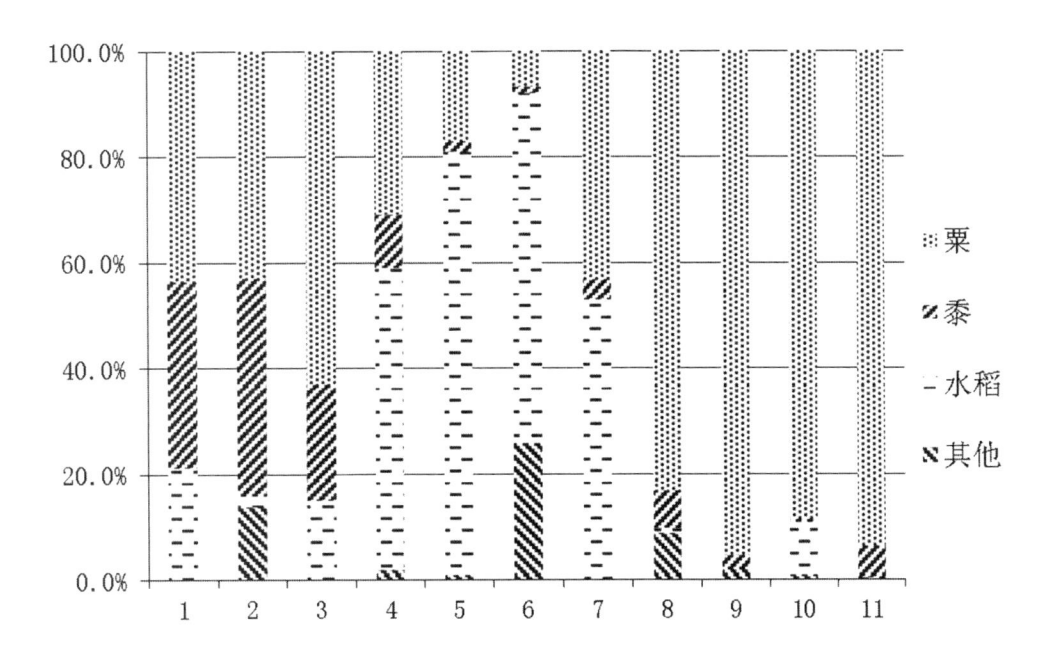

图五 部分海岱龙山文化遗址粟、黍、水稻占农作物的比重

1.临淄桐林 2.临淄房家 3.诸城薛家庄 4.胶州赵家庄 5.日照两城镇1999、2000 6.临沭东盘 7.蒙城尉迟寺 8.登封王城岗 9.扶风周原 10.博爱西金城 11.襄汾陶寺 （注："其他"代表大麦、小麦和豆类遗存）

虽然胶州赵家庄的粟的出土概率高于水稻，但占农作物的比重却不及水稻。临沭东盘的粟在此二方面均远低于水稻；日照两城镇与其相近[71]。在莒县、胶州的调查中，每一个遗址都发现了水稻的植硅体，而粟、黍的植硅体则比较少见；对日照地区的调查也是类似的结果（附表一）[72]。这说明，鲁东、鲁南地区经营的是水稻、粟并重的混作农业。

长江流域的稻作农业在距今 7000～6000 年间就建立起来了[73]，并随后向四周传播，苏北地区是最先受到影响的地区之一。对苏北地区的调查发现，早在仰韶时代晚期，这一地区可能已经经营稻作农业了[74]。连云港藤花落遗址龙山文化时期水田的发现[75]也表明，稻作农业在当地经济生活中占有一席之地。且苏北地区与鲁南、鲁东地区相邻，自然环境相似，故此地可能经营稻旱混作农业。

豫东、皖北地区的植物考古学材料也比较有限，目前已经开展过系统研究的只有蒙城尉迟寺遗址[76]。尉迟寺遗址从大汶口文化晚期就开始种植粟、黍、稻；虽然到了龙山文化时期稻作所占比重有所增长，但是粟仍占重要的地位；这一时期粟和稻的出土概率一样，占农作物的比重相当（图四、五）；因此，稻旱混作农业是豫东、皖北地区在龙山文化的经济形态。

辽东半岛南部地区的植物考古调查[77]和大连王家村遗址的大遗存的系统分析[78]均表明，至少在小珠山二期，该地区出现了农业，粮食作物主要是粟、黍；至大汶口文化时期，出现了水稻，龙山文化时期稻作农业进一步发展，但是未根本改变先前的旱作农业传统。因此，辽东半岛南部属于以种植粟、黍为主的旱作农业区。

在对搜集的植物考古学资料进行综合分析后，我们可得到一组农作物组合与地域关联的数据（图六）。综合这些发现和数据来讲，在海岱龙山文化范围内的农作物分区可以分为分布在鲁西、鲁北、辽东半岛南部的以粟、黍为基本组合的旱作农业区和分布在鲁东、鲁南、苏北、豫东、皖北地区的以水稻、粟（黍）并重的稻旱混作农业区（图七）。对海岱龙山文化黑陶碳同位素的分析结果[79]也证实了上述格局的划分的合理性。

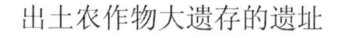

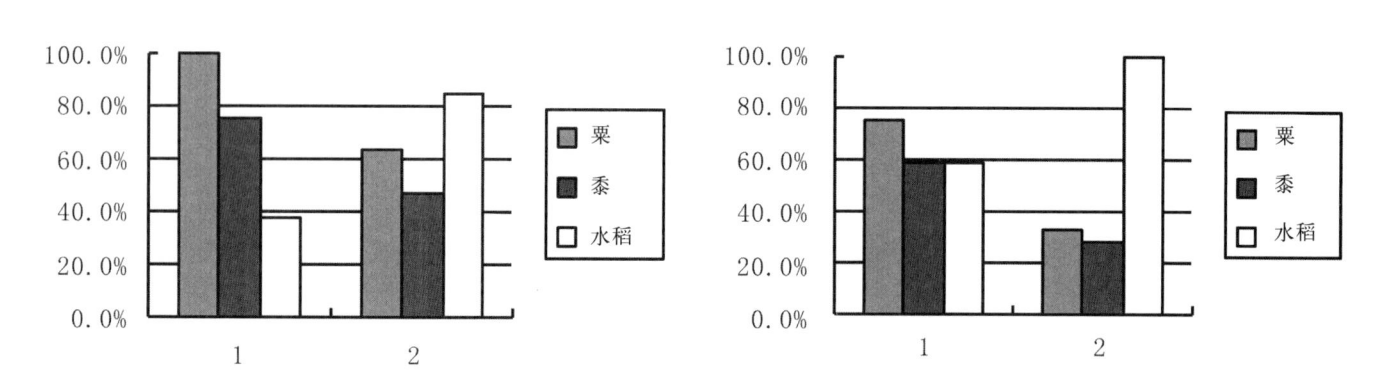

图六　旱作农业区与混作农业区内出土农作物大遗存、植硅体的遗址占各地区遗址总数的比重
1. 鲁西、鲁北、辽东半岛南部地区　2. 鲁东、鲁南、苏北、豫东、皖北地区

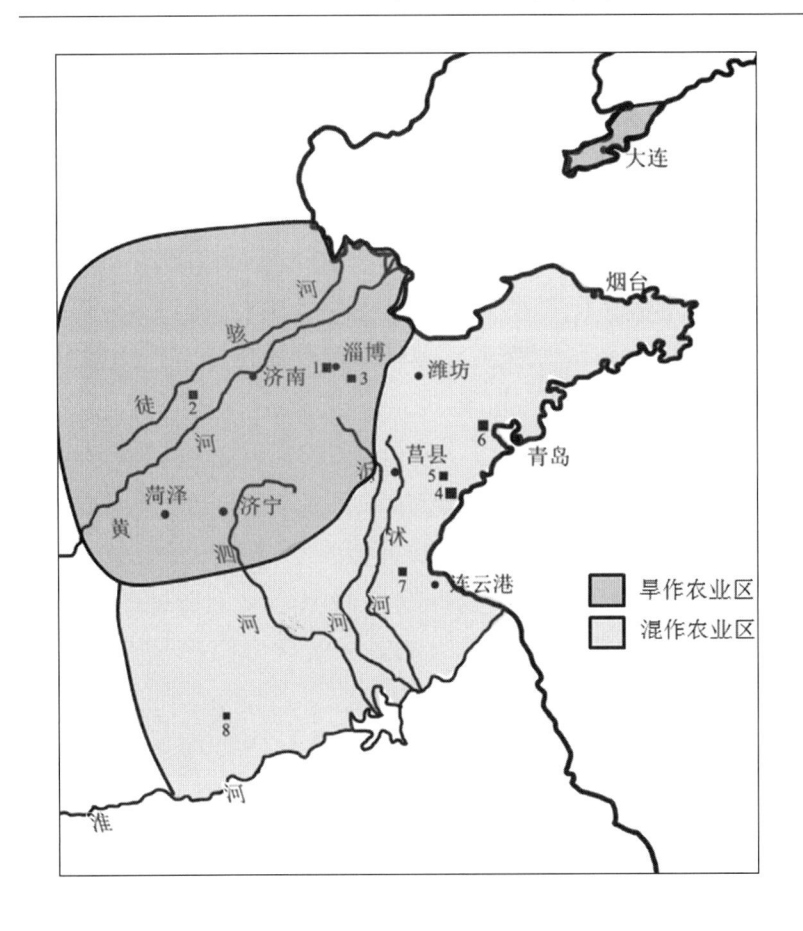

图七 海岱龙山文化范围内旱作农业区与混作农业区分布图
1.临淄桐林 2.茌平教场铺 3.临淄房家 4.日照两城镇 5.诸城薛家庄 6.胶州赵家庄 7.临沭东盘 8.蒙城尉迟寺

三 海岱龙山文化农业格局的形成原因

为了更好地探讨海岱龙山文化农业格局的形成原因，这里对后李文化、北辛文化、大汶口文化时期遗址中发现的农作物遗存进行了梳理（附表二）。据此表，在后李文化、北辛文化、大汶口文化三个时期均发现了粟、黍、水稻的遗存。即墨北阡遗址的分析结果表明，大汶口文化时期种植的农作物以粟、黍为主，而且有水稻的种植[80]。蒙城尉迟寺遗址大汶口文化时期出土的水稻虽在占农作物比重方面不及粟，但出土概率上却与粟相当[81]。在统计的15处遗址中有9处发现了粟的遗存，有5处发现了黍的遗存，有6处发现了水稻的遗存。由此可见海岱地区粟、黍、稻的种植至少可以上溯到大汶口文化时期。龙山文化以粟、黍、稻为主要农作物类型继承了之前的农业生产模式。

海岱龙山文化向南的扩张及随之南传的旱作农业也是一个不可忽视的因素。蚌埠禹会村等遗址的发掘表明海岱龙山文化的扩张区域已经越过了淮河[82]；其植物遗存分析表明作为主要作物之一的小麦很可能是从海岱地区或中原地区传入并在当地种植的[83]。此外，距今6000～4000年，源于长江流域的稻作农业第二次大范围扩张，海岱地区深受其影响[84]。因此，海岱龙山文化时期混作农业的形成是源自北方的粟作农业与源自南方的稻作农业互相融合的产物。

海岱龙山文化农业格局的形成也得益于当时有利的自然环境。距今5000～2500年海岱地区的气候温暖干燥，气温高于现在[85]。温暖的环境为农作物的种植，尤其水稻，提供了良好的气温条件。遗址周边多水的环境，如滕州庄里西遗址周围的大片水域[86]、日照两城镇遗址东部的湿洼地[87]，为水稻的种植提供了有利的水分条件。

总之，海岱龙山文化农业格局的形成是多种因素共同作用的结果。

四 结语

在多种因素影响下，海岱龙山文化的农业形成了以种植粟、黍为主的旱作农业区和水稻、粟并重的混作农业并立的格局。在粮食作物之外，黍亚科、藜科、蓼科中某些植物等可能也被纳入当时先民的食谱。虽然，龙山文化农业的研究已经取得了一定的成果，但是还有很多工作要做。

首先，植物组合与聚落等级的关系还有待进一步的研究。两城地区的区域系统调查表明，两城镇遗址处于龙山文化时期聚落的上层[88]。日照两城镇遗址1999～2000年度的浮选结果显示粟、黍、水稻等农作物仅占出土炭化种子总数的14%，2001年度的浮选结果显示此比例为27%，明显低于其他普通聚落遗址；临淄房家遗址的比例为58%，胶州赵家庄遗址的比例为72%，蒙城尉迟寺遗址的比例为95%。这种差异是否与聚落等级的差异有关以及产生这种差异的原因等问题的解决还有待相关材料的积累。

其次，植物遗存的鉴定尚欠精准。除了主要粮食作物外，海岱龙山文化遗址还出土了大量其他植物的种子，但是这些种子目前仅简单地被归为杂草类。如上述，其中某些种类可能已被龙山文化人类利用，然而众多"杂草"种子只被鉴定到属、科一级。某一个属、科往往包含有很多用途、生态环境不同的种，当前粗略的种属鉴定导致很多植物的具体信息无法被挖掘出来，相关的探讨只能泛泛而谈。

随着基础材料的积累和研究深度的不断延伸，植物考古的理论与方法将逐步完善，当前的认识将进一步丰富，一些认识可能被修正，这是值得期待的。

致谢：在本文写作的过程中，山东省文物考古研究所孙波研究员、北京大学考古文博学院马志坤博士给予了巨大的帮助，在此谨表谢忱。本研究得到国家社科基金（11AZD116）和山东大学"高峰计划-海岱地区龙山时代生业经济研究"项目共同资助。

附表一 海岱龙山文化诸遗址中出土的农作物大遗存、植硅体一览表

	遗址名	粟	黍	稻	小麦	大麦	豆类
鲁西及鲁北地区	茌平教场铺2009[89]	✓○	✓	○			✓
	茌平教场铺2002[90]	✓	✓	✓	✓		✓
	茌平韩王[91]	✓○	✓○				
	茌平大蔚[92]	✓	✓		✓		✓
	茌平台子高[93]	✓	✓	○			✓
	茌平尚庄[94]	✓					✓
	菏泽部堌堆[95]	○	○				

区域	遗址	1	2	3	4	5	6
鲁西及鲁北地区	菏泽塔岗寺[96]			○			
	菏泽安邱堌堆[97]	○	○				
	临淄房家[98]	✓○	✓	✓○			✓
	临淄桐林[99]	✓	✓	✓○			
	泗水尹家城[100]	○	○				
	济宁程子崖[101]	○	○				
	济南彭家庄[102]	✓					
鲁东及鲁南地区	烟台庙后[103]			○			
	潍坊鲁家口[104]	○	○	○			
	潍坊狮子行[105]	○	○	○			
	潍坊李家埠[106]	○	○	○			
	栖霞杨家圈[107]	✓	✓	✓○			
	诸城薛家庄[108]	✓	✓	✓			✓
	莒县薄板台[109]	✓		✓○	✓		
	莒县马庄[110]	✓○	✓○	○			
	莒县寨[111]			○			
	莒县坪上[112]			○			
	莒县梁家崖头[113]			○			
	莒县后果庄[114]			○			
	莒县钱家屯[115]			○			
	莒县牛家屯[116]			○			
	黄岛台头[117]			○			
	胶州赵家庄[118]	✓○	✓○	✓○	✓	✓	
	胶州西庵[119]		✓	○			
	胶南丁家柳沟[120]	✓		✓			
	胶县三里河[121]	✓					
	五莲丹土[122]			○			
	日照东海峪[123]	✓		✓			

地区	遗址名						
鲁东及鲁南地区	日照前水车沟[124]	✓		✓			
	日照两城镇2005[125]			○			
	日照两城镇2001[126]	✓	✓	✓	✓		
	日照两城镇1999~2000[127]	✓	✓	✓○	✓		✓
	日照刘家沟[128]			✓			
	日照尧王城[129]			✓			
	日照六甲庄[130]			✓			
	临沭东盘[131]	✓	✓	✓	✓	✓	✓
	滕州庄里西[132]	○	✓○	✓○			✓
	苍山后杨官庄[133]	✓	✓	✓			
苏北地区	连云港后大堂[134]			✓			
	连云港藤花落[135]			✓○			
豫南皖北地区	蒙城尉迟寺[136]	✓○	✓	✓○			
辽东半岛南部	大连郭家村[137]	○	○	○			
	大连王家村[138]	○✓	○✓	○✓	✓		✓

注："✓"代表某遗址发现的农作物大遗存，"○"代表某遗址发现的农作物植硅体。

附表二 海岱地区后李文化、北辛文化、大汶口文化时期遗址中发现的农作物遗存一览表

年代与遗址名		粟	黍	稻	小麦	备注
后李文化	长清月庄[139]	✓△	✓△	✓△		
	沂源北桃花坪[140]	△				
	济南张马屯[141]	△✓		✓		
	章丘西河[142]	△○		○✓		
北辛文化	烟台白石村[143]	○	○			
	临沭东盘[144]	✓△○	✓○	✓○		
	日照南屯岭[145]		✓			
	济宁张山[146]	✓				
	莱阳于家店[147]	✓				粟壳印痕
	滕州北辛[148]	✓				粟糠印痕

大汶口文化	遗址						
	即墨北阡 2007[149]	✓○	✓○	○			
	即墨北阡 2009、2011[150]	✓○	✓○	✓○			
	滕州西公桥[151]	○					
	广饶傅家[152]	✓					黍壳
	长岛北庄[153]		✓				
	烟台蛎碴堆[154]	○					
	日照徐家村[155]	✓	✓	✓			
	蒙城尉迟寺[156]	✓	✓	✓			
	莒县陵阳河[157]		○				
	莒县集西头[158]			○			
	莒县段家河[159]			○			
	莒县杭头[160]				✓		
	枣庄二疏城[161]	✓					
	枣庄建新[162]	✓					
	连云港朝阳[163]			○			
	胶县三里河[164]	✓					

注：1."✓"代表某遗址发现的农作物大遗存，"○"代表某遗址发现的农作物植硅体，"△"代表某遗址发现的农作物淀粉粒；2. 在连云港二涧村的北辛文化时期的红烧土中发现了稻壳印痕[165]，在蓬莱大仲家遗址大汶口文化早期的土壤样品中发现了一粒水稻植硅体[166]，在兖州王因遗址大汶口文化早期的地层中发现了水稻花粉[167]，这三个遗址的材料的可靠性较低，故暂不采用。莒县陵阳河[168]、滕州西公桥[169]、莒县小朱家村[170]三个大汶口文化时期的遗址均进行了碳稳定同位素的分析，但是 C3、C4 植物包含多种植物，我们无法确定测试出的 C3、C4 同位素代表的具体的植物种属；在长清月庄、沂源北桃花坪、济南张马屯、章丘西河四个遗址后李文化时期的遗存、临沭东盘的北辛文化时期的遗存和即墨北阡大汶口文化遗存中均发现了小麦族的淀粉粒[171]，但现在我们仍无法辨识其具体属于哪一种植物；此外，济宁玉皇顶遗址发现了属于北辛文化晚期及大汶口文化晚期的粟、黍的植硅体[172]，但是时代较为模糊，无法进一步精确；故这些材料仅用作参考。

注释

[1] 栾丰实：《海岱龙山文化的分期与类型》，《海岱地区考古研究》，山东大学出版社，1997 年，第 229～282 页。

[2] a.中美日照地区联合考古队：《鲁东南沿海地区系统考古调查》，文物出版社，2012 年，第 310～312 页。b.孙波、高明奎：《桐林遗址龙山文化时期聚落和社会之观察》，《东方考古（第 9 集）》，科学出版社，2012 年，第 138～157 页。c.王建华：《黄河中下游地区史前人口研究》，山东大学博士学位论文，2005 年，第 17～302 页。

[3] a.吴诗池：《山东新石器时代农业考古概述》，《农业考古》1983 年第 2 期，165～171 页。b.吴汝祚：《海岱文化区的史前农业》，《考古》1985 年第 1 期，第 103～109 页。c.佟佩华：《海岱地区原始农业初探》，《"原始农业对中华文明形成的影响"研讨会论文集》，2001 年，63-69 页。d.何德亮：《山东新石器时代农业试论》，《农业考古》2004 年第 3 期，第 58～69 页。

[4] 济南彭家庄、烟台庙后二遗址虽然开展了系统的采样、科学分析工作，但是二者中龙山文化的遗存较少，因此，

在进行定量分析时仅将其作为参考。

[5] 国家文物局考古领队培训班：《兖州西吴寺》，文物出版社，1990年，第250、251页。

[6] 李洪甫：《连云港地区农业考古概述》，《农业考古》1985年第2期，第96～107、186页。

[7] 同注[6]。

[8] 修燕山、白侠：《安徽寿县牛尾岗的古墓和五河濠城镇新石器时代遗址》，《考古》1959年第7期，第371、372页。

[9] 辽宁省博物馆、旅顺博物馆：《大连市郭家村新石器时代遗址》，《考古学报》1984年第3期，第287～329页。

[10] 辽东先史遗迹发掘报告书刊行会：《文家屯——1942年辽东先史遗迹发掘报告调查书》，京都大学，2002年，第94～106页。

[11] 目前，虽然已经建立了粟、黍、水稻、小麦组、豆类等淀粉粒的分类标准，但是尚未见到在海岱龙山文化遗存中发现上述几类淀粉粒的报道，故未在图表中标示。

[12] 日照两城镇遗址、茌平教场铺遗址、即墨北阡遗址均有多个分析结果，在正文叙述中予以分别对待，在进行遗址数量统计时，均计作一处。下同。

[13] 靳桂云、栾丰实、张翠敏等：《辽东半岛南部农业考古调查报告——植硅体证据》，《东方考古（第6集）》，科学出版社，2009年，第306～316页。

[14] 靳桂云、燕生东、宇田津彻郎等：《山东胶州赵家庄遗址4000年前稻田的植硅体证据》，《科学通报》2007年第52卷第18期，第2161～2168页。

[15] 郑晓蘘：《胶东地区史前水田研究》，山东大学硕士学位论文，2014年，第40～42页。

[16] 南京博物院、连云港市文物管理委员会、连云港市博物馆：《江苏连云港藤花落遗址考古发掘纪要》，《东南文化》2001年第1期，第35～38页。

[17] 栾丰实、靳桂云、王富强等：《山东栖霞县杨家圈遗址稻作遗存的调查与初步研究》，《考古》2007年第12期，第78～84页。

[18] 吴文婉、靳桂云、王海玉、王传明：《古代中国大豆属（Glycine）植物的利用与驯化》，《农业考古》2013年第6期，第1～10页。

[19] a. Fuller, Dorian Q. and Emma L. Harvey. 2006. The archaeology of Indian pulses: identification processing and evidence for cultivation. *Environmental Archaeology* 11(2): 219-46. b. Lee, Gyoung-Ah, Gary W. Crawford, Li Liu, et al. 2011. Archaeological soybean (*Glycine max*) in East Asia: does size matter? *PLoS ONE* 6(11): e26720.

[20] 赵志军、方燕明：《登封王城岗遗址浮选结果及分析》，《华夏考古》2007年第2期，第78～89页。

[21] 陈雪香、王良智、王青：《河南博爱县西金城遗址2006～2007年浮选结果分析》，《华夏考古》，2010年第3期，第67~76页。

[22] 赵志军、何驽：《陶寺城址2002年度浮选结果及分析》，《考古》2006年第5期，第77～86页。

[23] 赵志军、徐良高：《周原遗址（王家嘴地点）尝试性浮选的结果及初步分析》，《文物》2004年第10期，第89～96页。

[24] 刘昶、方燕明：《河南禹州瓦店遗址出土植物遗存分析》，《南方文物》2010年第4期，第55～64页。

[25] 傅稻镰：《农业起源的比较研究——西亚和北美东部的个案分析》，中国社会科学院等编《古代文明（5）》，文物出版社，2005年，第317～338页。

[26] Ball, Terry, John Gardner, and Nicole Anderson. 1999. Identifying inflorescence phytolith from selected species of wheat (*Triticumnonosoccum*, *T. Dicoccon*, and *T. aestivum*) and barley (*Hordeumvulargeand* and *H. Spontaneum* (Gramineae)). *American Journal of Botany* 86(11): 1615-23.

[27] 陈辉、林立、石元昌等：《小麦中植硅体形态的初步研究与分类》，《东方考古（第7集）》，科学出版社，2010年，第341～350页。

[28] a. 李水城：《中国境内考古所见早期麦类遗存》，科技部社会发展司、国家文物局博物馆与社会文物司编《中华文明探源工程文集·环境卷（1）》，科学出版社，2009年，第191～213页。b. John R. Dodson, Xiaoqiang Li, Xinying Zhou, et al. 2013. Origin and spread of wheat in China. *Quaternary Science Reviews* 72: 108-111. c. 靳桂云：《中国早期小麦的考古发现与研究》，《农业考古》2007年第4期，第11～20页。

[29] 马永超、吴文婉、杨晓燕、靳桂云：《两周时期的植物利用——来自〈诗经〉、植物考古学的证据》，《农业考古》，2016年第6期，第32~41页。

[30] 同注[20]。

[31] 同注[21]。

[32] 同注[22]。

[33] 同注[24]。

[34] 同注[23]。

[35] 李扬汉：《中国杂草植物志》，中国农业出版社，1998年，第1140~1358页

[36] 俞为洁：《中国史前植物考古——史前人文植物考古散论》，社会科学文献出版社，2010年，第59、60页。

[37] 同注[35]。

[38] 同注[3]d。

[39] a. 潘富俊、吕胜由：《诗经植物图鉴》，上海书店出版社，2003年，第226、227页。b. 潘富俊、吕胜由：《楚辞植物图鉴》，上海书店出版社，2003年，第200、201页。c. 胡奇光、方环海：《尔雅译注》，上海古籍出版社，2004年，第282页。

[40] 同注[35]，第205、206页。

[41] a. 李时珍：《本草纲目校点本》（第二册），人民卫生出版社，1979年，第1058~1060页。b. 高学敏、张德芹、张建军：《实用本草纲目彩色图鉴》，外文出版社，2006年，第422、423页。

[42] 刘长江、靳桂云、孔昭宸：《植物考古：种子和果实研究》，科学出版社，2008年，第113、114页。

[43] a. Bruno, Maria C., and William T. Whitehead. 2013. *Chenopodium* cultivation and formative period agriculture at Chirpier, Bolivia. *Latin American Antiquity* 14(3):339-55.　b. Smith, Bruce. 1984. *Chenopodium* as a prehistoric domesticate in Eastern North America: evidence from Russell Cave. *Science* 226 (467): 165-67.　c. 陈雪香：《从济南大辛庄遗址浮选结果看商代农业经济》，《东方考古（第4集）》，科学出版社，2008年，第47~68页。

[44] 潘富俊：《唐诗植物图鉴》，上海书店出版社，2003年，第132、133页。

[45] Lee, Gyoung-Ah, Gary W. Crawford, Li Liu, et al. 2007. Plants and people from the early Neolithic to Shang periods in North China. *PNAS* 104(3): 1087-92.

[46] a. 同注[39]a，第98~241页。b. 同注[39]b。c. 胡奇光、方环海：《尔雅译注》，上海古籍出版社，2004年，第290~300页。

[47] 同注[36]，第41、42页。

[48] 同注[35]，第570、571页。

[49] 王春燕：《山东胶州赵家庄遗址龙山文化稻作农业研究》，山东大学硕士学位论文，2007年，第59~62页。

[50] 中国社会科学院考古研究所、安徽省蒙城县文化局编：《蒙城尉迟寺（第二部）》，科学出版社，2007年，第328~337页。

[51] 同注[20]。

[52] 湖南省文物考古研究所：《彭头山与八十垱》，科学出版社，2006年，第518~544页。

[53] 孔昭宸、刘长江、张居中：《渑池班村新石器时代遗址植物遗存及其在人类环境学上的意义》，《人类学学报》1999年第18卷第4期，第291~295页。

[54] 甘肃省文物考古研究所：《秦安大地湾——新石器时代遗址发掘报告》，文物出版社，2006年，第914~916页。

[55] 靳桂云、王传明、兰玉富：《诸城薛家庄遗址炭化植物遗存分析结果》，《东方考古（第6集）》，科学出版社，2009年，第350~353页。

[56] Crawford, Gary, Anne Underhill, Zhijun Zhao, et al. 2005. Late Neolithic plant remains from Northern China: preliminary results from Liangchengzhen, Shandong. *Current Anthropology* 46 (2): 309-17.

[57] 宋吉香：《山东桐林遗址出土植物遗存分析》，中国社会科学院研究生院硕士学位论文，2007年，第43~47页。

[58] 同注[49]。

[59] 孔昭宸、刘长江、何德亮：《山东滕州市庄里西遗址植物遗存及其在环境考古学上的意义》，《考古》1999 年第 7 期，第 59 ~ 62 页。

[60] 同注 [59]。

[61] 同注 [55]。

[62] 赵志军：《两城镇与教场铺龙山时代农业生产特点分析》，《东方考古（第 1 集）》，科学出版社，2004 年，第 210 ~ 224 页。

[63] 赵志军：《海岱地区南部新石器时代晚期的稻旱混作农业》，《东方考古（第 3 集）》，科学出版社，2006 年，第 253 ~ 257 页。

[64] 栾丰实：《海岱地区史前时期稻作农业的产生、发展与扩散》，《海岱地区早期农业和人类学研究》，科学出版社，2008 年，第 41 ~ 55 页。

[65] a. 同注 [57]。b. 靳桂云、王传明、张克思等：《淄博市房家龙山文化遗址植物考古报告》，《海岱考古（第 4 辑）》，科学出版社，2011 年，第 66 ~ 71 页。c. 同注 [62]。

[66] a. 靳桂云、赵敏、孙淮生等：《山东茌平龙山文化遗址植物考古调查》，《东方考古（第 6 集）》，科学出版社，2009 年，第 317 ~ 320 页。b. 靳桂云：《山东先秦考古遗址水稻植硅分析与研究（1997 ~ 2003）》，《海岱地区早期农业和人类学研究》，科学出版社，2008 年，第 20 ~ 40 页。

[67] 同注 [22]。

[68] 同注 [20]。

[69] 同注 [21]。

[70] 同注 [23]。

[71] a. 同注 [49]。b. 同注 [62]。

[72] a. 靳桂云、赵敏、王传明等：《山东莒县、胶州植物考古调查》，《东方考古（第 6 集）》，科学出版社，2009 年，第 344 ~ 349 页。b. 陈雪香、方辉等：《鲁东南几处先秦遗址调查采样浮选结果分析》，《东方考古（第 6 集）》，科学出版社，2009 年，第 354 ~ 357 页。

[73] 赵志军：《有关农业起源和文明起源的植物考古学研究》，《社会科学管理与评论》2005 年第 2 期，第 82 ~ 91 页。

[74] 宇田津彻郎、邹厚本、藤原宏志等：《江苏省新石器时代遗址出土陶器的植物蛋白石分析》，《农业考古》1999 年第 1 期，第 36 ~ 45 页。

[75] 同注 [16]。

[76] 中国社会科学院考古研究所、安徽省蒙城县文化局：《蒙城尉迟寺——皖北新石器时代聚落遗存的发掘与研究》，科学出版社，2001 年，第 328 ~ 337 页。

[77] 同注 [13]。

[78] 马永超、吴文婉、王强等：《大连王家村遗址炭化植物遗存研究》，《北方文物》2015 年第 2 期，第 39 ~ 43 页。

[79] 三原正三、栾丰实、小池裕子等：《海岱龙山文化黑陶碳素的稳定同位素分析》，《海岱地区早期农业和人类学研究》，科学出版社，2008 年，第 13 ~ 19 页。

[80] 王海玉：《北阡遗址史前农业生业经济的植物考古学研究》，山东大学硕士学位论文，2012 年，第 23 ~ 51 页。

[81] a. 同注 [76]。 b. Guiyun, Jin, Mayke Wagner, Pavel E. Tarasov, et al. 2016. Archaeobotanical records of Middle and Late Neolithic agriculture from Shandong Province, East China, and a major change in regional subsistence during the Dawenkou Culture. *The Holocene* 26(10):1605-1615.

[82] 王吉怀、赵兰会：《禹会村遗址的发掘收获及学术意义》，《东南文化》2008 年第 1 期，第 20 ~ 25 页。

[83] 尹达：《安徽蚌埠禹会村遗址出土植物遗存分析》，中国社会科学院研究生院硕士学位论文，2011 年，第 27 ~ 37 页。

[84] 秦岭：《中国农业起源的植物考古学研究与展望》，《考古学研究（九）》，科学出版社，2012 年，第 260 ~ 315 页。

[85] 靳桂云、王传明：《海岱地区新石器时代气候与环境》，《古地理学报》2010 年第 12 卷第 3 期，第 355 ~ 363 页。

[86] a. 同注 [59]。b. 同注 [66]b。

[87] 同注 [62]。

[88] 同注 [2]a。

[89] 同注 [66]a。

[90] a. 同注 [62]。 b. 同注 [66]a。

[91] 同注 [66]a。

[92] 同注 [66]a。

[93] 同注 [66]a。

[94] 同注 [66]a。

[95] 同注 [66]b。

[96] 同注 [66]b。

[97] 同注 [66]b。

[98] 同注 [65]b。

[99] a. 同注 [57]。 b. 靳桂云、吕厚远、魏成敏：《山东临淄田旺龙山文化遗址植物硅酸体研究》，《考古》1999年第2期，第82～87页。

[100] 同注 [66]b。

[101] 靳桂云、王传明：《海岱地区3000～1500BC农业与环境研究——来自考古遗址的植硅体证据》，《东方考古（第7集）》，科学出版社，2010年，第322～332页。

[102] 吴文婉、郝导华、靳桂云：《济南彭家庄遗址浮选结果初步分析》，《东方考古（第7集）》，科学出版社，2010年，第358～369页。

[103] 同注 [66]b。

[104] 同注 [66]b。

[105] 同注 [66]b。

[106] 同注 [66]b。

[107] a. 北京大学实习队、山东省文物考古研究所：《栖霞杨家圈遗址发掘报告》，北京大学考古系、烟台市博物馆编《胶东考古》，文物出版社，2000年，第151～206页。b. 同注 [17]。

[108] 同注 [55]。

[109] 同注 [72]a。

[110] a. 同注 [49]。 b. 同注 [72]a。

[111] 同注 [72]a。

[112] 同注 [72]a。

[113] 同注 [72]a。

[114] 同注 [72]a。

[115] 同注 [72]a。

[116] 同注 [72]a。

[117] 同注 [15]，第33～36页。

[118] a. 同注 [49]。b. 靳桂云、王海玉、燕生东等：《山东胶州赵家庄遗址龙山文化炭化植物遗存研究》，《科技考古（第三辑）》，科学出版社，2011年，第36～53页。c. 靳桂云、吴文婉、燕生东等：《山东胶州赵家庄遗址居住区土样植硅体分析与研究》，《科技考古（第三辑）》，科学出版社，2011年，第54～74页。d. 靳桂云、王育茜、燕生东等：《山东胶州赵家庄遗址龙山文化石刀刃部植硅体分析与研究》，《科技考古》（第三辑），科学出版社，2011年，第75～79页。

[119] a. 同注 [49]。 b. 同注 [72]a。

[120] 同注 [72]b。

[121] 中国社会科学院考古研究所：《胶县三里河》，文物出版社，1988年，第185页。

[122] 靳桂云、刘延常、栾丰实等：《山东丹土和两城镇龙山文化遗址水稻植硅体定量研究》，《东方考古（第2集）》，科学出版社，2005年，第280～290页。

[123] 同注 [72]b。

[124] 同注 [72]b。

[125] 同注 [122]。

[126] 同注 [62]。

[127] a. 靳桂云、栾丰实、蔡凤书等：《山东日照市两城镇遗址土壤样品的植硅体研究》，《考古》2004 年第 9 期。b. 同注 [56]。

[128] 同注 [72]b。

[129] 中国社会科学院考古研究所：《尧王城遗址第二次发掘有重要发现》，《中国文物报》1994 年 1 月 23 日第 1 版。

[130] 李玉：《岚山六甲庄遗址考古发掘记》，《日照文博》2008 年第 1 期，第 31 ~ 33 页。

[131] 王海玉、刘延常、靳桂云：《山东省临沭县东盘遗址 2009 年度炭化植物遗存分析》，《东方考古（第 8 集）》，科学出版社，2011 年，第 357 ~ 371 页。

[132] a. 同注 [59]。b. 同注 [66]b。

[133] 王海玉、何德亮、靳桂云：《苍山后杨官庄遗址植物遗存分析报告》，《海岱考古（第六辑）》，2013 年，第 133 ~ 138 页。

[134] 林留根、张文绪：《黄淮地区藤花落、后大堂龙山文化遗址古稻的研究》，《东南文化》2005 年第 1 期，第 15 ~ 19 页。

[135] a. 同注 [16]。b. 同注 [134]。

[136] a. 增林、吴加安：《尉迟寺遗址硅酸体分析——兼论尉迟寺遗址史前农业经济特点》，《考古》1998 年第 4 期，第 87 ~ 93 页。b. 同注 [50]。

[137] 同注 [13]。

[138] a. 同注 [78]。b. 同注 [13]。

[139] a. Gary W. Crawford、陈雪香、王建华：《济南长清区月庄遗址发现后李文化时期的炭化稻》，《东方考古（第 3 集）》，科学出版社，2006 年，第 247 ~ 250 页。b. 吴文婉、杨晓燕、靳桂云：《淀粉粒分析在考古学中的应用——以月庄等遗址为例》，《东方考古（第 8 集）》，科学出版社，2011 年，第 330 ~ 348 页。c. 王强：《淀粉粒分析及其在古代生业经济研究中的应用》，中国科学院地理科学与资源研究所博士后研究工作报告，2010 年，第 27 ~ 32 页。d. Gary W. Crawford、陈雪香、栾丰实等：《山东济南长清月庄遗址植物遗存的初步分析》，《江汉考古》2013 年第 2 期，第 107 ~ 116 页。

[140] 同注 [139]b。

[141] a. Wu, Wenwan, Xinghua Wang, Xiaohong Wu, et al. 2014. The early Holocene archaeobotanical record from the Zhangmatun site situated at the northern edge of the Shandong Highlands, China. *Quaternary International* 348: 183-93. b. 同注 [139]b。

[142] a. Jin, Guiyun, Wenwan Wu, Kesi Zhang, et al. 2014. 8000-year old rice remains from the north edge of the Shandong Highlands, eastern China. *Journal of Archaeological Science* 51: 34-42. b. 同注 [139]b。

[143] 同注 [139]b。

[144] a. 同注 [131]。b. 同注 [139]b。c. 同注 [80]b。

[145] 陈雪香：《山东日照两处新石器时代遗址浮选土样分析》，《南方文物》2007 年第 1 期，第 92 ~ 94 页。

[146] 济宁市文物考古研究室：《山东济宁张山遗址的发掘》，《考古》1996 年第 4 期，第 1 ~ 7、28 页。

[147] 北京大学实习队、山东省文物考古研究所：《莱阳于家店的小发掘》，《胶东考古》，文物出版社，2000 年，第 207 ~ 219 页。

[148] 中国社会科学院考古所山东队、山东省滕县博物馆：《山东滕县北辛遗址发掘报告》，《考古学报》1984 年第 2 期，第 189 ~ 191 页。

[149] 赵敏：《山东省即墨北阡遗址炭化植物遗存研究》，山东大学硕士学位论文，2009 年，第 23 ~ 51 页。b. 同注 [80]b。

[150] 同注 [80]a。

[151] 靳桂云：《山东地区先秦考古遗址植硅体分析及相关问题》，《东方考古（第 3 集）》，科学出版社，2006 年，第 259 ~ 279 页。

[152] 山东省文物考古研究所、广饶县博物馆：《山东广饶新石器时代遗址调查》，《考古》1985年第9期，第769~781页。
[153] 北京大学考古实习队等：《山东长岛北庄遗址发掘简报》，《考古》1987年第5期，第385~394、428页。
[154] 同注[101]。
[155] 同注[145]。
[156] 同注[50]。
[157] 同注[72]a。
[158] 齐乌云、王金霞、梁中合等：《山东沭河上游出土人骨的食性分析研究》，《华夏考古》2004年第2期，第41~47页。
[159] 同注[158]。
[160] 同注[158]。
[161] 石敬东：《从出土文物看枣庄地区的史前农业》，《农业考古》2000年第3期，第45~52页。
[162] 山东省文物考古研究所、枣庄市文化局：《枣庄建新——新石器时代遗址发掘报告》，科学出版社，1996年，第231~234页。
[163] 同注[74]。
[164] 同注[121]。
[165] 同注[6]。
[166] 中国社会科学院考古研究所：《胶东半岛贝丘遗址环境考古》，社会科学文献出版社，1999年，第152页。
[167] 中国社会科学院考古研究所：《山东王因——新石器时代遗址发掘报告》，科学出版社，2000年，第452、453页。
[168] 蔡连珍、仇士华：《碳十三测定和古代食谱研究》，《考古》1984年第10期，第949~955页。
[169] 胡耀武、何德亮、董豫等：《山东滕州西公桥遗址人骨的稳定同位素分析》，《海岱考古（第3辑）》，科学出版社，2007年，第278~288页。
[170] 同注[158]。
[171] 同注[139]b。
[172] 同注[66]b。

Crop Assemblages and Regional Characteristics of Longshan Culture in Haidai Region

Yongchao Ma (School of Archaeology and Museology, Peking University, China);

Guiyun Jin (School of History and Culture, Shandong University, China)

Abstract

Published archaeobotanical material showed that foxtail millet, broomcorn millet, rice, soybean, wheat and barley were the main crops cultivated in Haidai region during Longshan period. Within the distribution area of Haidai Longshan culture, western Shandong, northern Shandong, southern Liaodong peninsula mainly practiced dry land agriculture where people cultivated foxtail millet and broomcorn millet, and eastern Shandong, southern Shandong, northern Jiangsu, eastern Henan, northern Anhui practiced mixture agriculture where rice and foxtail millet were both cultivated. Several factors lead to this distribution pattern, such as agricultural tradition and cultural exchange.

两城镇遗址的消费模式：脂类残留物分析

Rheta Lanehart

陈松涛译*

一 引言

为了判定食物消费类型，如蛋白质（肉、鱼）、谷物（稻米、粟黍）、以及其它植物，解释时空差异下不同的食物消费模式，本次课题研究了中国北部地区史前晚期的各种陶器中的脂类残留物。通过分析山东省东南部两城镇遗址（公元前2500～前1900年）的食物残留，来研究文化内的消费模式，能够帮助人们了解当时与社会变迁息息相关的社会及宗教祭祀活动。根据灰坑所发掘出土的陶器，推测灰坑是祭祀坑还是储藏坑或者垃圾坑，进而对不同时期消费活动的本质给予了解释。此外，也兼顾考虑了在这一中心区域内假定的特权食物（肉、稻米）的空间性和历时性变化。

1. 食物消费与社会复杂化

食物消费是人类社会活动中的一部分。食物不仅为人们提供基本的营养，而且让人们一起共享食物。食物及其消费模式为分析社会变迁提供了一个新思路[1]。食物消费模式与经济、文化、社会组织及身份地位密切相关[2]。选择栽培某些作物，把"可食用作物"经由处理及烹饪变成食物，这是"文化发展的核心所在"[3]。食物消费模式体现了"体现化实践"，并在有意或无意的选择中得以形成，这些选择有助于"文化塑造"[4]。

字面意思上，共食指"同桌吃饭"，或者说食物共享是人们的社会及文化身份不可分割的一部分[5]。由于食物被人体摄取、消化和吸收，消费食物成为自我的转喻[6]。和他人共享食物，让食物的转喻特征扩展到在餐桌上，以合作友好的或敌对排斥的态度共享自己。

在家族关系中（亲属或同一家族的人），食物可以用来体现身份地位，也可以用来整合与维持家族与社会纽带，如一日三餐消费被同一家户各成员接受的社会食物[7]。另外，为了获得控制权或领导权，或为了达成合作，食物也是一种获得政治经济权力的方法[8]。

2. 社会复杂化进程

等级社会的出现常常与不同的食物消费模式有所联系[9]。一些研究者[10]在国家发展方面强调农作物生产模式尤为重要（随之而来的是社会珍贵食物）。在以消费食物和陶器来建立社交网络中以及赠送食品礼物的等级社会中，宴飨是常用媒介[11]。史前社会宴飨涉及到政治领导利益与公众需求之间的平衡。

---

* Rheta Lanehart：美国南佛罗里达大学人类学系；陈松涛：山东大学历史文化学院。

本次研究中，食物消费模式主要参照了厄尔（1987，1991）[12]所提出的政治经济理论框架，厄尔认为在遵循社会上层掌控财富财政与主粮财政（wealth and staple finance）的前提条件下，这些上层通过征用农业资源控制权及宴飨，来获得社会、经济、政治权力[13]。在最复杂的社会环境中，政治经济类型牵涉到财富财政与主粮财政两者之间的融合。

考古研究表明，宴飨常常有助于创造复杂的政治制度，并为出席或未出席宴会的人带来各种社会影响[14]。全体宴飨也同样存在于等级政治制度下，然而什么背景下偏爱这种宴飨类型仍有待进行系统地调查[15]。Twiss[16]提醒考古学家不要将家庭消费和宴飨对立起来，并主张有种关系存在于两种方式之间，认为宴飨是"某一文化的饮食行为的一个方面"，而非一个孤立现象。食物消费的考古研究倾向于把日常饮食方式的多样性作为不同宴飨活动的背景所在[17]。

另外，家户是"最为普遍的社会生计单位"，也和较大的社会再生产相关联（参见 Liu,2004:33-72）[18]。此次研究调查了来龙去脉，并据两城镇的早期到晚期，有可能在竞争关系到合作关系两方面，从家户到社会，从多层面为社会关系变化提供证据。

食物消费与宴飨与公共建筑及仪式化空间的出现密切相关[19]。此次研究的分析单位，是空间上假定的祭祀坑和储藏坑。对这些灰坑，两城镇的居民从社会角度进行定义，祭祀坑表示从事祭祀活动的空间，而非用于日常生活[20]。

3. 中国考古对陶器的研究

陶质文物为考古学家解读过去的物质文化提供了较大便利。中国北部的陶器研究主要集中于祭祀使用、社会等级，文化历史以及相对年代等方面[21]。越来越多的出版物还讨论了新石器时代[22]以及山东新石器时代晚期[23]的陶器交易。学者们认为，精英层也把食物容器作为一种策略，如在新石器时代，为了获得、维护和增加权利，控制稀有陶器产量或掌控财富财政[24]。H31灰坑中出土了大量的完整陶器，这为龙山时代两城镇中上层的宴飨提供了潜在依据。对H31灰坑中陶器中的食物残留物进行的一系列分析，证明了发酵混合饮料的存在[25]。酒精饮料和肉类似乎已被视为新石器时代和青铜时代的珍贵食物，在某些情况下常被用于谈判及祭祀活动[26]。在新石器时代，社会分层的另一个指示来自陶器分布的等级模式，如中心遗址陶器的多样性远大于第二、三级遗址，至少在山东东南部的两城镇如此[27]。

有相关研究通过出土信息，如墓葬，或利用青铜时代的书面历史纪录（参见表1）[28]，来推断新石器时代陶器的使用。然而，我们并不能假定后来的记录可以解释山东东南部新石器时代的状况。鼎被用于存放肉食的假设被沿用，新石器时代陶鼎里面含有动物骨头[29]（发现更使人们坚信鼎也在各区各地以同样方式被使用）。根据张光直[30]，"从新石器时代到后期这段时期，食物烹饪方法、食物容器和烹调用具几乎是完全连续的；在之后的王朝记述的方法或许起源于商朝或新石器时代。"

尽管依据陶器的形状和外部装饰来对陶器按照储藏、摆放、烹饪、加工或传输等活动分类可以推测陶器的功能，但仍然需要分析陶器看看"陶器中都放了哪些东西"[31]。此次研究或许可以证明不同形状的陶器具有不同的用途。

表1　两城镇遗址不同陶器的假定功能和用途

陶器类型	假定的功能和用途
鼎	煮肉（夹砂陶） 盛肉（泥质陶）
盆形鼎	盛放食物
罐型鼎	炊煮食物
甗	蒸蔬菜和谷物
罐	存放"酒"，即发酵饮料，和食物；炊煮食物（夹砂陶）
鬶	炊煮；煮汤或者炖菜 盛倒酒；温酒

基于文德安的研究 (Underhill, 2002:291-297)

4. 两城镇食物消费的推测

此次研究的主要假设是，两城镇早期至晚期的遗存中发现与食物消费模式有关的社会不平等加剧的证据。从早期的有些竞争及合作状态到晚期的竞争及精英层独享状态，祭祀坑中所发现的食物消费模式连续变化[32]。

另外，稻米及哺乳动物的肉食，如猪肉、鹿肉和牛肉，被假定为在日常生活及祭祀活动中最为珍贵的食物。那段时期，中国[33]和整个亚洲[34]稻米消费不断增加，说明稻米被视为社会上的珍贵食物。

在两城镇，依据所发现的密度，数量及种子重量，稻米（水稻）是最为普遍的栽培植物[35]。有记录表明，在中国早期不只一个时代中，哺乳动物的肉食对于祭祀活动和宴飨较为重要[36]。然而，在两城镇，由于动物骨头保存较少，牛肉的重要性并不清楚，鹿肉也相对有限；所发现的动物遗骸以猪牙为主[37]。此次的残留物分析尤为重要，因为动物骨头保存较少，数量有限的大植物遗迹也无法提供完整数据。

由于两城镇毗邻大海（大约距黄海6000～8000米）及淡水河流，大多家户应该都可轻易获得鱼类及海产品。哺乳动物需要驯化、饲养或捕猎，因此海产品食物资源没有哺乳肉类的价值高。

尤其是在两城镇晚期，珍贵食物分布限定在一定空间内，较不常见；珍贵食物的残留物更常在祭祀坑被发现；宴飨祭祀活动也不常见，因此假定的祭祀坑仅出现在局部地区；而储藏坑仅有少量的珍贵食物残留物，大量的粟黍、植物和鱼肉。除了主要假设外，另一解释是那段时期，在两城镇从早期到晚期的食物消费模式变化或许会更加一致，如在两城镇被发掘的小区域的少量出土物品仅为社会等级变化提供有限依据（更多来自墓葬而非房址），到晚期时，被发掘的区域变成了一个专用地段被两城镇聚落内某一阶层占据。

5. 龙山文化与两城镇

龙山文化，发现于中国北方，包含数个不同地区的文化，其中心被认为是城市[38]。龙山各地域文化在聚落形态及生活方式方面各有不同，如聚集型聚落形态与分散型聚落形态[39]。学者们认为山东龙山是"典型的龙山文化"[40]，形成于海岱地区。从文化地理范围角度定义，海岱地区位于黄河与淮河的较低河床之间。

两城镇位于山东省东南部，临近现代城市日照，其地理坐标是北纬35.59°，东经119.57°（图一），是中国北部新石器时代晚期最大的聚落之一。学者们关于两城镇是一个酋邦或甚至是一个国家存在争议——考虑到遗址所占面积及其四级的聚落等级结构[41]。其他学者侧重两城镇的城市性质[42]。文德安[43]反对附加标签如国家或酋邦的使用，而建议代之以关注"区域组织的本质"。中国北部的大型龙山聚落的居民区通常包括精英层与下层的住房、墓葬及灰坑。灰坑被用于储藏和祭祀，另有一些大型遗迹，如夯实土墙和周围沟渠，或许已成为护城河[44]。

两城镇跨越山东龙山文化的三个时期（早期：公元前2600～前2400；中期：公元前2400～前2200；晚期：公元前2200～前1900）。龙山文化早期，此遗址快速发展出四级聚落；龙山文化中期，达到最大占地面积（100公顷）及最大影响力[45]。据证明，在龙山文化中期，通过促进聚落聚集，两城镇的上层阶级不断巩固权力（公元前2400～前2200）。这段时期对应着第一发掘区的晚期及早期晚段[46]。在龙山文化中期，两城镇遗址核心区（图一）人口数量急剧增加，而在两城镇周围的次要下层遗址区的人口数量却有所减少。一般而言，人口向区中心聚集，标志着城镇化的出现。在作为区域管理中心的两城镇，这或许表明在直接管辖地区的周围地区，上层的权力有所增强[47]。或者在两城镇，人口向区中心聚集，可以表明"群体联系增强"，也可证明他们渴望合作、竞争及统治[48]。假定这两者互不排斥，两城镇上层同时实施两种策略也是可以说得通的。然而，流行的观点主张，两城镇与周围遗址的聚集有等级关系并导致了周边聚落的聚集[49]。通过两城镇遗址内部的食物消费模式，此研究为其社会变迁提供数据。由于缺乏两城镇周围遗址的进一步发掘，无法对龙山文化中期两城镇所体现的人口聚集变化以及它与上层的统治策略的关系得出确定的结论。

6. 第一发掘区

第一发掘区（图一，也参见图二、三）占地面积为704平方米，位于北小河与潮河西部的小片台地。第一发掘区是已发掘的面积最大最连续的区域，发现了房屋遗迹、灰坑及墓葬。研究人员采了许多土壤样品进行筛选和浮选，以便分析大植物遗存及植硅体。沟渠区域，即T007（参见图一），尚未用同样精细的方法进行挖掘，因为其目的是发现壕沟及可能有关墙段的修建结构的证据，并判断其他遗址区的各种遗迹。

二 方法

此次研究总共鉴定和取样了早期到晚期的20个灰坑（表2）。研究团队的工作取得成果表明，

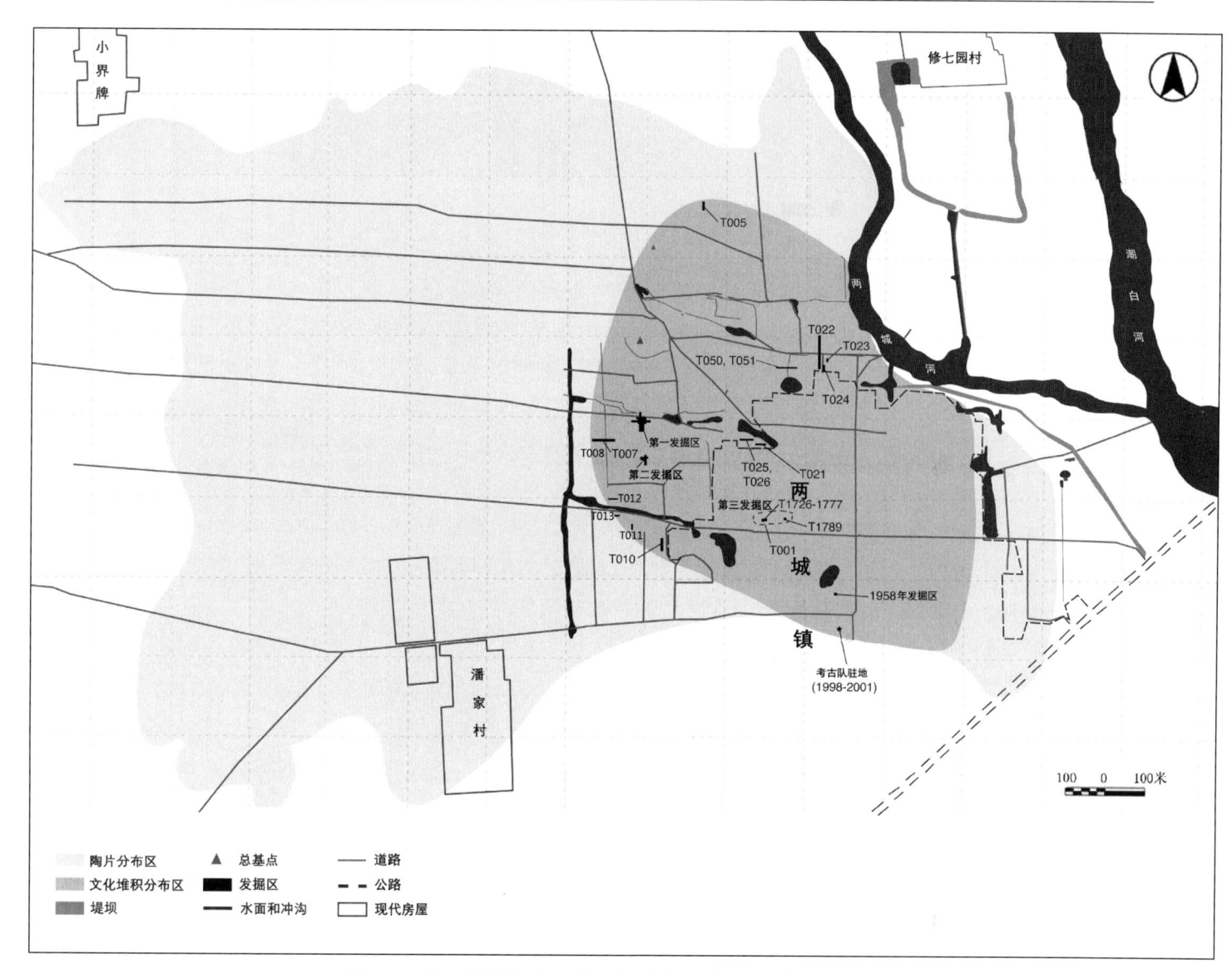

图一 两城镇遗址核心区，图中展示第一发掘区和探沟

（图片经耶鲁大学文德安准许使用。地图由乔佛里·康内尔、拉斯·奎科和吉尔·西嘉德绘制）

两城镇的宴飨祭祀坑与其他种类的灰坑不同，除形状及大小外，填充物也不同，里面快速放入了完整的或大部分完整的陶器和物品。选择灰坑类型是依据现有的知识，但也发现两城镇的灰坑分类亟需更多研究数据。

陶片是从现存放在山东大学和日照博物馆陶器的器底、器体、口沿上采样获得。依据陶器已知或假定用途[50]，陶片选自陶器内部可能吸收最多脂质的部分（表3）。陶片的最佳采样位置是表3中所列的第一区域，也即鼎的最佳采样位置则在口沿[51]。陶片来自四种灰坑，分别为早期储存坑、早期祭祀坑、晚期储存坑及晚期祭祀坑，并包含两种假定为炊煮肉食的陶器，加砂鼎和罐，以及一种假定为炊煮谷物蔬菜的甗。

在主要发掘遗址内，从早期至晚期，假定的祭祀坑和储藏坑的空间位置可见图二和图三。

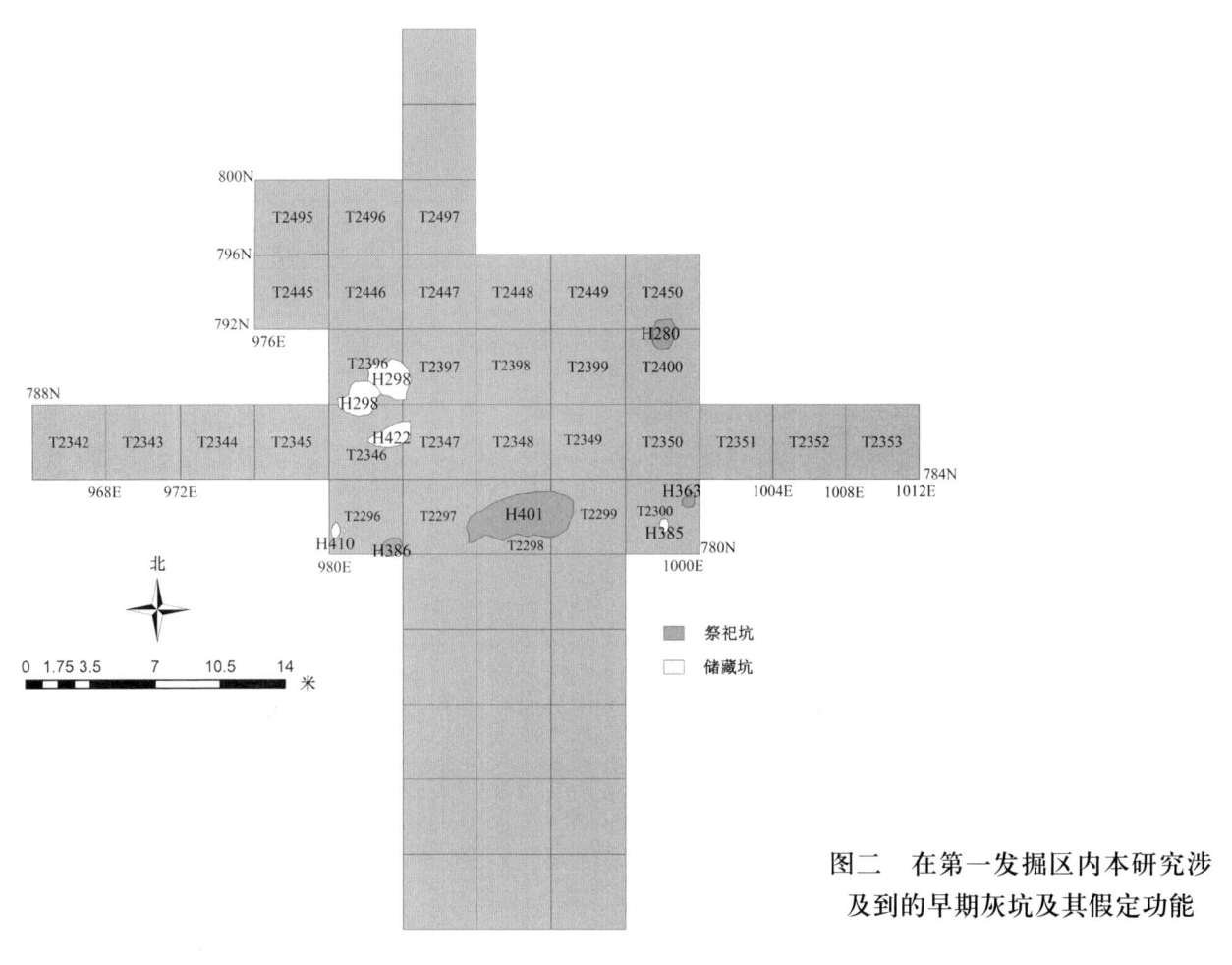

图二 在第一发掘区内本研究涉及到的早期灰坑及其假定功能

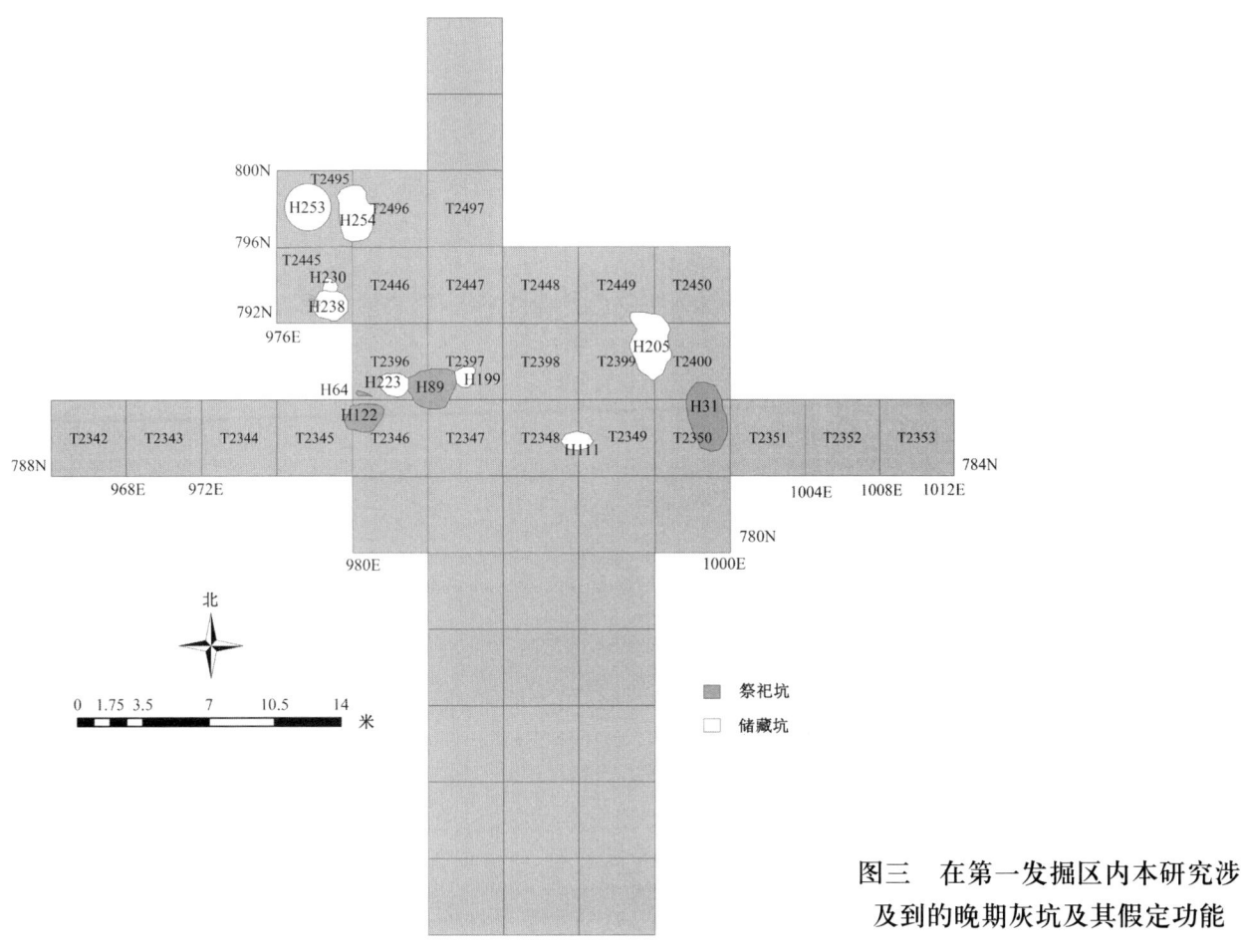

图三 在第一发掘区内本研究涉及到的晚期灰坑及其假定功能

表 2 本研究中选取的早期和晚期灰坑

分期		
	早期 (n=8)	晚期 (n=12)
储藏/垃圾坑	H298 H422 H385 H410	H230 H238 H254 H199 H205 H223 H253
祭祀坑	H280 H401 H363 H386	H122 H31 H64 H89 H111

表 3 陶片采样位置

陶器类型	假定的陶器用途	取样部位
鼎	炊煮（夹砂陶） 盛菜（泥质陶）	器口沿，器身，器底 器底，器身
罐	炊煮 存放	器口沿，器身，器底 器底，器身
甗	蒸煮	口沿，器身

1. 样品

样品组分析共包括 19 种参考样品（表4）和 74 块陶片（见表7、8）。本研究把地层的①~⑧层划分为早期的①~④层和晚期⑤~⑧层。所有陶片样品都是夹砂陶。参考样品可分为两类：陆地资源（动物、谷物和植物）和海洋资源。现代的陆地动物资源参考样本是来源于中国山东日照的猪骨，有生有熟。一个两城镇出土的猪骨样品也包含在参考样本中。

现代的陆地谷物资源，如粟黍和稻米，购自日照的集市，晒干的马齿苋和藜属叶子也来源于此。在山东大学附近的田地里收集了新鲜藜属样品（叶子和茎秆）。现代的海洋资源出自日照，包含咸水鱼、半咸水鱼，淡水鱼及一种咸水甲壳动物。

表 4 参考样品

材料来源	食物种类	时代	地区	样品种类
（陆地） 谷物和植物	粟 稻米 野生藜属 鲜藜属 鲜藜属 野生马齿苋	现代 现代 现代 现代 现代 现代	山东 山东 济南 济南 济南 济南	加工过的粮食 加工过的粮食 干叶子 茎，叶子 仅叶子 干叶子
肉类	猪骨头 熟猪骨头 熟猪骨头 生猪骨	考古样品 现代 现代 现代	两城镇 日照 日照 日照	磨碎 磨碎 钻取 钻取
（海洋） 咸水	牛尾鱼 康吉鳗 口足类甲壳动物 乌鲂科（鲳鱼） 未知 未知	现代 现代 现代 现代 现代 现代	日照 日照 日照 日照 日照 日照	肉 肉 肉 肉 肉 肉
半咸水	鲂鯡 舌鳎	现代 现代	日照 日照	肉 肉
淡水	慈鲷	现代	日照	肉

2. 脂类残留物分析

（1）样品制备

约为 10 克的陶片样品被称重，用刷子清理并被研磨成粉末状。钻孔的粉状样品被称重，但未被清理。所有实验玻璃器皿在 450℃加热 4 小时，并在使用之前用溶液冲洗。

（2）提取

加速溶剂萃取（ASE）。利用 DIONEX ASE 200 提取陶片粉末中的所有脂类物。加速溶剂萃取（ASE）通过高温高压提取固体及半固体的样品[52]。DIONEX ASE 200 每次能够提取达 22 个样品（21 个陶器样品和一个空白试样）。

为实现量化目的，在萃取之前，在每个陶片粉末中添加 1 毫升作为内标的雄烷二醇，仅含有 1 毫升内标和实验用砂的空白样品与每组样品一起测试。比例是 2∶1 的 HPLC 级二氯甲烷（CH_2Cl_2）和 HPLC 级甲醇（MeOH）的溶剂（总量 40 毫升）被用于洗脱所有脂类物。

分液漏斗。已提取的所有脂类物可进一步在 1 升容量的分离漏斗中净化，以确保水相与有机相完全分离。

柱色谱法。柱色谱法，即一种分离方法，使用活性硅胶（5克）、去活性氧化铝（2.5克）、硅烷化的玻璃棉，按照以上顺序堆放在玻璃柱中。这种方法可用于从脂质提取物中洗脱正构烷烃部分。

（3）**分析**

气相色谱质谱联用仪（GC/MS）。烷烃脂质提取物用美国瓦里安公司的Varian 320型气相色谱质谱联用仪进行分析，并使用内标定量法。

内部标准。雄激素类固醇5α-甲烷（$C_{19}H_{32}$），其在己烷的浓度为每毫升100微克，在进行加速溶剂萃取时，以每样品1毫升添入。

正构烷烃标准。本研究使用的正构烷烃标准是可以判定及确定海洋食物资源的未知数量的C15和C17。原本设计使用正构烷烃C25和C27判定及确定陆地食物资源的未知峰值。然而，由于缺乏参考样品和陶器样品的这两个峰值，导致只能通过运用C15和C17峰值判定海洋与陆地样品。

用气相色谱质谱联用仪检测标准物质，并根据其峰面积估算响应因子和相对响应因子，进而用于矫正未知陶器样品数据。

色谱分析法。气相色谱质谱联用仪的程序把烷烃部分分离成其组分峰值，并依据每一个峰的特性及丰度，制作总离子流色谱图。Varian 320型气相色谱质谱联用仪配有30米×0.25毫米（类型）的熔融石英毛细管柱色谱柱，色谱柱外涂有固定相的5%联苯/95%二甲苯组成的聚硅氧烷（膜厚度0.25微米）。氦气被用作载气，以每分钟1毫升的速度流动。标准和样品的运行参数是初始温度80℃、保持2分钟，之后每分钟增加4℃，直到温度达到310℃，之后保持4分钟，总运行时间是63.54分钟。

质谱分析法。质谱分析法测量质荷比，并产生每个峰值的质谱[53]。美国瓦里安公司的320型质谱采用电子电离模式（70eV），可处理质荷比范围是40～500m/z，离子源温度为200℃。注射及传输管温度设为250℃。陶片样品峰值的确定基于内标准峰值指示，陶片峰值质谱与美国国家标准与技术研究院参考光谱的相似度，以及与某一峰值对应的分子或者离子的存在[54]。

确证每个峰值的性质和定量。虽然运用内标准方法计算和报告未知样品峰值的定性和定量，但通过利用美国国家标准与技术研究院数据库检索去确认感兴趣的峰，并运用"整合区域"工具评估峰值数量。C15:C17的峰值比值用来判定陶器是否含有海洋资源/鱼类或陆地资源残留物[55]。为了计算样品的含量，用峰值除以用来萃取的样品的重量，即10克。

三 结果

1. 生物指标峰值

此次研究中，依据C15:C17烷烃峰值，区分陆地与海洋参考资源，对比分析假定平民食物（鱼类、粟黍、植物）与上层食物（猪肉、稻米），这表明C15和C17是可以胜任以上工作的生物指标（表5；图四）[56]。

表 5　陆地和海洋参考样品的平均值

原材料	C15（μg）	C17（μg）
粟	0.20	0.25
稻	0.10	0.12
植物	0.19	0.35
考古出土的猪骨	0.02	0.06
熟猪骨	0.03	0.06
生猪骨	0.03	0.07
咸水甲壳纲动物（蟹、虾等）	0.34	1.25
咸水鱼	0.13	0.50
半咸水鱼	0.14	0.79
淡水鱼	0.06	0.12

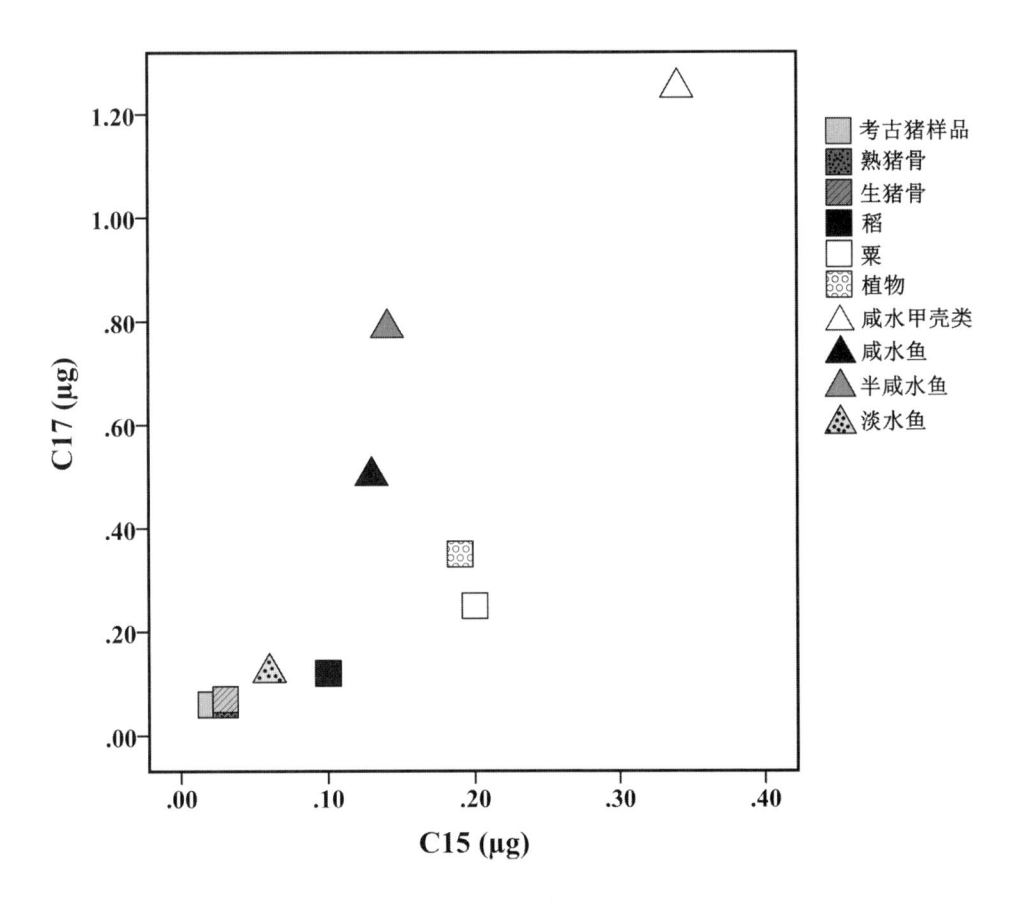

图四　海洋和陆地参考样品的 C15∶C17 比值（参考样品的平均值取自表 9）

通过计算陶器 C15:C17 峰值的脂质含量（微克），对比分析陆地与海洋参考样品的 C15 和 C17 脂质含量，进而得出脂类残留物分析结果（表 6～8）。

表6 陆地和海洋参考样品的 C15 和 C17 峰值

材料来源	食物种类	样品种类	C15（μg）	C17（μg）
（陆地类）谷物和植物	粟	加工过的粮食	0.29	0.31
	粟	加工过的粮食	0.10	0.19
	稻米	加工过的粮食	0.10	0.11
	野生藜属	干叶子	0.14	0.24
	鲜藜属*	茎，叶	1.34	1.41
	鲜藜属*	仅叶子	0.02	0.06
	野生马齿苋	干叶子	0.24	0.46
肉类	猪骨	磨碎的骨骼	0.02	0.06
	熟猪骨*	磨碎的骨骼	0.10	0.11
	熟猪骨	骨骼粉末	0.03	0.06
	生猪骨	骨骼粉末	0.03	0.07
（海洋类）咸水	牛尾鱼	肉	0.09	0.32
	康吉鳗或者辐蛇尾科	肉	0.08	0.36
	口足类甲壳动物	肉	0.34	1.25
	乌鲂科（鲳鱼）	肉	0.07	0.13
	未知	肉	0.03	0.12
	未知	肉	0.17	0.82
半咸水	鲂鲱	肉	0.19	0.90
	舌鳎	肉	0.09	0.68
淡水	慈鲷	肉	0.06	0.12

*从分析中剔除。由于其异常值所以该参考样品被剔除，比如数值较之于其他样品较极端以至于数值无意义。

表7 早期陶器样品的 C15 和 C17 峰值及食物残留物类型

材料来源	陶片种类	取样位置	时代	灰坑	残留物	C15（ug）	C17（ug）
储藏/垃圾坑 n=16	甑*	器身	1	H298		0.00	0.00
	罐	器身	1	H298	咸水鱼	0.22	0.51
	甑	器身	1	H298	咸水鱼	0.22	0.51
	甑	器身	1	H298	植物	0.19	0.34
	甑	器身	1	H298	植物	0.12	0.36
	罐	口沿	1	H298	咸水贝类	0.58	1.47
	鼎	口沿	1	H298	粟	0.24	0.30
	罐	器底	1	H298	粟/稻	0.11	0.21
	甑	器身	1	H298	粟/稻	0.11	0.23
	鼎	口沿	1	H422			

语境	器型	部位	期	单位	内容物		
储藏／垃圾坑 n=16	甗*						
	罐	口沿	1	H422	粟	0.17	0.19
	甗	口沿	1	H422	植物	0.18	0.35
	甗	器底	1	H422	植物	0.14	0.34
	罐	器底	1	H422	植物	0.19	0.44
	鼎	器底	2	H385	半咸水鱼类	0.48	0.74
	罐	器身	2	H385	咸水鱼类	0.23	0.53
	甗	口沿	2	H385	半咸水鱼类	0.57	0.74
	鼎	器底	2	H385	咸水贝类	0.77	1.09
	罐	器底	2	H410		1.16	1.14
	鼎	器身	2	H410		3.26	3.13
	鼎	器底／器身	2	H410		1.17	1.34
	罐						
	罐						
	罐						
	鼎*						
	罐*						
	鼎／罐*						
祭祀 n=19	鼎	口沿	1	H280	粟	0.20	0.19
	甗	器身	1	H280	半咸水鱼类	0.59	0.90
	鼎	口沿	1	H280	植物	0.19	0.34
	罐	口沿	1	H280	咸水鱼类	0.46	0.63
	罐	口沿	1	H280	咸水鱼类	0.43	0.51
	甗	器身	1	H280	植物	0.31	0.39
	鼎	口沿	1	H280	粟	0.31	0.23
	鼎	口沿	2	H401	咸水鱼类	0.50	0.52
	罐*	口沿	2	H401		0.00	0.00
	鼎	器底	2	H401	咸水鱼类	0.42	0.52
	罐	器身	2	H401	咸水鱼类	1.14	0.70
	鼎	器底	2	H401	半咸水鱼类	1.10	0.87
	罐	器底	2	H401	粟	0.11	0.26
	甗	器身	2	H401	粟	0.23	0.27
	罐	口沿	2	H401	植物	0.27	0.39
	鼎	口沿	2	H401	咸水鱼类	0.75	0.64
	鼎	口沿	2	H401	咸水鱼类	0.63	0.69
	罐	口沿	2	H401	植物	0.21	0.34
	罐	口沿	4	H363	植物	0.21	0.33
	鼎	口沿	4	H386	咸水鱼类	0.21	0.48

* 从分析中剔除。这些陶器样本因为缺峰或异常值被剔除。** 咸水甲壳纲（蟹、虾）。

表 8 晚期陶器样品的 C15 和 C17 峰值及其食物残留物种类

材料来源	陶片种类	取样位置	时代	灰坑号	残留物	C15 (ug)	C17 (ug)
储藏/垃圾坑 n=12	鼎	口沿	7	H230	粟	0.27	0.19
	鼎	口沿	7	H238	植物	0.44	0.37
	罐	口沿	7	H254	植物	0.44	0.40
	鼎	口沿	7	H254	植物	0.49	0.39
	甗*	器身	8	H199	咸水鱼类	0.00	0.00
	甗	器身	8	H199		0.76	0.66
	鼎	口沿	8	H205	粟	0.21	0.17
	罐	口沿	8	H205	粟	0.20	0.21
	罐	口沿	8	H205	植物	0.31	0.37
	鼎	口沿	8	H223	植物	0.35	0.36
	鼎	器底	8	H223	植物	0.41	0.31
	鼎	器底	8	H223	粟	0.22	0.20
	鼎*	口沿	8	H223		0.99	0.21
	鼎	器身	8	H253	粟	0.18	0.17
祭祀坑 n=17	罐	口沿	7	H122	稻米	0.09	0.17
	鼎	口沿	7	H122	粟	0.19	0.22
	罐	口沿	7	H122	粟	0.20	0.30
	罐	口沿/器身	7	H122	粟	0.18	0.25
	鼎	口沿	8	H31	稻米	0.13	0.18
	鼎*	口沿	8	H31		1.56	1.41
	鼎	口沿	8	H31	猪	0.03	0.05
	甗	器底	8	H31	猪	0.04	0.01
	甗	器底	8	H31	稻/粟	0.16	0.15
	甗	器底	8	H31	淡水鱼类	0.06	0.12
	甗	器身	8	H31	稻米	0.09	0.04
	鼎	口沿	8	H31	稻/粟	0.16	0.10
	鼎	口沿	8	H31	稻/粟	0.15	0.03
	鼎*	口沿	8	H31		0.30	0.06
	鼎	口沿	8	H64	粟	0.23	0.26
	罐*	口沿	8	H89		3.95	3.21
	甗	器身	8	H89	粟	0.25	0.23
	甗	器身	8	H111	稻	0.11	0.29
	甗	器身	8	H111	植物	0.18	0.31
	鼎	口沿	8	H111	植物	0.22	0.46

*从分析中剔除。

2. 脂类残留物分析

在早期储藏坑中，陶器中含有咸水甲壳类动物、半咸水鱼、植物和粟黍的残留物，却未发现猪肉、稻米或淡水鱼的残留物，但发现一个甗（0.12, 0.20; H298）及一个鼎（0.12, 0.22; H422）（表8）中混合有稻米和粟黍残留物。罐、甗和鼎等陶器都含有鱼和粟黍或植物残留物（表7；图五）。

同样地，在早期祭祀坑中，陶器也包含咸水鱼、半咸水鱼、植物和粟黍的残留物，但没有猪肉、稻米或淡水鱼的残留物。由于未发现陶片中含有咸水甲壳类动物，鱼肉残留物C17的数值与早期储藏坑相比较低。鱼类、植物和粟黍的残留物在早期的祭祀坑的三种陶器中都存在（表7；图六）。

在晚期储藏坑中，仅发现有一甗陶片（0.77, 0.63; H199）中含有一些咸水鱼残留物（表8；图七）；其余的罐和鼎陶片中含有植物和粟黍的残留物。但在晚期储藏坑中，未发现陶片中有猪肉、稻米或淡水鱼的残留物。

在晚期祭祀坑H31中（表8；图八），发现有一甗陶片中含有淡水鱼残留物。一鼎和甗陶器陶片中含有猪肉残留物（0.03, 0.05），罐、甗和鼎的陶器陶片发现有稻米残留物，这些器物主要出自H31。从晚期祭祀坑中，发现三种陶器陶片中都有粟黍和植物的残留物，其中以粟黍残留物居多。H31祭祀坑中，有一个甗陶片（0.16, 0.15）及一个鼎陶片（0.16, 0.10）中可能还混合有稻米和粟黍残留物，此坑中另一个鼎陶片（0.15, 0.03）可能混合有稻米和猪肉残留物（表8；图八）。

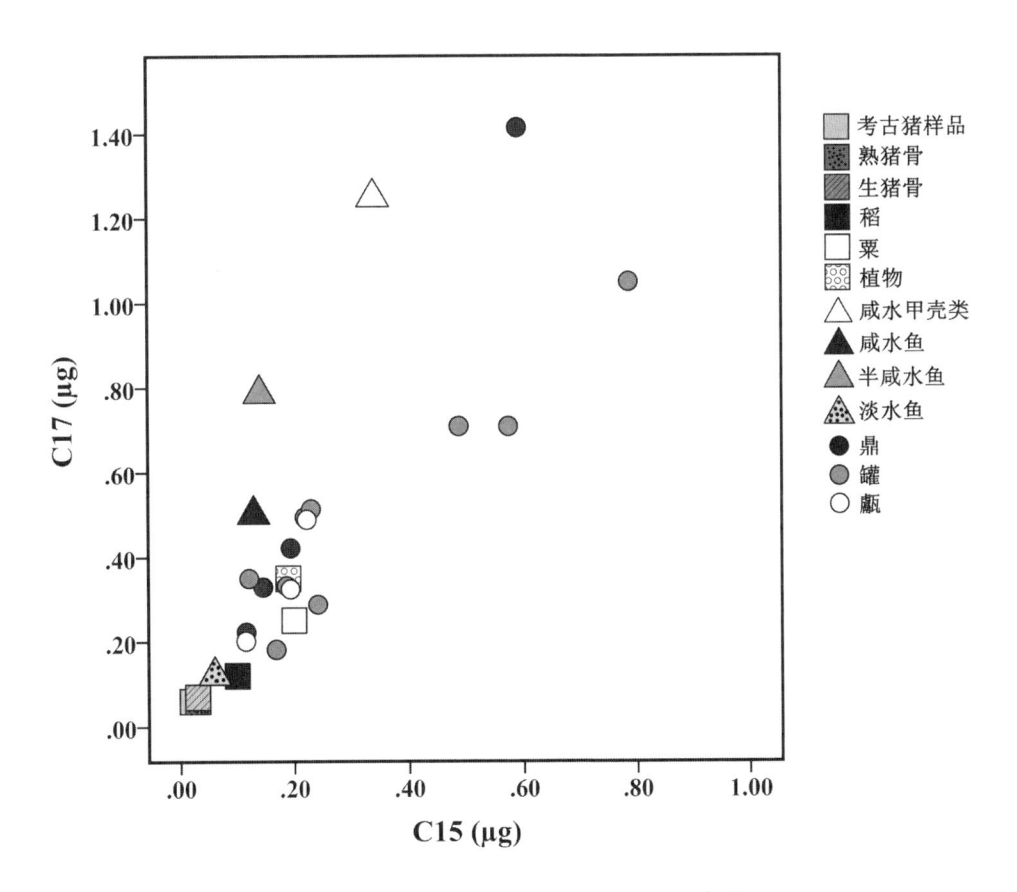

图五　早期储藏坑陶器残留物的 C15∶C17 峰值

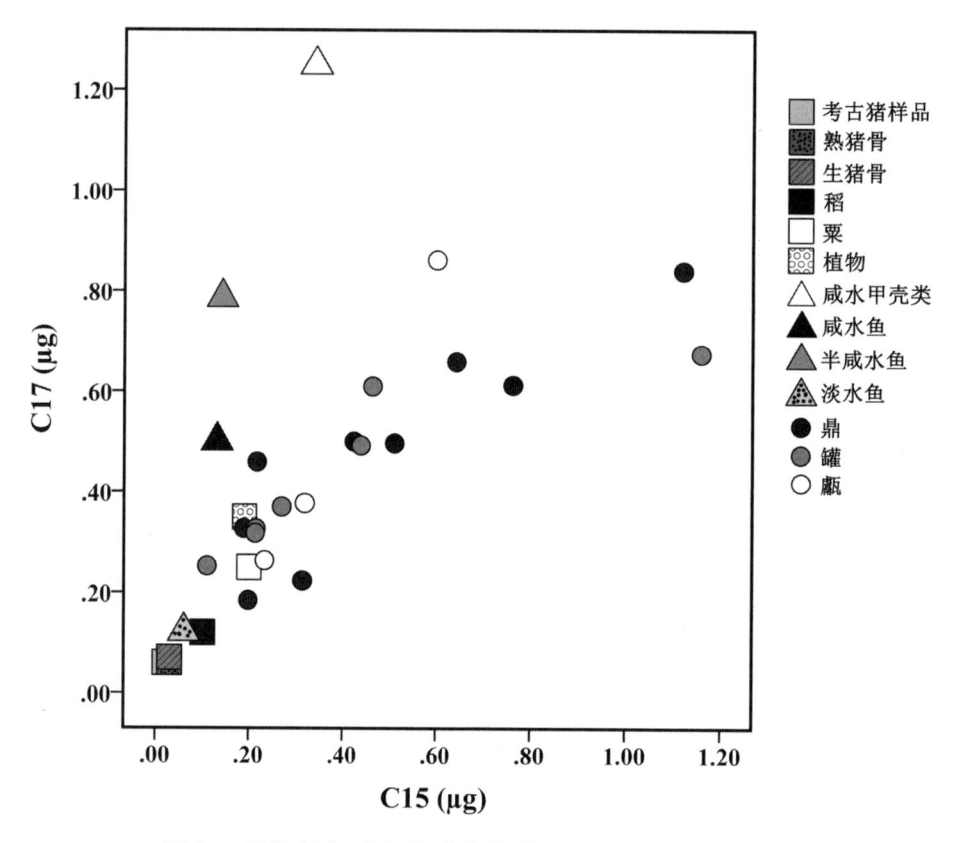

图六 早期祭祀坑陶器残留物的 C15∶C17 峰值

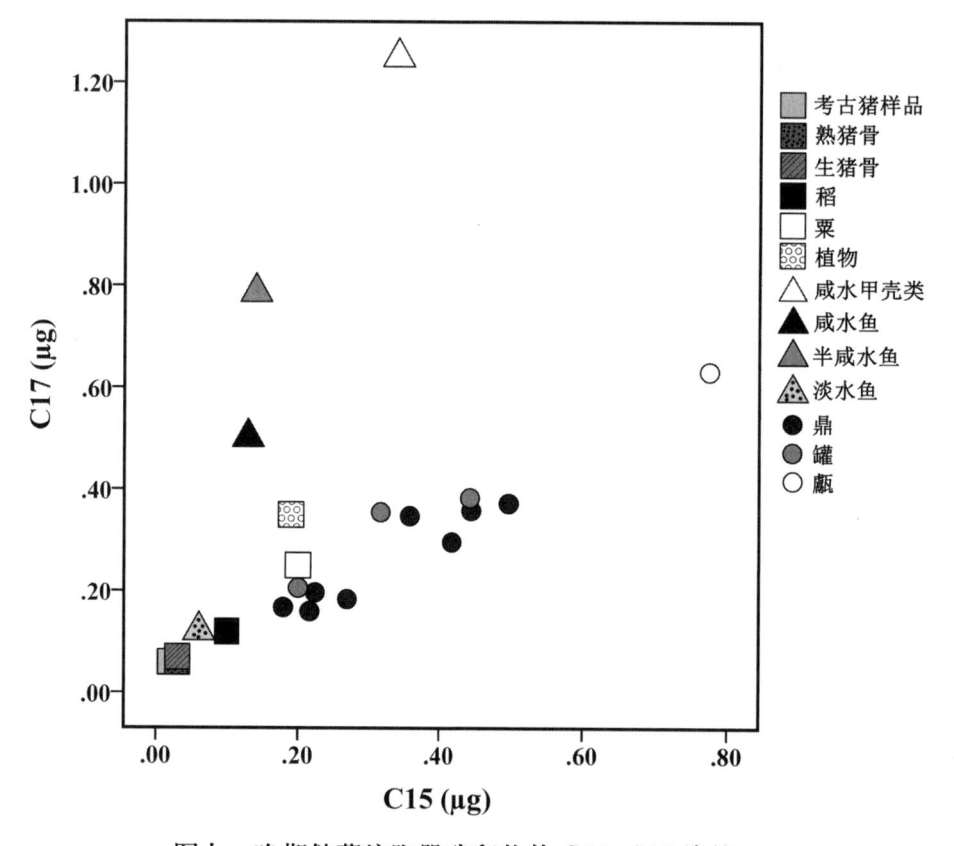

图七 晚期储藏坑陶器残留物的 C15∶C17 峰值

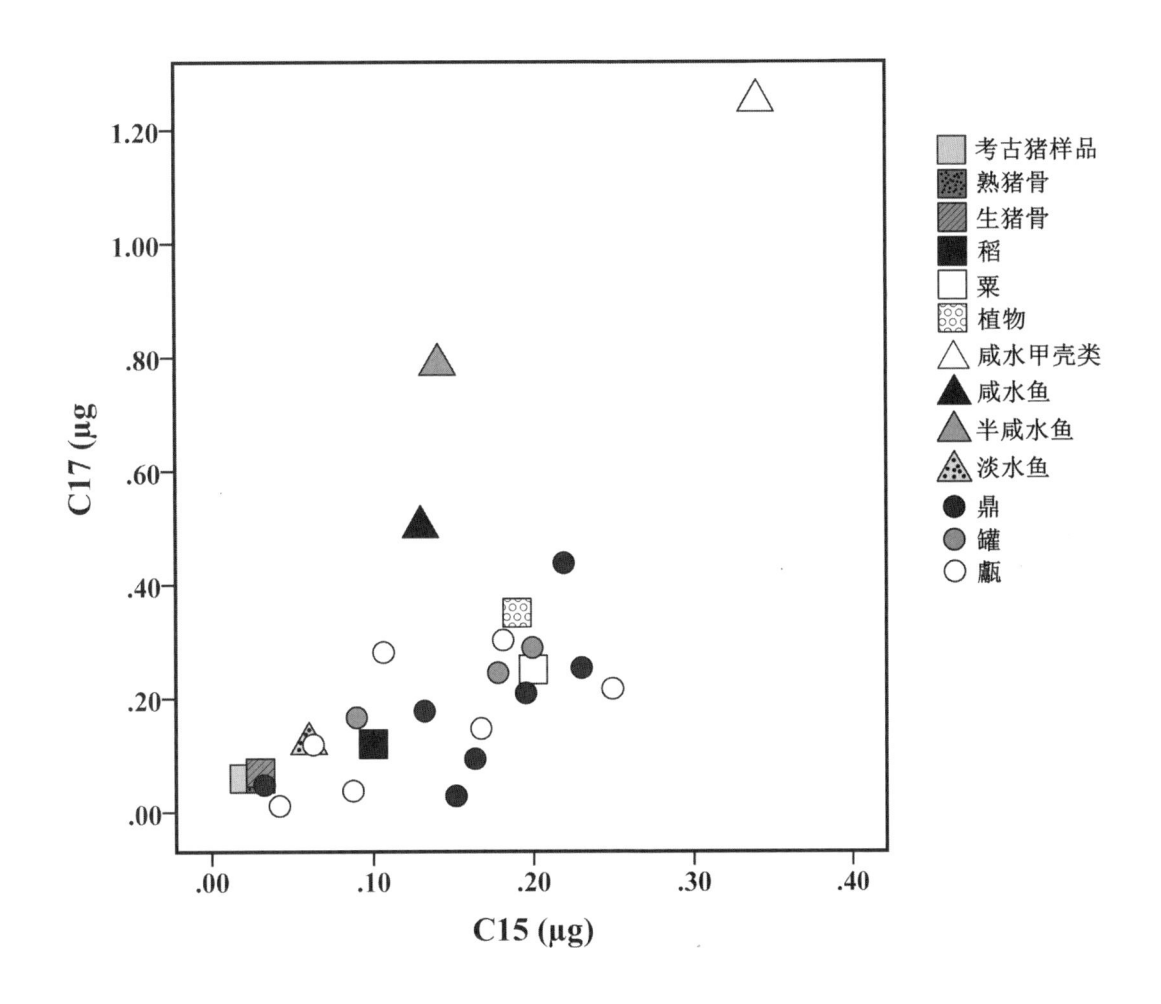

图八　晚期祭祀坑陶器残留物的 C15∶C17 峰值

四　讨论及结论

脂类残留物分析的研究结果部分支持了从两城镇早期至晚期与食物消费相关社会不平等的加剧。依据假定的祭祀坑中所发现的食物残留物，两城镇的食物消费模式从早期到晚期发生巨大变化。鱼肉早期较为充足，而在晚期几乎不复存在。猪肉和稻米被假定为备受喜爱的食物，仅在晚期才被发现，主要出自祭祀坑 H31。粟黍及其他植物在这两个时期都明显存在，但在晚期祭祀坑中较少。鉴于中国历史上曾把食物作为扩大影响力、掌握权利的一种手段，可假设存在早期祭祀坑的综合性食物消费模式向晚期祭祀坑的受限制的食物消费模式的历时转变。因为"食物是社会关系的象征"[57]，社会等级制度可能在晚期有所发展，但在早期并不存在。然而，史密斯[58]（2012:57）表示在复杂的政治体制中，上层人物的领导与统治"被添加到依靠个人和家户维持的经济和社会的多样节目之上"，且大部分有关日常生活的选择则以个人和家户而定，并"不受上层影响控制"。本研究者认为，两城镇晚期的社会复杂化更多的反映了史密斯的看法[59]，及当两城镇晚期有上层领导的等级社会不断发展，普通百姓仍可以很大程度上控制自己的日常生活。

1. 两城镇遗址的宴飨活动与食物消费模式

食物消费模式，特别是宴飨，与社会结构密切相关，通常假定当存在综合性或些许竞争性消费模式时，社会缺乏"稳定的而系统的社会等级结构"；而当出现竞争性或上层排外现象，如有区别的宴飨活动[60]，食物消费模式反映了"个人及团体不同的生活方式也在社会组织中有所体现"的社会[61]。

在两城镇的早期，根据储藏坑中的鱼类、粟黍和植物的残留物，发现人们日常饮食变化不多。而早期的祭祀坑中，食物的"最重要变化之一（特殊场合）是数量的变化"，如鱼类在日常生活中也出现[62]。第一发掘区早期的食物残留物分布模式中，在储藏坑和假定的祭祀坑中发现有鱼肉，更多鱼类发现于祭祀坑，特别是H401。由于两城镇靠近淡水河和黄海，再加上捕鱼需要较少劳动力和风险小，鱼类是一种所有居民都可以享用的野生资源，因此鱼类或许会被认为是种"普通"食物。宴飨活动中，这种普通食物的数量增加，这和非洲加奥（Gao）的宴飨模式较为相似[63]，加奥的社会政治结构是乡镇。根据地区调查资料[64]，我们了解到两城镇早期的社会政治结构是四级聚落（或许还有国家），龙山早期出现了首波聚落聚集现状。早期的祭祀坑中，食物消费模式可能体现的不只一种宴飨方式，也即在两城镇的类似国家的复杂社会中发生了综合性的消费模式。当两城镇人口开始不断聚集，行政中心对劳动力的调动还没有固定下来，宴飨活动中鱼类大量食用或许表明，人们独自收获与消费鱼类这种资源"并不受政治或象征性控制"[65]；也可能是为了当地工作或宴飨，人们自发地提供大量鱼类为祭品。"

假定的晚期（即龙山文化中期）祭祀坑中，食物消费模式并不能反映出普通食物的大量食用，却反映出社会珍贵食物，主要是稻米和猪肉，且分布受限，即不像鱼类在早期储藏坑中出现，这些珍贵食物并未出现在晚期储藏坑中。到龙山文化中期，两城镇的人口聚集达到高峰，上层调动大量劳动力管理水源，以推动的农业（水稻种植）基础的经济发展[66]。通过设立用水管理系统，如灌溉，即使是小规模灌溉也使上层获得经济控制权[67]，在泰国铁器时代的遗址，由上层控制的护城河也被用于灌溉水稻从而使得上层可以控制生产）。而在两城镇有大量壕沟，早期被用于垃圾丢弃，晚期被用于水源管理。

在两城镇四级聚落的社会政治环境下，假定的晚期祭祀坑中社会珍贵食物消费有限。这种受限的消费模式支持了政治经济理论体系，在此体系中，上层运用财富财政和主粮财政去获得资源控制权。由于骨头保存状况较差，无法确定两城镇的个人或团体的饮食生活方式，但晚期祭祀坑中社会珍贵食物的分布差异，表明了社会分离及分层的消费模式。尚不清楚的是，晚期的食物消费模式是否对应着Dietler[68]描述的"分层宴飨"，或文德安[69]描述的"上层排他现象"，即存在排他及不平等现象。但是这种消费模式显示了与发生在两城镇早期到晚期的假定祭祀坑中综合消费模式的偏离，如图一。

2. 附加说明

依据早期至晚期陶器样品发现食物残留物的消费模式，可以用政治经济模式的理论体系来解释，但根据第一发掘区的储藏坑及假定祭祀坑，这种消费模式并不符合稻米与猪骨遗存的分布。而物质遗存分布则表明稻米和猪肉曾在日常饮食及祭祀纪念活动中被消费，也表明消费模式有待进一步详尽解释说明[70]。

在两城镇早期到晚期的储藏坑和祭祀坑中，出土了稻米与猪肉的物质遗存，这表明这些食物曾在日常饮食及祭祀活动中被使用；其分布表明早期和晚期的消费模式具有多样化。此研究中，依据脂类残留物分析，发现早期的消费模式更具包容性和集体共用的，而晚期的消费模式更分层。特别是，晚期H31祭祀坑与其他祭祀坑相比，更具独特的社会化特征，如存在社会珍贵食物残留物以及仅此灰坑中缺少日常食物残留物。然而，H31灰坑中举办的活动，可能是两城镇居民全部参加，而非只有上层人士参加。

Hayden[71]认为，所有宴飨活动的基本目的是为了分享食物，创造社会凝聚力及互恩互惠。他主张从分层或精英层排他的角度来解释宴飨会使研究受限，因为"如果不是通过分享食物构建社会纽带或获得物质优势，那宴飨活动毫无意义"。如前所述，本研究者认为，即使晚期的宴飨活动可能常多具竞争性和限制性，但两城镇早期到晚期的食物消费模式包含宴飨方式的多样化。

在备择假设中，两城镇的一些珍贵食物越来越多应用于祭祀活动中，并在晚期分布更广，如稻米和猪肉虽是上层祭祀食物，但也常被家庭及祭祀中使用。这种假设可从出土的物质遗存分布获得支持[72]，但却不能从陶器样品提取的食物残留物分布中获得支持。

此研究依据食物残留物系统研究提供了第一批实证资料，评估了古代中国陶器使用的假说。此研究的残留物分析结果仅提供了有关两城镇食物消费模式难题的部分解答。虽然无法确定消费模式从综合性向竞争性转变，但本研究结果进一步推进了我们对新石器时代中国两城镇区域中心消费模式的人类学解读。

3. 展望

当前研究为进一步调查两城镇的饮食方式提供了新起点。通过对比那时的储藏坑和祭祀坑中的陶器，该研究设计具有可靠的理论性，并区分了珍贵食物与日常食物。此研究设计合理，但有待进一步开展类似研究。祭祀坑中的活动类型，如宴飨活动，祭祀活动，或两者均有，这都有待全面研究。更多陶器样品，包含有更大地区的附加陶器类型、附加参考样品、改进的采样方法以及获得复合同位素比值的GC-IR-MS分析，这都是进行深入研究的条件。肉类参考样品应包括野生及家养动物，即鹿、牛、狗和猪。

未来研究主要关注的是在两城镇的早期灰坑和晚期储藏坑的陶器中，缺少猪肉和稻米残留物。应该在发现了猪肉和稻米的物质遗存的储藏坑和祭祀坑中选取陶器样本。就两城镇等级社会制度的发展过程中的谷物消费模式变化，需要对陶器残留物进行系统地深入研究。

如有可能，还要调查不同的烹饪方式。猪肉是否在某些情况下在野外进行烤制，而在其他情况下用陶具进行炊煮吗？一次性器具或可降解容器，如竹器，是否曾在某些情况下用来蒸大米吗？Twiss[73]推测，"用陶器代替易碎容器"促进了黎凡特南部"宴飨方式的历时变化"。

先前依据容器形状对容器用途的推测，如鼎与肉类，也需要再次确证，并需要研究陶器的脂质饱和度。许多学者认为，中国新石器时代和青铜器时代的不同类型陶具的假定用途是炊煮或储存某一种食物，如罐和鼎可用于煮肉，而鬲可以煮谷物或蔬菜[74]。此次研究成果表明，不同类型的陶器的烹饪用途不仅仅局限于一种资源，如海产品、稻米、粟黍和植物残留物在各种类型的陶器中均有发现，而猪肉残留物被发现在鼎和鬶两种陶器中。脂类残留物分析中，容器中混合食物的作用研究较少[75]。Reber 及其他人[76]发现，通过脂肪酸解释陶器的使用史可能有问题，因为将不同的脂肪酸混在一起可能被认为是一种残留物，而其从未在该陶器中出现过。Dunne 及其他人[77]发现，根据一些陶器碎片中的动植物混合物，推测这些食物曾一起在该陶器中炊煮或反映了该陶器的多次使用。与 Reber 及其他人[78]的推测不同，混合物并未指向某一种残留物，而为研究人员提供了可能混合哪几种食物的数据。对陶器进行混合食物实验研究以及它如何影响食物指证，这都有待在将来的脂类残留物分析中进行，尤其是烷烃脂质组分。另外，先前推测这些陶器的假定用途仅可以炊煮或储存一种食物，这还需在未来的研究中认真评估，并分析两城镇不同环境的同一陶器类型。

陶胎类型也需要进行全面考虑。泥制和加砂陶器都需取些样品判断其不同之处。

最后，区域性和历时性的研究也需列在计划之中。在区域调查中发现一些两城镇等级聚落内的外围遗址[79]，需要进步调查其食物消费模式。如有可能，对之前的大汶口文化时期（公元前4150~前2650）和之后的青铜时代的海岱地区岳石文化时期（公元前1800~前1400）这两时期的陶器残留物进行对比分析。为了解某时期社会复杂性的长期变化，不仅要利用历时、对比的方法来进行跨文化比较，在某一文化内部也要如此[80]。此次研究的残留物实证分析结果呈现了具体的食物消费模式，并有助于理论知识的构建，包括某文化中食物的实践和符号学以及食物在构建文化和等级过程中的作用等。鉴于两城镇出土的大量陶器，我们应该可以利用大量且更加多样化的样品来进行未来残留物研究从而解决此困惑。

感谢山东大学王芬教授的实验室以及日照市博物馆提供陶器；美国国家科学基金会之博士论文发展基金（美国国家科学基金会 1241943）提供研究资金。美国国家科学基金会资助两城镇遗址的发掘及之后的陶器样品研究（项目号 BCS-9911128（1999），项目负责人：文德安和加里·费曼）。

注释

[1] a. Bray, Tamara (editor). 2003. *The Archaeology and Politics of Food and Feasting in Early States and Empires*. Kluwer Academic/Plenum Publishers, New York. b. Hayden, Brian. 2014. *The Power of Feasts: From Prehistoric to the Present*. Cambridge University Press, New York. c. Hayden, Brian, and Suzanne Villeneuve. 2011. A century of feasting studies. *Annual Review of Anthropology* 40: 433-449. d. Twiss, Katheryn. 2012. The archaeology of food and social diversity. *Journal of Archaeological Research* 20: 357-395.

[2] a. Douglas, Mary, and Baron Isherwood. 1996. *The World of Goods: Towards an Anthropology of Consumption*. Routledge, New York. b. 同注[1]b。 c. Twiss, Katheryn. 2007. We are what we eat, In *The Archaeology of Food and Identity*, edited by Katheryn Twiss, pp. 1-15. Center for Archaeological Investigations. Carbondale, IL.

[3] Reinhart, Katrinka. 2011. Politics of Food, Feasting, and Sacrifice in the Chinese Bronze Age: Quantitative Analysis of Pottery at Yanshi Shangcheng. Unpublished Ph.D. Dissertation, Department of Anthropology, Stanford University.

[4] Stahl, Ann Brower. 2002. Colonial entanglements and the practices of taste: An alternative to logocentric approaches.

American Anthropologist 104(3): 827-845.

[5] a. Hastorf, Christine. 2012. Steamed or boiled: Identity and value in food preparation. *Journal for Ancient Studies* 2: 213-242. b. Pollock, Susan. 2012. Between feasts and daily meals: Towards an archaeology of commensal spaces. *Journal for Ancient Studies* 2:1-20. c. van der Veen, Marijke. 2008. Food as embodied material culture: Diversity and change of plant food consumption in Roman Britain. *Journal of Roman Archaeology* 21: 83-109.

[6] a. 同注[1]b。 b. 同注[3]。 c. 同注[1]d。

[7] a. Smith, Monica. 2006. The archaeology of food preference. *American Anthropologist* 108(3):480-493. b. 同注[1]d。

[8] a. Earle, Timothy. 2002. *Bronze Age Economics: The Beginnings of Political Economies*. Westview Press, Boulder, CO. b. 同注[1]d。

[9] a. Curet, Antonio, and William Pestle. 2010. Identifying high-status foods in the archeological record. *Journal of Anthropological Archaeology* 29(4):413-431. b. 同注[1]b。 c. LeCount, Lisa. 2001. Like water for chocolate: Feasting and political ritual among the Late Classic Maya at Xunantunich, Belize. *American Anthropologist* 103(4):935-953. d. Mills, Barbara (editor). 2004. *Identity, Feasting, and the Archaeology of the Greater Southwest*. University Press of Colorado, Boulder, CO. e. 同注[4]。 f. Dietler, Michael. 1996. Feasts and commensal politics in the political economy: Food, power, and status in prehistoric Europe. In *Food and the Status Quest*, edited by Pauline Weissner and Wulf Schiefenhovel, pp. 87-125. Berghahn Books, Oxford.

[10] a. Underhill, Anne. 2002. *Craft Production and Social Change in Northern China*. Kluwer Academic/Plenum Publishers, New York. b. Haas, Jonathan. 1982. *The Evolution of the Prehistoric State*. Columbia University Press, New York. c. Earle, Timothy. 1991. The evolution of chiefdoms. In *Chiefdoms: Power, Economy, and Ideology*, edited by Timothy Earle, pp. 1-15. Cambridge University Press, Cambridge. d. Earle, Timothy. 1997. *How Chiefs Came to Power: The Political Economy in Prehistory*. Stanford University Press, Stanford, CA.

[11] a. Dietler, Michael, and Hayden Brian (editors). 2001. *Feasts: Archaeological and Ethnographic Perspectives on Food, Politics, and Power*. Smithsonian Institution Press, Washington, D.C. b. 同注[1]b。 c. 同注[10]a。

[12] a. Earle, Timothy. 1987. Chiefdoms in archaeological and ethnohistorical perspective. *Annual Review of Anthropology* 16(1):279-308. b. 同注[10]c。

[13] a. 同注[1]b。 b. Johnson, Allen, and Timothy Earle. 1987. *The Evolution of Human Societies*. Stanford University Press, Stanford. c. O'Reilly, Dougald. 2014. Increasing complexity and the political economy model: a consideration of Iron Age moated sites in Thailand. *Journal of Anthropological Archaeology* 35: 297-309. d. 同注[10]a。

[14] Hayden, Brian, and Suzanne Villeneuve. 2011. A century of feasting studies. *Annual Review of Anthropology* 40: 433-449.

[15] a. Junker, Laura. 1999. *Raiding, Trading, and Feasting: The Political Economy of Philippine Chiefdoms*. University of Hawaii Press, Honolulu. b. 同注[10]a。

[16] Twiss, Katheryn. 2012. The complexities of home cooking: Public feasts and private meals inside the Catalhoyuk house. *Journal of Ancient Studies* 2: 54.

[17] 同注[1]d，第363页。

[18] Liu, Li. 2004. *The Chinese Neolithic: Trajectories to early states*. Cambridge University Press, Cambridge.

[19] 同注[1]b，第17页。

[20] a. Buttimer, Anne. 1976. Grasping the dynamism of lifeworld. *Annals of the Association of American Geographers* 66:277-292. b. Kosiba, Steve, and Andrew Bauer. 2013. Mapping the political landscape: Toward a GIS analysis of environmental and social difference. *Journal of Archaeological Method and Theory* 20:61-101. c. Lefebvre, Henri. 1976. Reflections on the politics of space. *Antipode* 8(2): 30-37.

[21] 同注[10]a。

[22] Liu, Li, and Xingcan Chen. 2012. *The Archaeology of China: From the Late Paleolithic to the Early Bronze Age*.

Cambridge University Press, Cambridge.

[23] a. Luan, Fengshi. 2013. The Dawenkou culture in the lower Yellow River and the Huai River Basin areas. In *A Companion to Chinese Archaeology*, edited by Anne Underhill, pp. 411-434. Wiley-Blackwell, Massachusetts.   b. Sun, Bo. 2013. The Longshan culture of Shandong. In *A Companion to Chinese Archaeology*, edited by Anne Underhill, pp.435-457. Wiley-Blackwell, Massachusetts .

[24] a. 同注 [10]a。 b. Liu, Li, and Xingcan Chen. 2006. Sociopolitical change from Neolithic to Bronze Age China. In *Archaeology of Asia*, edited by Miriam Stark, pp. 149-176. Blackwell Publishers, Massachusetts.

[25] a. McGovern, Patrick, Anne Underhill, Hui Fang, Fengshi Luan, Gertchen Hall, Haiguang Yu, Chenshan Wang, Fengshu Cai, Zhijun Zhao, Gary Feinman. 2005. Chemical identification and cultural implications of a mixed fermented beverage from Late Prehistoric China. *Asian Perspectives* 44(2):249-275.   b. 麦戈文、方辉、栾丰实、于海广、文德安、王辰珊等：《山东日照市两城镇遗址龙山文化酒遗存的化学分析——兼谈酒在史前时期的文化意义》，《考古》2005年第3期。

[26] 同注 [10]a。

[27] Underhill, Anne, Gary Feinman, Linda Nicholas, Hui Fang, Fengshi Luan, Fengshu Cai. 2008. Changes in regional settlement patterns and the development of complex societies in southeastern Shandong, China. *Journal of Anthropological Archaeology* 27: 1-29.

[28] Fong, Wen (editor). 1980. *The Great Bronze Age of China*. Metropolitan Museum of Art and Alfred A. Knopf, New York.

[29] 同注 [10]a，第 291 ~ 297 页。

[30] Chang, Kwang Chih (editor). 1977. *Food in Chinese Culture: Anthropological and Historical Perspectives*, pp. 35. Yale University Press, New Haven, CT.

[31] Regert, Martine. 2007. Elucidating pottery function using a multi-step analytical methodology combining infrared spectrometry, chromatographic procedures, and mass spectrometry. In *Theory and Practice of Archaeological Residue Analysis*, edited by Hans Barnard and Jelmer Eerkens, pp. 61. BAR/Archeopress, Oxford.

[32] 同注 [10]a，第 50 页。

[33] a. Jin, Guiyun. 2009. Animal and plant remains in the archaeological records from the Haidai region during the Neolithicage. In *Chinese Archaeology and Palaeoenvironment I: Prehistory at the Lower Reaches of the Yellow River: The Haidai Region*, edited by Mayke Wagner, Fengshi Luan, Pavel Tarasov, pp. 117-128. Verlag Philipp von Zabern, Mainz.   b. 同注 [23]a。 c. 同注 [23]b。 d. Dong, Yu. 2013. Eating Identity: Food, Gender, and Social Organization in Late Neolithic Northern China. Unpublished Ph.D. Dissertation, Department of Anthropology, University of Illinois at Urbana-Champaign.

[34] 同注 [7]a。

[35] a. 凯利克劳福德、赵志军、栾丰实、于海广、方辉、蔡凤书、文德安、李炅娥、加里·费曼、琳达·尼古拉斯：《山东日照市两城镇遗址龙山文化植物遗存的初步分析》，《考古》2004年第9期，第 81 ~ 86 页。 b. Crawford, Gary, Anne Underhill, Zhijun Zhao, Gary Feinman, Linda Nicholas, Fengshi Luan, Haiguang Yu, Hui Fang, Fengshu Cai. 2005. Late Neolithic plant remains from Northern China: Preliminary results from Liangchengzhen, Shandong. *Current Anthropology* 46(2):309-317.

[36] a. 同注 [10]a。 b. 同注 [1]b。 c. Yuan, Jing, Rowan Flad. 2002. Pig domestication in ancient China. *Antiquity* 76: 724-732.

[37] Bekken, Deborah：《动物遗存研究》，中美联合考古队等：《两城镇——1998 ~ 2001 年发掘报告》，文物出版社，2016 年，第 1056 ~ 1071 页。

[38] a. Luan, Fengshi. 2009. The Longshan culture - the Golden Age of the Neolithic culture in the Haidai region. In *Chinese Archaeology and Palaeoenvironment I: Prehistory at the Lower Reaches of the Yellow River: The Haidai Region*, edited by Mayke Wagner, Fengshi Luan, Pavel Tarasov, pp. 59- 76. Verlag Philipp von Zabern, Mainz.   b. 同注 [23]b。

[39] Underhill, Anne. 2013. Introduction: Investigating the development and nature of complex societies in ancient China. In *A Companion to Chinese Archaeology*, edited by Anne Underhill pp. 1-12. Wiley-Blackwell, Massachusetts.

[40] 同注 [23]b，第 437 页。

[41] Underhill, Anne, Gary Feinman, Linda Nicholas, Hui Fang, Fengshi Luan, Fengshu Cai. 2008. Changes in regional settlement patterns and the development of complex societies in southeastern Shandong, China. *Journal of Anthropological Archaeology* 27: 1-29.

[42] a. 同注 [23]b。 b. von Faulkenhausen, Lothar. 2008. Stages in the development of "cities" in pre-imperial China. In *The Ancient City*, edited by Joyce Marcus, Jeremy A. Sabloff. School for Advanced Research, Santa Fe.

[43] 同注 [39]，第 8 页。

[44] a. 同注 [22]。 b. 同注 [18]。

[45] 同注 [41]。

[46] a. Lanehart、Rheta、Robert Tykot、方辉、栾丰实、于海广、蔡凤书、文德安、加里·费曼、琳达·尼古拉斯：《山东日照市两城镇遗址龙山文化先民食谱的稳定同位素分析》，《考古》2008 年第 8 期。 b. Lanehart, Rheta, Robert Tykot, Anne Underhill, Fengshi Luan, Haiguang Yu, Hui Fang, Fengshu Cai, Gary Feinman, Linda Nicholas. 2011. Dietary adaptation during the Longshan period in China: stable isotope analyses at Liangchengzhen (southeastern Shandong). *Journal of Archaeological Science* 38(9): 2171-2181. c. 同注 [1]。

[47] 同注 [41]，第 10、13 页。

[48] 同注 [41]，第 13 页。

[49] 同注 [41]，第 24 页。

[50] 参见 [10]a 中有关新石器时代陶器功能的讨论。

[51] Charters, S., R. P. Evershed., P. W. Blinkhorn., V. Denham. 1995. Evidence for the mixing of fats and waxes in archaeological ceramics. *Archaeometry* 37(1): 113-127.

[52] Richter, Bruce, Brian Jones, John Ezzell, Nathan Porter, Nebojsa Avdakovic, Chris Pohl. 1996. Accelerated solvent extraction: A technique for sample preparation. *Analytical Chemistry* 68:1033-1039.

[53] Barnard, Hans, Alek Dooley, Kym Faull. 2007. An introduction to archaeological lipid analysis by combined gas chromatography mass spectrometry (GC/MS). In *Theory and Practice of Archaeological Residue Analysis,* edited by Hans Barnard, Jelmer Eerkens, pp. 42-60. BAR/Archeopress,Oxford .

[54] 同注 [53]。

[55] a. Clark, R. C, M. Blumer. 1967. Distributions of n-paraffins in marine organisms and sediments. *Limnology and Oceanography* 12(1): 79-87.   b. Mironov, O. G., T. L. Shchekaturina, I. M. Tsimbai. 1981. Saturated hydrocarbons in marine organisms. *Marine Ecology* 5(3): 303-309.

[56] a. Buonasera, Tammy, Andrew Tremayne, Christyann Darwent, Jelmer Eerkens, Owen Mason. 2015. Lipid biomarkers and compound specific $\delta^{13}C$ analysis indicate early development of a dual-economic *system for the Arctic Small Tool tradition in northern Alaska. Journal of Archaeological Science* 61:129-128.   b. Craig, O., M. Forster, S. Andersen, E. Koch, P. Crombe, N. Milner, B. Stern, G. Bailey, C. Heron. 2007. Molecular and isotopic demonstration of the processing of aquatic products in Northern European prehistoric pottery. *Archaeometry* 49(1):135-152.   c. Craig, Oliver, Heley Saul, Alexandre Lucquin, Yastami Nishida, Karine Tache, Leon Clarke, Anu Thompson, David Altoft, Junzo Uchiyama, Mayumi Ajimoto, Kevin Gibbs, Seven Isaksson, Carl Heron, Peter Jordan. 2014. Earliest evidence for the use of pottery. *Nature* 496(7445): 351-354.   d. Cramp, Lucy, Jennifer Jones, Alison Sheridan, Jessica Smyth, Helen Whelton, Jacqui Mulville, Niall Sharples, Richard Evershed. 2013. Immediate replacement of fishing with dairying by the earliest farmers of the northeast Atlantic archipelagos. *Proceedings of the Royal Society* B 281: 1-8.   e. Mukherjee, Anna, Robert Berstan, Mark Copley, Alex Gibson, Richard Evershed. 2007. Compound-specific stable carbon isotopic detection of pig product processing in British Late

Neolithic pottery.*Antiquity* 81(313):743-754.

[57] a. Goody, Jack. 1982. *Cooking, Cuisine, and Class: A Study in Comparative Sociology*, pp. 30. Cambridge University Press, Cambridge.　b. 同注 [1]b。

[58] Smith, Michael. 2012. What it takes to get complex: Food, goods, and work as shared cultural ideals from the beginning of sedentism. In *The Comparative Archaeology of Complex Societies*, edited by Michael Smith, pp. 44-61. Cambridge University Press, New York.

[59] 同注 [58]。

[60] a. 同注 [1]b，第 20 页。　b. 同注 [10]a，第 50 页。

[61] van der Veen, Marijke. 2003. When is food a luxury? *World Archaeology* 34(3):412.

[62] a. 同注 [57]a，第 78 页。　b. 同注 [61]，第 418 页。　c. 同注 [9]f，第 92 页。　d. 同注 [9]c。

[63] MacLean, Rachel, Timothy Insoll. 2003. Archaeology, luxury, and the exotic: the examples of Islamic Gao (Mali) and Bahrain. *World Archaeology* 34:558-570.

[64] a. Underhill, Anne, Gary Feinman, Linda Nicholas, Gwen Bennett, Fengshu Cai, Haiguang Yu, Fengshi Luan, Hui Fang. 1998. Systematic regional survey in SE Shandong Province, China. *Journal of Field Archaeology* 25(4):453-74.　b. 同注 [10]a。　c. 同注 [27]。

[65] Capriles, Jos, Katherine Moore, Alejandra Domic, Christine Hastorf. 2014. Fishing and environmental change during the emergence of social complexity in the Lake Titicaca Basin. *Journal of Anthropological Archaeology* 34:67.

[66] 同注 [27]，第 11 页。

[67] a. Johnson, Allen, and Timothy Earle. 1987. *The Evolution of Human Societies*, pp. 247. Stanford University Press, Stanford.　b. 同注 [13]c。

[68] 同注 [9]f，第 98 页。

[69] 同注 [10]a，第 50 页。

[70] a. 同注 [1]b。　b. van der Veen, Marijke. 2007. Formation processes of desiccated and carbonized plant remains—the identification of routine practice. *Journal of Archaeological Science* 34:968-990

[71] 同注 [1]b，第 12 页。

[72] a. 同注 [37]。　b. Crawford, Gary W.、赵志军、李炅娥：《炭化植物种子与果实研究》，中美联合考古队等：《两城镇——1998～2001 年发掘报告》，文物出版社，2016 年，第 1072～1124 页。

[73] Twiss, Katheryn. 2008. Transformations in an early agricultural society: Feasting in the southern Levantine pre-pottery Neolithic. *Journal of Anthropological Archaeology* 27:435.

[74] 同注 [10]a。

[75] Charters, S., R. Evershed, P. Blinkhorn, V. Denham. 1995. Evidence for the mixing of fats and waxes in archaeological ceramics. *Archaeometry* 37(1): 113-127.

[76] Reber, Eleanora, and Richard Evershed. 2004. Identification of maize in absorbed organic residues: A cautionary tale. *Journal of Archaeological Sciences* 31:399-410.

[77] Dunne, Julie, Richard Evershed, Melanie Salque, Lucy Cramp, Silvia Bruni, Kathleen Ryan, Stefano Biagetti, Savino di Lernia. 2012. First dairying in green Saharan Africa in the fifth millennium BC. *Nature* 486(7403):390-394.

[78] 同注 [76]。

[79] 同注 [64]。

[80] 同注 [58]。

Consumption Patterns at Liangchengzhen: A Lipid Residue Analysis

Rheta Lanehart (Department of Anthropology, University of South Florida, USA)

translated by Songtao Chen (School of History and Culture, Shandong University, China)

Abstract

This study investigated the presence of lipid residues in various types of ceramic vessels from late prehistoric northern China in order to identify foodstuffs such as protein (meat, fish), grains (rice, millet), and other plants that explain different patterns of food consumption across space and time. Examination of intra-cultural consumption patterns via food residues provided an additional line of evidence for understanding of social and ritual activities in relation to social change at the site of Liangchengzhen in southeastern Shandong province (ca. 2500-1900BC). Interpretations were made about the nature of consumption activities over time on the basis of vessels deposited in pits that were hypothesized as offering pits, versus storage and trash pits. In addition, consideration was given to spatial and chronological variation at the center with respect to the consumption of hypothesized preferred foods (meat, rice).

寿光边线王龙山文化城址出土动物遗存分析 [1]

宋艳波　王永波*

一　背景介绍

1984年，为配合益都（今青州至羊口）铁路建设，山东省文物部门对寿光边线王遗址进行了两次发掘，并于秋季的发掘中发现了龙山文化时期的城址。遗址位于寿光市南部缓岗区，西北距寿光县城11千米，坐落于孙家集镇西南3.3千米的边线王村后一处高埠上，面积约10万平方千米。为进一步弄清边线王古城的基本情况，经国家文物局批准又进行了3个季度的主动发掘，至1986年冬季，发掘工作结束。发掘中发现龙山文化房址2座，灰坑30余个，祭祀奠基坑31个[2]。本次整理的动物遗存即来自上述遗迹中。

二　动物遗存概况

动物遗存共813件（奠基坑中的完整动物骨架未统计在内[3]），可鉴定出的动物种属包括有蚌、圆顶珠蚌、圆田螺、文蛤、脉红螺、鱼、雉、牛、麋鹿、獐、中型鹿、狗和猪等。

1. 软体动物门 Mollusca

1.1 腹足纲 Gastropoda

1.1.1 田螺科 Viviparidae

仅发现1件壳残片，种属不明确，重3克。

1.1.2 骨螺科 Muricidae

1.1.2.1 红螺属 *Rapana*

发现壳残片3件，总重29.8克。

1.2 瓣鳃纲 Lamellibranchia

1.2.1 蚌科 Unionidae

属于本科的遗存275件，其中274件保存较为残破，种属特征不明确，表面均有不同类型、不同程度的人工痕迹（磨痕、切锯痕等），因此鉴定为蚌壳制品或蚌料[4]；只有1件遗存特征明确，可鉴定为圆顶珠蚌。

1.2.2 珠蚌科 Unionidae

---

*　宋艳波：山东大学历史文化学院；王永波：山东省文物考古研究所。

1.2.2.1 珠蚌属 *Unio*

1.2.2.1.1 圆顶珠蚌 *Unio douglasiae*

仅发现 1 件，为右侧壳残片，重 8.5 克。

1.2.3 帘蛤科 Veneridae

1.2.3.1 文蛤属 *Meretrix*

发现遗存 43 件，多数出自基槽中，左侧 15 件，右侧 15 件，其余则较为残破。全部标本总重 599.5 克。其中 1 件壳顶有磨孔，可能为装饰品；另有 9 件保存较为完整，可测量壳的长度，测量数据分别为：68.65、63.26、65.53、67.12、58.21、74.8、56.36、66.01、53.72 毫米。

2. 脊椎动物门 Vertebrata

2.1 鱼纲 Pisces

仅发现 1 件遗存，部位不明，种属待定，重 4.4 克。

2.2 鸟纲 Aves

仅发现 1 件遗存，种属可鉴定为雉科。

2.2.1 鸡形目 Galliformes

2.2.1.1 雉科 Phasianidae

标本为雄性雉科的左侧跗跖骨残块，带有明显的距，重 0.9 克，骨骼表面有烧灼痕迹。至少代表 1 个个体。

2.3 哺乳动物纲 Mammalia

发现动物遗存 489 件（其中包括了各类骨角制品和种属部位均不明确的残骨），可鉴定的动物种属包括有牛、麋鹿、斑鹿、獐、狗和猪等。

2.3.1 偶蹄目 Artiodactyla

2.3.1.1 牛科 Bovidae

发现遗存 5 件，分别为：左侧肱骨远端残块 1 件，重 322.8 克，骨骼表面有食肉动物啃咬痕迹；右侧肱骨近端残块 1 件，重 118.5 克；左侧肱骨远端 1 件，重 377.2 克，骨骼表面有食肉动物啃咬痕迹；右侧下颌带 M_1-M_2 残块 1 件，重 68.8 克，M_1-M_2 长 53.33 毫米；左侧掌骨近端残块 1 件，重 193.4 克，可能为废弃的骨料。

这些标本至少代表 1 个个体。

2.3.1.2 鹿科 Cervidae

发现遗存 11 件，通过发现的鹿角和犬齿推断有麋鹿、斑鹿和獐的存在；对于发现的其他标本，也可以通过测量数据将其分为大型、中型和小型鹿。

2.3.1.2.1 麋鹿属 *Elaphurus*

发现鹿角残块 3 件，总重 252 克，其中 1 件为自然脱落的标本，1 件为表面带有磨痕的角尖残块。

发现的大型鹿标本有 2 件，分别为：左侧肩胛骨残块 1 件，重 79.9 克，肩胛骨被削掉，留下明显的削痕；跟骨结节残块 1 件，重 10.8 克。推测这些标本可能都是属于麋鹿的。

总体来看，这些标本至少代表 1 个成年雄性个体。

2.3.1.2.2 鹿属 *Cervus*

2.3.1.2.2.1 斑鹿 *Cervus nippon*

发现左侧鹿角残块 1 件，带角环，为自然脱落的标本，重 75.9 克，表面未见任何人工痕迹。

发现的中型鹿标本有 4 件，分别为左侧距骨残块 1 件，骨干中部有疑似病理现象；右侧跟骨残块 1 件，重 32.2 克；左侧肱骨远端残块 1 件，重 51.9 克；近端趾骨残块 1 件，重 10.6 克。

总体来看，这些标本至少代表 1 个成年个体。

2.3.1.2.3 獐属 *Hydropotes*

发现右侧上犬齿 1 件，可鉴定为雄性獐的上犬齿。

发现的小型鹿标本有 2 件，分别为左侧胫骨远端残块 1 件，重 8.5 克；左侧髋骨残块 1 件，重 7.6 克。

总体来看，这些标本至少代表 1 个成年雄性个体。

2.3.1.3 猪科 Suidae

2.3.1.3.1 猪属 *Sus*

2.3.1.3.1.1 家猪 *Sus domestica*

发现标本 232 件，分别为：尺骨残块 6 件（左三右二），总重 296.8 克；第三掌骨残块 2 件（左右各一），总重 10.7 克；腓骨残块 3 件（左二右一），总重 4.6 克；右侧跟骨残块 1 件，重 13.2 克；右侧肱骨近端残块 1 件，重 96.3 克（关节脱落）；肱骨远端残块 8 件（左三右五），总重 478.9 克；右侧股骨远端残块 1 件，重 73.8 克；股骨残块 2 件（左右各一），总重 97.3 克；寰椎残块 2 件，总重 44.9 克；脊椎残块 3 件，总重 11.1 克；肩胛骨残块 8 件（左右各三），总重 141 克；近端趾骨残块 2 件，总重 19 克；颈椎残块 1 件，重 53.7 克；胫骨近端残块 2 件（左右各一），总重 31.7 克（关节脱落）；右侧胫骨远端残块 1 件，重 13.8 克；胫骨残块 3 件（左右各一），总重 72.2；左侧髋骨残块 1 件，重 15.1 克；肋骨残块 5 件，总重 27.9 克；末端趾骨残块 1 件，重 4.5 克；右侧髂骨残块 1 件，重 47.2 克；犬齿残块 1 件，重 5 克；桡骨近端残块 4 件（左右各二），总重 90.6 克；右侧上颌残块 1 件，重 13 克；左侧上颌带 DM^2-DM^3 残块 1 件（M^1 未萌出），重 4.8 克；右侧上颌带 DM^2-M^2 残块 1 件（M^2 正萌出），重 46 克；上颌带 M^1-M^3 残块 2 件（左右各一），总重 145.4 克；上颌带 M^2-M^3 残块 3 件（左一右二），总重 130.3 克；上颌带 M^3 残块 4 件（左一右三），总重 90.2 克；左侧上颌带 P^1 残块 1 件，重 1.4 克；左侧上颌带 P^3-M^2 残块 1 件（M^3 未萌出），重 58.7 克；上颌带 P^3-M^3 残块 3 件（左一右二），总重 222.9 克；右侧上颌带 P^4-M^1 残块 1 件，重 14.5 克；上颌带 P^4-M^2 残块 3 件（左二右一，其中 1 件 M^3 未萌出），总重 106.7 克；上颌带 P^4-M^3 残块 2 件（左右各一，其中 1 件为雄性个体），总重 127.1 克；基本完整上颌带 I^1-M^3 残块 1 件，重 104.9 克；上前颌残块 3 件（左二右一），总重 66.7；右侧上前颌带 I^1-C 残块 1 件，重 106.8 克；左侧上前颌带犬齿残块 1 件，重 15.5 克；枢椎残块 1 件，重 12.6 克；听骨残块 5 件，总重 70.3 克；基本完整头骨 1 件，重 359.1 克；头骨残块 25 件，总重 407.6 克；腕骨残块 1 件，重 42.5 克；下颌残块 29 件（左右各二），总重 328.8 克；左侧下颌带 DM_2-M_1 残块 1 件，重 21.4 克；右侧下颌带 DM_2-M_2 残块 1 件，重 147.8 克；右侧下颌带 DM_3 残块 1 件，重 2.7 克；左侧下颌带 DM_3-M_1 残块 1 件，重 20.1 克；下颌带 DM_3-M_2 残块 3 件（左二右一），总重 165.5 克；左侧下颌带 DM_3 残块 1 件，重 4.6 克；下颌带 M_1-M_2 残块 2 件（左右各一），总重 41.8 克；下颌带 M_1-M_3 残块 3 件（左一右二），总重 321.6 克；右侧下颌带 M_2 残块 1 件，重 45.9 克；下颌带 M_2-M_3 残块 10 件（左四右六），总重 769.4 克；右侧下颌带 M_3 残块 2 件，总重 35.8 克；右侧下颌带 P_1-M_3 残块 1 件，重 63.9 克；左侧下颌带 P_3-M_3 残块 1 件，重 129.3 克；右侧下颌带 P_3-P_4 残块 1 件，重 22.8 克；下颌带 P_4-M_2 残块 3 件（左二右一），总重 176 克；左侧下颌带 P_4 残块 1 件，重 1.6 克；基本完整下颌带 I_1-M_2 残块（M_3 未萌出）1 件，重 275.6 克；右侧下前颌带 I_1 残块 1 件，重 5.5 克；右侧下前颌带 I_1-P_2 残块 1 件，重 80.7 克；下前颌带两侧 I_1 残块 1 件，重 17.8 克；下前颌带两侧乳门齿残块 1 件，重 12.9 克；下前颌残块 2 件，总重 110.3 克；右侧下犬齿残块 1 件，重 0.7 克；胸椎残块 1 件，重 28.7 克；掌骨/跖骨远端残块 2 件，总重 7.5 克；枕骨残块 2 件，总重 95.2 克；中间趾骨残块 1 件，重 2 克；基槽内出土乳猪骨骼 35 件，保存状况较差，总重 82 克。

上述标本至少代表了 19 个不同年龄段的个体，其中小于 6 月龄的乳猪 2 个，13～18 月龄 4 个，18～25 月龄 2 个，大于 25 月龄 11 个。此外奠基坑中出土的猪大概代表了 11 个不同年龄段的个体，其中 6～13 月龄 1 个，13～18 月龄 3 个，18～25 月龄 1 个，大于 25 月龄 6 个，部分个体具有明显的性别特征。

总体而言，遗址中出土的标本至少代表 30 个不同年龄不同性别的个体。

2.3.2 食肉目 Carnivora

发现材料 89 件，其中 86 件可鉴定为狗的标本，另外 3 件从测量数据来看可以分为大型和小型食肉动物。

2.3.2.1 犬科 Canidae

2.3.2.1.1 犬属 *Canis*

2.3.2.1.1.1 狗 *Canis familiaris*

标本 86 件（包括了出土于外城西门的一具基本完整的狗骨架），分别为：尺骨残块 4 件（左二右一），总重 27.5 克；腓骨残块 1 件，重 0.6 克；左侧跟骨残块 1 件，重 3.4 克；肱骨残块 4 件（左右各二），总重 102.2 克；寰椎残块 2 件，总重 17 克；肩胛骨残块 2 件（左右各一），总重 13.6 克；颈椎残块 3 件，重 41.2 克；胫骨残块 2 件（左右各一），总重 38.8 克；距骨残块 2 件（左右各一），总重 4.5 克；肋骨残块 1 件，重 44.5 克；桡骨残块 2 件（左右各一），总重 25.7 克；右侧上颌带 P^1-M^2 残块 1 件，重 16.4 克；左侧上颌带 P^4 残块 1 件，重 3.1 克；基本完整上颌带 I^1-M^2 残块 1 件，重 57.8 克；右侧上前颌带门齿残块 1 件，重 15.1 克；基本完整头骨残块 1 件，重 47.3 克；腕骨残块 6 件（左右各三），总重 5.6 克；下颌残块 5 件（左三右二），总重 28.7 克；下颌带 C-M_2 残块 2 件（左右各一）；右侧下颌带 C-M_3 残块 1 件，重 27.8 克；左侧下颌带 I_1-M_2 残块 1 件，重 30.2 克；胸椎残块 12 件，总重 60.2 克；腰椎残块 5 件，总重 52.4 克；掌骨/跖骨残块 15 件，总重 27.3 克；趾骨残块 10 件，总重 4 克。

全部标本至少代表 3 个不同年龄段的个体。此外，在奠基坑内发现的遗存也至少代表 4 个成年个体。总的来看，遗址出土的狗的遗存，至少代表 7 个不同年龄段的个体。

三 讨论与分析

1. 家养动物分析

遗址中出土的动物种属中，猪、狗和牛有可能为家畜，其中牛类遗存的数量实在太少，不足以支持判断其是否为家养动物，猪和狗的数量都比较多，笔者将从以下三个方面来分析其是否为家养动物。

（1）数量比例分析

从不同种属骨骼的出土数量来看（图一），比例最高的为蚌、猪和狗，其中蚌的情况较为特殊，除了1件圆顶珠蚌未见任何加工痕迹外，其余标本均有不同程度的人工痕迹发现（以切锯痕和磨痕为主），而且种属特征不明确，只能将其鉴定为蚌制品或蚌料。从组合特征来看，猪和狗的数量要远超其余种属，尤其是猪的数量占了总数的35.5%，仅次于蚌类。

单从哺乳动物的统计来看，可鉴定标本中，猪占70%，狗占25%，其余种属都比较少（图二）；最小个体数来看，也是以猪为主的，占74%，狗占17%，仅次于猪（图三）；从哺乳动物所能提供的肉食量[5]来看，猪也是占了最大的比重，达到83%，狗的比例则比较低（图四）。

从可鉴定标本数和最小个体数的统计结果来看，猪和狗在所有动物组合里面占的比重都是最高的，应该为先民所饲养的家畜；肉食量统计的结果则进一步表明，猪是当时先民主要的肉食来源。

（2）死亡年龄分析

遗址中发现的猪数量较多，笔者将其按照不同的年龄段进行了划分，并计算其比例关系，如图五所示，猪的死亡年龄有两个相对较为集中的区间，一个为大于25月龄的个体，一个为

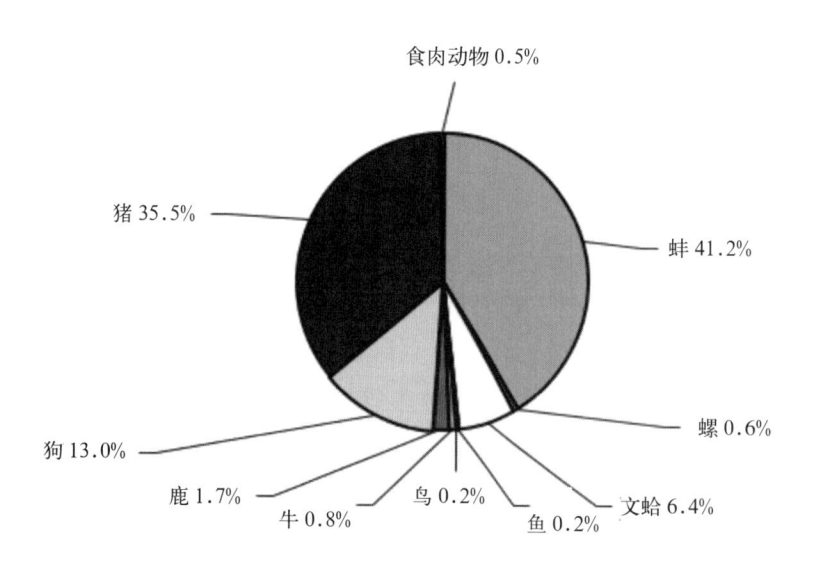

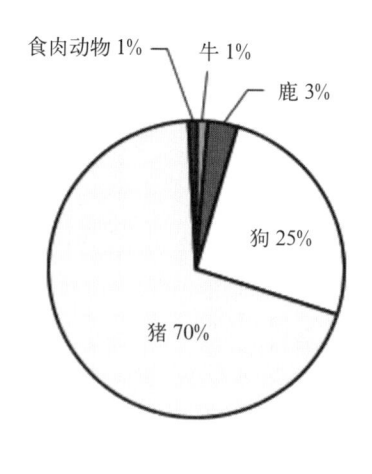

图一 边线王遗址龙山文化时期
出土动物数量分布示意图

图二 边线王遗址龙山文化时期出土
哺乳动物可鉴定标本数分布示意图

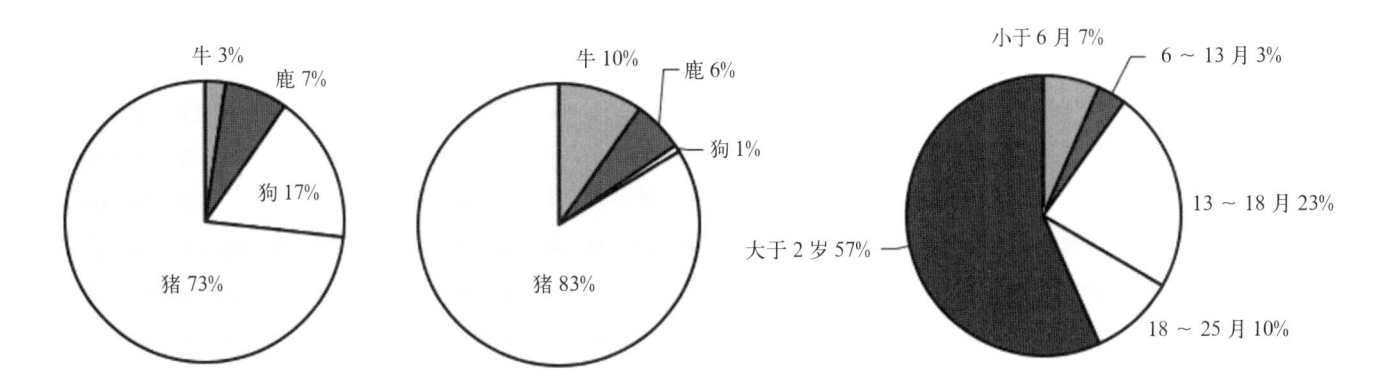

图三 边线王遗址龙山文化时期哺乳动物最小个体数分布示意图

图四 边线王遗址龙山文化时期哺乳动物肉量分布示意图

图五 边线王遗址龙山文化时期猪的死亡年龄分布示意图

13～18月龄的个体，尤其是大于25月龄个体占了总个体数的一半以上。一般而言，猪的死亡年龄呈现集中的特征显示的是先民的有意识控制（饲养）的结果；本时期遗址中出土的猪以成年个体为主，说明当时先民的肉食资源比较充足，能够将猪饲养至成年阶段再行宰杀。

(3) 特殊埋藏现象分析

遗址中发掘的多处奠基坑中均发现了猪骨遗存。D20内发现有一具一岁半左右的猪骨架；D22中发现半具1～1.5岁的猪骨架（后肢缺失）；D19内发现一具一岁半左右的猪骨架；D17中发现一具0.5～1岁的猪骨架；D16内发现一具大于2岁的成年猪骨架；D29内发现一具大于2岁的成年猪骨架；D6内发现一具1～1.5岁的猪骨架；D16内发现半具成年猪骨架（后肢缺失）；D31内发现成年无头猪骨架一具；D12内发现完整的成年猪下颌骨；D26内发现有猪跟骨1件；D11内发现有成年猪下颌；此外在T3244基槽内也发现了一具基本完整的乳猪（小于6月龄）个体。

部分奠基坑中也发现有狗骨遗存。D30、D26及外城西门附近均发现有基本完整的狗骨架；D13内发现有狗两侧的下颌骨。

这些完整骨架都应该是先民有意识埋藏（葬）的结果，这种特殊的考古学文化现象显示出猪和狗这两种动物的特殊性及其与先民之间的密切关系。

综合来看，数量统计、死亡年龄结构和特殊埋藏现象等几个方面的证据都表明本时期遗址中出土的猪为家养动物，而且饲养水平较高，能够保证较为充足的肉食供应，多数能够饲养到成年之后再行宰杀；数量统计和特殊埋藏等方面的证据也能够说明本时期遗址中出土的狗为家养动物，但狗可能并非先民主要的肉食来源；家猪和狗与先民的关系较为密切，都可能被先民选作祭祀或其他用途。

2. 环境分析

本时期遗址中出土的动物种属较为简单，发现的野生动物包括有软体动物、鱼类、鸟类和鹿类动物。

遗址中出土了数量较多的淡水蚌制品，表明遗址周围有着较为宽广的淡水水域；出土蚌制品虽然种属鉴定较为困难,但是其总体上显示出大而宽厚的特征,表明遗址周围的水域水流较为平缓,可能为淡水湖或较大的河流[6]。

数量较多的文蛤和脉红螺等海生软体动物的存在,可以说明遗址当时距海还比较近,先民能够从海洋中获取此类动物[7]。

麋鹿、斑鹿和獐等鹿类动物的存在则表明当时遗址附近有着一定面积的森林(树林)[8]。

总的来说,龙山文化时期边线王聚落距海较近,附近有着一定面积的树林和淡水水域,先民能够从中获取各类野生动物资源来补充肉食。

3. 动物遗存痕迹分析

(1) 蚌贝制品

上文描述过的274件淡水蚌壳制品或蚌料,均带有不同程度的人工痕迹(切锯痕和磨痕),笔者将其鉴定为蚌料和不明蚌制品,其中2件可以根据形状鉴定为蚌镞;此外,发现1件文蛤残片,壳顶有磨孔,推测其可能为装饰品。

(2) 骨角制品

发现的骨角制成品(骨料)共6件,包括有:骨锥1件(大中型哺乳动物肢骨残片磨制而成);骨针1件(大中型哺乳动物肢骨残片磨制而成);角锥1件(梅花鹿角磨制而成);角镞2件(鹿角削磨而成);骨料1件。

此外,还有部分遗存表面存在有较为明显的人工痕迹,可能也属于骨料或半成品,包括有:大型哺乳动物肢骨残片1件,表面有疑似砍痕存在;大型鹿左侧肩胛骨残块1件,有明显的削痕,肩胛冈被削掉;麋鹿角尖残块1件,有明显的磨痕;牛左侧掌骨近端残块1件,断口较为平齐,有疑似取料的痕迹;小型哺乳动物胫骨残块1件,骨干处截断,断口磨光,可能为半成品;猪左侧桡骨近端残块1件,有明显的削痕。

(3) 食肉动物咬痕

共29件动物遗存表面发现有食肉动物啃咬的痕迹,分别为:猪尺骨残块3件;猪肱骨远端残块3件;牛肱骨远端残块3件;猪股骨残块1件;猪肩胛骨残块2件;中型哺乳动物肩胛骨残块2件;中型鹿近端趾骨1件;猪胫骨残块1件;猪肋骨残块2件;中型哺乳动物桡骨残块1件;猪上前颌带门齿残块1件;中型哺乳动物头骨残块4件;猪头骨残块2件;猪下颌残块1件;中型哺乳动物肢骨残片2件。这些啃咬痕迹分布在骨骼的关节端和断口附近,应该是先民食用废弃后被食肉动物啃咬留下的痕迹。

(4) 烧痕

带有烧痕的骨骼共53件,分别为:哺乳动物残骨4件;猪尺骨残块1件;人跗骨残块1件;雉科跗跖骨残块1件;猪跟骨残块1件;中型哺乳动物脊椎残块2件;中型哺乳动物肩胛骨残块3件;大型哺乳动物颈椎残块1件;猪胫骨远端残块1件;小型哺乳动物胫骨残块1件;文蛤壳残片2件;中型哺乳动物肋骨残块5件;猪桡骨近端残块1件;猪上前颌残块1件;中型哺乳动物头骨残块8件;猪下颌残块7件;猪掌骨/跖骨远端残块1件;中型哺乳动物肢骨残片12件。从烧痕的分布来看,我们推测少数烧痕的出现可能与获取和加工食物有关,多数烧痕应为先民废弃之后用作燃料或其他不明原因造成的。

（4）奠基坑中的动物

确认为奠基坑的遗迹中，有17个发现有动物遗存，种属以猪和狗为主。其中，以猪的出现频率最高，多数以整体骨架的形式埋葬（有几具骨架后肢缺失），少数仅保留了完整的下颌骨；从保存较好的几具骨架的出土状态来看，为侧身屈肢的状态，当时应该是以捆绑的形式埋藏（葬）的；这些猪的年龄各不相同，单独发现的下颌骨均为成年个体，完整骨架中则以小于两岁未成年个体为主，也有少量的成年个体。狗的出现频率比猪要低一些，也大多是以完整骨架的形式埋藏的，年龄均为幼年个体；仅有1个奠基坑中埋藏的为狗的下颌骨。

4. 与其他遗址的比较分析

边线王遗址发现了龙山文化时期的城，说明其聚落等级较高，因此我们选择了地理位置比较接近，且聚落等级基本相当的桐林遗址与之进行比较分析。

桐林遗址[9]位于山东淄博市，龙山文化时期出土动物骨骼2313件，其中可鉴定标本为1146件。种属鉴定出有猪、牛、羊、斑鹿、麋鹿、兔、熊、狗、貉、猫等，其中家养动物为猪、狗和牛。

从动物组合情况来看，两个遗址都有一定数量的软体动物[10]和脊椎动物发现，且大部分种属都是两个遗址所共有的，且猪和狗均为家畜。由于两个遗址发掘区域、发掘面积和出土动物遗存数量的差异，导致了动物组合的差异，桐林遗址的动物组合（尤其是野生动物）要更为复杂一些。

从哺乳动物数量统计的结果来看，可鉴定标本中，桐林遗址家猪占75.2%，狗占1.6%；而边线王遗址的家猪则占70%，狗占25%；两个遗址猪的比例都比较高，边线王遗址狗的比例要比桐林遗址更高一些。

最小个体数统计结果显示出，桐林遗址家猪占61%，狗占5.1%；边线王遗址家猪则占74%，狗占17%；两个遗址中猪的比例仍旧比较高，但无论是家猪还是狗的比例，边线王遗址均要高于桐林遗址。

数量统计显示出两个遗址的猪都是最多的，当时两个遗址的先民都是以饲养家猪来获取主要的肉食资源，其余动物都是作为肉食的补充资源存在的；边线王遗址狗的比例要高于桐林遗址，可能与该遗址发现的遗迹中包含部分城墙基槽和奠基坑有关（部分完整的狗的遗存即出自于此）。

总体而言，地理位置相近、聚落等级相当的两个遗址，具有很明显的一致特征：自然环境差异并不明显，都是靠近一定面积的淡水水域和森林（树林），野生动物资源比较丰富；动物组合构成中都是以饲养的家猪数量最多，为肉食的主要来源，其余动物均为肉食资源的补充。同时，两个聚落之间也存在了一定的差异，产生差异的原因可能与发掘区域、发掘面积和遗存的收集手段有关。

注释

[1] 本文得到国家社科基金青年项目（14CKG003）与国家社科基金重大招标项目（12&ZD194）共同资助。

[2] 山东省文物考古研究所、潍坊市博物馆、寿光市博物馆：《寿光边线王龙山文化城址的考古发掘》，《海岱考古（第八辑）》，科学出版社，2015年，第1～55页。

[3] 奠基坑内的完整动物骨架，发掘时完整取回博物馆，由于放置时间过长，骨骼与周围的土壤胶结非常紧密，不易取下，因此对于这部分遗存，笔者在现场鉴定并记录其种属、部位和其他特征。

[4] 根据残存的部分特征，笔者推断这些蚌壳可能属于无齿蚌或三角帆蚌等大型蚌类。

[5] 关于各种哺乳动物肉量的计算参照 Elizabeth J. Reitz and Elizabeth S. Wing. 1999. *Zooarchaeology*. Cambridge University Press, New York, 第223页。White, T.E. 的计算方法。体重数据参考：《中国猪种》编写组：《中国猪种（一）》，上海人民出版社，1976年。寿振黄：《中国经济动物志（兽类）》，科学出版社，1962年。盛和林等：《中国鹿类动物》，华东师范大学出版社，1992年。幼年个体按照成年个体一半的标准进行统计，此处在统计肉食量时，出土于奠基坑等特殊遗迹中的动物个体未计算在内。

[6] 刘月英等编：《中国经济动物志（淡水软体动物）》，科学出版社，1979年。

[7] 张素萍：《中国海洋贝类图鉴》，海洋出版社，2008年。

[8] 盛和林：《中国鹿类动物》，华东师范大学出版社，1992年。

[9] 张颖：《山东桐林遗址动物骨骼分析》，北京大学学士学位论文，2006年。

[10] 桐林遗址出土有一定数量的软体动物，目前鉴定结果尚未发表。

Fauna Analysis Results of Bianxianwang Site, Shouguang, a Walled Settlement of Longshan Culture

Yanbo Song (School of History and Culture, Shandong University, China)

Yongbo Wang (Shandong Provincial Institute of Cultural Relics and Archaeology, China)

Abstract

The fauna assemblage of Bianxianwang site includes several kinds of shells, fish, pheasant, cattle, elk, water deer, dog and pig. The identification result of the fauna remains shows that Bianxianwang was close to the sea during Longshan period, and there was some woods and fresh waterbody near the site. All the unearthed pigs were domesticated with high feeding levels, which became the most important source of meat for the ancients. The ancients also obtained various kinds of wildlife resources in the surroundings as supplementary meat. Meanwhile, fresh-water mussels were used for toolmaking. Furthermore, dog and pig remains are found in the foundation pits, with complete skeletons in most cases, which demonstrated the intimate connection between the ancients and these two kinds of animals.

海岱龙山文化人口性别、年龄和社会分化的初步研究

闫雪　王建华*

海岱龙山文化是距今约 4600 ~ 4000 年前黄河中下游地区的新石器时代晚期文化，主要分布在以泰沂山系为中心的海岱文化区，北到豫东北地区，东北至辽东半岛南端，南到江淮之间。龙山文化时期，许多标志文明特征的文化因素开始出现，是文明起源和早期国家形成的关键期，是史前社会的变革和转折期。

近年来，关于海岱龙山文化的社会研究主要集中在社会复杂化进程上。"把古代文明起源理解为一个社会发展的过程，在这个过程中去寻找社会发展由质变到量变的关节点，进而整体上把握社会进程的脉搏，以研究中国文明起源、形成和发展"[1]。

在原始社会中，性别与年龄通常是进行社会区分的重要依据。在中国考古学研究中，一般认为从母系制向父系制，从母权社会到父权社会的转变，是平等社会向不平等社会过渡的重要标志[2]。因而探讨性别、年龄与社会分化之间的关系是我们认识古代社会的一个重要角度。

一　研究方法和墓地选择标准

一般认为，墓葬的形制规模和随葬品的质量、数量，尤其身份象征物的存在与否，是和社会等级有直接联系的[3]。此外，包括墓葬随葬品的数量、质量和墓葬的规模在内的墓葬规格是目前能够从遗址直接获得的信息，所以墓葬分析原理是研究社会等级分化的重要方法。

海岱地区龙山文化时期的墓葬制度主要为单人一次葬，有少量合葬墓、二次葬。观察个人及其社会地位最重要的信息来源是单人墓葬，因为多人墓葬很难解释随葬品与某个人的对应关系[4]。具体到龙山文化时期的墓葬制度，合葬墓中个人与随葬品的对应关系难以准确判断，墓葬面积也涉及多人；二次葬中随葬品扰动较大。单人一次葬次葬最能体现随葬品、墓葬面积与墓主的对应关系。

单个墓葬可提供随葬品、墓葬面积、墓葬形制和人骨几方面的信息。通过对以上信息的整合，我们可以获得不同性别、不同年龄的人在随葬品、墓葬面积、墓葬形制方面的差异。这些差异中，人均随葬品数量、人均墓葬面积差异能够体现该聚落的平均水平，适合于墓地之间的比较分析。随葬品数量、墓葬面积的等级分布差异能够体现聚落内部不同水平上的差异，适合于聚落内部的比较分析。

为了使分析的结果具有统计学意义，我们选择人骨鉴定数量在 20 例以上的尹家城、呈子和三里河三处墓地进行研究。

---

* 闫雪：成都市文物考古研究所；王建华：西南民族大学旅游与历史文化学院。

尹家城墓地位于鲁中南泗河上游地区，1973～1986 年，山东大学考古专业先后进行过五次发掘，揭露面积约 2000 平方米。遗址范围内发现龙山文化房址墓葬 65 座，房址 20 座[5]。

呈子墓地位于潍河上游，1976～1978 年，原潍昌地区文物管理组、山东省博物馆和诸城县博物馆先后进行过三次发掘。前两次发掘揭露面积约 1300 余平方米，发现龙山文化墓葬 87 座，房址 2 座[6]。

三里河墓地位于胶莱平原南部，1974 年和 1975 年，中国社会科学院考古研究所山东队等单位两次发掘三里河遗址，揭露面积 1570 平方米。遗址范围内发现龙山文化墓葬 98 座，部分建筑残迹[7]。

考虑墓地所处的时代背景，也为了方便对比前人研究结果，本文以 0～14、15～25（包括 25±）、26～35（包括 35±）、36～50 岁（包括 50±）以及 50 岁以上，分别对应儿童、青年、壮年、中年、老年五个年龄组，对各墓地不同年龄段人口进行统计。

二 墓葬规格体现的墓地之间分化

1. 社会等级分化

龙山文化的三处墓地中，尹家城墓地单人墓共计 60 座，其中墓主性别明确的墓葬 40 座，年龄明确的墓葬 54 座；呈子墓地单人墓共计 87 座，其中墓主性别明确的墓葬 26 座，年龄明确的墓葬 29 座；三里河墓地单人墓 79 座，其中性别明确的墓葬 47 座，年龄明确的墓葬 69 座。三处墓地中，尹家城、三里河墓地人均随葬品数量分别为 8.08、6.56 件，差别不大；呈子墓地人均随葬品数量较低，仅 2.09 件（表 1）。

表 1　龙山时代墓地各年龄段两性人均随葬品数量统计表（单位：件）

墓地	年龄段 性别、人数		儿童	青年	壮年	中年	老年	成人	不明	合计	人均
			n=9	n=7	n=9	n=8	n=7	n=13	n=7	n=60	
尹家城墓地	男性	n=34	0	40	95	51	17	48	0	251	7.38
	女性	n=6	0	0	12	4	15	0	0	31	5.17
	性别未知	n=20	0	0	0	0	0	37	166	203	8.83
	总计	n=60	0	40	107	55	32	85	166	485	8.08
	人均			5.71	11.89	6.88	4.57	6.54	23.71	8.08	
呈子墓地			n=4	n=4	n=9	n=11	/	n=1	n=58	n=87	
	男性	n=19	0	2	21	63	/	0	0	86	4.53
	女性	n=7	0	0	1	3	/	0	0	4	0.57
	性别未知	n=61	12	0	0	0	/	0	80	92	1.51

墓地			儿童	青年	壮年	中年	老年	成人	不明	合计	人均
呈子墓地	总计	n=87	12	2	22	66	/	0	80	182	2.09
	人均		3.00	0.50	2.44	6.00	/	0	1.38	2.09	
三里河墓地			n=2	n=8	n=22	n=19	n=15	n=3	n=10	n=79	
	男性	n=37	0	13	116	50	9	14	0	202	5.46
	女性	n=30	0	6	41	91	113		0	251	8.38
	性别未知	n=12	1	0	0	0	0	0	64	65	5.42
	总计	n=79	1	19	157	141	122	14	64	518	6.56
	人均		0.50	2.38	7.14	7.42	8.13	4.67	6.4	6.56	

尹家城墓地单人墓墓葬面积明确的有45座，其中性别明确的有35座，年龄明确的有41座。呈子墓地单人墓墓葬面积明确的有83座，其中性别明确的有26座，年龄明确的有27座。三里河墓地单人墓墓葬面积明确的有73座，其中性别明确的有58座，年龄明确的有60座。尹家城墓地人均墓葬面积最大，有3.44平方米。其次为三里河墓地，人均墓葬面积有1.63平方米。呈子墓地人均墓葬面积最小，仅0.99平方米（表2）。

表2 龙山文化墓地各年龄段两性人均墓葬面积统计表（单位：平方米）

墓地	年龄段 性别、人数		儿童	青年	壮年	中年	老年	成人	不明	合计	人均
尹家城墓地			n=4	n=5	n=8	n=8	n=7	n=9	n=4	n=45	
	男性	n=30	3.17	8.91	29.08	17.30	14.67	21.33	/	94.46	3.15
	女性	n=5	/	/	4.56	5.29	8.04	/	/	17.89	3.58
	性别未知	n=10	1.28	/	/	/	/	11.74	29.65	42.67	4.27
	总计	n=45	4.45	8.91	33.64	22.59	22.71	33.07	29.65	155.02	3.44
	人均		1.11	1.78	4.21	2.82	3.24	3.67	7.41	3.44	
呈子墓地			n=2	n=4	n=9	n=11	/	n=1	n=56	n=83	
	男性	n=19	/	3.22	8.63	14.06	/		0.24	26.15	1.38
	女性	n=7	/	1.19	4.10	0.30	/	0.74	/	6.33	0.90
	性别未知	n=57	0.89	/	/	/	/	/	48.94	49.83	0.87
	总计	n=83	0.89	4.41	12.73	14.36	/	0.74	49.18	82.31	0.99
	人均		0.45	1.10	1.41	1.31	/	0.74	0.88	0.99	

墓地			儿童	青年	壮年	中年	老年	成人	不明	合计
三里河墓地			n=2	n=6	n=19	n=17	n=13	n=3	n=13	n=73
	男性	n=31	/	5.79	23.60	12.84	6.04	3.75	/	52.02	1.68
	女性	n=27	/	3.35	10.25	16.10	15.19	/	/	44.89	1.66
	性别未知	n=15	1.30	/	/	/	/	/	20.84	22.14	1.48
	总计	n=73	1.30	9.14	33.85	28.94	21.23	3.75	20.84	119.05	1.63
	人均		0.65	1.52	1.78	1.70	1.63	1.25	1.60	1.63	

尹家城、三里河和呈子三处墓地墓葬形制等级差异表现有所不同，分别表现为棺或椁的有无，二层台或椁的有无，二层台的有无。鉴于我们难以对棺、椁、二层台三者进行等级上的比较，故统一将有无棺椁或二层台作为墓葬形制等级差异的标准。

尹家城墓地共 27 座单人墓有棺或椁，占该墓地单人墓总数的 45.00%。呈子墓地共 12 座墓有二层台或木椁或两者皆有，占单人墓总数的 13.79%。三里河墓地共 11 座墓有二层台，占单人墓总数的 13.92%。

表 3 龙山文化墓地各年龄段两性有棺椁或二层台墓葬数量统计表（单位：件）

墓地	年龄段 性别、人数	儿童	青年	壮年	中年	老年	成人	不明	合计
尹家城墓地		n=9	n=7	n=9	n=8	n=7	n=13	n=7	n=60
	男性（n=34）	1	2	4	5	3	2	0	17
	女性（n=6）	0	0	1	1	2	0	0	4
	不明（n=20）	0	0	0	0	0	2	4	6
	合计（n=60）	1	2	5	6	5	4	4	27
呈子墓地		n=4	n=4	n=9	n=11	/	n=1	n=58	n=87
	男性（n=19）	0	0	3	2	/	0	0	5
	女性（n=7）	0	0	0	0	/	0	0	0
	不明（n=61）	0	0	0	0	/	0	7	7
	合计（n=87）	0	0	3	2	/	0	7	12
三里河墓地		n=2	n=8	n=22	n=19	n=15	n=3	n=10	n=79
	男性（n=37）	0	0	2	1	0	0	0	3
	女性（n=30）	0	0	1	4	2	0	0	7
	不明（n=12）	0	0	0	0	0	0	1	1
	合计（n=79）	0	0	3	5	2	0	1	11

综上，尹家城和三里河墓地人均随葬品数量相近，高于呈子墓地。三处墓地人均墓葬面积分化明显，尹家城墓地人均墓葬面积达到3.4平方米，三里河墓地约1.6平方米，呈子墓地仅约1平方米。此外，尹家城墓地45%单人葬有棺椁，三里河墓地和呈子墓地仅约14%单人葬有二层台或椁。根据墓地墓葬规格的平均水平，我们可以将三处墓地进行等级划分，从高到低依次为尹家城墓地、三里河墓地、呈子墓地。

2. 性别与社会分化

尹家城墓地男性人均随葬品数量7.38件，女性5.17件。男性人均随葬品数量高于女性。女性人均墓葬面积3.58平方米，男性3.15平方米。女性人均墓葬面积稍大于男性。男性墓中，有17座，约50.00%有棺。女性墓中，有4座，约66.67%有棺（表1～3）。尹家城墓地男性人均随葬品数量稍占优势，女性人均墓葬面积占优势，两性有棺墓葬比例相差不大。从两性墓葬规格差异可以看出，尹家城墓地两性等级分化不明显。

呈子墓地男性人均随葬品数量4.53件，女性0.57件，男性人均随葬品数量明显高于女性。男性人均墓葬面积有1.38平方米，女性有0.90平方米，男性人均墓葬面积稍大于女性。男性墓中，有5座，约26.32%有二层台（仅有二层台和二层台、木椁两者皆有两种）；7座女性单人墓均为普通土坑竖穴墓（表1～3）。从两性墓葬规格差异可以看出，呈子墓地男性墓葬规格高于女性。

三里河墓地男性人均随葬品数量5.46件，女性8.38件，女性人均数量高于男性。两性人均墓葬面积相近，均约1.7平方米。男性墓中，有3座，约8.11%有二层台；女性墓中，有7座，约23.33%有二层台（表1～3）。从两性墓葬规格差异可以看出，三里河墓地女性墓葬规格高于男性。

3. 年龄与社会分化

可鉴定墓主年龄的墓葬中，尹家城墓地壮年人口人均随葬品数量最高，达到11.892件，其次为中年，有6.88件，青年和老年人口有5.70和4.57件。儿童墓均没有随葬品。各年龄段人口人均墓葬面积差别较大，壮年人均墓葬面积有4.21平方米，其次为老年、中年，分别为3.24、2.82平方米，青年和儿童偏小，分别为1.78、1.11平方米。中年、老年和壮年人口墓葬有棺椁比例较高，分别占到该年龄段墓葬总数的75.00%、71.43%、55.55%，青年和儿童墓葬有棺椁比例较低，分别占28.57%、11.11%（表1～3；图一～三）。从不同年龄段人口墓葬规格差异可以看出，尹家城墓地成年人比儿童墓葬规格高。成年人中，壮年、中年和老年人口墓葬规格高。

呈子墓地中年人口人均随葬品数量最高，达到6.00件，其次为儿童和壮年，分别为3.00件、2.44件，青年仅0.50件。青年、壮年和中年人口人均墓葬面积在1.1～1.5平方米之间，儿童最小，仅0.45平方米。33.33%壮年人口、18.18%中年人口的墓葬有二层台，其他年龄段人口墓葬均没有二层台（表1～3；图一～三）。呈子墓地成年人的墓葬规格差异主要体现在人均随葬品数量和有二层台比例上。成人中壮年和中年人口墓葬规格高于其他年龄段人口。呈子墓地儿童人均随葬品数量较高，但是人均墓葬面积依然很低，此外，儿童墓没有二层台。

三里河墓地老年人口人均随葬品数量最高，达到8.13件，其次为中年和壮年，分别为7.42件、

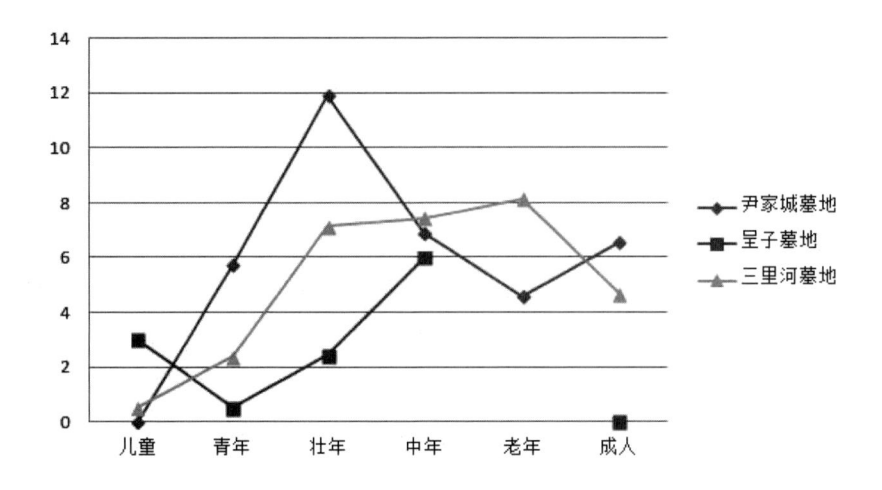

图一 不同年龄段人口人均随葬品数量（件）

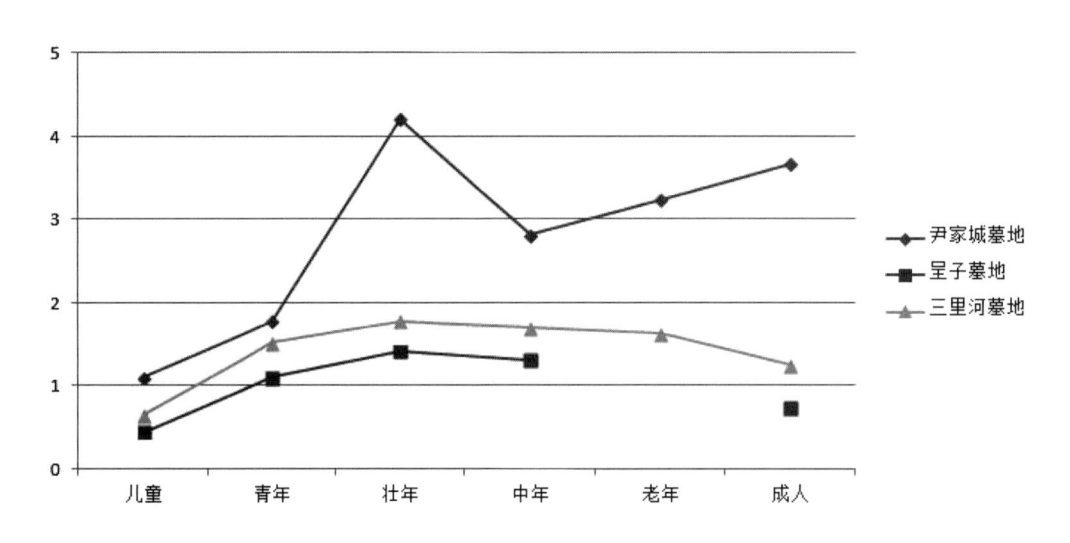

图二 不同年龄段人口人均墓葬面积（平方米）

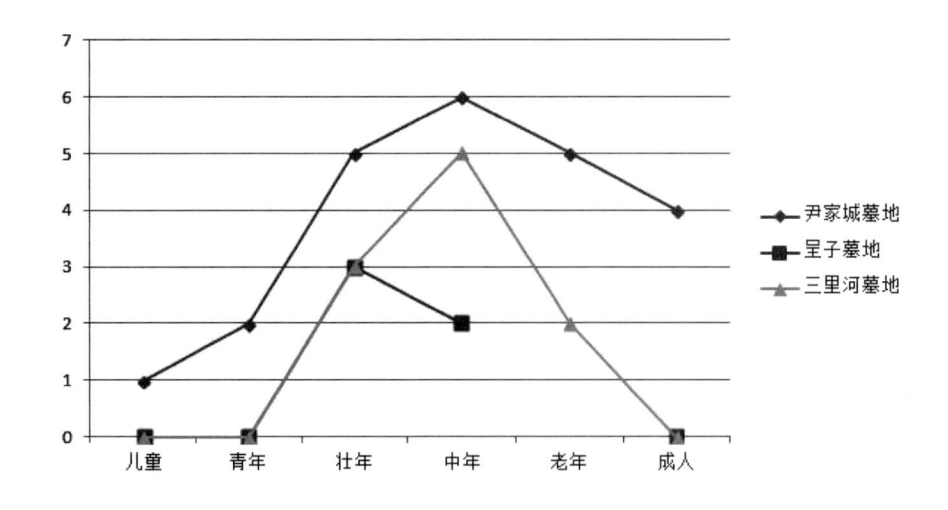

图三 不同年龄段人口有棺椁或二层台墓葬数量

7.14件，青年和儿童人均随葬品数量较少，分别为2.38件、0.50件。青年、壮年、中年、老年人口人均墓葬面积在1.5～1.8平方米之间，儿童最小，仅0.65平方米。26.32%中年人口墓葬有二层台，壮年和老年人口墓葬有二层台比例稍低，分别有13.64%和13.33%。青年和儿童墓葬均没有二层台（表1～3；图一～三）。三里河墓地成年人的墓葬规格高于儿童。成年人的墓葬规格差异也主要体现在人均随葬品数量和有二层台的比例上。成人中壮年、中年和老年人口墓葬规格高于其他年龄段人口。

从不同性别、不同年龄人口墓葬规格差异可知，三处墓地性别分化不同，尹家城墓地两性之间墓葬规格的平均水平相近，呈子墓地男性墓葬规格的平均水平高于女性，三里河墓地女性墓葬规格的平均水平高于男性。相比于性别分化差异，年龄分化较稳定，三处墓地成人墓墓葬规格平均水平均高于儿童墓。成人墓中，壮年、中年和老年人口墓葬规格较高。

三 随葬品数量、墓葬面积等级分布体现的墓地内部分化

1. 墓地内部等级分化

尹家城墓地无随葬品墓葬数量最多，有25座，占单人葬总数的41.67%；其次为有1～5件随葬品墓葬，有16座，占单人葬总数的26.67%。无随葬品墓葬和仅有1～5件随葬品墓葬数量占单人葬总数的68.33%。此外，随葬品大于20件的9座墓葬出土随葬品341件，占据随葬品总数486件的70.16%。15%的人占有约70%的社会财富，而约40%的人不占有社会财富。尹家城墓地墓葬面积在1平方米以下，1.1～2.0、2.1～3.0、3.1～5.0平方米，5.0平方米以上五个区间的墓葬数量比例基本持平，差别不大（表4、5；图四、五）。

表4 龙山文化墓地两性随葬品数量等级分布统计表

墓地	性别、人数		0件	1～5件	6～10件	11～20件	21～50件	50件以上
尹家城墓地	男性	(n=34)	11	13	4	1	4	1
	女性	(n=6)	2	1	2	1		
	未知	(n=20)	12	2	2		3	1
	合计	(n=60)	25	16	8	2	7	2
呈子墓地	男性	(n=19)	9	5	2	2	1	
	女性	(n=7)	5	2				
	未知	(n=61)	38	18	3	2		
	合计	(n=87)	52	25	5	4	1	

墓地	性别	人数					
三里河墓地	男性	(n=37)	12	11	6	8	
	女性	(n=30)	7	6	4	12	1
	未知	(n=16)	5	7	1	3	
	合计	(n=83)	24	24	11	23	1

表5　龙山文化墓地两性墓葬面积等级分布统计表（单位：平方米）

墓地	性别、人数		0.5以下	0.5~1.0	1.1~1.5	1.6~2.0	2.1~3.0	3.1~5.0	5.0以上
尹家城墓地	男性	(n=30)		6	3	1	6	9	5
	女性	(n=5)					3	1	1
	未知	(n=10)	2	1		1	1	1	4
	合计	(n=45)	2	7	3	2	10	11	10
呈子墓地	男性	(n=19)	1	7	5	2	3	1	
	女性	(n=7)	1	4	2				
	未知	(n=57)	25	19	5	2	4	2	
	合计	(n=83)	27	30	12	4	7	3	
三里河墓地	男性	(n=31)		2	12	10	5	2	
	女性	(n=27)		2	11	7	7		
	未知	(n=15)	1	3	4	4	3		
	合计	(n=73)	1	7	27	21	15	2	

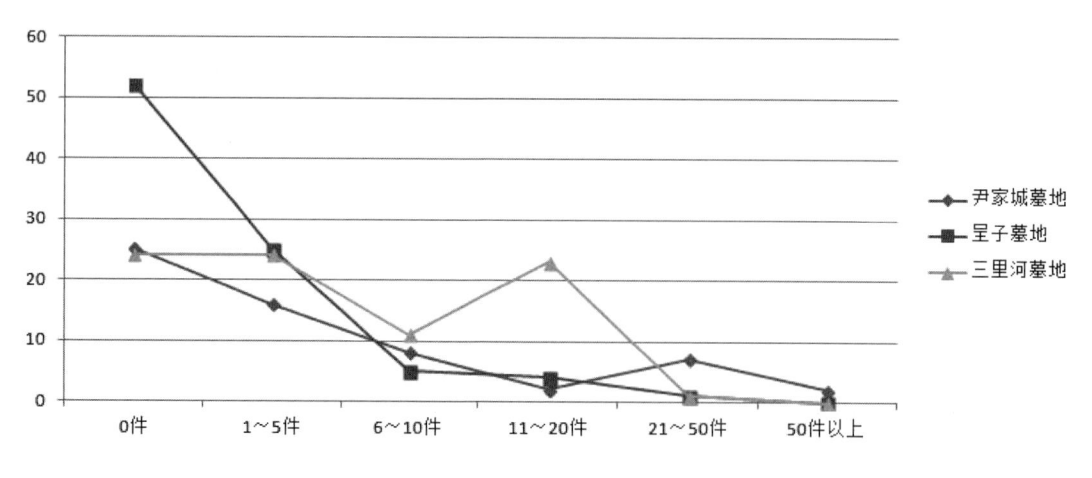

图四　随葬品数量等级分布图

图五 墓葬面积等级分布图

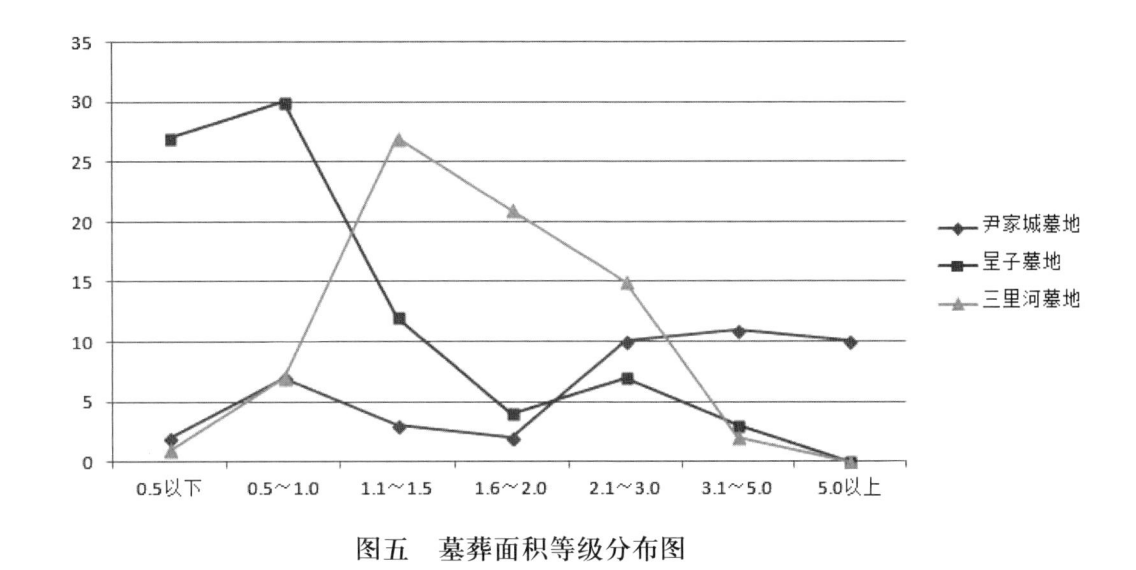

尹家城墓地随葬品数量越少，墓葬数量越多，随葬品数量越多，墓葬数量越少；墓葬面积普遍偏大，甚至有面积越大，墓葬数量越多的趋势。

呈子墓地无随葬品墓葬数量最多，有52座，占单人葬总数的59.77%；其次为有1～5件随葬品墓葬，有25座，占单人葬总数的28.74%。无随葬品墓葬和仅有1～5件随葬品墓葬数量占单人葬总数的近88.51%，仅1座墓随葬品数量超过20件。57座墓葬，约69%面积在1平方米以下；16座，约19%墓葬面积在1～2平方米之间。此外，有3座墓面积大于3平方米，未发现大于5平方米墓葬（表4、5；图四、五）。

呈子墓地随葬品数量越少，墓葬面积越小，人数越多；随葬品数量越多，墓葬面积越大，人数越少。仅个别墓主享用较多随葬品和大面积墓葬，大部分人无或有很少随葬品且墓葬面积仅能容身。呈子墓地内部呈金字塔型的墓葬等级结构。

三里河墓地无随葬品墓葬、有1～5件随葬品墓葬、有11～20件随葬品墓葬数量最多，分别有24、24、23座，均占单人葬总数的约30%，仅1座墓随葬品数量为29件。随葬11～20件随葬品的23座墓葬出土随葬品377件，占随葬品总数518件的72.78%。30%的人占有约70%的社会财富，30%不占有社会财富，30%占有约30%社会财富。三里河墓地墓葬面积主要集中在1.1～1.5、1.6～2.0、2.1～3.0平方米三个区间内，有63座，占到墓葬总数的约85%，仅1座墓葬面积小于0.5平方米，未发现大于5平方米墓葬（表4、5；图四、五）。

三里河墓地大多数墓葬处于中间等级，高等级的墓葬和低等级的墓葬数量都相对少一些。这在墓葬面积等级分布上体现的尤其明显，越靠近中间等级，墓葬数量越多。三里河墓地内部呈两极少中间大的橄榄型墓葬等级结构。

2. 性别与等级分化

尹家城墓地男性墓葬中，随葬6件随葬品以下墓葬数量占到单人葬总数的70.59%；有5座，14.71%的墓葬随葬品数量多于20件墓葬。33.33%的墓葬面积在2.0平方米以下，66.66%在2.0平方米以上。女性墓葬中，随葬6件随葬品以下墓葬数量占到单人葬总数的50%，且未发现随

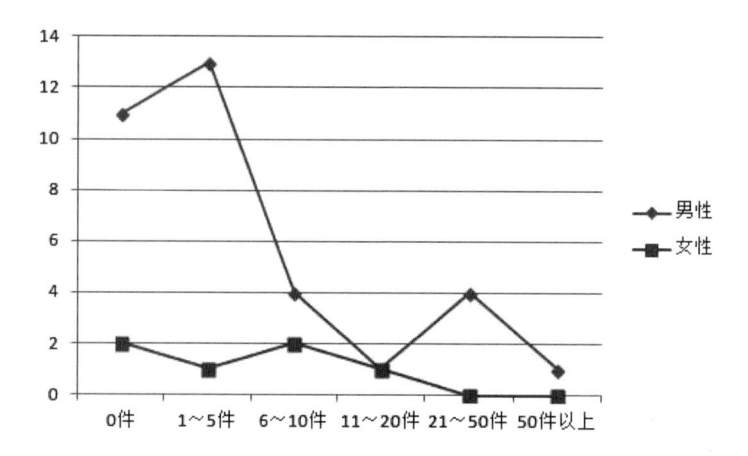

图六　尹家城墓地两性随葬品数量等级分布图

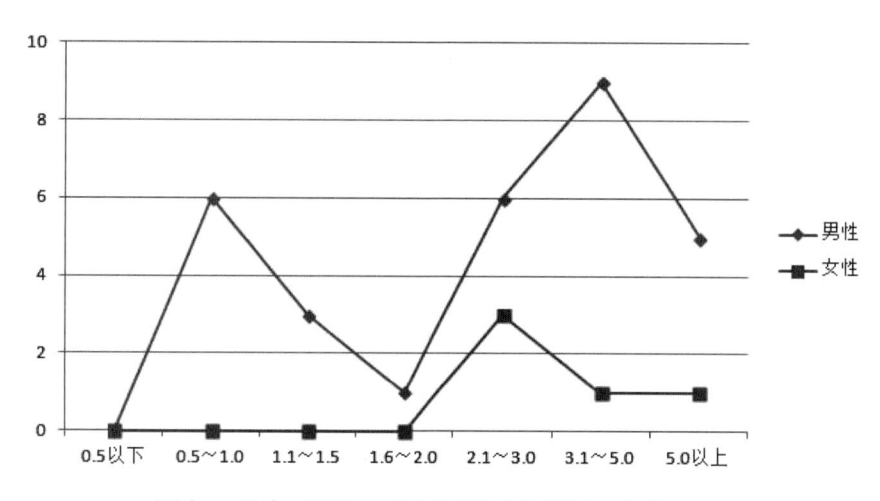

图七　尹家城墓地两性墓葬面积等级分布图

葬品数量多于20件的墓葬。5座女性墓面积均在2平方米以上（表4、5；图六、七）。综合两性随葬品数量和墓葬面积等级分布情况，尹家城墓地两性墓葬内部等级结构与墓地整体情况相似。

呈子墓地男性墓葬中，随葬6件随葬品以下墓葬数量占到单人葬总数的73.68%，仅1座墓葬随葬品数量多于20件。63.16%的墓葬面积在0.5～1.0、1.1～1.5平方米区两个间内，仅1座墓面积小于0.5平方米，1座墓面积在2.0～3.0平方米区间。女性墓的随葬品数量均在6件以下，墓葬面积均在1.5平方米以下（表4、5；图八、九）。综合随葬品数量和墓葬面积等级分布情况，呈子墓地没有高等级女性墓葬，男性墓葬内部呈金字塔型等级结构。

三里河墓地男性墓中，有随葬品数量越多，墓葬数量越少的趋势。70.97%墓葬面积在1.1～2.0平方米区间内，墓葬面积在3.1～5.0平方米和0.5～1.0平方米区间的都仅有2座女性墓中，53.33%有6～20件随葬品，43.33%随葬数量在6件以下，仅1座墓随葬品数量多于20件（表4、5；图一○、一一）。综合随葬品数量和墓葬面积等级分布特征，三里河墓地两性墓内部等级差异同墓地整体情况一致，均呈两极少中间大的橄榄型结构。相比而言，女性墓内部等级差异更接近橄榄型结构。

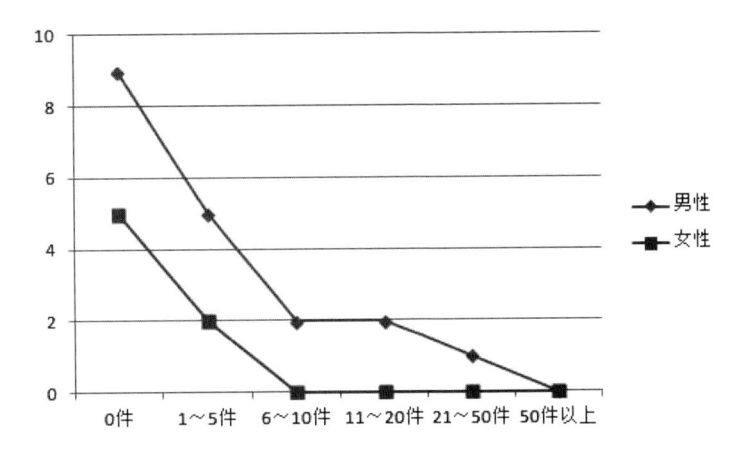

图八　呈子墓地两性随葬品数量等级分布图

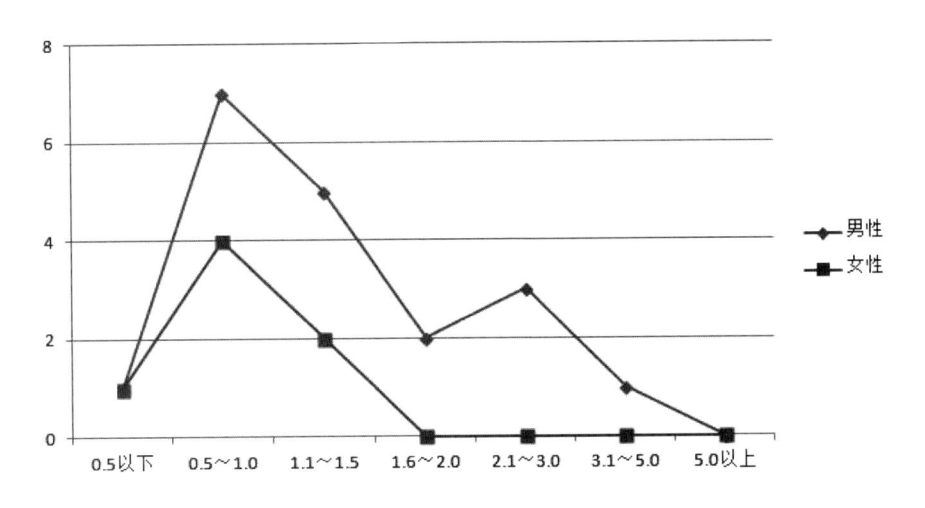

图九　呈子墓地两性墓葬面积等级分布图

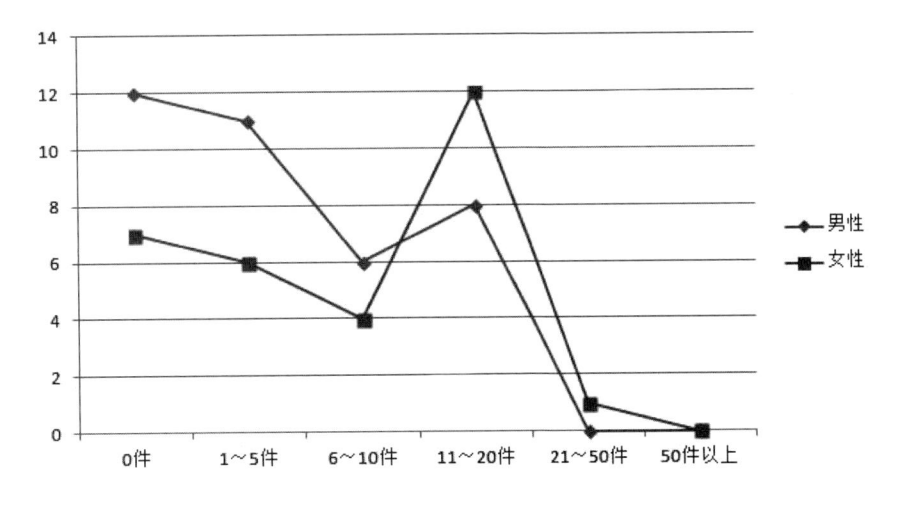

图一〇　三里河墓地两性随葬品数量等级分布图

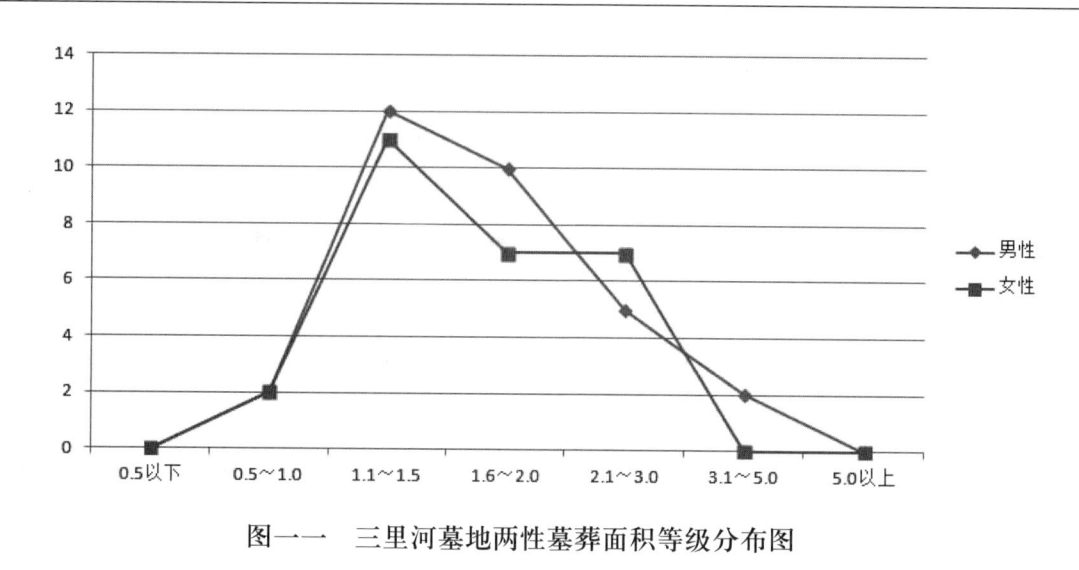

图一一　三里河墓地两性墓葬面积等级分布图

3. 年龄与等级分化

具体到各墓地不同年龄段，尹家城、呈子墓地女性墓葬数量有限，我们仅对这两处墓地男性墓葬进行统计分析。

尹家城墓地青年、壮年和中年男性墓葬中，各有 1 座随葬品数量超过 20 件，仅有的 1 座儿童墓无随葬品，5 座老年男性墓葬随葬品均在 10 件以下。此外，壮年、老年男性墓葬中，各有 1 座墓葬面积超过 5 平方米。71.43% 壮年人和 50.00% 中年人墓葬面积大于 3.0 平方米（表 6、7；图一二、一三）。综合来看，男性墓葬中，等级较高者以壮年和中年人墓葬为主。

表 6　尹家城墓地各年龄段男性随葬品数量等级分布统计表

男性	0 件	1～5 件	6～10 件	11～20 件	21～50 件	50 件以上
0～14（n=1）	1					
15～25（n=6）	2	3			1	
26～35（n=10）	6	1	1	1		1
36～50（n=6）		3	2		1	
50 以上（n=5）	1	3	1			

表 7　尹家城墓地男性墓葬面积等级分布统计表（单位：平方米）

男性	0.5～1.0	1.1～1.5	1.6～2.0	2.1～3.0	3.0～5.0	5.0 以上
0～14（n=1）					1	
15～25（n=5）	2		1	1	1	
26～35（n=7）	1			1	3	2
36～50（n=6）	1	1		1	3	
50 以上（n=5）	1	1		2		1

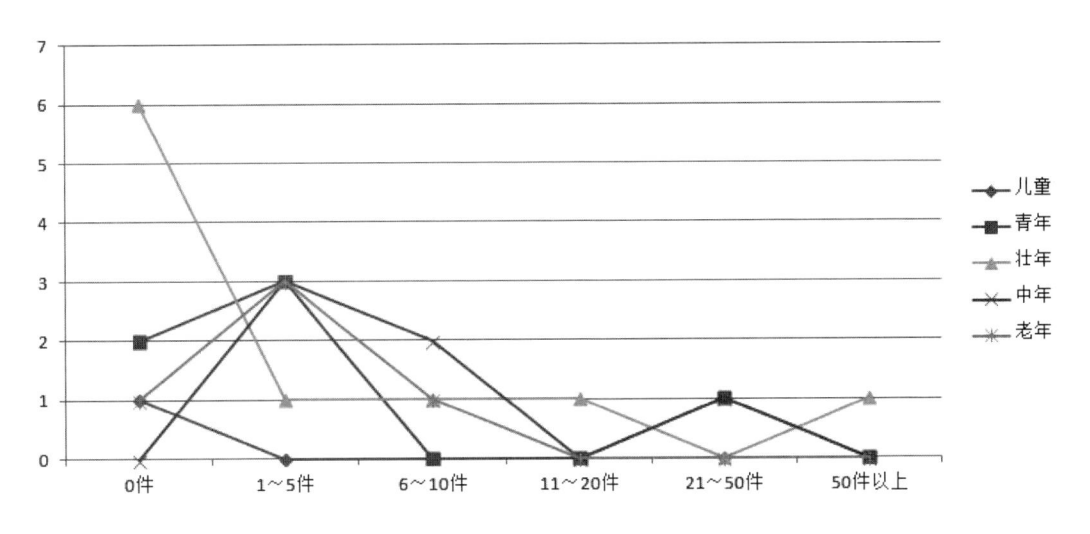

图一二　尹家城墓地男性随葬品数量等级分布图

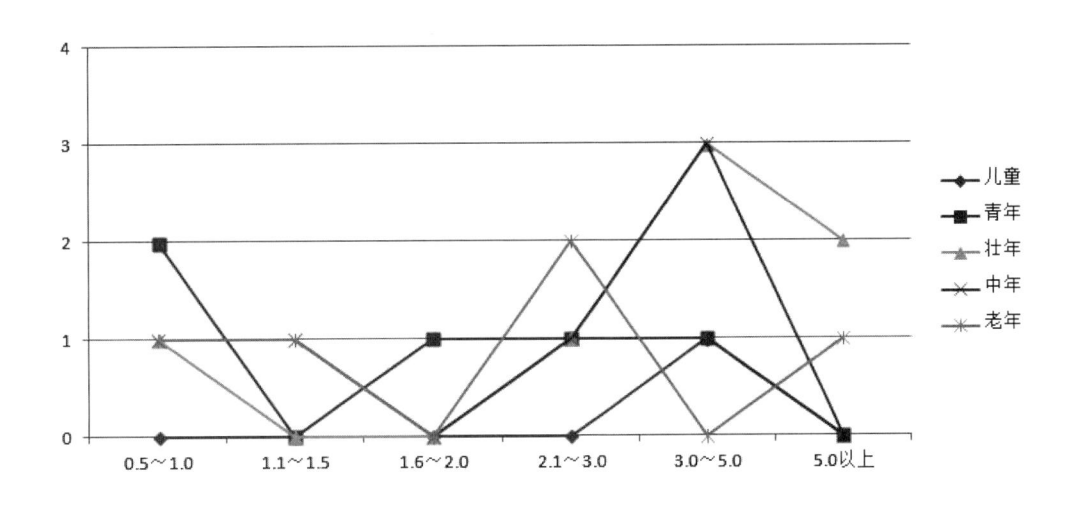

图一三　尹家城墓地男性墓葬面积等级分布图

呈子墓地只发现青年期、壮年期和中年期男性墓葬，其中30.00%中年男性墓葬随葬品超过10件，壮年男性墓葬随葬品均在11件以下，青年男性墓葬随葬品均在6件以下。壮年和中年男性墓葬中，各有2座面积超过2平方米，青年男性墓葬面积均在1.5平方米以下。综合来看，男性墓葬中，等级较高者以壮年和中年人墓葬为主。

三里河墓地没有随葬品数量和墓葬面积明确的儿童墓葬。男性墓中，33.33%壮年人和28.57%中年人随葬品数量有11～20件。青年男性墓葬随葬品数量均在11件以下，83.33%随葬品数量小于6件。老年男性墓葬随葬品数量均在6件以下。30.77%壮年男性、42.86%中年男性墓葬面积大于2.0平方米，青年和老年男性墓葬均在2.0平方米以下（表10、11；图一六、一八）。综合来看，男性墓葬中，等级较高者以壮年和中年人墓葬为主。

表8 呈子墓地各年龄段男性随葬品数量等级分布统计表

男性	0件	1~5件	6~10件	11~20件	21~50件
15~25（n=3）	2	1			
26~35（n=5）	2	1	2		
36~50（n=10）	4	3		2	1

表9 呈子墓地各年龄段男性墓葬面积等级分布统计表（单位：平方米）

男性	0.5~1.0	1.1~1.5	1.6~2.0	2.1~3.0	3.0~5.0
15~25（n=3）	1	2			
26~35（n=5）	1	1	1	2	
36~50（n=10）	5	2	1	1	1

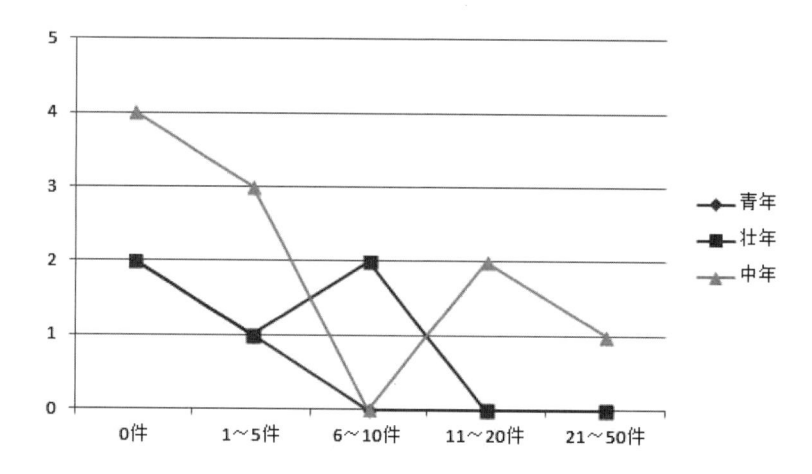

图一四 呈子墓地各年龄段男性随葬品数量等级分布图

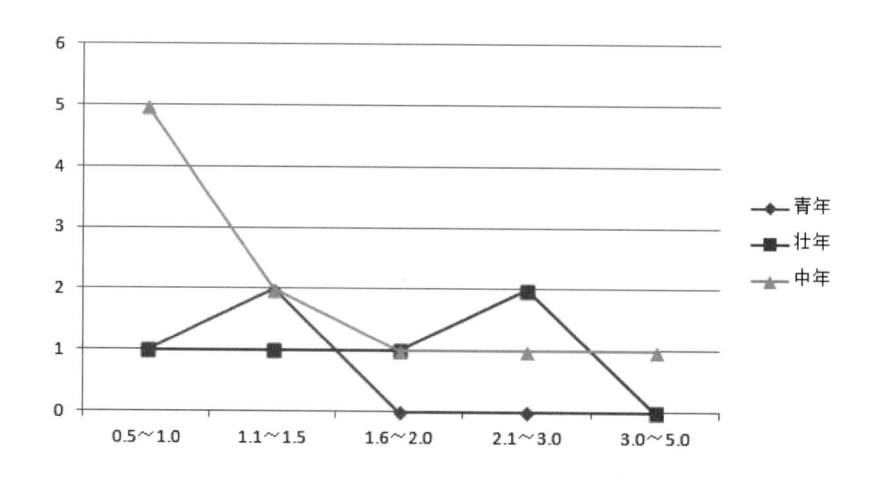

图一五 呈子墓地各年龄段男性墓葬面积等级分布图

表 10 三里河墓地各年龄段两性随葬品数量等级分布统计表

男性	0 件	1~5 件	6~10 件	11~20 件	女性	0 件	1~5 件	6~10 件	11~20 件	21~50 件
15~25 (n=6)	2	3	1		15~25 (n=2)	1		1		
26~35 (n=15)	3	4	3	5	26~35 (n=7)	1	3	1	2	
36~50 (n=7)	1	2	2	2	36~50 (n=12)	4	2	1	5	
50 以上 (n=6)	4	2			50 以上 (n=9)	1	1	1	5	1

表 11 三里河墓地两性墓葬面积等级分布统计表（单位：平方米）

男性	0.5~1.0	1.1~1.5	1.6~2.0	2.1~3.0	3.0~5.0	女性	0.5~1.0	1.1~1.5	1.6~2.0	2.1~3.0
15~25 (n=4)		3	1			15~25 (n=2)		1		1
26~35 (n=13)		5	4	3	1	26~35 (n=5)	1		2	2
36~50 (n=7)		2	2	2	1	36~50 (n=11)	1	5	4	1
50 以上 (n=4)	1	1	2			50 以上 (n=9)		5	1	3

女性墓中，1 座老年人墓葬有 21~50 件随葬品。66.67% 老年人、41.67% 中年人、28.57% 壮年人墓葬随葬品在 10 件以上，青年人随葬品均在 11 件以下。各年龄段女性墓葬面积均小于 3.1 平方米（表 10、11；图一七、一九）。综合来看，女性墓葬中，等级高者以老年女性墓葬为主。

综合三处墓地体现在性别和年龄上的随葬品数量、墓葬面积等级分布差异，可以看出，尹家城墓地两性墓内部分化与墓地整体情况相似，随葬品数量越少，墓葬数量越多，随葬品数量越多，墓葬数量越少；墓葬面积普遍偏大，甚至有面积越大，墓葬数量越多的趋势。呈子墓地没有高等级女性墓葬，男性墓葬内部呈金字塔形等级结构。三里河墓地两性墓内部等级差异同墓地整体情况一致，均呈两极少中间大的橄榄型结构。相比而言，女性墓内部等级差异更接近橄榄型结构。三处墓地男性墓葬中，等级较高者均以壮年和中年人口墓葬为主。三里河墓地女性墓葬中，等级较高者以老年人口为主。

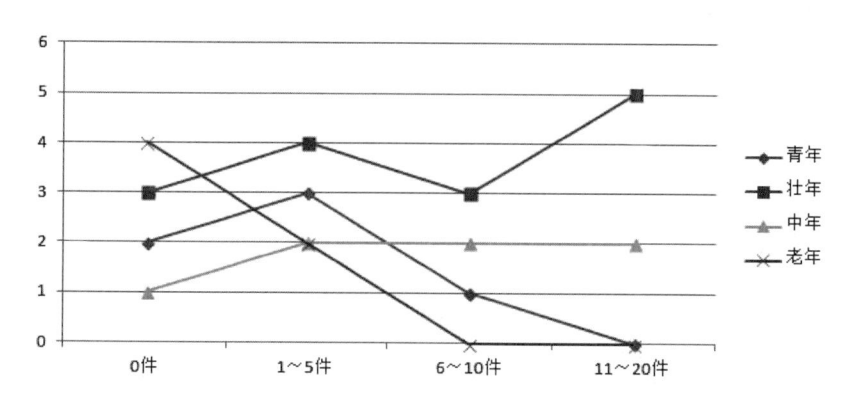

图一六　三里河墓地各年龄段男性（女性）随葬品数量等级分布图

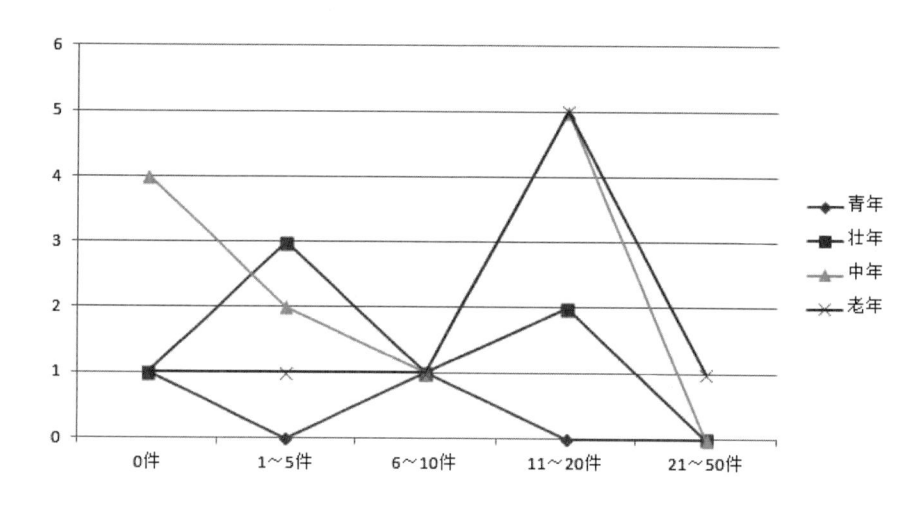

图一七　三里河墓地各年龄段男性（女性）随葬品数量等级分布图

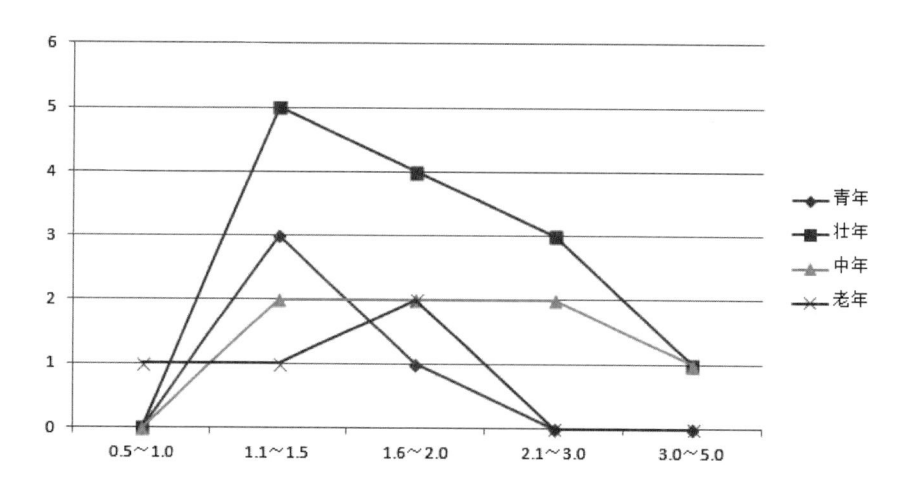

图一八　三里河墓地各年龄段男性（女性）墓葬面积等级分布图

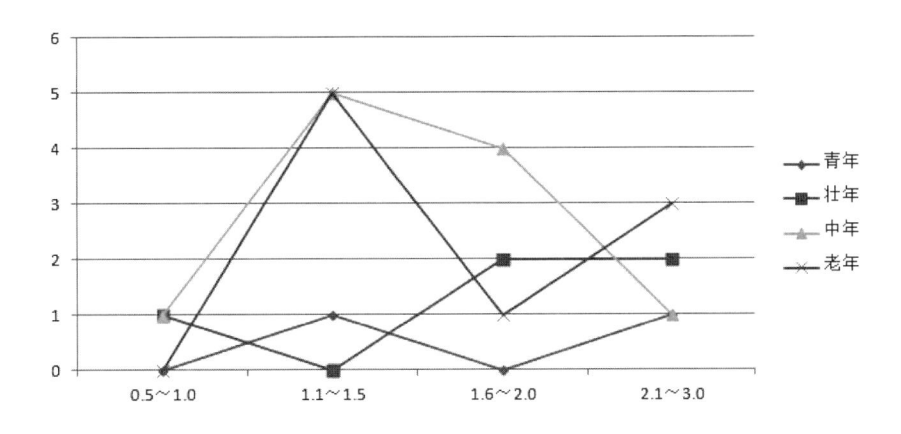

图一九　三里河墓地各年龄段男性（女性）墓葬面积等级分布图

四　海岱龙山文化时期性别、年龄和社会分化

海岱龙山文化时期可供分析的墓地有限，我们从仅有的三处墓地随葬品、墓葬面积、墓葬形制三方面分析发现，三处墓地存在等级分化，按等级高低依次为尹家城墓地、三里河墓地、呈子墓地。这说明各墓地所代表的社会集团在控制资源和创造、拥有财富等能力方面开始出现差别。根据遗址面积和人口规模等差异，有学者研究认为山东省龙山文化时期已经形成了多个聚落群，每个聚落群内存在中心聚落群和次级普通聚落群[8]。我们分析的三处墓地地理区位不同，属于不同区域的聚落群。三处墓地之间的等级分化可能是聚落本身存在等级差异，也可能是地域资源差异造成的。

三处墓地内部存在不同结构的墓葬等级分化。呈子墓地内部呈金字塔型的墓葬等级结构。三里河墓地内部呈两极少中间大的橄榄型墓葬等级结构。尹家城墓地随葬品数量越少，墓葬数量越多，随葬品数量越多，墓葬数量越少，呈金字塔型，与呈子墓地墓葬等级结构相同。但尹家城墓地墓葬面积普遍偏大，甚至有面积越大，墓葬数量越多的趋势，此外，尹家城墓地有棺椁墓葬比例较高。这可能说明尹家城先民可能消耗了更多的时间和精力修建墓葬。

从性别、年龄上的分化来看，在海岱地区龙山文化时期，性别分化并不稳定，尹家城墓地两性之间墓葬规格差异不明显，两性墓葬内部等级结构同墓地整体情况一致。呈子墓地男性墓葬规格高于女性，女性没有高规格墓葬，男性墓葬内部呈金字塔型等级结构。三里河墓地女性墓葬规格高于男性，两性墓葬内部等级结构同墓地整体情况一致。相比于性别因素，年龄分化比较稳定，三处墓地壮年、中年和老年人口的墓葬等级较高。三处墓地男性墓葬中，等级较高者以壮年和中年人口墓葬为主。三里河墓地女性墓葬中等级较高者以老年人口墓葬为主。

构成社会组织的个人作为一切社会活动的主体，受生产力、生产关系以及思想、文化等社会因素的制约。不同性别不同年龄的人在社会中扮演的角色和占据的地位不同，这种不同往往是由当时的经济和社会结构决定的。一般认为，海岱龙山文化时期社会已经是宗族—家族—大家庭—核心家庭四级社会组织，社会基层组织规模趋于小型化，核心家庭地位得到提升[9]。社会基层组织小型化，核心家庭的独立性加强。家庭中壮年和中年人口，劳动能力强，经验和知识积累多，地位可能高于其他成员，是一个家庭的核心。可见，龙山文化时期尹家城、呈子和萨三里河聚落个人社会财富的获得依然主要依靠后天成就。

本文主要分析了三处墓地人口性别、年龄和社会分化的特点，接下来将结合各聚落环境资源特点、生产特点和两性分工等进一步分析各墓地墓葬等级分化结构差异和性别分化差异产生的原因。

附记：本文得到了国家社科基金项目"黄河流域史前人口自然结构与社会复杂化进程研究"（编号：12BKG018）、"教育部新世纪优秀人才"（编号：NCET-12-0667）项目资助。

注释

[1] 栾丰实：《大汶口文化的社会发展进程研究》，《古代文明（第2卷）》，北京大学出版社，2000年，第13~52页。

[2] 郭立新：《长江中游地区初期社会复杂化研究》，上海世纪出版股份有限公司、上海古籍出版社，2005年，第242页。

[3] 刘莉：《山东龙山文化墓葬形态研究——龙山时期社会分化、礼仪活动及交换关系的考古学分析》，《文物季刊》1999年第2期。

[4]（英）科林·伦福儒、保罗·巴恩著：《考古学：理论、方法和实践》，文物出版社，2004年，第195、196页。

[5] 山东大学历史系考古专业教研室：《泗水尹家城》，文物出版社，1990年，第1~363页。

[6] 昌潍地区文物管理组等：《山东诸城呈子遗址发掘报告》，《考古学报》1980年第3期。

[7] 中国社会科学院考古研究所：《胶县三里河》，文物出版社，1998年，第1~201页。

[8] a. 王建华：《黄河中下游地区史前人口研究》，科学出版社，2010年。b. 王芬：《海岱地区和太湖地区史前社会复杂化进程的比较研究》，山东大学博士学位论文，2006年。

[9] 同 [8]。

A Preliminary Study on the Demography of Longshan Population and Social Stratification in Haidai Region

Xue Yan (Chengdu Municipal Institute of Cultural Relics and Archaeology, China)

Jianhua Wang (School of Tourism, History, and Culture, Southwest Minzu University, China)

Abstract

Individuals, the subject of all social activities, are constrained by social productivity, relations of production, ideology, culture and other social factors. The roles and status of different gender, age groups are determined by the economic and social structure of that time. This thesis analyzes the burial differences among different gender and age group, and we found that there were settlements differentiations, mainly expressed in terms of grave area, during the period of Longshan Culture in Haidai region. Depending on the levels of settlements, different settlements demonstrate different differentiation models. In addition, as the unit social organizations become smaller, the core family becomes more independent, mature and middle age population become the core of the family. The fact that men of all ages have a higher degree of differentiation than women indicates the prominent status of men in the family.

海岱龙山文化的年代
——城子崖遗址地质考古野外工作和 ^{14}C 测年的初步结果

Karen Wicks　孙波　朱超　宿凯　Steven Mithen　靳桂云

宿凯译*

1. 引言

海岱文化区以泰沂山系为中心，龙山时代其地理范围包括山东全省、苏皖两省北部、豫东、冀东南以及辽东半岛南端在内的广大地区。它根植于一系列的新石器时代文化，后李文化中首先发现有早期动物和植物驯化的证据，龙山文化达到了海岱地区新石器时代的顶峰[1]。20世纪龙山文化遗址的考古调查即已引起了学者们对中国史前史的兴趣，该文化手工业、用火技术的发展和部分中心聚落陶器的标准化生产等与之前的考古学文化有较大差别。学者们的这种兴趣导致了后来对诸如城子崖等遗址的大规模发掘、深入分析和系统研究。一般认为，城子崖是海岱龙山文化的典型遗址，在该遗址和其他龙山文化遗址的工作积累了大量的 ^{14}C 测年数据（n=87），这个样本容量足以用来解决该文化变迁的时间问题，这种变迁也预示着在中国北方文明的发生和国家的形成。

海岱地区新石器时代晚期的文化变迁的年代对于我们理解技术革新及其与社会发展之间联系的可能性尤为重要，因为该社会变迁对中国北方和中部地区史前社会产生了深远影响[2]。为了充分解决这个问题，我们必须考虑两个重要因素：一是我们如何得知地区或局部范围内文化变迁的时间？二是这种文化变迁的年代是否可以精确到来探讨可能的联系？

为了检验新石器时代的年代序列，我们先用现有的海岱地区龙山文化的起始和持续时间为实验。最新发表的一篇文章认为，海岱龙山文化的 ^{14}C 测年数据的质量和测年材料来源大都有问题[3]。尽管现在有一大堆海岱龙山文化考古发掘得来的测年数据，但质量不一，多数是在几十年前加速器测年法发明前测的，而且那时也没有意识到需要严格的采样标准。这就限制了这批数据的可用性，因为所有用块状木炭测得的数据都存在不同程度的老碳效应，同时由于发掘者没有意识到采样及实验室前处理过程中可能存在的污染，导致很多数据并不准确。那时 ^{14}C 数据校正存在很大的不确定性，而且缺少对碳库效应的常规校正，这些都限制了它们的可用性。此外，发表的数据缺少现在作为常规记录的信息，如地层信息和样品鉴定，这就无法评估测年样品与其代表的人类活动之间联系的可靠性。

在这篇文章中，我们会报道在城子崖遗址的地学考古野外工作的初步结果，从其中分层的

---

*Karen Wicks、Steven Mithen：英国雷丁大学副校长办公室；孙波、朱超：山东省文物考古研究所；宿凯、靳桂云：山东大学历史文化学院。

遗迹中获得一些新的测年结果,这项工作是在英国科学院国际合作和流动计划"山东新石器项目"和中国国家自然科学基金的支持下进行的。该项目从 2014 年开始,连续三年,今年是最后一年。该项目由 Steven Mithen 教授、Karen Wicks 博士(二位均在英国雷丁大学任职)、靳桂云教授(山东大学)共同主持,目的是运用地学考古的方法研究中国山东省的新石器时代聚落。

我们从详细划分的地层中获得样品,用优化的采样方法保证样品质量[4],把得到的测年数据与城子崖遗址的其他测年数据和海岱地区其他龙山文化遗址的测年数据相比较,运用最新的国际接受的校正曲线(IntCal13[5])和贝叶斯年代模型方法[6]处理这些数据。我们希望这么做可以筛选已有的 ^{14}C 测年数据以获得高质量的年代数据[7],这是厘清海岱地区龙山文化变迁年代的必要步骤。

2. 地理背景和考古学意义

城子崖城址位于山东省西北部济南市东 25 千米的章丘市(36°44′N,117°21′E)(图一)。城址位于一个晚更新世的黄土台塬上,西边为武原河,是巨野河的支流,城子崖这个名字本身的意思是"城边的悬崖"。

城子崖遗址是吴金鼎先生在 1928 年发现的,1930～1931 年经过两次发掘[8]。城子崖遗址的发现和发掘,创造了中国考古学的新纪元[9]。1990～1992 年,山东省文物考古研究所曾经对该遗址进行发掘,但发掘资料尚未正式发表。2013 年,在中国文明探源工程的资助下,山东省文物考古研究所重新打开了 20 世纪 30 年代发掘的探沟,并进行了小规模的新的发掘,希望运用现代科技考古学技术重新研究城子崖遗址(图二)。

已有的发掘和勘探工作显示,城子崖遗址保存了龙山文化(4600～3900 cal BP)、岳石文化(约 3800～3450 cal BP)和东周时期(约 2770～2230 cal BP)的城墙遗存,在黄土台塬的自然凹

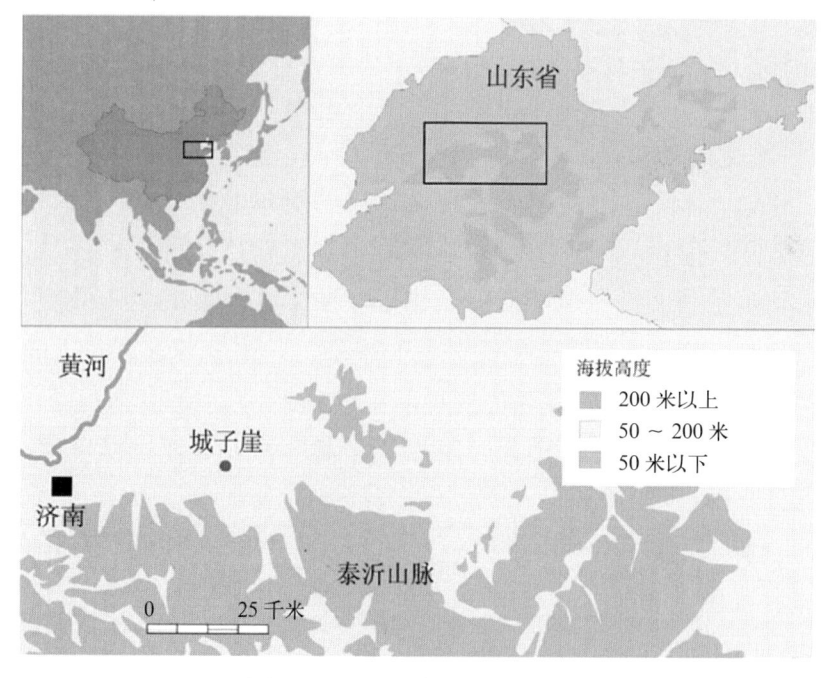

图一 城子崖遗址的位置图

图二 2013年重新挖开的1930年代的探沟
（镜头朝南，在沟内拍摄的照片）

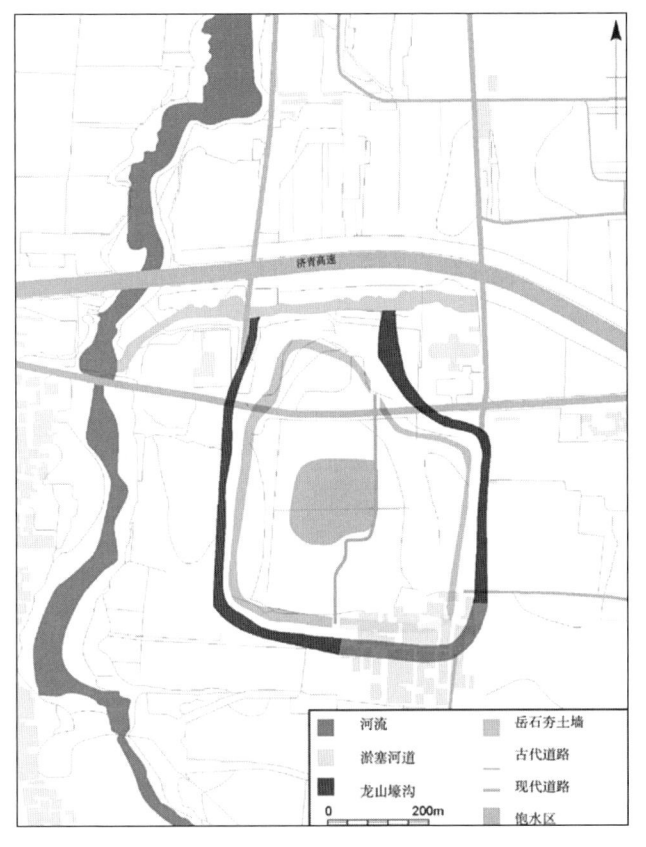

图三 城子崖史前城址的平面图

陷处可以看到两条壕沟的堆积（图三）；在城墙范围内还发现了房址、陶窑、水井和墓葬等遗迹。城子崖遗址是龙山文化的典型遗址，是海岱地区新石器时代晚期的城址之一，它的夯土筑城技术和精美的黑陶引人注目。

3. 包含龙山文化陶器的灰坑（H3）内燃烧堆积的地质考古学采样

3.1 遗迹描述和地层

图四是灰坑H3在发掘区内的位置及其与周边遗迹的相对关系。H3位于2013年发掘区北端探沟TG45和TG46的交叉处，距离可能是岳石文化早期的夯土城墙以南约5米（HC Ⅳ期，图四）。发掘揭露了灰坑的一部分，另一部分仍然在探沟的西壁上（图五a）。H3的开口呈椭圆形，壁较平直，打破下面地层（图五b）。剖面上的底部直径为170、顶部为180厘米。较H3更晚的龙山文化灰坑H1和H220打破了H3的上层，H3打破了较其更早的龙山文化墓葬（图四）。

H3内包含厚约1米的粉砂、黏土和烧过的粉砂透镜体，其中夹杂有或粗或细的灰烬层和炭化植物遗存（图五b和图六；表1）。有一些属于龙山文化中期的陶片堆积在灰坑的边上（图七）。为了进行地学考古分析，我们采集了4个整体样品（图六），并将另外发表[10]。

3.2 ^{14}C 采样

我们从H3中采集了4个AMS测年样品（表2）。我们从第5层（Beta-395375）、与第

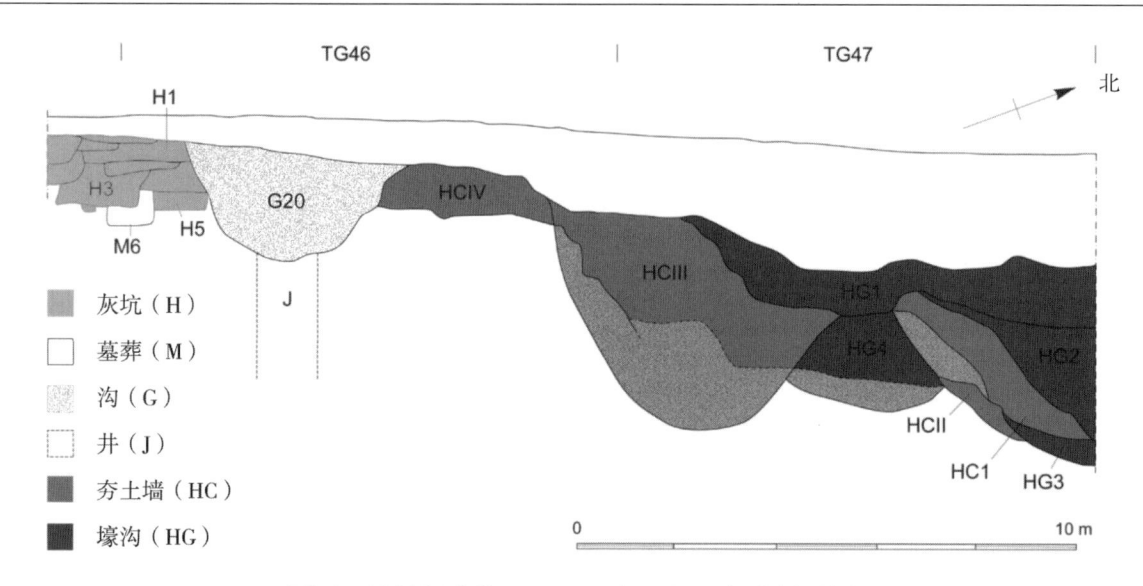

图四 遗址探方位置 TG46 和 TG47 东壁剖面图

展示了灰坑 H3 和其他龙山文化遗迹(例如 H1、H5 和 M6)的地层关系,相邻的是连续建设的夯土城墙(HC)和岳石文化时期的壕沟沉积物(HG)

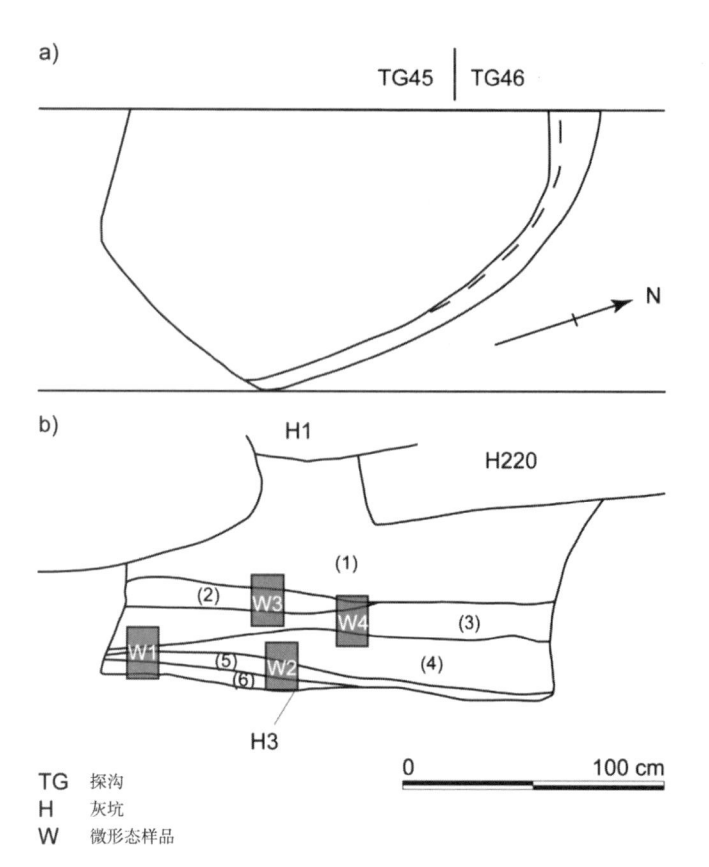

图五 城子崖遗址 H3

a) 平面图展示了灰坑 H3 现存约 60% 的面积,开口于 TG45 和 TG46 之间,b) 地层剖面图展示了 H3 堆积物的岩相背景,用地质考古整体采样法采样(W1 至 W4)

图六 人工挑选测年样品的层位关系照片,以及样品提取前地质考古整体样品的位置

图七 灰坑周边原位堆积的陶片照片

2层的木炭透镜体层中分别取整块的木炭，测得灰坑使用过程的大概年限（表1、2；图六）。另外，我们从灰坑土样浮选出的植物种子中挑选两份样品测年，借以验证木炭测年数据是否可靠。两份种子测年样品中，一份（Beta-424169）包含粟（*Setaria italica*，6粒）和黍（*Panicum miliaceum*，3粒），另一份（Beta-424170）只包含粟（10粒）（表2）。出土陶片特征表明H3大致属于龙山文化中期（图八）。

表1 灰坑H3包含物的岩相描述

地层	样品编号	描述
1	-	均质，致密的灰色粉砂和黏土
2	W3（上部）	黑色炭化植物遗存的透镜体
3	W3（下部） W4（上部）	烧过的橙红色致密粉砂层，叠压在固结的灰烬上
4	W1（上部） W2（上部） W4（下部）	灰色和白色的粗糙灰烬层
5	W1（中部） W2（下部）	薄层的灰色和白色灰烬层，及部分和完全燃烧的炭化植物遗存
6	W1（中部） W2（下部）	薄层的灰色和白色灰烬层，与烧过的橙红色粉砂交错分布

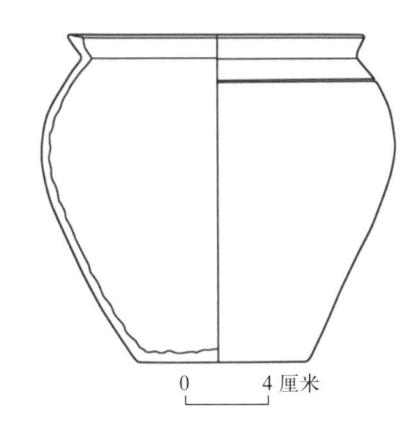

图八 H3出土陶器（H3:3）

表2 城子崖龙山文化的 ^{14}C 测年数据、发掘背景细节和后验密度估计

实验室编号	测年样品材料和出土背景	δ^{13}C (‰)	后验密度估计 ^{14}C years BP	cal BP 95% 概率	中数	引用文献
Beta-424170	粟 10 粒；发掘样品编号 2015ZCTG46 H3 S2	−8.6	3770 ± 30	4240～4000	4130	
Beta-424169	粟 6 粒；黍 3 粒；发掘样品编号 2015ZCTG46 H3 S1	−8.4	3690 ± 30	4150～3930	4040	
Beta-395374	灰坑 H3 上层木炭，层的木炭第 2 层	−16.2	3640 ± 30	4090～3890	3980	
Beta-395375	灰坑 H3 下层木炭，层的木炭第 5 层	−	3850 ± 30	4390～4090	4210	
BK91031	灰坑 H422 的木炭	−	4210 ± 70	4880～4520	4730	注 [3] 的附录 A，表 A4，第 179 页
BK91032	灰坑 H1064 的木炭	−	4485 ± 70	5310～4880	5100	
BK91030	灰坑 H633 的木炭	−	4485 ± 60	5310～4880	5110	
BK91033	灰坑 H1658 的木炭	−	4565 ± 130	5440～4850	5110	

3．3 加速器质谱测年和贝叶斯模型采样

（1）H3的年代学背景

炭化的植物遗存被送到美国Beta实验室做加速器质谱测年（http://www.radiocarbon.com/pretreatment-carbon-dating.htm）。我们用贝叶斯算法和IntCal 13校正曲线[11]（对测年结果建模，这些在OxCal v. 4.2 ^{14}C绘图软件上都可以找到[12]。我们的年代-地层模型把两个在地层上相互叠压的年代放在一个单期模型里，其中包括Beta-395375和叠压其上的Beta-395374，它们与另外一组包括Beta-424169和Beta-424179的年代相互重叠（假设两个有地层关系的年代跟均匀分布的两个年代是同时发生的，并且可能性相同）。

贝叶斯年代学模型的输出结果——后验密度估计（Posterior density estimates）——给出了有地层限定的校正年代区间，见图九和表2的OxCal图表。这个模型（模型的一致性指数=92.3%；图九）获得了较好的一致性指数（即>60%[13]），表明我们通过这个模型得到的对地层的年代解释是可信的。依据标准的^{14}C年代学模型拟合方法，若无特殊说明，本文使用的都是95%置信度的后验密度估计，并用斜体表示。

使用贝叶斯模型检验年代学的另一个优势在于它可以给出一个文化期的开始和结束时间的可能性模型估计，在这个例子中给出了H3可能的开始和结束使用的时间（现有的^{14}C数

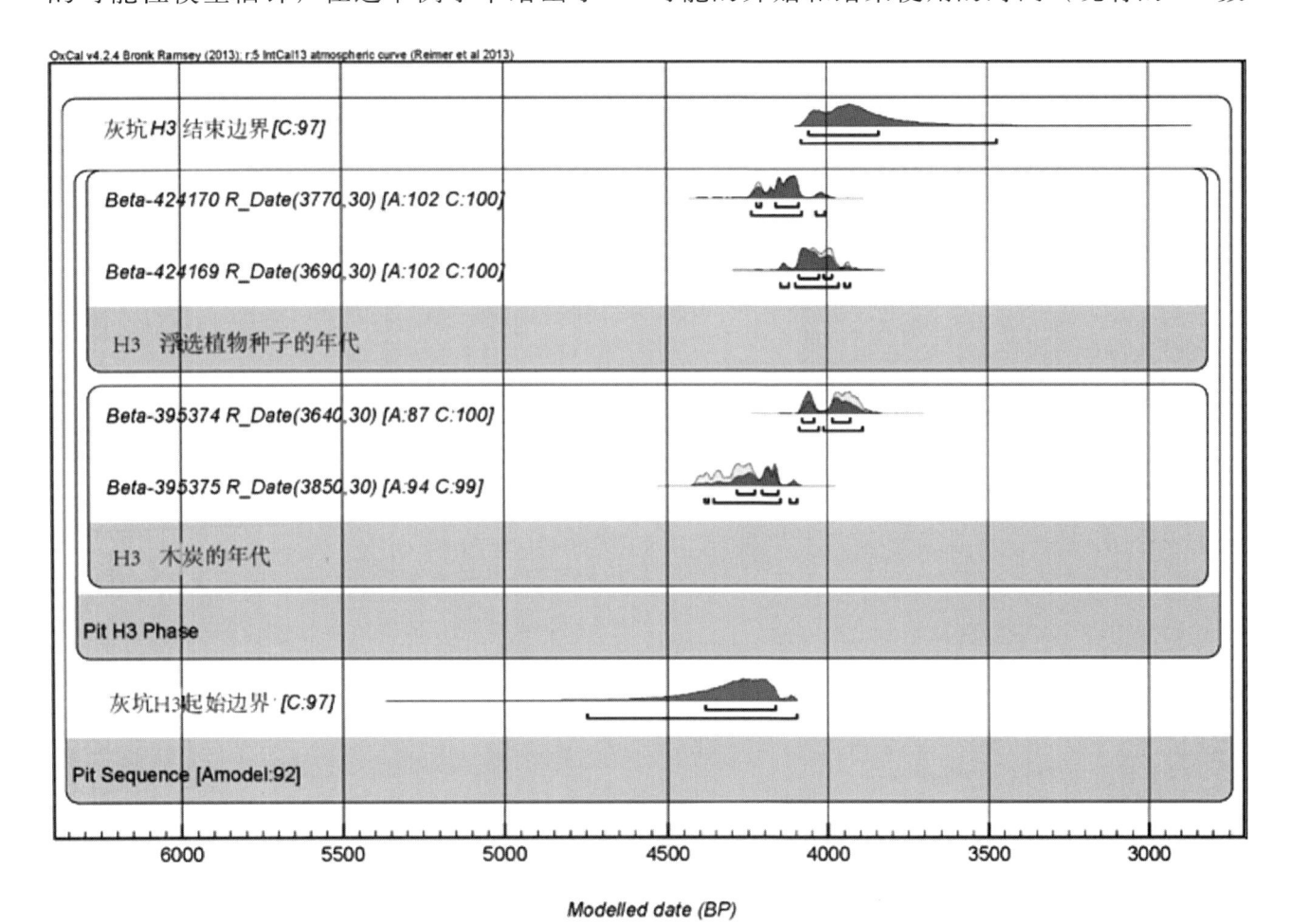

图九 H3堆积时间的后验密度估计

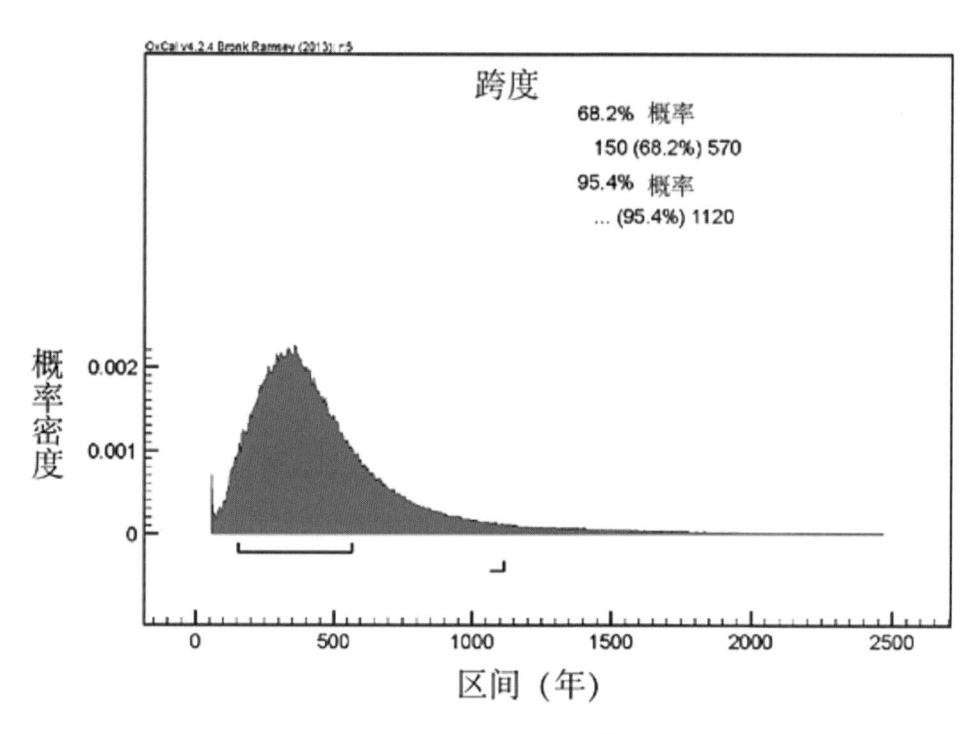

```
                    跨度
                         68.2% 概率
                         150 (68.2%) 570
                         95.4% 概率
                         ... (95.4%) 1120
```

图一〇　H3 预计的使用时间

据给出了可能发生在上限和下限的堆积事件的时间）。上限估计了灰坑开始堆积的时间，大概在 4750～4090 cal BP，集中在 4290 cal BP（图九）。下限估计这个过程可能结束在 4080～3470 cal BP，集中在 3910 cal BP。我们还用到了 Oxcal 中另一个命令——跨度分析（Span analysis）——分析表明灰坑的堆积过程至少持续了 150 年（68.2% 置信度）甚至更长（图一〇）。

为了检验获得的 ^{14}C 数据库的可靠性，我们使用了 Oxcal 里的 R_Combine 命令进行一致性检验。其中对未校正的 ^{14}C 数据运用简单的卡方检验[14]，可以获知统计上是否出现相似年代。在文章的例子中，一致性检验的验证（表 3）表明用来给 H3 测年的有机质堆积至少可分两期（或更多），第一期集中在 4200 cal BP（Beta-395375 和 Beta-424170），第二期集中在 3990 cal BP（Beta-395374 和 Beta-424169）。

一致性检验的分组很重要，它们表明木炭（Beta-395374 和 Beta-395375）测得的沉积事件没有受到老碳效应的影响，因为木炭的数据与生长期短的植物遗存（分别是 Beta-424169 和 Beta-421170）获得的测年数据是一致的，当然还有不确定性，因为这些生长期短的植物遗存的在这个分层灰坑中具体沉积单位是不清楚的。但基于上述结果，我们仍有理由相信，从灰坑中的炭化植物遗存得到的灰坑使用年代，是可靠的。

（2）**遗址年代学背景**

为了检验灰坑 H3 的年代学模型在遗址内的意义，我们又建立了一个模型，把 H3 的年代和其他发表的城子崖遗址龙山文化遗迹的年代放在一起[15]。从木炭中获得的 4 个年代分别来自 H633（BK91030）、H422（BK90131）、H1064（BK91032）和 H1658（BK91033）。图一一是基于发表信息给出的经过测年的遗迹的年代地层学图示，前提是假设 H3 与 H633、H422、

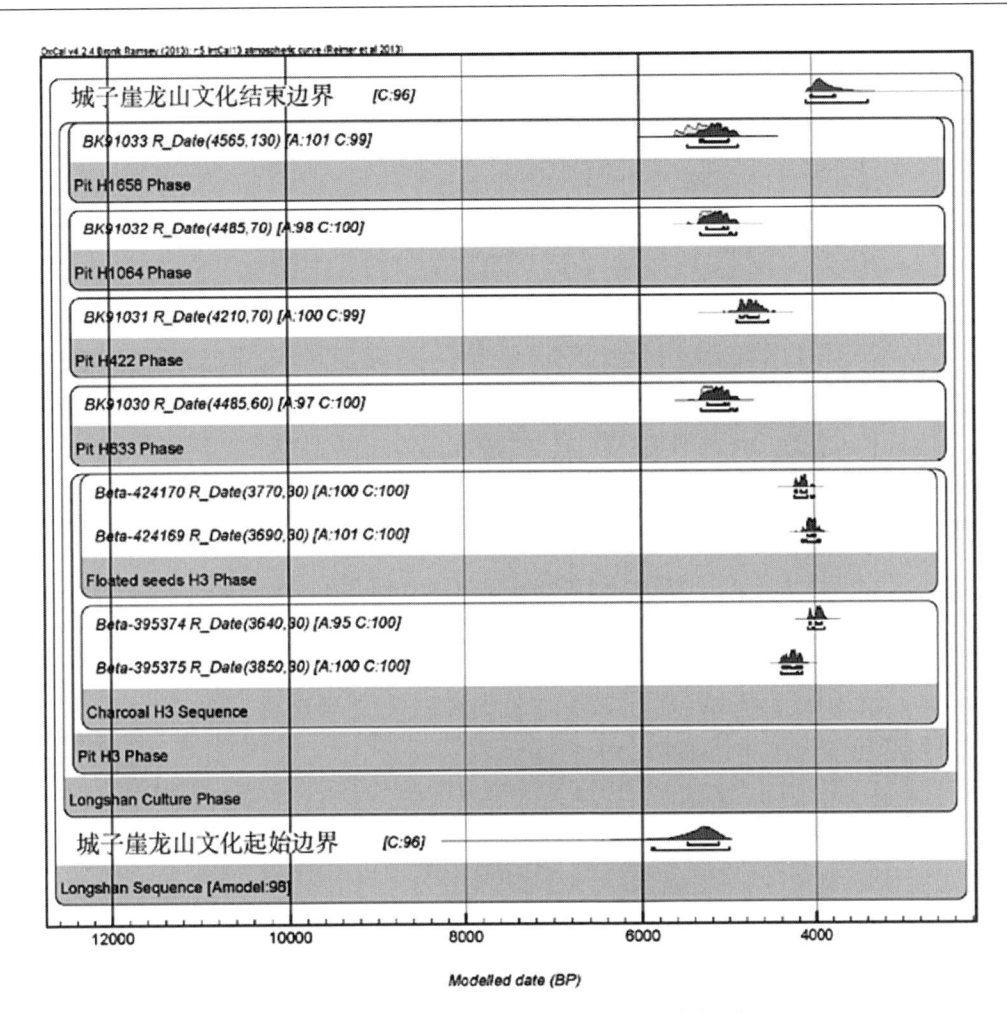

图一一　城子崖龙山文化的后验密度估计

H1064 和 H1658 的堆积是同时的。其中三个数据（BK91030、BK91031 和 BK91032）具有统计的一致性，表明这几个灰坑中用于测年的有机质有共同的使用期，或者至少是接近的连续使用期，年代约为 5160 cal BP（表3）。

上限模型估计表明城子崖遗址最早的龙山文化测年数据落在 5900~5000 cal BP，集中在 5330 cal BP。下限模型估计表明龙山文化人工遗物消失的年代数据落在 4070~3350 cal BP，集中在 3850 cal BP（图一一）。尽管这些后验密度估计暂时提供了城子崖龙山文化最准确的时间估计，我们预计这个模型的输入结果会得到新的地层关系的更正。跨度分析表明城子崖龙山文化可能持续 1200~1740 年（68.2% 置信度），直到被后来的岳石文化代替（图一二）。

表3　统计上一致的 ^{14}C 数据

统计上一致的数据	T	Df	5% 关键值	中数 Cal BP
Beta-395374，Beta-424169	1.4	1	3.8	3990
Beta-395375，Beta-424170	3.6	1	3.8	4200
BK91030，BK91032，BK91033	0.3	2	6.0	5160

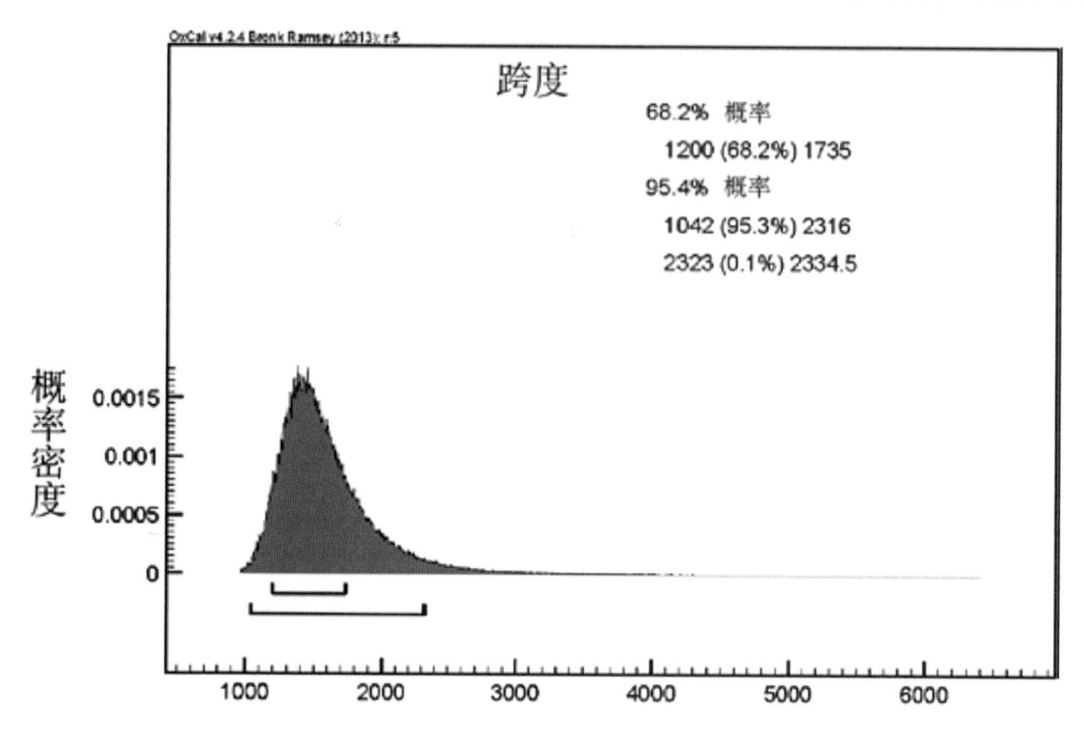

图一二 城子崖龙山文化活动期的时间跨度

（3）区域年代学背景

为了把城子崖龙山文化的年代学模型放到整个地区当中，我们分析的最后一步就是把所有的龙山文化年代归入一个贝叶斯框架里，这个框架包含发表过的所有海岱地区的龙山文化年代[16]。有些龙山文化测年数据会落在年代范围极值的范围内，为了验证该框架对这些极值的敏感程度，我们根据假设存在的龙山文化在海岱地区成熟的速率，建立了两个单独的模型。第一个模型利用了上下限，假设海岱龙山文化出现和消失的速率是相同的（图一三，表4）。这个模型得到了较好的一致性指数（模型的一致性指数=75.1%），上限后验密度估计海岱龙山文化的起始期为6670～6320 cal BP，结束期在3810～3390 cal BP（表4）。

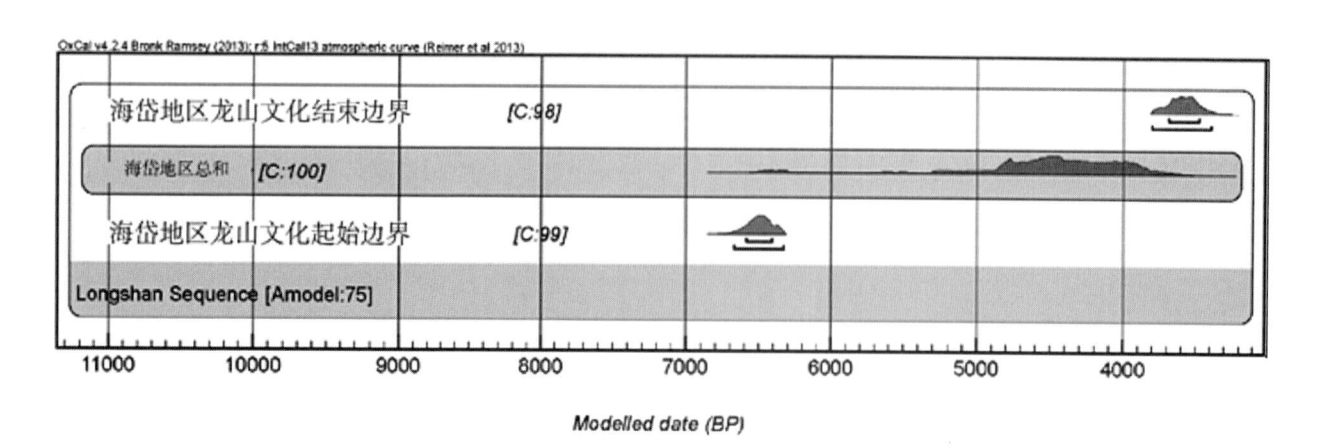

图一三 海岱龙山文化单一边界后验密度估计和校正概率分布加和

表4 海岱地区龙山文化的边界后验密度估计

边界	cal BP (95.4% 概率)	后验密度估计
	单一速率	梯形
龙山文化末期边界	3810～3390	3870～3560
龙山文化末期的下限		4280～3680
龙山文化末期的过渡期		0～960
龙山文化末期的上限		3760～3180
龙山文化起始边界	6670～6320	5760～5260
龙山文化起始的下限		7010～6480
龙山文化起始的过渡期		1960～2960
龙山文化起始的上限		4690～3870

利用注［3］的附录A，表A4整理 ^{14}C 数据库，以及本文提供的新的加速器质谱年代。

第二个模型利用了类似于梯形的不平衡边界，即海岱龙山文化成熟和消失的时间速率是不同的。这种模型假设龙山文化的第一批遗存是逐渐出现的，随后是文化的成熟期，特点是有稳定的强度和生产效率，最终在缓慢的过程中消失。因此我们利用OxCal上Lee & Bronk Ramsey的梯形边界模型[12]，借以验证考古学文化在成熟速率上的多样性。

这个梯形模型比单一边界模型获得了更高的一致性指数（模型的一致性指数=95.1%），这通常表明在进行贝叶斯分析时所使用的假设更为可靠。图一四和表4给出了梯形边界模型后

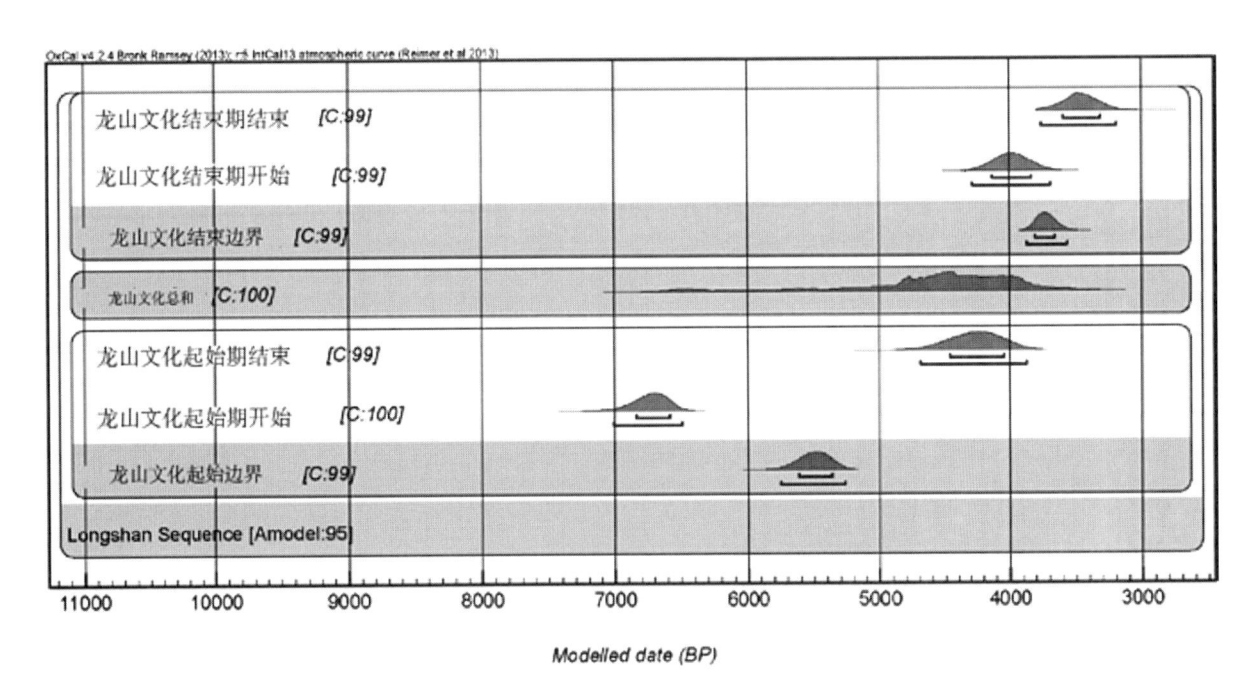

图一四　海岱龙山文化梯形边界后验密度估计和校正概率分布加和

验密度估计。这些数据表明龙山文化的起始年代可能比单一边界模型给出的更晚一些,约在 5760～5260 cal BP,集中于 5550 cal BP。梯形边界估计输出结果还表明海岱龙山文化在海岱地区用了将近 1960～2960 年才成熟,而它被后期文化取代的时间则相对较短(0～960 年),约在 3870～3560 cal BP 从考古遗存上彻底消失(表 4)。梯形模型给出的跨度估计表明海岱地区龙山文化的整体持续时间约为 2710～3320 年(图一五)。

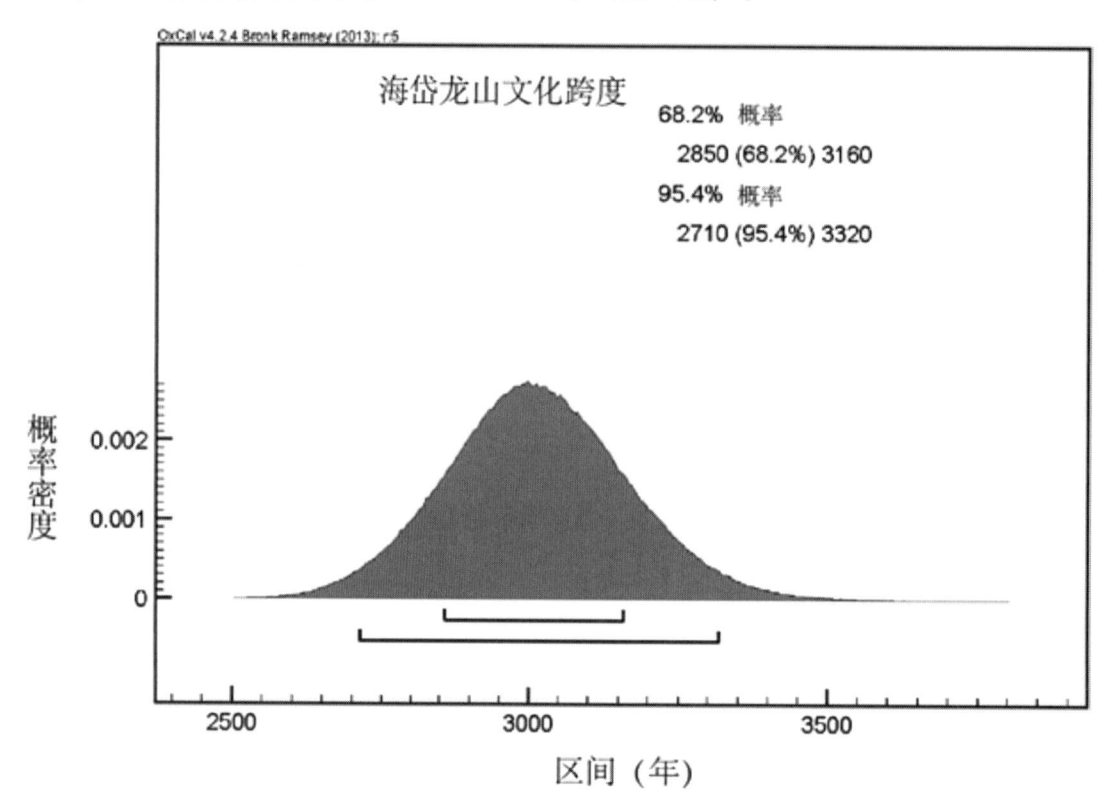

图一五 海岱地区龙山文化持续时间的梯形模型跨度估计

4. 讨论

本文的目的是卡住海岱地区龙山文化的起点和终点。然而,确定龙山文化的时间点特别困难,因为研究中使用的龙山文化的测年材料很可能无法代表龙山文化最早的或最晚的遗存。另外,测年数据的分布,尤其是龙山文化早期一些测年数据的分布使得我们对本研究中使用的一些数据的可靠性产生疑问。

为进一步分析校正后的数据的概率分布,单一边界模型和梯形模型都计算了校正概率分布求和(summed calibrated probability distributions, SCPD,图一三和一四)。这样对 ^{14}C 数据求和可以得到对一个地区内人类活动强度变化敏感的指标[18],当然这个指标用起来还需谨慎。这两个模型得出了相同的 SCPD 值,因为在给 ^{14}C 数据做加和计算时,OxCal 迭代算法会忽略边界限制,因此我们只用它来定性地表明人类活动高峰期的可能区间——在本文中指的是龙山文化聚落的活动。

区域内的 SCPD 表明海岱地区的龙山文化在约 4800 cal BP 后成熟,但是有个别的年代测得特别早,最早的几个在距今第七千纪的中段和后半段(即 6700～6000 cal BP[19])。再仔细审视这个数据库会发现,这些最早的测年数据都是来自同一个遗址——小珠山遗址。尽管这组数据为小珠山的龙山文化给出了相对集中的年代区间（例如5个数据中，有4个是统计上一致的，集中于6540 cal BP：BK78063, ZK-0725, ZK-0726, ZK-0728; 卡方检验：T=3.8，df=3，5% 关键值=7.8%），但是，到目前为止，在海岱地区其他任何一个龙山文化遗址中都没有这么早的年代。在未来的工作中，进一步检查小珠山遗址地层堆积和龙山文化测年样品的关系，可以帮助确定是否要从数据库中删除这批数据，因为我们怀疑这些样品很可能是混入的、时代更早的炭化物残留。

海岱地区龙山文化最先出现的一批年代一致的遗存约在距今第六千纪的后半叶（即5500 ~ 5000 cal BP[20]），邹家庄、吴家村、王油坊、上马石、安邱堌堆及城子崖等遗址提供了测年信息。直观来看，这些遗存的频率和分布——这个时期海岱地区不同遗址的物化遗存——表明这是海岱龙山文化早期发展的重要阶段。基于这个考虑，我们坚信，梯形模型下边界后验密度估计给出了迄今为止最适宜的海岱龙山文化的起始年代，即5760 ~ 5260 cal BP，集中于5500 cal BP，如果采用这些遗址中最老的测年数据的话。校正概率分布求和表明在约4800 cal BP的时候，龙山文化的聚落活动有显著增加，但是，从龙山文化第一批经过测年的遗存出现开始，向龙山文化聚落活动显著增加这个时段过渡的这个过程可能会持续2000 ~ 3000年之久（表4）。

这些估计结果让我们重新审视之前被普遍接受的龙山文化的起始时间，这其中有几百年的时间差。Luan & Wagner（2009）把这个时间点定在约4600 cal BP[21]，并认为与更早的新石器文化相比，龙山文化持续时间相对较短，约600年[22]。我们前面采用模型分析所得到的结果，与之前被普遍接受的龙山文化年代相差较多。如果仔细考察我们的数据库中的测年材料，或许能为理解这种差异提供一些线索。

根据我们的模型分析结果，所有最早的测年结果都落在距今第六千纪的后半叶，而且都出自木炭（例如邹家庄，吴家村，王油坊，安邱堌堆和城子崖）或贝壳（例如上马石）。对于木炭的测年结果，我们怀疑可能会存在系统的老碳效应，这个效应会在不同程度上影响整个 ^{14}C 数据库——主要来自于（我们的数据库中84%的数据）各种不确定种属的木炭，可能包含多年生树种的成熟组织。董光辉[23]等人对甘肃、青海两省新石器时代和青铜时代遗址的年代学研究表明，未鉴定种属的木炭的测年结果明显老于明确鉴定种属的植物种子的测年结果。Wicks 和她的合作者在约旦（WF16）Wadi Faynan 一个新石器早期遗址做了的最新的年代学研究[24]，通过对多年生和一年生的植物遗存同时测年并进行年代学分析，试图定量分析老碳效应。但是目前海岱地区已经公开发表的数据缺乏测年材料的来源信息，因此无法进行类似的定量分析。或许城子崖遗址最新的测年数据则可以帮助解决这个问题。通过对不确定木炭组织和一年生植物测年结果进行统计分析，我们认为老碳效应并不会很大程度上高估堆积的年龄，至少在城子崖遗址的灰坑 H3 上并没有表现出来。

当然对于城子崖遗址其他的测年结果，我们还必须阐明测年遗迹的地层关系或老碳效应的可能影响（如果存在老碳效应的话），但是统计一致性分析表明，这些数据可能是来自遗址城墙内最早活动期的遗迹，约在5160 cal BP 和 4730 cal BP，或这些堆积跟 H3 的包含物同时期，但测年数据偏老。

刨除这些不确定性，这次分析结果依然为我们重新界定了城子崖龙山文化的年代，表明这些数据的来源遗迹可能是海岱地区内最早的，集中于约5330 cal BP，这其中包括灰坑 H422,

H633，H1064 和 H1068，H3 的使用时间约在 4290～3910 cal BP 之间，正好与海岱龙山文化最晚的几个年代同时。因此我们可以说城子崖遗址的测年数据总的来说集中于龙山文化早期和晚期[25]。

城子崖遗址还有未经发掘的可能存在的大面积聚落遗存，未来可以通过在地层关系明确的遗迹内进行多重采样和单一实体植物遗存的统计分析，为探索海岱地区老碳效应提供案例研究。

对于海岱龙山文化结束下限估计，把龙山文化消失的年代定在 3870～3560 cal BP，集中于 3720 cal BP。龙山文化最终被岳石文化代替，经历了较为短促的转变（估计持续 0～960 年），这使得我们必须要考虑与文化转变期有关的测年结果，以及将龙山文化与更早的新石器时期的文化转变相比，探究其动因有何不同。此外，有些与龙山文化上限估计有关的数据，一致性指数较差（如高丽城山），如果未来分析可以证明删除这些数据是合理的，那么删除之后可以把上限范围再缩小一些。

5. 结论

本研究最重要的成果，可能就是基于现阶段能够接触到的数据，评估海岱龙山文化 ^{14}C 数据的质量。^{14}C 测年技术的进步，以及大家对采集有质量保证、受国际认可的测年样品意识的提高，都要求我们对海岱地区新石器时代的测年数据进行彻底梳理。

比如，我们注意到在上马石遗址和高丽城山这样的龙山文化晚期遗址，未能鉴定的贝壳有较早的年代数据，可能由于局部的碳库效应，产生很老的年代。在未来分析中计算碳库效应校正因子，可能获得更可靠的年代学校正结果。尽管我们现在有免费的网上资源如海洋校正曲线使用的局部地区海洋碳库校正，但这些资源的价值很有限，只有在我们的考古测年材料与之相关并且达到一定量时，才有价值。

西吴寺和三里河遗址用人骨测年得到的年代也可能是有问题的，尤其经过燃烧的骨头，这在最新的实验室超滤技术出现之前是可能存在的[26]，虽然其中也有常规报告的 δ^{13}C 浓度[27]来检测是否有污染。

通过用贝叶斯框架[28]重新评估海岱龙山文化的测年数据，我们在建立迄今为止最完善的年代学上已经迈出了关键一步。我们这么做就已经把龙山文化的年代用边界估计卡住了，结果表明龙山文化稳步成熟，但随着岳石文化的崛起迅速消失。下一步工作要求对单个遗址的数据进行进一步检查，确定新石器晚期地层的 ^{14}C 数据库的可靠性。当本文中分析过的所有遗址都阐释清楚且不清楚的数据被剔除，当这个标准在未来的年代学分析中使用时，就可以得到更精确的年代结果。

我们认为迄今发表的相当一部分龙山文化年代数据都存在老碳效应，年代偏老，但是我们同样觉得这个问题可能也要具体分析，看年代数据是什么时候得到的。另外我们还建议必须使用新的加速器质谱测年，运用独立的筛选标准。在检验龙山文化这个重要时期的年代时，城子崖遗址就是一个不错的开始。

感谢英国科学院、雷丁大学、中国国家自然科学基金（41072135）对该项目的资助。感谢第 22 届历史科学大会龙山卫星会议的组织者为我们提供机会。

注释

[1] Luan, Fengshi. 2009. The Longshan Culture – the golden age of the Neolithic culture in the Haidai region. In *Chinese Archaeology and Palaeoenvironment I: Prehistory at the Lower Reaches of the Yellow River: the Haidai region*, edited by Fengshi Luan, Pavel Tarasov, and Mayker Wagner, pp. 59-76. Verlagg Philipp Von Zabern, Mainz.

[2] Luan, Fengshi and Mayke Wagner. 2009. The chronology and basic developmental sequence of archaeological cultures in the Haidai region. In *Chinese Archaeology and Palaeoenvironment I: Prehistory at the Lower Reaches of the Yellow River: the Haidai region*, edited by Fengshi Luan, Mayker Wagner, and Pavel Tarasov, pp. 1-15. Verlagg Philipp Von Zabern, Mainz.

[3] Luan, Fengshi, Mayker Wagner, and Pavel Tarasov (editors). 2009. *Chinese Archaeology and Palaeoenvironment I: Prehistory at the Lower Reaches of the Yellow River: the Haidai Region.* Verlagg Philipp Von Zabern, Mainz.

[4] Ashmore, Patrick J. 1999. Radiocarbon dating: avoiding errors by avoiding mixed samples. *Antiquity* 73: 124-130.

[5] Reimer, Paula J, Edouard Bard, Alex Bayliss, et al. 2013. IntCal13 and Marine13 radiocarbon age calibration curves 0-50,000 years cal BP. *Radiocarbon* 55: 1869–1887.

[6] Bronk Ramsey, Christopher. 2009. Bayesian analysis of radiocarbon dates. *Radiocarbon* 51: 337–360.

[7] Pettitt, Paul B, Wendy Davies, Clive S Gamble, and Martin B Richards. 2003. Palaeolithic radiocarbon chronology: quantifying our confidence beyond two half-lives. *Journal of Archaeological Science* 30: 1685-1693.

[8] Fu, Ssu-nien, Chi Li, and Ssu-yung Liang, et al. 1934. *Cheng-Tzu-Yai, A report of excavations of the proto-historic site at Cheng-Tzu-Yai, Licheng Hsien, ShanTung.* Academia Sinica, Nanjing.

[9] 见注 [1]，第 59 页。

[10] Liu, Jiangtao, Karen Wicks, Guiyun Jin, et al. In preparation. The geoarchaeology of late Neolithic settlement in the Yellow River valley, northern China: a pilot study of micro-stratigraphy, absolute dating and archaeo-botanical evidence from Chengziya, Shandong Province. *Science Bulletin.*

[11] 同注 [5]。

[12] 同注 [6]。

[13] 同注 [6]。

[14] Ward, Graeme K and Susan R Wilson. 1978. Procedures for comparing and combining radiocarbon age-determinations – critique. *Archaeometry* 20: 19-31.

[15] 见注 [3]，附录 A，表 A4，第 179 页。

[16] 同注 [15]。

[17] Lee, Sharen and Christopher Bronk Ramsey. 2012. Development and application of the trapezoidal model for archaeological chronologies. *Radiocarbon* 54: 107–22.

[18] a. Rick, John W. 1987. Dates as data: an examination of the Peruvian Preceramic radiocarbon record. *American Antiquity* 52: 55-73.　b. Housley, Ruber A, Clive S Gamble, Martin Street, and Paul B Pettitt. 1997. Radiocarbon evidence for the Lateglacial human recolonisation of northern Europe. *Proceedings of the Prehistoric Society* 63: 25–54.　c. Blockley, Simon P E, Stella M Blockley, Randolph E Donahue, et al. 2006. The chronology of abrupt climate change and Late Upper Palaeolithic human adaptation in Europe. *Journal of Quaternary Science* 21: 575–584.　d. Wicks, Karen and Steven Mithen. 2014. The impact of the abrupt 8.2 ka cold event on the Mesolithic population of western Scotland: A Bayesian chronological analysis using 'activity events' as a population proxy. *Journal of Archaeological Science* 45: 240-269.

[19] 译者注。

[20] 译者注。

[21] 同注 [2]。

[22] 见注 [1]，第 72 页。

[23] Dong, Guanghui, Zongli Wang, Lele Ren, et al. 2014. A comparative study of ^{14}C dating on charcoal and charred seeds from late Neolithic and Bronze age sites in Gansu and Qinghai provinces, NW China. *Radiocarbon* 56: 157-163.

[24] Wicks, Karen, Bill Finlayson, Darko Maričević, et al. 2016 Dating WF16: exploring the chronology of a Pre-Pottery

Neolithic A settlement in the Southern Levant. *Proceedings of the Prehistoric Society* 82: 73-123.

[25] 见注 [2]，第 10 页。

[26] a. Higham, ThomasFG, Roger MJacobi, and Christopher BronkRamsey. 2006. AMS radiocarbon dating of ancient bone using ultrafiltration. *Radiocarbon* 48: 179–195. b. Brock, Fiona, Christopher Bronk Ramsey, and Thomas F G Higham. 2007. Quality assurance of ultrafiltered bone dating. *Radiocarbon* 49: 187–192.

[27] Shore, J S, D D Bartley, D D Harkness. 1995. Problems encountered with the C14 dating of peat. *Quaternary Science Reviews* 14: 373–383.

[28] Bayliss, Alex, Christopher Bronk Ramsey, Johannesvan der Plicht, et al. 2007. Bradshaw and Bayes: towards a timetable for the Neolithic. *Cambridge Archaeological Journal* 17: 1-28.

The Chronology of Longshan Culture: Preliminary Results of Geoarchaeological Fieldwork and ^{14}C Dating at Neolithic Settlements in the Haidai Region, Northern China

Karen Wicks (Vice Chancellor's Office, University of Reading, UK)

Bo Sun and Chao Zhu (Shandong Provincial Institute of Cultural Relics and Archaeology, China)

Kai Su (School of History and Culture, Shandong University, China)

Steven Mithen (Vice Chancellor's Office, University of Reading, UK)

Guiyun Jin (School of History and Culture, Shandong University, China)

translated by Kai Su (School of History and Culture, Shandong University, China)

Abstract

This paper re-examines the chronology for the transition to Longshan Culture in the Haidai region of the lower Yellow River valley, a late Neolithic culture seen as a likely starting point for the rise of civilisation and the state system in northern China. Recent excavations at the world-famous prehistoric walled settlement at Chengziya in Shandong Province have provided an outstanding opportunity to address this question, by opening up access to deep sequences of cultural evidence for scientific sampling and analysis. This paper reports on the preliminary results of recent geoarchaeological fieldwork investigations and AMS dating of deposits in-filling a substantial pit feature attributed to Longshan Culture settlement at Chengziya. Whilst further results of analysis are forthcoming, we apply the recent IntCal13 calibration curve and Bayesian statistical modelling of the ^{14}C dates, using archaeological phasing to constrain the data to produce estimates for the most likely timing that the pit and similar features recorded elsewhere at Chengziya were in use. We use the modelled chronological output to explore the temporal characteristics of Longshan settlement to address interpretive issues concerning likely old wood effects and the influence of ^{14}C sampling strategies. To explain the significance of the timing of Longshan Culture at Chengziya, we place these results in their broader cultural context by constructing a second Bayesian trapezium boundary model comprising of the dates from Chengziya along with existing dates reported for Longshan Culture sites found elsewhere in the Haidai region. The results of this exercise provide the currently best available chronology for the earliest appearance and duration of Longshan Culture, posing a considerable revision to previously accepted chronological understanding. Posterior density estimates indicate it is likely to have become established by 5760-5260 cal BP (95.4% probability) lasting for 2710-3320 years in the Haidai region. Having clarified the timing of this widely discussed late Neolithic culture, it appears that the ^{14}C-dated features within the areas so far excavated at Chengziya should be considered in terms of a distinctly early- and late-phase of Longshan Culture settlement activity at Chengziya.

关于夏商周考古年代学研究

张雪莲[*]

一 夏商周断代工程期间的年代学研究

过去的测年误差相对较大,用于新石器时代的年代研究还可以,但对于进入历史时期的年代来说,就有些无能为力。20世纪90年代中期,夏商周断代工程启动后为了使碳-14测年方法有能力参与夏商周年代研究,在仇士华先生的主持下年代学课题组围绕碳-14测年的高精度进行了一系列的研究。

要缩小误差,实现高精度测年实际是包含两个方面的内容,一是测年的高精度,缩小碳-14测年误差,这需要测年方面的高精度技术和方法。第二是缩小日历年误差,这主要是应用系列样品方法,需要高精度碳-14树轮年代校正曲线、考古学的相对年代关系等条件。

校正曲线的研究显示碳-14年代和日历年代的关系,碳-14测年误差减小有利于减小日历年误差,但要减小日历年误差,未必是只通过减小测年误差就能做到。

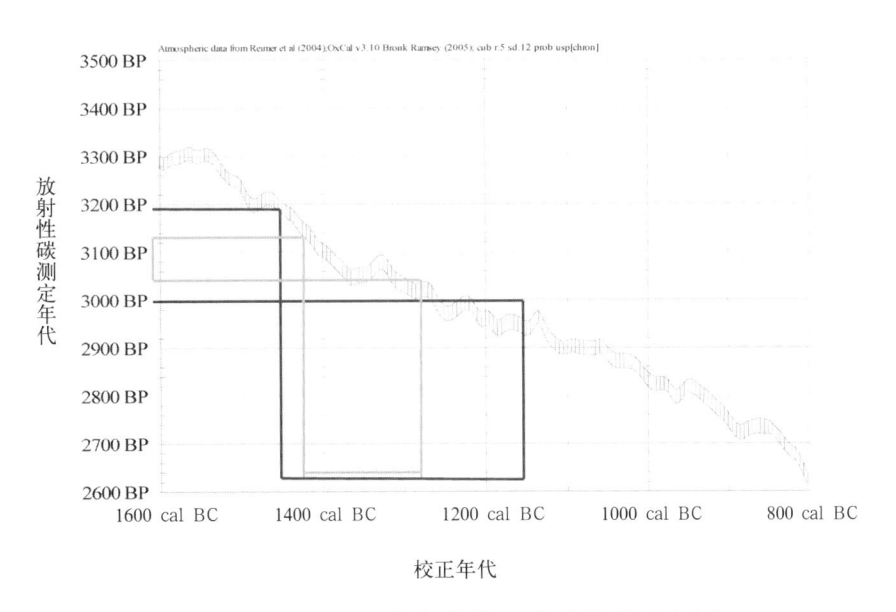

图一 碳-14树轮年代校正曲线误差示意图

如图,对于 3070±110 年的一个数据,其校正年代为:
1450 BC （63.8%） 1190 BC

---

[*] 张雪莲:中国社会科学院考古研究所。

1180 BC （2.4%） 1160 BC

1150 BC （2.0%） 1130 BC

即碳-14 年代误差为 220 年，其校正年代范围为 320 年。

对于误差为 50 年的一个数据 3070±50 BP，其校正年代为：

1410 BC （66.5%） 1290 BC

1280 BC （1.7%） 1270 BC

即若其碳-14 误差为 ±50 年，即 100 年，则其校正年代范围为 140 年。

围绕第一个方面的工作，年代学课题组设立了三个专题，一是常规测年的设备改造与研究，二是加速器质谱测年的设备改造与研究，三是骨质样品的制样研究。通过这些研究工作使常规方法测年精度达到 3‰，加速器质谱测年好于 5‰。

围绕第二个方面的工作，是对于系列样品方法的研究和探索。20 世纪 90 年代，仇士华先生等对于长白山火山灰覆盖的炭化木年代的测定中探讨过系列样品方法的应用。使年代误差缩小到仅有 15 年[1]。在 1995 年的中国商文化国际学术讨论会上的《解决商周纪年问题的一线希望》[2]一文中，在还不具备数据拟合软件的情况下，也运用系列样品方法的思路尝试性地对二里头的数据进行了手工拟合，收到了比较理想的效果。上述工作为夏商周高精度年代研究奠定了基础。

应用系列样品方法其中的一个前提条件是必须要具备高精度的碳-14 树轮年代校正曲线，因为要依据曲线特征进行数据的拟合而得到日历年代。实际系列样品方法的思路在 20 世纪 60 年代就已经被提出，之所以 90 年代才开始逐渐得到应用和推广是由于先前校正曲线的误差也相对较大，而无法使用这一方法。高精度校正曲线在 1986 年逐步建立，90 年代已延伸到上万年，使这一方法的应用成为可能。工程开始后，仇士华先生依据先前对于校正曲线的研究组织进行了拟合程序的可行性评估，对于贝叶斯统计学、蒙特卡洛计算等进行考察，保证了系列样品方法应用的科学化。

第二个条件就是要知道样品之间的相对年代关系。工程开始后，先后召开了多次现场会，向考古学家讲解何为系列样品、系列样品方法的意义，以及怎样组织样品。期间有些先生对于系列样品方法有过误解，以为用这种方法不再是盲测，人为因素太多。但实际碳-14 测定仍然是盲测，需要提供的仅是样品之间的相对年代关系而不是其年代。而样品之间的相对年代关系是需要具有考古学上的共识。这需要考古学的深入研究与探讨，所以，系列样品方法既是对于碳-14 测年技术的检验，也是对于考古学研究的检验。这些工作对于系列样品方法的实施作了前期准备。

进行了这些工作后，在对于采集来的样品进行测定之前，首先做了树轮样品的测定，因为树轮样品前后有序，且年代间隔已知，可对其测年精度及可靠性进行检验。

总之，断代工程中的年代研究经过了这样几个方面的工作：

①收集样品的研究

②原始碳-14 年代及误差的研究

③树轮校正曲线的研究

④系列样品方法的研究

⑤考古相对年代序列的共识
⑥局部系列与长系列结果的研究

二　研究结果

经过这些研究所得到的测年结果为：晋侯墓地 M8 的年代为公元前 808 年前后；武王克商之年为公元前 1030～前 1050 年之间；殷墟二期的年代为公元前 1200 年前后同天文学依据宾组 5 片甲骨的月蚀记录推出的武丁之年相合；二里冈上层一期的年代为公元前 1400 年前后；二里冈下层一期为公元前 1500 多年；二里头一期不早过公元前 1750 年；新砦期年代上限不早过公元前 1900 年；王城岗大城的年代为公元前 2060 年前后；陶寺早期为公元前 2300 多年。

关于 M8 年代的文献研究，已有文章[3]。M8 所得到的测年结果为 808±8 与《史记·晋世家》所记晋献侯苏死于周宣王十六年相合，表明了碳–14 测年的可靠。

关于武王克商之年，是通过两个系列的测定得到的结果。一个系列是殷墟晚商系列和琉璃河西周系列，另一个是陕西长安马王村 H18 先周—西周地层系列。殷墟晚商系列和琉璃河西周系列拟合得到的殷墟晚和西周早结合部位的年代同 H18 先周—西周地层系列中先周—西周交界处的年代一致。两个系列所得到的年代相互印证，共同确定了这一年代范围[4]。

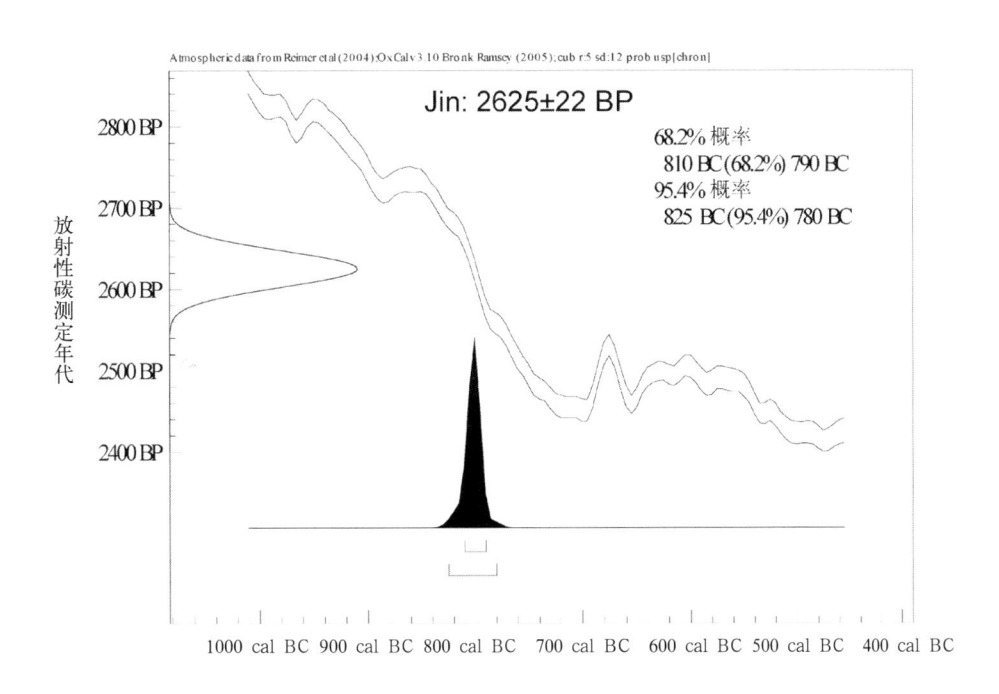

图二　晋侯墓 M8 年代校正结果

通过殷墟四期系列的人骨测年及拟合研究。确定殷墟二期为公元前 1200 年前后，这同由天文学依据宾组 5 片甲骨的月蚀记录推出的武丁之年相合。据天文学研究这一组甲骨所记载的出现月食的记录其年代范围相对较短，武丁年代的可能性最大，而所框住的年代范围与碳–14 测年相合。

表 1　马王村遗址灰坑 H18 及其相关遗迹常规 ^{14}C 测年数据和拟合结果

考古分期	原编号	测定物质	实验室编号	^{14}C 年代（BP，1950）	拟合后年代（BC，68%）
先周	H18 ③	木炭	ZK-5725	2893±34	1130～1080
先周	H18 ②	炭化粟、木炭	ZK-5724 XSZ002	2860±33 2865±35	1067～1027
先周	H18 ①	木炭、骨头		2837±37 2838±43	1052～1016
分界年代范围					1050～1020
西周初	T1 ④ -2.4	木炭	ZK-5730	2872±33	1040～1002
西周初	T1 ④ 上层	木炭	ZK-5728	2854±33	1021～980
西周中	T1 ③	木炭	ZK-5732	2845±33	985～930
西周中	T1 ③	骨头	XSZ037	2831±35	985～930

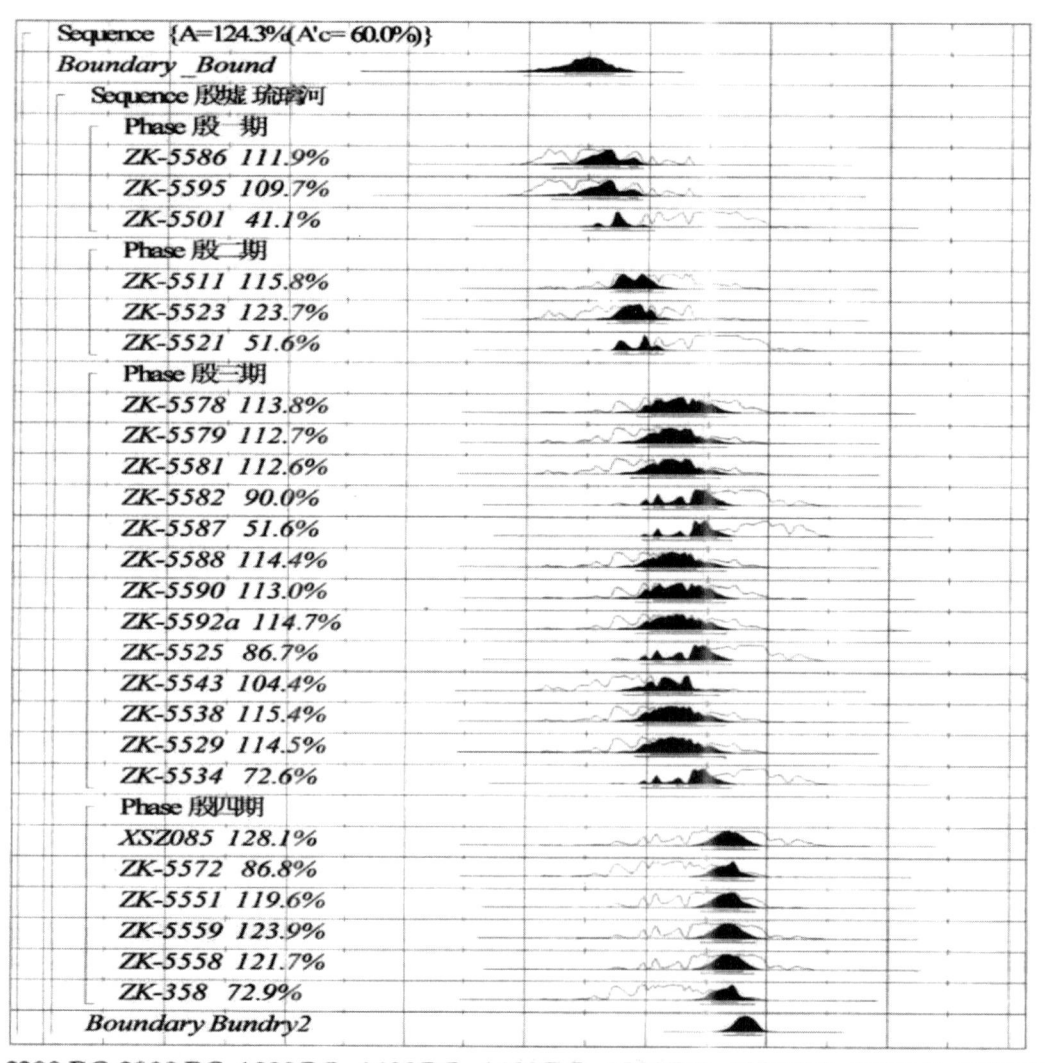

图三　殷墟一到四期的数据拟合图

二里冈上层一期的年代是由郑州电力学校园内一处过去的水井遗迹中井圈木的测定而得。水井中发现的陶片为二里冈上层一期。井圈木保存完好，有树木外皮存在，通过取井圈木上树轮系列样品测年，拟合后得到外皮的年代。由于树轮之间间隔已知，前后有序，是系列样品中最理想的系列，因而得到的年代误差较小，可靠性较高，成为年代序列中的一个定点。年代为公元前 1400 年前后 [5]。

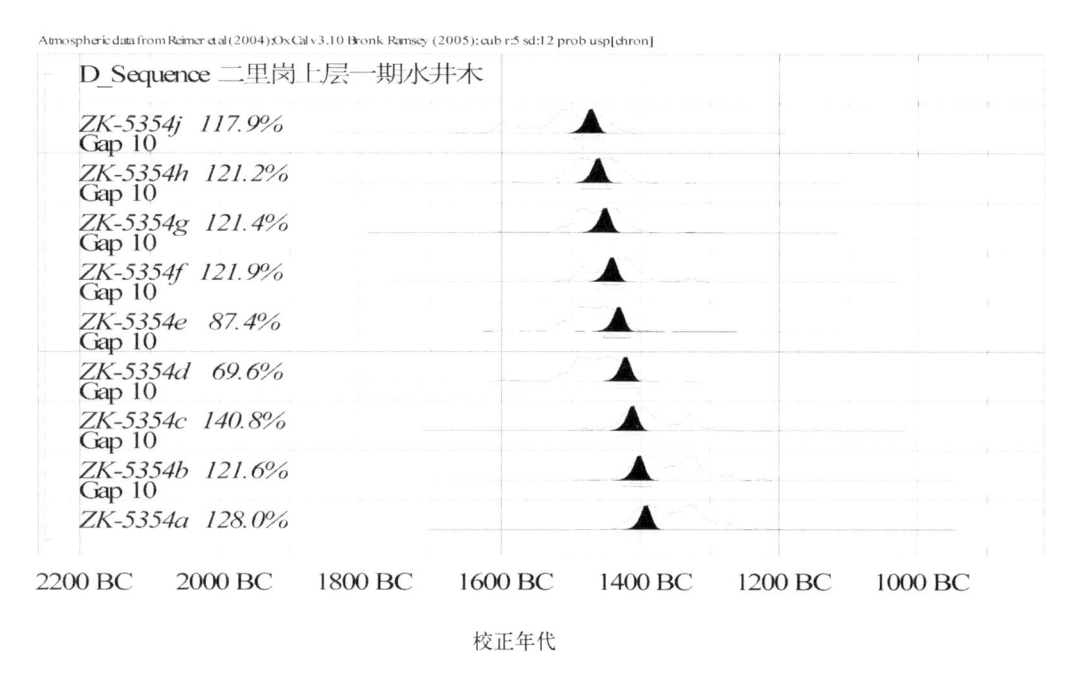

图四 郑州电力学校园内出土二里冈上层一期水井井圈木测年拟合图

二里冈下层一期的年代，通过洛达庙中晚期与郑州商城二里冈系列拟合得到的二里冈下层一期的年代为公元前 1500 多年 [6]。而郑州商城二里冈系列中二里冈上层一期的年代也与郑州电力学校井圈木外皮的年代相一致。

关于二里头一期的年代。虽然 2000 年出版的《夏商周断代工程阶段性成果（简本）》二里头一期的年代上限由于前面没有更早期的样品相互制约而仍显示为公元前 1880 年，但由校正曲线的特征可以看出，较大的一段年代误差的压缩空间是存在的。

1999～2000 年期间新砦遗址的发现与研究给二里头一期的年代研究带来了新的转机。依据考古学研究，新砦遗址存在龙山文化晚期—新砦期—二里头早期连续的地层堆积。通过将由北京大学测定并经维也纳加速器质谱测定比对过的新砦遗址测年数据与二里头遗址系列测年数据共同拟合，得到二里头一期的年代为公元前 1700 多年。

同时，继断代工程之后的文明探源研究中，通过对于发掘者提供的二里头遗址一、二期之交的年代标本的测定，使二期的年代得以明确，为公元前 1680 年前后。参照二里头文化其他分

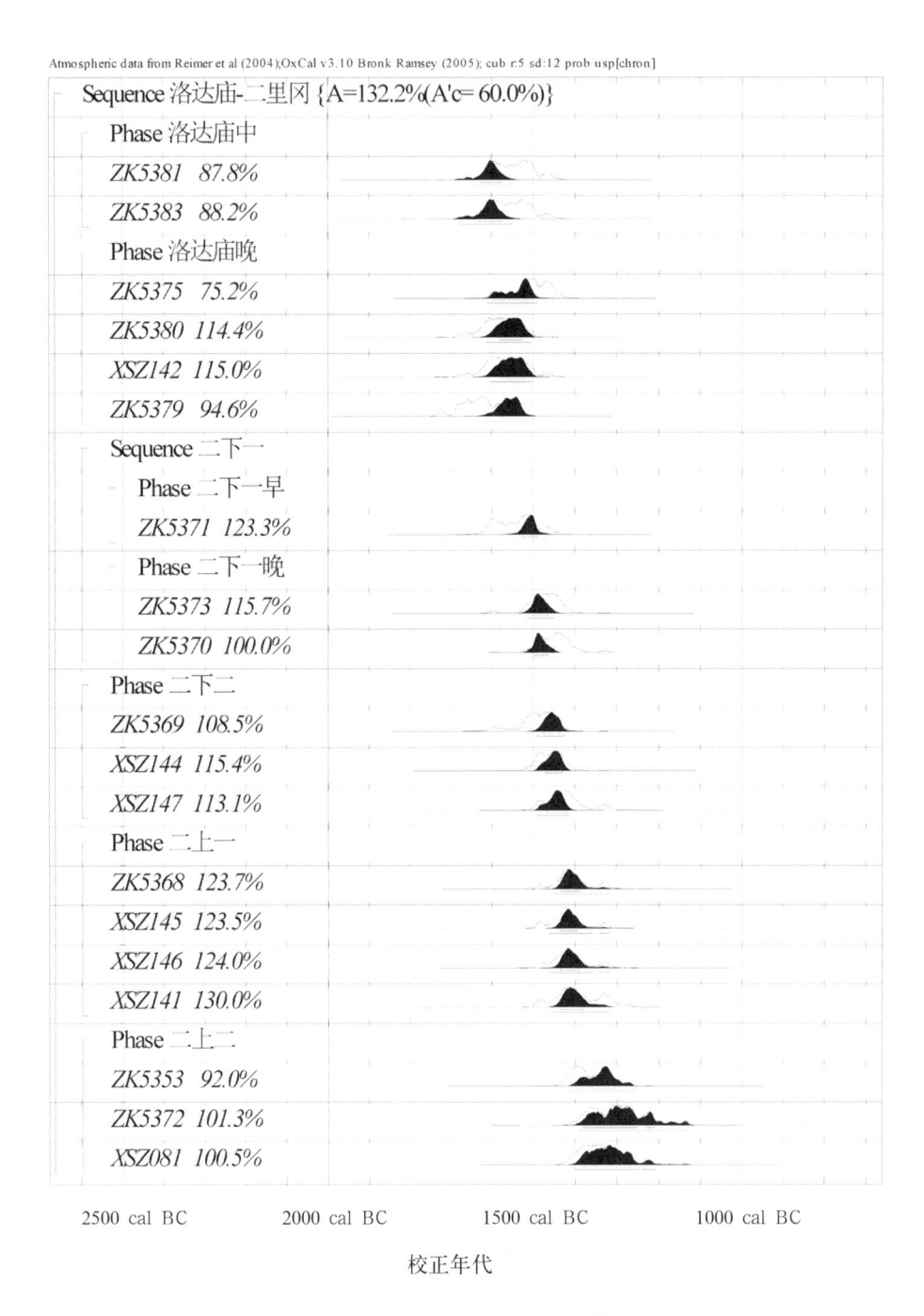

```
Atmospheric data from Reimer et al (2004);OxCal v3.10 Bronk Ramsey (2005); cub r:5 sd:12 prob usp[chron]
Sequence 洛达庙-二里冈 {A=132.2%(A'c= 60.0%)}
  Phase 洛达庙中
    ZK5381  87.8%
    ZK5383  88.2%
  Phase 洛达庙晚
    ZK5375  75.2%
    ZK5380 114.4%
    XSZ142 115.0%
    ZK5379  94.6%
  Sequence 二下一
    Phase 二下一早
      ZK5371 123.3%
    Phase 二下一晚
      ZK5373 115.7%
      ZK5370 100.0%
  Phase 二下二
    ZK5369 108.5%
    XSZ144 115.4%
    XSZ147 113.1%
  Phase 二上一
    ZK5368 123.7%
    XSZ145 123.5%
    XSZ146 124.0%
    XSZ141 130.0%
  Phase 二上二
    ZK5353  92.0%
    ZK5372 101.3%
    XSZ081 100.5%

  2500 cal BC    2000 cal BC    1500 cal BC    1000 cal BC
                       校正年代
```

图五 洛达庙中晚期—二里冈系列拟合图

期大致的年代跨度，倘若每一期为50年前后，由公元前1680年向上推50年的话，二里头一期的年代也到不了公元前1750年。由此，二里头一期的年代进一步明确，即不早过公元前1750年[7]。

陶寺遗址也是从该遗址20世纪70年代发掘工作开始后就一直配合测年的重点遗址，近些年来跟踪测年也仍然在继续。测年研究表明，陶寺早期为公元前2300多年。

同时，在年代可靠性研究方面，中华文明探源期间，考古研究所碳-14实验室同北京大学碳-14实验室还进行了比对测定，由赵辉院长和王巍所长主持。尽管是两个实验室的两种方法

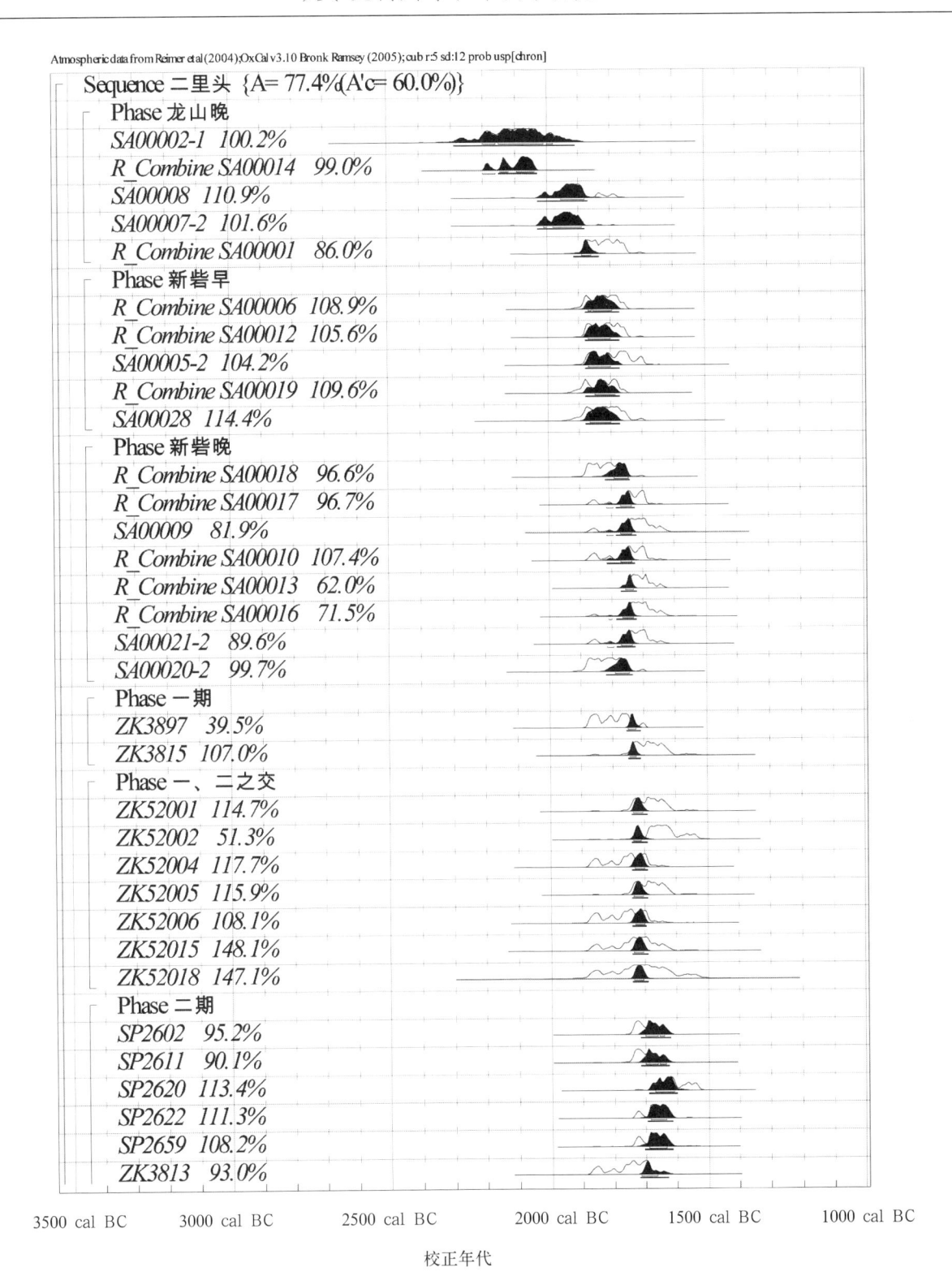

图六　龙山文化晚期—新砦期—二里头文化拟合图

之间的比对（常规方法和加速器质谱测年法），这样的比对，若两者间存在一定的系统误差的话，也在所难免。但比较结果完全符合统计分布范围，表明两者之间并不存在这种差异，得到遗址发掘者的认可。

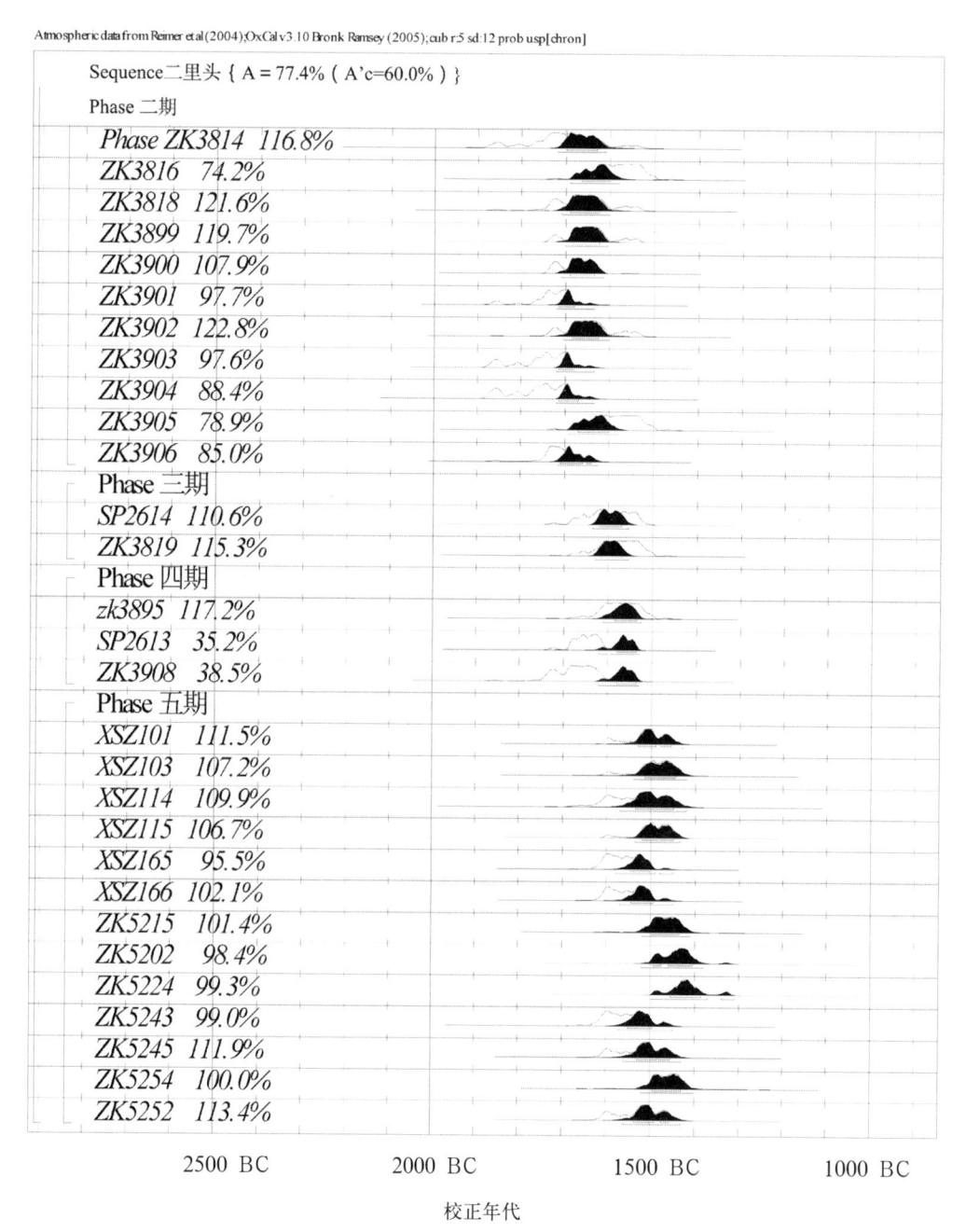

```
Atmospheric data from Reimer et al (2004);OxCal v3.10 Bronk Ramsey (2005);cub r:5 sd:12 prob usp[chron]
   Sequence 二里头 { A = 77.4% ( A'c=60.0% ) }
   Phase 二期
      Phase ZK3814  116.8%
      ZK3816  74.2%
      ZK3818  121.6%
      ZK3899  119.7%
      ZK3900  107.9%
      ZK3901  97.7%
      ZK3902  122.8%
      ZK3903  97.6%
      ZK3904  88.4%
      ZK3905  78.9%
      ZK3906  85.0%
   Phase 三期
      SP2614  110.6%
      ZK3819  115.3%
   Phase 四期
      zk3895  117.2%
      SP2613  35.2%
      ZK3908  38.5%
   Phase 五期
      XSZ101  111.5%
      XSZ103  107.2%
      XSZ114  109.9%
      XSZ115  106.7%
      XSZ165  95.5%
      XSZ166  102.1%
      ZK5215  101.4%
      ZK5202  98.4%
      ZK5224  99.3%
      ZK5243  99.0%
      ZK5245  111.9%
      ZK5254  100.0%
      ZK5252  113.4%

      2500 BC    2000 BC    1500 BC    1000 BC
                     校正年代
```

图七　龙山文化晚期—新砦期—二里头文化拟合图（续图）

三　系列样品方法使用中要注意的问题

最后这里还想就系列样品应用要注意的几个方面略加说明，这也是仇先生针对近几年年代学研究中遇到的问题，特别是对于系列样品方法应用中的问题所反复强调的[8]。

①系列样品方法测年时要依靠考古学提供正确的文化分期时序信息，但不能跟着个别人的

观点走。他是两个学科的合作——即根据正确的考古信息，经测定、拟合，得出误差大为缩小的考古年代，否则不能降低考古年代误差。

②系列样品测定要求达到高精度水平，即每个样品的碳–14年代其实际误差应小于 ±40 年。考古学文化分期每期采集 5 个以上的样品，有 3 个以上的连续的文化分期组成一个系列，进行测定、拟合，这样获得的结果才比较合理。

③最终结果要对照树轮校正曲线相应段做仔细观察、分析，因为曲线的各个时段其特征不一致。倘若遇到单个碳–14年代数据正处于曲线很陡峭的部分，只需经过树轮年代校正，其误差就能缩小到较小的范围。

④有人认为文化分期有主观性，因而主张采集"纯地层"的系列样品进行测定、拟合将更客观。其实考古地层就是文化层，文化分期与地层绝不能割裂开来。不是文化层的地层，测出的年代还可能是考古年代吗？不能进行文化分期的地层，其年代也是没有考古意义的。

⑤有了年代框架以后，有人认为再重新取单个样品，要求测出它是哪一期的，这是不可能的，考古文化分期只能由考古学家来定。单个样品测定的碳–14年代经过校正得出的日历年代，一般误差都会在百年左右，是无法决定是属于哪一期的。只有个别时段仅靠单一样品的树轮校正就可以将年代误差缩小到合适范围，才能分辨属于哪一期。

⑥对于不成熟的考古分期或先后关系，企图靠碳–14测定来解决是不行的，更不能用系列样品来任意解读，因为这是违反系列样品方法规则的。

⑦"夏商周断代工程"是多学科合作、跨学科研究，不能期待彻底解决问题。但经过努力取得了一些突破性进展，夏商西周的考古年代框架就是其中之一。她一时未能被历史、考古界所普遍接受，是可以理解的，何况有了进展也还应当继续深入研究。

注释

[1] 刘若新、魏海泉、仇士华、蔡莲珍、冼自强、薄官成、钟健、杨清福：《长白山天池火山最后一次大喷发年代的研究及其意义》，《中国科学（D 辑：地球科学）》1999 年第 5 期。

[2] 仇士华、蔡莲珍：《解决商周纪年问题的一线希望》，《中国商文化国际学术讨论会论文集》，中国大百科全书出版社，1998 年。

[3] 仇士华、张长寿：《晋侯墓地 M8 的碳十四年代测定和晋侯苏钟》，《考古》1999 年第 5 期。

[4] 夏商周断代工程专家组：《夏商周断代工程阶段性成果》（简本），世界图书出版社，2000 年。

[5] 同注 [4]。

[6] 张雪莲、仇士华：《关于夏商周碳十四年代框架》，《华夏考古》2001 年第 3 期。

[7] 张雪莲、仇士华、蔡莲珍、薄官成、王金霞、钟建：《新砦–二里头–二里岗文化考古年代序列的建立与完善》，《考古》2007 年第 8 期。

[8] 仇士华：《^{14}C 测年与中国考古年代学研究》，中国社会科学出版社，2015 年。

Archaeological Chronology Research of the Xia, Shang and Zhou Dynasties

Zhang Xuelian (Institute of Archaeology, Chinese Academy of Social Sciences, China)

Abstract

The Xia-Shang-Zhou Chronology Project, which was launched in the 1990s, greatly facilitated the development of radiocarbon dating techiques in China. High precision dating, thorough discussion of archaeological findings, and the application of series sample method have helped refine archaeological chronology framework and also pushed the chronological research of the historical period into a new stage. According to the dating results, the age of burial M8 of Jin Marquis cemetery should be around 808 B.C., which corresponds to the literature record (Historical Records, the Jin Family) that Su, the Xian Marquis of Jin, died in the 16th years of King Xuan of the Zhou Dynasty. Dating results also suggest that the time when King Wu defeated Shang is between 1030 B.C. to 1050B.C; the phase II of Yinxu is around 1200 B.C., which corresponds to Wuding's year assumed by astronomical research in the light of eclipse record described in the five pieces of oracle bones. The upper layer of Erligang Phase I dates to 1400 B.C. The lower layer of Erligang Phase I dates to 1500 B.C. The Erlitou Phase I is no earlier than 1750 B.C. The Xinzhai Period is no earlier than 1900 B.C. The larger settlement at Wangchenggang site dates to 2060 B.C. The early phase of Taosi dates to 2300 B.C.

The dating research suggests that when a series of representative dating samples can be provided by archaeologists, in combination with careful sample preparation, high precision dating, and the use of high precision calibration curve, the results of long series samples are reliable, and can provide strong chronological support for thorough archaeological research. Such a clear sequence of long chain dating results with relative small errors also paved the way for the integration of archaeological research and the historical documents.

史前遗址展示的困惑与探索
——对史前考古遗址公园建设若干问题的思考

王守功[*]

随着国家考古遗址公园建设工程的实施，人们对如何做好史前时期考古遗址公园产生了很多的困惑。就山东省而言，目前国家批复的五个考古遗址公园建设项目中，泰安大汶口、章丘城子崖遗址均为史前时期的遗址，这些遗址公园保护什么、展示什么，一直是地方政府和设计部门困惑的问题。笔者先后参观了十余个国家考古遗址公园，参入了一些考古遗址公园规划、建设方案的评审，现就史前考古遗址公园展示存在的一些困惑，结合自己的经验和体会，谈一下对史前时期考古遗址展示的理解，希望有助于史前时期考古遗址公园的建设。

一 史前考古遗址公园展示的难点与困惑

1. 史前遗址的遗迹及遗物缺乏吸引力

近年来，在一些媒体对文物宣传中，多以"鉴宝"、"探秘"等为题用以吸引观众。这些节目，增强了观众对文物的兴趣，让大家对考古工作有了一定的了解，但这类节目也产生一定的负面影响："鉴宝"类节目使观众对文物的关注更多的偏重于经济价值；"探秘"类节目并没有达到使观众对考古工作的全面了解，似乎发掘一个遗址或墓葬，就能够有重大考古发现。由于观众的片面理解，大众更多的关注是否重要、是否值钱，而不注重其历史价值、科学价值和艺术价值。就山东地区的史前遗址出土遗物看，绝大部分是陶器，玉器等发现数量少，精品更少。不能像商周时期的遗址那样出土大量精美的青铜器，也不可能像秦汉时期的遗址或墓葬出土引人瞩目的兵马俑等精美文物。史前遗迹中，城墙大部分埋藏在地下，墓葬也没有气势磅礴的封土。因此，相对于历史时期而言，史前时期遗迹、遗物的展示确实缺乏吸引力和轰动性。

2. 公众对史前时期历史认识缺乏

在中国漫漫历史长河中，时代越早，人们对其了解的知识就越少。从二三百万年前人类起源到距今四千年前后史前时代的结束，能够给人印象的历史事件很少。以往大家的认识是原始社会，主要是母系社会、父系社会等概念，随着考古学的产生和发展，在历史的教科书中，才逐步有了元谋猿人、山顶洞人、仰韶文化、大汶口文化、龙山文化等不同的文化和时代划分，

---

[*] 王守功：山东省文物局。

才将有巢氏、燧人氏、伏羲、女娲、尧、舜等纳入到历史的时空。总体而言，大多数人对史前时期历史的认知还是模糊的。

3. 学界对史前遗址展示缺乏研究

中国考古学从其开始就是对学术的探讨，就文化遗产的利用，学者有不同的看法。有学着认为，利用就是破坏，史前考古学作为中国考古学理论和实践联系最为密切的考古学分期段，对考古遗址的利用有最传统的认识和理解。如何展示史前时期的遗址，对学界来讲是一个新的课题，并且是比较难以接受的课题。因此，史前时期遗址展示的任务就落到文物行政部门和地方政府这些"外行"的头上了。

4. 政府对史前遗址展示缺乏信心

长期以来，各级政府已经习惯于将一些工程列为政府工程、政绩工程、形象工程，大家注重的往往是经济价值和对产业的带动。对一些重大发现，如西安秦始皇兵马俑、汉阳陵、济南洛庄汉墓、临淄车马坑等，可以大肆宣传并带来经济效益的项目，地方政府能够最大限度的发挥其文化带动作用，而当他们面临史前时期等纯粹属于让公众了解古代历史的保护展示项目时，他们第一感觉是没有震撼力，没有轰动性，因此对于这一时期遗址展示的效果和影响缺乏信心。

二 如何定位（看待）史前考古遗址公园

1. 关于考古遗址公园

考古遗址公园建设是为了提高公众对文化遗产的理解，改善遗址的保护环境，提高遗址周围居民的精神世界和居住环境。因此，考古遗址公园是公益设施，首先应是在保护遗址传承的前提下进行的非盈利文化建设项目。

要充分考虑社区公园与遗址公园的关系。不是所有的遗址公园都要进行大规模的展示，要认真分析遗址所在地的区位环境，在有效保护的基础上，对文化内涵进行展示、宣传，达到保护遗址、弘扬历史文化的目的。因此，遗址公园在增加遗址所在社区的文化底蕴同时，可以成为社区人们休闲娱乐的社区空间。以北辛遗址为例，就其区位很难成为一个公众旅游的场所，因此应在遗址保护展示的同时，作为社区内的活动场地（烟台白石村遗址就是如此）。

遗址公园建设不是形象工程、政绩工程，而是弘扬传统历史文化、改善周围居民生活环境的民生工程。对一些影响大、遗址区位优越的史前遗址，特别是一些史前文化命名地如大汶口遗址、龙山遗址、仰韶遗址、半坡遗址等，可以在保护的基础上，合理标识遗址的文化内涵，展示其在中国文明发展进程中的作用和地位，使观众能够体验中国五千年文明的光辉历程，同时也可与当地旅游相结合，促进文化产业发展。而对于一些考古资料不充分、文化内涵相对单一且远离市区的遗址，则应以保护为主，合理标识其文化内涵，成为当地居民休闲娱乐的社区空间。

2. 考古遗址公园的展示主题

一个考古遗址公园展示只能有一个主题，史前时期的遗址可能包含不同时期的文化遗存，但是，多主题等于没有主题，因此一个考古遗址公园只能以一个时期的展示为主题。史前考古遗址公园应展示原始社会某一时间段内的文化内涵，如大汶口文化展示大汶口文化时期的文化内涵，龙山文化要展示龙山时代的文化风貌，不能出现类同。

3. 史前考古遗址公园的作用和意义

中国古代的建筑主要为土木建筑，与西方石质建筑有很大的差别。土木建筑不易于保存，因此，中国五千年文明如何体现，是学界必须回答的问题。一个遗址公园是一个时期文化的体现，不同时期、不同地域的遗址公园反映着不同的文化和文明发展阶段，因此遗址公园是连接并直观表现中华五千年文明的纽带和标志。

考古遗址公园展示的重点是考古遗址所代表的、特有的文化内涵，而不是简单公园。因此，体现遗址特点，展示文化内涵是重点。

世界上没有完成相同的遗址（包括在遗址上考古工作取得的成果），因此也就不能出现相同的考古遗址公园。每个考古遗址公园都要体现其唯一性。

三　史前遗址展示设计应注意的问题

1. 注重史前遗址的特性

考古学所谓史前时期一般指距今4000年以前的不同历史时期，包括旧石器时代和新石器时代。旧石器主要研究人类的起源及与发展、生产生活工具产生与发展、人与自然、生产力的发展等。到新石器时代，由于社会发展在不同地区产生了不同的文化。就山东地区，先后有后李文化、北辛文化、大汶口文化、龙山文化等不同的发展时期。史前时期年代相对久远，因此能够引起观众对了解很久以前社会状况的向往，相对更具吸引力。

很多事物都有产生发展的过程。许多生产、生活工具，人们的生活习俗、观念都是从人类产生后慢慢发展、演变的。因此各类事物的起源能够引起人们的兴趣。

因此，史前遗址展示方案编制应该更注重遗址的独特价值。

2. 注重史前遗址的考古资料研究和利用

由于史前时期是没有文字记载的时期，因此，史前时期遗址的展示，需要更多的考古资料支撑。展示方案编制单位应注重考古资料的研究工作，从中提炼出能够符合历史特点并吸引观众的展示内容。因此，史前时期的展示既要避免演义性的展示（如太阳部落），也要避免纯学术性的展示，要尽量做到学术性与科普性的统一。

3. 注重突出体验史前文化的理念

史前遗址的展示要体现史前某一时期的文化内涵和文化特征，体现不同的文化发展阶段，让公众在遗址上体验某一时期的生产、生活情况，探求人类生活中很多事物的起源和发展。因此，史前遗址的展示不是想象空间的无限发挥，而是从点点滴滴、方方面面展示原始社会某一时期的各个环节。要注意引导公众对远古时期人们生活、生产情况了解的兴趣，在展示中，应注重表现史前社会人们是如何生活（吃什么、用什么、人们的体质特征与现代有什么差异）、生产（各类生活、生产工具的制作，农业、畜牧、采集、养殖业的基本情况）、习俗（原始宗教观念、婚俗、节庆、丧葬习俗）、社会（团体组织、相互关系、社会阶层）、文化（科学技术、文明程度）及相互影响（文化交流、姻亲关系、部族联合与战争、文化迁徙等）。

史前遗址展示不是也不可能展示文化的全部，要根据遗址特点，让公众有不同的体验重点。

4. 注重展示中标识系统的设立

目前由于对史前时期遗址的展示缺乏基本的理解，全国还没有可以作为经典的史前考古遗址公园可以借鉴。应结合国外一些考古遗址公园建设的经验（如日本的吉野里等），探索中国史前考古遗址公园建设的模式。

由于能够体现史前时期文化内涵的资料有限，因此，史前考古遗址展示更应该注重的标识系统的设立。通过标识系统，向观众展示遗址的文化特点和内涵。

注重遗址公园外在的标记（iogo，徽标，标志，商标，图标）。每个遗址有自己的文化内涵，应根据自身特点做出具有特点的标记。

遗址公园内在标识就是文化内涵的高度概括。如泰安做的演义性公园"太阳部落"尽管在具体展示与标识不是十分吻合，概括了大汶口时期人们对太阳的崇拜。"礼在曲阜"、"泱泱齐风"高度概括了曲阜鲁故城、临淄齐故城的文化特点和内涵，因此史前考古遗址公园展示也应有内在的标识。

四 史前遗址展示的建议

1. 突出主题

严格把握一个史前遗址的展示只能反映某一时期社会各个方面的理念。通过文化内涵展示，体现其与其他考古遗址公园的区别。

2. 突出遗址的时代特征

突出不同的时代特征和时代特点。尽管史前时期生产力不发达，但由于其所跨时代较长，不同时代具有不同的文化特征，如旧石器时代山顶洞人的生活与新石器时代有明显的不同，山东地区后李文化、北辛文化、大汶口文化、龙山文化也各有不同的特点。史前遗址展示在突出原始社会基本文化特点的同时，更要突出不同时段的文化特征，如后李文化的大型房屋、大汶口文化墓葬所表现的阶层分化、龙山文化的城址林立等。只有这样，每个遗址公园才能有自身的特点。

3. 突出遗址的文化内涵

一个遗址有不同的文化内涵，要紧紧围绕不同的历史时期的不同文化内涵，突出其在中国古代文明进程中的作用和地位。

要把握考古资料反映的文化特征。展示聚落的、城址使用时期的基本特点。

在一般公众认识中，史前时期就是原始社会，前后差异很少。但从学界研究成果看，史前时期不同的文化有着不同的文化内涵，如陶器的制作、陶器由生活用品到礼器的发展演变；不同时期农业发展与环境变迁；不同时期居住方式各有特点；聚落形态也有其演变的过程；工具制作与演变，铜器的出现与利用；新技术的产生如陶井的出现等；环壕聚落到城市的出现；不同时期社会阶层的分化及由此产生的文明等等。

世界上没有完全相同的两个遗址，因此要把握不同时期遗址的文化内涵，使每个遗址的展示各具特点。

4. 重视史前遗址博物馆建设

遗址博物馆是考古遗址公园的灵魂，对史前遗址的展示尤其重要。就全国现在开放的遗址公园看，大都以遗址博物馆为展示的核心。考古遗址公园博物馆与其他博物馆有明显的不同：一是遗址博物馆以一个遗址出土的文物为主要展品，二是考古发现的遗迹是博物馆展示的重要组成部分。

五　大汶口、城子崖国家考古遗址公园建设的探索

1. 前期工作

早在20世纪90年代城子崖发掘时，就对西城墙、南城墙进行了保护展示，1995年建设了遗址博物馆。此后，在当地政府推动下，成立了龙山文化研究会。

大汶口遗址发掘后，当地成立大汶口文化研究会，民间大汶口遗址博物馆已经长期开放。

2. 建设理念

两个遗址公园都是从遗址公园入口管理区开始建设。管理区以博物馆展示、文化内涵展示及游客服务中心为基本内容。

城子崖国家考古遗址公园管理区设计以20世纪90年代建成的城子崖遗址博物馆为中心，整体位于遗址东北部的建设控制地带内，设立了公园的入口、游客服务中心、停车场，以宣传牌、雕塑等对龙山文化的基本文化内涵进行了介绍和标识。

在遗址保护范围内，将以绿篱、城墙断面及地面覆土标识等手段，展示城址的范围、城门及建筑工艺等。城门作为进入遗址范围的入口和出口，遗址范围植被主要以龙山小米为主，在不同的部位，展示黑陶与制陶工艺、生产技术（工具制作）、夯筑技术、生活场景等。同时，结合遗址西部河道整治，优化遗址环境，共同组成遗址的展示区。

大汶口国家考古遗址公园管理位于遗址西部建设控制地带内，西邻104国道，南部是大汶河。

管理区以大汶口遗址陈列馆、停车场、游客服务中心、文化内涵标识为主要内容。

以遗址保护范围为遗址展示区域，入口设在管理区的东部。2014年结合大汶河北岸防洪堤建设在遗址南侧形成的滨河文化带，为遗址公园建设创造了良好的环境。展示区将通过考古成果的展示，标识出大汶口文化时期的彩陶与制作工艺（如丝织品），生活与生产、传说与宗教（太阳崇拜，古史传说）、中心聚落与贫富分化等文化特点。

3. 建设模式的探索

总结大汶口、城子崖国家考古遗址公园建设的基本理念，我们认为，史前考古遗址公园总体布局应包括管理区、展示区两个部分。管理区以遗址建设控制地带为最佳位置选择，以遗址博物馆、文化内涵标识和游客服务为主要内容。展示区应设置在遗址的保护范围（也可以包括建设控制地带），主要标识、恢复遗址所处时代的文化面貌，使观众体验、亲历原始社会生活的不同侧面。

既要管（理区）、展（示区）分离，又要管、展结合。二者相互结合、补充，应是当前史前考古遗址公园建设一种切实可行的模式。

The Perplexity and Exploration of the Display of Prehistoric Sites: Thoughts on the Construction of Prehistoric Archaeological Parks

Shougong Wang (Shandong Provincial Administration of Cultural Heritage, China)

Abstract

With the implement of the National Archaeological Park Construction Project, how to construct and display archaeological parks has become a vital question of the project. This paper draws on a wide range of case studies and explains the difficulties in the display of archaeological parks, especially prehistoric archaeological parks, in Shandong Province. For example, how to position prehistoric archaeological parks, and what aspects should be paid attention to in the construction and design. This paper also gives some suggestions on the display of prehistoric archaeological parks, and provides some thoughts on how to construct Dawenkou National Archaeological Park and Chengziya National Archaeological Park.

城子崖国家考古遗址公园建设浅谈

徐霞*

城子崖国家考古遗址公园是依托城子崖大遗址，在原城子崖遗址博物馆基础上扩建的国家级考古遗址公园。通过城子崖国家考古遗址公园能让人们身临古人类遗址，透过他们的生产方式、社会生活、居住环境、墓葬、习俗、宗教信仰、经济状况等的实迹与画面，让人们对史前龙山文化有比较深刻的认识，具有科研、教育、娱乐、游憩等功能。城子崖国家考古遗址公园建设是一个系统工程，必须坚持科学规划，制度保障，人才配备，考古支撑等，从而实现文化遗产保护的可持续发展，提升城市文化品质和生态价值，促进文物保护事业的科学发展，促进社会经济的全面发展。

一 城子崖遗址现状与价值

1. 城子崖遗址的现状

城子崖遗址位于山东省章丘市龙山街道办事处辖区内的巨野河东岸，地理位置介于北纬36°43′47″~36°44′6″，东经117°21′3″~117°21′23″。它是一处从龙山文化时期一直延续到东周时期的文化遗存，是中国考古学的发源地，龙山文化的发现地和命名地。1961年3月4日，城子崖遗址被国务院公布为全国第一批重点文物保护单位，2008年被财政部、国家文物局列为"十一五"期间全国重点保护的100处大遗址之一，2010年城子崖遗址列入备受瞩目的中华文明探源工程，2013年列入"十二五"期间全国重点保护的150处大遗址之一。2013年4月，在章丘市委、市政府的领导下，在上级业务部门的指导下，启动城子崖考古遗址公园的立项、规划编制工作。2013年12月由国家文物局批复立项，列入国家第二批考古遗址公园名单。截止目前，城子崖国家考古遗址公园正按照规划的要求紧锣密鼓的建设着。

城子崖遗址1928年由中国的考古学者吴金鼎发现，1930年11月和1931年9月中央研究院历史语言研究所，在山东古迹研究会的配合下进行了首次发掘，发现了以磨光黑陶为特征的龙山文化遗存。

1990年山东省文物考古研究所对该遗址进行发掘，实际发掘面积1205平方米，经发掘证实城子崖遗址确实是史前龙山文化时期的城址。

2011年底，山东省文物考古研究所对以城子崖遗址为中心的100平方千米的范围进行了全覆盖式的调查，发现新遗址40余处，进一步确认了城子崖遗址在整个聚落群的中心位置，并通

---

* 徐霞：山东省章丘市城子崖遗址博物馆。

过钻探明确了城子崖遗址的规模、结构和文化堆积状况，为下一步的考古工作指明方向。

2013年10月山东省文物考古研究所在城子崖遗址中挖开了一条纵贯遗址中部的470米的南北方向的大探沟，发现了岳石文化夯筑台基和行人踩踏痕迹非常明显的交通干道，该发现弥补了山东数十年来龙山文化至岳石文化未发现重要建筑迹象的缺憾。

2014年10月～2015年3月为配合中科院的中华文明探源工程，山东省文物考古研究所在城子崖遗址南面进行发掘，实际发掘面积约700平方米，出土了许多的石器、骨器、蚌器和陶器等等，相关的资料在进一步的整理研究中。

2. 城子崖遗址的价值

（1）城子崖遗址是龙山文化的发现地和命名地

著名的龙山文化是以城子崖遗址所在地龙山镇而命名的。1928年吴金鼎先生进行考古调查时，途径巨野河东岸的一块台地，发现一层灰色的地层绕台地一圈，并且在这层地层里发现了磨光黑陶片，最初由中国近代考古学之父李济认定为是史前的遗物。期间中央研究院历史语言研究所的专家傅斯年、李济和梁思永等带领考古队正在河南殷墟进行考古发掘，1930年中原大战爆发，河南考古发掘工作暂停，1930年11月和1931年10月，分别在李济和梁思永的主持下对城子崖遗址进行了两次发掘。最初为了与河南仰韶文化的红陶相区分，将城子崖遗址以磨光黑陶为主要特征的史前文化命名为黑陶文化，随着考古发掘工作的开展，根据考古学以最先发现地命名的原则，城子崖黑陶文化命名为龙山文化。龙山文化是中国史前时期重要的考古学文化，城子崖遗址的发现对龙山文化的确立具有非常重要意义。

（2）城子崖遗址是在田野考古中发现的重要的史前城址之一

从城子崖遗址三个时期城墙叠压的断面，我们可以看到最早的是龙山文化城址，在其上侧为岳石文化城址，最上层为东周文化城址。龙山文化城址和岳石文化城址在层位上相互衔接，没有间歇层，是黄河下游地区跨越龙山和夏代持续使用时间较长的早期城址之一，具有极高的研究价值。龙山文化城址和岳石文化城址的发现被评为"1990年"和"七、五"期间双十大考古新发现之一。

城子崖遗址是具有代表性的龙山文化城址，它是目前黄河下游地区发现的最大的龙山文化城址，也是全国最大的龙山文化城址之一。

该城址依山傍水，始建于距今4600年的龙山文化早期，城垣平面近方形，东、南、西三面城墙规整，北面弯曲，中部外凸。城址东西宽450、南北长540米，面积为20多万平方米，文化层厚4～6米，城墙墙体残高2.5～5、残宽8～13米，城墙夯土为石块和单棍夯筑而成。城外有护城河和城墙环绕遗址，起到泄洪排涝，防止猛兽攻击的作用，最重要的是能够抵御外族弓箭的入侵，具备了城市防控的功能。考古发掘证实城内龙山文化堆积较厚，遗存内涵丰富，有房址、水井、窖穴、灰坑、墓葬和道路等遗迹。城内的房屋也有大小之分，大的房屋为议事厅或者是部落首领的房子，小的房子为一般部落成员居住所，显示出龙山文化时期已出现贫富差别，等级分化的现象。经考古证实城子崖龙山文化城可容纳5000多居民，这些城中居民除了农业生产者外，家庭手工业者、巫医、统治者等非农业生产者和非生产者占有一定的比例,应属于一个中型的城市。城池的出现是人类社会发展到一定历史阶段的产物,是进入文明时代的重要标志。城子崖龙山文化城址正是城子崖一带进入文明时代的一个最为显著的标志。

城子崖岳石文化城址(距今约3900~3600年)与龙山文化城址大体一致。面积为17万平方米,是黄河下游发现的第一座有夯筑城垣的夏代城址,城墙平均宽度为15米左右,采用束棍和夹板挡土的夯筑技术,夯土坚硬,夯窝密集,夯筑水平接近于商周时期。城子崖遗址为我们提供了研究早期筑城技术和城垣建筑方面重要的科学资料。

城子崖遗址是在田野考古中发现的重要的史前城址之一。对于研究山东的土著民族东夷族的文化面貌特征、聚落形态、社会经济、文明起源以及与其他地区同时期文化的相互关系等提供了重要的实物资料。

(3) 城子崖遗址出土的龙山文化陶器是珍贵的历史文化遗产

城子崖龙山文化时期,各种手工业生产得到了快速发展,尤其制陶工艺更达到一个令后世难以企及的高度。当时以城子崖为代表的济南地区,普遍采用快轮制作技术,拉坯与车制相结合的成型方法,不仅使生产效率大幅度提高,而且生产出来的陶器造型规整,陶胎厚薄均匀,纹饰简洁,色泽纯正,表里一致,致密坚硬。对此《城子崖》一书曾有这样的描述:"城子崖的陶器十四种颜色中,最能引动人之注意及艳羡者,为亮黑色。此色之陶质亮而薄,且极坚固,表面显漆黑色之光泽,故亦可称之为漆黑色。又以其轮廓之秀雅,制作之精妙,故自初掘以至今日,凡来参观者,目睹此类陶器莫不赞叹不置。"

城子崖陶器制作所用的原料,均经过特殊处理,并视不同器类而采用不同原料与不同工艺。例如杯、盒类器物采用经过反复淘洗的细泥为陶土,鬶类器物多用高岭土为原料,烧成后多呈白、桔黄、红等颜色。对鬶、圈足器、三足器以及某些形态复杂的平底器等,均采用分体制作,然后对接,快轮修正。由于轮制技术比较发达,器表和器底常留有规律的轮旋纹和同心圆切割痕迹。器表装饰多为素面,纹饰常见弦纹、划纹、乳丁纹、附加堆纹和镂孔,也有少量篮纹、方格纹和绳纹。

器物烧制方面,由于掌握了氧化还原技术和高温焙烧方法,生产的陶器色调基本一致,颜色多为光洁发亮的磨光黑陶,其次为灰陶、红陶,还有少量白陶等,且烧成温度高,胎质坚硬。城子崖遗址出土的薄胎黑陶,经过测定,烧成温度达到1000℃左右,已经接近了铜器1083℃的熔点。

城子崖遗址出土陶器种类之多,达到空前绝后的地步,概而言之有鼎、鬶、甗、罐、罍、盆、筒形杯、单把杯、豆、斝、鬲、甑、瓮、盘、尊、高柄杯、箅子和形形色色的器盖等等,其中尤以粗颈冲天流袋足鬶、三足盆、高柄杯、鸟首足鼎、袋足甗、黑陶单耳杯最富代表性。发达的耳、鼻、泥条、泥突、把手等,配置恰当,器形融实用性、艺术性于一体,美不胜收。即以城子崖遗址出土陶罍为例,其通高79、口径36.5、腹径66厘米,形体硕大,制作精美,被誉为颇具王者风范。

当然,最能代表当时制陶工艺水平的陶器要数蛋壳高柄杯。这种器物,均为细泥质黑陶,不含杂质,不使用羼和料。器壁一般厚0.5毫米左右,重量多数在50~70克之间,且陶质细腻、漆黑光亮，造型优美，制作精细，敲之有金属之声，被人们赞誉为"薄如纸，硬如瓷，声如磬，亮如漆，明如镜"，堪称稀世瑰宝。蛋壳高柄杯呈盘形敞口，整个器物的重心偏上，很不稳固，显然不适合日常生活之用，而应该是权力、身份和地位的象征物，是一种典型的礼器。

城子崖遗址出土的龙山文化陶器是珍贵的历史文化遗产，其高超的制陶工艺达到中国制陶史的巅峰，它为瓷器青铜器的产生和发展起到积极的深远影响，为研究中国古代文明、图腾崇拜、祭祀和丧葬制度提供了重要的实物资料。

(4) **城子崖遗址的发掘打破了中国文化西来说的观点**

1921年荷兰的地质学家安特生发现河南仰韶文化的彩陶与中亚和近东的彩陶有近似之处，提出中国史前文化是由西方传来的假说。这一假说在中国学术界引起强烈的反响，中国考古学家对此表示怀疑，并提出了"上穷碧落下黄泉，动手动脚找东西"的口号。李济先生在《发掘龙山城子崖的理由及成绩》中清楚阐述了这样一个历史背景。城子崖遗址的发掘，证明中国东部存在着一个土生土长、不同于彩陶文化的黑陶文化，这些黑陶文化在许多方面与殷墟文化更加接近，彻底打破了中国文化西来说的观点。

关于城子崖遗址发掘，主持城子崖遗址发掘的李济先生在《城子崖——山东历城县龙山镇之黑陶文化遗址》序二中写到："由于这个遗址的发掘，我们不但替中国原始问题的结论找到了一个新的端绪，田野考古工作也因此得到了一个可循的轨道。"

(5) **城子崖遗址被称誉为中国的考古学圣地**

城子崖遗址的发掘是中国考古学诞生以来，由中国的学术机构，中国的考古学家主持发掘的第一个史前文化遗址；是在田野考古中第一次发现古城址；第一次发现了不同于其他地方的黑陶文化；第一次运用考古地层的方式进行发掘，并绘制了考古地层图；第一次编纂出版了考古报告集《城子崖——山东历城县龙山镇之黑陶文化遗址》。时任中央研究院历史语言研究所所长的傅斯年在序中，第一句话就说，"这是'中国考古报告集'第一种，又是中国考古学家在中国国家的学术机构中发布有预计的发掘未经前人手之遗址之第一次，我以为这是值得纪念的事情。"因此，城子崖遗址的发现和发掘，是中国近代考古工作开创阶段的重要里程碑，对中国近代以来考古学的发展产生了深远的影响。因此，城子崖遗址被称誉为中国的考古学圣地。

二 城子崖国家考古遗址公园建设

城子崖遗址对于济南章丘、全国乃至全世界来说，都是独一无二的、不可移动的大遗址，充分认识其在历史学、考古学和科学艺术上的重要价值，积极建设城子崖国家考古遗址公园，对于发挥其价值，保护大遗址是非常有效的方式。城子崖国家考古遗址公园建设是一个系统工程，是建设和谐社会和中华民族共同精神家园的重要举措。下面，我想就城子崖国家考古遗址公园建设问题，谈几点个人意见。

1. 城子崖国家考古遗址公园建设必须坚持规划先行，科学论证，明确目标

国家文物局下发的《关于进一步规范考古遗址公园建设暨启动第二批国家考古遗址公园评定工作的通知》，要求在新时期新形势下，进一步规范考古遗址公园建设，推动大遗址保护工作健康发展。国家考古遗址公园的建设是一个复杂的系统工程，启动国家考古遗址公园建设前，应进行科学论证，充分认识大遗址所具备的条件、价值、区位优势，对于提高城市形象，提升文化软实力方面等起的作用。

地方政府应该考虑自身的财政状况，对国家遗址公园的建设采取慎之又慎的态度。章丘市文化广电新闻出版局是城子崖遗址和城子崖遗址博物馆的上级行政管理部门，针对城子崖国家考古遗址公园建设问题采取科学谨慎的态度，积极聘请陕西省文物局、西北大学文化遗产保护规划中心的专家为我们编制了《城子崖遗址保护总体规划（2013～2025）》，并且已经通过国家文物局专家评审。有了规划，才能将《文物保护法》所规定的国保单位的保护内容都纳入进来，并将之确定为法规性的文件，以此作为国家考古遗址公园的依据。

《城子崖遗址保护总体规划》的编制为城子崖国家考古遗址公园的建设奠定了政策和法律基础。形成了以城子崖遗址博物馆为中心对可移动文物的保护展示，遗址内划分区域，重在遗址价值的阐述，注重区域布局与遗址景观的协调性和整体性，营造既利于城子崖大遗址的保护又能发挥遗址价值的公园场景。

在《城子崖遗址总体保护规划》的 6.4 条"规划目标"中，明确提出了其规划目标是："以城子崖遗址及其环境风貌保护为基础，以科学研究与合理展示为发展方向，逐步将城子崖遗址规划建设成为具有真实性、可读性和可持续性的考古遗址公园，为城子崖遗址的永续保护、研究与利用奠定基础。"

2. 城子崖国家考古遗址公园建设必须严格执行文物保护法及相关法律法规的有关规定

国家考古遗址公园特指国家认定的、规模较大的、具有重大文化历史价值的、影响深远的大型考古遗址。城子崖遗址作为中国大遗址之一，是珍贵的物质文化遗产，进行完好的保护十分必要。城子崖国家考古遗址公园建设要严格的遵守《中华人民共和国文物保护法》的十六字方针："文物工作贯彻保护为主，抢救第一，合理利用，加强管理"。要始终以城子崖遗址的保护为前提，陈列、展示、研究等工作都要落实到城子崖遗址的保护上来，而且要以不断进步的文物保护技术作为支撑，城子崖遗址本身就是土遗址，如何防止土遗址的风化、霉变和塌陷等，如何保护已经揭露的城子崖古城城墙的断面？这就需要采取先进的保护技术。同时要不断地协调遗址本体与周边环境的关系，对遗址进行科学合理的利用。目前从立法上来说，国家相关主管部门仅出台了《国家考古遗址公园评定细则（试行）》、《国家考古遗址公园管理办法（试行）》等相关管理办法，其他的有关国家考古遗址公园的法律制度正在酝酿中。

城子崖国家考古遗址公园的建设必须严格执行文物保护法及相关法律法规的有关规定，正确处理保护与利用的关系，始终把保护作为前提和基础，在保护中利用，在传承中发展；始终坚持文物事业的公益属性；始终把社会效益放在首位，努力做到社会效益与经济效益有机结合；

始终把"文物保护人人参与,保护成果人人共享"作为文物工作的出发点和落脚点,坚持改革创新,有效推动城子崖国家考古遗址公园的建设和健康发展,使其为城市建设和文化建设服务,提高城市形象和居民的整体素质。

3. 城子崖国家考古遗址公园建设需要建立健全相关管理规章制度

正所谓"没有规矩不成方圆",对任何事物只有依据一定规则办理就会提高效率,变难为易,城子崖国家考古遗址公园建设工作也是如此,建立健全规章制度是科学管理的前提和基础。

城子崖国家考古遗址公园领导在制定规章制度的过程中,应进行充分调查研究,集中群众的经验和智慧。制定的规章制度要符合本考古遗址公园的性质、任务、规律和特点,还要根据本考古遗址公园的领导体制、业务范围和现实条件,因事制宜,妥善规定,以达到切实可行、行之有效的目的。

城子崖国家考古遗址公园建设为了正常有效地运行,就必须要求全体人员共同遵守本考古遗址公园的规章制度。这些规章制度对于实现本考古遗址公园的目标,保证工作任务的完成有着重大意义。它能协调人们的行为,使全体工作人员在工作中有规可循,有章可依,从而保障考古遗址公园工作有条不紊地开展。

4. 城子崖国家遗址公园的建设需要一支业务精干的队伍作为人才储备

城子崖国家考古遗址公园的资源有城子崖遗址博物馆、遗址、藏品、人和植被等,博物馆、遗址、文物藏品和植被的作用和价值归根到底要通过人反映和体现出来,城子崖国家考古遗址公园管理核心问题就是对人的科学管理。

城子崖国家考古遗址公园要想健康全面发展,实现社会效益和经济效益的最大化,就必须配备一批政治素质硬,职业素质好,业务素质精的专业技术队伍,因为无论是文物藏品的征集、陈列展览、大遗址保护、考古发掘、科学研究还是接待观众、宣传教育,发挥城子崖遗址博物馆的爱国主义作用,都离不开专业技术人员。人员素质的优劣直接关系到城子崖国家考古遗址公园的兴衰,因此我们在日常工作中要重视对考古遗址公园内人员的业务和专业技术人员的培训,不断提高科学研究水平和创新能力,不断加大科技支撑力度,为城子崖国家考古遗址公园的良性发展做好人才储备。

5. 城子崖国家考古遗址公园建设要以考古工作作为支撑

城子崖遗址自1928年发现以来先后进行了多次勘探和发掘,它具有面积大、文化堆积复杂、文化内涵丰富等特点,是国家级的考古遗址。要强化考古遗址公园建设的科学性,公园建成以后并不是考古工作从此就结束了,而是依托于城子崖遗址,全面贯彻保护为主,考古先行的工作思路,进一步明确考古工作是城子崖国家考古遗址公园的重要组成部分。期盼城子崖遗址以后考古发掘会有更大的发现震惊世界。

城子崖遗址是著名的龙山文化遗址,是中华文明探源工程的一部分,中原文明主要指陕西、山西和河南,东方文明起源于哪里?这就要看城子崖遗址以后的考古发掘工作。城子崖国家考古遗址公园要以持续不断地考古工作作为支撑，同时将发掘成果展示出来，遗物放在城子崖博物馆陈列，发掘现场做保护处理后，作为考古遗址公园的一处观赏点，让游客更加直观、形象的了解考古学、历史学和人类学等，认识龙山文化时期人们的生产生活状态，祭祀和战争，再加上讲解员人性化的解说，从而使死的考古发掘现场（遗址）变成活生生的教科书。

6. 城子崖国家考古遗址公园建设要坚持以人为本、可持续发展的原则

城子崖国家考古遗址公园不同于一般性质的公园，是保护、管理、研究、展示城子崖国家考古遗址的机构，公园的形式得服从、服务和表现城子崖国家考古遗址这个内容，突出其自身的历史、科学、艺术、文化和考古的特性。例如我们山东日照两城镇遗址也是重要的龙山文化遗址，在城子崖和两城镇这两个国家考古遗址公园的建设中，就要依据遗址自己的特性、价值和意义，采用不同形式的公园来表现出来。城子崖国家考古遗址公园遗址的特殊性和相对单一性使其成为独特的旅游资源。我们要坚持以市场为导向，采用合理的配置资源的方式，在保护、研究、展示、陈列的基础上，合理开发利用遗址。

城子崖国家考古遗址公园建设坚持"以人为本"的理念，做到统筹兼顾，切实做好遗址保护区居民的拆迁安置工作，制定人们可以接受的展示方式，科学的参观路线，提供优良的讲解服务等，尽最大努力做到让群众满意，使人民群众真正意识到文化遗产保护的重要性，自觉成为文化遗产保护的支持者、参与者和受益者。使城子崖国家考古遗址公园能实实在在的为更广大人民服务，提升人民群众的文化素质。

城子崖国家考古遗址公园既然是国家考古遗址公园，建成后也要积极地推进对城子崖遗址的可持续的考古和保护工作，不断地挖掘城子崖遗址深厚的文化内涵，将成果与人民群众共享，从而满足人民群众不断增长的精神文化需求。全面开展遗址公园的考古保护工作不仅是遗址公园建设的基础性支撑工作，也是遗址公园可持续发展的不竭动力。

要以城子崖国家考古遗址公园建设为契机，不断地带动遗址区周边生态农业的发展和城市的发展，使文化遗产保护与生态环境建设、城郊农业发展、市民生态休闲有机结合，使城子崖国家考古遗址公园真正成为集考古、游览、休闲、科研、教育等多项功能为一体的城市公共文化空间，充分体现"文明、生态、民生"的区域精神。

三　城子崖国家考古遗址公园的发展前景

城子崖国家考古遗址公园规划总面积约130万平方米，总投资约为4.6亿万元。总体分区包括遗址展示区（城子崖遗址外环）；管理服务区（城子崖博物馆东侧）；预留区（遗址本体周围约10米范围）；博物馆展示区（原城子崖遗址博物馆所在区域）；滨河遗址风貌区；陶艺展示区（遗址东侧）；农耕区（遗址南侧），城子崖国家考古遗址公园实行合理分区，科学管理。目前，城子崖国家考古遗址公园一期建设工程的东入口、北入口、游客中心、停车场、西城墙遗址的保护、城子崖遗址周围的环境绿化以及道路的铺设工程已全部完成。建成后，实现社会效益和经济效益的最大化和可持续发展，是遗址公园运营管理的最终目标。

第一，城子崖遗址是典型的土遗址，要采用先进的保护技术和方式加强对它的整体保护，同时教育和动员全社会积极参与城子崖遗址的保护工作。

第二，全面整合龙山文化资源，深刻揭示其文化遗产的价值和意义，进一步展示龙山文化的内涵，打造独特的龙山文化—城子崖国家考古遗址公园。

第三，建成的城子崖国家考古遗址公园生态环境优美，历史文化底蕴厚重，要将其融入当地城市生活，提高居民的生活品质，提升章丘济南乃至山东省的城市形象。

第四，加大城子崖国家考古遗址公园基础设施的建设力度，提高服务水平，不断的完善配套设施，与旅游业结合，争创国家4A级景区。

第五，注重文化产品的开发，延长文化产业链，扩大文化消费总量，增强自身造血功能，进而反哺遗址保护。

第六，积极协助考古所对城子崖遗址以及周边西河遗址和东平城遗址的考古发掘工作，加强文物保护和科学研究，将发掘和研究成果展示出来，实现文化共享，从而提高我们的科学文化水平。

四　小结

城子崖国家考古遗址公园的建设是结合城子崖遗址本身特点和当地环境的前提下，为协调文化遗产保护和城市建设做出的积极探索，对于城子崖遗址的保护展示具有重要的意义。我们应参与到当前的文化建设中来，以严谨科学、求真务实、认真负责的态度，全面推进城子崖国家考古遗址公园的建设！

参考文献

1．张忠培：《关于建设国家考古遗址公园的一些意见》，《东南文化》2010年第1期。
2．单霁翔：《论考古遗址公园的科学发展》，《中国国家博物馆馆刊》2011年第1期。
3．杜金鹏：《大遗址保护与考古遗址公园建设》，《东南文化》2010年第1期。
4．傅斯年、李济等：《城子崖——山东历城县龙山镇之黑陶文化遗址》，中央研究院历史语言研究所，1934年。
5．栾丰实：《山东龙山文化社会经济初探》，《山东龙山文化研究文集》，齐鲁书社，1992年。
6．周仁等：《我国黄河流域新石器时代和殷周时代制陶的科学总结》，《考古学报》1964年第1期。
7．张学海：《龙山文化》，文物出版社，2006年。
8．何德亮：《谈谈山东龙山文化的历史地位》，《纪念城子崖遗址发掘60周年国际学术讨论会文集》，齐鲁书社，1993年。
9．陕西省文物局、西北大学文化遗产保护规划中心的专家编制的《城子崖遗址保护总体规划（2013～2025）》。

Discussion on the Construction of Chengziya National Archaeological Park

Xia Xu (Zhangqiu Longshan Culture Museum, China)

Abstract

The Chengziya National Archaeological Park will be built on the Chengziya site, extending upon the original Chengziya site museum. In the Chengziya National Archaeological Park, people can walk through the place that ancient people have lived, by observing and experiencing their mode of production, social lives, living environment, burials, customs, belief systems, and economic activities, people can have a thorough understanding of Longshan culture. This park will have multiple functions, including research, education, entertainment, and recreation. The construction of Chengziya National Archaeological Park will be a systematic project, scientific planning, institutional guarantee, well-trained personnel, and archaeological support are prerequisite, so that the sustainable development of cultural heritage can be achieved, the cultural character and ecological value of the Zhangqiu city can be promoted, the scientific development of cultural relics conservation can be facilitated, and the comprehensive development of social economy can be boosted.

登封王城岗遗址与禹都阳城的考古学观察

方燕明[*]

王城岗遗址位于河南省嵩山东南麓的登封市告成镇西部。这里是颍河流经的低平谷地，海拔 270 米左右。遗址在颍河与五渡河交汇的台地上。颍河发源于嵩山的太室山南麓，由西向东流，是淮河的主要支流之一。五渡河发源于太室山东侧，由北向南流，是颍河的支流之一。王城岗遗址的东部为五渡河，其南部为颍河，向南眺望箕山和大、小熊山，西靠八方村，西望中岳嵩山之少室山，北依嵩山之太室山前的王岭尖，地理位置显要。

据文献记载中国历史上第一个朝代是夏代，夏代的第一位王是禹，禹所建之都为阳城或曰禹都阳城，大禹治水的传说更是广为流传。本文拟从登封王城岗遗址的考古发掘与研究出发，探寻禹都阳城和大禹治水的遗迹。由考古学探索夏文化，可以使我们更为接近夏代历史的真实。

一 王城岗遗址考古简况

王城岗遗址的考古工作大体可分为四个阶段：

第一阶段以 1959 年徐旭生先生为探索"夏墟"的调查为代表。

第二阶段以安金槐先生 1975～1981 年为探索夏文化所进行的考古工作为代表。

第三阶段以 1996～2000 年夏商周断代工程——早期夏文化研究为代表。

第四阶段以 2001～至今（2015 年）的中华文明探源工程所开展的聚落形态研究为代表。

1959 年，徐旭生先生为探索"夏墟"，对登封、禹县、巩县、偃师等地进行调查，到告成八方（即王城岗）遗址考察。根据地面调查及钻探的材料，初步认为八方遗址东部似以龙山为主[1]，兼有早殷遗物；西部似以仰韶为主。安金槐先生于 1975～1981 年主持的王城岗遗址的发掘，发现了两座东西并列总面积约一万平方米的河南龙山文化晚期城堡，并在其东北方向不远处发现了出有"阳城仓器"陶文的陶器等遗物的东周阳城城址[2]。王城岗古城是自 1931 年梁思永先生在安阳后冈发现河南龙山文化城墙遗迹近半个世纪之后新发现的河南龙山文化晚期城址，意义重大，一经披露，立即在学术界引起轰动。国家文物局为此专门召开了名为"河南登封告成遗址发掘现场会"的讨论会，以夏文化为主题，围绕着王城岗古城的年代、性质以及是否即文献记载的"禹居阳城"、"禹都阳城"之阳城展开了热烈的讨论[3]。以安金槐先生为首的一派主张王城岗古城很可能是夏初禹都之阳城，另外不少人则以城堡面积太小为由对"禹都阳城"说提出质疑。时任中国科学院（即后来的中国社会科学院）考古研究所所长的著名考古学家夏鼐先生出席了这次会议，

---

[*] 方燕明：河南省文物考古研究院。

他在会议闭幕讲话中对王城岗龙山文化城址的性质未作明确的表态,但对东周阳城则认为"没有问题",而且认为"它的发现为寻找禹都提供旁证和线索"。夏先生的说法为与会学者广泛接受,河南龙山文化和二里头文化遂成为从考古学上探索夏文化的主要对象[4]。

1996年启动的国家九五科技攻关重大项目"夏商周断代工程"提出了以人文社会科学与自然科学相结合,兼用考古学和现代科技手段,进行多学科交叉研究的研究路线。其中夏代年代部分,除了梳理文献中关于夏年的记载,便是对作为探索夏文化主要对象的河南龙山文化晚期以及二里头文化进行碳-14测年。由于以往的发掘对采集含炭样品注意不够或采集的多非系列含炭样品,于是对包括王城岗遗址在内重新进行发掘,采集系列含炭样品便成为夏代年代学研究课题中早期夏文化研究专题的主要任务之一。笔者是当时早期夏文化研究专题的负责人,共采集各期可用来测年的含炭样品数十个,经过对其中11个样品测试并经树轮校正,将过去安金槐先生所分五期合并为三段,王城岗一段(一、二期)的碳-14年代落在公元前2190~前2103年之间,取其中值约为公元前2150年;王城岗二段(三期)的碳-14年代落在公元前2132~前2030年之间,取其中值约为公元前2080年;王城岗三段(四、五期)的碳-14年代落在公元前2041~前1965年之间,取其中值约为公元前2003年。根据地层关系,王城岗小城的始建年代在王城岗遗址原来分期的二期即重新分期的王城岗一段偏晚阶段,至王城岗二段(原三期)已经衰落。王城岗小城这一测定结果,与文献推定的夏代始年约为公元前2070年的结论相比,明显偏早。而其规模只有约一万多平方米的面积,与发现的龙山时代的其他城址比较,均较小,极不相称。因此,在《夏商周断代工程1996~2000年阶段成果报告》中只是作了"河南登封王城岗古城、禹州瓦店都是规模较大的河南龙山文化晚期遗址,发现有大型房墓、奠基坑及精美的玉器和陶器,它们的发现为探讨早期夏文化提供了线索"的表述,未涉及其是否"禹都阳城"的问题[5]。

从2001年到2005年在"中华文明探源工程预研究"和"中华文明探源工程(一)"实施阶段,王城岗遗址新的调查、发掘和研究均以不同的侧重点作为子课题列于其中[6]。之所以作出这样的安排,一是希望进一步补充和细化夏商周断代工程时建立起来的碳-14年代标尺,使之更为完善和准确,二是试图从考古角度对其布局和内涵作出定性和定量的考察,探讨其在当时社会结构体系中所处的聚落等级及地位。当然还包括通过连续不断的工作,看能否从考古与文献的结合上对王城岗龙山文化晚期城址的性质,亦即是否"禹都阳城"的问题作出科学准确的判断。

二 王城岗遗址考古新发现与研究

2001~2005年,笔者承担的"中华文明探源工程预研究"和"中华文明探源工程"中王城岗城址聚落形态研究课题的学术目的是:登封王城岗城址在华夏文明的形成与发展研究中具有重要学术地位和价值。对王城岗城址的年代、城址的规模和布局研究,大大加深了对登封王城岗河南龙山文化晚期城址的认识,将夏文化研究推进到了一个新阶段[7]。这些新的重要发现和研究成果主要有:

(1)通过对王城岗龙山文化遗址的重新调查,将遗址的面积由过去所知的40万平方米扩大为50万平方米；

（2）通过地层叠压关系和出土陶器的类型学排比，将过去王城岗龙山文化所分五期合并为前后期三段，使其发展演变的阶段性更加明晰；

（3）发现了王城岗龙山文化晚期大城城墙和城壕，复原面积达34.8万平方米，是已知河南境内发现的龙山文化城址中最大的一座；

（4）发现了王城岗河南龙山文化晚期大城城壕打破西小城城墙的地层关系，证明大城和小城并非同时，小城始建于一段偏晚（原分期的二期），二段已废弃。大城始建于二段（原分期的三期），延续使用至三段偏早（即原分期的四期），三段偏晚（原分期的五期）也已衰落下去；

（5）新采集含炭样品55个，经加速器质谱仪（AMS）测定和高精度碳-14树轮校正曲线校正，并用贝叶斯统计数据拟合软件OXCal3.10拟合，建立了更加完善、细化的王城岗龙山文化碳-14年代标尺；重新推定了王城岗龙山文化小城的年代，上限不早于公元前2200～前2130年，下限不晚于公元前2100～前2055年，其中值约为公元前2122年，大城城墙的年代，上限不晚于公元前2100～前2055年或公元前2110～前2045年，下限不晚于公元前2070～前2030年或公元前2100～前2020年，其中值约为公元前2055年，与距文献推定的夏之始年基本相符；

（6）王城岗龙山文化城址所在地地势西高东低，经实测大城北城壕西部所开探方W2T6571距偏东部所开探方W5T2373为190米，二者高差（以探方西南角坐标点为准）4.346米，而城壕底部高差不足0.4米，证明当时城墙和城壕的建造是经过事先设计和测量计算的；

（7）经模拟试验，建造大城城墙和城壕，从挖沟到堆土施夯，假定每天出动1000名青壮年劳力，约需要一年零二个月的时间，根据现代农村经验，按照一个村落能够常年提供50～100个青壮年劳力计算，要一年内完成这个工程，需要动员10～20个村落的劳力。这与调查的颍河上游登封地区龙山文化晚期聚落遗址的数量基本符合，由此推出王城岗大城的兴建可能是动员了以王城岗遗址为中心的整个聚落群的力量来共同完成的。根据调查，王城岗龙山文化晚期遗址是颍河上游周围数十千米范围内规模最大、等级最高的聚落遗址，王城岗龙山文化晚期大城是当时该地区涌现出来的可以看作是雏形国家的政治实体的中心所在；

（8）根据地望、年代、等级、与二里头文化关系以及"禹都阳城"等有关文献记载的综合研究，王城岗龙山文化晚期大城应即"禹都阳城"之阳城，东周阳城当以"禹都阳城"即在附近而得名，而早于大城的王城岗龙山文化晚期小城则可能是传为禹父的鲧所建造，从而为夏文化找到了一个起始点；

（9）通过王城岗龙山文化晚期遗址动物遗骸的研究，证明当时已经驯养了猪、狗、黄牛、绵羊等动物，获取肉食资源的方式已经进入了开发型阶段；

（10）通过对王城岗龙山文化晚期遗址出土植物遗存的研究，证明当时种植的农作物中，除了传统的粟类作物，还有一定数量的稻谷和大豆，表明河南龙山文化晚期的居民已由种植粟类作物的单一种植制度逐步转向了包括稻谷和大豆在内的多品种农作物种植制度，人类的食谱已趋多样。

我们对王城岗各时期考古遗迹、遗物的描述和分析，王城岗及其周围地区的考古调查、发掘和研究的历史，遗址的分期研究，植物遗存、动物遗存的观察、测量和分析，植物硅酸体分析，孢粉分析，木炭碎块分析，人类遗骸的观察和分析，石器的显微观察和分析，陶器的激光剥蚀进样电感耦合等离子体发射光谱研究，石器工具的制作和使用实验研究，龙山文化大城用工量的模拟实验研究，碳-14年代研究等等，极大地丰富了对于王城岗以及王城岗周围地区文明化进程的认识，为整体把握中原地区中国文明起源的脉搏，也提供了前所未有的丰富材料。

三 王城岗遗址考古的意义

1. 王城岗城址的年代与夏代始年

我们根据新的发掘资料并结合原有发掘资料，对王城岗龙山文化遗存重新进行了分期，将王城岗龙山文化遗存分为前期和后期。王城岗龙山文化前期以王城岗小城为代表。王城岗龙山文化后期以王城岗大城为代表，包括大城城墙、城壕。综合相关单位的碳-14测年数据可知：王城岗龙山文化前期年代上限应不早W5T0671 ⑨的2200BC～2130BC，王城岗龙山文化前期年代下限应不晚于W5T0670 ⑧的2100BC～2055BC或W5T0671 ⑧的2100BC～2055BC。前期存在的时间约100年或稍长些。王城岗龙山文化后期年代上限应不早于W5T0670H73的2130BC～2075BC，王城岗龙山文化后期年代下限应不晚于W5T0672HG1 ⑥的1885BC～1835BC。后期存在的时间约200年或稍短些。《夏商周断代工程（简本）》将夏代的始年推定在公元前2070年，王城岗小城的使用年代较夏代的始年稍早些，而王城岗大城的使用年代已在夏代的始年以内[8]。

2. 王城岗城址与禹都阳城

王城岗遗址发现龙山文化晚期城堡后，被发掘者和一些学者视为禹都阳城，其所属的河南龙山文化晚期，也被推定为早夏文化遗存。但也有一些学者认为该城址残存不足1万平方米，作为夏禹之都确实小了。随着王城岗龙文化晚期大城的发现，一跃成为河南境内龙山文化城址中规模最大者，这无疑是对禹都阳城之说的有力支持，河南龙山文化晚期为早夏文化之说必然以此为新的根据。王城岗龙山文化晚期大城是一座带护城壕的大型城址，是由人工城墙和城壕与天然河流共同构成防御设施，复原后的大城总面积可达34.8万平方米。在大城内，发现大面积的夯土遗迹和龙山文化晚期的祭祀坑、玉石琮、白陶器等重要遗存。关于王城岗大城与小城的关系，由小城位于大城的东北部，大城的北城壕打破小城西城的西北拐角处夯土城墙的基槽，可知大城的年代晚于小城。夏商周断代工程将夏代的始年推定为公元前2070年。王城岗大城的年代已进入夏代的纪年[9]。

在王城岗城址附近发现战国时期的"阳城"遗址，可知该地区战国时期称为"阳城"。古代文献《孟子·万章上》"禹避舜之子于阳城"。《古本竹书纪年》"禹居阳城"。《世本·居篇》"禹都阳城"。或"夏禹都阳城，避商均也"。《史记·夏本记》"禹辞避舜之子商均于阳城"。从有关夏禹"居"或"都"阳城的文献看，夏禹与阳城的关系是十分密切的。关于阳城的地望，《国语·周语上》"昔夏之兴也，融降于嵩山"韦昭注："崇，崇高山也。夏居阳城，崇高所近"。《水经·颖水注》载阳城"颖水经其故城南，昔舜禅禹，禹避商均，伯益避启，并于此地。……县南对箕山"。《括地志》"阳城县在箕山北十三里"。《太平御览》卷三十九"嵩山"条下，引韦昭注："崇，嵩字古通用。夏都阳城，嵩山在焉"。依据上述文献可知禹都阳城距离嵩山不远，大体是在嵩山和箕山之间的颍水河畔。联系到历史上夏鲧、禹的传说多集中在这一带，我们认为王城岗小城使用时期略早于夏始年即公元前2070年，因此小城有可能与禹之父鲧"作城"有关；而王城岗大城的使用年代已进入夏始年的公元前2070年以内，可以认为大城可能即为"禹都阳城"。

3. 王城岗城址与大禹治水

有关王城岗城址的废弃原因，发掘者在1983年发表的《登封王城岗遗址的发掘》中即提出王城岗龙山文化晚期城堡中的东城的大部分是被五渡河和西北来的山洪冲毁。关于洪水的遗迹大体与中国文献中尧、舜、禹时期有关发生洪水的传说记载相符合，这应该是考古学者较早对历史上的尧、舜、禹时期发生洪水的相关遗迹的关注[10]。

根据已掌握的材料，关于大禹治水的考古学观察，可以有这样几点认识：其一，洪水发生的时间大体为考古学的仰韶文化晚期和龙山文化时期，即公元前3000年至前1800年；其二，西周时期遂公盨的现世，其中关于大禹平土治水之事的记载，使证明夏代的地下文字资料由春秋时代提前到西周中期，竟提早了六七百年，与夏代考古材料呼应更近了；其三，治理洪水的人，主要是华夏集团的共工氏、鲧、禹、四嶽（岳），已有考古材料表明：共工之城可能为辉县孟庄古城，鲧作之城可能为登封王城岗小城，禹都阳城即为登封王城岗大城；其四，治理洪水的方式主要有两类：以共工氏和鲧为代表的治水方法窒塞，即把高地铲平，把低地填高。可以从共工之城——孟庄古城和鲧作之城——王城岗小城的筑城特征寻找到一些共工和鲧治水方式的遗留。以大禹为代表的治水方法为疏导，这又包括两方面：一为把散漫的水中的主流加宽加深，使水有所归；二为沮洳的地方疏引使干。

综观王城岗新的考古学材料，我们已经在王城岗龙山文化城址的选址、设计、施工技术等方面搜寻到若干可能与中国古史传说中的大禹治水相关的痕迹，大体有以下几点：首先，可以认为王城岗龙山文化大城的修筑，恰恰说明大城的主人对河水的认识和利用有着较高的水平。其次，王城岗龙山文化晚期大城即为禹都阳城，王城岗大城北城壕长达数百米，但其底部高差却不足0.40米，可见王城岗龙山文化晚期的人们已经掌握了一定的测量技术，这种城壕底部大体接近水平的设计和开挖，增加了中国古史中大禹治水的可信度。在大禹治水的过程中是以疏导使水畅流为主，具备一定的测量技术和水平挖掘和控制技术是必不可少的。第三，如前所述，通过实验考古已经从该城址的工程量和施工管理组织等方面找到一些线索，王城岗大城的兴建可能是动员了以王城岗遗址为中心的整个聚落群的力量来共同完成的。王城岗大城是当时颍河上游地区涌现出来的可以看作是雏形国家的政治实体的中心所在。第四，夏王朝建立前后的经济发展水平较高也应该是治水成功的要素之一。夏禹时期的经济实力足以支持大禹治水。王城岗的考古新收获，试图从考古学的角度证明中国古史中的大禹治水是可以从传说变为信史的[11]。

4. 王城岗遗址对夏文化研究的意义

王城岗遗址的发现已经60多年了，若从1959年徐旭生先生为寻找"夏墟"对告成八方间遗址的调查算起也有50余年，为探索夏文化于1975年开始对该遗址的考古发掘与研究至今已有40年，1996年夏商周断代工程——早期夏文化研究专题组在王城岗河南龙山文化晚期城址内发掘采样，2002年至2005年"中华文明探源工程预研究"和"中华文明探源工程"在王城岗遗址展开的考古工作。上述的考古工作大体反映出中国学术界以探索夏文化为目的，对王城岗遗址所进行的几次重要的考古调查、发掘与研究工作，可以说是60年来考古学界探索夏文化的一个缩影。

著名考古学家李伯谦先生综合目前夏文化发现与研究成果时认为："回顾历史可以看出，从1931年徐中舒先生提出来仰韶文化是夏文化开始到现在，整整经过70多年，我们才敢说，夏文化确确实实找到了，这就是河南龙山文化晚期遗存、新砦期遗存以及二里头文化，时间是从公元前21～前16世纪，而且它最早的都城——阳城和最后的都城——斟鄩也找到了。……我们认为上述结论的得出严格遵循了四个方面的原则，是有它的方法论的支持和科学依据的。第一个方面是年代学。作为探索夏文化对象的考古学文化的年代，要与根据文献推定的夏朝存在的年代基本相当。第二个方面，就是看作为探索夏文化对象的考古学文化的分布范围，要和根据文献推定的夏时期、夏族活动的地域是否基本一致。第三个方面，就是你找的作为探索夏文化对象的这个考古学文化，要有与同时期周邻地区的考古学文化不同的特征，要有自己的特点，而且要和文献记载的夏人的某些风俗习惯能够挂起钩来。第四个方面就是文化关系。作为探索夏文化对象的考古学文化，与同时期周邻其他考古学文化的关系，要和文献记载的夏族和其他族有一致之处。四个方面紧密相连，缺一不可。年代、地域、文化特征、文化关系，这四个方面都能研究得比较圆满的话，那才能说，你发现的这个考古学文化就是夏文化，就是夏朝时期夏族的人创造和使用的文化。……经过六七十年的探索，总结出来四条标准，用这四条标准回头来看一看发现的这么多和探讨夏文化有关的遗迹，究竟哪个是夏文化，我们说只有三个是。第一个，河南龙山文化王湾类型是早期夏文化，登封王城岗的30多万平方米的龙山时期的城，就是"禹居阳城"的阳城。第二，以新密新砦遗址为代表的新砦遗存（或曰新砦文化），是"太康失国"、"后羿代夏"期间的夏文化。第三，以二里头遗址为代表的二里头文化是"少康中兴"到夏桀灭亡时期的夏文化。这个结论与20世纪20年代疑古思潮刚刚兴起的时候，顾颉刚先生曾说"禹是一条虫"，简直不可同日而语。经过几代考古工作者的努力，科学的结论是夏朝是存在的，其年代是大约公元前2070年到前1600年。"[12]

在夏文化研究中，虽然还存在许多问题，但也取得了不少共识并获得了重要进展，如历史上的夏代是信史，夏代的物质文化遗存应该到考古学文化中的王湾三期文化晚期和二里头文化中去寻找，夏商周断代工程推定夏代存在于公元前2070～前1600年，即公元前21～前17世纪等，使夏文化的研究有了长足的进步。最近李伯谦先生为登封王城岗考古40年题词："王城岗上考古人，忙忙碌碌四十年，城墙城壕连连现，禹都阳城不虚传。"通过几十年的考古工作，我们认识到在夏文化研究的过程中，对王城岗遗址考古新发现与研究的重要意义和价值应有足够的认识和估计，并不断将夏文化研究推向新阶段。

2015年7月21日初稿，27日二稿于"方悟室"

注释

[1] 徐旭生：《1959年夏豫西调查"夏墟"的初步报告》，《考古》1959年第11期。

[2] a. 河南省文物研究所、中国历史博物馆考古部：《登封王城岗遗址的发掘》，《文物》1983年第3期。b. 河南省文物研究所、中国历史博物馆考古部：《登封王城岗与阳城》，文物出版社，1992年。

[3] 余波：《国家文物局在登封召开告成遗址发掘现场会》，《河南文博通讯》1978年第1期。

[4] 夏鼐：《谈谈探讨夏文化的几个问题——在"登封告成遗址发掘现场会"闭幕式上的讲话》，《河南文博通讯》1978年第1期。

[5] 夏商周断代工程专家组：《夏商周断代工程1996~2000年阶段成果报告·简本》，世界图书出版公司，2000年。

[6] a. 北京大学考古文博学院、河南省文物考古研究所：《河南登封市王城岗2002~2004年发掘简报》，《考古》2006年第9期。b. 方燕明：《登封王城岗城址的年代及相关问题探讨》，《考古》2006年第9期。

[7] 北京大学考古文博学院、河南省文物考古研究所：《登封王城岗考古发现与研究（2002~2005）》，大象出版社，2007年。

[8] 同注[7]。

[9] 同注[7]。

[10] 河南省文物研究所、中国历史博物馆考古部：《登封王城岗与阳城》，北京：文物出版社，1992年。

[11] 同注[7]。

[12] 李伯谦：《夏文化探索与中华文明起源与形成研究》，《文明探源与三代考古论集》，文物出版社，2011年，第16~30页。

Archaeological Exploration of Wangchenggang Site in Dengfeng and Yudu Yangcheng City

Yanming Fang (Henan Provincial Institute of Cultural Relics and Archaeology, China)

Abstract

Xia dynasty was the first dynasty in Chinese history according to the historic literature, and the first king of Xia dynasty was Yu, who founded the capital Yangcheng city or called Yudu Yangcheng City. The legend of King Yu tamed the flood is widely circulated. This paper proceeds from the archaeological excavation and research of Wangchenggang site in Dengfeng, and searches for the ruins of Yangcheng city and remains related to the story of King Yu tamed the flood. The archaeological exploration of Xia Culture allows us to get closer to the historical truth of Xia dynasty.

河北张家口市清水河流域龙山时代考古遗存分析
——以大水沟遗址的考古调查与试掘为例

崔英杰　王振祥*

清水河属海河流域永定河水系上游洋河的支流，发源于张家口崇礼县桦皮岭南麓，上游有东沟、正沟和西沟三大支流，三沟汇合后自北向南穿越张家口市区，由宣化县境内注入洋河，全长109千米，流域总面积2380平方千米。大水沟遗址位于张家口市崇礼县高家营镇大水沟村周边阶地上，当地称之为"邓槽沟梁"，西侧为清水河，南北为两条冲沟，西南距张家口市区约2千米。该遗址是在第三次全国文物普查时发现，为河北省2处三普重大考古发现之一。

2015年7～10月，河北师范大学大学考古系与河北省文物研究所、张家口市考古所和崇礼县文广新局组成考古队，以大水沟遗址为中心，在其周边区域开展考古调查工作，在大水沟遗址北部发现黄家湾东南遗址和西甸子东南遗址，并选择大水沟遗址进行了勘探和试掘工作（图一）。从调查和试掘情况来看，三处遗址采集遗物具有较高的相似性，器形主要有罐、鬲、斝、豆、甑、盆等，另有大量錾手、竖耳、磨制石器和细石器，及少量彩陶片，时代以龙山时期为主，最早可至仰韶文化晚期。

除上述三个遗址以外，清水河流域龙山时期的遗存仅有1978年张家口地区文物普查队发现的石嘴子遗址和第二次全国文物普查时发现的大门沟遗址两处，且都未进行过正式的考古发掘。就整个冀西北地区而言，目前发现的龙山时期遗址近70处，其中较为重要的有蔚县筛子绫罗遗址、庄窠，宣化贾家营、白庙、关子口，怀来官庄、小古城等遗址，与此相较，清水河流域新石器时代的考古工作还相对较少。

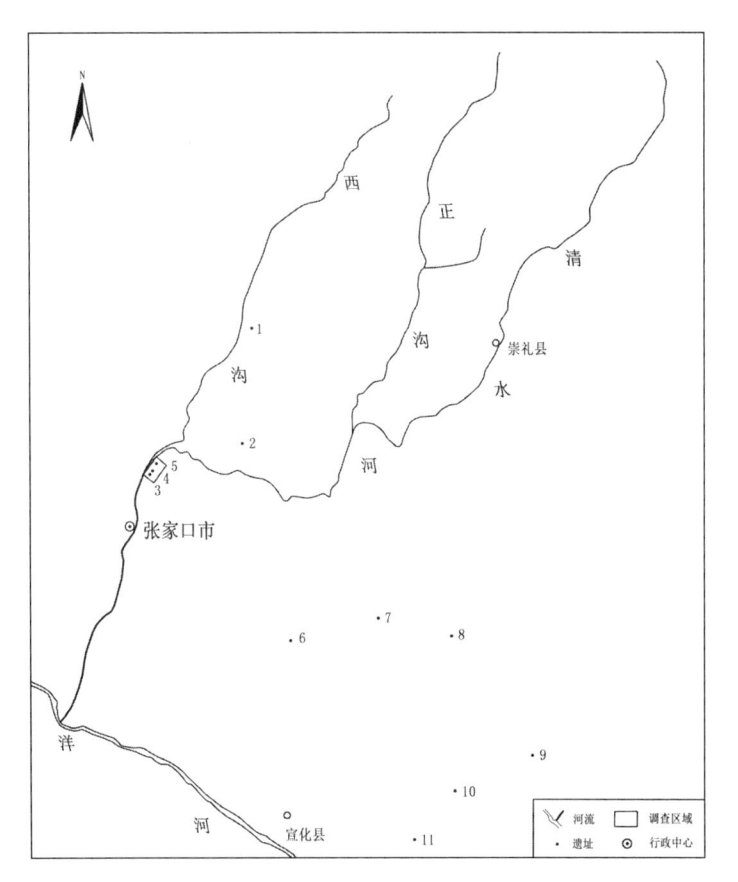

图一　调查区域及龙山时期遗址位置示意图
1. 石嘴子　2. 大门沟　3. 大水沟　4. 黄家湾东南　5. 西甸子东南　6. 西望山　7. 常峪口　8. 官廷梁　9. 关子口　10. 贾家营　11. 伙房

---

* 崔英杰、王振祥：河北师范大学。

一 研究史回顾

冀西北龙山时期考古学文化的研究发轫于蔚县壶流河流域考古调查和发掘，1979年，河北省文物管理处、吉林大学考古专业与张家口地区博物馆组成张家口考古队，对蔚县壶流河流域的考古调查和发掘工作，通过蔚县三关、筛子绫罗和庄窠遗址的发掘，获得了一批相当丰富的龙山时期考古学资料；随后苏秉琦先生指出冀西北是"中原与北方古文化接触的三岔口，又是北方与中原文化交流的双向通道。"[1]点明了冀西北地区史前文化的重要性，正是在苏秉琦先生的指导下，冀西北龙山时期的考古发现与研究工作得到了空前的发展。

随着田野考古工作的深入，与冀西北相关的内蒙古中南部、陕晋北部的考古资料与研究工作也有了较大进展，诸多学者将龙山时期晋陕冀北部及内蒙古中南部的考古学遗存视为同一个文化圈，围绕冀西北及其相关地区，对冀西北龙山时期遗存的分期、性质以及源流等方面进行了探讨，提出了诸如前套龙山文化、游邀文化、朱开沟文化、寨峁文化、老虎山文化和永兴店文化等文化命名的意见，"但诸家所言或于地域上不尽相同，或在时间上有所差异，因此，上述遗存究竟能否纳入统一的文化，抑或分属若干不同的文化种类，目下学界尚未取得共识。[2]"现将学术界关于冀西北龙山时期遗存的研究情况以行文时间为序简述如下：

陶宗冶将张家口地区战国以前的考古学文化编年序列分为四期十七组，其中第二期的四至六组处于龙山时期，第四组以宣化贾家营遗址为代表，处于龙山时期偏早阶段，其陶器特点与内蒙古的阿善文化颇为相近，但陶色及同类器器形上有着较大差别；第五组以三关、筛子绫罗、庄窠以及贾家营遗址为代表，部分含有晋中和吕梁地区龙山时期文化因素，此类遗存在冀西北地区分布较广，表现出较强的区域文化特征；第六组以白庙第二地点为代表，器类和器形与第五组基本相同，但出现了较晚的特征，应处于龙山时代偏晚阶段[3]。许伟指出在龙山时代早期，晋中地区一度受到包括冀西北在内周邻文化的强烈影响，至龙山时代晚期，冀西北又成为晋中双鋬手斝式鬲的流布区[4]。杨杰运用类型学排比的方法，以各遗址的地层关系为依据，通过对内蒙古河套、晋中北部、陕北和冀西北地区的太谷白燕、汾阳杏花村、忻州游邀、凉城老虎山、准格尔旗大口、神木石峁、蔚县筛子绫罗、三关、庄窠等大量新石器时代末期考古遗存的分期、分区、文化因素分析的系统研究，认为该地区龙山时代遗存是在该地区前期文化基础上发展起来的一支独立的考古学文化，其年代距今约4500~3900年，晚期已进入夏纪年[5]。卜工和许永杰将陕西、山西和河北北部地区统称为"三北地区"，认为以双鋬陶器为特色的考古学文化在龙山时代早期后段以后，在这里得到了长期稳定的发展，文化面貌呈现出高度的一致性，形成了一个相对独立的考古学文化区域，并以"游邀文化"来命名三北地区的双鋬鬲遗存[6]。高天麟对整个黄河流域龙山时代的陶鬲进行了类型学的研究，指出张家口地区和北京昌平所见的双鋬鬲，主要是分布于晋中及其以北的忻定盆地双盘鬲的后续形式[7]。段宏振将河北龙山时代文化分为三个文化系统，认为冀西北地区以鬲、斝、瓮为特色的陶器遗存[8]，与河北平原上的龙山文化有着较大的差异，与晋北地区的龙山遗存比较相近[9]。魏坚在《试论永兴店文化》[10]一文中指出，永兴店文化与分布于晋中、忻定和张家口地区的以矮领胖袋足双鋬鬲为代表的遗存，在文化面貌上有着较多的一致性，在其发展过程中受到了来自晋陕冀北部地区同时期考古学文化的强烈影响。韩建业则用老虎山文化来涵盖距今 4500～3900 年，以晋中北为中心，包括内蒙古中南部、陕北和冀西北在内的北方地区的大部分龙山遗存，并将张家口地区龙山时期遗存分属为老虎山和筛子绫罗早晚两个类型，其中老虎山类型以贾家营 H1 和 H3 为代表，筛子绫罗类型则包括筛子绫罗 H122、贾家营 H2、石嘴子、白庙等诸多遗址[11]。张忠培认为老虎山文化单把鬲的流行，表明岱海地区和张家口地区联系较为密切[12]；同时在《滹沱河上游和桑干河流域的正装双鋬鬲》[13]一文中又通过对主要分布在滹沱河上游及桑干河流域遗存的正装双鋬鬲的研究，指出游邀遗址龙山时代后期遗存，在桑干河流域具有代表性。宋建忠指出，在龙山时代，三北地区考古学文化表现出高度一致的以双鋬耳为特色的鬲、甗、盉、斝、罐、盆、甑等器物群，并在整个龙山时代，北方地区积极向外施加影响，鬲类器物大规模南下，使晋南豫西的当地文化发生了很大变化，表现出强烈的单向性。至龙山时代晚期，由于不同考古学文化的接触，三北地区的考古学文化发生了分野，以蔚县三关为代表的冀西北地区遗存被纳入了夏家店下层文化的范畴[14]。

综合以上研究的主要成果可以认识到，龙山时期的冀西北地区处于三北地区各史前文化的交汇区，与周邻各文化有着紧密的联系，学界关于该区域的研究也多将其置于三北地区这一更大的区域系统之中，并未有专文的研究分析。本文通过对大水沟遗址调查和试掘情况的分析，在考察清水河流域龙山时代考古遗存的同时，亦期能够加深对冀西北龙山时代考古学遗存的认识。

二　工作概况

1. 前期田野调查

调查主要以大水沟遗址为中心，沿清水河东岸进行，共计调查面积 600 万平方米，发现遗址 3 处，分别为大水沟遗址、黄家湾东南遗址及西甸子东南遗址。其中大水沟遗址面积为 15.15 万平方米，黄家湾东南遗址面积为 18.73 万平方米，西甸子遗址面积约为 8 万平方米。各遗址采集遗物具有非常高的相似性，根据采集遗物的特征分析，三处遗址的时代主要为龙山时期，最早可到仰韶文化的晚期。

（1）遗迹

房址：三处遗址共发现龙山时期房址 13 座，皆为白灰面房址，其中以大水沟和黄家湾东南遗址分布最多，主要集中在阶地中部，面向清水河的一侧，由于田地休整及水土流失等原因，房址破坏较为严重，部分房址仅存一隅暴露于地表。

灰坑：共发现 19 座，多位于房址周边，形状不规则，坑内含有草木灰及碎陶片等遗物，应为一般垃圾坑。

石护坡：发现有 4 段残存的石护坡，分别位于大水沟遗址东部和黄家湾东南遗址的东部和北部，其中大水沟遗址的石护坡现状较为完好，仍保存有堆垒迹象，黄家湾东南遗址的石护坡则仅见散布于山坡的石块。大水沟遗址与黄家湾遗址为一条冲沟相隔，冲沟的形成年代目前并不清楚，但冲沟南北两段石护坡的走势大致相同，考虑到两遗址采集和发现的遗存内容相近，因此不排除大水沟和黄家湾东南遗址为一处大型遗址的可能性（图二）。

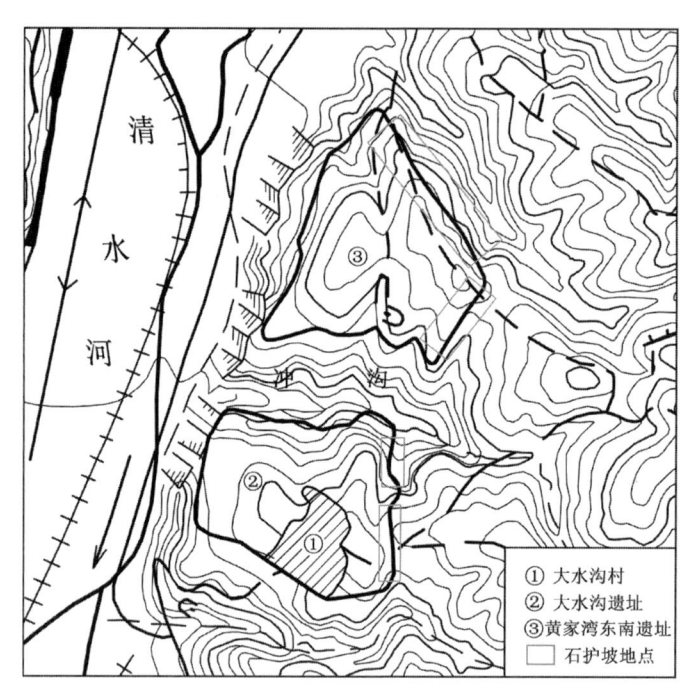

图二　石护坡位置示意图

（2）遗物

三处遗址采集遗物大致相似，主要包含陶片、磨制石器及细石器、骨器等。

陶器器形主要有罐、鬲、斝、豆、甗、盆等，另发现大量的鋬手与竖耳及少量的彩陶片（图三～六）。陶器以夹砂陶为主，可分为夹砂灰陶和夹砂红陶两大类，另有夹砂褐陶以及少量夹砂黑皮陶和夹砂灰皮陶；泥质陶较少，以灰陶为主，少量红陶（表1）。纹饰上素面器物占有大多数，其次为绳纹和篮纹，另有磨光陶器和少量戳刺纹、附加堆纹、弦纹、按窝纹和菱形纹（表2）。

表1　采集陶片陶质、陶色统计

夹砂					泥质		总计	
夹砂红	夹砂灰	夹砂褐	夹砂黑皮	夹砂灰皮	泥质红	泥质灰		
2328	2918	860	164	103	78	825	7276	
32	40	12	2.3	1.4	1	11.3	100	百分比（%）
87.7					12.3			

表2　采集陶片纹饰统计

纹饰								总计	
绳纹	篮纹	磨光	戳刺	附加堆	弦纹	按窝	菱格纹		
1405	1393	407	37	36	61	24	23	3386	
41.5	41.1	12	1.1	1.1	1.8	0.7	0.7	100	百分比（%）

图三　调查采集竖耳

图四　调查采集鋬手

图五　调查采集陶罐

图六　调查采集陶豆与陶甗

磨制石器主要有石斧、石刀、石凿和石杵（棒）等。石斧皆双面开刃，平面呈梯形，刃部可见使用留下的石疤。石刀双面开刃，平面为矩形，刀身有对钻穿孔。石凿单刃偏逢，体态细长，横截面呈正方形。石杵（棒）上留有长期使用留下的痕迹。

细石器主要为有石镞、石叶和石核，使用原料皆为燧石。石镞形状多为等腰三角形，可分为有凹底和无凹底两种形式。石叶多为条形，并可见多棱体石核（图七）。

图七　调查采集细石器

2. 中期勘探工作

为选定试掘区域及了解遗址内部地层结构，勘探工作主要在大水沟遗址进行，通过勘探并结合前期的调查分析，大水沟遗址的顶部及近清水河及冲沟的区域后期破坏严重，耕土层下即为生土，有少量的灰坑、房址；中间部分保存较好，文化层较厚，在20～120厘米之间不等。

3. 后期发掘工作

发掘区选定在大水沟遗址，主要在4个区域内开布探沟4条。TG1（2米×10米，实际发掘面积约4.5米×10米）的开设主要基于前期的调查发现剖面上有白灰地面的房址，同时地层堆积较完整，发现房址3座。TG2（5米×5米，后扩方实际发掘面积6米×6米）主要是基于在TG1中发现的房址不完整，为了解大水沟遗址的房址的具体形制而开布，探方内发现房址2座，灰坑2个。TG3（2米×5米，实际发掘约3.5米×5米）的开设，主要目的是发掘灰坑，并采集浮选样品，探沟内发现房址1座，灰坑1个。TG4（2米×10米，实际发掘25平方米）的开设，主要为了解遗址周边所环绕的石头护坡的性质，探沟内发现灰坑2个，灰沟1条。共计试掘面积约为120平方米，发现房址6座，灰坑4个，灰沟1条。

通过试掘发现，遗址内部地层堆积各试掘点略有差异，以TG1为例，总体而言自上而下分别为耕土层（①、②层）、近代扰土层（③、④、⑤层）、淤积（⑥、⑦层）及细黄沙层（⑧层），细黄沙层下即为龙山文化层，房址均发现于⑧层下，龙山文化层又可分为5个小层。

房址为地面式建筑，平面形状为圆角方形，一侧有门道，地面抹白灰，呈"凸"字形，房屋内部与周围有少量柱洞；四周有基槽，基槽内多有柱洞和石块、陶片等，墙体保存不好；房屋中间有圆形或圆角方形的灶。房址多残破，仅TG2中的一座较完整，房内出土遗物数量极少（图八、九）。灰坑面积较大，为不规则形状，分布于房址周围。石护坡的年代目前尚不能断定，但内侧护坡的年代应与遗址年代相当，外侧护坡形成时代较晚。

发掘出土遗物丰富，主要包括陶器、石器、骨器及部分动物骨骼（图一〇）。其中陶器主要包括夹砂红褐陶和灰陶、泥质灰陶和红褐陶，纹饰主要有绳纹、篮纹及少量的方格纹，并发现部分彩陶，器形多为罐类以及鬲、甗等；生产工具主要包括石斧、石凿、陶纺轮及部分细石器；另有骨针、骨刀等骨器出土。

图八　F1平面图

图九　F1出土遗物

图一〇　地层出土遗物

三　遗存性质分析

从田野调查和发掘所获的遗物来看，大水沟遗址龙山时期这种以素面夹砂罐为主的遗存与宣化贾家营遗址[15]以 H1 为代表的第一类遗存相似，除此之外，大水沟遗址中还发现有较多的正装双鋬手鬲残片，这在贾家营第一类遗存中并未发现，而在贾家营第二类遗存、蔚县筛子绫罗、崇礼石嘴子、怀来官庄等遗址中较为普遍。细石器方面，在整个张家口地区，甚至晋冀陕北部及内蒙古中南部地区的龙山时期都有着广泛的分布，是这一地区的龙山时期文化的重要特点。地面起建的白灰面房址，与筛子绫罗和官庄遗址的半地穴式房址和老虎山遗址的窑洞式建筑不同，这或许是地域因素引起的差异。

通过出土遗物和周边文化的对比分析，大水沟遗址应经历有较长时间，且已显出分歧的端倪。早期以素面夹砂罐为主，特别是器物上附竖耳和鋬手的风格，以及陶器纹样，与老虎山文化和雪山二期文化相近，在遗址营建上大量白灰面房址与老虎山文化也有共同之处。晚期在张家口地区大量出现的正装双鋬鬲与老虎山文化中的斝式鬲有着较大区别，应是山西游邀文化中双鋬鬲北上的结果。

总体而言，大水沟遗址从早期到晚期的发展过程中受到了周边同时期诸多文化的影响。鉴于雪山二期文化在绝对年代上要晚于老虎山文化[16]，大水沟遗址在早期应主要受到老虎山文化影响，但这种影响较为有限，目前此类遗存在张家口地区仅有贾家营和大水沟两处发现。晚期在以罐为主要器形的遗存继续发展的同时，在游邀文化的影响下，正装双鋬鬲在张家口地区兴起并流行开来；雪山二期文化中大量夹砂褐陶罐的出现若是对本土雪山一期文化的继承，那雪山二期文化中带鋬手鬲的出现，或是张家口地区正装双鋬手鬲的流布。

四　结语

通过对调查和试掘情况的分析，大水沟遗址至少经历仰韶和龙山两个时期，龙山时期遗存丰富，受内蒙古中南部老虎山文化和山西游邀文化影响较大，同时与雪山二期文化有着交流和联系。黄家湾东南遗址的文化内涵与大水沟遗址相似，可能是和大水沟遗址同时存在的两处遗址，从两处遗址东界吻合，分界处多位于山脊处，并有走向一致的石护坡和大量散落石块存在的情况来看，两处遗址应为一处面积达 34 万平方米的大型遗址，为清水河流域，乃至冀西北地区面积最大的一处龙山时期聚落，虽然尚不能断定发现的石护坡的性质，但大水沟遗址为该区域内中心聚落的认识应时无疑的。

就目前发现而言，由于勘探和发掘面积有限，对遗址内房址的布局排列情况和功能分区尚不明确，关于石护坡的年代及性质等问题还有待进一步确认，特别是没有发现该时期的墓葬遗存，使得对该区域龙山时期文化的认识存在不足，成为今后工作的重点。

注释

[1] 苏秉琦：《中国文明起源新探》，生活·读书·新知三联书店，1999 年，第 47、48 页。

[2] 中国社会科学院考古研究所：《中国考古学·新石器时代卷》，中国社会科学出版社，2010年，第642页。

[3] 陶宗冶：《试论张家口地区战国以前的考古文化遗存》，《北方文物》1994年第2期。

[4] 许伟：《晋中地区西周以前古遗存的编年与谱系》，《文物》1989年第4期。

[5] 杨杰：《陕晋冀北部及内蒙古中南部龙山时代考古学初探》，《内蒙古中南部原始文化研究文集》，海洋出版社，1991年。

[6] 许永杰、卜工：《三北地区龙山文化研究》，《辽海文物学刊》1992年第1期。

[7] 高天麟：《黄河流域龙山时代陶鬲研究》，《考古学报》1996年第4期。

[8] 段宏振：《试论华北平原龙山时代文化》，《河北省考古文集（一）》，东方出版社，1998年。

[9] 段宏振：《河北考古的世纪回顾与思考》，《考古》2001年第2期。

[10] 魏坚：《试论永兴店文化》，《文物》2000年第9期。

[11] 韩建业：《中国北方地区新石器时代文化研究》，文物出版社，2003年。

[12] 张忠培：《论内蒙古地区的考古学文化》，《内蒙古文物考古》2006年第2期。

[13] 张忠培：《滹沱河上游和桑干河流域的正装双鋬鬲》，《新世纪的考古学——文化、区位、生态的多元互动》，紫禁城出版社，2006年。

[14] 宋建忠:《史前时期晋南和北方地区考古学文化的交流与融合》，《早期夏文化与先商文化研究论文集》，科学出版社，2012年。

[15] 陶宗冶：《河北张家口市考古调查简报》，《考古与文物》1985年第6期。

[16] a.老虎山的发掘者认为老虎山文化的绝对年代距今约4500～4300年，而雪山二期文化则在晚期地层中发现有夏家店下层文化因素的陶器，绝对年代距今约4200～3800年，见内蒙古文物考古研究所：《岱海考古（一）——老虎山文化遗址发掘报告集》，科学出版社，2000年。b.苏天钧主编：《北京考古集成15》，北京出版社，2000年，第291～293页。c.韩建业：《北京先秦考古》，文物出版社，2011年，第88页。

Settlement Archaeological Research in the Basin of Qingshui River: The Survey and Trial Excavation of Dashuigou Site

Yingjie Cui, Zhenxiang Wang (Hebei Normal University, China)

Abstract

The Dashuigou site is located on the terraces of Dashuigou village, Gaojiaying Town, Chongli County, Zhangjiakou City, Hebei Province. The Qingshui River is located to its west. This site is about 2 kilometers away from Zhangjiakou city to the southwest. Dashuigou site was founded in the third national cultural relics survey. It is one of the two big findings in this survey in Hebei Province. The site was mainly occupied during Longshan culture period.

The Archaeology Department of Hebei Normal University and Archaeological Institute of Zhangjiakou City have carried out an archaeological survey and a test excavation at Dashuigou site and its surrounding area since July 2015.

The relics collected in this survey mainly included pottery shards, polished stone tools and microlith. Several plastered house floors and some pits were found on natural profiles. Four segments of stone revetment remains were found, and they are assumed as the same age as the site.

The area of test excavation is about 50 square meters. Three plastered houses were found. In the center of houses were circular stoves and oval stoves. Postholes were found at the center and outside of houses. Diverse artifacts and ecofacts were discovered, including pottery, stone tools, bone artifacts, and some fauna bones. The main types of pottery include coarse reddish-brown and grey pottery, fine grey and reddish-brown pottery. Decoration patterns are mainly rope lines, basket stripes and a few grids. Some painted-pottery were also found. Most painted-pottery are jar, li and zeng. Stone tools include axe, chisel and some microlith. Bone artifacts are mainly needles, knives, etc.

By comparing to surrounding cultures, it is found that artifacts unearthed at Dashuigou site are most similar to Laohushan culture. However, painted-pottery is rare in Laohushan culture. Earlier cultural remains are expected because additional cultural layers were found beneath the houses.

论江淮地区二里头文化时期的文化格局

赵东升[*]

本文所指的江淮之间地区是指安徽省和江苏省的长江和淮河之间地区，按照自然地理的分野，大致可以分成江淮西部、江淮中部和江淮东部地区。三者之间分别以裕溪河、滁河为界，其中江淮中部地区又可以以江淮分水岭为界分成西北部和东南部两个区域。

一 文化分期

1. 典型遗址的分期

（1）寿县斗鸡台遗址

斗鸡台遗址[1]位于安徽省六安市寿县县城西南13.6千米，西距颍河与淮河本流交汇点正阳关10余千米。1982年对此遗址进行了发掘，发掘探方两个，其中T1分9层，T2分8层。

根据地层和遗迹的叠压打破关系和出土物的变化，将斗鸡台遗址的文化遗存分为5组，是为5段（表1）。

表1 斗鸡台遗址地层单位分期表

分组 \ 单位	T1	T2	遗迹
一组（一段）	⑦~⑨	⑦、⑧	
二组（二段）	⑤、⑥	⑤、⑥	
三组（三段）	④	④	H2
四组（四段）	③	③	
五组（五段）	②	②	H1

一段的深腹罐、矮足罐形鼎、鸡冠耳盆、侈口夹砂罐等以及较多的绳纹、篮纹和方格纹的比例等均与河南龙山文化晚期的面貌相似，晚期可能跨入二里头文化一期。

二段的鸡冠耳深腹盆、平底深腹罐、圆腹罐均与二里头文化二期同类器物相似。有明显领部的子母口罐与岳石文化的前期相似。

三段的宽肩小口瓮和平折沿深腹盆等与二里头文化三期的同类器相似，同时子母口罐、平

---

[*] 赵东升：南京大学历史学院考古文物系。

底尊形器又与岳石文化晚期遗存相同。

四段的浅盘豆、颈部饰附加堆纹的深腹罐、碗形豆和半月形穿孔石刀等器物与岳石文化晚期的同类器相同,晚段年代可能已经进入早商。

第五段为西周早期文化。

(2) 寿县青莲寺遗址

青莲寺遗址[2]位于寿县县城南28千米,1982年发掘了两个探方。T1各层属于新石器时代;T2包括了新石器时代、青铜时代和铁器时代初期等多个时代的堆积。根据地层叠压关系和出土物,将T2的文化遗存分为六组,其中属于青铜时代的为第二~五组,是为五段(表2)。

第一段出土的侈口夹砂罐、侧三角形鼎足、侈口盆等与斗鸡台遗址T1、T2第一段所出同类器物形态相同,年代相当于新石器时代晚期至二里头文化一期。

第二段的陶器多与斗鸡台遗址第三段所出者接近,但又不完全相同。尤其是纹饰上表现的更为明显。根据斗鸡台遗址的陶片统计,其T1、T2第⑥层、第⑤层、第④层的篮纹比例逐层减少,绳纹比例逐层增加。青莲寺T2第⑥层的篮纹陶片又少于斗鸡台T1、T2第④层,绳纹则多于后者,且数据相差的较大(表3)。因此青莲寺T2第⑥层的时代应晚于斗鸡台遗址的第三段,大致与斗鸡台遗址第四段时代相当,其晚段的时间也可能已经进入了早商一期。

三段和四段相当于西周中期和晚期文化。

表2 青莲寺遗址分段及与斗鸡台遗址对比表

组别	内容	包含单位
二组(一段)		T2⑦
三组(二段)		T2⑥
四组(三段)		T2⑤、T2④
五组(四段)		T2③a、T2③b

表3 斗鸡台、青莲寺遗址陶器纹饰对照表

遗址	层位	纹饰(%)			
		素面	篮纹	绳纹	其他
斗鸡台	第⑦~⑨层	32.13	40.47	19.16	8.24
	第⑤~⑥层	34.81	25.07	22.94	17.18
	第④层	30.39	21.59	25.78	22.26
青莲寺	T2第⑥层	25.47	3.77	64.15	6.61

(3) 含山大城墩遗址

大城墩遗址[3]位于含山县城西北约15千米，1979～1982年进行的三次发掘发现自二里头文化时期至西周时期的8层文化堆积，发掘者将其分为六期。1984年又进行了第四次发掘，发现了前三次发掘未见的新石器时代堆积，研究者将其分为五期，其中一、二期为新石器时代遗存，三期同于前三次发掘的一期，四期同于前三次发掘的二、三期，五期同于前三次发掘的四、五、六期。根据发掘及研究的情况，这里只讨论第四次发掘的第三期遗存年代。

本期的盉、细体觚、盆形鼎、罐形鼎、瓦足鼎、深腹罐、带指窝的侧扁三角形鼎足、花边口沿罐均可在二里头文化中找到同类器。其中盉和觚在二里头文化中首先出现在二期，它们体型均较瘦削，觚有的在下腹部有一周凸棱，近底部的弧曲比较大，明显外撇，形成比较大的平底，盉（或鬶）袋足瘦长，这些均同于二里头文化二期晚段的特征。但同时小口折肩瓮、瓦足盆、高柄豆等又与二里头文化三期的同类器相同，说明大城墩二段的时期跨越了二里头文化二期晚段到三期的阶段。

(4) 肥西塘岗遗址

塘岗遗址[4]位于肥西县城北21.5千米。2005年发掘出了较丰富的新石器时代晚期和夏商周时代的遗存，其中文化层仅存在新石器时代晚期的，夏商周时代的遗存只保存在一些灰坑、灰沟和房址之中。发掘者将此遗址文化遗存分为三期，第一期为"新石器时代中期偏晚"期遗存；第二期为"新石器时代晚期偏晚"期遗存；第三期为"商、周时期"。排除新石器时代的文化堆积，为方便起见，我们将青铜时代遗存划分为早晚两期。

早期相当于岳石文化时期，没有发现文化层，仅有少量的房屋基址和灰坑，文化遗存属于较典型的岳石文化，几乎每件器物都可以在尹家城岳石文化遗存中找到同类。《中国考古学·夏商卷》中将尹家城岳石文化遗存在原报告的基础上分为四期[5]，即早晚各分为两期，塘岗遗址中的岳石文化遗存较早的相当于尹家城第一期，器物较少，代表性器物特征有大口斜腹罐、折腹豆、圈足尊等；较晚的相当于第二期，器物较多，代表性器物有中口罐、碗、鼎、平底尊等。不见相当于尹家城晚期的遗物。时代大约相当于二里头文化第二期早段。总体器物特征上，较早和较晚的时代相差不远。

(5) 高邮周邶墩遗址

周邶墩遗址[6]位于高邮市卸甲镇，发掘者认为有三类文化遗存存在，第一类是来源于豫东南地区龙山时代王油坊类型的南荡遗存；第二类遗存是来源于鲁东南地区岳石文化的尹家城类型。他们都是以后宁镇地区点将台文化的重要来源。第三类遗存与宁镇地区的春秋时代文化趋同。第二类遗存中存在几组地层单位的叠压打破关系，发掘者虽然看出存在进行分期的可能性，但限于发掘材料的缺乏，发掘报告中并没有进行更详细的分期。近年来，在江淮之间新发现了肥西塘岗等几处包含有较典型的岳石文化遗存的地点，为我们对江淮地区分布的岳石文化遗存提供了新的对比材料。第二类遗存中虽然有两组层位关系：H3、H4打破T0421、T0521第③层；H10打破T0911、T1011、T1212第②层，②层下开口有H12。但是通过综合对比与泗水尹家城和兖州西吴寺典型岳石文化的遗物，我们发现这些遗存单位中既有相当于尹家城类型早期的遗物，也有晚期的遗物共存，因此不能以遗迹为单位进行分期。周邶墩遗址中所包含的第二类文化遗存与鲁南地区尹家城类型的岳石文化无论在器类、纹饰还是形制上都非常相似。仅指器物而言，周邘墩遗址中的岳石文化遗存可以分为早期和晚期两个阶段，分别相当于尹家城报告中的早晚两期，早期的代表性特征如：圈足尊盛行，平底尊敞口，流行截首蘑菇纽器盖，深腹大口罐斜腹，高领罐领部较短，略直，似子母口，流行盘形纽器盖，三足器中的鼎、甗、盘等器物足部流行三角形侧扁足等。早期的器物特征与肥西塘岗岳石文化遗存的特征相同，时代大致相当或略晚，大约相当于二里头文化第二期。晚期遗存的年代则大约相当于二里头文化晚期。

（6）潜山薛家岗遗址

青铜时代的文化遗存是薛家岗遗址[7]的重要文化内涵。我们根据出土遗物的对比和地层遗迹叠压打破的情况，将具有典型分期意义的几组单位进行初步分析。大致可以分为六个阶段的文化遗存，其中只有第一阶段相当于二里头文化时期。此阶段以H25、H30、K2等为代表。陶器多为红色、土黄色夹砂陶，也有少量的饮食器为泥质陶。纹饰以绳纹为主，其次为附加堆纹、凹弦纹、篮纹、镂孔、网纹、乳丁纹等。制法以轮制为主，兼有模制和手制。器形规整，陶胎厚薄均匀。代表性器类有深腹罐、鼎式鬲、斝、豆等。此阶段大致相当于中原地区的二里头文化中晚期。

（7）其他遗址的分期

其他经过发掘并有资料公布的遗址还有六安西古城[8]、城都[9]、肥西大墩子[10]等。

六安西古城遗址地层共包括7层，其中第⑤、④层的时代相当于龙山文化晚期—二里头文化早期。

六安城都遗址包含有龙山文化晚期—二里头文化早期的文化堆积。

肥西大墩子遗址文化层分为下、中和上层，下层年代相当于二里头文化三期。

其他经过试掘或发掘的遗址还有江浦牛头岗[11]、岳西鼓墩遗址[12]等。

我们把经过发掘的各遗址进行比较列成表4，此表所列分期基本可代表江淮地区文化遗存的分期。

2. 文化分期

依据自然地理的分野和文化主体的不同，我们把江淮地区分为江淮东部区、江淮中部区和江淮西部区三个部分。

（1）江淮东部区

这块地区发现的相当于二里头文化时期遗存仅有高邮周邘墩、盱眙六郎墩[13]、沭阳万北[14]等少数遗址。由于这片地方与岳石文化的分布区域毗邻，而远离二里头文化分布区，因此在文化归属上比较接近于岳石文化，基本不见二里头文化或其他文化因素的遗存。

（2）江淮中部区

江淮中部区二里头文化时期的文化遗存，都有着共同的文化特征，根据约定俗成的观点，我们称其为斗鸡台文化[15]。

本区能够看出演变轨迹的陶器主要有盆、斝形杯、侧扁足鼎、细柄豆、平沿罐、深腹罐、短沿粗陶缸、尊形器等。根据斗鸡台、青莲寺、大城墩、吴大墩等遗址的地层关系，可将斗鸡台文化综合分为四期（图一）。

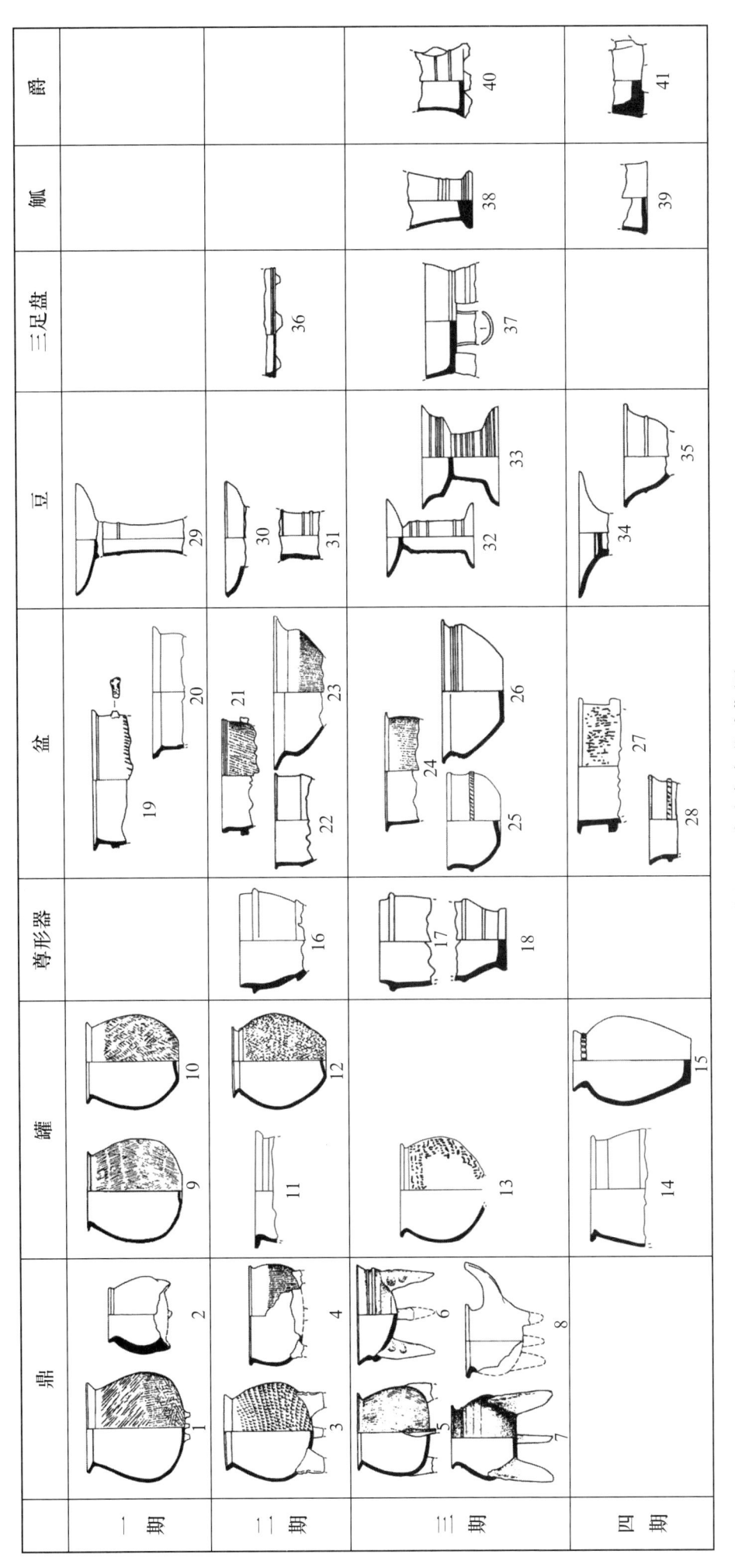

图一 斗鸡台文化分期图

1. 斗鸡台T1⑨：187 2. 斗鸡台T1⑦：112 3. 斗鸡台T1⑤：184 4. 斗鸡台T1⑥：22 5. 大城墩T1⑥：34 6. 大城墩T1⑥：35 7. 大城墩T5①：5 8. 吴大墩T1⑤：69 9. 斗鸡台T1⑨：188 10. 斗鸡台T1⑨：186 11. 霍邱洪墩寺T3③C 12. 斗鸡台T1⑤：183 13. 大城墩T17②：215 14. 六安东城郁采 15. 大城墩T1⑥：6 16. 斗鸡台T1④：38 18. 斗鸡台T1④：35 19. 斗鸡台T1⑧：123 20. 菁莲寺T2⑦：74 21. 斗鸡台T1⑤：59 23. 斗鸡台H2：95 25. 吴大墩T2⑧：75 26. 大城墩T4⑥：11 27. 淮南楼城子采 28. 淮南翻嘴顶采 29. 斗鸡台T2⑧：34 30. 斗鸡台T1⑤：71 24. 斗鸡台T1⑤：79 32. 斗鸡台T5⑧：5 33. 大城墩T5⑧：4 34. 斗鸡台T5⑧：14 35. 斗鸡台T2③：12 36. 斗鸡台T2⑥：56 40. 大城墩T4⑥：45 41. 斗鸡台T2③：10 37. 大城墩T17⑨：171 38. 大城墩T1⑥：5 39. 菁莲寺T2⑥：10

第一期：以斗鸡台遗址T1⑦～⑨层和T2⑦、⑧层以及青莲寺T2⑦层，西古城第一段和城都遗址为代表。据本期的深腹罐、矮足罐形鼎、鸡冠耳盆、侈口夹砂罐、红陶鬶等器物形态，结合纹饰，器类的特征判断，本期年代应相当于河南龙山文化和山东龙山文化晚期，并可能一直延续到二里头文化第一期时。相对于山东龙山文化来说，与河南龙山文化的关系更为密切些。

第二期：以斗鸡台T1、T2⑤、⑥层和淮南市獐墩遗址等为代表。从罐、盆、豆可以看出本期和第一期有明显的文化继承关系，但从鼎和鬶来看，也发生了不小的变异。本期的花边罐、鸡冠耳盆、甗等器都与二里头文化二期的同类器物相似，有明显领部的子母口罐（或尊形器）与岳石文化第一期者相似。

第三期：以斗鸡台遗址T1、T2④层和H2，大城墩T1、T4⑥层、T5⑧层和T17⑨层、T18⑰层，以及肥东古城吴大墩T2⑧层、肥西大墩子、巢湖庙集大城墩、半湖董城、含山清溪中学和江浦牛头岗遗址的二里头文化时期的遗存为代表。本期的宽肩瓮、盆形鼎等陶器与二里头文化三期同类器物形态相类。而肥西大墩子出土的铜铃[16]，与二里头二期晚段的同类器物形态相同，吴大墩和大城墩出土的细体觚、瘦长袋足的盉也均同于二里头文化二期晚段的同类器，说明本期的年代处于二里头文化二期晚段到三期。此期江淮中部的斗鸡台文化分布东西贯通，西到肥西、六安，东抵滁河下游与长江的交汇处，此期的岳石文化因素较弱。

第四期：包括斗鸡台T1、T2③层和青莲寺T2第⑥层以及霍丘县马家堌堆、楼城子、巢湖庙集大城墩、半湖董城等遗址。可以看出，本期含山大城墩遗址的二里头时期的文化遗存不再继续，仅在周边的遗址中发现少量斗鸡台文化的延续，可能说明斗鸡台文化经过上期的极大繁荣后已逐渐走向衰弱，发展的重心转向西部。根据浅盘豆、颈部饰附加堆纹的深腹罐、深腹盆、碗形豆、尊等的形制，均与岳石文化晚期的同类器物相似，鬲足的形制接近二里头文化第四期的同类器。因此，本期的年代大约相当于二里头文化第四期。本期岳石文化的影响经过前期的衰弱后有所加强。

需要指出的是，岳石文化除了对斗鸡台文化的发展过程施加影响之外，本身也创立了独立的文化遗存，在江淮分水岭南侧的肥西塘岗遗址就可以见到较早期的岳石文化典型遗存，这类遗存不同于斗鸡台文化，也不同于本地的新石器时代晚期文化，姑且我们可以称之为塘岗遗存，从斗鸡台文化的第二期中就可以见到岳石文化的因素和塘岗遗存中有相当于岳石文化第一期的器物来看，岳石文化之初就已经开始与江淮地区建立了较密切的联系。塘岗遗存主要分布在巢湖周边地区，时代大约相当于二里头文化一期到二期的早段，自二里头文化二期晚段开始随着二里头文化因素的强势介入，即宣告消亡。

本区的文化主要包括三种文化因素，即来自中原地区的河南龙山文化—二里头文化因素，来自山东、苏北的山东龙山文化—岳石文化因素和当地文化因素。

斗鸡台文化中存在着一定数量的河南龙山文化因素和二里头文化因素。并且，由于中原地区和安徽江淮地区某些相似文化因素出现或消失的顺序大体一致（如侈口夹砂罐出现较早，鬲出现稍晚，铜铃出现稍晚，矮足罐形鼎消失较早，早期陶器饰篮纹和方格纹的较多，晚期陶器饰绳纹的较多等），所以两地文化发展的进程也是相近的。在生活方式、审美情趣、占卜方式等方面，斗鸡台文化的使用者和河南龙山文化以至二里头文化的使用者都存在一致性，这种一致性在二里头文化时期达到最高,因此很有可能代表了一种文化传统不同基础上的文化附属和政治联盟关系。

另外,斗鸡台文化中也存在着山东龙山文化的影响因素。一期遗存中,有少量红陶鬶片、细密弦纹豆柄、鬼脸形鼎足、鸟首形鼎足等,均与山东龙山文化的某些典型陶器的局部相似。

在斗鸡台文化二期以后的遗存中,出现了较多的岳石文化因素,包括陶器和石器。陶器有尊形器、子母口鼓腹罐、舌状足三足罐、内壁饰凸棱的盘形豆、颈部饰堆纹的深腹罐、腹部饰凸棱的碗形豆、裆部和腰部饰附加堆纹的鬲等。石器有半月形双孔石刀。这些器物一般数量不甚多。形态特征与岳石文化的同类器物基本相同,有的器类的演变途径也与岳石文化的相似。但岳石文化因素同二里头文化因素是互为增减的,在三期二里头文化因素最强盛时期,岳石文化因素相对很少,四期时又有所增加。

在以上各种文化因素中,当地文化因素所占比例较大,在此地形成了一套独具特色的器物群,并且占有优势地位,是斗鸡台文化的主要成分。二里头文化因素和岳石文化因素也占一定的分量,并有一定的时空变迁。河南龙山文化和山东龙山文化因素很少,而且仅见于斗鸡台文化一期。因此,总体上看,江淮地区中部的文化在二里头文化时期主要是斗鸡台文化的分布区。

（3）江淮西部区

江淮西部区相当于二里头文化时期的遗存以薛家岗遗址的某些遗迹和地层中的某些遗物为主,另外也包括周边几处经过调查的遗址。

通过与周边同时期遗存的对比,这里的高柄豆与盘龙城[17]PWZT83 ⑦:3豆相似,与二里头二号宫殿遗址出土的二期陶豆 T1 ⑥:1,H4:1 等相似；鼎与盘龙城 PWZT20 ⑨:2 鼎近似,也与黄梅意生寺遗址[18]相当于二里头文化晚期的同类器几乎完全相同；爵与二里头二、三期陶爵形似；斝与盘龙城 PWZT25 ⑧:15 斝特点相似；深腹罐与盘龙城 79HP3TZ33 ⑨ B:1 罐相似,与二里头文化晚期的Ⅷ T10 ⑦:21 圆腹罐特征相似；斜直腹罐与盘龙城 79HP3TZ33 ⑨ A:1 罐相似（图二）。以上盘龙城出土的器物均为盘龙城遗址第一和第三期时,相当于二里头文化二期之末—早商第一期,它们共同存在于同一个遗迹中,之间的界线无法区分[19],当是早商阶段继续延续了二里头文化时期的发展方向,主体文化特征没有改变而形成的现象。这与盘龙城遗址中早商时期的文化和二里头文化时期的文化分界明显的情况截然不同,当是存在有不同的历史背景。

薛家岗遗存除了与中原二里头文化和盘龙城早商遗存的相似特征外,也具有长江中下游地区同时代的文化特点,比如间断绳纹的使用,鼎式鬲的流行,三柱状足浅盘小鼎（盘）等。

因此,薛家岗遗址的夏时期遗存既有较多中原地区的文化因素,也有大量长江中下游地区的文化因素,同时还有部分具有小区域特点的文化因素,体现了南北交融的文化特点,总体上看,属于长江中下游地区为主的南方文化系统的因素占有较大的比例,尤其是鼎式鬲这种器形是湖北黄陂盘龙城遗址同时期文化中的典型器物,并且在其后的鄂东南地区广泛流行,成为当地夏商周时期标型器物,在江淮地区西部其后的遗址中也有极大发展,因此,我们可以说皖西南地区同鄂东南地区在二里头文化时期基本上是属于一个文化区。这个文化区有独具特色的器物群,有共同的二里头文化的影响为基础,与本地的土著文化系统都存在较大的缺环,可以看作是同一个文化区,由于两地目前可见的材料均较少,我们还不便以一个文化命名,暂时将皖西南地

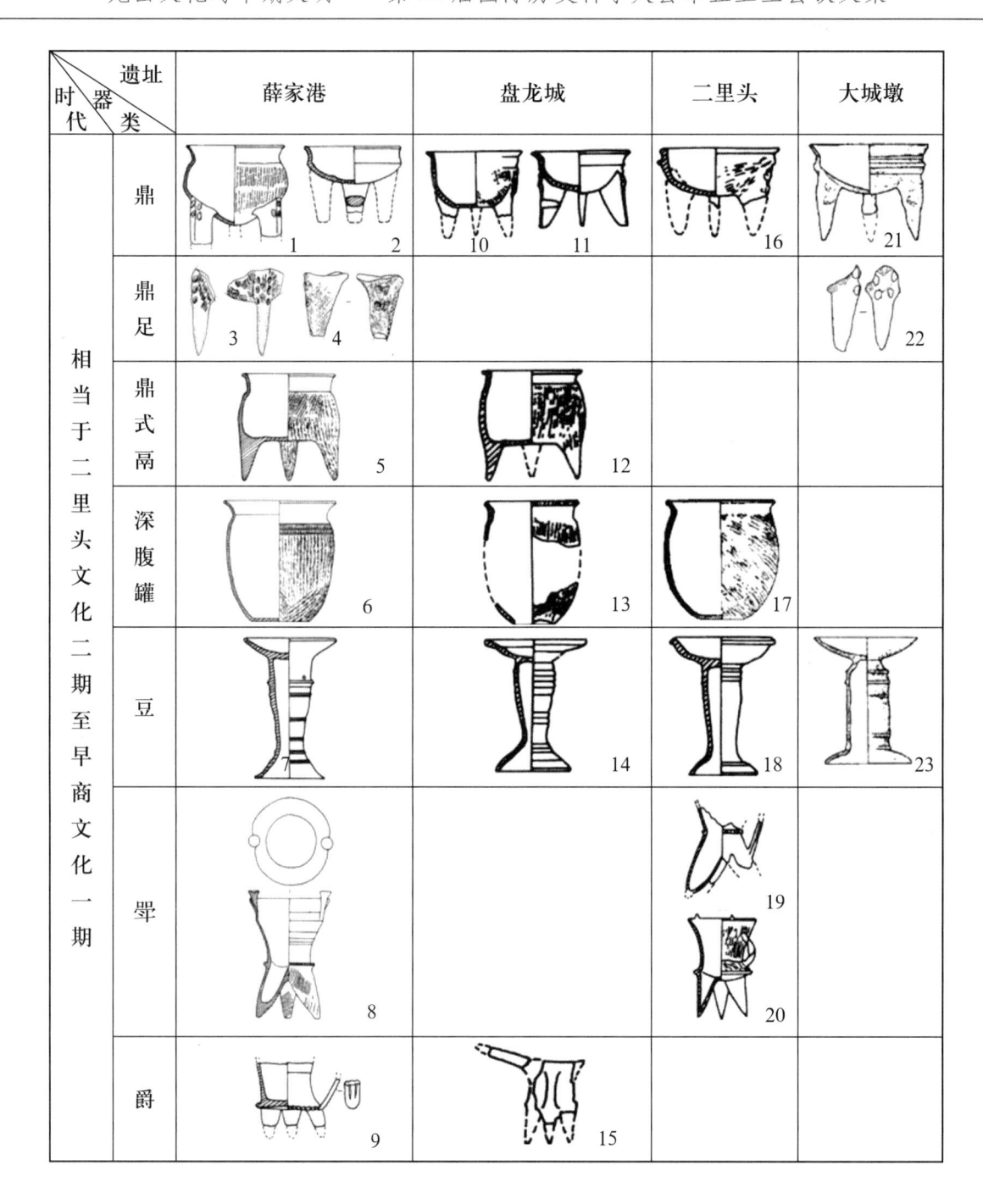

时代 \ 器类 \ 遗址		薛家港	盘龙城	二里头	大城墩
相当于二里头文化二期至早商文化一期	鼎	1　2	10　11	16	21
	鼎足	3　4			22
	鼎式鬲	5	12		
	深腹罐	6	13	17	
	豆	7	14	18	23
	斝	8		19　20	
	爵	9	15		

图二　薛家岗遗址、盘龙城遗址和大城墩遗址文化因素对比图

1.H30:34　2.采 4　3.H30:62　4.H35:31　5.H25:111　6.H25:101　7.H25:93　8.H25:90-1　9.H25:100　10.79HP3TZ33⑨A:7　11.PWZT31⑧:1　12.PWZT32⑧:21　13.79HP3TZ33⑨A:1　14.PWZT83⑦:3　15.PWZT84⑦:3　16.ⅢT14④:2　17.ⅨT10⑦:1　18.81YLVM5:3　19.ⅤT13C⑤:2　20.二里头遗址采集　21.T1⑥:35　22.T17⑨:173　23.T5⑧:5

区的称为薛家岗遗存，将鄂东南的称为盘龙城遗存。

根据以上情况，薛家岗遗存的年代大约相当于二里头文化二期之末至早商一期，结合对当地商时期文化的分析，可能一直继续到早商一期之末。

二 文化分区

受材料的限制，江淮东部区和西部区二里头文化时期的文化还不能进行细致的分区，江淮中部地区的文化面貌较丰富，发掘的遗址也比较典型，有利于我们考察二里头文化在此地发展的进程。

从江淮中部斗鸡台文化的总体面貌上可以把其分成两个小区，即西部沿淮区和东部沿江区，两者大致以江淮分水岭为界，西部属于淮河流域区，东部属于长江流域区，西部小区以斗鸡台遗址为代表，命名为斗鸡台类型，东部小区命名为巢湖类型。两个小区内的文化各具有较大的共性，但两个小区文化发生、发展的进程并不相同，导致它们之间文化内涵也有所区别。如总体上看，虽然两个区域均以夹砂灰黑陶和夹砂褐陶为主，但巢湖地区有较多的夹砂红陶。中原二里头文化因素所占的比例也不相同，越往南与二里头文化因素的差别越大。在巢湖类型出现以前，巢湖地区还存在着较典型的岳石文化遗存。另外，斗鸡台文化中的印纹陶因素大多都出自巢湖类型，斗鸡台类型流行的侧扁三角形鼎足和大口罐等在巢湖类型中基本不见，而巢湖类型流行的扁锥状鼎足和深腹平底鼎、觚形杯、釜等在斗鸡台类型中也基本未见[20]。相对于不同因素来讲，相同因素是主要的，比如都常见平沿罐、短沿粗陶缸、盆形鼎、单把鼎、三足盘、爵、觚等，且具有连续的演化过程。都以鼎为主要炊器，都具有二里头文化典型的鸡冠耳盆、岳石文化典型的子母口鼓腹罐等。纹饰上都以素面为主，常见篮纹、绳纹、方格纹和箍状堆纹等。

与以往不同的是，我们认为巢湖类型是斗鸡台类型的派生类型，是二里头文化在与岳石文化斗争的过程中，势力逐渐东扩而形成的。相当于二里头文化二期及以前的时期，巢湖类型分布的区域内应该是岳石文化的分布区。

江淮东部地区是属于岳石文化的周邶墩第二类文化遗存的分布范围，基本不见二里头文化因素的存在。

江淮西部地区是薛家岗遗存的分布范围，它同样也受到二里头文化的影响，但与斗鸡台文化中的二里头文化因素有较大的差异，当与斗鸡台文化中的二里头文化因素有不同的来源。文化内涵中更多的是接受了鄂东南地区盘龙城遗存的因素，可能是二里头文化经鄂东南地区才传入这里的。当是不同于斗鸡台文化和二里头文化的地方遗存。

三 文化格局的时空变迁

1. 二里头文化早期

斗鸡台文化第一期，即相当于龙山时代末期到二里头文化第一期。

从目前材料来看，江淮地区这个时期的遗存仅发现于江淮中部的偏西部地区，也就是斗鸡台文化斗鸡台类型分布的区域。如上所述，这一时期的文化表现出较强烈脱胎于土著文化和受到河南龙山文化以至二里头文化影响的面貌。斗鸡台文化应该主要是在河南龙山文化的影响之下，建立在本地文化传统之上的文化遗存，从它的建立之初，就决定了它与二里头文化之间有着千丝万缕的联系。二里头文化中的良渚文化因素就是经由江淮地区传播至中原腹地的。夏部族很可能在龙山文化晚期时就已经与江淮之间建立了"盟友"关系,由此,我们认为传说材料中所谓的"禹娶涂山"实不为虚说。

斗鸡台文化第二期,即相当于二里头文化第二期和岳石文化第一、二期。

相对于第一期来说,江淮地区文化首先在分布的范围上有所扩大,这种文化范围的扩大并不是仅仅表现为斗鸡台文化的分布范围,而是比较单纯的岳石文化遗存在江淮地区的出现,它以肥西塘岗遗址为代表,文化面貌也与尹家城类型岳石文化相似,与周邶墩第二类文化遗存情况相同,大致是与周邶墩第二类文化遗存同时出现的。这个时期,江淮地区的文化呈现出中原文化和东夷文化东西对峙的局面。其对峙的区域大致就在巢湖西部地区。其次是表现在斗鸡台文化与二里头文化的关系更为密切,并且文化内涵中也增加了不少岳石文化的因素。反映出斗鸡台文化在中原文化和东夷文化的对峙过程中所表现的交融,相比于岳石文化的影响来说,二里头文化不论在陶器形态,还是在意识形态,宗教信仰方面都给予了斗鸡台文化强大的影响。

岳石文化和二里头文化在江淮中部地区分布的格局说明,作为两支不同性质、不同族属的文化,都对这一地区投入了较多的关注,它们既共同对斗鸡台文化施加影响,同时,也寻求在更大程度和范围上的发展,二里头文化牢牢控制了对沿淮地区斗鸡台类型的主导权,而岳石文化要想取得更大的发展,只能继续向南和向东。大致在本期的晚段,二里头文化因素即开始深入到巢湖地区,塘岗遗存也随之消亡。

江淮西部地区二里头文化早期的文化内涵尚待继续探索(图三)。

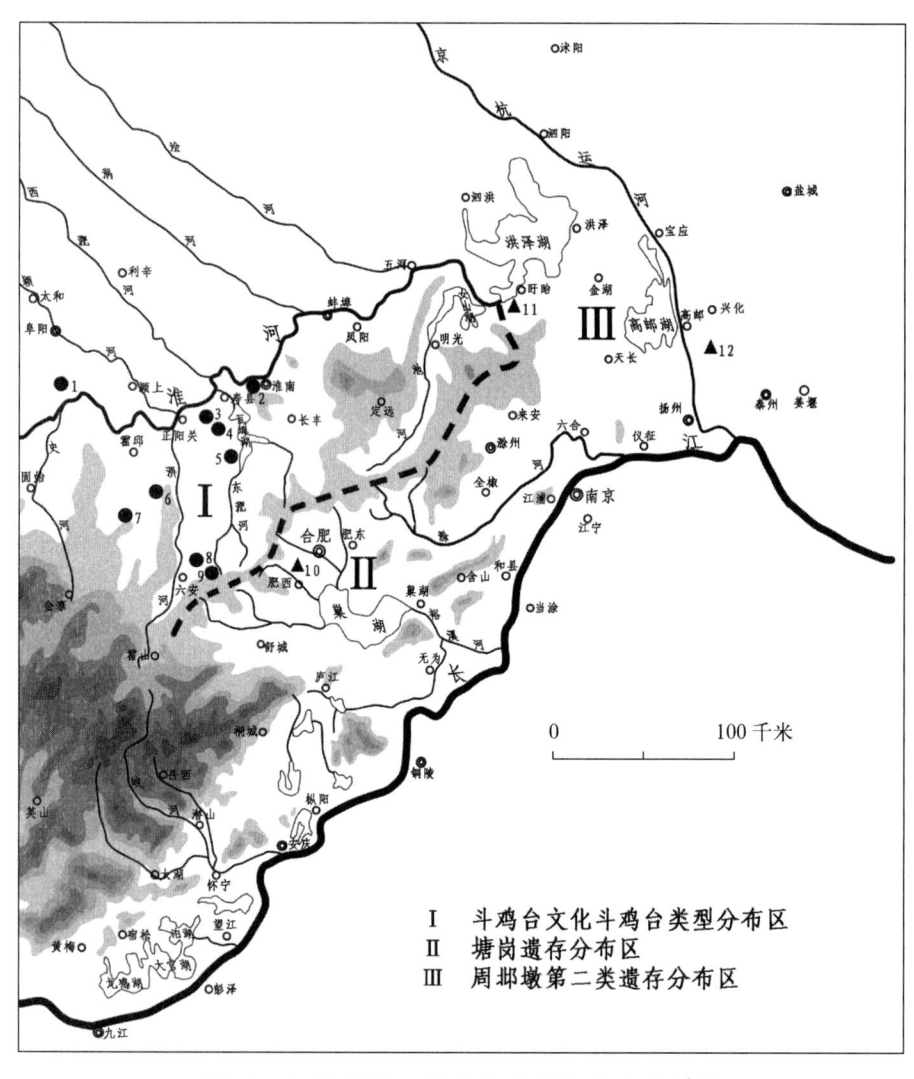

图三 江淮地区二里头文化早期的文化格局

1~9.阜南贺胜台、淮南獐墩、寿县斗鸡台、虮蜡庙、青莲寺、霍邱楼城子、红墩寺、六安西古城、城都遗址　10.肥西塘岗遗址　11、12.盱眙六郎墩、高邮周邶墩遗址

Ⅰ　斗鸡台文化斗鸡台类型分布区
Ⅱ　塘岗遗存分布区
Ⅲ　周邶墩第二类遗存分布区

2. 二里头文化晚期

斗鸡台文化第三期，即相当于二里头文化第三期。

本期是斗鸡台文化最为繁盛的时期，除了前期的斗鸡台类型之外，巢湖周边地区的巢湖类型也开始发展壮大。二里头文化不仅在器物形态和意识形态上，而且在生活方式、审美情趣、占卜方式以及对青铜礼器的使用和认知方面都对斗鸡台文化施加着更为强烈的影响，从二里头文化因素分布范围的变迁来看，斗鸡台文化的扩展很可能是在二里头文化的推动之下实现的。巢湖类型的形成过程同时也是岳石文化逐渐退出了巢湖地区的过程，塘岗遗存在巢湖地区仅存在于斗鸡台文化第二期一个较短的时间内，到第二期晚段时即消亡，岳石文化发展的重心转移到了江淮东部和江南宁镇地区。巢湖周边地区的岳石文化势力在此时是最弱的。二里头文化在此地的强势地位得以确立。

以上情况说明，二里头文化向巢湖地区的继续扩张，很可能是由二里头文化与岳石文化的关系所导致的。斗鸡台文化最强盛时，分布范围从沿淮地区一直到沿江地区，东西贯通，应该说这一时期二里头文化在与岳石文化的较量中是占据上风的。

斗鸡台文化巢湖类型的延续时间并不长，在斗鸡台文化第四期，即相当于二里头文化第四期时，巢湖类型即告衰亡，作为中心据点的大城墩遗址的斗鸡台文化不再延续，文化发展出现了缺环。斗鸡台文化的因素只是在周边的遗址中有少量发现。此时，也许是因为夏王朝内部出现了危机，也许是岳石文化势力重新强大起来，斗鸡台文化发

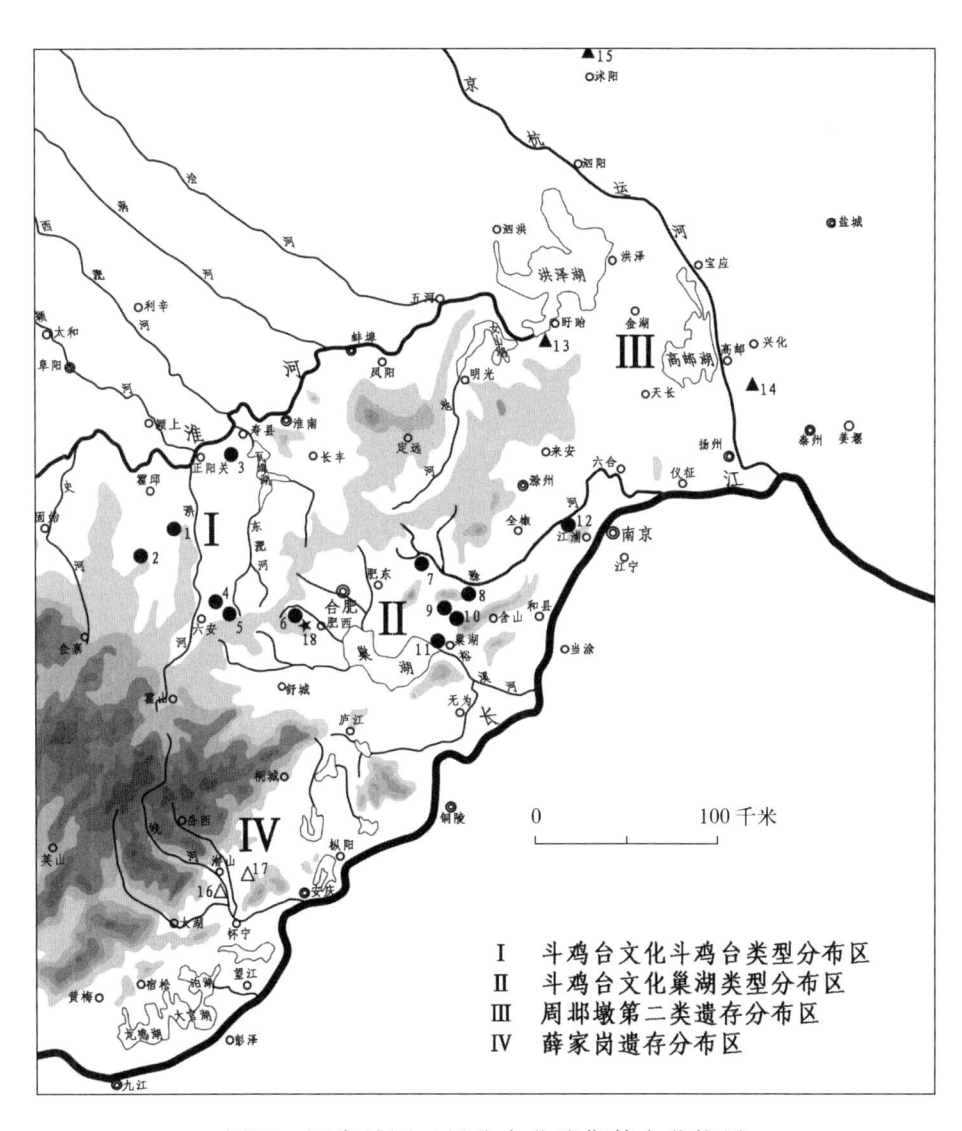

图四 江淮地区二里头文化晚期的文化格局

1～5. 霍邱楼城子、红墩寺、寿县斗鸡台、六安西古城、城都遗址　6～12. 肥西大墩子、肥东吴大墩、含山大城墩、半湖董城、青溪中学、巢湖庙集大城墩、江浦牛头岗遗址　13～15. 盱眙六郎墩、高邮周邶墩、沭阳万北遗址　16、17. 潜山薛家岗、怀宁黄山遗址　18. 二里头文化铜铃出土地点

展重心重新回到淮河流域区。

江淮东部地区在二里头文化早晚期时基本上是属于岳石文化周邯墩第二类遗存的控制范围，这一地区由于自然条件的限制，迫使岳石文化人群必须向西扩展发展空间，在与斗鸡台文化接触并失败之后，其向南跨过大江，对点将台文化的发展和湖熟文化的形成都产生了重要的作用[21]。

江淮西部地区在新石器时代晚期文化之后，出现了一定时期的缺环，一直到二里头文化二期晚段时，出现了薛家岗遗存，薛家岗遗存中出现了较多的二里头文化的因素。无论是二里头文化的因素还是土著文化因素都与鄂东南地区盘龙城遗存具有较多的相似性。近年来，在盘龙城遗址和薛家岗遗址的中间地带，比如阳新大路铺遗址中也发现了少量的二里头文化遗存因素，黄梅意生寺遗址的第一期遗存也大致属于二里头文化中晚期，这些都填补了两处地点之间的空白。与此同时，薛家岗遗存与江淮中部地区的斗鸡台文化巢湖类型之间关系就显得较为疏远，说明薛家岗遗存的二里头文化因素可能来源于长江中游，它与斗鸡台文化之间并无联系。

也就是说，江淮地区的主体文化可以分为三种，一为与二里头文化关系紧密的斗鸡台文化，由西向东发展，可以分为西部淮河流域的斗鸡台类型和东部长江流域的巢湖类型；二为与岳石文化关系紧密的周邯墩第二类文化遗存，先向西后向南发展，早期分布于江淮东部以及巢湖周边地区，后期分布于江淮东部和江南宁镇地区；三为薛家岗遗存，分布在江淮西部地区，受到了来自鄂东南地区文化的强烈影响（图四；表4）。

表4 江淮地区二里头文化时期遗存分期对应关系表

遗址 \ 分期	龙山—二里头文化一期	二里头文化二期	二里头文化三期	二里头文化四期—早商一期
斗鸡台	一段	二段	三段	四段
青莲寺	一段			二段
大城墩	一段	二段		
塘岗		早期遗存		
牛头岗				✓
西古城	一段			
大墩子			下层	
周邯墩		第二类遗存早期	第二类遗存晚期	
六郎墩		✓	✓	
万北		✓	✓	
薛家岗				一段
岳西鼓墩				✓

注释

[1] 北京大学考古学系商周组、安徽省文物工作队:《安徽省霍邱、六安、寿县考古调查试掘报告》,《考古学研究(三)》, 科学出版社,1997年。

[2] 同注[1]。

[3] a.安徽省文物工作队:《含山大城墩遗址调查试掘简报》,《安徽文博》总第3期,1983年。 b.张敬国:《含山大城墩遗址第四次发掘的主要收获》,《文物研究》(第四期),黄山书社,1988年。c.安徽省文物考古研究所:《安徽含山大城墩遗址发掘报告》,《考古学集刊·6》,中国社会科学出版社,1989年。 d.安徽省文物考古研究所、含山县文物管理所:《安徽含山大城墩遗址第四次发掘报告》,《考古》1989年第2期。

[4] 安徽省文物考古研究所:《安徽肥西塘岗遗址发掘》,《东南文化》2007年第1期。

[5] 中国社会科学院考古研究所:《中国考古学·夏商卷》,中国社会科学出版社,2003年,第445页。

[6] 南京博物院考古研究所:《江苏高邮周邶墩遗址发掘报告》,《考古学报》1997年第4期。

[7] 安徽省文物考古研究所:《潜山薛家岗》,文物出版社,2004年,第433～523页。

[8] 同注[1]。

[9] 同注[1]。

[10] 胡悦谦:《试探肥西县大墩子商文化》,《安徽省考古学会会刊》第一辑。

[11] a.魏正瑾、周裕兴:《江浦县牛头岗新石器时代至西周时期遗址》,《中国考古学年鉴·1992》,文物出版社,1993年。 b.魏正瑾、周裕兴:《江浦牛头岗新石器时代至周代遗址》,《中国考古学年鉴·1993》,文物出版社,1994年。 c.华国荣:《南京牛头岗遗址的发掘》,《2003年中国重要考古发现》,文物出版社,2004年,第44～47页。 d.华国荣、王光明:《南京牛头岗遗址考古发掘的主要收获》,《南京历史文化新探》,南京出版社,2006年,第1～5页。 e.王光明:《牛头岗遗址早期陶器与禹会村遗址出土陶器之初步比较》,《禹会村遗址研究——禹会村遗址与淮河流域文明研讨会论文集》,科学出版社,2014年第100页。

[12] 杨德标、阚绪杭:《岳西县祠堂岗、鼓墩新石器时代及商周遗址》,《中国考古学年鉴·1986》,文物出版社,1987年。

[13] 邹厚本主编:《江苏考古五十年》,南京出版社,2000年,第144页。

[14] a.谷建祥、尹增淮:《江苏沭阳万北遗址试掘的初步收获》,《东南文化》1988年第2期。 b.南京博物院:《江苏沭阳万北遗址新石器时代遗存发掘简报》,《东南文化》1992年第1期。该遗址于2015年又进行了一次发掘,发掘内容为北辛文化、大汶口文化、岳石文化、商晚和西周时期的遗存,岳石文化遗存典型,但材料较贫乏。见《南京博物院考古研究所考古工作2016年报》。

[15] 王迅:《东夷文化和淮夷文化研究》,北京大学出版社,1994年,第48～56页。

[16] a.安徽省博物馆:《遵循毛主席的指示,做好文物博物馆工作》,《文物》1978年第8期。b.胡悦谦:《试探肥西县大墩子商文化》,《安徽省考古学会会刊》第一辑。c.杨德标、杨立新:《安徽江淮地区的商周文化》,《中国考古学会第四次年会论文集》,文物出版社,1985年。

[17] 湖北省文物考古研究所:《盘龙城—1963～1994年考古发掘报告》,文物出版社,2001年,第441～443页。

[18] 湖北省文物考古研究所纪南城工作站:《湖北黄梅意生寺遗址发掘报告》,《江汉考古》2006年第4期。

[19] 同注[7],第517～523页。

[20] 宫希成:《夏商时期安徽江淮地区的考古学文化》,《东南文化》1991年第2期。

[21] 岳石文化跨江进入宁镇地区可能经过了两条线路,一条是西线,即经古中江的路线。另一条是东线,它是在古邗沟一带跨江而南下镇江等地的。近年来发掘的溧阳神墩遗址就包含有二里头文化和岳石文化的因素,它位于古中江通道上,古中江起源于芜湖,向北可通过巢湖与淮河连通,它是古代一条重要的交通路线(可参见蒙文通:《古中江》,《古地甄微》,巴蜀书社,1998年,第23～25页)。东线的镇江马迹山、断山墩、点将台、城头山等遗址中也都发现过岳石文化因素。溧阳神墩遗址的发掘情况见南京博物院、苏州市博物馆等编著:《溧阳神墩》,文物出版社,2016年,第389～457页、562～568页。第二条路线的表述详见田名利:《试论宁镇地区的岳石文化因素》,《东南文化》1996年第1期。

The Cultural Landscape in Jianghuai Region during Erlitou Culture Period

Dongsheng Zhao (School of History, Nanjing University, China)

Abstract

Jianghuai region is an important area of ancient cultural exchanges among the central, eastern and southeastern China. Especially during late Longshan to Bronze Age, this region occupied particularly prominent strategic position as the cultures of Central Plains and Dongyi spread to southeastern China. Through the studies of regional chronology and divide it into subregions, this article discusses the blending and shifting relationships among different cultures, hence the management strategies during Erlitou period of each power group can be perceived.

新石器时代中原地区人类饮食和健康状况的变化[1]

Kate Pechenkina　董豫　Chelsea Morgan　张彪　樊温泉
张彪译*

1. 引言

新石器时代中期,中国北方中原地区的粟黍农业成为了食物生产的主要模式。来自仰韶遗址的考古学、植物考古和稳定同位素数据显示,粟（*Setaria italica*）和黍（*Panicum miliaceum*）是比较普遍的农作物,在新石器时代中期,这两种作物占人类摄入热量的百分之五十以上。粟黍也是家养猪和狗的重要食物来源。家养动物食用的粟黍很可能来自生活垃圾、人类粪便和专门的动物饲料。尽管在新石器时代中期,人们非常依赖粟黍等作物,但生活在不同仰韶文化聚落的人群的生计模式是多样的。采集、打渔、动物养殖、狩猎和种植等多样化的获取食物的途径塑造了当地人类的食谱,同时影响着人类的健康。

本文中我们使用稳定同位素分析的方法讨论仰韶时代人群食谱的变化。然后再用生理压力的骨骼指示（skeletal indicators of physiological stress）研究人类健康在何种程度上受到食谱多样性的影响。稳定同位素分析作为一种有效的方法,可以较准确地重建人类食谱[2]。碳的两种稳定同位素,^{12}C 和 ^{13}C 在不同光合作用条件下在植物中积累的速率是不同的[3]。接近 95% 的已知植物种类遵循 C3 路径,当植物气孔打开时才能进行积累。在干旱炎热的条件下,部分植物逐渐采用有利于保存水分的 C4 光合作用路径。这种方式比 C3 路径更有效率,当植物气孔关闭时也可以运行,因此有利于植物在一天中炎热的时段保存水分。后一种路径更强的排斥较重的同位素,在生成的糖中包含更少比例的 ^{13}C 原子。相对于 C3 植物来说,C4 植物的 $\delta^{13}C$ 同位素值更高。这两种植物可以通过叶的解剖结构辨认出来,因为 C4 植物呈现为克兰茨结构（Kranz）,维管束鞘细胞中含叶绿体。

粟和黍都是 C4 植物,而大部分生长于中原地区的野生种属是 C3 植物。其他 C4 栽培作物包括玉米、苋菜（amaranth）、藜麦（quinoa）和甘蔗等,在新石器时代的中国北方尚未被栽培。根据"我即我食"原则,人和动物骨骼中的碳同位素（$\delta^{13}C$）能帮助我们估计食用的 C3 和 C4 植物的数量,由此重建对栽培粟黍的依赖程度。狗尾草（*Setari aviridis*）是粟（*Setari aitalica*）

---

* Kate Pechenkina：美国纽约城市大学皇后学院；董豫、张彪：山东大学历史文化学院；Chelsea Morgan：澳大利亚国立大学；樊温泉：河南省文物与考古研究所。

的野生祖本，也遵循 C4 路径进行光合作用。它是一种生长在中原地区的杂草类植物。摄入这种植物会使人与动物骨骼的 $\delta^{13}C$ 同位素值更高。然而，人们很可能不会摄入大量这一种属的野生植物，因为狗尾草总是在野外和其他植物间杂且呈小块生长。除此以外，从野生动物骨骼获取的同位素信息显示，生长在新石器时代聚落附近的大多数野草属于 C3 植物。

人骨的氮同位素值帮助我们更清晰地认识人在食物链中的位置。在食物链中每增加一个营养级，氮同位素数值（$\delta^{15}N$）会增加 3‰~4‰。陆生食物链中的氮元素积累从固氮细菌开始，固氮细菌直接从空气中获取氮元素，并将氮元素添加到土壤中。因为空气中的氮被用作氮同位素分析标准，固氮细菌和土壤中的氮同位素值非常接近零。豆科植物在其根瘤部位聚集大量可以固氮的根部瘤，呈现出稍正的 $\delta^{15}N$ 值，因其在新陈代谢过程中排斥较重且稀少的 ^{15}N。非豆类植物从土壤中获取氮，与空气中的氮相比，包含较多的 ^{15}N；食草动物则会有更多 ^{15}N。最终食肉动物，尤其是它们的哺乳期幼崽，站在食物链的顶端，显示了最高的 ^{15}N 值。水生食物网（这种条件下氮元素不断循环）则显示非常高的 $\delta^{15}N$ 值。因此，人类骨胶原中的 $\delta^{15}N$ 可用来估算食谱中的动物蛋白数量，以及人类对水生资源的依赖程度[4]。

近年来，来自中原地区和附近区域新石器时代考古遗址人类和动物骨骼样品的稳定同位素数据大量积累[5]。这些数据显示栽培粟黍在大约 7000 年之前的中原地区成为了人们获取热量的主要来源。

属于裴李岗文化的新石器时代早期贾湖遗址没有发现粟黍的植物遗存。而贾湖遗址发现了水稻植硅体和碳化水稻种子，这说明了稻的栽培[6]和对稻作农业的依赖[7]。因此，来自贾湖的人骨胶原同位素值可以作为典型的早期全新世以 C3 植物作为主食的参考样本。本研究使用的其他考古遗址出土的骨骼来自新石器时代中期中原地区仰韶文化传统的遗址，包括早期仰韶文化遗址：姜寨遗址和史家遗址，以及更晚一些的关家、西坡和西山遗址（图一）。

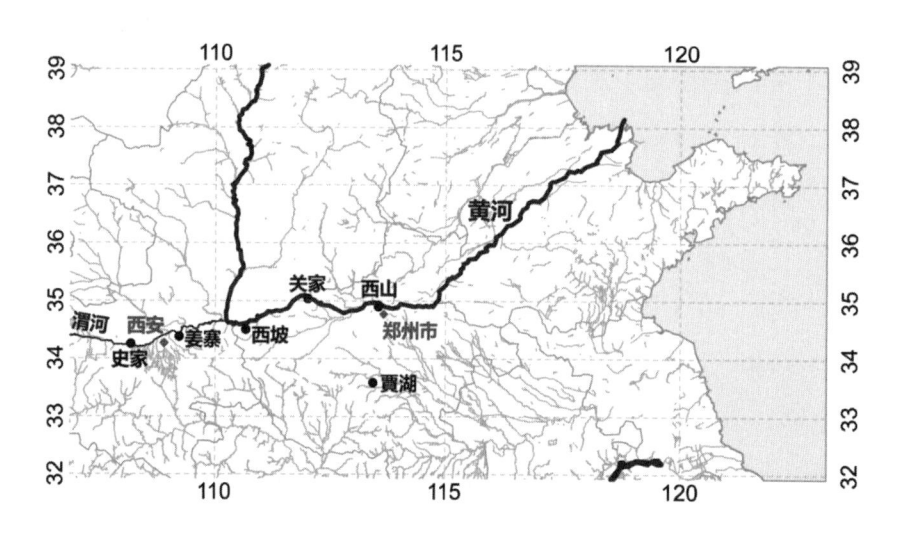

图一 本研究涉及的考古遗址的地理分布

新石器时代早期裴李岗时期贾湖遗址（33°35′N，113°42′E，9000~7800 BP），新石器时代中期仰韶时期姜寨遗址（34°22′N，109°13′E），史家遗址（34°15′N and 108°11′E），西坡遗址（34°30′N，110°40′E），关家遗址（35°2′N，112°0′E），西山遗址（34°54′N，113°32′E）

2. 材料：骨骼样品的考古学背景

（1）早期仰韶遗址

姜寨位于渭河以南，临河北岸。姜寨遗址聚落面积约 5 公顷，以一条壕沟作为分界线。遗址生活区包括超过 100 间房屋，这些房屋围绕着一个中心广场，广场上有若干圆形结构，这些结构被认为是兽栏。有两个不连续的区域，代表了不同时期的居住者：姜寨一期（最早的仰韶文化）和姜寨二期。来自姜寨一期的墓葬成片分布在壕沟之外[8]。姜寨二期的墓葬主要分布在遗址中心区域。史家遗址位于陕西东部，洛河西岸，渭河以南 12 千米处。出土陶器表明该遗址一直使用到早期仰韶文化后段[9]。

（2）中期和晚期仰韶遗址

西坡遗址位于沙河谷地上游，在秦岭以北约 3 千米，河南省西部[10]。人骨遗存的碳-14 测年数据显示西坡墓葬属于仰韶文化晚期（公元前 3300～前 2900）。遗址面积相对较大（40 公顷），被一条壕沟环绕，人口大约为 640～900[11]。房屋分为三个等级，遗址内有若干需要大量劳动力的大型建筑，这些显示出了早期的社会不平等现象。最大的建筑可能被用于仪式或公共事务的聚集地[12]。壕沟之外有处墓葬区，包含了 22 个墓葬，全部为单人葬。随葬品的数量变化显示出社会分层。

关家是另一处仰韶时代中期遗址。遗址占地面积较小（9 公顷）。遗址位于黄河南岸一处窄小台地，在渑池东北 70 千米处。关家遗址的主体使用时间基本和西坡遗址一致，但也有裴李岗文化时期和早期历史时期的遗存。壕沟划定了遗址的西侧和南侧的界限，余下的部分被黄河环绕。已发掘的大部分墓葬没有随葬品[13]。

西山遗址是郑州市西北郊的一处大型新石器时代遗址。这个遗址最早发掘于 1984 年，之后在 1993 至 1996 年间进行了连续四年的发掘。该遗址的总面积为 34000 平方米。遗址的新石器时代遗存可分为三期。大量贝类、野生动物骨骼、以及家养狗猪骨骼的发现表明了该遗址的混合经济模式[14]。

3. 基于人骨的稳定同位素分析重建新石器时代食谱

基于已经发表的数据和我们的研究，图 2 显示了来自中原地区新石器时代骨骼稳定同位素值的分布。与预计相同，来自贾湖人骨样品[15]的稳定同位素占据了图表的左侧，描述了典型的依赖 C3 食物的食谱的人骨同位素值，这里的 C3 食物很可能为水稻和一些野生植物以及动物。沿氮同位素轴分布的大量散布的数据表明了人类食用了不同比例的动物产品。其他骨骼样品的稳定同位素值指示出一定量的 C4 植物的食用，推测应为粟黍。根据这些同位素值，在整个新石器时代，从西向东，粟黍的消耗呈现增长。在本研究中更早时期的样品，例如半坡、姜寨和史家，位于中原地区西部，渭河沿岸。很难梳理清楚是时代因素还是当地生态决定了同位素分布的向量。

可能的解释是：这两个因素都对人类食谱产生影响。

考虑中国其他地区的相关研究[16]，按照遗址的年代顺序，新石器时代对粟黍消费的增长必然在塑造这份表格的斜率中起到了作用。尽管半坡遗址发现了大量粟，对1份骨骼样品的同位素分析显示[17]，半坡人食谱中包括大量C3植物，这份单独的半坡样品处于中间位置，在C3植物为主的贾湖和C4植物为主的关家和西山遗址之间。同样的，一项由蔡莲珍和仇士华在1984年进行的研究提供了4个额外的半坡骨骼样品的$\delta^{13}C$同位素值数据，这些数据从-18.8‰到-13.3‰，表明半坡人食谱呈现混合的特点，其中包含大量C3植物。目前无法将这4个额外的数据置于图二中，因为蔡莲珍和仇士华于1984年进行的研究没有提供$\delta^{15}N$的数值。不过这些半坡样品的$\delta^{13}C$数值位于贾湖最大值和姜寨/西坡最小值之间，这一数值和老官台文化（约公元前6500～前5000）白家系列以及我们研究的半坡数值重合。

来自仰韶遗址（图二）人骨样品稳定同位素数值的几个特点值得注意。所有来自中原地区的人骨样品显示$\delta^{13}C$同位素值高于-12‰，表明了对于粟黍的大量摄入。同时，来自各个遗址的数据有形成圆形簇的趋势。这种聚集说明各个遗址的食物选择具有不同的特征。对某些食物的偏好和对另一部分食物的拒绝，形成了被整个聚落的成员接受的食谱。每个聚落由每个考古遗址为代表。在这些新石器时代遗址中，男性和女性骨骼的同位素值是重合的，而且不同年龄组之间的差异很小，这表明食物的享用以家庭为单位。这种聚集现象也可能由于不同遗址位于不同的生态环境中。这种差异性导致了获取不同野生动植物资源的机会是不均等的，对栽培作物的依赖也是不同的。

一个值得关注的例外是西坡遗址，这里有许多离散的稳定同位素值。马萧林[18]认为西坡可

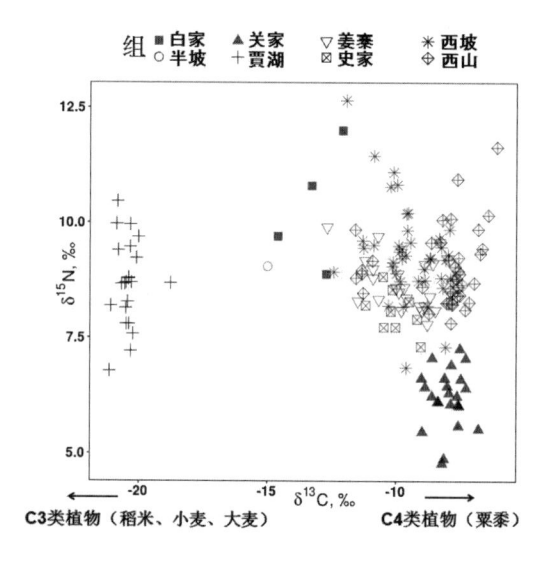

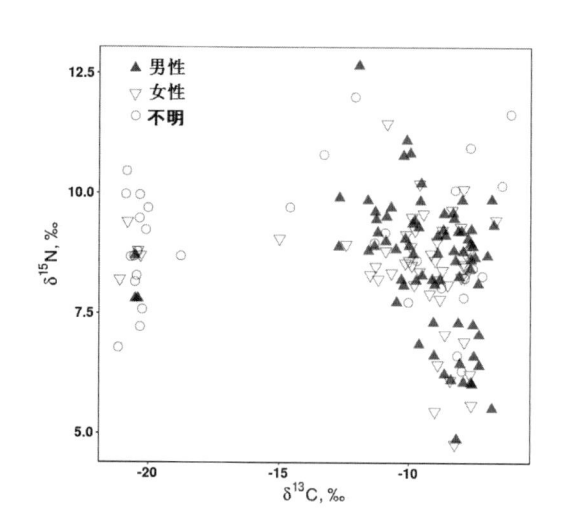

图二 新石器时代遗址中人骨样品的稳定同位素值（$\delta^{13}C$和$\delta^{15}N$）[21]

能有区域中心的功能。因此，西坡墓葬的墓主可能来自若干附近相邻的区域，因此显现出不同的生态环境的食谱特征。西山同位素值呈现出不同的两组[19]：较大的一组表明以粟黍为主的食谱，较小的一组向左集聚，表明混合食谱的特征。西山遗址位于大河村遗址附近，该遗址包含了部分大汶口文化特征[20]。因此，5个具有不同的同位素值的西山个体可能来自大西山聚落之下的次级聚落，或者是一个较小的移民群体。

本研究涉及的最东部的仰韶遗址，即西山和关家的样品位于图二中 $\delta^{13}C$ 值最高的区域，显示出食谱中粟黍的极高比例。关家同位素值非常特殊。除 $\delta^{13}C$ 值指示了粟黍比例很高之外，从4.88‰到7.05‰的 $\delta^{15}N$ 数值指示了食谱中动物类占比很低，基本为素食。考虑到关家遗址是接近黄河的小聚落，对粟黍极大比例的摄入非常特别。一般来说，在这种环境下野生动植物资源和来自黄河的鱼类资源本应该是容易获取的。

4. 仰韶时代多样化的食谱是否对人类健康产生了影响？

为了检验仰韶时代多样化的食谱是否在不同的方面影响了人体健康，我们对这些遗址的龋齿病变的频率和贫血状况进行比较。已知这两类骨骼健康指标会受摄入食物的影响，并且在世界范围内，随着作物栽培的进步和对农业的依赖，这两类状况会呈现增长趋势[22]。龋齿是由变形链球菌（Streptacoccus mutans）和乳酸菌（Lactobacilli）的病原体导致的传染性疾病。由于两种原因，摄入栽培谷物会促进龋齿病变。第一，蔗糖是一种在很多谷物中含量很高的双糖，它的存在对于链球菌建立初期感染群落是必需的。消化蔗糖的同时，链球菌分泌黏性基质，从而在牙齿表面形成了坚固的附着物。已知蔗糖含量较低的谷物，例如水稻，相较而言不容易造成龋齿。第二，造成龋齿的细菌需要容易获取的水溶性碳水化合物，以便它们的繁殖。变形链球菌和乳酸菌通过新陈代谢糖类产生能够溶解牙釉质并最终导致龋齿病变过程的酸。

（1）龋齿病变

图三显示仰韶时代牙齿数据中龋齿病变的频率。图中各考古遗址根据时代和从西到东的地理位置排列。姜寨和史家样品系列为早期仰韶时代，来自陕西省渭河流域。表中余下遗址来自河南省，为中期和晚期仰韶时代。西坡遗址位于河南省西部，关家和西山遗址位于河南省中部。

龋齿病变频率计算方法如下：至少有一处龋齿的牙齿数目除以总的牙齿数。

如图三所示，从新石器时代早期到新石器时代中晚期，龋齿病变频率呈现数值可观的增长。这一模式和稳定同位素指示的趋势相符合，即晚期仰韶时代食谱中粟黍的增加，特别体现在关家和西山遗址。尽管仰韶时代男性和女性的古食谱标记完全重合，龋齿病变存在性别差异也不奇怪。女性的体质特征，具体而言为较低的唾液流，不同的唾液组分，以及妊娠引起的体质变化，以上特征有助于龋齿病变的产生和发展[23]。笃忠遗址的稳定同位素数据尚未获取，这是一个位

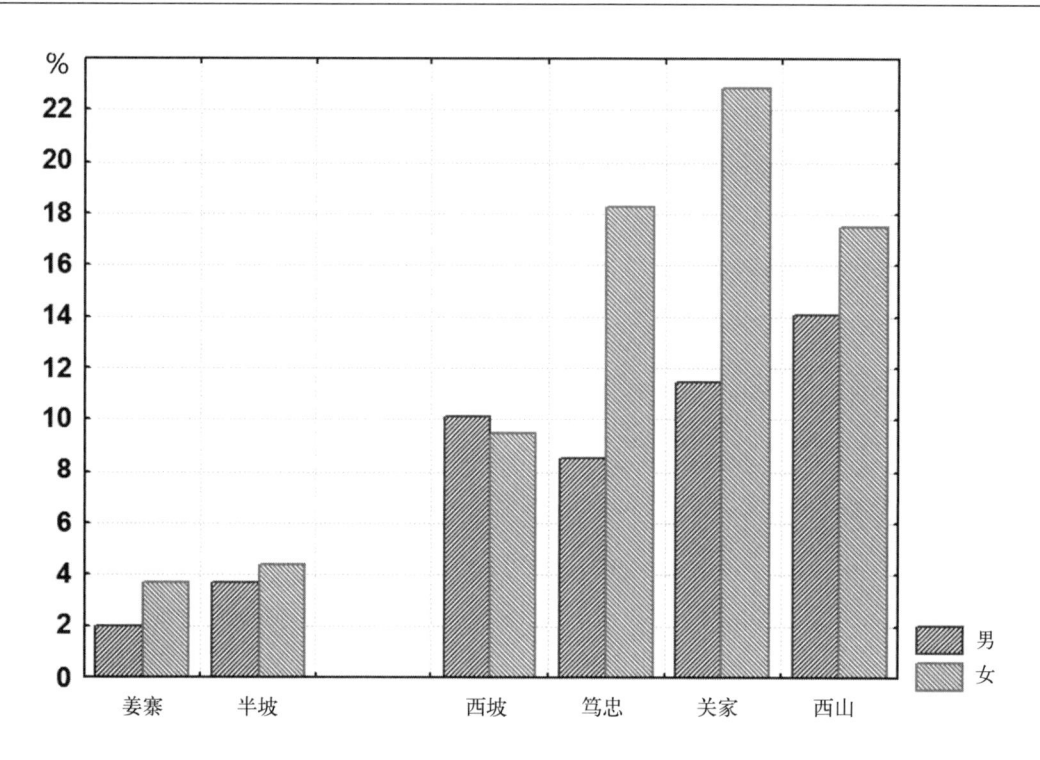

图三 仰韶人骨样品的龋齿病变频率

龋齿病变频率计算方法如下：至少有一处龋齿的牙齿数目除以总的牙齿数

于河南省渑池县的仰韶文化晚期遗址。该遗址观察得到的数据符合从西向东龋齿病变增加的总体模式。

尽管关家遗址的 $\delta^{15}N$ 数值低，$\delta^{13}C$ 数值高，这表明关家的食谱具有较高的粟黍摄入量以及较少的动物产品的特征，关家的龋齿病变频率与其他中晚期仰韶文化遗址相似。关家遗址口腔状况有一点很特别：前齿发生龋齿病变的频率高（图四）。其他仰韶文化遗址发生病变的样品几乎全部在后齿。前齿齿冠平滑且没有裂缝。正常唾液流以及饮水和咀嚼形成的机械压力可以避免前齿的细菌生长。因此全球范围内的门齿和犬齿龋齿病变很少见。我们已经知道，富含糖类的饮食和习惯性咀嚼糖会导致前齿病变感染。然而，没有证据表明早期中国的居民有糖的摄入。我们可以推测，在缺少更粗糙食物的情况下，糊状、不粗糙、煮熟的粟黍导致了关家前齿的龋齿病变。

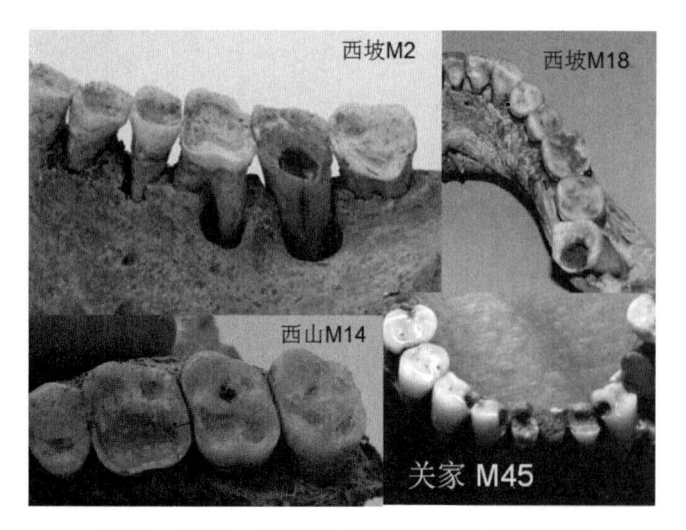

图四 西坡、西山和关家的龋齿病变类型

（2）多孔性骨肥厚和眶顶板筛孔样

古人类学研究表明和板障骨膨胀（diploe expansion）关联的颅骨多孔和儿童贫血有关。

骨松质髓腔内的红骨髓代偿性增生，导致夹在颅骨海绵层和变薄的皮质层之间的海绵层大幅扩张，使颅骨呈现多孔的表现。这种颅内病变被称为多孔性骨肥厚（Porotic hyperostosis），当在颅顶骨发生时被称为颅顶筛孔样（*cribra cranii*）。在颅盖的颅内病变被称为眶顶板筛孔样（*cribra orbitalia*）（图五）。

已知向农业的转变、集约化农业和人口增加导致古代人口的贫血症频率的上升。文献中已有对导致这种状况发生的若干因素的讨论。总体而言，栽培的谷物导致摄入的食物中铁元素的降低。此外，从植物组织中吸收的铁元素比从动物组织中获得的血红素铁吸收效率更低。因此，以谷物为主的饮食结构可能会导致缺铁性贫血。过度使用煮熟的谷物作为幼儿断奶后饮食的主体部分会导致幼儿的贫血症频率的上升。在人口过多的聚落，肠寄生虫的增加导致大量的由于出血性腹泻导致的铁元素的损失，加剧了缺铁状况。另一方面，农业聚落相对于采集者们来说，抵御饥荒的能力更强，病弱的儿童的存活率更高，因此成人患有多孔性骨肥厚和眶顶板筛孔样的频率更高。

图六比较了各个仰韶聚落多孔性骨肥厚和眶顶板筛孔样的发生频率。正如我们检验的其他生物指标，从仰韶文化早期到中晚期，贫血症频率明显上升，贫血症频率同时存在向东的轻微增长，不过这个增长统计学上不显著。在本研究进行分析的所有遗址中，来自最靠东的西山遗址的骨骼样品显示了最高的贫血症频率。

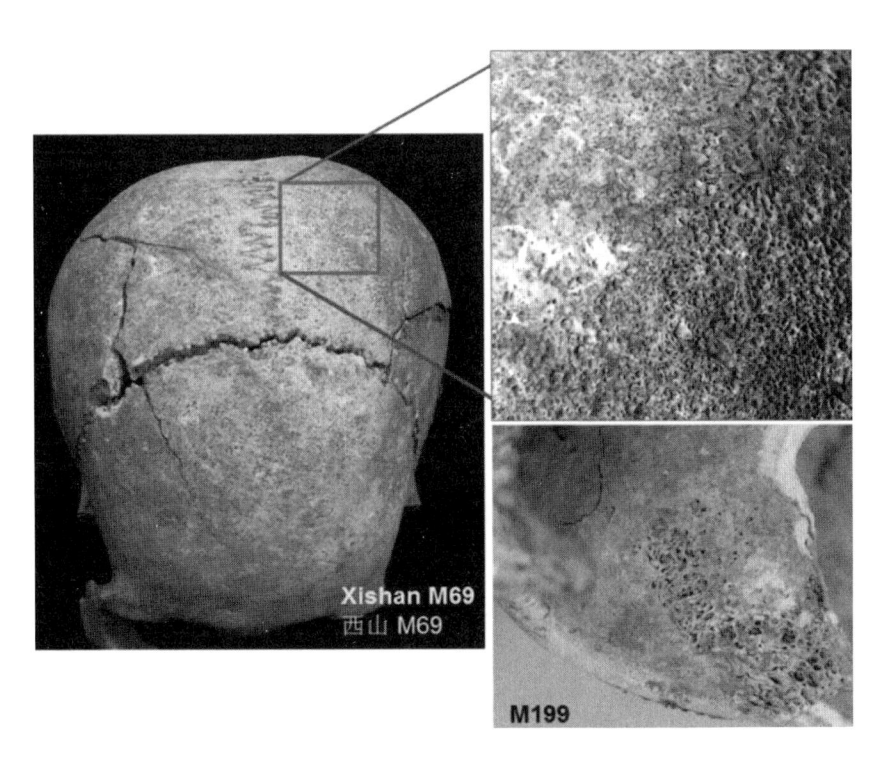

图五　多孔性骨肥厚和眶顶板筛孔样的案例。在西山遗址，多孔性骨肥厚和眶顶板筛孔样尤其严重

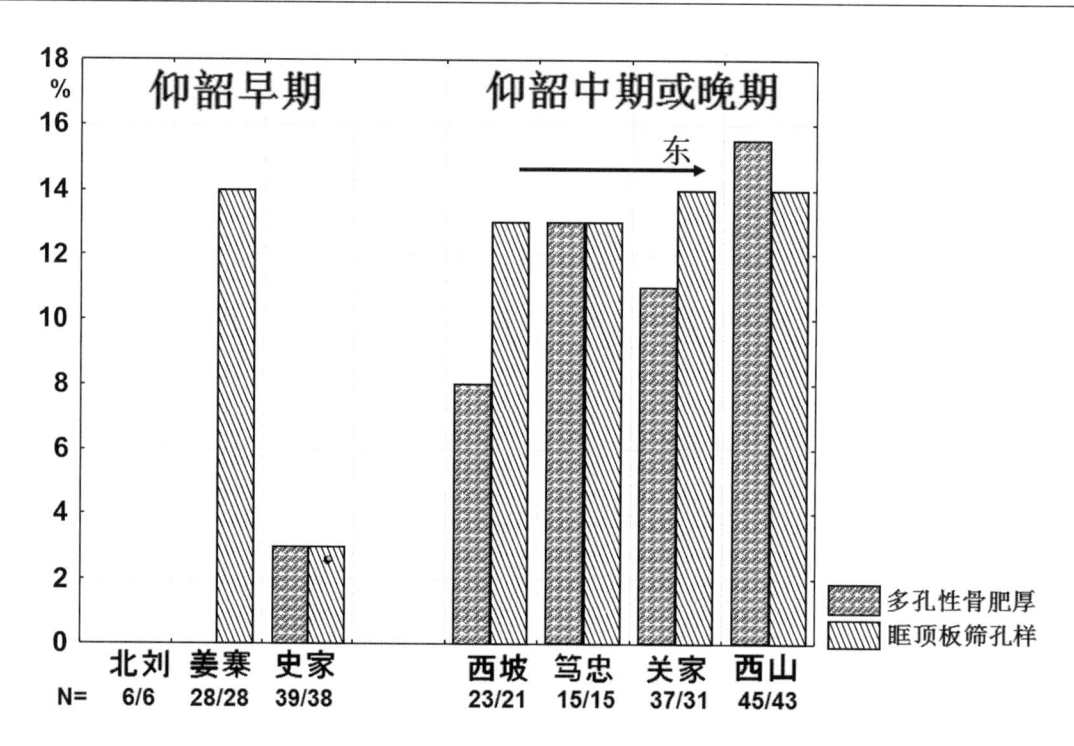

图六　仰韶各遗址颅骨标记的缺铁性贫血症频率

（插图下方的一排数字指各遗址可观察个体数）

5. 结论

稳定同位素分析指出，所有仰韶文化聚落的食谱都有对粟黍的强烈依赖。尽管有这样一个重要相似度作为前提，每一个仰韶文化聚落食谱都呈现出区域性，很可能一个聚落之中的所有成员分享同一种特定的饭菜。仰韶文化遗存中男性和女性的同位素值没有差异，这表明一般来说，男性和女性分享同样的食物。在饮食方面，性别的不平等没有显现。仰韶文化聚落的饮食差异在一定程度上对我们检验的一些健康指标产生影响。其他因素也应作为影响仰韶文化人群健康的因素进行思考：例如当地人口密度、环境压力以及人体寄生虫。

注释

[1] 本研究由美国纽约城市大学皇后学院 PSC-CUNY 基金（TRADB-47-262）和山东大学"河南省内先秦遗址的稳定同位素分析"项目（SK150047）共同资助。

[2] a. Ambrose, Stanley H. 1993. Isotopic analysis of palaeodiets: methodological and interpretive considerations. In *Investigations of Ancient Human Tissue: Chemical Analyses in Anthropology*, edited by Mary K Sandford., pp. 59-130. Gordon and Breach Science Publishers, Langhorne, PA.　b. Schoeninger, Margaret J. 2014. Stable Isotope Analyses and the Evolution of Human Diets. *Annual Review of Anthropology* 43: 413-430.

[3] 同注 [2]a。

[4] Ambrose, Stanley H. 1991. Effects of diet, climate and physiology on nitrogen isotope abundances in terrestrial foodwebs. *Journal of Archaeological Science* 18: 293-317.

[5] a. 蔡莲珍、仇士华：《碳十三测定和古代食谱研究》，《考古》1984 年第 10 期。　b. Pechenkina, Ekaterina,

Stanley H. Ambrose, Xiaolin Ma, and Robert A. Benfer Jr. 2005. Reconstructing northern Chinese Neolithic subsistence practices by isotopic analysis. *Journal of Archaeological Science* 32: 1176-1189.　　c. Hu, Yaowu, Stanley H. Ambrose, and Changsui Wang. 2006. Stable isotopic analysis of human bones from Jiahu site, Henan, China: implications for the transition to agriculture. *Journal of Archaeological Science* 33: 1319-1330.　　d. Hu, Yaowu, Sougong Wang, Fengshi Luan, Changsui Wang and Michael P. Richards. 2008. Stable isotope analysis of humans from Xiaojingshan site: implications for understanding the origin of millet agriculture in China. *Journal of Archaeological Science* 35: 2960–2965.　　e. Barton, Loukas, Seth D. Newsome, Fahu Chen, Hui Wang, Thomas P. Guilderson, Robert L. Bettinger. 2009. Agricultural Origins and the Isotopic Identity of Domestication in Northern China. *Proceedings of the National Academy of Sciences of the United States of America* 106: 5523-5528.　　f. 郭怡、胡耀武、朱俊英、周蜜、王昌燧、Michael P. Richards：《青龙泉遗址人和猪骨的C, N稳定同位素分析》，《中国科学：地球科学》2011年第41期。g. 张雪莲、仇士华、钟建、赵新平、孙福喜、程林泉、郭永淇、李新伟、马萧林：《中原地区几处仰韶文化时期考古遗址的人类食物状况分析》，《人类学学报》2010年第2期。

[6] a. 陈报章、王象坤、张居中：《舞阳贾湖新石器时代遗址炭化稻米的发现、形态学研究及意义》，《中国水稻研究所》1995年第3期。b. 赵志军、张居中：《贾湖遗址2001年度浮选结果分析报告》，《考古》2009年第8期。

[7] 同注[5]c。

[8] 西安半坡博物馆、陕西省考古研究所、临潼县博物馆：《姜寨：新石器时代遗址发掘报告》上卷，文物出版社，1988年。

[9] 西安半坡博物馆：《陕西渭南史家新石器时代遗址》，《考古》1978年第1期。

[10] a. 马萧林、李新伟、杨海青：《河南灵宝西坡第五次发掘重大收获》，《中国文物报》2005年8月26日1版。b. 马萧林、李新伟、杨海青：《灵宝西坡仰韶文化墓地出土玉器初步研究》，《中原文物》2006年第2期。

[11] Ma, Xiaolin. 2003. Emergent social complexity in the Yangshao culture: Analyses of settlement patterns and faunal remains from Lingbao, western Henan, China. Unpublished PhD Dissertation, pp. 85. La Trobe University, Australia.

[12] Ma, Xiaolin. 2003. Emergent social complexity in the Yangshao culture: Analyses of settlement patterns and faunal remains from Lingbao, western Henan, China. Unpublished PhD Dissertation, pp. 100. La Trobe University, Australia.

[13] 樊温泉：《关家遗址发掘获重要成果》，《中国文物报》，2000年2月13日1版。

[14] 陈全家：《郑州西山遗址出土动物遗存研究》，《考古学报》2006年第3期。

[15] a. 同注[5]c。b. Gong, Jen. 2007. Inequalities in diet and health during the intensification of agriculture in Neolithic China. Unpublished Honor Thesis, Department of Anthropology, Harvard University.

[16] a. 同注[5]d。b. 同注[5]e。

[17] 同注[5]b。

[18] a. 同注[10]a。b. 同注[10]b。

[19] 同注[5]g。

[20] 张翔宇：《中原地区大汶口文化因素浅析》，《华夏考古》2003年第4期。

[21] a. 贾湖遗址数据来自注[5]c和注[15]b。　b. 白家遗址数据来自Pechenkina和董豫未发表的数据，以及Atahan, Pia, John Dodson, Xiaoqiang Li, Xinying Zhou, Songmei Hu, Liang Chen, Fiona Bertuch, and Kliti Grice. 2011. Early Neolithic diets at Baijia, Wei River valley, China: stable carbon and nitrogen isotope analysis of human and faunal remains. *Journal of Archaeological Science* 38(10): 2811–2817.　　c. 西山遗址数据来自注[5]g。d. 西坡遗址数据来自[15]b。e. 半坡、姜寨和史家遗址数据来自注[5]b。f. 关家遗址数据来自Dong, Yu, Chelsea Morgan, YuriiChinenov, Ligang Zhou, Wenquan Fan, Xiaolin Ma, and Kate Pechenkina. 2017. Shifting diets and the rise of male-biased inequality on the Central Plains of China during Eastern Zhou. *Proceedings of the National Academy of Sciences* 114:932-937.

[22] Cohen, Mark Nathan, and George J. Armelagos. 1984. *Paleopathology at the Origins of Agriculture*. FL: Academic Press, Orlando, FL.

[23] Lukacs, John R. and Leah L. Largaespada. 2006. Explaining sex differences in dental caries prevalence: saliva, hormones, and "life-history" etiologies. *American Journal of Human Biology: the Official Journal of the Human Biology Council* 18: 540-555.

Variation in Human Diet and Health on the Central Plain of China during the Neolithic

Kate Pechenkina (Queens College, City University of New York, USA)
Yu Dong (School of History and Culture, Shandong University, China)
Chelsea Morgan (Australia National University, Australia)
Biao Zhang (School of History and Culture, Shandong University, China)
Fan Wenquan (Henan Provincial Institute of Cultural Relics and Archaeology, China)
translated by Biao Zhang

Abstract

Millets were the major source of dietary carbonhydrates for early farmers during Yangshao. Using previously published and new stable isotope data, we show that human diets during Yangshao were very diverse, despite having millet as their major component. Human isotopic values from Yangshao archaeological sites located around Wei River, display more negative carbon isotopic values, suggesting greater proportion of C3 plants in human diet. Human bone samples from Yangshao archaeological sites in Henan show considerable differences in nitrogen isotopic values among the sites. Human bone samples from Guanjia had particularly low nitrogen isotopic values suggesting very low consumption of animal products. Isotopic values of males and females from each site tend to cluster together, suggesting that dietary choices were shared by all members of the community and were likely shaped by constrains of the local environments as well as by local customs. Comparing isotopic values with the skeletal pathology data from each site, we find that dietary differences reflected by stable isotope values affected the variation of oral health among Yangshao communities. Other aspects of health show less clear correspondence with dietary variation and were likely affected by many other factors, such as local population density, common hygiene, and parasitic loads.

儒家文化与龙山文化

张敏[*]

诞生于齐鲁大地的儒家文化是中国古代的正统文化,儒家文化"宗师仲尼"[1],后经"子思唱之,孟轲和之"[2],遂得以发扬光大;汉武帝时"抑黜百家"[3],"黜黄老刑名百家之言,延文学儒者以百数"[4],由于汉初的崇尚儒学,儒家思想逐渐成为国家思想,逐渐成为中华民族传统文化的精华。

儒家文化博大精深、源远流长。儒家文化孕育于古老的中国文化,也深刻影响和作用于整个中国古代的历史和社会。儒家文化的文化内涵有"仁、义、礼、智、信、恕、忠、孝、悌、廉、耻"等,儒家文化的核心思想是"礼"与"仁"。

"克己复礼为仁"[5];"三代之得天下也以仁,其失天下也以不仁,国之所以废兴存亡者亦然。天子不仁,不保四海;诸侯不仁,不保社稷;卿大夫不仁,不保宗庙;士庶人不仁,不保四体"[6],"仁者,心之德、爱之理;义者,心之制、事之宜也"[7],"利维生痛,痛维生乐,乐维生礼,礼维生义,义维生仁"[8],"仁"是儒家文化的最高境界。

儒家文化为什么会诞生于齐鲁大地?儒家文化必然有孕育其诞生的历史渊源,必然有滋养其发育的文化底蕴。追本溯源,诞生于海岱地区的龙山文化正是孕育滋生儒家文化的文化土壤。

诞生于海岱地区的龙山文化是中华民族文化的精华。龙山文化是以太皞部族、少皞部族为主体的东夷民族创造的物质文化,龙山文化分布于山东的运河以东和江苏的淮河以北,以素面光亮的黑陶文化为其最主要的文化特征;此外,规模宏大的城防设施、薄如蛋壳的薄胎黑陶器、先进的稻作农业、繁多的玉制礼器以及卜骨、陶文和小型青铜器等,无不表明龙山文化为龙山时代文化最发达、文明化程度最高的考古学文化[9]。

儒家文化属于精神文化的范畴,龙山文化属于物质文化的范畴,两者似乎没有可资比较的共性,但精神文化是人类在物质文化基础生产上产生的一种特有的意识形态,物质生活是人类生存的基础,因此物质文化是精神文化的载体,物质文化是精神文化的基础。

儒家文化出现在公元前500～前300之间的春秋战国时期,龙山文化出现在公元前2500～前2000年之间的五帝时代末期,两者的年代又似乎有着千年之久的差距,但齐鲁大地人文渊薮,诞生于齐鲁大地的儒家文化必然有其孕育滋生的一方水土,必然有其特有的文化根基和文化渊源。

儒家文化与龙山文化都是齐鲁大地的本土文化,都是齐鲁大地的地域文化。追本溯源,诞生于海岱地区的龙山文化正是孕育滋生儒家文化的文化土壤。

---

[*] 张敏:南京博物院。

一 儒家文化的渊源

儒家文化诞生于齐鲁大地，儒家文化的渊源当在齐鲁大地；儒家文化虽然诞生于春秋时期，但儒家文化源远流长，儒家文化的渊源可追溯到远古时期，儒家文化应在远古时期溯源、找根、寻魂，从而深入挖掘历史文化中的价值理念、道德规范和治国智慧。

"三代之时乃至更晚一些时候的若干事物，其源头往往会比原有估计的时间要古老得多"[10]，儒家文化的源头同样会比原有估计的时间要古老得多，儒家文化的渊源可追溯到夏商之前的上古时期。

满足儒家文化渊源新石器时代考古学文化须具备四个基本条件：

第一，须为本土文化，即海岱地区的新石器时代考古学文化；

第二，新石器时代考古学文化中出现较为复杂的社会分层和社会分工；

第三，新石器时代考古学文化中出现礼制和礼仪，即出现陶质和玉质礼器；

第四，新石器时代考古学文化中，出现了"仁"的思想并贯穿始终。

在四个基本条件中，需同时具备"仁"与"礼"，即儒家推崇的"仁礼一体"。

海岱地区新石器时代的考古学文化有后李文化、北辛文化、大汶口文化，铜石并用时代的考古学文化有龙山文化，青铜时代的考古学文化有岳石文化。

后李文化主要分布于泰沂山脉两侧，距今约8500～7500年，在临淄、潍坊、章丘、长清、邹平等地均有发现。遗迹主要有房址、墓葬和壕沟、灰坑等，房屋为圆角方型或长方形半地穴式建筑，流行长方形土坑竖穴墓，多无随葬品；陶器主要有釜、罐、壶、盆、钵、碗、盂、杯、盘、器盖、支脚等。

后李文化尚未出现复杂的社会分层，未出现礼器，表明此时尚未出现礼仪制度，因此后李文化与儒家文化之间似无渊源可寻。

北辛文化主要分布于泰沂山脉两侧和鲁中南山地，距今约7400～6400年，在山东的兖州、曲阜、泰安、平阴、长清、济南、章丘、邹平、汶上、淄博、青州、临朐、莒县、沂水、临沭、兰陵、滕州和江苏的邳县、连云港等地均有发现。北辛文化已出现聚落，房屋为半地穴式建筑，墓葬多为长方形土坑竖穴墓，有少量的随葬器物，陶器主要有釜、鼎、鬶、罐、钵、壶、纺轮、网坠等，石器主要有斧、铲、刀、磨盘、磨棒等，骨角器有锄、镞、矛、弹丸、镖、梭、针等，并有少量的玉器。

北辛文化未出现复杂的社会分层，也未出现礼器，因此北辛文化与儒家文化之间也同样无渊源可寻。

大汶口文化的年代距今约6300～4500年，分布范围较北辛文化有所扩大，东至黄海之滨、西至鲁西平原东部、北达渤海南岸、南到江苏淮北一带。大汶口文化已出现大型聚落，墓葬中的随葬器物出现显著的贫富分化，大型墓葬和中型墓葬有二层台和葬具，用猪下颌骨和猪头随葬，有的甚至用整猪、整狗随葬。常见陶器主要有鼎、豆、壶、鬶、背壶、觚形器、盆、钵、罐、杯、大口尊等，石器有穿孔石斧、石刀、石铲、石镐、石杵、石磨盘、石磨棒等，玉器有璧、牙璧、璜、镯、环、坠、笄、指环、矛、镞、铲、斧、刀、锛、锥以及琮形、人形、龙形饰件等，此外还出现象牙器。大汶口文化盛行枕骨人工变形、拔牙和随葬獐牙勾形器，表明已产生原始宗教，大口尊等陶器上发现刻划文字已成为普遍现象。

距今5500年前后是中国历史上第一次大分化、大改组的动荡时期，强势文化的扩张和弱势文化的消亡都出现在这一时期。

在诸多新石器时代考古学文化中，最强势的、扩张范围最大的即大汶口文化。大汶口文化在其发展过程中，不断地向西扩张，豫东、皖西成为大汶口文化的地方类型，豫中、豫西、豫南、鄂北，甚至可达豫北和晋南[11]。

虽然大汶口文化属海岱地区的本土文化，并出现较为复杂的社会分层和社会分工，出现陶质和玉质礼器，但大汶口文化是一个扩张型文化，无论是和平的扩张还是血腥的扩张，显然有悖于"仁者爱人"的儒家文化，因此大汶口文化也非儒家文化的渊源。

龙山文化的分布范围主要在山东，北至辽东半岛，南达徐（州）海（州）地区，距今约4500～4000年。龙山文化普遍发现城址，排列有序、集中埋葬的公共氏族墓地已不复存在，墓葬多为长方形竖穴土坑、单人仰身直肢葬，有明显大小之分，小型墓葬多无葬具，随葬器物极少，而大型墓葬的葬具多为一棺一椁或一棺重椁，形制复杂，随葬器物丰富[12]。龙山文化的陶器主要有鼎、鬲、甗、豆、壶、瓮、罐、杯、盘、碗、盆、器盖、器座等，蛋壳黑陶是最有代表性的陶器，已形成成组成套的陶质礼器；玉质礼器有钺、璇玑、璋、圭、璜等，纹饰有兽面纹、人面纹、虎首纹、鸟纹等，五莲丹土遗址出土的玉钺还镶嵌有绿松石。

龙山文化是海岱地区的本土文化，龙山文化中出现较为复杂的社会分层和社会分工，出现象征礼制和礼仪的陶质、玉质礼器，更为重要的是在龙山文化中出现了"仁"的思想并贯穿始终。

岳石文化的分布范围虽然也在齐鲁大地，但岳石文化"好像是当地新出现的一种比从前落后的新文化"[13]，岳石文化并非齐鲁大地本土文化[14]，因此岳石文化也不是儒家文化的渊源。

综上所述，儒家文化的渊源可追溯到龙山文化。

二 龙山文化的"礼"与"仁"

"人而不仁，如礼何？人而不仁，如乐何？"[15]礼乐文化与"仁"的核心思想是一脉相承的。

礼器是礼制的载体。龙山文化的礼仪制度虽已不可考，但龙山文化的陶质礼器和玉质礼器却悄然透露出龙山文化礼制的信息。

龙山文化的陶礼器有造型优美的鸟喙状足黑陶鼎、大袋足冲天流白陶鬶、竹节纹高圈足镂孔陶豆、瓦棱纹高圈足陶壶、黑陶单把杯、镂孔高柄陶杯、双耳或四耳的黑陶罍、双耳黑陶尊、三环足黑陶盆等，龙山文化的陶礼器涵盖了"稻粱之器"[16]、"肴羞之器"[17]和"酒醴之器"[18]。

龙山文化的玉礼器种类繁多、玉质温润、造型优美、琢磨精致，常见玉器有玉圭、玉璋、玉钺、玉戈、玉璧、玉斧、玉璇玑、玉锛、玉铲、玉刀、玉璜、玉琮、玉环、玉镯、玉珠、玉管、玉簪、玉人、鸟首蛇形玉佩等，常见纹饰有阴刻兽面纹、鸟纹等。《周礼》所载"六器"中的璧、琮、圭、璋、璜[19]等，均见于龙山文化。

龙山文化礼器的复杂化不仅反映了龙山文化礼制的复杂化，而且反映了龙山文化文明化程度的高度发达。

龙山文化的陶、玉礼器自成体系，独领风骚；在龙山文化消逝之后，龙山文化的礼器和礼制大多融入了华夏国家文明之中。

"恭而无礼则劳，慎而无礼则葸，勇而无礼则乱，直而无礼则绞"[20]。儒家文化对于"礼"的尊崇成为儒家思想的内核，而儒家文化中的"礼"显然是对龙山文化礼制的继承和发展。

需要说明的是，大汶口文化时期已出现了"礼"，但大汶口文化没有出现"仁"。"礼"与"仁"的同时出现应在龙山文化时期，因此儒家文化的溯源、找根、寻魂，只能是龙山文化。

儒家文化属于精神文化的范畴，龙山文化属于物质文化的范畴，两者似乎没有可资比较的共性，但精神文化是人类在物质文化基础生产上产生的一种特有的意识形态，物质生活是人类生存的基础，因此物质文化是精神文化的载体，物质文化是精神文化的基础。

齐鲁大地深厚的文化底蕴孕育了儒家文化，儒家文化和儒家思想皆滥觞于龙山文化，因为早在龙山文化时期，已将儒家文化的"礼"与"仁"发挥得淋漓尽致。

龙山时代是我国的古史传说时代[21]，是我国历史上的五帝时代，也是考古学上的古国时代[22]。龙山时代是我国历史上第一个大分化、大改组的动荡时代，是我国进入华夏国家文明诞生前夕的阵痛时代，黄帝、炎帝、蚩尤、尧、舜、禹等都是古国时代的"帝王"，而太暤、少暤则是龙山古国的"远古帝王"。

目前龙山文化城址的发现已近30座，章丘城子崖、日照两城镇和尧王城、寿光边线王、邹平丁公、阳谷景阳岗、王家庄和皇姑冢、茌平尚庄和教场铺、费县防城、临淄桐林、五莲丹土、东阿王集和前赵、滕州庄里西、连云港藤花落等都发现龙山文化的城址，有的还有郭有城或有大城小城；而在阳谷、东阿和茌平发现的8座龙山文化城址分别以景阳岗和教场铺为中心，从而形成两组龙山文化的城，根据城的大小和未发现城的遗址，还可进一步将龙山文化的聚落形态划分为"都、邑、聚"三级结构[23]。城址规模的复杂化表明龙山文化内部社会结构和社会组织的复杂化。

龙山时代的考古学文化有客省庄二期文化、陶寺文化、后岗二期文化、王湾三期文化、王油坊类型文化、石家河文化以及时代略有差异的良渚文化、齐家文化、朱开沟文化等。

通过对考古学文化的动态考察，龙山时代的诸考古学文化均不同程度地出现骤变和嬗变，文化的扩张、文化的更替、文化的衰变和文化的迁徙似乎成为龙山时代的主流动向。

但在与龙山文化邻近的考古学文化中，几乎不见或罕见特征鲜明的龙山文化陶礼器系统、玉器系统等文明化因素；而在龙山文化中，也几乎不见或罕见其他考古学文化的文明化因素，表明文明化程度最高的龙山文化并未与周边的考古学文化发生相互关系和相互作用，即龙山文化并未与周边的考古学文化发生文化碰撞，并未对周边的考古学文化进行文化侵略与文化扩张，龙山文化始终顽强地保持着自身文化的纯洁性和独立性，并沿着自身的发展轨迹向前发展演进。

"轩辕之时，神农氏世衰，诸侯相侵伐，暴虐百姓，而神农氏弗能征。于是轩辕乃习用干戈，以征不享"[24]。"诸侯相侵伐"和"习用干戈，以征不享"当为动荡时代的真实写照。

"仁人之心宽洪恻怛，而无较计大小强弱之私"[25]。龙山文化在大动荡、大改组的社会变革中以成组出现的城防设施应对动荡不定的政治局势，以"仁者安仁"和"仁者不忧"的姿态泰然处之。

"黄帝……以与炎帝战于阪泉之野，三战然后得其志。蚩尤作乱，不用帝命。于是黄帝乃征师诸侯，与蚩尤战于涿鹿之野，遂禽杀蚩尤"[26]。

黄帝"与炎帝战于阪泉之野"和"与蚩尤战于涿鹿之野"则记载了五帝时代的"远古帝王"之间最著名的两场战争——"阪泉之战"和"涿鹿之战"。

"我未见好仁者恶不仁者。好仁者，无以尚之；恶不仁者，其为仁矣，不使不仁者加乎其身"[27]，龙山文化在大动荡时期以筑造大量城防设施的形式应对时局的变化。

"黄帝战涿鹿，杀两暤蚩尤而为帝"[28]。正是在惨烈的涿鹿之战中，龙山古国以"好仁者不恶不仁者"的心态对待动荡不定的政治局势和"远古帝王"之间的战争，践行了"无求生以害仁，有杀身以成仁"的崇高理念，从而使龙山文化在进入华夏国家文明前夕的大分化、大改组的动荡中，"仁"的思想可能是龙山文化遭到彻底的毁灭的原因之一。

龙山文化虽然消逝了，但龙山文化的城防设施、陶玉礼器、卜骨陶文、青铜冶铸等诸多文明因素都融入华夏国家文明之中，为夏商周文化所继承和发扬，成为中国古代文明的有机构成部分；而龙山文化无以尚之的好仁思想，则深深地植入齐鲁大地的沃土之中，深深地融入齐鲁先民的血脉之中，成为儒家文化取之不尽、用之不竭的文化源泉。

三 龙山文化与儒家文化

龙山文化与儒家文化虽然是不同时期、不同性质的文化，但龙山文化与儒家文化有着血浓于水的渊源，儒家文化的核心思想"礼"与"仁"在龙山文化中均初见端倪，均滥觞于龙山文化。

任何考古学文化，都是有文化的文化、有思想的文化，都是活体的文化、动态的文化。在龙山时代的诸多考古学文化中，龙山文化中蕴含的文化可能更加丰富，龙山文化中蕴含的思想可能更加深邃。

龙山文化是龙山时代的仁义文化，龙山古国是五帝时代的君子之国，儒家文化的"礼"与"仁"均肇始于龙山文化，龙山文化是儒家文化的先导和源头，因此，植根于齐鲁大地的儒家文化与龙山文化是一脉相承的。

儒家思想成为我国古代文化和古代文明最重要组成部分，儒家文化的核心思想是"仁"与"礼"，"仁"与"礼"是中国价值体系中的核心因素，"礼"与"仁"互为表里，"仁"是"礼"的内在精神，"仁"既是古代的人文情怀，也是现代的人文精神，儒家文化的世界观和人生观在实现中华民族伟大复兴的今天仍有着积极的意义。

考古学的研究对象是考古学文化[29]，考古学文化的研究主要是通过文化遗迹、文化遗物等物质文化遗存进行文化面貌、文化特征、分布空间、文化分期、文化性质、文化因素的构成以及考古学文化与考古学文化之间相互关系的研究，以上研究无疑是考古学研究的基础和核心。

考古学研究的内涵，"是考古学文化所表述的这部分人类古代社会历史"[30]，人类古代社会历史既包含物质文化，也应包含精神文化。

物质文化是精神文化的基础，精神文化是物质文化发展的动力。精神文化是人类在从事物质文化生产的基础上产生的一种人类所特有的意识形态,是人类各种意识观念形态的集合;精神是信念,是信仰,是理想,是追求,精神文化是推进物质文化发展的内在动力。

自20世纪80年代以来,对考古学文化中蕴含的精神文化进行研究,愈来愈受到考古学者的重视,精神领域研究的必要性、重要性已逐渐成为考古学研究的新要求、新目标、新任务[31],龙山文化精神领域的研究也不例外。

关于龙山文化与儒家文化相互关系的探讨,本文为一肤浅的尝试。因为是尝试性的探索,故诸多方面尚不成熟,如研究理论尚需进一步完善,研究途径有待进一步推敲,研究方法也有待进一步细化等。

将考古学文化与儒家文化进行综合研究,目前还是一个新的课题。本文的目的旨在抛砖引玉,希冀引起考古学者和儒学研究者的重视,并希冀借此拓宽考古学的研究空间和儒家文化的研究领域。

注释

[1]《汉书·艺文志》,中华书局,1962年。

[2] 章诗同:《荀子简注》,《荀子·非十二子》,上海人民出版社,1974年。

[3]《汉书·董仲书舒传》,中华书局,1962年。

[4]《汉书·儒林传》,中华书局,1962年。

[5] 杨伯峻:《论语译注》,《论语·颜渊》,中华书局,1962年。

[6] 杨伯峻:《孟子译注》,《孟子·离娄上》,中华书局,1960年。

[7] 杨伯峻:《孟子译注》,《孟子·梁惠王上》,中华书局,1960年。

[8] 黄怀信、张懋镕、田旭东编:《逸周书汇校集注》,《逸周书·文儆解》,上海古籍出版社,2007年。

[9] 严文明:《龙山文化和龙山时代》,《文物》1981年第6期。

[10] 俞伟超:《凌家滩璜形玉器刍议》,《凌家滩玉器》,文物出版社,2000年。

[11] 栾丰实:《大汶口文化:从原始到文明》,山东文艺出版社,2004年。

[12] a. 于海广:《山东龙山文化墓葬浅析——兼述山东龙山文化时期的社会性质》,《山东龙山文化研究文集》,齐鲁书社,1992年。b. 于海广:《山东龙山文化大型墓葬分析》,《考古》2000年第1期。

[13] 俞伟超:《龙山文化与良渚文化衰变的奥秘》,《纪念城子崖遗址发掘60周年国际学术讨论会文集》,齐鲁书社,1993年。

[14] a. 张国硕:《岳石文化来源初探》,《郑州大学学报(哲学社会科学版)》1989年第1期。b. 张国硕:《岳石文化的渊源再探》《郑州大学学报(哲学社会科学版)》1994年第6期。

[15] 杨伯峻:《论语译注》,《论语·八佾》,中华书局,1962年。

[16]《诗·唐风·鸨羽》:"王事靡盬,不能蓺稻粱",高亨:《诗经今注》,上海古籍出版社,1980年。

[17]《楚辞·招魂》:"肴羞未通,女乐罗些",(宋)洪兴祖:《楚辞补注》,中华书局,1983年。

[18]《诗·大雅·行苇》:"曾孙维主,酒醴维醹",高亨:《诗经今注》,上海古籍出版社,1980年。

[19]《周礼·春官·大宗伯》:"以玉作六器,以礼天地四方:以苍璧礼天,以黄琮礼地,以青圭礼东方,以赤璋礼南方,以白琥礼西方,以玄璜礼北方",清·孙诒让:《周礼正义》,中华书局,1987年。

[20] 杨伯峻:《论语译注》,《论语·泰伯》,中华书局,1962年。

[21] 徐旭生:《中国古史的传说时代》,文物出版社,1985年。

[22] a. 苏秉琦:《辽西古文化古城古国》,《文物》1986年第8期。b. 苏秉琦:《中国文明起源新探》,生活·读书·新知三联书店,1999年。

[23] 张学海：《试论山东地区的龙山文化城》，《文物》1996 年第 12 期。

[24] 《史记·五帝本纪》，中华书局，1982 年。

[25] 杨伯峻：《孟子译注》，《孟子·梁惠王下》，中华书局，1960 年。

[26] 《史记·五帝本纪》，中华书局，1982 年。

[27] 杨伯峻：《论语译注》，《论语·里仁》，中华书局，1962 年。

[28] （汉）桓宽：《盐铁论·结和》，上海人民出版社，1974 年。

[29] 张忠培：《研究考古学文化需要探索的几个问题》，《文物与考古论集》，文物出版社，1986 年。

[30] 张忠培：《关于考古学的几个问题》，《文物》1990 年第 12 期。

[31] a. 俞伟超：《含山凌家滩玉器和考古学中研究精神领域的问题》，《文物研究（第 5 辑）》，黄山书社，1989 年。b. 晁福林：《从精神领域看文明起源研究问题》，《古代文明（第 5 卷）》，文物出版社，2006 年。c. 李伯谦：《关于精神领域的考古学研究》，《中国文物科学研究》2007 年第 3 期。d. 何驽：《怎探古人何所思——精神文化考古理论与实践探索》，科学出版社，2015 年。

Longshan Culture and Confucian Culture

Min Zhang (Nanjing Museum, China)

Abstract

The Longshan culturebetween 2500 and 2000 BCwastowards the end of the five emperors era, and the Confucian culturerooted in the Spring and Autumn and the Warring States period between 500 and 300 BC. It seemsthat there isa gap of more than one thousand years in between. However, Confucian culture was born in Qi and Lu, which must have its breeding soil and its unique cultural roots and cultural origins. Tracing its origins, Longshan culture in Haidai regionwas exactly the cultural soil where Confucian culture originated and developed from. The core idea of Confucian culture is "benevolence" and "ritual", while the concept of "benevolence" and " ritual" had developed incisively and vividlyas early asLongshan culture.

五帝年代考证与当今断代工程

谢玉堂*

  龙山文化是中国父系氏族社会晚期的文化形态，而五帝时代正处在龙山时代，这在史学界应当说是没有疑义的。五帝时代是中华文明的起源和开创时代，弄清楚这一时期的历史，具有追根溯源的重大现实意义；从历史研究的角度来讲，也是弥补中华起源文明研究不足、打开释古新局面的要求。李伯谦先生号召中国史学界在国家确立的断代工程基础上再向前探研一千年，其目的就是在断代工程已确定的夏王朝开端的公元前 2070 年加上公元后的 2000 多年共计四千多年的基础上，再将之前一千年的文明起源历史，也就是五帝时代的历史搞清楚。这样，中华民族五千年文明史的大旗就会堂堂正正傲然矗立在世界史坛的舞台上。

  对五帝年代的考证，尤其是黄帝元年的考证，是五帝时代研究的一个必不可少的要素。从文献记载中梳理清楚五帝的具体年代，推算出夏王朝的诞生之年，再与夏商周断代工程确立的夏王朝始年对应和比较，当是比较科学的方法。对五帝年代的考证，我认为有两个古贤人功不可没，这就是晋代的皇甫谧和宋代的邵雍。

一 皇甫谧的五帝记载

  皇甫谧（公元 215～283 年），字士安，晋朝人，自称玄晏先生，他"博采经传，旁观百家"，以帝王世系为统序，考其帝王年世，记其都邑，自三皇，尽汉魏，铸成《帝王世系》一书，在史学中价值颇高。

  皇甫谧在《帝王世系》对黄帝、颛顼、帝喾、唐尧和虞舜的执政时限和作为作了较为详细的记载，尤其是他把尧、舜、禹三代首领的关系交代得非常详细。但是王国维先生认为皇甫谧对禹称帝后的年代考证的不如尧、舜详细。他在《今本竹书纪年疏证》一文中只做了如下记载：

  "元年壬子，帝即位，居冀。颁夏时于邦国。

  二年，咎陶死。

  五年，巡狩。会诸侯于涂山。……

  八年春，会诸侯于会稽，杀防风氏。夏六月。雨金于夏邑。秋八月，帝陟于会稽。

  禹立四十五年。

  禹荐益于天。"

  在这里，王国维先生肯定没有充足的史料来论述禹称帝后的辉煌岁月，而突然从执政八年

---

* 谢玉堂：山东大舜文化研究会。

秋禹崩于会稽，又显得太突然。这个"秋八月"是禹执政八年的八月，还是执政四十五年中的八月这里没有交代清楚。但是禹执政四十五年，史书多有记载。《古本竹书纪年》记述："禹立四十五年。"皇甫氏称禹"年百岁，崩于会稽。"也能从一个方面说明禹执政近五十年。因为皇甫氏记述："禹年七十四岁，舜始荐之于天。荐后十二年舜老，始使禹代摄行天子事。五年舜崩，禹除舜丧，晚年始即真。"

从皇甫氏这一段推算，禹八十七岁称帝，又执政四十五年。禹去世后由谁即位呢？皇甫谧在《帝王世纪第三》一文中是这样记载的："舜禅禹，禹即帝位，以皋陶为贤，荐之于天。将有禅之意，未及禅，会皋陶卒。"说明皋陶未能继禹之位。

《今本竹书纪年疏证》记："禹荐益于天。"又记："六年，伯益死，祠之。"可见，伯益接帝位只有短短六年。《古本竹书纪年》、《夏纪》记载："益干启位，启杀之。""益为启所诛。""后启杀益。"可证伯益继位时间不长。自此，世袭制代替了禅让制。

江林昌教授在其著作《考古发现与古代文明新研》中的《尧舜禹伐三苗的综合研究与夏代始年的讨论》一篇中讲到：

"据古本、今本《竹书纪年》，禹在位45年。如果我们假设公元前2071年夏代始年从禹即位的中期、即其即位20年后起算，也许更符合实际。

而禹伐三苗又是在其即位之前。据今本《竹书纪年》，禹伐三苗是在帝舜'三十五年'，到了帝舜'五十年'，由于'帝（舜）陟'，'夏禹后氏（始）立'。如果今本《纪年》的这条记载可信，则禹伐三苗是在其即位前15年。再以上述2071年夏始年是从禹即位中期及20年之后起算，则禹伐三苗年应该从2071年再加上35年，当为2106年。"

综上经皇甫谧及其他古学者记，除自黄帝至挚共执政三百四十一年外，加上尧执政九十八年，舜执政五十年，禹执政四十五年，伯益执政六年，加在一起是五百四十年（黄帝100年，少昊84年，颛顼78年，帝喾70年，挚9年，尧98年，舜50年，禹45年，伯益6年）。但这五百四十年是从哪年开始至何年为止呢？皇甫谧没有交代清楚，而且也不可能交代清楚。

这个历史难题只好由宋代邵雍来回答了。

二 邵雍《皇极经世》对五帝年代研究的贡献

邵雍，字尧夫，生于北宋真宗年间，病逝于宋神宗熙宁十年，理学的主要创始人之一，学术思想贯穿于经、史、子、集，与当时的程颢、程颐、张载、周敦颐合称"北宋五子"。

邵雍在《皇极经世》一书中，独创了一套宇宙演化和人类历史的时间计算体系，即元、会、运、世、年、月、日、时。其换算关系如下：

1 时 = 2 辰（时辰）

1 日 = 12 时

1 月 = 30 日

1 年 = 12 月

1 世 = 30 年

1 运 = 12 世，360 年

1 会 = 30 运，10800 年

1 元 = 12 会，129600 年。

邵雍认为，天地从开辟到终结的全部历程称之为一元。一元结束，接着另一元开始，如此循环无穷。一元不是表示天地的毁灭和重新形成，我们可以将其看作是人类文明发展史上的一次周期性活动。按照邵雍的观点，我们仍然处在当下这个"元"中，在这个"元"中，邵雍将中国历史与文化发展的关键一年定在尧帝登位的甲辰年，即公元前2357年，这一年以前，有关中国历史大事没有系年标注；这一年之后，中国历史大事件都有系年标注。

按照邵雍的推算，尧共在位100年，从公元前2357年到公元前2257年。其中，舜任摄政28年；舜共在位50年（包含舜为尧守丧三年时间），从公元前2257到公元前2206年。其中，禹任摄政17年。禹在位10年，从公元前2206年到公元前2196年。

邵雍发明的这套元、会、运、世、年、月、日、时的纪时方法，到底有多少现代科学依据？我们不得而知。但我们知道，他是少见的易学大师，他根据《周易》的术数之学发明了这套纪时方法，有着坚实的易学数理依据，绝非凭空臆造。

邵雍关于尧、舜、禹的历史纪年与皇甫谧《帝王世纪》的记载显然相得益彰，值得重视。皇甫氏只是记载了从黄帝到大禹的执政年代数。他虽是一个考古学家，但当时的历史条件决定了他无法考证出五帝执政的具体年代。如：某一帝即位的具体年代，相当于中国的古历何年，特别是公历的何年，皇甫氏是根本无法回答的。邵雍的这个推断，恰好弥补了皇甫氏的不足，以唐尧元年为中心，向前可以推到黄帝元年，向后可推至夏禹之时。两人的互补，解决了上古史研究一个非常重要的大难题。

邵雍的这个推断，不仅得到当时的政治家、文学家、思想家等学术界精英的认可，也为近代史学家们所承认。1903年8月，刘师培先生把黄帝诞生之年定为公元前2709年，建议中华民国元年定为"黄帝四千六百十四年"，而章士钊先生则坚持将公元前2489年定为黄帝始年，中华民国元年应为四千三百九十四年，与刘氏推断年限相差220年。后来宋教仁先生出面协调，建议将邵雍确定的公元前2357年为基点向前加上帝挚、帝喾、颛顼、少昊的执政年为黄帝纪元，这样黄帝的纪元年就推定为公元前2698年。所以1905年11月26日创刊的革命党机关报——《民报》就将1905年确定为黄帝四千六百零三年，即2698年加上1905年，等于4603年。从此，以同盟会为代表的革命党以及后来宣布脱离满清统治而独立的省统统都用这个年号打出自己的独立旗帜，一直延续到1912年元月。

邵雍继承儒学，融汇了当时的佛老学，与当时的二程张周四大名流探讨了宇宙本源、自然规律、人的本性以及认识真理的方法、途径，为后来南宋的朱熹建立理学起到了至关重要的作用。邵雍能在易学的研究发展中将《尚书》、《史记》等一大批史书所没有记载的尧执政元年给推演出来，这对中国五千年文明史的研究不仅提供了确凿的历史依据，又与当代的夏商周断代工程如此相近，实在是令人惊叹，令人崇敬。再联系到皇甫谧对五帝年代的确定，有了邵雍对尧元年的确立，这两位原来在史学界尚无被人重视和认可的先师可以讲为中国远古史的研究立下赫赫大功，名载史册，丰碑可敬。

三 中国当今断代工程与《帝王世纪》、《皇极经世》的合成

非常遗憾的是，中国当今夏商周断代工程以前，全世界四大文明古国，仅存中国还有两千多年没有建立起年代学标尺。近几年，我也拜读了一些关于五帝时代研究的大作，基本上是众说纷纭，极不统一，很少把皇甫谧的《帝王世纪》和邵雍《皇极经世》联在一起，也没有以考古学对龙山时代的考证为年代依据，来证实民国建立前后确定的黄帝元年——公元前2698年的正确与否。20世纪的1984年，时任美国总统的里根在给中国领导人的春节贺电中，把这个元年加上1984年送给了当时中国的领导人。这真是一个莫大的政治讽刺！

事实上，与世界其他三个文明古国比较，我们中华民族的古文明有自身的三大特点：一是独立起源，自身发展；二是绵延流传，从未中断；三是历史悠久，五千余年。最有力的证据是古埃及胡尼胡夫时代的象形文字、巴比伦萨尔贡政权的楔形文字、古印度的木刻文字都没有传承下去而早已失传，唯独中华民族的文字，从结绳、象形、陶文、甲骨文、金文、大小篆一直延续到今天的汉文，承载着五千年的辉煌文明！而夏、商、周三代，又是中国古文明形成特色、走向繁荣的重要历史时期。由此向上，可反溯中国文明的起源，向下可轨迹出中华文明的整体框架。从西汉刘歆开始，历代学者经过两千多年的努力试图在《史记》的基础上推定出公元前841年以前的年代。可喜的是，宋代邵雍终于把公元前2357年推定为唐尧的元年。由此按皇甫谧五帝的执政总年向上溯证，推定为公元前2698年，为黄帝的元年。

但这个文献，还不能得到史学界的进一步的肯定，黄帝元年只能停留在文献的记载上。

从20世纪20年代开始，由于中国现代考古学的兴起与发展，学者们开始找到了一条书面文献以外的研究夏商周年代的道路，这就是考古新发现的遗址、遗物所提供的年代信息，从而使中国夏商周年代研究迈入了一个新阶段。尤其是改革开放以来，中国的考古学发展极为迅速，历史学、古文献学、古文字学、天文学、科技测年等相关学科，也都有了长足的进展。这一切，为综合研究夏商周年代创造了良好条件，夏商周年代学标尺的建立有了可能性。1996年5月16日，李铁映和宋健再次在国务院主持会议，代表国务院宣布启动国家"九五"重大科研项目"夏商周断代工程"，旨在通过政府的支持，依靠专家的联合攻关，使千百年来一直未能解决的夏商周年代学问题，能进一步科学化和量化，最终为探索中华古文明的起源打下坚实的基础。

在夏朝年代学研究过程中，在文献、考古和天文三大领域综合考证的基础上，断代工程领导小组采用了史学界大部分学者认为夏执政年为471年说的意见。最后认定为：夏文化的上限可推导在河南龙山文化晚期的公元前2132～前2030年，下限从公元前1598年商汤灭夏开始向前再推471年，为公元前2069年，取其近值，最后确定为公元前2070年。此数正好在工程考古测年所得夏代始年的范围之中。

为此，我们可以认定：从公元前2070年到公元前2698年，这期间相距628年。如果以邵雍确立的唐尧元年为公元前2357年为基点的话，那么皇甫谧记述的黄帝、少昊、颛顼、帝喾、挚的积年为341年，相加等于公元前2698年就是黄帝的元年。

如果以唐尧元年为基点的话，从尧（98年）向后延续到舜（50年）、禹（45年）、伯益（6年），共计199年，加上341年，共计540年。也就是说，从黄帝元年到伯益为止，应是公元前2158年，

与断代工程相差 88 年,这是多么的准确!如果和断代工程确立的夏王朝早期文化为公元前 2190 年或公元前 2132 年的话,《帝王世纪》与《皇极经世》确立的五帝年代与当今的断代工程只差 32 年或 26 年,几乎没有差别地一致了。

从司马迁之后不久的刘歆,数以千计的专家学者力图解开远古年代的谜团。然而包括《帝王世纪》在内的众多史书都没有列出五帝的具体执政年代。即使列出了五帝的执政年代,但没有具体记载何年,像皇甫谧这样的考古学家也没有完成这个任务。唯有邵雍,在他的著作里明确点明唐尧元年为公元前 2357 年,这个科学的发现,为我们今天研究五帝的年代工程提供了科学依据。

五帝年代的研究更深层的意义是为研究龙山时代打下坚实的基础。龙山时代,可以说是中国远古时期一个伟大的时代。这个时代,不仅奠定了宗法制度的萌芽——父权制度的形成,而且演变成父系氏族走向消亡、社会财富有了剩余、阶级社会开始形成、文明曙光从中华大地冉冉升起的重要历史时期。这个时代,诞生了黄帝、炎帝、蚩尤、少昊、颛顼、帝喾、唐尧、虞舜等一大批彪炳显赫、名留史册的大帝,同时也催进了中华民族最早国家的诞生;从黄帝、蚩尤、少昊、颛顼、帝喾到唐尧、虞舜、夏禹几代领袖前赴后继的努力,终于诞生了中华民族第一个文明社会——夏王朝。

参考文献

1. 皇甫谧:《帝王世系》。
2. 邵雍:《皇极经世》。
3. 王国维:《观堂集林》。
4. 李学勤:《走出疑古时代》,长春出版社,2007 年。

Textual Research of the Time Span of Five Emperors' Regimes and the Current Xia Shang Zhou Chronology Project

Yutang Xie (Da Shun Culture Association of Shandong, China)

Abstract

The Five Emperors' era means a lot in tracing the root of Chinese nationality. Boqian Li proposed that historians should do more research on the history before the earliest historical period that Chinese Chronology Project had established. In other words, we have to figure out the history of Five Emperors' period. I believe Mi Huangpu in Jin Dynasty and Yong Shao in Song Dynasty helped us a lot in this subject. Mi Huangpu recorded detailed information of the duration time of Five Emperors' regimes in the book Diwang Shiji (emperors' genealogy). According to this book, The Five Emperors were in power for 540 years in total. Mi Huangpu did not specify the beginning and the ending year of the period. However, Yong Shao in Song Dynasty managed to tackle the problem. Yong Shao assumed 2357 BC to be the first year of Emperor Yao's regime. Since the 1920's, on the basis of the systematic research in the field of literature, archaeology, and astronomy, the leading group of chronology project adopted the widely-accepted view that the duration of Xia Dynasty was 471 years, and formed the verdict that the beginning year of Xia Dynasty was 2070 BC, which falls in the range of the starting year of Xia Dynasty according to archaeological dating. Amazingly, the time span of Five Emperors' regimes recorded in ancient books Diwang Shiji and Huang Ji Jing Shi has no confliction with the chronology project.

菏泽：中华文明的重要发祥地

潘建荣[*]

中华文明，源远流长。大约距今一万年上下，中华先民逐渐由渔猎社会步入农业社会，人类自身生产由族内婚向族外婚的过渡，标志着人类早期文明的形成。距今七千年前后，中华先民进入太昊、伏羲、女娲、炎帝等所谓三皇时期，也是由母系氏族向父系氏族社会的过渡时期，历时大约两千年上下，这是中华文明的奠基时期。到了距今五千年前后至距今三千年前后，经历炎帝、少昊、黄帝、颛顼、帝喾、帝尧、帝舜、夏禹、商汤约两千年上下，这是五帝和夏商时期，也是中华文明的开创时期。秦至清末是中华文明的发展时期。中华文明不但历史悠久，又起于多元。历史文献记载中华圣祖先贤三皇、五帝、夏禹、伯益、商契、商汤、伊尹、箕子等在菏泽大地都留下史迹，加上考古发现菏泽境内有北辛、大汶口、龙山、岳石和商代古遗址达 200 余处，足以证明菏泽是中华文明的重要发祥地。

菏泽市位于山东省西南部，被《史记》称为"天下之中"[1]，是东西南北经济文化交融之地。2008 年以来，山东省考古所在菏泽境内一系列的考古发现和考古调查，越来越证明了文献记载的可信性。古济水由河南荥阳出黄河东流，过菏泽全境，分别形成雷夏、大野、孟渚、菏泽四大湖泽和济水、汳水、沮水、瀤水、菏水等十三条河流。当代发现的古遗址皆布列湖、河岸边，反映出古人依水而居的生存特性。菏泽又是近千年的黄河泛区，众多古遗址被黄河泥沙掩埋地下 3 到 10 米深，致使大量上古文化信息不为人知。对自然河决掩埋的文明，今天的考古学者是努力考古发现，还是不闻不问，是考古学者对历史真相追求的态度。自 2008 年起，山东省文物局考古所和山东大学东方考古中心以"探源求实、还原真相"的历史责任感，大胆向有着厚重历史文化渊源的黄泛区——菏泽考古勘探，现已取得丰硕成果。

一 考古发现北辛、大汶口文化遗址，验证三皇与菏泽关系

山东省文物局考古所在 2008 年发掘雷夏泽东南岸成阳古城时，于东北角城墙内侧地下 5 米发现一处上古遗址，出土石磨棒和褐黄、红色鸟喙罐耳和陶器残片若干。2013 年 11 月，山东大学历史文化学院副教授陈雪香博士在菏泽城南、定陶城北古济水南岸的陶丘遗址（今名何楼遗址）地下五米发现大量上古陶片，包括红鸟喙罐耳。2014 年春，又在此遗址西 500 米处地下发现石磨棒和鸟喙状罐耳。经李伯谦、赵辉、刘绪、栾丰实、方辉、张学海、王永波、郑同修、唐际根、袁广阔等专家辨识，一致认为是北辛文化器物残片。这一发现为 2400 年前的史书《左传》记载

---

[*] 潘建荣：菏泽市历史与考古研究所。

太昊氏生活在济水两岸提供了依据，也为2000年前的西汉多部文献记载"华胥履迹雷泽生伏羲"找到证据。距今7000年前后以凤鸟为图腾的太昊氏族中的华胥姑娘，在位于今菏泽城东北的古雷夏泽岸边和以龙为图腾的雷神氏族的男子结合，诞生了中华第一个男性祖先伏羲。伏羲族的图腾是龙，中华人是龙的传人自伏羲始。伏羲诞生于菏泽，菏泽是伏羲之桑梓。

二 考古发现龙山、岳石文化遗址，验证五帝、先商与菏泽的关系

尧、舜、禹百年间是古代中国由部落联盟走向文明国家形态的关键时期。2008年在成阳故城内还发现龙山文化遗址，为尧、舜、禹兴起于成阳的记载提供了考古学依据。《史记》载："尧作成阳。[2]"即4200年前的帝尧兴起于成阳。《尚书》载："舜生姚墟。[3]"汉《风俗通》载："姚墟在济阴成阳，帝颛顼之虚，阏伯之虚。[4]"舜是帝颛顼七代孙，舜又是帝尧的女婿。在成阳城内发现龙山文化遗址又进一步印证了文献"姚墟在济阴成阳"和颛顼、舜这个族群生活在成阳的史实。

考古调查表明，战国诸子和《史记》所记尧、舜活动的地名，如历山、负夏、寿丘、常羊、鸣条等都是龙山文化遗址，且都在菏泽或周围100平方千米范围之内。沈长云、张渭莲《中国古代国家起源与形成研究》认为，4000年前的夏后氏兴起于菏泽、雷泽、历山一带[5]。大禹称夏，源自雷夏泽。历山北之泽本名夏泽，夏后氏兴于此。因泽中多鳄鱼，古人称为雷神，故又名雷夏泽。

按《史记》，有莘氏帝喾是帝颛顼的族子，即帝颛顼、帝喾、帝舜都是太昊族系后裔。今菏泽南、曹县北古黄沟水两岸的众多遗址是有莘氏帝喾族的居住地。文物部门分别于1976年、1979年对莘冢集遗址进行了试掘，出土大量大汶口、龙山、岳石乃至商代文化器物，又有力的验证了文献关于"有莘之虚"的记载。

商族的兴起也与菏泽有关。据《史记·殷本纪》，商族的始祖名契，与尧、舜、禹同时，曾佐大禹治水有功，封于商。契的母族是有娀氏。韩非子等先贤认为有娀即夏代的有仍氏。顾颉刚曾作《有仍国考》，认定《左传》中生活在菏泽一带戎州人是其后代。菏泽城西南古济水之滨，面积达五万平方米的安陵堌堆龙山文化遗址，是有娀氏居地，契生于此。契以后十三公迁徙于河济之间，岳石文化是商族足迹所至。菏泽境内200余处古遗址中几乎都有岳石文化，是商族人最早生息之地。

契之十四代孙商汤，从商迁都于亳，"从先王居，始居亳"，反映出"先王契"曾居亳。汤以亳为根据地发展壮大，终于在公元前1600年灭夏立商。对"亳"之地名，历有争论。《史记》有"汤止于亳，亳在陶丘、商丘之间"的记载。《左传》有"亳，宗邑"之说，在今商丘北，景亳是也。今人罗琨从甲骨卜辞征人方的路线中考证出亳在曹县南。商汤在有莘氏庖人伊尹的帮助下，行灭夏大业，最后四战均发生在菏泽境内。《史记》载："桀败于有娀之墟，桀奔于鸣条，夏师败绩，汤遂伐三朡，俘厥宝玉。[6]"有娀在安陵堌堆，三朡在定陶北，即今戚姬寺龙山文化遗址。知鸣条在有娀、三朡之间的济水之滨。实地查验，鸣条即今定陶西部的大章寺龙山文化遗址。桀自三朡逃奔到成，被活捉。夏桀亡国。《尸子》说，汤放夏桀于历山。《荀子》说"夏桀死于亭山"，亭山即历山。夏后氏从菏泽历山兴起，其末代之君又在菏泽历山死去，

可谓落叶归根了。按《竹书纪年》，商汤及以后 8 位商王都亳达 159 年之久，时菏泽为商代王畿之地。商朝第十四代商王祖辛及开甲、祖丁、南庚以庇为都城计 75 年。《中国历史地图册》标注"庇"在今菏泽市之郓城县[7]。有商一朝传 29 王，计 554 年，其都城在菏泽之亳和庇共计 232 年之久，菏泽真乃商代王畿之地。

三 古老地名承载中华文明

菏泽境内有数十处数千年之久的古地名，与上古先祖先贤活动足迹相关。

己氏：在菏泽市南境，曹县之东，秦之前有己氏邑，汉以后有己氏县，隋代改名楚丘县。《世本》曰："少昊姓己氏。[8]"知己氏与少昊起源关系密切。曹县东有多处大汶口遗址，应是己姓少昊的最早居地。

陶丘：在今菏泽城南 10 千米，古济水南岸，太昊族兴起于此。《竹书纪年》记载帝尧晚年居陶，《史记》有"舜陶河滨"，战国《鲁连子》有"舜耕历山而交伯益，舜陶河滨而交大禹"，《甲骨卜辞》合 6863 有"缶"族。鼓贞："王敦缶于蜀，二月。"缶，即古陶丘。2014 年山东省考古所在古陶丘发现出一座 36000 平方米小城，挖探方 33 个，竟出土四千年间北辛、大汶口、庙底沟三期、龙山、岳石、下七垣和商代晚期文化器物千余件，进一步印证了陶丘与太昊、少昊、尧、舜、禹、先商和商族的关系。

历山：龙山文化遗址，在菏泽城北 25 千米，古雷泽南岸。《上博简》作鬲丘，《楚简》作鬲山，《尚书》、《史记》称历山，今仍名历山。"舜耕历山，渔雷泽"即此地。

宛胸：即菏泽城。城中三处龙山文化遗址即《史记》中"黄帝得宝鼎于宛胸"之地。秦、汉、唐、宋为县名，废于金代黄河淤淹。

楚丘、荆城：楚丘在曹县东四十里，今名梁堌堆。2014 年在楚丘勘探出龙山、岳石、商、春秋、战国不间断文化。按《史记》，楚人的源头是帝颛顼的 6 代孙季连，居楚丘，"芈姓，楚其后也"。楚丘是楚文化的源生地。商都亳后，楚人北迁古菏泽（湖）南岸，名荆城。经陈雪香博士勘探，荆城属龙山、岳石、商、周、秦、唐、宋、元 4000 年不间断遗址，在定陶东北 12 千米。

犬丘、箕山：犬丘是先秦的一个重要地名，是少昊后裔伯益族的居地，在历山西 15 千米，今名刘堌堆，是龙山文化遗址。伯益协助大禹治水功大，禹老传帝位于伯益，伯益跑到箕山躲藏起来。箕山在历山北 25 千米箕山镇，地属鄄城县。经勘探是龙山、岳石及商文化遗址。《史记·夏本纪》：大禹卒，"以天下受（伯益），……（伯）益让帝禹之子启，而辟居箕山之阳。"即此地。知犬丘、箕山都是伯益族的领地。

蚩尤坟、尧冢、汤冢、伊尹坟、太甲陵和箕子坟验证着古老文明。

蚩尤坟：在菏泽市巨野县东北 4 千米，大汶口、龙山遗址。4700 年前后，黄帝、蚩尤大战，蚩尤兵败被杀于青丘（龙山文化遗址），头葬大野泽东，肩脾骨葬大野泽南。《皇览》有记。

尧冢：即帝尧之墓，"尧作成阳"，死后葬成阳。《汉书》载："成阳有尧冢。"《水经注》载："尧冢在成阳城西二里。"2008 年山东省考古所对古成阳城西尧王寺村尧冢旧址进行勘探，发现是面积达八万平方米的龙山、岳石、商、汉文化遗址，是国内十余个尧冢中的唯一一处龙山遗址。

汤冢：即商汤之墓，在菏泽市曹县南 12 千米。《皇览》载："汤冢在汉亳县东北三里。[9]"经 1995 年试掘，系龙山、岳石、商文化遗址，是文献中最早的汤冢。

伊尹坟：《尚书》记，伊尹死亳葬亳；《皇览》记，伊尹坟在己氏县平利乡。即在今汤冢东 15 千米殷庙村伊尹祠后。考古勘探，祠墓建在龙山、岳石、商文化遗址之上。

太甲陵：太甲，商汤之孙。《皇览》载，太甲陵在历山。今菏泽城北，舜耕之历山。

箕子坟：箕子，商末纣王之叔，朝鲜箕子王朝奠基人。晚年自朝鲜朝周，居宋国，死后葬汤陵西 6 千米，经勘探系商文化遗址。

不论是历代文献记载，还是考古发现，都能证明菏泽是中华文化奠基、开创时期的发祥地，应引起历史、考古界的高度关注。

注释

[1]《史记》，中华书局，1982 年，第 3275 页。

[2] 同注 [1]，第 3266 页。

[3]《风俗通义校注》，中华书局，1981 年，第 471 页。

[4] 同注 [3]。

[5] 沈长云：《中国古代国家起源与形成研究》，人民出版社，2009 年，第 212～215 页。

[6] 同注 [1]，第 96 页。

[7] 谭其骧：《中国历史地图集·商时期中心区域图》，中国地图出版社，1996 年，第 14 页。

[8]《世本八种》，中华书局，2008 年，第 23 页。

[9]《史记·殷本纪》，中华书局，1982 年，第 98 页。《集解》引《皇览》。

An Important Area of Early China: Archaeology and Historical Records of Heze, Southwestern Shandong

Jianrong Pan (Heze Municipal Institute of History and Archaeology, China)

Abstract

Druing Pre-Qin period, when ancient Ji Shui river passed by Heze area, southwestern Shandong, it formed four lakes of Leixia, Daye, Mengzhu and Heze, as well as about ten tributaries. Archaeological sites in Heze mainly located around these lakes and rivers, and formed high mounds which were called Gudui in dialect. The occupation of these mounds normally started from Beixin culture (c. 5000 - 4100 BC) or later, continued to Dawenkou culture (c. 4150 - 2650 BC), Longshan culture (c. 2650 - 2050 BC), and to early Bronze Age of Yueshi culture, Shang and western Zhou dynasties. Then they were used as graveyards during eastern Zhou and Han periods. Since Sui-Tang dynasties, there had been temples built on these mounds. The paper discussed how these mound sites were related to the legend era of Chinese mythological rulers and deities and early activities of Xia-Shang tribes.

陶寺与哈拉巴的古城文明比较研究

李玉洁[*]

黄河流域的陶寺古城址是距今约 4300～4100 年左右。印度河流域的哈拉巴文化距今 4300～1750 年的遗存。哈拉巴文化的下限较陶寺古城晚 300 年左右，但是上限年代基本相似。今仅以陶寺与摩亨佐·达罗古城址为例，对这两座城址表现出来的古文明进行比较研究，并研究其消亡的原因。

一 陶寺古城址的建筑布局及反映出的古代文明

目前在山西临汾陶寺遗址中发现了规模宏大的古城址，由早期小城、中期大城两部分组成。中期大城之内套有一个宫城。

早期小城的南北长约 1000、宽约 560 米、面积约 56 万平方米。夯土版块墙体外侧用碎石索填上，填埋夯打成墙，其时代较夯土墙体略晚。陶寺小城始建于陶寺文化早期，废弃于陶寺文化中期偏早阶段。小城东区的西半部发现较高高等级建筑遗迹，中心性建筑有两层表面平整的长方形台基，面向西北，背靠东南。台基东西总宽 85、南北总长 80～100 米，总面积约 7800 平方米。

陶寺城址内早期小城的中南部是一处奢华建筑宫殿区，其三面有围壕，面积约 5 万平方米。在遗址中清理出有观象台遗迹。观象台位于中期小城内祭祀区。此座以观象授时功能为核心的、兼有观象台功能的复合建筑，至迟营建和使用在陶寺文化中期，毁于陶寺文化晚期。其使用的绝对年代根据碳 14 测年，估计当在公元前 2300 年至前 2150 年之间，距今约 4200 多年[1]。

城址外东南有一片相对独立的窖穴区。核心建筑区以北发现有普通居址。城外东南近 600 米处有陶寺文化早期的墓地，发掘了 1300 多座墓葬，其中大型墓 6 座，中型墓 40 多座，时代都为早期。大墓随葬有陶龙盘、陶鼓、鼍鼓、大石磬、玉器、彩绘木器等精美文物，这些墓葬的主人为高级贵族[2]。

陶寺大城址当始于陶寺文化中期，长约 1800、宽约 1500 米，总面积约为 270 万平方米，即 2.7 平方千米。陶寺大城的宫城位于大城的东南部，呈封闭状。宫城面积约 10 万平方米。

陶寺中期遗址发现有高规格的宫殿建筑。IFJT3 夯土建筑基址 ITG29 是陶寺中期遗址的主体殿堂。这是一个单元的柱网遗存。通过探沟 ITG29 的发掘，柱网东西长 23.5、南北宽 12.2 米，面积为 286.7 平方米。殿堂柱洞有三排，总计 18 个柱洞，南排 7 个，中排 3 个，北排 8 个。柱

---

[*] 李玉洁：河南大学黄河文明与可持续发展研究中心。

洞南排自西向东柱间距为一窄一宽分布，窄者间距约 2.5、宽者约 3 米，中央最宽者达 5 米。北排中间两个柱洞间距约为 5 米外，其余皆约 3 米。殿堂中央的两个间距 5、东侧两柱间距为 10 米。南排柱与中排柱的间距约 5、中排柱与北排柱的间距约 6 米。IFJT2 是陶寺城址早中期宫殿核心建筑区北出入口的一处建筑，与路面、壕沟和小板桥的桥墩一起构成了宫殿建筑核心区的北出入口。IFJT2 的台阶夯土被陶寺文化早中期的灰坑和陶寺文化早期的文化层所叠压[3]。在主体殿堂柱网分布区内的夯土基础版块中，有 5 处人骨遗存，散乱的人骨被打在夯土版块里，有比较明显的奠基性质[4]。

陶寺城址发现有祭祀、观象授时台基和宫殿基址。祭祀、观象授时建筑基址位于陶寺中期城址南边的中期小城祭祀区内。

二　哈拉巴文化古城址的建筑布局及反映出的印度古文明

1922 年英国考古学家在印度河流域的哈拉巴发掘出一座古城遗址，出土了许多古物和印章。次年，在哈拉巴西南约 590 千米处又发现摩亨佐·达罗古城遗址。印度河流域相同类型的文化遗址共发现约 200 余处，被称为"哈拉巴文明"。

印度河哈拉巴文明共发现 165 座古城镇遗址，规模最大的是哈拉巴城址和摩亨佐·达罗古城址。这两座城址相距 644 千米，当是两个小国的都城，或者城邦联盟的中心。碳 –14 测定，城址距今 4300 ~ 1750 年，即公元前 2300 ~ 前 1750 年。

哈拉巴城址是有位于高岗之上的卫城和较低的下城组成，占地仅 1 平方千米。哈拉巴卫城有雄伟的、高达 15 米砖砌的城墙，基底宽约 12 米。卫城与下城很近。卫城北有一个大的谷仓，还有作坊和两排可容纳数百人的宿舍。

摩亨佐·达罗古城址保存较好，占地也是 1 平方千米左右，居民约有 35000 人。城市的建筑布局分卫城和下城两大部分，房子、城墙皆用烧制的砖垒成。

摩亨佐·达罗的卫城建在高达 12 米左右的山土丘上，四周围以砖墙。卫城的四周有防御的塔楼，中心建筑是一个砖砌的大浴池，长 11.9、宽 7、深 2.4 米。浴池的东北有一组建筑物，其中的一个大厅，面积约 70 米 × 23.8 米；摩亨佐·达罗大厅附近的房间出土了一座须胡男人的皂石像，被认为是一个祭司，向内注视的双目和宁静的表情，显示出沉思冥想的神情[5]。另外还有一些大的石环。这可能是人们崇拜的偶像。大厅可能是举行宗教仪式的殿堂。浴池南面有一排建筑物，包括一个 25 平方米的厅；这可能是最高统治者居住的地方，也可能是一个会议厅，亦有人说是学校。浴池西面是一个作为大谷仓的平台，约 45.7 米 × 22.9 米。

摩亨佐·达罗下城居民区街道宽直而整齐，街道最宽达 10 米、最长达 0.8 千米。街道上，每隔一段路设有一个路灯杆。房屋亦是用砖砌成，一般的房屋都有庭院，有洗澡间和厨房。多数住家有自己的水井和淡水供应。这种街区的布局是其他文明中很少见到。富人区有十几间的楼房，有用烧砖砌成的完善的下水道，而在贫民区只有简陋的茅舍。贫富分化已经非常严重[6]。

考古学家发现大量印章，这些印章上描绘了动植物的图形。其中以独角兽最多，约占 60%；其次是公牛。摩亨佐·达罗在印章、或者其他的绘画中常以短角的公牛插图（图一）。

图一 摩亨佐·达罗出土印章

(印章的文字和雕画见崔连仲：《永恒之河——印度古典文明》，辽宁大学出版社，1996年，第16页)

摩亨佐·达罗出土有青铜雕像"裸体舞女"，雕像高约11.4厘米，当是艺术品的佳作。舞女的身段苗条，肢体修长，左腿微抬，左手伸向膝盖，右手叉腰，舞姿轻盈飘逸，身上的一条项链仿佛随舞步而轻轻地晃动，形象栩栩如生。这类雕塑品不仅反映创作者的艺术思维能力，而且表现了相当高的工艺制作水平[7]。

哈拉巴文明的许多城邦，包括摩亨佐·达罗都出土有许多的印章。在印度哈拉巴、摩亨佐·达罗等遗址共发现古印章2500余枚，这些印章用黏土、皂石、象牙、或铜制造。但印章的形状基本一致，一般为2.5米边长直径的正方形，也有一些是长方形的。印章有很多动植物的图画，如公牛、犀牛、水牛、象、虎、羚羊等；有些印章也刻有娱乐、狩猎、航行的图案。另外还有很多的刻画符号，这些符号是否文字，目前尚未有人能够解读。

这些印章上无一例外地刻着图形和符号。非常令人意外的是，在两河流域的古迹中，人们发现了与哈拉巴文化相同的古印度印章[8]。在哈拉巴文化中还有船的图形，说明哈拉巴文化的人们可能已经与两河流域有了商业交往。

哈拉巴、摩亨佐·达罗等遗址发现的牛、水牛、山羊、绵羊、猪、驴、狗等说明他们已经驯养了这些动物；还有镰刀、锯子、斧、凿和鱼钩等，匕首、箭镞、矛等武器；并掌握了金银铜铁锡的加工技术。

三 陶寺与哈拉巴的古城文明比较研究

1. 陶寺与哈拉巴古城文明在政治建构方面的差别

陶寺遗址清理了一些当属宫廷垃圾，有"装饰戳印纹白灰墙皮和一大块带蓝彩的白灰墙皮，还有陶甑人形霙、鸦面盆甏、大玉石磺、陶鼓残片、绿松石片、红彩漆器、建筑材料陶板残片（板瓦？）、尊形簋、圈形灶等。"另外还发现绘有彩色蟠龙的彩绘陶盘、鼍鼓、土鼓、巨磬等礼乐器物，并出土铜铃，以及大规模的古城遗址等。陶寺城址晚期的扁壶朱书有"文尧"二字（图二）；尧，是中国五代时期的远古帝王。陶寺城址出土的奢华遗物，以及"这里发现的宗教建筑和与天文历法有关的建筑设施应当是'王都'级都邑所应当具备的标志性建筑要素"[9]，为尧都平阳说提供了重要的考古学证据。

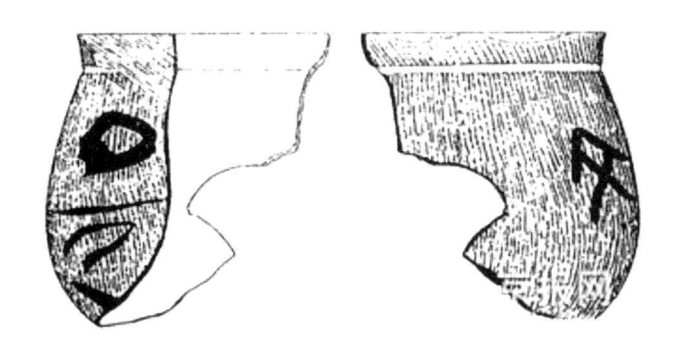

图二 陶寺遗址出土的朱书"文"字扁壶陶片
(何驽:《陶寺遗址扁壶"文字"新探》,《中国文物报》2003年11月28日第7版)

陶寺ⅡM22棺内出土的相当多的兵器,其中有6件玉石钺、玉钺、玉钺碎块、骨镞8组;墓东壁南北两侧各倒置3件彩漆柄玉石兵器,其中玉(石)钺5,玉戚1件。倚南壁东半部摆放漆杆1根、装在红色箙内的骨镞7组、木弓2张。南3龛出骨镞1枚。南1龛出土漆木盒1件(已朽坏),内盛玉戚2件。石钺、玉钺、玉戚等的形状是大型的。棺南侧与南壁之间排列青石大厨刀4柄、素面木案板7块;厨刀下均有猪骨以及皮肉块朽灰。这些青石大厨刀虽然不是武器,但是也是有杀伤力的器物。另外,该墓出土还有玉璧、玉璜、玉琮、白玉管、天河石、绿松石片、10头猪、公猪下颌等[10]。从这些随葬品来看,墓主人是一个在政治军事上的权势人物。

而在哈拉巴文明的遗址中,却没有发现大型的宫殿遗址。如摩亨佐·达罗的中心建筑是一个砖砌的大浴池,可能是公民公共的浴池,或者是举行宗教仪式的地方。浴池的东北有一个大厅,当是部族成员举行宗教仪式的殿堂。大厅附近的房间出土了一座须胡男人的皂石像,似乎没有王者之尊严,研究者认为是一个祭司[11]。浴池南面有一个25平方米的厅;这可能是最高通统治者居住的地方,也可能是一个会议厅,亦有人说是学校。浴池西面是一个作为大谷仓的平台,约45.7米×22.9米。哈拉巴文明遗址、印章上的图形、铭文都未见到大型的王室墓地、寺庙建筑;而这些在其他文明古国的遗址中是经常能见到的。哈拉巴文明虽然贫富分化严重,贵族已经出现,可能没有形成最高的王权和统治者,尚带有氏族制度的残余。

摩亨佐·达罗出土的长矛很简陋、矛头单薄、易弯。弓箭的箭头也很小。武器的简陋,说明兵器的制作水平较低。遗址中未发现制作精良的武器。在出土的印章、雕刻艺术品,也没有见到关于战争场面的描绘。可见,城市国家的暴力机构还是非常薄弱的[12]。

2. 陶寺与摩亨佐·达罗古城址在建筑方面的差别

陶寺城址中期大城的面积2.7平方千米,而哈拉巴与摩亨佐·达罗古城址是哈拉巴文明最大的城址,各是有1平方千米左右,陶寺城址面积较哈拉巴·摩亨佐·达罗古城址要大将近2倍。

陶寺城址与中国距今4000多年前的城址一样,都是用土夯筑而成。如今我们判定是否为城的遗址是根据有无夯窝而定。陶寺城墙没有基槽,系利用城内原始生土陡坡外包夯土墙体,夯土厚度为1.95米,与城外侧的深壕形成城墙。墙趾垫土中夹杂大量窑灰,可能是出于吸水以便夯打的需要。这种城墙建筑形式在陶寺城址的城垣建筑中具有典型意义[13]。

陶寺遗址位于黄土高原上，这里的居民至今还有居住在窑洞的习俗。陶寺遗址的早期房子有半地穴式和窑洞式两种。室内地面为硬土面或白灰面。地面中央或偏一侧设置灶坑或烧面，还有的在一侧筑有灶台。壁面上常掏出壁龛和小窑。中期、晚期除继续使用半地穴房子外，出现地面上的白灰面房子，其形制与半地穴相同[14]。

山西省襄汾县揭露的房址遗迹 10 座，除 99 Ⅱ F10 为地面起建有夯土墙的房址，其余皆为半地穴式建筑。门道略呈半圆形，除 99 Ⅱ F7 门向西北外，其余门向西南。火塘多近方形。居住面面积不大，平均面积为 12.7 平方米[15]。

山西曲沃县方城陶寺类型遗址是房基遗址主要有地面建筑、地穴、半地穴式的房址。居住面或涂为白灰面、或者用火焙烧硬化、或者夯实压平，中部为烧灶。

但是，印度摩亨佐·达罗古城址的建筑布局分卫城和下城两大部分，房子、城墙皆用烧制的砖垒成。摩亨佐·达罗下城居民区的房屋亦是用砖砌成，有洗澡间和厨房。多数住家有自己的水井和淡水供应。道路经过紧密的设计。

3. 陶寺古城居民与哈拉巴文明居民在经济上的区别

在经济上，陶寺遗址表现出来的是以农业为主的自然经济。临汾陶寺遗址发现两座陶窑和四座灰坑遗址。虽然这是两座陶窑的遗址，灰坑出土的陶器确是很稀少，除个别石器外，多数破碎的陶片。陶窑出土的遗物也是很少，主要器类有鬲、斝、釜灶、杯等生活用具[16]。

陶寺遗址中出土的陶器种类主要有釜灶、鼎、斝、甗、鬶、鬲、簋、豆、杯、扁壶、单耳罐、高领罐、大口罐、折肩罐、圈足罐、折腹盆、浅腹盆、直壁缸、瓦足瓮、单耳杯、釜灶、扁壶、圈足罐等。陶寺遗址中较大的墓葬 Ⅱ M22 当是贵族墓葬。而贵族墓葬出土的彩绘陶簋、折肩罐、圆肩罐、双耳罐、直口盆形斝、釜灶、单把鬲、小口折肩罐、圈足罐等[17]。这些较为豪华的陶器主要是贵族们自己使用，部族成员所用的陶器，制作较为粗朴，量也不大，主要是供部族成员生活所需，而不是用于交换。

陶寺出土的石器、骨器的生产工具，如铲、刀、斧、锛、锥、凿等，也是为了自己在生产中所用；陶寺遗址出土的兵器，如在临汾下靳村墓地出土 29 件钺，以及镞等，则是战争所用。陶寺遗址出土的很多礼器，如玉璧、玉璜、玉圭、玉琮、玉佩、玉兽面、彩绘陶簋等，则是为统治贵族所享用。陶寺遗址的主人制造出来的生产、生活用具、兵器、礼器，仅个别用于交换、或者赠送，但主要是供部族成员所用，而不是用来交换。

在哈拉巴文明的早期用石头、陶土或象牙制成许多印章。这些印章多是独角兽、或短角公牛的图案，当然也有大体类似字母的符号。但是这些文字迄今尚未译读成功。因此研究哈拉巴文明政治、经济等方面的特点，只能依据考古资料。

类似的印章在巴比伦的乌尔和波斯的苏撒被发现，年代定在公元前 3 千纪。"巴比伦印章与印度河印章的惊人相似"[18]，于是人们逐渐地认识到印度河的哈拉巴文明与两河流域有一定的联系。

两河流域的文献经常把"马干"和"抹露哈"当作主要进口商品的来源地，两河流域直接从"马干"和"抹露哈"，或经第尔蒙运进的商品有金、铜、木料、石料、天青石、宝石珠、象牙制品、化妆品、珍珠和其他装饰品。这两个地名从词源学上分析，印度河流域卑路支斯坦的沿海地区自古称"马克兰"（Mak-ran），很可能与"马干"同出一源。而抹露哈一词，则很可能是指印度河沿海地区。古梵文中有"抹雷查"（Mleccha）一词，意指外国人[19]。

两河流域城市进口的遗物，如两河流域的文献中提到从抹露哈进口象牙梳子，在摩亨佐达罗确实发现了这种梳子。还有一种蚀花的红玛瑙珠，在两河流域的乌尔、尼普尔、基斯、亚述等城市都有发现，但是没有找到生产这种红玛瑙珠的遗迹。然而在印度河流域的城址上不仅找到大量蚀花红玛瑙珠，而且在昌胡达罗和洛塔尔发现了生产各种珠子的作坊和半成品的蚀花红玛瑙珠[20]。哈拉巴文明地区的洛塔尔周围没有农业村落，是生产和加工红玛瑙的重要城市和基地。

在两河流域的阿卡德、埃什努那等城发现哈拉巴文明的印章。乌尔、尼普尔等遗址中出土了红玛瑙珠等装饰品和工艺品。马里城一位名叫埃毕克·伊尔的官员的雕像旁边，"出土了印度河流域陶器的碎片"[21]。

哈拉巴文明以城市文明为中心。城市经济主要为商业和手工业。哈拉巴文明大大小小的城镇中有各类专业化的手工业作坊，如青铜器作坊、装饰品作坊、棉花纺织作坊、砖窑、陶窑等等。手工业生产甚至占45%左右。摩亨佐·达罗城东北的苏卡尔有较大规模的石刀制作作坊。工匠掌握了溶解矿石、锻冶、铸造焊接金属器具的技术，可以用金银或宝石、矿石制成项链、头饰、鼻饰、耳环等装饰品，用硝酸铜或苏打液蚀出的图案[22]。哈拉巴、摩亨佐·达罗、洛塔尔等是对外贸易的重镇，表现出鲜明的商业性质和特色。

如此辉煌的文明却被埋藏了几千年无人知晓，直至1922年，英国学者马歇尔意外地发现了刻着动物形象和图画文字的印章，断定这是远古文化的遗迹，便组织人员进行系统发掘，结果，在哈拉巴发现了一座古城的遗址。同年，学者们也发现了摩亨佐·达罗同古城遗址。这两个城址都是古代印度河流域文化的重要中心。而这两座古城都已经淹没在荒漠之中。哈拉巴文明始于公元前2300，消亡于公元前1750年，共经历500多年的辉煌，如此灿烂文明为什么会突然消亡了呢？

曾有人认为，是雅利安人的入侵造成的文明的中断。但是雅利安人入侵印度是在公元1500年左右，而哈拉巴文明的消亡是在公元前1750年，也就是说在雅利安人入侵印度之前2个多世纪，哈拉巴文明就已经消亡。应该说哈拉巴文明的消亡不是雅利安人入侵造成的。

哈拉巴文明的面积从西到东横跨1600、从北至南1100千米，共计176万平方千米。哈拉巴文明包括160多个城市和村镇，这些城市和村镇、以及民房借用烧砖筑成，需要大量的砖窑烧砖，大量的陶作坊、石作坊、玛瑙珠作坊、青铜作坊、装饰作坊、棉花作坊、砖窑、陶窑，需要大量的水、木料；而贸易需要的原料的无穷无尽的。

距今4300年前的哈拉巴人并不懂得自然生态的平衡，也不懂得水土保持才能和谐发展，而商业贸易可以获得了巨大的利益。在这种利益的驱使之下，哈拉巴人努力地工作，拼命地向大自然索取。为了追求更大的利益，大量的森林被砍伐、烧毁，山体被破坏，水土严重流失，大面积的土地逐渐的沙化；在不知不觉之间，良田化作荒漠；哈拉巴人把自己亲手创造的灿烂的文明埋葬在一片荒芜之中。

哈拉巴文明地区是逐渐地荒漠化的。"1974至1977年斯间，M·R·穆加尔（M·R·Mughal）

主持了一次沿哈克拉（Hakra）即加加尔河（Ghaggar），这条河流就是吠陀文学中所说的萨拉斯瓦蒂河（Sarasvati），进行的大规模发掘和调查。这条河两岸有174个遗址属于哈拉巴文明成熟期（公元前第3千纪中期和晚期），下一个时期（公元前第2千纪早期以及以后）的遗址数减少到50个，至哈拉巴文明期以后的时期（公元前第2千纪末和第1千纪初）的遗址就只剩下10个了。最晚的一些遗址都在河床上。这一发现表明，萨拉斯瓦蒂河当时已经干涸。由于生态变化（如排水系统发生变化）而引起的人口大撤离在非城市化过程中起过作用。……哈拉巴文明时期以后，环境变化引起了文化上的调整和人口的移动。"[23]

哈拉巴文明地区荒漠化，部族成员或许转移，或许丧生，使得哈拉巴文明沉积在地下200余年而不被知晓，造成了种族与文明的中断。

陶寺文化晚期也遭到了破坏。陶寺文化的邑聚中的墓地凿毁、灵台被夷平、城垣被废、宫城内的天文观测和宗教建筑ⅡFJT1也被夷为平地。陶寺宫城成为手工业作坊，在已经废弃的宫城内，还出土了三层人头骨总计30余个，散乱人骨个体近40~50人，多属于青壮年男性的骨骼。人骨被肢解、颅骨被劈碎、面颅被劈开。一些尸骸被馘首惨杀等，可以看出这里曾发生过战争。陶寺文化的居民被洗劫，这一时期的陶寺已经由都城变为普通的村落。陶寺文化晚期遭到大规模的破坏而废弃[24]。

陶寺族群文化虽然被毁，但这是部族之间的冲突和杀戮造成的。陶寺的生态与自然环境没有被破坏。陶寺文化地区为另一个部族所占据，中华文明在继续发展。

注释

[1] 王晓毅：《古城、宫殿、大墓、观象台——唐尧帝都考古新进展》，《文物世界》2004年第3期，第47页。

[2] 牛世山：《陶寺城址的布局与规划初步研究》，《三代考古（五）》，科学出版社，2013年，第51页。

[3] 何驽、严志斌：《山西襄汾陶寺城址发现大型史前观象祭祀与宫殿遗迹》，《中国文物报》2004年2月20日第1版。

[4] 何驽、高江涛、王晓毅：《山西襄汾县陶寺城址发现陶寺文化中期大型夯土建筑基址》，《考古》2008年第3期，第5、6页。

[5] （澳）巴沙姆：《印度文化史》，商务印书馆，1997年，第18页。

[6] 崔连仲：《永恒之河——印度古典文明》，辽宁大学出版社，1996年，第11页。

[7] 易宁、徐耀耀：《论古代印度哈拉巴文明的特点》，《南昌职业技术师范学院学报》2001年第2期，第7页。

[8] 杨雪：《一枚印度印章的内涵》，《光明日报》2015年5月30日第12版。

[9] 何驽：《陶寺文化遗址走出尧舜禹"传说时代"的探索》，《中国文化遗产》2004年创刊号，第6页。

[10] 何驽：《陶寺城址发现陶寺文化中期墓葬》，《考古》2003年第9期，第4~6页。

[11] （澳）巴沙姆：《印度文化史》，商务印书馆，1997年，第18页。

[12] 同注[7]，第6页。

[13] 中国社会科学院考古研究所山西队、山西省考古研究所、临汾市文物局：《山西襄汾陶寺城址2002年发掘报告》，《考古学报》2002年第3期，第310页。

[14] 程平山：《论陶寺古城的发展阶段与性质》，《江汉考古》2005年第3期，第51页。

[15] 中国社会科学院考古研究所山西队、山西临汾行署文化局：《山西襄汾县陶寺遗址Ⅱ区居住址1999~2000年发掘简报》，《考古》2003年第3期，第5页。

[16] 山西省考古研究所：《陶寺遗址陶窑发掘简报》，《文物季刊》1999年第2期，第6、7页。

[17] 何驽：《陶寺城址发现陶寺文化中期墓葬》，《考古》2003年第9期，第4~6页。

[18] 波塞尔编:《印度河上的古代城市》, 德尔汗, 1979 年, 第 108 页。转引刘欣如:《印度河文明的对外贸易》,《南亚研究》1987 年第 1 期, 第 13 页。

[19] 刘欣如:《印度河文明的对外贸易》,《南亚研究》1987 年第 1 期, 第 14 页。

[20] a. 麦凯:《摩亨焦达罗的进一步发掘》, 新德里, 1938 年, 图片 C·15。b. 卡斯拍斯:《蚀花红玛瑙珠》,《伦敦大学考古研究所学报》第 10 期, 1971 年, 第 83~98 页。转引自刘欣如:《印度河文明的对外贸易》,《南亚研究》1987 年第 1 期, 第 13 页。

[21]《剑桥古代史》(The Cambridge Ancient History), 第 1 卷, 第 2 分册, 第 116、295 页。转引自易宁、徐耀耀:《论古代印度哈拉巴文明的特点》,《南昌职业技术师范学院学报》2001 年第 2 期, 第 7 页。

[22] 同注 [7], 第 7 页。

[23] 刘欣如:《介于哈拉巴文明与吠陀时期之间的"黑暗时代"》,《南亚研究》1983 年 3 期, 第 71 页。

[24] 同注 [14], 第 53 页。

A Comparative Study of Ancient Civilizations at Taosi Site and Mohenjo-daro

Yujie Li (School of History and Culture, Henan University, China)

Abstract

The Taosi Site of Yellow River Valley is dated between 2300 B.C and 2150 B.C, approximately 4300~4100 years ago. The ancient city of Mohenjo-daro of the Harappa culture in the India River Valley is dated to 4300~3750 BP, i. e. 2300 B.C to 1750 B.C. The occupation of Taosi Site ends 300 years earlier than that of the ancient city of Mohenjo-daro. However, the occupation at these two sites started around the same time. This paper compares cultural characteristics exhibited by the two sites and explore the reasons of the disappearance of the Harappa culture.

陶胎的矿物学研究在理解交流、生产和产地中的优势
——以古代秘鲁为例

Isabelle C. Druc

张彪译*

引言

长期以来，考古学家对一种考古学文化或一个社会群体的分布和扩展做出判断的依据是不同陶器风格的分布。然而，这种方法具有误导性。针对技术特点和陶胎的矿物和化学成分的陶器研究显示，当地制陶工人可以对风格进行模仿，实用器物的分布可以到达区域性范围，通过丰度标准来判断陶器是否产自当地需要进行仔细的考虑[1]。相对于陶器风格研究，通过矿物和化学研究判断陶器生产技术，起源，长途贸易和器物分布的优势在于对陶器的外部和内部特征的分析。Olivier Gosselain[2]讨论了一件器物的可见特征和非可见特征。可见特征受到消费者需求的支配，被'时尚'和外部因素影响，随着时间推移经常发生变化。相反地，对于消费者来说，陶胎的成分和质地属于非可见特征。在这里，我指的是隐藏在陶器内的矿物原料和其他包含物，其尺寸，类型和分布等。这些因素反映了原材料的使用和各具特色的处理过程。这些是某种技术的基本特征，是长时期内逐渐掌握各类原料和生产技术的结果，这一技术在长时期内都不会发生变化，正是这类技术特征区分了不同群体的陶器生产者和技术传统。

使用陶器薄切片的岩相分析是一种经典研究方法。陶器薄切片的制作过程是这样的：取一片陶片，切下一个薄片，将薄片在环氧基树脂内浸透，粘在玻片上，磨平并抛光到30微米（0.03毫米）的厚度，使显微镜发出的光可以透过这件薄切片。矿物质的形状，光透过时的晶体颜色以及晶体的特性可用来鉴定构成陶器的矿物组成（图一；彩版43）。此外，这种方法还可以用来分析陶器制作者的工作：黏土混合的程度如何，黏土是否经过了提纯，是否有类似谷壳，糠皮，碎贝壳之类的羼料，等等。这种方法促使对古代陶器生产的研究更加深入。定量和定性两种方法都可以应用到研究中。若要确定陶器是否产自本地，或者确定陶器的具体产地，都需要了解当地地质状况和对比材料。使用低倍显微镜（光学显微镜或者电子显微镜）是研究制陶工艺和基于陶器特点进行分组的另一种方法。在陶器成分鉴定和陶器原产地鉴定方面，这种方法不能提供和薄切片的岩相分析同等的精确度。但在检验大量陶器碎片的时候，省去制备薄切片的过程，先简单观察陶片的新鲜横截面是很有帮助的[3]。这项工作应该先于薄切片的岩相分析，因为简

---

* Isabelle C. Druc：美国威斯康星大学麦迪逊分校人类学系；张彪：山东大学历史文化学院。

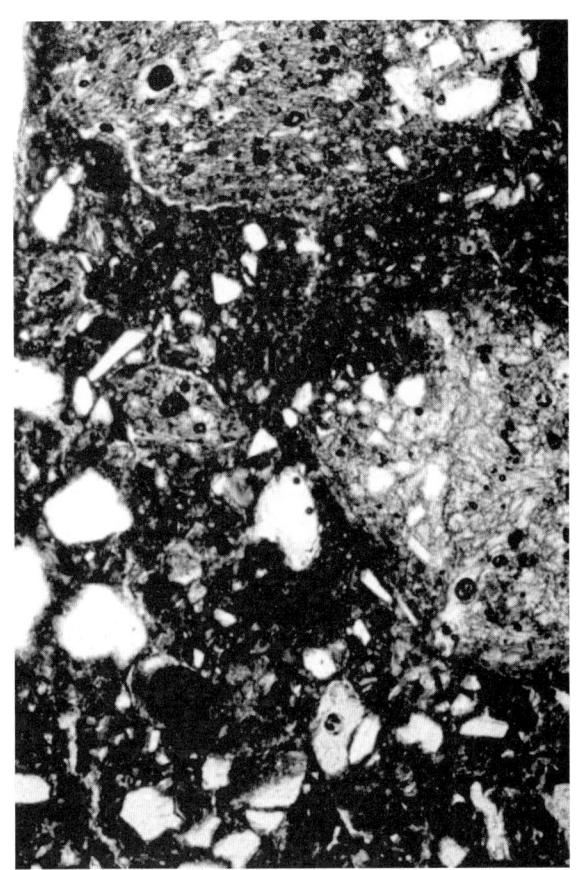

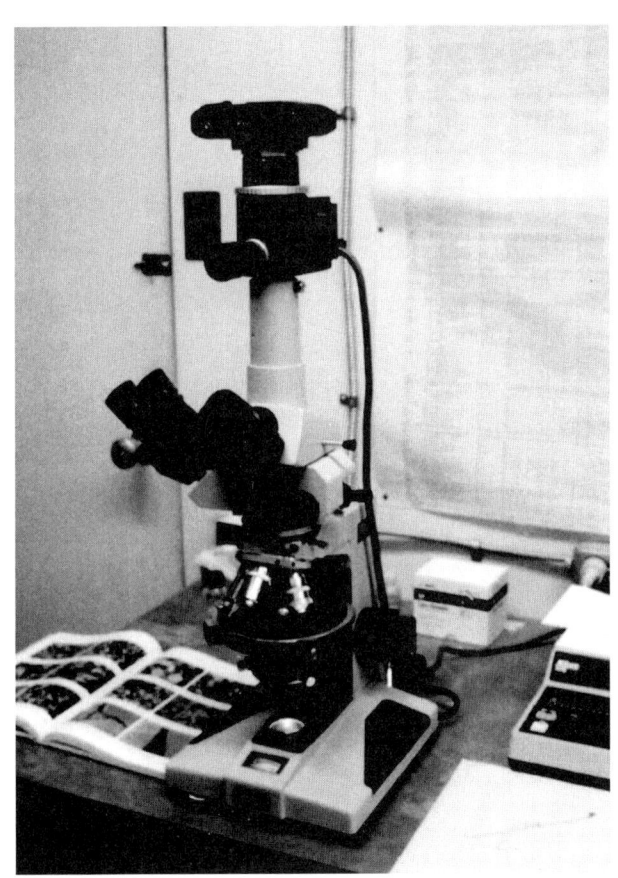

a. 透射光下,4倍岩相显微镜,偏振光下陶胎样品

b. 反射光下,与电脑连通的便携电子低倍显微镜下,同一份陶胎样品

图一 Totorillas jar,传统生产工艺,秘鲁,使用火山原料(圆形大颗粒是浮石颗粒),制作中的某些步骤使用泥条卷(颗粒呈现圆形分布)

单的观察有助于在田野工作现场分辨和划分不同的陶胎。这种方法提供了关于陶器生产工艺的基本信息，帮助考古学者们选择最具有代表性的陶片进行细致的分析。

两个古代秘鲁的案例用来说明岩相分析如何被应用于陶器生产过程和产地研究中。用来分析的陶器年代定在秘鲁文化形成期（Formative period）（约公元前 2500/1800 到公元 200 年）。新的权力组织和权力结构在这段时期形成[4]。这种权力机构越过峡谷的范围，增强了威望经济（prestige economy）。这段时期的一个特点是宗教仪式遗址之间的区域联系的增强，另一个特点是包括黑曜石、来自厄瓜多尔海岸的海菊蛤贝壳（spondylus shell）、陶器和宗教仪式器物等货物的长途交易。宗教仪式器物，包括纺织物，骨雕，精细制作的陶罐和陶碗等，通常显示出高度复杂的设计和图像。Richard Burger[5]在最近的文章中称这一时期为和平年代：社会和经济群体的繁荣，观念的传播，人们的游历。在这一时期，社会文化因素和思想观念仿佛可以将相距遥远的不同地点统一起来，器物的风格影响可以越过政治意义上的疆界。然而在表面上统一的文化和风格之下，潜伏着许多差异因素。陶器能提供一些认识真实的区域关系和手工业生产图景的方法。需强调的是，仅有极少的形成期陶器生产遗址在安第斯山脉被发现。这些陶器一般用泥条（coils），拍砧成形技术（paddle-and-anvil）或者模制法制作，而且通常直接在地面上用火烧制（陶轮和陶窑在西班牙人来到南美后才被引进到这一区域）。为了解陶器的生产和分布，确定本地器物的特征或器物的来源，我们只能依赖考古遗址发现的陶器碎片进行分析。因此，了解当地地质状况并对不同来源的材料进行比较，才能更好地对考古材料进行阐释。

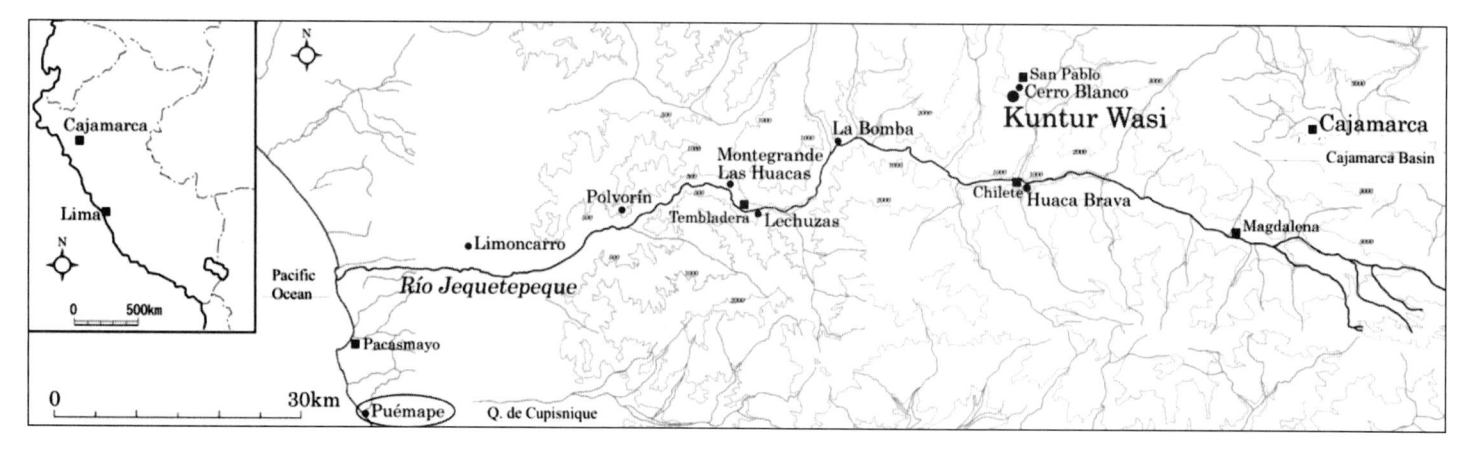

图二 Puemape 和 Kuntur Wasi 遗址，以及 Jequetepeque 峡谷的位置
（原图由 Kinya Inokuchi, Eisei Tsurumi 和 Yuko Ito 绘制，获得同意后由 I. Druc 修改）

一 陶坯和包含物：关于陶器生产的丰富信息

第一个进行岩相分析的案例来自位于秘鲁北部的一处沿海遗址 Puemape[6]（图二、三；彩版 44）。Puemape 是秘鲁文化形成期的一处较小的仪式遗址，属于 Cupisnique 文化。该遗址临近太平洋，有居住区和墓葬区。发现有大量日用器物和仪式所用器物。需要解决的问题是确定这些器物是否在本地生产（图四；彩版 45）。

图三　在遥远背景中的 Puemape 遗址和遗址的海岸环境
（I. Druc 摄于 2015 年）

图四　Puemape 遗址所出的不同类型陶片（源自 Druc 2015，图 3a）
PU178（右下三角形碎片）和 PU156（左下双色碎片）的陶胎显微照片见图五、六

秘鲁海岸大部分是荒漠，来自安第斯山脉的河流谷地除外，这些河流则保证了谷地的灌溉。然而 Puemape 并不接近任何一条河流，它被连绵不绝的沙丘和海洋环绕。鱼类和海岸生物资源非常丰富，同时安第斯山麓提供了狩猎和作物种植的场所。但是该地条件似乎并不适宜陶器生产。对 20 件陶器碎片的岩相学分析和当地环境的知识则否定了这一认识。其中 19 片陶片用海岸沙土制成，以细小的贝壳碎片，重碳酸盐和小海洋生物遗存作为羼和料（羼和料用于添加到陶土中塑造器物结构，图五；彩版 46）。剩下的一片属于一个精美的红底黑纹陶瓶，经检测，含有火成岩碎片。这种成分仅在距海岸 30 千米以内的安第斯山山麓有发现（图六；彩版 47）。这件陶瓶绝非本地生产。在其他相距数百千米的仪式遗址出土的同样风格和设计的陶器中，相似的火成岩成分被检测到。这说明这种风格的陶瓶有特定的生产和分配网络。假如不应用岩相分析方法和当地区域地理知识，我们可能不会注意到这类特殊的陶器流通方法。

黏土的使用方面仍有需要注意的问题。据称合适的黏土矿床位于较远的内陆区域[9]（Elera 1999）。但是对陶胎中的轮藻印痕的研究显示，所用的黏土来自活动非常缓慢的淡水环境[10]（图七；彩版 48）。距离遗址 1 千米远的淡水泄湖符合这一条件。第一轮分析中轮藻残余的信息被忽略了。在更高的放大倍数下仔细观察，可以发现轮藻残余的存在和烧制陶器之后留下来的微小空洞痕迹。该印痕的鉴定首次由一位法国古生物学者 Jean-Pierre Bellier 进行[11]。在 2015 年获取对比材料的田野考察中发现来自泄湖的黏土可以用于制陶，而且附近的海岸沙土中包含见于 2500 年前的 Puemape 陶器的相似的矿物成分（图五；彩版 46）。海滨区域的古代地层中也发现了轮藻[12]。

基于岩相分析的关于这一遗址的陶器生产的结论如下：1）在遗址附近使用当地黏土和沙土进行陶器生产是可能的。使用的燃料来源有多种可能：较远的内陆地区，或者使用海岸浮木，或者使用泄湖的干芦苇；2）两种材料被用于陶器生产：靠近考古遗址的内陆淡水泄湖

图五　黏土和海岸沙土混合的陶胎
PU178，40 倍，平面偏振光（源自 Druc 2015，图 6a）

图六　非本地生产的 rojo grafitado 陶瓶碎片
PU156，混合花岗闪长岩碎片的陶胎。80 倍显微照片，正交偏振光

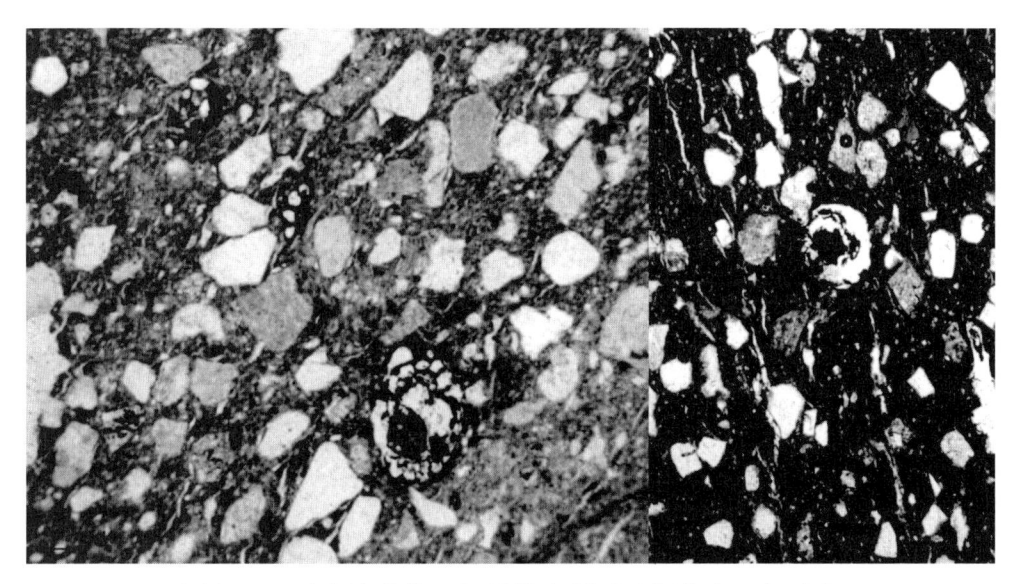

图七　陶胎中轮藻化石假晶体空洞以及纤维素组织残留
PU177，轮藻种子最大长度为 0.4 毫米（源自 Druc 2015，图 10a）；PU119 直径 0.37 毫米。显微照相，4 倍，平面偏振光

的黏土，被当地制陶者添加到黏土里的海岸沙土；3) 用于烧制陶器的火温度很可能不高于 800℃～850℃，否则植物有机组织将不会保存下来；4) 少量内陆生产的非本地陶器进入本地，极有可能是供本地仪式中心使用的特殊陶器分配网络的组成部分。

二　对共存的技术传统的观察

第二个应用岩相学分析的案例是对秘鲁文化形成期 Kuntur Wasi（公元前 950 年到 50 年）仪式中心陶器进行分析。该遗址位于秘鲁高地北部（图二、八；彩版 49）。这个遗址被一个日本团队发掘，对于这一区域有重要意义，显示了北部秘鲁高地和海岸地区的陶器在风格上的联系[14]。因为没有发现陶器作坊遗迹或者烧制遗迹，陶器分析是唯一可以用来研究陶器生产策略和产地的方法。基于这一认识，一个大型陶器分析项目启动了。这个项目对来自周围区域，Jequetepeque 峡谷地质学和考古学样品进行比较分析，同时也参考传统陶器生产工艺。这一项目使用了岩相分析，光学显微镜，X 射线衍射（XRD）和激光刻蚀－电感耦合等离子质谱（LA-ICP-MS）等方法。此外，为了以区域视角进行观察，绘制一幅标明同时代同区域的技术面貌地图很有必要，该地图绘有某一个小区域或峡谷之内或某一个遗址特有的技术风格。这项工作有助于确定区域之间交流的存在，能够提供用于比较的样品，以及确定本地生产的和非本地生产的器物。在北方秘鲁的 Jequetepeque 峡谷，有可能看到位于海滨，中部峡谷或河谷的不同遗址的不同技术传统。这一现象支持了秘鲁文化形成期的这一区域存在彼此割断的社会组织的观点。亦即并没有一股统一的权力控制这一区域，尽管这些区域的人们有着相同的价值观念[15]。

对 Kuntur Wasi 陶器的矿物学分析显示出丰富的陶器生产信息，同时有助于解释化学数据。对几份同时代的陶胎样品的成分进行鉴定，发现它们来自不同的技术传统。许多本地陶器使用火山灰土作为羼和料，时间跨度包含了遗址的全部时期。在遗址发展初期，陶器进口较为频繁，在下一个阶段，陶器进口放缓，同时可以观察到使用靠近遗址的原材料进行的本地陶器生产的扩大化。这一时期靠近 Kuntur Wasi 中心一定有新的生产作坊建成，以满足需求。这一时期陶器生产的图景是：不同的生产者共存，至少有两个制陶者群体采用不同的风格，他们的产品都供应区域中心（图九；彩版 50；Druc and Inokuchi 2015[16]）。人们很少认识到这种关于早期秘鲁社会的情况。陶器的矿物组成和当地的土质不符，但和其他区域的原材料相符合（特别是中部 Jequetepeque）的情况指示出陶器进口的存在。这一分析也显示了陶器生产和不同的传统是如何

图八　Kuntur Wasi 遗址顶部的石碑（复制品）

位于 Cajamarca Department 高地，秘鲁

图九　Kuntur Wasi 遗址的两种主要技术传统制作的陶胎的样品

a. ID8 火山灰陶胎　b. CP3 次火山灰陶胎　（4x，正交偏振光）

发展的，以及这一900年之久的仪式中心使用的陶器生产策略的变化。陶器进口和当地生产的变迁与遗址的建筑和扩展存在紧密联系。这项研究由Yoshio Onuki博士和KinyaInokuchi教授负责（2012年之后由Inokuchi教授负责）。

三　结　论

当矿物分析和岩相学研究这两种方法和化学分析，器物风格研究，地理环境数据相结合，提供了对古代陶器生产和分配，社会经济和文化交流进行深入理解的机会。对技术风格的鉴定有利于认识到具有不同社会文化特征的群体的存在，因为有着相似背景，亲缘关系和来源的人们倾向于聚集在一起，在这种情况下，工匠们建立了技术的共同体。

感谢章丘卫星会议组委会和国际历史科学大学的邀请。我还感谢我参会的主要发起人Anne Underhill。感谢考古学者Jose Pinilla和Carlos Elera允许我对Puemape陶器进行分析。因为Yoshio Onuki博士和KinyaInokuchi教授，以及日本埼玉大学的支持，Kuntur Wasi陶器项目得以进行。感谢编号23401040的JPSP KAKENHI Grant的资金支持。

注释

[1] Druc, Isabelle. 2013. What is local: Looking at ceramic production in the Peruvian Highlands and beyond. *Journal of Archaeological Research* 69(4): 485-514.

[2] a. Gosselain, Olivier. 1992. Technology and style: Potters and pottery among Bafia of Cameroon. *Man* 27(3): 559-586. b. Gosselain, Olivier. 2000. Materializing identities: An African perspective. *Journal of Archaeological Method and Theory* 7(3): 187-217.

[3] Druc, Isabelle. 2015. *Portable Digital Microscope: Atlas of Ceramic Pastes Components, Textures and Technology* (With the technical collaboration of Bruce Velde and Lisenia Chavez). Deep University Press, WI.

[4] Dulanto, Jahl. 2013. Puerto Nuevo: Long distance exchange networks during the first half of the first millenium B.C.E. (in Spanish). *Boletín de Arqueología PUCP* 17: 103-132.

[5] Burger, Richard. 2014. La expansión de la lengua en los Andes centrales y la esfera de interacción Chavín (Language expansion in the Central Andes and the Chavin sphere of interaction). *Arqueología y Sociedad* 28: 137-158.

[6] Elera, Carlos. 1998. The Puémape Site and the Cupisnique Culture: A Case Study on the Origins and Development of Complex Society in the Central Andes, Peru. Unpublished Ph. D. dissertation, Department of Archaeology, University of Calgary, Alberta.

[7] Druc, Isabelle. 2015. Charophytes in my plate: Ceramic production in Puemape, North Coast of Peru. In *Ceramic Analysis in the Andes,* edited by Isabelle Druc, pp. 37-56. Deep University Press, WI.

[8] 同注[7]。

[9] 同注[6]。

[10] 同注[7]。

[11] Bellier, Jean-Pierre, Robert Mathieu, and Bruno Granier. 2010. *Short Treatise on Foraminiferology (Essential on Modern and Fossil Foraminifera)*. Notebooks on Geology, Brest.

[12] Dillehay, Tom D., Duccio Bonavia, Steve Goodbred, Mario Pino, Victor Vasquez, Teresa Rosales Tham, William Conklin,

Jeff Splitstoser, D. Piperno, Jose Iriarte, Alexander Grobman, Gerson Levi-Lazzaris, Daniel Moreira, Marilaura Lopéz, Tiffiny Tung, Anne Titelbaum, John Verano, James Adovasio, Linda Scott Cummings, Philippe Bearéz, Elise Dufour, O. Tombret, Michael Ramirez, RachelBeavins, Larisa DeSantis, Isabel Rey, Philip Mink, GregMaggard, and Teresa Franco. 2012. Chronology, mound-building and environment at Huaca Prieta, coastal Peru, from 13700 to 4000 years ago. *Antiquity* 86: 48-70.

[13] 同注 [7]。

[14] a. Inokuchi, Kinya. 2010. La arquitectura de Kuntur Wasi: secuencia constructiva y cronología de un centro ceremonial del Periodo Formativo (Kuntur Wasi architecture: constructive and chronological sequence of a ceremonial center of the Formative Period). *Boletin de Arqueología, Pontificia Universidad Católica del Perú (PUCP)* 12:219-248.   b. Onuki, Yoshio. 2014. The diversity and vitality of early ceremonial centers in the northern highlands. In *Chavin: Peru's enigmatic temple in the Andes*, edited by Peter Fux, pp. 99-113. Scheidegger & Spiess, Museum Rietberg, Zurich.   c. Onuki, Yoshio, and Kinya Inokuchi. 2011. *Gemelos prístinos: el tesoro del templo de Kuntur Wasi (Pristine Twins: The treasure of the Kuntur Wasi temple)*. Fondo Editorial Congreso del Perú, Lima.   d. Onuki, Yoshio, Yasutake Kato, Kinya Inokuch. 1995. La primera parte: Las excavaciones en Kuntur Wasi, la primera etapa, 1988-1990. In *Kuntur Wasi y Cerro Blanco: dos sitios del Formativo en el norte del Perú*, edited by Yoshio Onuki, pp.1-125. Hokusen-sya, Tokyo.

[15] a. Sakai, Masato, and Juan José Martinez. 2014. Repensando Cupisnique: Organización social segmentaria y arquitectura zoo-antropomorfaenlos centrosceremoniales del vallebajo del Jequetepequedurante el Periodo Formativomedio. In *El centro ceremonial andino* (The Andean ceremonial center), edited by Yuji Seki, pp. 225-243. Senri Ethnological Studies 89, National Museum of Ethnology, Osaka.   b. Seki, Yuji. 2014. La diversidad del poderen la sociedad del Periodo Formativo: Una perspectivadesde la sierra norte (Power diversity in the society of the Formative Period: A perspective from the northern highlands). In *El centro ceremonial andino* (The Andean ceremonial center), edited by Yuji Seki, pp. 175-200. Senri Ethnological Studies 89, National Museum of Ethnology, Osaka.

[16] Druc, Isabelle, and Kinya Inokuchi. 2015. Producción de la cerámica de Kuntur Wasi: Estudios arqueométricos, geológicos yetnoarqueológicos. *Actas del I Congreso Nacional de Arqueologia de Peru*.

Advantages of Mineralogical Studies of Ceramic Pastes for Understanding Interactions, Production and Provenance: Examples from Ancient Peru

Isabelle C. Druc (Department of Anthropology, University of Wisconsin-Madison, USA)

translated by Biao Zhang (School of History and Culture, Shandong University, China)

Abstract

Ceramic studies encompass a wide array of analytical tools, from macroscopic to microscopic, to help identify technological traditions, locations of production, and production strategies. This paper proposes an interdisciplinary approach to understand ancient technologies and socio-economics. From using high tech microscopes to field observation and ethnographic inquiry, this presentation explains how such combined perspectives for material analysis provide insights about pottery production and exchange during the Formative Period (ca. 1200 BC- AD 200) of Peru.

卡霍基亚神庙建筑群一处宗教与家用建筑的重要性

Susan M. Alt

姚静敏译*

在这篇论文里,笔者将展示一个密西西比中心神庙翡翠城的数据,这个中心阐明了古代宗教活动的起源,正是这个宗教活动点燃了北美地区唯一的前哥伦比亚时期的城市——卡霍基亚(图一)——创建的星星之火。这个宗教活动也是密西西比文明发展与拓展的基础。过去的观点认为密西西比文明是一种建立在酋邦政治和经济再分配基础上的生活方式,也包括了相关的宗教实践[1],在此笔者对这种观点持反对态度。相反,我将证明密西西比化首先和最重要的是接受一种新的宗教,然后这种新的宗教需要一种新的生活和存在于世界的方式。这种存在于世界的方式有它自己的一种特定的实践活动方式和物质契约,每一个接受这种存在方式的群体都会在一定程度上发生改变。

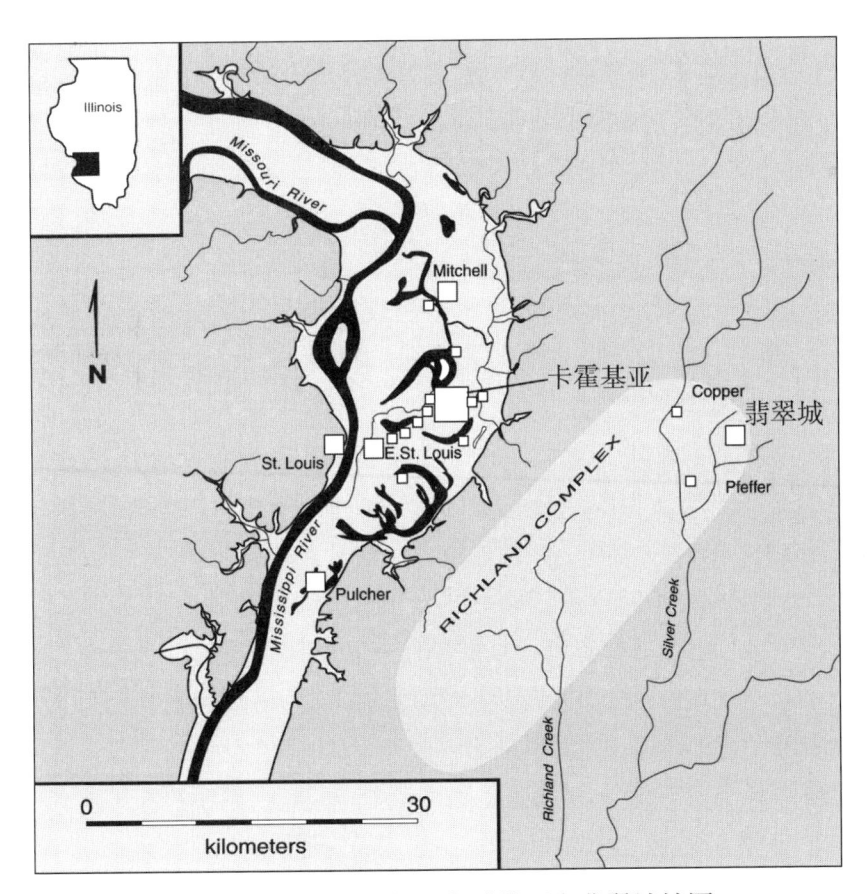

图一 "美国底部"、卡霍基亚和翡翠城地图

---

* Susan M. Alt:美国印第安纳大学布鲁明顿分校;姚静敏:山东大学历史文化学院。

作为唯一成规模的前哥伦比亚时期的北美城市，卡霍基亚城是密西西比文明这种横扫美国中西部和东南部的生活方式的先驱[2]。这种生活方式长期以来被认为是人们对于河漫滩的适应，这些人建立和居住在有围栏的土墩上和有广场的城镇中，他们是北美洲最先依赖集约农业（以玉米生产为主）的人，他们建设带有墙壕（wall trench）的房子，制作有贝壳羼和料陶器，并且共享相似的宗教信仰[3]。类似的关于密西西比人的论述很多，但是这些论述也限制了研究者们的视角，因为这些论述大多关注环境适应、政治经济，并通过有色眼镜来定义卡霍基亚，而这种有色眼镜仅仅关注酋邦社会里什么可能发生什么不可能发生，从而无视了对于密西西比人来说真正重要的，即宗教。笔者认为密西西比人建立土墩、有墙壕的房子以及制作有贝壳羼和料的陶器，并不是因为居住在河漫滩或者参与特定的经济活动甚至是在酋长命令下，而是因为做这些事情可以将他们的日常生活与一套关于世界、宇宙、以及一种栖息在密西西比受到尊崇的力量的信仰联系起来。

这个结论是根据笔者与 Tim Pauketat 领导的翡翠城发掘中所得数据而得出的，翡翠城是坐落于卡霍基亚核心区域的东部边缘的卡霍基亚神庙中心[4]。在过去的四年里，我们非常详尽地调查了翡翠城并且找到了一个地点，包含十二个土墩、大量的土壤搬运工程和景观改变、成百上千的被反复建设的建筑、纪念性建筑、大量仪式的证据（包括人祭），以及古代活动建筑中重复体现的与月亮、水和火的关系[5]。我们没有找到长期定居和常年居住的证据。相反，人们是间歇地来翡翠城的，其中许多人是朝圣者或者从远方来的移民。我们在这里找到一处古代宗教活动的诞生地，一个为什么卡霍基亚会出现的可能解释。

一　背景

卡霍基亚是古代北美洲一个著名的地点。它是最早也是最大的密西西比中心，号称人口超过两万。长久以来一直在卡霍基亚研究中占据主导的问题是，卡霍基亚如何以及为什么能仅用一代人的时间从一个大型伍德兰（Woodland）时期的村落转变成一个意义深远的密西西比城市[6]。Tim Pauketat 将卡霍基亚这种从村庄到城市的变化描述为"大爆炸"，因为这种密西西比文明的转变发生得快速而彻底[7]。公元1050年发生在一代人身上的变化的规模是如此巨大，以至于早期的卡霍基亚研究者们都相信一定有一批外来人口迁移至美国底部[8]（American Bottom）并且代替了原来的人口[9]。这种表述部分是正确的。大约在1050年，卡霍基亚重建成了一个由木和土组成的宏伟城市[10]。在这里，卡霍基亚人发明了一系列新的建筑、容器、工具和服制，并开始加入到新发明出的仪式和典礼中。人们参考月亮的活动，用来组织街区的布局、土墩和特殊建筑，有的时候太阳的活动也会被参考[11]。

这个行政中心被许多小一些的卡霍基亚土墩中心所包围，并且这些土墩中心之间间隔了许多小型农场[12]。在这些新形成的中心和农场中，人们开始改变他们的物质文化和日常习惯，从而开始新的生活方式。建造房子时，他们不再使用柱子和柱洞的结构，而是使用墙和墙壕的结构。他们不再在陶土中添加砂砾和渣滓，而是开始几乎仅使用贝壳作为羼和料。容器的形状也有变化，人们开始在光滑的表面添加红色和黑色的陶衣，而非装饰绳纹。石质工具既体现新的传统也保留旧的传统，但整体在不断地规范化，并且渐渐地只有某些特定的燧石会被选来制作石器[13]。

笔者之前曾提出密西西比文明的这种转变是由移民促进的，这些习惯不同、信仰不同、种族不同的人来到卡霍基亚，在诸如杂居等的过程中使卡霍基亚成为社会和物质文化变化的熔炉[14]。实际上，移民的人数可占到卡霍基亚总人口数的30%[15]。杂居理论假设，在这个阶段，由于不可避免的文化创新，人们会开始协商与合作[16]。来自翡翠城和它的神庙的数据可以帮助理解这种创新是如何发生。

翡翠城建立在东距卡霍基亚市中心24千米的高山脊上，周围是相对平坦的伊利诺伊高地（图二）。这里有十二个土墩，其中11座小型土墩奇特地排列成三排，另一个高达7米的是最主要的土墩。翡翠城因为一些分析者认为是一处边缘建筑而一直被忽略，直到2012年笔者和Timothy Pauketat领导了翡翠城项目[17]。我们的调查显示卡霍基亚人在大约公元1050年改造了山脊本身。遗址中，最古老和最年轻的建筑痕迹之间的填土深达1米，而这些填土改造了山脊的边缘（资料存于伊利诺伊大学），因为建筑者们在山脊边缘堆积填土使得山脊更宽，更重要的是，这样的山脊可以对准被称为月之停顿的极北月出的位置（图二）。虽然月亮停留在这个位置附近的时间长达几个月，但是每隔18.6年月亮才会恰好停这个极北月出的位置[18]。新改造过的山脊可以与月亮的其他标志性位置相对应，就如Pauketat（2013）[19]所认为的，土墩被排列成行是为了更好地突出整个城市与月亮的紧密联系。卡霍基亚人标识出的重要自然特征并不仅仅只有月亮和月亮所在的位置。翡翠城的山脊紧临着一个山泉，泉水从山上流下，并最终流向中心土墩的北侧。这个自然特征对于卡霍基亚人而言非常重要，他们在翡翠城中举行的仪式总是以水和火为主要内容（见图二）。在土墩之间以及土墩周围，最少有两个广场和相关的房屋。一条小径从印第安纳州南部出发，通向翡翠城，并一直延伸到卡霍基亚市中心[20]。

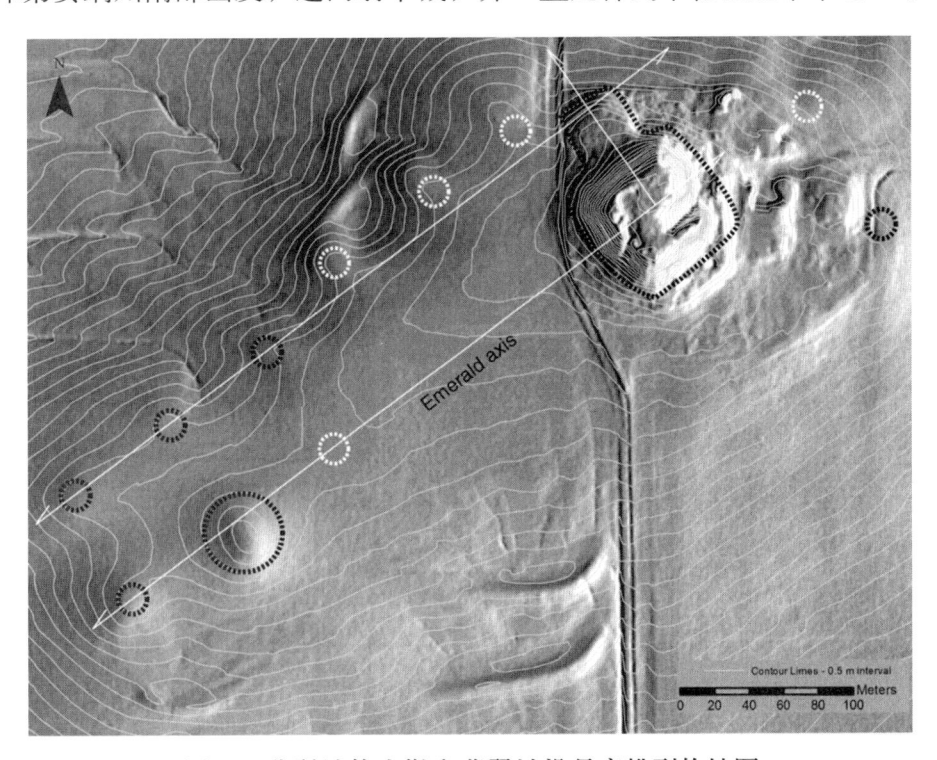

图二　翡翠城的土墩和翡翠城沿月亮排列的地图

二 翡翠城的神庙

在过去的四个发掘季中,我们发掘的面积包括七个区,总共 5300 平方米,并且辨认出了 120 处建筑遗址(图三)。在这些发掘结果的基础上,我们辨认出了最少 24 座神庙建筑,还有其他各种卡霍基亚仪式建筑和行政建筑。

在发掘和磁力探测调查(magnetometry survey)的基础上可知,虽然这种神庙建筑几乎在所有的发掘区中都有,但是在中心土墩南侧的西边特别密集。这些神庙的东边是一组汗蒸小屋(sweat lodges)和圆形建筑,北边是一个广场和中心土墩。西边是成排的小型土墩,南边是更多的建筑(图四)。

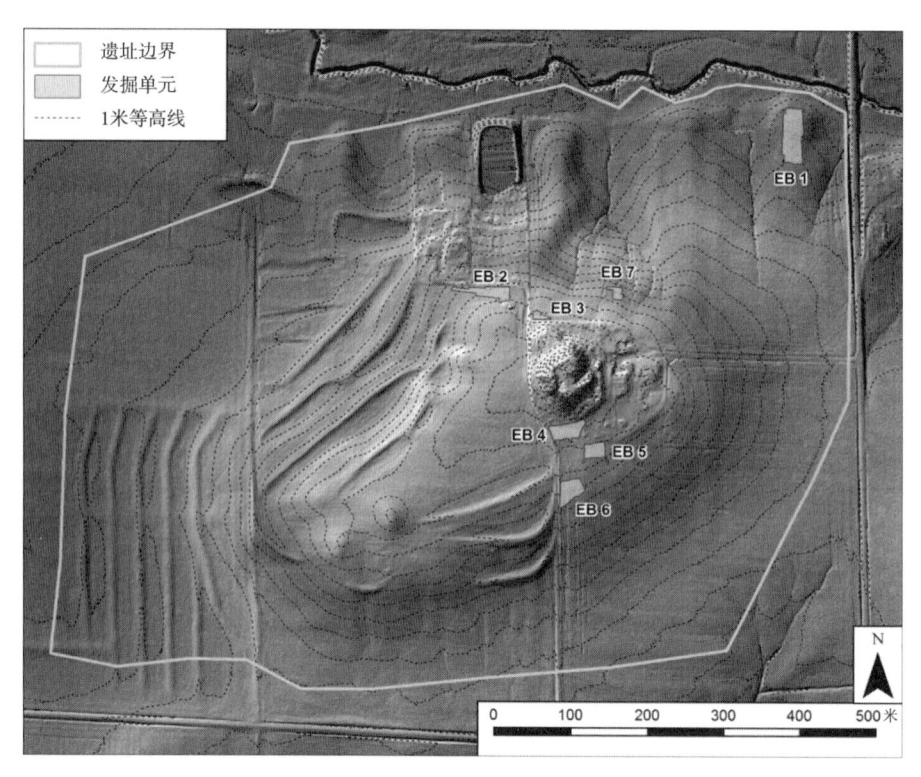

图三 翡翠城地图和发掘单元

神庙和被密西西比学者称为"祖先的庙宇"的建筑不同,这些祖先的庙宇经常被建在密西西比土墩的顶部,在广场内或者靠近广场,有着不寻常的大小,可能是人们进行祖先崇拜仪式的地方[21]。神庙也和家庭建筑或者临时性房址有所区别,在公元 1050 年之后这些房子通常用墙壕建筑而成。

1、所有的神庙都是用黄泥涂抹地面,无一例外。
2、这些建筑的墙与月亮停顿的位置排成一条线。
3、它们有一个特别深的室内居住面。
4、它们使用柱子和柱洞的建筑技术,甚至后来人们更多使用墙和墙壕,这些建筑也没有改变。
5、它们在地面上有一个或者多个灶。

6、它们的地面覆盖着被烧过的编织物、席子和兽皮。

7、地面地板的坑和/或柱子也被黄色的黏土涂抹过了。

8、它们最接近汗蒸小屋。

9、在它们的填土中发现了很多烧过的贡品，诸如装在袋子或篮子里的玉米/或种子以及烧过的锄子等。

10、当它们不再被使用时，人们会用水清洗它们的地面。

我们在翡翠城发掘出的年代最早的神庙是第157号遗迹（图五）。根据 T. Pauketat（2015）[22] 对 AMS 测年数据所进行的贝叶斯分析，这个建筑建于公元 1029 以前，其后被再建、翻新，并且至少使用到公元 1066 年。卡霍基亚大爆炸（大约公元 1050 年）的前中后都被囊括在这个建筑使用和再使用的时间段内。神庙 F157 被再建或翻新了四次，在最终被废弃之后甚至还被再次使用，放满了种子和其他材料的篮子被堆在精美的泥土做的灶台中，然后被烧掉（图六）。

F157 的地面在最初的循环利用中并没有被黄泥涂抹过，这一现象也出现在其他一些早期神庙中，比如 F192，F235，F267 和 F287。在 F157 地面经过一次清洗之后，一个新的黄泥涂抹的地面出现了，它覆盖了之前旧的地面和旧地面上薄薄的水洗过的那一层细沙。直到再次翻新之前，新的地面会被不断使用，很多地方都会被修补。在这一层被水洗过的泥土覆盖之后，一个新的黄泥地面又会出现。当第三层被覆盖时，F157 的居住面被铺上了厚达 15 厘米的填充物，之后第四层也就是最后一层地面被压实，并被涂抹上了黄泥。最后这一

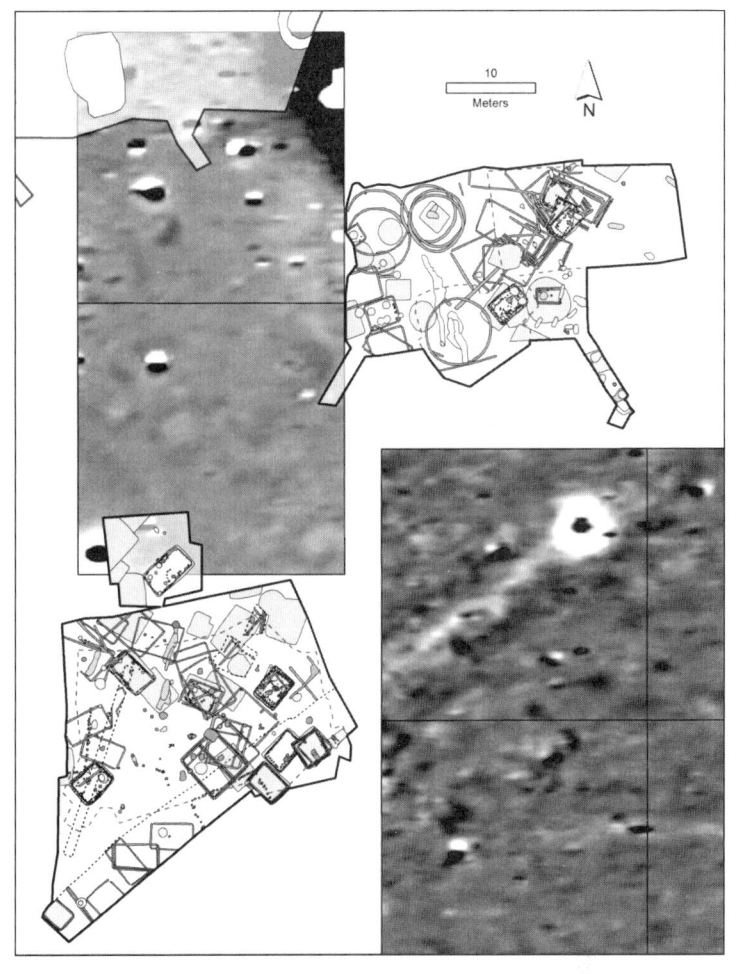

图四　发掘区 5 和 6 的神殿建筑与汗蒸小屋的分布

图五　神庙 F157 平面图，层叠的居住面以及地面黄色膏泥的照片

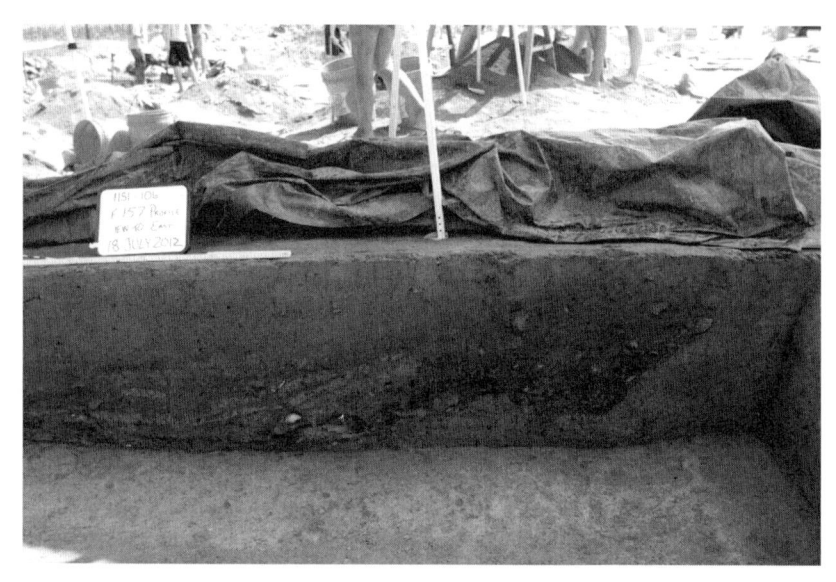

图六 废弃的神庙 F157 的再发掘和被焚烧的篮子

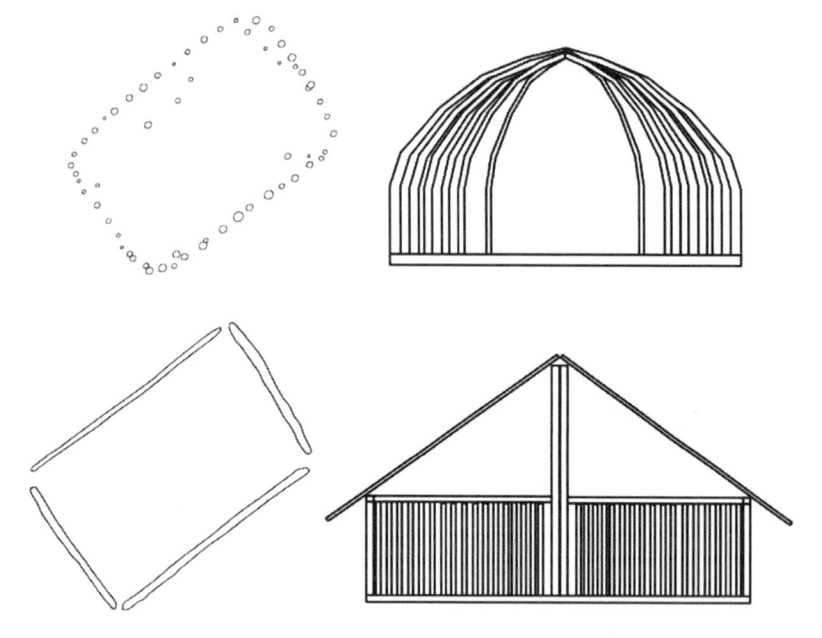

图七 单立柱建筑平面图和亭子状屋顶（上排），
墙壕建筑平面图和有屋脊的房顶（下排）

层没有找到太多的材料，因为在它被水洗过并且被覆盖了填土之后，卡霍基亚人再一次挖了居住面，这使得第四层的土大多被移走了。当时，他们一直挖到了第三层有巨大灶台的地方，为的是烧一篮篮的农作物贡品和石锄[23]（图六）。

根据 F157 的地层学我们发现最早的填土中夹杂有前密西西比文明风格的陶器，以砂砾和渣滓为羼和料，饰以绳纹的外表，外翻有凹口的口沿，以及长且缓缓倾斜的颈，此外还发现了 1050 年之前的典型燧石器。更晚一点的填土中则混有羼和料是贝壳、平滑表面涂有红黑陶衣、颈更短且更接近球形的陶器。后一种陶器也对应的填土含有更多烧过的贡品。

有一座神庙发现了时代最晚的陶器群，因为刚刚发掘，所以这篇文章无法提供其 AMS 数据，但是陶器的排序表明直到公元 1100 年神庙建筑都还在使用。这个神庙，虽然很明显建成于密西西比文明出现之后，但是仍旧以经过重建的一根一根的柱子作墙，墙柱有些内倾。这种倾斜是由于墙柱都斜向建筑中心，正是这种倾斜让建有了像亭子一样的屋顶。这与翡翠城的大多数以墙壕筑成，并且有屋脊的房子不同，因此这让神庙看起来有非常独特的外观（图七）。

就如笔者在别处所提到的，这种独特的外观值得重视，因为它重现了前密西西比文明的传统风格。通过保留建筑的旧式传统，神庙变成了标志性建筑，因为它如亭子一样的屋顶在新的带屋脊的墙壕建筑中显得非常出众。神庙创造出了一种独特的效果让人想起过去和传统，给人一种熟悉的感觉。因此，新的仪式就显得不那么奇怪，甚至因为将它们安排在人们熟悉的环境中而更加令人愉悦[24]。

三 讨论

神庙建筑中出现的仪式证据涉及到重生这一主题。神庙重复地被翻新。当一系列新的墙被挖掘和建造时，地面会涂上新的灰泥，也会出现新的灶台，新的入门立柱，并且所有之前建筑里的老旧的内部柱子，灶台和入门立柱都会被掩盖在黄泥之下，然后，新的柱子被立起来。在神庙地面上所发现的坑并不总是反复挖的，而是通过部分填埋来翻新，然后新的一层厚厚的黄泥会被涂抹在柱坑的内壁和坑底。

重生这一主题也与神庙中所找到的被焚烧的贡品有关。大部分的神庙贡品与农业相关——种子，坚果，玉米和锄头。在历史记录中的美洲原住民团体中，世界重生的仪式无论在过去还是现在都很常见[25]。历史上，在特定的时间（通常是夏至日），城镇中的人们可能会损毁旧工具以及食物储存，然后熄灭城镇里的圣火。之后，新的圣火会被点燃，新的工具会被制造出来[26]。这些活动表现了世界的重生和表达了对最初造人和造物的敬意。历史上所知的最初的水果仪式，又称绿色玉米仪式，就与世界的重生有关，但更重要的是为了祈求丰收，在这个仪式上，玉米被供奉给灵魂和超自然的力量来确保未来的丰产[27]。重生仪式和密西西比文明其他重要原则密切关联，这些原则包括顺序、平衡和纯粹等。历史记载的世界重生仪式所需的元素与翡翠城挑选的贡品相一致，我们找到了盛有焚烧过玉米、种子和坚果的袋子和篮子，但是没有找到宴飨的证据。

火、水和重生与美洲原住民信仰的纯粹性原则有关。美洲原住民使用被称为汗蒸小屋的建筑来创造纯粹的物质和精神上的状态，同样也影响了治愈。对于和神灵力量的交流以及仪式的执行而言，这种状态是必须的。历史时期大多数已知的汗蒸小屋是小小的圆形建筑，它们皆是在需要的时候临时建成的[28]。相反，卡霍基亚人建立了永久性的汗蒸小屋，而且在翡翠城建了很多，尤其是在靠近神庙建筑群的地方。这种相关性表明，在参加神庙仪式之前，每个人都需要经历重生和净化。

另一个宗教仪式的迹象在翡翠城神庙内和周围都很常见，它们发生在牵牛花的种子上，而且在卡霍基亚遗址其他的地方没有被发现。牵牛花的种子可以当成精神药物食用[29]。使用药物来改变意识，从而达到宗教目的和与神灵世界沟通，这在古代美洲原住民和世界各个古代文明的记录中都可以找到[30]。

翡翠城神庙的生命历史都包括了与火和水的密切关系。地面被烧过，编织材料被放在地面上焚烧，食物和工具被焚烧从而实现了转换。水洗刷了泥土，这些泥土掩盖了所有被焚烧过的材料，并有效地覆盖了神庙的地面。考虑到我们样本中建筑的数量，我们可以比较有信心地认为这些建筑被水清洗并不是因为废弃或疏于照料，那些被清洗、焚烧和有意识地填充的特有的和被不断复制的地层，表明了废弃神庙的仪式顺序。很明显，神庙中所展现的新的密西西比做事方式突出了一些原则，比如神庙、柱坑里有白色、黑色和黄色，地面上有被焚烧的贡品以及用水清洗过的淤泥。笔者必须说明，这些颜色的层次是在模仿密西西比土墩表面颜色的状态[31]。

月亮，水和火，这些翡翠城中最被强调的超自然力量对于现在美洲原住民的本体论仍然有极大的影响。月亮是创世故事的一部分，是超凡力量的祖先，与男人和女人关系的起始以及家庭和社会的起源有关系[32]。水总是农业人口重视的东西，他们的生存和死亡与旱涝有关。不仅如此，水也和美洲原住民的创世故事中的创造相关。根据这些创世故事，一个潜水者从原始之海的底部获得了黏土创造了土地。从水中获得的黏土扩大和扩散，从而形成了世界上所有的陆地。然而，水的神灵可以控制雨或者干旱，甚至只要它们愿意，就可以发洪水把整个世界再次淹没。致命的水鬼会用黏土掩盖住人的嘴巴和鼻子，使人们溺水而死。水和黏土有关，而潜水者获得的黏土创造了土地[33]。翡翠城神庙地面上的黄色黏土以水来覆盖是不是用来再现创造了世界的潜水者和黏土呢？水很明显与生命和死亡有关，水参与黄泥形成开始了神庙的使用，最后水又覆盖了所有的灰泥结束神庙的使用。在翡翠城行政区域发现的一个女性人祭也许可以很好地解释水的力量的重要性。

翡翠城其中一座大型公共建筑的中部有一根巨大的中心支柱。这个柱子太大了，不可能仅仅是简单的房屋建筑的一部分，一定是标志性的柱子，其影响力远超该建筑的顶端可以接触到的地方。在这个具有标志性意义的柱子不再被使用之后，一位年轻女性的尸体被放置在部分被重新填充的柱洞中。该女性的尸体被用水清洗过并被覆盖上灰泥后，她才最终被埋了起来[34]。柱子蕴含的力量以及它的地位使柱子需要一位人类贡品，二者的力量需要被水的力量所缓和，就像神庙的地面需要水一样。

火，像水一样，是生和死的要素。圣火在重生仪式中被重新点燃意味着世界的重新创造，以及整个社会的更新换代[35]。火中升起的烟能将祈祷和信息传递给神灵[36]，因此在翡翠城神庙焚烧贡品，通过火把它们净化和转换，然后通过烟把它们带给其他次元里的灵魂。与火和烟相关，在使用汗蒸小屋时，蒸汽也有重生的力量，可以净化人并使人重生[37]。所有的这些方法中，火和水将人与神灵以及翡翠城的神圣联系在一起，从而变成了密西西比宗教和生活方式的基础。

比如，标志着密西西比文明出现的一个主要变化是陶器制作方式的改变，因为陶土和成品看上去发生了彻底的改变[38]。有趣的是，陶器是在结合水和火的力量的过程中被创造出来的，水将陶土变得有足够的可塑性，火将柔软的黏土变成坚硬的容器。与之前的陶器不同，密西西比的容器必须是由含有贝壳羼和料的陶土制成的。这些贝壳来自淡水贻贝，因此进一步将陶器与水的意义联系起来。贝壳的白色也是纯洁与神圣的表现[39]——笔者需要说明得是，密西西比人仅仅使用白色的燧石，仅仅用白色的化妆土覆盖仪式用陶器。陶器被焚烧，贝壳在被粉碎和混合进黏土之前也要被焚烧。因此，新的密西西比卡霍基亚容器都融入了的宗教元素，这种元素结合了火和水，并在神庙仪式中展现出来。作为一位密西西比人，你必须用这种新方法制作容器，这样你才能体现这种对宗教生活非常重要的原则。

四　结论

AMS 测年数据和陶器序列表明，神庙在公元 1050 年以前就被使用了，并且卡霍基亚突然从村落转变成城市。最早期的神庙没有黄泥地面，但是有柱子，它们在这些有着特别深的居住面的小型方形房子中显得过宽。在其他密西西比变化发生的同时，黄泥开始应用于神庙建筑。最早的神庙通过用水洗刷地面来召唤水中的神灵，但是到了后来，神庙更多地依靠火和水的力量的平衡。在卡霍基亚密西西比化开始之前，神庙和其他建筑是用柱子和柱洞建设而成的，但在那之后，仅仅是神庙保持着使用柱子和顶部像亭子的建筑特点，而那时在翡翠城和整个卡霍基亚，所有的其他建筑都是用墙壕建成，且屋顶带有屋脊。非当地遗物主要在密西西比化的前夕和之间这段时期内出现。

所有的这些趋势都告诉我们，在这个地区密西西比化之前之间和之后，翡翠城被作为一处宗教中心来使用。在此期间，神庙的仪式发生了变化，黄泥地面开始使用，从而将神庙中的神圣活动与凡人世界分隔开来。随着时间的推移，神庙仪式加入了更多火的力量，又出现了更多与农业有关的被焚烧过的材料。

在神庙，我们可以看见密西西比地区基础的本体论原则的发展和实施，这一过程一直持续到欧洲人到来之前[40]。新的仪式和思想组合在了一起，并且形成了有凝聚力的宗教，笔者认为这保证了密西西比生活方式的转变。它以宗教开始，是宗教原则促成了我们所称的密西西比生活方式。不是新的生活方式凌驾于宗教，而是宗教促进了这种生活方式。

翡翠城非宗教建筑包含了非常少量的日常生活堆积，尽管这种堆积在卡霍基亚和它周围的农场建筑与镇子中非常常见；这里没有窖藏坑和存储用小屋，几乎也没有储存食物的窖藏坑。翡翠城密集的农业和高大的建筑并不是为了创造一个社区，而是为了提供的临时房子给定期涌来的朝圣者，朝圣者们来到这里与月亮，水和火的神灵进行交流。其中一些朝圣者可能会搬到卡霍基亚或者附近的村子，其他一些则回到他们的家乡。在这种方式下，一种新的宗教运动就产生了，并且传播到北美东部的大部分区域。

翡翠城在密西西比文明发生变化以前就开始吸引拜访者——朝圣者和移民。目前已鉴定的陶器类型表明，这些人来自伊利诺伊南部，印第安纳南部，阿肯色南部，密苏里以及其他地方。当他们与卡霍基亚人在诸如翡翠城这样的地方融合时，他们也带来了新的思想和不同的生活方式。拜访者访问的高峰时期与变化发展最迅猛的时期相契合不是偶然的。笔者猜测正是他们的到来，以及卡霍基亚和外来人口、旧传统与新的宗教信仰间产生的协作加速了变化，很可能促进了密西西比宗教的形成。但是必须记住的是，人们会来到这里首先和最重要的原因是翡翠城以及可能的一些其他卡霍基亚遗址是宗教中心，这里举行了人们想参与的宗教活动。

卡霍基亚会随着宗教活动而扩张并不稀奇。人们会通过发明新的技术和开辟更多接近于新信仰的形式来改变生活方式并体现新的神圣感，因为人们不会简单地接受一套新的信仰和抽象的观点，他们要让思想和观点活起来。当相似的观点和信仰吸引了大多数人的时候，运动就产生了。

宗教长久以来与世界其他城市和文明的起源相联系。比如，Paul Wheatley[41]（1971）曾提出宗教在中国城市起源中的作用。但是在绝大多数世界历史中，宗教的作用常常被低估，或者在与那些通常认为的真正的动力和重要事件相比时被认为是次要的。罗马和希腊的神灵，或者秘鲁的蒂亚瓦纳科（Tiwanaku）神灵，或者墨西哥阿兹特克的神灵都一度驱动着社会中人们的行为。人祭是阿兹特克战争的导火线。死后生活的信仰建立了埃及的金字塔，很多地方的建设与供奉神明的需要有关，比如以色列的耶路撒冷、柬埔寨的吴哥窟以及印度的瓦拉纳西。然而过去分析这些地方的时候，考古学家可能会认为是统治者为了权力操控了宗教。他们会指出政教不可分，但是宗教自身促进这种变化的力量却常常被忽视。这可能是西方科学和客观思想的推论出的结果。

然而，直到今天，忽视宗教的力量仍旧是不明智的。作为考古学家和历史学家，我们应该尝试去估测我们所研究的人群的思想，并使我们提出的解释符合古人世界观。我们自己不需要相信宗教，但是并不应该影响我们理解宗教曾经以及现在对于信徒的影响。

这让笔者回到开头的地方，考虑卡霍基亚到底做了什么，并且什么对于他们而言最为要紧。用酋邦社会的观点去看卡霍基亚会彻底错过卡霍基亚人做了什么以及为什么这两个重点。它忽视了为什么整个区域的人都改变了他们的生活方式和政治。考虑发生在翡翠城的细节以及神庙的历史，并结合大的历史与事件，可以读出卡霍基亚的新的故事，知道特定的历史中生活在那里的人，了解卡霍基亚可以更好地尊重生活在那里的人们存在于世界上的方式，而不是我们的。

注释

[1] a. Anderson, David G. 1994. *The Savannah River Chiefdoms: Political Change in the Late Prehistoric Southeast.* University of Alabama Press, Tuscaloosa. b. Milner, George R. 2006. *The Cahokia Chiefdom: the Archaeology of a Mississippian Society.* University Press of Florida, Gainesville, FL. c. Rogers, J. Daniel and Bruce D. Smith (editors). 1995. *Mississippian Communities and Households.* University of Alabama Press, Tuscaloosa. d. Smith, Bruce. 2007. *The Mississippian Emergence.* University of Alabama Press, Tuscaloosa. e. Smith, Bruce D. (editor). 1978. *Mississippian Settlement Patterns.* Academic Press, New York.

[2] Pauketat, Timothy R. 2004. *Ancient Cahokia and the Mississippians.* Cambridge University Press, Cambridge.

[3] a. 同注 [1]a。 b. Galloway, Patricia. 1989. *The Southeastern Ceremonial Complex: Artifacts and Analysis: the Cottonlandia Conference.* University of Nebraska Press, Lincoln. c. 同注 [1]b。 d. 同注 [1]c。 e. 同注 [1]d。 f. 同注 [1]e。

[4] a. Alt, Susan M. and Timothy R. Pauketat. 2017. The elements of Cahokian shrine complexes and the basis of Mississippian religion. In *Religion and Politics in the Ancient Americas*, edited by Sarah Barber and Arthur Joyce. University of Colorado Press, Boulder. b. Pauketat, Timothy R. and Susan M Alt. 2017. Animations in place: agency at the intersections of bodies and beings in the shadow of Cahokia. In *Other-Than-Human Agency and Personhood in Archaeology*, edited by Eleanor Harrison-Buck and Julia A. Hendon. University Press of Colorado, Boulder. c. Pauketat, Timothy R. and Susan M. Alt. 2015. Religious innovation at the Emerald acropolis: something new under the moon. In *Religion and Innovation: Antagonists or Partners,* edited by Donald Yerxa, pp. 43-55. Bloomsbury Academic Press, London.

[5] a. Alt, Susan M. 2015. Death, sacrifice and religion at Cahokia. In *Medieval Mississippians: The Cahokian World*, edited by Timothy R. Pauketat and Susan M. Alt, pp. 27. School of American Research Press, Santa Fe. b. 同注 [4]a。 c. Alt, Susan M. and Elizabeth L. Watts. 2012. Enchained, Entangled, Engaged: Building Mississippian Society. Invited paper in the Symposium Mississippian Beginnings: Variability, Inequality and Interaction in Southeast and Midwest, at the 69th annual meeting of the Southeastern Archaeological Conference Baton Rouge, Louisiana. d. Pauketat, Timothy R. 2012. *An Archaeology of the Cosmos: Rethinking Agency and Religion in Ancient America* Routledge, London. e. 同注 [4]b。 f. 同注 [4]c。

[6] a. Bareis, Charles J. and James W. Porter (editors). 1984. *American Bottom Archaeology: A Summary of the FAI-270 Project Contribution to the Culture History of the Mississippi River Valley*. University of Illinois Press, Urbana. b. Emerson, Thomas E. 1997. *Cahokia and the Archaeology of Power.* University of Alabama Press, Tuscaloosa. c. Milner, George R.1998. *The Cahokia Chiefdom: the Archaeology of a Mississippian Society*. Smithsonian series in archaeological inquiry. Smithsonian Institution Press, Washington. d. Pauketat, Timothy R. 1994. *The Ascent of Chiefs: Cahokia and Mississippian Politics in Native North America.* University of Alabama Press, Tuscaloosa. e. 同注 [2]。 f. Pauketat, Timothy R. 2007. *Chiefdoms and Other Archaeological Delusions.* AltaMira Press, Walnut Creek, CA. g. Pauketat, Timothy R. 2009. *Cahokia: Ancient America's Great City on the Mississippi.*

Viking-Penguin Press, New York.

[7] 同注 [2]。

[8] 译者注：American Bottom，特指密西西比河的一段洪积平原，位于伊利诺伊州南部，因周围地势较高得名。

[9] a. 同注 [6]a。 b. 同注 [6]c。 c. 同注 [2]。 d. Pauketat, Timothy R. and Thomas E. Emerson (editors). 1997. *Cahokia: Domination and Ideology in the Mississippian World*. University of Nebraska Press, Lincoln.

[10] Pauketat, Timothy R., Susan M. Alt, and Jeffery D. Kruchten. 2015. City of Earth and Wood: Cahokia and Its Material Historical Implications. In *Early Cities in Comparative Perspective, 4000 BCE-1200 CE*, edited by Norman Yoffee, pp. 437-454. Cambridge University Press, Cambridge.

[11] 同注 [5]d。

[12] a. 同注 [6]b。 b. Emerson, Thomas E. 2002. An introduction to Cahokia 2002: diversity, complexity, and history. *Midcontinental Journal of Archaeology* 27(2):127-148. c. Mehrer, Mark W. 1995. *Cahokia's Countryside: Household Archaeology, Settlement Patterns and Social Power*. Northern Illinois University Press, Dekalb. d. 同注 [6]d。 e. 同注 [6]g。

[13] a. 同注 [6]a。 b. 同注 [6]b。 c. Kelly, John E., Steven J. Ozuk, Douglas K. Jackson, Dale L. McElrath, Fred A. Finney, and Duane Esarey. 1984. Emergent Mississippian period. In *American Bottom Archaeology*, edited by Charles J. Bareis and James W. Porter, pp. 128-157. University of Illinois Press, Urbana. d. Milner, George R., Thomas E. Emerson, Mark W. Mehrer, Joyce Williams, and Duane Esarey. 1984. Mississippian and Oneota period. In *American Bottom Archaeology*, edited by Charles J. Bareis and James W. Porter, pp. 158-186. University of Illinois Press, Urbana. e. 同注 [6]d。 f. 同注 [6]g。

[14] a. Alt, Susan M. 2006. Cultural Pluralism and Complexity: Analyzing a Cahokian Ritual Outpost. Unpublished PhD dissertation, Department of Anthropology, University of Illinois, Urbana. b. Alt, Susan M. 2006. The power of diversity: settlement in the Cahokian uplands. In *Leadership and Polity in Mississippian Society*, edited by Brian M. Butler and Paul D. Welch. Center for Archaeological Investigations, Southern Illinois University, Carbondale.

[15] a. 同注 [14]a。 b. Slater, Philip A., Kristin M. Hedman, and Thomas E. Emerson. 2014. Immigrants at the Mississippian polity of Cahokia: strontium isotope evidence for population movement. *Journal of Archaeological Science* 44:117-127.

[16] a. 同注 [14]b。 b. Bhabha, Homi K. 1994. *The Location of Culture*. Routledge, London. c. Bhabha, Homi K. 1996. Culture's in-between. In *Questions of Cultural Identity*, edited by Stuart Hall and Paul du Gay, pp. 53-60. Sage Publications, London.

[17] a. Koldehoff, Brad, Timothy R. Pauketat, and John E. Kelly. 1993. The Emerald Site and the Mississippian occupation of the central Silver Creek valley. In *Highways to the Past: Essays on Illinois Archaeology in Honor of Charles J. Bareis*, edited by Thomas E. Emerson, Andrew C. Fortier and Dale L. McElrath, pp. 331-343. Journal of the Illinois Archaeological Survey, Volume 5, Numbers 1 and 2. b. 同注 [4]c。 c. Pauketat, Timothy R., Susan M. Alt, Jeffery D. Kruchten, and William R. Romain. 2013. The Emerald effect: Agency and the Convergence of Earth, Sky, Bodies, and Things. Paper presented at the 70th Annual Southeastern Archaeological Conference, Tampa, Florida.

[18] 同注 [5]d。

[19] 同注 [5]d。

[20] 同注 [4]a。

[21] a. Dye, David H., and Cheryl Anne Cox(editors). 1990. *Towns and Temples Along the Mississippi*. University of Alabama Press, Tuscaloosa. b. Dye, David H., and Adam King. 2007. Desecrating the sacred ancestor temples: chiefly conflict and violence in the American southeast. In *North American Indigenous Warfare and Ritual Violence*, edited by Richard J. Chacon and Ruben G. Mendoza, pp. 160-181.University of Arizona Press, Tucson. c. 同注 [6]b。 d. Knight, Vernon J. 1986. The institutional organization of Mississippian religion. *American Antiquity* 51:675-687. e. Knight, Vernon J. Jr. 1981. *Mississippian Ritual*. Department of Anthropology, University of Florida, University Microfilms, Ann Arbor. f. Pauketat, Timothy R. 1993. *Temples for Cahokia Lords: Preston Holder's 1955-1956 Excavations of Kunnemann Mound*. Memoirs of the University of Michigan Museum of Anthropology, Number 26. University of Michigan, Ann Arbor.

[22] 同注 [10]。

[23] Alt, Susan M. 2017. Building Cahokia: Transformation through Tradition. In *Vernacular Architecture in the Pre-Columbian Americas*, edited by Christina T. Halperin and Lauren Schwartz, pp. 141-157. Routledge, New York and London.

[24] 同注 [23]。

[25] a. Hall, Robert L. 1997. *An Archaeology of the Soul: Native American Indian Belief and Ritual*. University of Illinois Press, Urbana.　b. Hall, Robert L. 2000. Sacrificed foursomes and green corn ceremonialism. In *Mounds, Modoc, and Mesoamerica: Papers in Honor of Melvin L. Fowler*, edited by Steven R. Ahler, pp. 245-253. Illinois State Museum, Scientific Papers, Volume XXVIII, Springfield.　c. 同注 [21]d。　d. Witthoft, John. 1949. *Green Corn Ceremonialism in the Eastern Woodlands*. University of Michigan, Museum of Anthropology, Occasional Contributions No. 13, AnnArbor.

[26] a. 同注 [25] a。　b. 同注 [25] d。

[27] a. 同注 [25] a。　b. 同注 [25] d。

[28] a. Bucko, Raymond A. 1998. *The Lakota Ritual of the Sweat Lodge*. University of Nebraska Press, Lincoln.　b. Lopatin, Ivan A. 1960. Origin of the Native American Steam Bath. *American Anthropologist* 62(6):977-993.　c. Murie, James R. 1981. *Ceremonies of the Pawnee*. Smithsonian Institution Press, Washington.

[29] Schultes, Richard E., and Albert Hoffmann. 1979. *Plants of the Gods: Origins of Hallucinogen Use*. Mcgraw Hill, New York.

[30] a. Dannaway, Frederick R. 2010. Strange fires, weird smokes and psychoactive combustibles: entheogens and incense in ancient traditions. *Journal of Psychoactive Drugs* 42(4):485-497.　b. De Rios, Marlene Dobkin. 2009. *Hallucinogens: Cross Cultural Perspectives*. University of New Mexico Press, Albuquerque.　c. Harner, Michael J. 1973. *Hallucinogens and Shamanism*. Oxford University Press, New York.　d. Saniotis, Arthur. 2010. Evolutionary and anthropological approaches towards understanding human need for psychotropic and mood altering substances. *Journal of Psychoactive Drugs* 42(4):477-484.

[31] a. 同注 [6]g。　b. 同注 [5]d。

[32] 同注 [25]a。

[33] 同注 [25] a。

[34] 同注 [5] a。

[35] a. Baltus, Melissa R., and Sarah E. Baires. 2012. Elements of ancient power in the Cahokian world. *Journal of Social Archaeology* 12 (2):167-192. b. 同注 [25]d。

[36] 同注 [35] a。

[37] 同注 [28]。

[38] a. Griffin, James B. 1949. The Cahokia Ceramic Complexes. *Proceedings of the Fifth Plains Conference for Archaeology* 1:44-58.　b. Vogel, Joseph O. 1975. Trends in Cahokia ceramics: preliminary study of the collections from tracts 15A and 15B. *In Perspectives in Cahokia Archaeology*, edited by Melvin Fowler, pp. 32-125. Illinois Archaeological Survey, Urbana.

[39] Pursell, Corin C. 2006. Geographic Distribution and Symbolism of Colored Mound Architecturein the Mississippian Southeast. Unpublished Masters Thesis, Department ofAnthropology, Southern Illinois University Carbondale.

[40] a. Emerson, Thomas E., Susan M. Alt, and Timothy R. Pauketat. 2008. Locating American Indian Religion at Cahokia and Beyond. In *Religion the Material World*, edited by Lars Fogelin, pp. 216-236. vol. Occasional Paper No. 36. Center for Archaeological Investigations, Southern Illinois University, Carbondale.　b. Emerson, Thomas E. 1989. Water, serpents, and the underworld: an exploration into Cahokia symbolism. In *The Southeastern Ceremonial Complex: Artifacts and Analysis*, edited by Patricia Galloway, pp. 45-92. University of Nebraska Press, Lincoln.　c. 同注 [21]d。　d. Pauketat, Timothy R. 2008. Founders Cults and the archaeologies of Wa-Kan-da. In *Memory Work: The Archaeologies of Material Practice*, edited by Barbara Mills and William H. Walker. American Research Press, Santa Fe.　e. 同注 [4]c。

[41] Wheatley, Paul. 1971. *Pivot of the Four Quarters: a Preliminary Enquiry into the Origins and Character of the Ancient Chinese City*. Edinburgh University Press, Edinburgh.

The Significance of Religious and Domestic Architecture at a Cahokian Shrine Complex

Susan M. Alt (Department of Anthropology, Indiana University, Bloomington, USA)

translated by Jingmin Yao (School of History and Culture, Shandong University, China)

Abstract

The Emerald Acropolis, located about 20 miles east of Cahokia in west-central Illinois (USA), was once thought to have been an unimportant hinterland mound complex, but our recent multi-year excavations have demonstrated that it was a shrine complex critical to the development of Cahokia. Emerald was overbuilt, was often reconstructed, and contained every type of ritual and public architecture known for the region. A nodal point on ancient roadways, Emerald hosted pilgrims and immigrants as they made their way to Cahokia from distant places and provided an entry to the new religious and political realities of that American Indian city. The Emerald Acropolis was likely home to religious specialists who communed with and commanded the spirits of wind, water and sky. Few ordinary people actually lived there. As noted for the origins of other great world cities, I argue that it was not politics that made Cahokia, but that religion and ritual drew people to Emerald, and so to Cahokia. Considering the dating of Emerald, and the activities indicated by architecture and ritual remains, it was religion that underwrote the development of Cahokia and Mississippian civilization.

大卡霍基亚地区的土制大型遗迹以及对其他早期文明的反思

Timothy R. Pauketat

姚静敏译*

众所周知，纪念性建筑是理解早期复杂社会发展的中心[1]。在中国新石器时代晚期和青铜时代，以及北美东部的伍德兰（Woodland）时期和密西西比（Mississippian）时期，这样的纪念性建筑都恰巧包括了土墩、墙壁、壕沟、显眼的庙宇和其他体型巨大的木质建筑；并且在古代中国和古代美洲的案例中，纪念性建筑被视为是等级复杂程度、政治历史、文化特征[2]的代表性指标。也就是说，我们推测纪念性建筑的大小和精美程度反映了有组织的社团或者社会的存在。

可是，当考古学家们把纪念性建筑仅仅看成是对社会的一种被动的反映和表现时，他们就忽视了纪念性建筑的更多其他特点，这些被忽视的纪念性建筑的特点往往被认为具有代表性，进而可以重现当时的社会[3]。换句话说，建筑的建设、搬迁、或者其他的相关活动会使团体的、公共的或者社会的情感透露出来（一些基本原理参见[4]）。比如，提升一些人的地位或特定的建筑形式的地位会产生长期的影响，包括对层级之下人们的臣服的影响。同样，有墙聚落所发展出的社会和无墙聚落所发展出的社会是不同的。封闭的社区相对而言更加排外，同时可能还伴随着恐惧感[5]。

换言之，纪念性建筑有一些因果属性需要我们理解。即使在今天，纪念性建筑"不能影响宇宙，但也能激励、鼓舞和积极地约束人、地、事"[6]。纪念性建筑塑造历史[7]。它们如何塑造历史始终是考古学的一个中心问题，并需要我们了解纪念性建筑的属性和纪念性建筑的历史。这些属性影响着人类与其他人以及与周围可见或不可见的更广阔世界的关系。

为了解释这些，笔者首先要回顾一些基础的理论原则，从而更好地将纪念性建筑视为"人类事件的积极参与者"[8]。随后，笔者将回顾北美洲东部地区的伍德兰时期和密西西比时期的纪念性建筑，并将分析的重点放在公元1050～1300年密西西比河谷中部美洲土著城市卡霍基亚的周边地区（图一）。最后，笔者将利用卡霍基亚建筑中泥土、天空和水等有关因素的经验性特征，来理解纪念性建筑在历史进程中的力量。总而言之，这些建筑不仅仅是展现或纪念其他东西，而是有生命的材料或连接人类与宇宙力量的切入口，并在一定范围内决定了人类可能的历史结果。

一 原则

虽然经常被视为宗教且重要性次于经济，人们相互联系以及与世界联系的方法——本体

---

* Timothy R. Pauketat：美国伊利诺伊大学厄巴纳—香槟分校人类学系；姚静敏：山东大学历史文化学院。

图一　文中提到的文化区和遗址

论——在理解历史上土制纪念性建筑方面是最为重要的[9]。对于考古学家来说，理解关系是物质的、经验的、感性的这一点至关重要；也就是说，它们决定了社会关系，在人和除了人之外的力量和权力间斡旋调解。对于历史时期美洲大陆中部草原和大平原地区的原住民（包括前哥伦布时期的卡霍基亚人的后裔在内）来说，许多事情、物质、现象、地点、生物都被认为有时是有生命的或鲜活的。这些活跃有生机的力量经常被称为 *Wakan, Manitou, Hopini, Waruksti*, 或者 *Orenda*[10]。这种力量可能会占有，或者被展现成许多东西、物质、现象或者空间构造元素。它也可能变成允许人们直接与神灵或者祖先的灵魂沟通的方法[11]，类似于中国的五行观念。对于美洲的印第安人来说，土地是 *Wakan* 或者 *Manitou*，火焰、天空、太阳和月亮也都有力量。水和在河流或湖泊表面下缠绕的神秘蛇类生物也有力量[12]。

泥土是一种尤其有力量并能给予生命的媒介，因为宇宙、自然和文化力量在此汇聚。在密西西比人中，陶器经常被设想成宇宙的缩影，部分是因为它们的成分是泥土、软体动物外壳做的羼和料和水[13]。民族史学的叙述和考古学的数据都表明，人类在其他一些方面也和泥土紧密相关，比如人们通过混合不同质地的泥土，加上灰、软体动物的壳、骨头、水和其他成分创造出"人造的"建筑用土[14]。其中，水让一些成分迅速转换成一种黏性灰泥（图二）。灰泥被抹在一些宗教建筑的地板上，坑的底部，土台的表面，尤其是费弗（Pfeffer）遗址和翡翠城（Emerald Acropolis）这两处卡霍基亚神庙建筑群[15]。通过这样混合、添加和涂抹，这些陶器、建筑填充物和房屋都变得富有生命。然后，人们会将它们当成能和神灵沟通的有生命的事物使用。

水也是各中美洲原住民进入到精神世界的非常基础的媒介。这种精神媒介在卡霍基亚非常重要，以至于在 11 世纪中期引进了一种新型的圆形水庙，类似于历史时期美洲印第安人的汗蒸屋[16]。后来发现，这些小屋占据了卡霍基亚最重要的外围神庙群——翡翠城——的顶点。有些甚至被建设在圆形平土台上[17]。

卡霍基亚的设计也是利用了自然的河漫滩地势。它是一座建立在土和水之间的城市（图三）。建于公元 1050 年左右的长达千米的堤道，应该是一座建立在活人世界，即干燥的地区，和死人世界，即埋葬的土台，之间隐喻性的桥，通过遗址群南端的一处沼泽人们可以到达并感受这座桥[18]。大多数的埋葬土台似乎都被建造在水中或可以俯视水的地方，且形状看上去很像房屋。

其他的媒介物质中，木和火是最重要的。树不仅仅被看成是有生命，那些被砍下的树干可能寄住着祖先的灵魂，或者被用来建设建筑物和神庙。由于它们垂直生长在地面上，它们

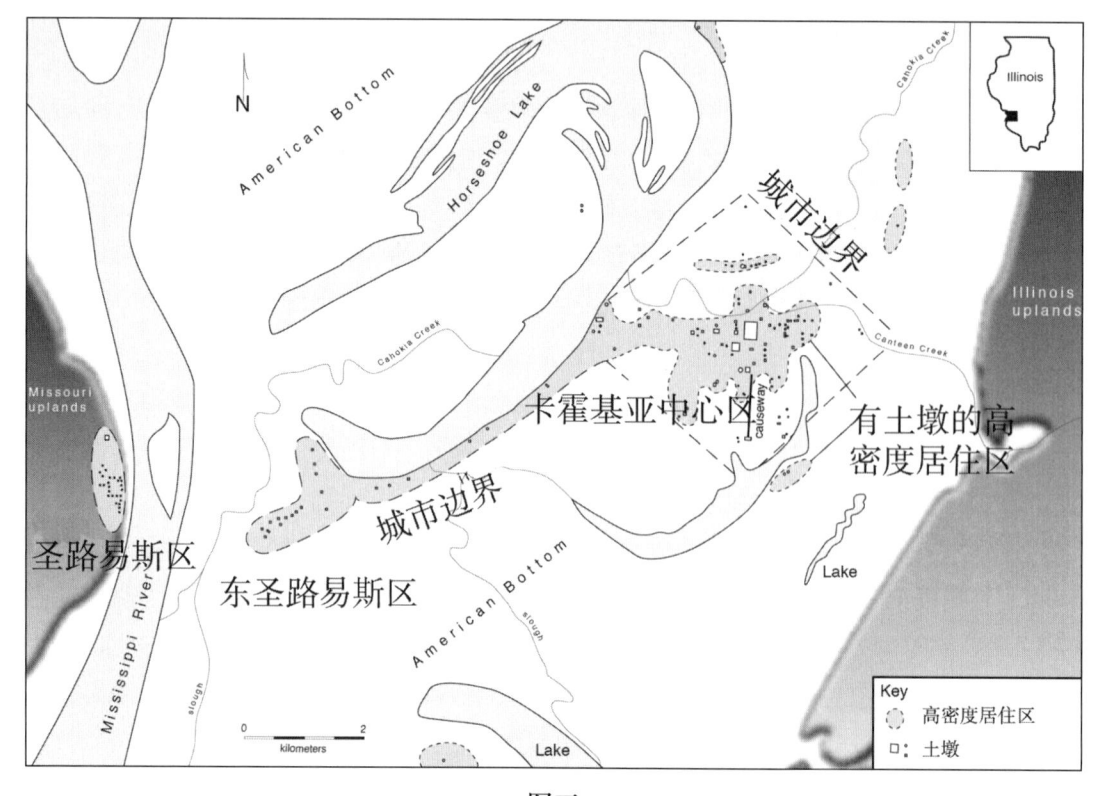

图二 靠近卡霍基亚的 Pfeffer 遗址一个浅灰坑的剖面
展示了灰坑底部的黄色黏土膏泥（1.5 厘米厚）与上部深色淤泥层的交界处（手铲尖所指），之上是黄白相间的填充层

图三
大约公元 1100 年卡霍基亚城的示意图，分三个区域：卡霍基亚中心区，东圣路易斯区和圣路易斯区

可能是天堂与人间的介质[19]。火将木头和其他物质转变成烟飘向天空，或变成灰烬回归泥土[20]。鉴于本文的目的，笔者将集中探讨泥土，尤其是因为土构成了纪念性建筑，同时将探讨这些纪念性建筑的位置，来阐明泥土、水和天空这些基本且有影响力的建筑元素的历史含义。笔者先会探讨土台的物质性，然后会探讨它们的位置。

二 土台、广场和人造的山丘

从公元前 5000 年开始，数目巨大的由土和软体动物壳组成的土台在北美洲东部地区出现。公元 700 年以前，人口密度较低，这些由初级农业人口（horticulturalists）建筑的土台绝大多数用于埋葬[21]。此外，从公元前 6000 年始，自佛罗里达往西一直到路易斯安那，巨大的仪式中心也被建造，由土或者软体动物的壳建成是这些仪式中心的特征。建于公元前 1500 年的波弗蒂角（Poverty Point）大型遗址是这些"古风时期（Archaic-period）"遗址们的代表。T.R. Kidder 和 Kenneth Sassaman 描述这些地点在空间上和物质上都被精心地组织和建设过[22]。像它之前和之后的建筑一样，波弗蒂角一个高达 20 米的主要土台是在一个月的有组织的建设下被完全建好的。其底部最初备好的干净沙层被解释为将创世故事（the story of creation）结合在其地基中。

随后，著名的伍德兰时期中期的土丘建筑更是包括用有颜色的土造的在几何学、天文学以及堆积方式方面更加精心繁复的堤防和围墙建筑[23]。它们被建立在突出的河谷与笔直的山脉的交汇处，经常也会与某些天文事件契合，所有的这些都让它们有一种特殊的力量，吸引着朝圣者和当地人[24]。有些这样的地方很大，占地 100 公顷。很多其他的要小一些。其中就有密西西比河下游伍德兰时期晚期或称"科莱斯克里克（Coles Creek）"的中心遗址，它们土制建筑的特点是不仅建造平台广场，也建造土墩[25]。从波弗蒂角到科莱斯克里克中心，大多数土制建筑极有可能是宗教不时的出现与复活然后横扫古代美洲的所在地[26]。

也许卡霍基亚是这种仪式传统的继承者，它有着 200 个土制的金字塔和埋葬用土丘——这是美洲规模最大数量最多的，并且大多都在 1 个世纪内建成（图四）。然而，卡霍基亚建筑群的人口密度也较大[27]。卡霍基亚出现在北美洲历史的后期，占地最少 14 平方千米、可多达 20 平方千米。虽然它在公元 1050 年前的一个世纪内就是一个前密西西比时期有规模的城镇，但是大约在 11 世纪中期这个遗址的居民对它进行了再设计，使它成为一个范围广阔的城市。这次的建设仅仅用了短短几年的时间[28]。这个城镇在这种形式下持续到了 13 世纪末期，之后卡霍基亚人分几批离开了这个地方，成为了现代历史中我们所知道的一些印第安部落和民族。

1050 年还见证了大卡霍基亚地区中一系列的相关建筑群的建设。事实上，卡霍基亚本身就是由三个同时期的大区域构成的，区域间间隔几千米，与中国新石器时代和青铜时代的两个或三个遗址群相似。但是卡霍基亚的这些地区都是同时的，大约从 1050 年持续到 1300 年。这三个地区的 200 个土墩至少包含了 1500000 立方米的土[29]。虽然我们不知道建设周期，但大多数的建设是逐渐增加的[30]。不管怎样，所有的这些建筑都是在很短的 1~2 个世纪内集中出现的，这需要大量劳动力有规律地参与。

最合理的估计是城内有至少 10000 名常驻居民，至少有另外 30000 或者更多的居民居住在

图四

僧侣墩，卡霍基亚高达 30 米的中心金字塔

城外离城很近的腹地[31]。此外，在它作为一座城市存在的期间，卡霍基亚遗址居住了一定数量的移民[32]，他们给卡霍基亚爆发性地建设提供了额外的劳动力和社会活力[33]，并且这个爆发性的建设不仅仅包括了土墩建筑。成千上万立方米的建筑填土在城市内部或者周围因为土地整修而被挖起和埋下：低地变高，广场变平，卡霍基亚周围以及至少一个远距离的聚居地的黄土覆盖的山顶被修整和再成型[34]。在这新的地表之上，成千上万相关联的用柱子和茅草搭建的建筑有规律地建设和重建，成百上千的巨大而笔直的柏树被安置、移动，并且每几年就被重新组合。

值得一提的是，对山或峭壁进行修整至少在四个地点有所发现，这种修整可能比曾经认识到的更加普遍。1887 年，在卡霍基亚城东边，沿着一条向东延伸至翡翠城的古路，人们发现了一个这样的遗址。这条古路首先通过了峭壁顶端的两个大型土墩。在这一地点的一个 30 米高的峭壁被描述成"被修整成一个平整的圆形平台，可能在过去做为……一个瞭望或标志性的站点，因为它占据了一个最高点并且可以瞭望整个卡霍基亚平原"[35]。

沿着同样的峭壁向南几千米，峭壁则成了一组墓葬遗迹，有七个平整的台面，每一个都是墓葬或者神庙，每一个都比前一个要高。一个戴着海贝人头状耳饰的男人的墓葬在最高处[36]。然而在最近发现的第三个遗址中，城东 24 千米的一个土制山丘成为了一个精美的神庙建筑群，可能被陆陆续续使用。这就是翡翠城，其核心区域占地 1.5 平方千米。它的最高点可能被移除来为升高侧面提供填充物，在一个时期内几次连续的仪式事件中至少移动了 160000 立方米的填充物[37]。

很明显，卡霍基亚人是最早的也是一流的泥土搬运者，和古代中国的人们类似。他们改变整个区域的自然景观，并且在选择性地改变密西西比河的上下游其他地方[38]。最初的城市中劳动力的消耗极其巨大可能表明了人们愿意参与这个有吸引力的和将所在地区城市化的宗教政治性活动。甚至连金字塔都建得非常迅速，比如中央广场高达 30 米的僧侣墩（Monks Mound）（位于南北向轴的北端），或者对面 10 米高的响尾蛇墩（Rattlesnake Mound）（位于同轴的南端），最终填土都包括来自沼泽底部黑色、有机物丰富、含水的泥土以及来自干旱地区的浅色沙土[39]。相似的是，翡翠城的 7 米高的土墩也有沉淀物的变化，包括 4 次薄灰泥和更厚填充层间的交替，其中一次建筑活动包含了 12 层深浅交替的覆盖物[40]。

没有一个建筑是像中国那样夯土建成的，但是也没有一个建筑仅仅是一堆泥土。相反，他们包含了灰泥层、叠压的草皮、人脚或木杵踩实的干燥填充物，木杵也用来研磨玉米。人们总是注意着填充物交替的质地与深浅不同的颜色。这样的分层无疑是意味深长的，可能是描述天空与土地或创世故事，也许是在大地上记录社会的记忆。但是对我如今的观点中更重要的是对于故事描述的物质性。即这些故事通过物质上的人类的活动和劳动被讲述出来（图五）。

这些人类的活动和劳动很明显常常与白天和黑夜发光的活动星体契合。对于卡霍基亚人而言，月亮是其中的关键。卡霍基亚城，更明显的是外围翡翠城，严格按照 18.6 年一个轮回的满月升落位置来安排的[41]。在这个期间，月亮将会在与地平线位置最小的地方升起和落下（这个

图五　填充在卡霍基亚遗址响尾蛇墩中深浅交替的建筑填土

范围被太阳的至日点所包括），然后再过 9.3 年，会在地平线的最大位置出现（超过至日点）。卡霍基亚是安排在南边的最大位置，中心城市的方形广场的对角线与之契合。广场以及千米长的堤道于公元 1050 年建成，堤道往南通过含水沼泽通向响尾蛇墩的墓葬群中心。这个堤道，可能是银河（被很多草原人民认为是灵魂的过道）的物质表现，可能是供活着的人行走的，也有可能是供死者的灵魂使用的。无论如何，这个土质堤道似乎将生命和死亡与宇宙和水联系在了一起。

也许，月亮的光被看成可以平衡夜晚的黑暗，与卡霍基亚土墩的深深浅浅的填充物相似。

当然，历史时期的土著人将月亮，或者是对月亮光与影的经验看成是 Wakan, Manitou, Hopini, Waruksti, 或者 Orenda, 并认为这充满了神域宇宙的力量[42]。比如，对于生活在卡霍基亚东部距离较远的阿尔贡金人（the Algonkians）而言，月亮是一位女性神灵[43]。对于住在遥远北方的 Ho Chunk 人而言，月亮的力量在其与人、土、水等融合时体现[44]。他们以及住在西边的说喀多语（Caddoan）的人都在经过雕刻的木制"历法棍"上记录月亮跨年的时间[45]。

在翡翠城，我们现在相信见证神龛和庙宇重建以及地貌和土墩的扩建的主要仪式事件是在历法棍的帮助下，主要在月历仪式轮回的基础上发生的。翡翠城对月历的参照更为直接，因为土墩的排列以及木柱茅草建筑与18.5年才出现一次的最北月出相契合[46]。这种力量可能会将人本身的活动以及整个人类世代的传递带入同时发生的宇宙活动与时间中。

好像是为了确认这种同步性，一系列的人类牺牲也在卡霍基亚与周边出现了。大多数都是将年轻女性尸体放在柱洞的底部或上方，而这些柱洞都曾经竖着笔直的木质标记[47]。在翡翠城和卡霍基亚的三个区域之一，单个的女性会被小心安放在敞开的洞中，这些洞里原先直径50至100厘米的柱子已经被取走。其中的一个例子是，一位女性在被土掩埋前先泡在水。其他的例子中这一点不是很明显，被掩盖在土墩72之下的几个仪式事件中包括了多个个体（图六）。这些埋葬事件以及在翡翠城的那一个好像在向大地献礼并与月历事件相吻合[48]。

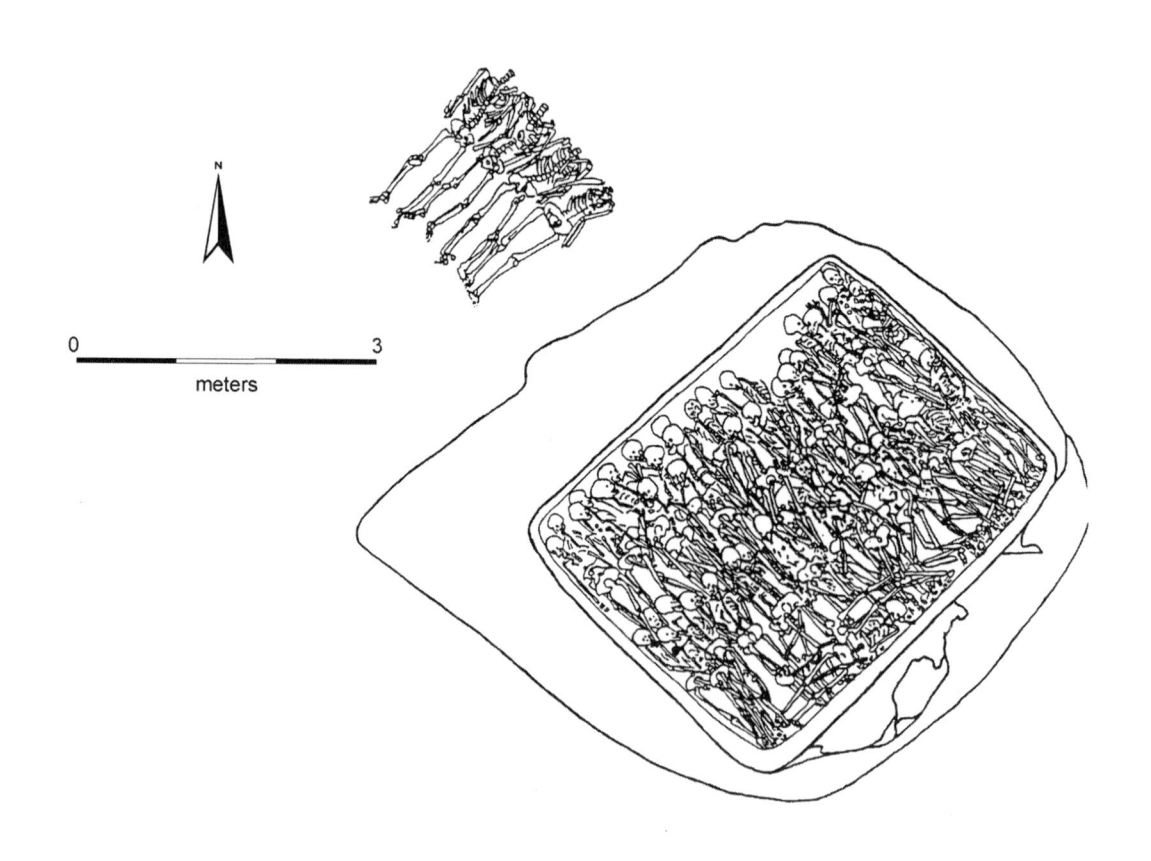

图六　卡霍基亚土墩72中的人类牺牲

（左边是四个无头男性，右边是53位女性）

三 历史进程的汇合

简言之，泥土、水和月亮——或者更广泛的夜空——很有可能是卡霍基亚建筑所叙述的故事的基本媒介。不那么明显的是这些媒介都被认为是强大的，因为它们对尤其是密西西比地区的农业人口而言是最终起到改造作用的，给予了生命和体现死亡的物质与现象。也就是说，挖土，或者将土从这儿移到那儿，是一个加入了大量人类感受的改造活动。泥土是相对没有固定形状的，但它可以被塑造。它给人独特的触觉，常常也有独特的气息。它有着视觉的影响力；人们可以在他们耕作和雨水浇灌土地之后，看到种子从其中生长出来。

当然，通过大量建筑工程来重塑土地表面形状，比如建造一个围绕整个聚落的墙，有可能在某种程度上改变一个人的记忆、性格以及他的社区感等等，所有的这些都是通过或多或少改变人类感受的景观实现的。同样的，将水倒在地上，天空多下或少下些雨，将水和含水物质做成一个容器，或者经历卡霍基亚、翡翠城或其他地方湿润和干旱间精心策划的大规模人口活动，意味着例行地有时彻底地实践个人历史，巧妙或戏剧性地重新定义某个体是如何与人、地、物、其他人、现象和物质联系在一起的。

当然，最有力的结合，是泥土、水、人和天空的共同参与。用这种方法与天空相联系永远意味着地上建筑的安排要和天上的顺序相一致[49]。这么做——将泥土、水、天空和人体相结合——形成了可能改变历史的真正有力的结合。因此，泥土建筑——圈占地、金字塔、平台和墓葬土墩——都是它们历史结合的自身形式[50]。

事实表明土著北美人通过地标经历了其他许多相似的结合，虽然这些地标并不一定是自己人建造的。当用这样的方法将宇宙的基本力量组合在一起时，峭壁，泉水，山洞，单独的岩石，或者山脉就变得尤其有力量。灵魂或者其他非人类生物居住在这些地方。相应地，人们在这些地方画的岩画或者建立小型的神庙（包括土墩）作为对这些灵魂表达敬意、增进交流或者让它们看着的方式。年轻人或者特定团体的最初加入者经常会拜访它们，并作为"幻象探索（vision quests）"的一部分[51]。在这里，一个人经常会在梦里遇见他的灵魂向导，通常是一种动物。这个幻象将和他或她的余生联系在一起。当然，拜访这样的地方往往还担负着重述故事的使命，这些故事会界定一个人或者这个人所在社区或民族的身份[52]。同样，不去拜访某些地方也许能帮助人们忘记过去，也能摆脱居住在这些地方的某些消极的力量[53]。

当然，我的观点是过去美洲土著人的土墩和其他土质建筑与其他自然的纪念碑和有力量的地方没有什么不同。的确，随后的历史时期土著人的记述很少提到土墩建筑作为集体实践的回忆，而是用来记录和庆祝伟大领导者的伟大事迹，这一点不必奇怪。然而，土墩和它们的顶端建筑都与周围有生命的世界有关，如果没有它们世界将是分散的。纪念性建筑最初并不是为了记住过去。相反，他们的建设是为了建立与宇宙力量的关系[54]。Vernon J. Knight 称呼它们为连接人类和其他世界的宇宙"肚脐（navel）"[55]。其他人可能会给它打上诸如"大门"的标签[56]。无论我们怎么称呼它们，它们都承担着让人们进入或通过其他存在的维度，并让他们与宇宙中其他非人类的存在和力量交流。这么做，他们可以定义他们是谁以及他们将去往何方[57]。

四 结语

当然,我的观点是,鉴于它们固有的调节基本社会关系力量,这些土制纪念性建筑在某些程度上影响了我们所知的人类历史复杂的关系网。在我看来,为了领会建筑的历史意义,纪念性建筑的因果关系不一定是直接的。但是如果我们要概括地解释人类的动机与历史,它一定要被认识到。纪念性建筑不能仅仅是复杂政治和经济局面的陈述,因为没有首先经历纪念性建筑的斡旋,这样的局面也许是不可能的。在中国北部和中部新石器时代中期与晚期红山、仰韶、良渚、龙山时期的公共建筑与仪式性建筑群中,我找到了支持这些观点的证据[58]。比如,与卡霍基亚和密西西比晚期人类与非人类生命的融合相似的,是埋葬在人类旁边的软体动物壳所组成的动物的灵魂。我认为,这些可以与那些小的并且著名的陶碎片上的绘画相比较。这些绘画可能是有魔力的灵魂,这些灵魂将人与墓葬内外、容器内外以及其他魔法发生地点的动物紧密联系起来。他们并非仅仅为了给人类提供信息而存在。可能它们中的一些——水的灵魂——栖息在沼泽地,包括那些在许多新石器时代文化中心所看见的一样。比如,被良渚夯土墙包围的地可能因为它们含水的特性而富有生命,就像卡霍基亚和密西西比晚期中心的与灵魂力量有关的早期建筑群一样。令人影响深刻的莫角山平台的主要朝向说明了其作为土地与太阳领域的交接地位。相似的是,龙山时期陶寺遗址的夯土"中心点"和木制日晷可能并不是"确定季节的变化"的手段,而是为了将这个龙山城址的人们置于有力的宇宙的力量关系网的活力中心[59]。

优先考虑这些地点的位置及其的生命潜力是理解重要文化过程的关键,就像美洲本土的考古所揭示的,与之相关的"仪式的力量"并非来源于试图先控制经济资源再让其他人相信自己政治观点的人类政治演员。这些人类中介的力量是次要的,其主要根源在于以自然与人工建筑的形式所表现出来的宇宙众力量的汇合。与这些纪念性建筑的建筑师类似,最初的手工匠人当然也是神职人员和领导者,他们用他们娴熟的转化力量的能力整合神圣的材料[60]。同样的,最早的贵族是那些可以协调力量的人,而当时不一定拥有抽象的政治力量[61]。

所有的这些力量都取决于这些时代的本体论。古代万物有灵论者并不认为人类的力量可以超过那些非人类的力量或者生命,这些在事物、物质、现象和各种各样的生命中体现出来[62]。在这些世界里,纪念性建筑是纪念性的因为他们的位置是在宇宙基本力量的中心,而这些力量能够轻易地被人们感知并且影响他们生活。纪念性建筑可能会集中并吸引人们,使他们能够通过建设或观察获得对自身的感知。在某种意义上,没有纪念性建筑就没有我们现在所理解的城市与社会。当意识到这一点,我认为,就开启了我们解释城市化进程起源的第一步。

注释

[1] Trigger, Bruce G. 1990. Monumental Architecture: A thermodynamic explanation of symbolic behaviour. *World Archaeology* 22:119-132.

[2] a. Flad, Rowan K. and Pochan Chen. 2013. *Ancient Central China: Centers and Peripheries along the Yangzi River.* Cambridge University Press, Cambridge. b. Hally, David J. 1996. Platform-mound construction and the instability of Mississippian chiefdoms. In *Political Structure and Change in the Prehistoric Southeastern United States,* edited by John F. Scarry, pp. 92-127. University Press of Florida, Gainesville. c. Liu, Li and Xingcan Chen. 2012. *The Archaeology of China: from the Late Paleolithic to*

the Early Bronze Age. Cambridge University Press, Cambridge.　d. Muller, Jon D. 1997. *Mississippian Political Economy*. Plenum Press, New York.　e. Peebles, Christopher S. and Susan M. Kus. 1977. Some archaeological correlates of ranked societies. *American Antiquity* 42(3):421-448.　f. Underhill, Anne P. 1994. Variation in settlements during the Longshan period of northern China. Asian Perspectives 33:197-228.

[3] Pauketat, Timothy R. 2000. The tragedy of the commoners. In *Agency in Archaeology*, edited by Marcia-Anne Dobres and John Robb, pp. 113-129. Routlege, London.

[4] a. Heidegger, Martin. 1996. *Being and Time*. Translated by Joan Stambaugh. State University of New York Press, Albany.　b. Ingold, Tim. 2011. *Being Alive: Essays on Movement, Knowledge and Description*. Routledge, London.　c. Lefebvre, Henri. 1991. *The Production of Space*. Translated by Donald Nicholson-Smith. Blackwell, Oxford.　d. Tuan, Yi-Fu. 1977. *Space and Place: the Perspective of Experience*. University of Minnesota Press, Minneapolis.

[5] Hassig, Ross. 1998. Anasazi violence: a view from Mesoamerica. In *Deciphering Anasazi Violence*, edited by Peter Yoshio Bullock, pp. 53-68. HRM Books, Santa Fe, New Mexico.

[6] Pauketat, Timothy R. 2014. From memorials to imaginaries in the monumentality of ancient North America. In *Approaching Monumentality in Archaeology*, edited by James F. Osborne, pp. 431-446. State University of New York Press, Albany.

[7] a. Bradley, Richard. 1998. *The Significance of Monuments: On the Shaping of Human Experience in Neolithic and Bronze Age Europe*. Routledge, London.　b. Scarre, Chris. 2011. Monumentality. In *The Oxford Handbook of the Archaeology of Ritual and Religion*, edited by Timothy Insoll, pp. 9-23. Oxford University Press, Oxford.

[8] 同注 [6]。

[9] a. Alberti, Benjamin, Severin Fowles, Martin Holbraad, Yvonne Marshall and Christopher Witmore. 2011. 'Worlds otherwise': archaeology, anthropology, and ontological difference. *Current Anthropology* 52(6):896-912.　b. Jones, Andrew Meirion and Benjamin Alberti. 2013. Archaeology after Interpretation. In *Archaeology after Interpretation: Returning Materials to Archaeological Theory*, edited by Benjamin Alberti, Andrew M. Jones and Joshua Pollard, pp. 15-35. Left Coast Press, Walnut Creek, California.

[10] a. Hewitt, J. N. B. 1902. Orenda and a definition of religion. American Anthropologist *New Series* 4:33-46.　b. Irwin, Lee. 1994. *The Dream Seekers: Native American Visionary Traditions of the Great Plains*. University of Oklahoma, Norman.　c. Jones, William. 1905. The Algonkin Manitou. *The Journal of American Folklore* 18(70):183-190.　d. McGee, W. J. 1897. The Siouan Indians: a preliminary sketch. In *Fifteenth Annual Report of the Bureau of American Ethnology*, pp. 153-204. Smithsonian Institution, Government Printing Office, Washington, DC.　e. Murie, James R. 1981. *Ceremonies of the Pawnee, Part I: The Skiri. Smithsonian Contributions to Anthropology, Number 27*. Smithsonian Institution Press, Washington, DC.

[11] Pauketat, Timothy R. 2013. *An Archaeology of the Cosmos: Rethinking Agency and Religion in Ancient America*. Routledge, London.

[12] Dorsey, James Owen. 1894. A study of Siouan cults. In *Eleventh Annual Report of the Bureau of Ethnology*, pp. 351-554. Government Printing Office, Washington, DC.

[13] Pauketat, Timothy R. and Thomas E. Emerson. 1991. The ideology of authority and the power of the pot. *American Anthropologist* 93(4):919-941.

[14] a. Pauketat, Timothy R. 2008. Founders' Cults and the Archaeology of Wa-kan-da. In *Memory Work: Archaeologies of Material Practices*, edited by Barbara Mills and William H. Walker, pp. 61-79. School for Advanced Research Press, Santa Fe, New Mexico.　b. Radin, Paul. 1990. *The Winnebago tribe*. University of Nebraska Press, Lincoln.　c. Salzer, Robert J. and Grace Rajnovich. 2000. *The Gottschall Rockshelter: an Archaeological Mystery*. Prairie Smoke Press, St. Paul, Minnesota.　d. Sherwood, Sarah C. and Tristram R. Kidder. 2011. The Da Vincis of Dirt: geoarchaeological perspectives on native American mound building in the Mississippi river basin. *Journal of Anthropological Archaeology* 30:69-87.

[15] Alt, Susan M. and Timothy R. Pauketat. 2017. The elements of Cahokian shrine complexes and the basis of Mississippian religion. In *Religion and Politics in the Ancient Americas*, edited by Sarah Barber and Arthur Joyce (in press). University of Colorado

Press, Boulder.

[16] a. Hall, Robert L. 1997. *An Archaeology of the Soul: Native American Indian Belief and Ritual.* University of Illinois Press, Urbana.　b. Pauketat, Timothy R. 1994. *The Ascent of Chiefs: Cahokia and Mississippian Politics in Native North America.* University of Alabama Press, Tuscaloosa.

[17] 同注 [15]。

[18] Baires, Sarah E. 2014. Cahokia's Origins: Religion, Complexity and Ridge-top Mortuaries in the Mississippi River Valley. Unpublished Ph.D. dissertation, Department of Anthropology, University of Illinois, Urbana.

[19] 同注 [16]a。

[20] Baires, Sarah E., Amanda J.Butler, B. Jacob Skousen, and Timothy R Pauketat. 2013. Fields of movement in the ancient Woodlands of north America. In *Archaeology after Interpretation,* edited by Benjamin Alberti, Andrew M. Jones and Joshua Pollard, pp. 197-218. Left Coast Press, Walnut Creek, California.

[21] Milner, George R. 2005. *The Moundbuilders: Ancient Peoples of Eastern North America.* Thames and Hudson, Oxford.

[22] a. Kidder, Tristram R. 2010. Hunter-gatherer ritual and complexity: new evidence from Poverty Point, Louisiana. In *Ancient Complexities: New Perspectives in Precolumbian North America,* edited by Susan M. Alt, pp. 32-51. University of Utah Press, Salt Lake City.　b. Sassaman, Kenneth E. 2005. Poverty Point as structure, event, process. *Journal of Archaeological Method and Theory* 12:335-364.

[23] a. Charles, Douglas K., Julieann van Nestand Jane E. Buikstra. 2004. From the earth: minerals and meaning in the Hopewellian world. In *Soils, Stones and Symbols: Cultural Perceptions of the Mineral World,* edited by Nicole Boivin and Mary Anne Owoc, pp. 43-70. University College of London Press, London.　b. Greber, N'omi B. and Orrin C. Shane. 2009. Field studies of the Octagon and Great Circle, High Bank Earthworks, Ross County, Ohio. In Footprints: *In the Footprints of Squier and Davis: Archeological Fieldwork in Ross County, Ohio,* edited by Mark J. Lynott, pp. 23-48. Midwest Archeological Center, National Park Service, Lincoln, Nebraska.　c. Lynott, Mark J. 2014. *Hopewell Ceremonial Landscapes of Ohio: More Than Mounds and Geometric Earthworks.* Oxbow Books, Oxford.　d. Romain, William F. 2000. *Mysteries of the Hopewell: Astronomers, Geometers, and Magicians of the Eastern Woodlands.* University of Akron Press, Akron, Ohio.

[24] Lepper, Bradley T. 2006. The Great Hopewell Road and the role of the pilgrimage in the Hopewell interaction sphere. In *Recreating Hopewell,* edited by Douglas Charles and Jane Buikstra, pp. 122-133. University Press of Florida, Gainesville.

[25] Kidder, Tristram R. 2004. Plazas as architecture: an example from the Raffman site, Northeast Louisiana. *American Antiquity* 69:514-532.

[26] Pauketat, Timothy R. 2010. Of leaders and legacies in native north America. In *The Evolution of Leadership and Complexity,* edited by John Kantner, Kevin Vaughn and Jelmer Eerkins, pp. 169-192. School for Advanced Research Press, Santa Fe, New Mexico.

[27] Pauketat, Timothy R. and Neal H. Lopinot. 1997. Cahokian population dynamics. In *Cahokia: Domination and Ideology in the Mississippian World,* edited by Timothy R. Pauketat and Thomas E. Emerson, pp. 103-123. University of Nebraska Press, Lincoln.

[28] a. 同注 [16]b。　b. Pauketat, Timothy R. 2004. *Ancient Cahokia and the Mississippians.* Cambridge University Press, Cambridge.

[29] 同注 [2]d。

[30] a. Pauketat, Timothy R. 1993. *Temples for Cahokia lords: Preston Holder's 1955-1956 excavations of Kunnemann mound.* Memoirs of the University of Michigan Museum of Anthropology, Number 26. University of Michigan, Ann Arbor.　b. 同注 [14]d。

[31] a. Milner, George R. 1998. *The Cahokia chiefdom: The Archaeology of a Mississippian Society.* Smithsonian Institution Press, Washington, DC.　b. Pauketat, Timothy R. 2003. Resettled farmers and the making of a Mississippian polity. *American Antiquity* 68:39-66.

[32] a. Alt, Susan M. 2008. Unwilling immigrants: culture, change, and the "other" in Mississippian Ssocieties. In *Invisible*

Citizens: Slavery in Ancient Pre-State Societies, edited by Catherine M. Cameron, pp. 205-222. University of Utah Press, Salt Lake City.　b. Slater, Philip A., Kristin M. Hedman, and Thomas E. Emerson. 2014. Immigrants at the Mississippian polity of Cahokia: strontium isotope evidence for population movement. *Journal of Archaeological Science* 44:117-127.

[33] Alt, Susan M. 2010. Complexity in action(s): retelling the Cahokia story. In *Ancient Complexities: New Perspectives in Precolumbian North America*, edited by Susan M. Alt, pp. 119-137. University of Utah Press, Salt Lake City.

[34] a. Alt, Susan M., Jeffery D. Kruchten, and Timothy R. Pauketat. 2010. The construction and use of Cahokia's grand plaza. *Journal of Field Archaeology* 35(2):131-146.　b. 同注 [15]。　c. Dalan, Rinita A., George R. Holley, William I. Woods, Harold W. Jr. Watters, and John A. Koepke. 2003. *Envisioning Cahokia: A Landscape Perspective*. Northern Illinois University Press, DeKalb.　d. Fortier, Andrew C. (editor). 2007. *The archaeology of the East St. Louis mound center, Part II: the northside excavations*. Illinois Transportation Archaeological Research Program, Transportation Archaeological Research Reports No. 22, University of Illinois, Urbana.　e. Koldehoff, Brad, Charles O. Witty, and Mike Kolb. 2000. *Recent Investigations in the Vicinity of Mounds 27 and 28 at Cahokia: the Yale Avenue Borrow Pit*. Illinois Archaeology 12:199-217.　f. Pauketat, Timothy R. (editor). 2005. *The archaeology of the East St. Louis mound center, Part II: the northside excavations*. Illinois Transportation Archaeological Research Program, Transportation Archaeological Research Reports No. 21, University of Illinois, Urbana.　g. Pauketat, Timothy R., Robert F. Boszhardt, and Danielle M. Benden. 2015. Trempealeau encounters: an ancient colony's causes and effects. *American Antiquity* 80:260-289.

[35] Thomas, Cyrus. 1985. *Report on the Mound Explorations of the Bureau of Ethnology*. Smithsonian Institution Press, Washington, D.C.

[36] Perino, Gregory. 1959. Recent information from Cahokia and its satellites. *Central States Archaeological Journal* 6:130-138.

[37] 同注 [15]。

[38] 同注 [34]g。

[39] a. 同注 [18]。　b. Pauketat, Timothy R., Mark A. Rees, Amber M. Vanderwarker, and Kathryn E. Parker. 2010. *Excavations into Cahokia's Mound 49. Illinois Archaeology* 22:397-436.　c. 同注 [14]d。

[40] 同注 [14]a。

[41] a 同注 [11]。　b. Romain, William F. 2015. Moonwatchers of Cahokia. In *Medieval Mississippians: the Cahokian World*, edited by Timothy R. Pauketat and Susan M. Alt, pp. 32-41. School for Advanced Research Press, Santa Fe, New Mexico.

[42] 同注 [12]。

[43] Howard, James H. 1981. *Shawnee! The Ceremonialism of a Native Indian Tribe and Its Cultural Background*. Ohio University Press, Athens, Ohio.

[44] Radin, Paul. 1914. Religion of the north American Indians. *Journal of American Folklore* 27: 335-373.

[45] 同注 [11]。

[46] 同注 [11]。

[47] a. Alt, Susan M. 2015. Human sacrifice at Cahokia. In *Medieval Mississippians: the Cahokian World*, edited by Timothy R. Pauketat and Susan M. Alt, pp. 27. School for Advanced Research Press, Santa Fe, New Mexico.　b. Fowler, Melvin L., Jerome C. Rose, Barbara Vander Leest, and Steven R. Ahler. 1999. *The Mound 72 Area: Dedicated and Sacred Space in Early Cahokia*. Illinois State Museum, Reports of Investigations, no. 54, Springfield.　c. Hargrave, Eve A. 2007. Human remains. In *The Archaeology of the East St. Louis Mound Center, Part II: The Northside Excavations*, edited by Andrew C. Fortier, pp. 77-83. Illinois Transportation Archaeological Research Program, Transportation Archaeological Research Reports No. 22, University of Illinois, Urbana.

[48] 同注 [13]。

[49] Krupp, Edward C. 1997. *Skywatchers, Shamans and Kings: Astronomy and the Archaeology of Power*. John Wiley and Sons, New York.

[50] Sahlins, Marshall A. 1985. *Islands of History*. University of Chicago Press, Chicago.

[51] 同注 [10]b。

[52] a. Basso, Keith H. 1996. *Wisdom Sits in Places: Landscape and Language Among the Western Apache.* University of New Mexico Press, Albuquerque.　b. Bowser, Brenda J. and María Nieves Zedeño (editors). 2009. *The Archaeology of Meaningful Places.* University of Utah Press, Salt Lake City.　c. McCleary, Timothy P. 2015. *Crow Indian Rock Art: Indigenous Perspectives and Interpretations.* Left Coast Press, Walnut Creek, California.　d. Oetelaar, Gerald A. 2012. The archaeological imprint of oral traditions on the landscape of northern plains hunter-gatherers. In *The Oxford Handbook of North American Archaeology,* edited by Timothy R. Pauketat, pp. 336-346. Oxford University Press, Oxford.

[53] a. Mills, Barbara J. 2008. Remembering while forgetting: depositional practices and social memory at Chaco. In *Memory Work: Archaeologies of Material Practices,* edited by Barbara J. Mills and William H. Walker, pp. 81-108. School for Advanced Research Press, Santa Fe, NM.　b. Snead, James E. 2008. *Ancestral Landscapes of the Pueblo World.* University of Arizona Press, Tucson.

[54] 同注 [6]。

[55] Knight, Vernon J., Jr. 1989. Symbolism of Mississippian mounds. In *Powhatan's Mantle: Indians in the Colonial Southeast,* edited by Gregory A. Waselkov, Peter H. Wood, and M. Thomas Hatley, pp. 279-291. University of Nebraska Press, Lincoln.

[56] Janusek, John W. 2008. *Ancient Tiwanaku.* Cambridge University Press, Cambridge.

[57] Sassaman, Kenneth E. 2012. Futurologists Look Back. *Archaeologies: Journal of the World Archaeological Congress* 8(3):250-268.

[58] 同注 [2]c。

[59] a. He, Nu. 2013. The Longshan period site of Taosi in southern Shanxi province. In *A Companion to Chinese Archaeology,* edited by Anne P. Underhill, pp. 255-277. Blackwell, London.　b. 同注 [2]c。

[60] Helms, Mary W. 1993. *Craft and the Kingly Ideal: Art, Trade, and Power.* University of Texas Press, Austin.

[61] Clark, John E. 2004. Mesoamerica goes public: early ceremonial centers, leaders, and communities. In *Mesoamerican Archaeology: Theory and Practice,* edited by Julia A. Hendon and Rosemary A. Joyce, pp. 42-72. Blackwell, Oxford.

[62] Bird-David, Nurit. 1999. 'Animism' revisited: personhood, environment, and relational epistemology. *Current Anthropology* 40(supplement):67-91.

Greater Cahokia's Earthen Monumental Constructions and the Implications for Rethinking Early Civilizations

Timothy R. Pauketat (Department of Anthropology, University of Illinois, Urbana, USA)

translated by Jingmin Yao (School of History and Culture, Shandong University, China)

Abstract

The rapid rise of the American Indian city of Cahokia in the 11th century CE was accompanied by large-scale landscape modification and dramatic alteration of the cultures of the Mississippi River valley. Not only were great earthen pyramids or platforms built: plazas were flattened, low areas and walkways were raised, and natural loess ridges were recontoured. Several mounds became the burial places of human sacrifices and the powerful dead. The implications of Cahokia and later "Mississippian" civilization for rethinking other early civilizations are threefold. First, the earthen constructions were extensive and hundreds of thousands of person-hours were expended in the reshaping of the entire Greater Cahokia region and a series of Cahokian outliers or colonies. Second, labor expenditures were greatest at the very inception of the city, probably indicating the willing participation by people as part of an attractive religious movement. Third, many of the constructions were not memorials but sacred portals that connected people to the gods or cosmic powers.